D1348071

JACKIE
Un mythe américain

DAVID HEYMAN

JACKIE

Un mythe américain :
Jacqueline Kennedy Onassis

traduit de l'américain
par Perrine Dulac et Sara Oudin

ÉDITIONS ROBERT LAFFONT
PARIS

Le lecteur pourra trouver dans l'édition originale de cet ouvrage les sources exhaustives de l'enquête de l'auteur, ainsi qu'une bibliographie et un index.

Titre original : A WOMAN NAMED JACKIE
© C. David Heymann, 1989
Publié avec l'autorisation de Lyle Stuart
Traduction française : Éditions Robert Laffont, S.A., Paris, 1989

ISBN 2-221-05948-4
(édition originale :
Carol Communications, New York)
ISBN 0-8184-0472-8

A Eugene L. Girden, Esq.,
et au juge Harold R. Tyler, Jr.,
deux des juristes les plus remarquables
que j'aie connus.

Je n'ai guère été épargnée et j'ai beaucoup souffert. Mais j'ai eu aussi des moments heureux. J'en suis venue à la conclusion qu'il ne faut pas trop attendre de la vie. Nous devons lui donner au moins autant que ce que nous en recevons. Chaque moment est différent des autres. Le bon, le mauvais, les épreuves, la joie, la tragédie, l'amour et le bonheur sont étroitement mêlés et forment un tout indescriptible qui est la VIE. On ne peut pas séparer le bon du mauvais. Le pourrait-on qu'il serait peut-être inutile de le faire.

Jacqueline BOUVIER Kennedy ONASSIS

Appelez-moi Jackie — quel nom affreux !

Jacqueline BOUVIER Kennedy ONASSIS
à James Fosburgh, 1961

1

L'accouchement devait avoir lieu dans une clinique de New York, mais l'enfant tardait à venir. Une semaine après la date prévue, comme rien ne s'annonçait, le futur père s'impatienta et emmena sa femme passer le week-end à East Hampton, dans la résidence d'été de sa famille. Ils y passèrent encore le week-end suivant — et le suivant. Le bébé refusait toujours de naître. Il s'écoula cinq semaines, et la mère, bien que grosse et fort mal à son aise, avait si bien accepté ce retard qu'elle décida d'aller une nouvelle fois en week-end à East Hampton avec son mari.

Le samedi, elle se sentait parfaitement bien, mais le dimanche matin, elle se réveilla avec les douleurs. Comme son médecin se trouvait à Long Island pour le week-end et qu'il n'était plus temps de rejoindre New York, la mère fut transportée d'urgence dans un petit hôpital de Southampton, dont on n'eut pas à se plaindre. C'est là que le 28 juillet 1929, six semaines après la date prévue, elle donna naissance à une petite fille de trois kilos six cent trente grammes. C'était le premier enfant des Bouvier. Le bébé, qui avait des cheveux noirs et abondants, un petit nez retroussé, des lèvres pleines et de grands yeux lumineux, fut prénommé Jacqueline (Jackie) Lee.

Sa mère avait vingt-deux ans. C'était une petite brune au joli visage et aux manières charmantes. Au dire de ses amis, Janet Lee Bouvier était « une femme ambitieuse, vive et volontaire, une cavalière intrépide, qui croyait au travail et à sa valeur personnelle ». Elle prétendait être issue des « Lee de Maryland ». Mais en fait ses grands-parents étaient des immigrants irlandais qui avaient fui la famine, causée par la maladie de la pomme de terre, et fait fortune en Amérique. Parcours similaire à celui des Kennedy de Boston.

L'enfant reçut le prénom féminisé de son père, Jack Bouvier — Jack John Vernou Bouvier III, pour être exact. Il avait trente-huit ans et il était agent de change. Jusqu'à son mariage, l'année précédente, c'était un des célibataires les plus recherchés de la société new-yorkaise. Grand, musclé, avec des cheveux noirs et brillants, des pommettes saillantes, une fine moustache droite et des yeux bleu foncé un peu trop écartés, il arborait tout au long de l'année un bronzage savant, et on l'avait bombardé d'une série de surnoms, parmi lesquels : « le Sheik »…, le « Prince Noir »… ; mais celui qui lui convenait le mieux était « Black Jack », allusion à son penchant pour les belles dames, plutôt qu'à son teint basané. De seize ans sa cadette, Janet convenait parfaitement.

La résidence d'East Hampton où Jack et Janet Bouvier avaient attendu la naissance de leur enfant s'appelait Lasata, mot indien, signifiant « Lieu de paix ». Inspirée d'un manoir anglais, la maison qui semblait tout droit sortie d'un roman de F. Scott Fitzgerald, occupait le centre d'un parc de sept hectares, desservi par ce qui n'était alors qu'un chemin de terre, parallèle à la mer, Further Lane. Lasata appartenait au « major », John Vernou Bouvier, Jr., grand-père de Jackie, avocat respecté, qui devait abandonner le barreau pour entrer dans la charge d'agent de change d'un oncle célibataire, M.C. (Michel Charles) Bouvier et hériter par la suite une grande partie de son immense fortune.

Compassé et quelque peu quinteux, le major arborait une canne, un col dur, un pince-nez, des costumes trois pièces et une moustache effilée et cosmétiquée, comme les portaient alors les messieurs de son âge et de son rang. Sa femme, Maude Frances ex-Sargeant, et ses enfants devaient le considérer comme un personnage démodé et pontifiant, parfois sévère, parfois impudent et vantard. Très chauvin, le grand-père de Jackie était un patriote américain, membre systématique de toute association, société ou organisation, qui arborait la bannière étoilée. Amateur de belles-lettres et plumitif professionnel, le major noyait les journaux locaux sous un flot de billets traitant des impôts ou de la distribution du courrier. A ses moments perdus, il composait des devises et des vers qu'il insérait dans des livres et offrait à ses enfants et petits-enfants pour marquer certaines occasions.

Né en 1891, le père de Jackie était l'aîné des cinq enfants du major. Son frère, William Sargeant Bouvier, « Bud » pour ses frères et sœurs, était né en 1893, suivi par Edith, en 1895, puis les jumelles, Maude et Michelle, dix ans plus tard. Comme il convenait à leur position sociale, la famille passait les mois d'été et la plupart des week-ends à East Hampton, et le reste de l'année à Nutky dans le New Jersey, puis plus tard à Manhattan. Les garçons fréquentaient sans y briller les meilleures écoles. Renvoyé de Philips Exeter pour avoir organisé un poker hebdomadaire dans le réfectoire, Jack poursuivit ses études dans des établissements moins prestigieux, pour entrer à Yale en 1910 et en sortir quatre ans plus tard avec un diplôme. Bud Bouvier entra lui aussi à Yale et en sortit en 1916. Les deux garçons terminèrent dans les derniers de leur classe.

Tom Collier, camarade de Jack à Yale, garde le souvenir d'un « joyeux fêtard que les études n'intéressaient guère. Je ne me rappelle pas l'avoir jamais vu ouvrir un livre ou potasser un examen à Yale. En deuxième année, il faisait de la course à pied, mais s'est petit à petit désintéressé de toute forme de sport pour courir les filles. Lorsqu'il entrait dans une pièce pleine de femmes, 95 pour 100 d'entre elles n'avaient qu'une idée, être avec lui. Dès qu'il avait obtenu ce qu'il voulait d'une femme, il s'en désintéressait et passait à la suivante. Il les traitait sans ménagement. Les filles qu'il introduisait le soir dans sa chambre en ressortaient toutes différentes le lendemain matin. Il en défilait parfois trois ou quatre par nuit, qu'il jetait dehors après consommation. Seules l'intéressaient longtemps celles qui ne lui cédaient pas. Mais elles finissaient toutes par céder ».

Edith Bouvier, la sœur de Black Jack, avait épousé un avocat, Phelan Beale, qui s'était associé avec le major pour créer le cabinet Bouvier, Caffey et Beale. Phelan Beale, qui avait des relations à Wall Street, fit entrer Jack Bouvier, dès sa sortie de Yale, dans la charge d'Henry Hentz & Co., dont Herman B. Baruch, frère du financier Bernard Baruch, était l'associé principal. D'abord stagiaire, Black Jack accéda en quelques mois à la position de courtier. Son charme, sa jeunesse, son insolence et son amour de l'argent semblaient l'avoir fait pour sa nouvelle profession.

Seul obstacle sur sa trajectoire, la guerre en Europe, où les Etats-Unis se trouvaient chaque jour davantage impliqués. A l'immense déception de son patriote de père, Jack Bouvier renâcle à s'engager, attendant le dernier moment pour le faire. En août 1917, plusieurs mois après l'entrée en guerre de l'Amérique, il était nommé sous-lieutenant dans les Transmissions. Pendant que Bud, engagé de la première heure, se distinguait dans les tranchées françaises, Jack livrait « ses batailles les plus acharnées », comme il l'écrivait à un ami, « dans les bars et les bordels enfumés et bruyants de Caroline, en attendant que se termine cette sale petite guerre... ».

En 1919, Jack reprit son poste chez Henry Hentz & Co., et trois ans plus tard, avec la bénédiction de sa famille, il décidait de voler de ses propres ailes. Le 6 janvier 1922, Black Jack emprunta 40 000 dollars à son grand-oncle M.C. Bouvier, 30 000 dollars à Herman B. Baruch et 10 000 dollars à son beau-frère, Phelan Beale, soit 80 000 dollars à 6 pour 100, qui devaient lui servir à s'installer à son compte à la Bourse de New York.

Il était entendu que si Jack gagnait plus de 13 500 dollars par an, il verserait le surplus aux trois hommes, et qu'il limiterait ses dépenses personnelles à 6 500 dollars par an, tant que sa dette ne serait pas liquidée. « Les 7 000 dollars restant serviraient à payer les intérêts et les frais de bureau. » Il était encore stipulé que « ses pertes ne devraient pas dépasser 3/8 de point, toute violation de cette disposition m'autorisant à liquider ma part ».

Black Jack devint ce qui, dans la profession, est connu sous le nom de « courtier de courtier », c'est-à-dire un courtier qui achète et vend certaines actions pour d'autres charges d'agent de change ; il suivait notamment les actions Kennicott Copper, Texas Gulf Sulphur, Colorado Fuel et Power & Baldwin Locomotives. Il faisait merveille. Il s'habillait de costumes coûteux, s'acheta une nouvelle voiture et loua un luxueux appartement au 375, Park Avenue. Ses dépenses personnelles excédaient largement la somme relativement modeste allouée par le contrat de prêt, mais il ne songea pas à réduire de façon substantielle le capital emprunté. Il gagnait de l'argent — il toucha 75 000 dollars de commission durant les cinq années qui suivirent — mais dépensait trop sans bien savoir où allaient les dollars.

D'après Louis Ehret, fils d'un magnat de l'immobilier new-yorkais et ami de Black Jack, celui-ci n'avait aucun sens de l'argent. « Il dépensait de bon cœur. Il jouait, buvait et le dilapidait avec des femmes. Avant son mariage, il n'était de soir où il n'invitât la moitié de New York dans son appartement du 375, Park Avenue. Il dépensait comme un forcené. Et lorsqu'il recevait un chèque, il ne se souciait pas d'en connaître la destination, mais l'utilisait aussitôt pour éponger une dette criante. Le plus remarquable, c'est qu'il s'en sortait toujours. Loin de le faire saisir, ses trois créanciers lui accordèrent un deuxième prêt en 1925, de sorte que sa dette se trouva accrue de 30 000 dollars. »

Louis Ehret, qui participa souvent aux soirées de Park Avenue, put témoigner de l'extraordinaire succès de son ami auprès du sexe opposé. « Toutes les femmes s'agitaient autour de lui comme des mouches avides d'amour, raconte Ehret. Il en retrouvait partout : dans des country clubs, des thés dansants, des bars, des boîtes de nuit, des restaurants. Il savait comme personne faire baisser les yeux à une jolie femme. Cela tenait de la compétition. Les deux concurrents se regardaient dans les yeux jusqu'à ce que le premier cède. Jack gagnait toujours. Ne sachant trop quoi faire, la fille, gênée, finissait par détourner les yeux. Jack n'en demandait pas plus. C'était sa façon d'étaler sa virilité, de dominer les femmes. Et ça marchait. Elles rêvaient toutes de se glisser dans son lit. Et peu lui importait qui elles étaient ou d'où elles venaient, qu'elles soient célibataires ou mariées, riches ou pauvres. Certaines de ses conquêtes appartenaient à des familles connues. D'autres étaient d'origine plus modeste, moins fortunées, mais aussi moins inhibées et souvent plus drôles. Pour lui elles se valaient toutes. »

Il était souvent question dans les chroniques mondaines des prochaines fiançailles de Black Jack avec telle ou telle débutante ou femme du monde. Sa famille ne voyait guère d'un bon œil ses ravages dans les rangs des meilleurs partis de la gent féminine. Sa conduite ne correspondait guère aux règles de vie traditionnelles de la plupart des habitants d'East Hampton.

Black Jack n'était pas le seul Bouvier, dont le style de vie ne fût pas conforme aux normes. Pour les jumelles, Maude et Michelle, la vie n'était que fêtes, bals, réceptions, concours hippiques et expositions canines. Quant à leur sœur aînée, Edith, qui avait maintenant trois enfants, elle s'abandonnait à des excentricités que Black Jack lui-même ne pouvait que réprouver. Chanteuse d'opéra manquée, elle dépensa plus de 50 000 dollars à travailler sa voix et elle eut plusieurs liaisons avec des chanteurs ou des professeurs de chant. Son mariage avec Phelan Beale n'y résista pas. Elle transforma sa maison d'East Hampton, Grey Gardens, en salon littéraire, y hébergeant des écrivains, des musiciens et des peintres, dont elle essayait de ranimer les carrières languissantes. Elle aimait le style bohème d'avant les hippies : chapeaux informes, écharpes de soie, longues robes floues, à la manière d'Isadora Duncan.

Mais celui qui causait le plus de souci à la famille était Bud Bouvier, qui était revenu alcoolique de la guerre. Son frère et lui ne cessaient de se chamailler, mais Jack était plus violent et Bud, plus vulnérable. Les deux frères buvaient beaucoup, mais Bud avec excès, parce que, disait-il, il avait vu la moitié de sa section fauchée sous le feu ennemi.

Bud avait une autre raison de chercher l'oubli dans la boisson. Son mariage avec Emma Louise Stone, séduisante blonde d'East Hampton, s'était terminé par un divorce, alors que leur fils unique était encore petit. Incapable de garder une situation, Bud était poursuivi pour arriéré de pension alimentaire, et la publicité qui s'ensuivit ne pouvait manquer de déconcerter une famille obsédée par l'opinion publique. Le père de Bud, pour lequel l'alcoolisme de son fils était une honte personnelle plutôt qu'une maladie sérieuse, menaça de le déshériter ; et après l'arrestation de Bud pour excès de vitesse et conduite en état d'ivresse, il le qualifia de « misérable parasite et de véritable fléau ».

C'est à ce moment que Black Jack surprit tout le monde en annonçant son intérêt pour Janet Norton Lee. Janet n'était encore qu'une adolescente, lorsque les James T. Lee passèrent leur premier été à East Hampton. Elle était la deuxième de trois sœurs, Marion, Janet et Winifred, élevées dans les brillantes années vingt comme la plupart des filles de nouveaux riches de New York. Janet habitait une grande maison avec domestiques, avait fréquenté l'école de miss Spence, appris les bonnes manières, débuté chez Sherry, passé un an à Sweet Briar College et un autre à Barnard ; elle possédait en outre sa voiture (comme chacune de ses sœurs) et montait ses chevaux.

Les Bouvier se considéraient socialement supérieurs aux Lee, bien que les deux familles eussent été membres du Maidstone, le club très fermé d'East Hampton. Les Bouvier s'étaient élevés sur l'échelle sociale grâce à une série d'alliances flatteuses avec les Drexel, les Dixon et les Patterson. En comparaison, les Lee étaient des parvenus. James Thomas Lee, petit homme déplumé et de médiocre apparence, était passé par le City College et la Columbia University Law School (dont le major était ancien élève). Il avait fait fortune dans l'immobilier et la finance. Par son intelligence et son sens des affaires, il avait acquis une position importante : il présida pendant quarante ans la New York Central Savings Bank. Contrairement aux Bouvier, il fit lui-même sa fortune.

Selon Truman Capote, « si les Lee pouvaient paraître inférieurs, les Bouvier, qui se disaient aristocrates, mais n'en étaient pas moins décadents, ne pouvaient que tirer profit d'un apport de sang irlandais. Les Bouvier étaient poseurs. Ils se donnaient des allures d'aristocrates fortunés et influents, sans l'être le moins du monde. Le grand-père de Jackie, le major, s'était fabriqué une généalogie fantaisiste, rattachant la famille à l'aristocratie française, lui inventant des armoiries et des parentés illustres. Ce faux achevé renforça l'assurance des Bouvier et les aida à réaliser leurs ambitions sociales. Persuadés de leur aristocratie, ils se comportaient comme des aristocrates. Jackie et sa famille adoptèrent les principes aristocratiques les plus élevés, " noblesse oblige ", et essayèrent de s'y tenir ».

« La généalogie fantaisiste des Bouvier », dont parle Capote tenait en un volume, intitulé *Nos ancêtres,* publié à ses frais par le major en 1925, puis réimprimé plusieurs fois. La dernière édition date de 1947, un an avant la mort du major. Il dédia ce livre « A [ses] petits-enfants et à ceux qui s'ajouteront à leur joyeuse compagnie », et en envoya des exemplaires à diverses sociétés historiques et généalogiques, ainsi qu'à tous les membres de la famille. D'après ce factum, les Bouvier descendraient d'un certain François Bouvier (vers 1553) « de l'ancienne maison de Fontaine près de Grenoble ». L'ennui, c'est que ce noble gentilhomme du xvie siècle, propriétaire terrien et « conseiller au parlement », doté d'armoiries bien à lui, n'avait rien à voir avec le véritable ancêtre de la famille, qui portait le même nom, mais qui était d'extraction beaucoup plus modeste ; il vivait deux siècles plus tard et tenait une quincaillerie à Grenoble, et sa femme était simple domestique.

L'étude généalogique du major Bouvier est truffée d'erreurs, d'oublis et d'exagérations. La branche paternelle de la famille de Jackie ne descendait pas d'aristocrates français, mais de petits-bourgeois, drapiers, tailleurs, commerçants, fermiers et petits boutiquiers. Le major n'avait pas hésité à truquer l'histoire de son grand-père, Michel Bouvier, premier porteur d'un prénom qui devait être par la suite adopté par la famille et premier Bouvier à émigrer en Amérique[1]. D'après *Nos ancêtres,* Michel, originaire de Pont-Saint-Esprit avait débarqué à Philadelphie en 1815 et fait fortune dans l'ébénisterie et la spéculation immobilière. Il n'était pas fait mention de ses modestes débuts de pauvre menuisier sans éducation. Le major Bouvier évoque aussi dans son ouvrage l'amitié qui avait lié Michel Bouvier et Joseph Bonaparte, alors qu'ils se connaissaient à peine. Le frère de Napoléon, arrivé en Amérique la même année que Michel, s'étant contenté de commander quelques meubles à la petite échoppe de Bouvier.

Le major Bouvier ne fut pas le seul à vouloir récrire l'histoire. Les parents de Janet, James et Margaret Lee, avaient aussi leurs secrets de famille. Lorsque Janet eut quinze ans, sa mère et son père se séparèrent. Bien qu'ils ne fussent pas officiellement divorcés, ils occupaient des étages différents de l'un des immeubles de James Lee à Manhattan. James rendait responsable de leur éloignement la mère irlandaise de sa femme, qui vivait dans l'appartement de Margaret et s'immisçait sans cesse dans leur ménage. Mais la véritable cause de cette séparation était la liaison de Margaret Lee avec William Norris, magistrat new-yorkais dont la femme refusait, comme James Lee, d'accorder le divorce. D'un commun accord, ils avaient dévolu à Janet le rôle ingrat d'intermédiaire, de sorte qu'elle était le seul truchement entre ses parents qui refusaient de s'adresser la parole ; elle servait aussi d'intermédiaire entre ces derniers et ses sœurs. Cette situation impossible fut une des causes de sa décision d'épouser Jack Bouvier.

---

1. D'après *Nos ancêtres,* André-Eustache Bouvier, le père de Michel, faisait partie des soldats français qui combattirent sous les ordres de George Washington à la bataille de Yorktown, en 1781. Aucun fondement historique ne permet de le prouver, mais cette affirmation permit au major d'être admis à la société des Cincinnati, composée de descendants des officiers qui combattirent pour la Révolution américaine. Le major, Bud et Black Jack arboraient fièrement à leurs boutonnières les insignes de cette société.

D'après Edie Beale, fille d'Edith et de Phelan Beale, première-née des onze petits enfants du major, Jack Bouvier n'aurait été que le second choix de Janet, qui aurait d'abord choisi Bud.

« Des deux frères, Bud était le plus sympathique, raconte Edie. Il avait la distinction et la sensibilité dont manquait Jack. Jack n'avait pas mûri. Il ne s'intéressait qu'à lui-même, à la satisfaction de ses besoins. Il hantait le " 21 ", assistait à des matchs de boxe au Garden, ou courait le jupon. Dans l'univers de Jack, tout tournait autour de la chambre à coucher.

« Jack était divinement décadent et Janet par trop convenable. C'étaient l'eau et le feu. Je ne pense pas qu'elle ait jamais vraiment voulu l'épouser. Elle adorait Bud, mais celui-ci étant divorcé et alcoolique de surcroît, ses parents ne donnèrent pas leur consentement à ce mariage. C'est ainsi qu'elle épousa Jack. Je ne crois pas que cette idée le réjouissait plus qu'elle. Il se mariait pour se prouver qu'il le pouvait. Il n'était pas plus amoureux d'elle qu'elle n'était amoureuse de lui. Elle était amoureuse de Bud Bouvier. »

Outre un nom dont l'importance était tout à fait usurpée — il appartenait au cercle le plus fermé d'East Hampton, mais ne faisait que frôler ce que Mrs. Astor considérait comme la haute société — Jack Bouvier n'était pas le mari idéal pour la femme du monde pleine d'avenir qu'était Janet Lee. Pour ajouter à son goût immodéré des femmes, des bookmakers et des casinos, il n'avait aucun sens des affaires. C'était un rêveur et un intrigant, un spéculateur, un homme qui devait des milliers de dollars et était acculé à emprunter davantage. Les gains de Black Jack égalaient au mieux ses dépenses personnelles. L'argent lui brûlait les doigts. Il dépensait pour dépenser. Au bord de la ruine, il possédait encore quatre voitures, dont une Lincoln Zephyr noire et une Stutz marron, que conduisait un chauffeur en livrée marron assortie.

Il ne fallut pas longtemps à James Lee pour se faire une idée des pratiques financières plus que douteuses de son futur gendre. Peter Bloom, comptable chez Lee, après avoir occupé le même poste dans une société appartenant à Bernard Baruch, déclarait en effet :

« Jack Bouvier empruntait de l'argent à tout le monde. Baruch lui consentit plusieurs prêts, pas seulement pour s'assurer une position au Stock-Exchange, mais surtout pour maintenir son affaire à flot et lui permettre de financer ses vices les plus criants, le jeu et les femmes, entre autres. Ses billets à ordre passaient et repassaient sur mon bureau, mais toujours dans le même sens. C'est dire qu'à ma connaissance, il ne faisait pas le moindre effort pour rembourser quoi que ce fût. »

Malgré ses réserves, James Lee ne fit rien pour s'opposer aux fiançailles de sa fille avec Jack Bouvier, qui eurent lieu au printemps 1928. Compte tenu du lourd passif de Black Jack, cette union semblait compromise sans même que les parents interviennent. Le père de Janet prédit à ses associés que le mariage ne se ferait pas. Mais avant la fin de l'été les événements vinrent contredire ses prédictions.

Le mariage eut lieu à l'église Sainte-Philomène, à East Hampton, le 7 juillet 1928, devant une assemblée de banquiers, de magistrats, de financiers, d'agents de change et de leurs familles, d'une nuée de ravissantes jeunes filles et d'ambitieux jeunes gens. Tous respiraient la richesse et le pouvoir. Vacillant, mais sobre, Bud Bouvier, qui venait de sortir, deux jours auparavant, de la clinique privée de Silver Hill à New Canaan, dans le Connecticut, était garçon d'honneur. Margaret Lee, la mère de Janet, consentit pour une fois à paraître en compagnie de son mari.

Selon le *East Hampton Star*, ce fut l'événement de la saison. Les demoiselles d'honneur au nombre de six étaient vêtues de robes de mousseline jaune et de chapeaux de paille verts. La dame d'honneur et la première demoiselle d'honneur, qui n'étaient autre que les sœurs de Janet, avaient des robes de mousseline verte et des chapeaux jaunes. La scène inspira un échotier mondain de New York. « Avez-vous déjà admiré la beauté d'un parterre de jonquilles vert et or ondulant au soleil ? Vous avez sûrement tous vu une mariée majestueuse dans ses atours de satin, de dentelle et d'argent. Combinez ces deux tableaux et vous aurez une idée de l'effet produit par Mrs. John Vernou Bouvier III apparaissant hier sur le parvis de Sainte-Philomène dans l'éclatant soleil de midi, entourée de sa suite. »

Après la cérémonie, cinq cents invités se pressèrent à la réception donnée dans le vaste domaine que James Lee avait loué pour l'été sur Lily Pond Lane, non loin de Grey Gardens. On dansa sous les vérandas et sur les pelouses au son de la musique de l'orchestre de Meyer Davis. La gaieté générale fut toutefois gâchée par une violente altercation entre le marié et son beau-père, la première d'une longue série. Les nouveaux mariés s'éclipsèrent peu après pour passer leur nuit de noces à l'hôtel Savoy Plaza de New York. Ils embarquèrent le lendemain matin sur l'*Aquitania* pour cinq semaines de lune de miel en Europe.

Au beau milieu de l'Atlantique, le marié entama, pour se distraire, un flirt apparemment innocent avec Doris Duke, grande bringue de seize ans, héritière d'une immense affaire de tabacs, en route pour l'Europe avec sa mère. « La plus riche adolescente du monde », comme la surnommait la presse, se montra flattée des attentions de son compagnon de bord. Black Jack assura qu'il ne s'était rien passé, même pas un baiser pour favoriser l'amitié. Janet refusa de le croire. Elle manifesta son humeur en brisant une grande glace décorative, qui se trouvait devant leur cabine. L'harmonie ne fut rétablie qu'à l'arrivée des jeunes mariés à Paris.

2

Black Jack Bouvier avait un jour avoué à Louis Ehret sa secrète ambition : mettre de côté, d'ici l'âge de trente-neuf ans, cinq millions de dollars et se retirer dans un village ensoleillé de la Riviera avec un yacht et un équipage féminin. Selon Edie Beale, Jack se plaisait à répéter : « Ne faites jamais rien pour rien. » « Oncle Jack, prétendait Edie, se fichait de la haute société ; c'était le domaine de Janet. Lui, c'était l'argent qui l'intéressait. Il était mercenaire dans l'âme — dans la vie rien n'est gratuit — et cet état d'esprit a déteint sur ses enfants. »

Le 24 octobre 1929, jour du krach de Wall Street, l'argent domina certainement pour Jack tous les autres problèmes. La catastrophe boursière se produisit peu après une autre tragédie, d'ordre personnel celle-là : la mort de Bud Bouvier à l'âge de trente-six ans d'une cirrhose du foie. Black Jack, qui se tenait pour en partie responsable de la fin lamentable de son frère, se rendit à Santa Ynez Valley, dans le sud de la Californie, où Bud avait passé ses derniers jours, pour ramener le corps à East Hampton.

Le 22 décembre 1929, deux mois et demi après la mort de Bud, Jacqueline Lee Bouvier était baptisée à l'église Saint-Ignace-de-Loyola à New York. Bud Bouvier aurait dû être son parrain. Janet Bouvier demanda à son père de le remplacer, mais le jour venu, à l'heure de la cérémonie, James T. Lee se trouva bloqué dans un taxi au milieu des encombrements, à des kilomètres de l'église. Il fallut trouver quelqu'un à la dernière minute, et l'honneur échut cette fois à Miche Bouvier, le fils de Bud, qui avait alors neuf ans. « Ce fut, déclara-t-il plus tard, un rendez-vous avec le destin. »

L'animosité de Black Jack vis-à-vis d'« Old Man Lee », comme il le désignait à son insu, augmentait en même temps que ses soucis financiers. Le Krach et l'arrivée de la Grande Dépression le mettaient à la merci de son beau-père.

James Lee consentit donc à son gendre des prêts sans intérêts et la disposition gratuite d'un appartement, mais sous certaines conditions. Jack devrait réduire ses dépenses et son train de vie : abandonner ses habitudes de luxe, ne conserver qu'une voiture, démissionner d'une multitude de clubs et renoncer aux tailleurs européens. Finis les caprices, le jeu, la boisson, les spéculations ou les investissements téméraires. Pour prouver sa bonne volonté, il devait remettre à la fin de chaque mois ses comptes aux comptables de Lee et justifier de chaque dollar dépensé ou économisé.

Bien que ses ressources personnelles fussent toujours aussi fluctuantes, Black Jack installa sa famille dans un superbe duplex du 740, Park Avenue. L'immeuble appartenait au père de Janet. Il était situé à cent mètres du duplex qu'occupait le major, au 765, Park Avenue. Furieux de sa dépendance vis-à-vis de ses beaux-parents, Jack se vengea en faisant remettre à neuf leur nouvel appartement avec de l'argent emprunté. Il y installa une nouvelle cuisine, plusieurs luxueuses salles de bains (avec des accessoires plaqués or), et une nouvelle nursery. Il fit déplacer des cloisons et transforma une chambre de bonne en salle de gymnastique, avec sauna, vibromasseur, table de massage, lampes à rayons ultraviolets. Il engagea un professeur de gymnastique et une masseuse pour se maintenir en forme, une cuisinière, deux femmes de chambre, deux garçons d'écurie pour s'occuper des chevaux de Lasata et une nurse anglaise, Bertha Newey, pour Jacqueline. Durant les travaux, il emmena sa femme en Europe faire un deuxième voyage de noces laissant le bébé à la garde de sa nouvelle nounou. A leur retour, un mois plus tard, ils repartirent passer des vacances à White Sulphur Springs, en Georgie, avec le bébé et sa nounou.

Si le père de Janet finançait l'appartement de New York, c'est au major que revenait la charge d'entretenir Rowdy Hall, la résidence d'été que louaient Jack et Janet au 111, Egypt Lane, à East Hampton. C'est dans cette maison coloniale en bois que Jackie fêta son deuxième anniversaire, en compagnie d'une vingtaine de petits camarades. Le nom de Jackie apparut pour la première fois dans la presse à cette occasion, exception faite de l'annonce de sa naissance. Un journaliste du *East Hampton Star* couvrit l'événement : « La petite Jackie Bouvier, fille de Jack Bouvier et de Janet, née Lee, n'apparaîtra sans doute plus en société avant seize ans ou davantage, mais, lors de la fête donnée pour son deuxième anniversaire dans la propriété de ses parents, Rowdy Hall, elle s'est montrée une hôtesse tout à fait charmante. Jeux et promenades à poney se succédèrent avant l'arrivée du gâteau d'anniversaire de chez Jack Horner. »

Moins d'un mois plus tard, Jacqueline, bonnet blanc et gants de peau assortis, était de nouveau citée dans le *Star,* pour avoir présenté à l'exposition canine annuelle d'East Hampton son premier chien, un jeune scotch-terrier noir et tout ébouriffé, répondant au nom de Hootchie. « La petite Jacqueline Bouvier, âgée de deux ans, pouvait-on y lire, est arrivée en trottinant sur l'estrade et elle a présenté avec la plus grande fierté un minuscule scotch-terrier, qui avait à peu près la même taille qu'elle. » Jackie remporta un prix, mais le reporter, une femme sans aucun doute, se montra plus impressionnée par la qualité du bronzage de Black Jack Bouvier. « Mr. Bouvier est tellement bronzé par le soleil d'East Hampton, écrivait-elle, qu'il ressemble à un de ces beaux Egyptiens que l'on voit se promener au Caire dans leurs Rolls-Royce. »

Le 3 mars 1933 naquit la sœur de Jacqueline, Caroline Lee, du nom de son arrière-grand-mère paternelle, Caroline Maslin Ewing, la bienfaitrice de l'hospice des enfants trouvés de New York.

Jack Bouvier donna le ton en appelant sa cadette Lee ; tout le monde appelait l'aînée Jackie, bien qu'elle n'aimât pas ce nom et préférât Jacqueline.

Avec l'arrivée de Lee, Jackie sortit de la petite enfance. Elle avait trois ans et demi, et on lui donna une chambre pour elle toute seule, tandis que Lee héritait de la nursery et de la nounou, Bertha Newey. Dans leur duplex de Manhattan elles partageaient une salle de jeux, pleine de jouets faits main, de poupées et d'animaux en peluche de chez F.A.O. Schwartz. Entre tous ces trésors, Jackie avait élu une vieille poupée de chiffon qui s'appelait Sammy, l'accompagnait partout, et avec laquelle elle entretenait de longues conversations.

On raconte dans la famille que moins d'un an après la naissance de Lee, alors qu'elle se promenait à Central Park avec sa jeune sœur et la nurse anglaise, Jackie s'égara. Un policier la vit déambulant, seule et impavide, dans une des allées du parc. S'approchant de lui, elle le regarda dans les yeux et déclara tout de go : « Ma nurse et ma petite sœur doivent s'être perdues. » Jackie fut récupérée par sa mère au poste de police le plus proche.

Une des plus jolies histoires de Janet sur l'enfance de Jackie et de Lee met en évidence deux personnalités très différentes. Enfant, Jackie était brusque et directe ; Lee était bien élevée, diplomate même. Ernest, liftier de leur immeuble, était doté d'une crête de cheveux blonds qui lui jaillissait au sommet du front. Un matin, en entrant dans l'ascenseur, la petite Lee dit : « Ernest, tu es beau aujourd'hui. »

Ernest était sur le point de remercier Lee, lorsque Jackie prit la parole : « Comment peux-tu dire ça, Lee ? Ce n'est pas vrai. Tu sais très bien qu'Ernest ressemble à un coq. »

Jackie était une enfant turbulente. A l'école de miss Chapin, dans East End Avenue à Manhattan, ses professeurs étaient unanimes à le reconnaître : bien qu'extrêmement intelligente, Jackie était une enfant à problème.

D'après sa mère, l'agitation et l'attitude autoritaire dont elle faisait preuve à l'école venaient du fait qu'elle s'y ennuyait. « Jackie avait des goûts intellectuels qui n'étaient pas de son âge. Elle était extrêmement précoce, lisant des livres comme *Le magicien d'Oz*, *Le petit lord Fauntleroy* et *Winnie l'ourson*, avant même d'entrer au jardin d'enfants. Un jour, elle avait six ans, je l'ai trouvée en train de lire les nouvelles de Tchekhov. Je lui ai demandé si elle comprenait tous les mots. " Oui, a-t-elle répondu, sauf sage-femme. "

« A Chapin, elle s'ennuyait. Elle avait fini d'apprendre avant tout le monde et ne sachant que faire, elle embêtait les autres. Elle pouvait se montrer effrontée et difficile, m'as-tu-vu même, donnant du fil à retordre à ceux qui s'occupaient d'elle. »

L'ennui n'expliquait pas tout. La véritable raison du peu de goût de Jackie pour son école tenait à ce que, comme dans beaucoup d'écoles sélectes de New York, les élèves devaient porter des robes d'uniforme en toile bleue, et Jackie refusait toute forme d'embrigadement.

Une de ses camarades de classe dit un jour à la mère de Jackie qu'elle était « la fille la plus mal élevée de l'école », et que les professeurs l'envoyaient « presque tous les jours » voir miss Ethel Stringfellow, la directrice.

« Que se passe-t-il quand tu vas voir miss Stringfellow ? lui demanda Janet.

— Eh bien, dit Jackie. J'entre dans son bureau, et miss Stringfellow dit : " Jacqueline, asseyez-vous. Je ne suis pas très contente de ce que j'entends sur votre compte. " Je m'assieds. Puis miss Stringfellow raconte des tas de choses... mais je n'écoute pas. »

Les parents de Jacqueline s'en furent voir la directrice. Miss Stringfellow leur déclara qu'elle était extrêmement désireuse de canaliser l'intelligence et les efforts de leur fille, car « depuis trente-cinq ans, on n'avait pas vu dans cette école un esprit aussi curieux ».

Cet entretien avec les Bouvier, au cours duquel miss Stringfellow apprit entre autres choses que Jackie était « folle » de chevaux, lui donna une idée. Lorsque Jackie réapparut dans son bureau, la directrice lui dit : « Je sais que vous adorez les chevaux ; vous me faites d'ailleurs penser à un pur-sang. Vous êtes capable de courir très vite. Vous avez de l'endurance. Vous êtes bien bâtie, et vous êtes intelligente. Mais si vous n'êtes pas débourrée et dressée correctement, vous ne serez bonne à rien. Supposez que vous ayez le plus beau cheval de course du monde, qu'en tirerez-vous, si on ne lui a pas appris à rester sur la piste, à s'immobiliser au starting-gate, à obéir aux ordres ? Il ne pourrait même pas tirer une charrette de laitier ou une benne à ordure. Il ne vous serait d'aucune utilité et vous devriez vous en débarrasser. »

La métaphore fut efficace : Jackie comprit. Elle n'avait qu'un an, lorsque sa cavalière de mère la mit pour la première fois sur un poney. Les Bouvier possédaient à Lasata sept poneys et des chevaux de chasse. Plus tard, ils les transférèrent au club équestre d'East Hampton, dirigé par Arthur G. Simmonds, vétérinaire anglais, qui allait devenir le professeur d'équitation de Jackie.

Les enfants d'Arthur, Martin et sa sœur aînée, Queenie Simmonds-Nielsen, se rappellent être montés à cheval et avoir joué avec Jackie, lorsqu'ils n'étaient encore que deux « jeunes freluquets ».

« Mon père aimait savoir où les membres du club allaient se promener avec leurs chevaux, déclarait Martin Simmonds, mais la plupart empruntaient les pistes qui sillonnaient les bois. Nous possédions près de quarante hectares de terre. Il y avait trois manèges et de vastes prairies. Tous les ans au mois d'août, le club organisait un concours hippique. Le concours hippique d'East Hampton devint une étape importante avant la compétition nationale à Madison Square Garden. Dès l'âge de cinq ans, Jackie monta régulièrement en concours à Long Island. Elle disputa des épreuves de plus en plus importantes et monta les échelons. Elle était drôlement courageuse. Lorsqu'elle tombait elle remontait immédiatement sur son cheval.

« Mais elle paraissait un peu snob. Je la vois encore arrivant pour sa leçon d'équitation dans la Duesenberg de son grand-père, le chauffeur bondissant de la voiture pour lui tenir la porte ; et après la leçon sa gouvernante l'époussetait avec une petite brosse. Il y avait devant les écuries une buvette tenue par ma mère, où les dames goûtaient de thé et de sandwiches au concombre. Jackie et sa gouvernante y prenaient souvent le thé, alors que la plupart des enfants de son âge ne songeaient qu'à grimper sur un cheval et à aller se promener. Jackie semblait aimer autant le rituel entourant le sport que le sport lui-même. Comme sa mère, elle s'imposa d'apprendre tous les arcanes de l'équitation. »

Queenie Simmonds-Nielsen se souvient que ce fut son père, qui donna à Jackie ses premières leçons : « Jackie passa tout un été à tourner au pas dans le manège, afin d'acquérir de l'assiette. L'été suivant, elle commença de trotter. Elle dut attendre très longtemps pour avoir le droit de galoper ou de sauter. Mon père était partisan de la méthode d'apprentissage classique. Il fallait non seulement apprendre à monter, mais aussi à dresser son cheval. "Un cheval, disait-il, connaît le caractère de son cavalier, et dresser un cheval dresse le cavalier." Dans un sens, Arthur Simmonds, plus que ses maîtres d'école, eut une grande influence sur Jackie.

« La mère de Jackie était elle aussi une grande cavalière, une des meilleures du club, et elle est pour beaucoup dans l'intérêt que sa fille porta aux chevaux. Le père de Jackie venait parfois voir sa fille monter, mais il passait son temps au téléphone avec le Stock-Exchange. Il semblait ne s'intéresser qu'aux affaires.

« En matière d'équitation, Janet était certainement l'élément moteur de la famille. Elle fut pendant plusieurs années maître d'équipage junior du Suffolk Fox Hounds, qui organisait chaque été deux ou trois *drags* à East Hampton. A l'époque, il y avait des renards à Long Island — il y en a d'ailleurs encore — mais on se contentait de suivre une piste artificielle. Pour le reste tout se passait dans les règles. Dicky Newton de Watermill était maître d'équipage. Il était très, très anglais. On avait le droit à tout le cérémonial, taïaut et le reste. Les gens étaient ravis qu'on traverse leur propriété. Ils sortaient de chez eux pour faire de grands signes à notre passage. Jackie participait aussi aux chasses. Nous nous arrêtions au premier ralliement, lorsque l'équipage se rassemble pour la première fois. Nous étions alors ramenés à la maison par un valet. Pour un enfant c'était un exercice exténuant, mais Jackie semblait toujours prête à continuer.

« C'est la qualité qui m'a le plus frappée chez elle, cet âpre esprit de compétition. Mon père organisait pour les enfants un rallye-papier. Il découpait une pile de vieux journaux, et, au petit matin, il allait éparpiller les morceaux de journaux à des points stratégiques de la piste. Nous essayions de suivre à cheval jusqu'à la fin du rallye, où un prix attendait le gagnant.

« Il y avait un autre concours, réservé aux enfants : un gymkhana ou course à l'œuf. Il s'agissait de parcourir une certaine distance à cheval en tenant à la main une cuillère en bois contenant un œuf. Les tout-petits allaient au pas sur leurs poneys, les plus grands trottaient. Les gagnants recevaient des coupes. On voyait tout de suite à la tête de Jackie si elle avait gagné ou pas. Sa soif de vaincre était telle qu'elle houspillait sans cesse sa sœur. Les Bouvier possédaient un poney pie, Dancestep, qui faillit un jour tuer Lee en tombant sur elle. Cet incident et l'attitude agressive de Jackie poussèrent Lee à opter pour la bicyclette et à se désintéresser des chevaux. »

Samuel Lester, ami d'enfance de Martin Simmonds, faisait travailler les chevaux du club équestre d'East Hampton. « Je sortais les chevaux et les faisais travailler, raconte-t-il. Jackie amenait parfois son cheval, ou bien c'était sa mère qui amenait le sien, et je les sortais. C'était à l'époque où leurs chevaux étaient encore à Lasata. Je ne touchais rien pour ce travail, mais je le faisais parce que j'aimais monter à cheval.

« La mère de Jackie possédait un magnifique cheval de concours alezan qui s'appelait Danseuse et dont elle fit par la suite cadeau à sa fille. Je vois encore Jackie avec ses nattes et sa tenue d'équitation — haut-de-forme, cravate, veste à col contrasté et culottes assorties au col, longues bottes de cuir — faisant parader Danseuse. Elle faisait travailler son cheval pendant des heures et ne tarda pas à ramener des rubans bleus en quantité.

« Jackie apprenait très vite. La compétition lui convenait particulièrement bien ; elle y réussissait souvent mieux qu'aux sessions d'entraînement. Et plus il y avait de monde, meilleure elle était. Toute la famille venait l'admirer : ses petits cousins, sa mère en tenue d'équitation, son père en costume de gabardine blanche, son grand-père Bouvier en panama de paille. S'il arrivait à Jackie de perdre une épreuve, tout son visage se contractait. Elle n'était contente que lorsqu'elle gagnait, qu'elle battait tous les autres enfants. »

Jamais Jackie ne dévoila à quel moment elle prit pour la première fois conscience des lézardes et des tensions qui finiraient par avoir raison du mariage Bouvier. Il lui fallut des années pour admettre que le ménage de ses parents battait de l'aile. De leur côté, ils faisaient de leur mieux pour ne rien laisser paraître de leurs différends. Bloquée par l'étau des bonnes manières et la volonté inébranlable de ne jamais perdre la face, Jackie refusa de trahir ses sentiments, même lorsque ses parents eurent décidé de se séparer et qu'elle et sa sœur furent devenues les victimes d'un divorce orageux.

Bien que Jacqueline ne voulût pas reconnaître publiquement l'échec de ses parents, leur désaccord croissant devait jouer un rôle très important dans la formation de son caractère et de sa personnalité. Il n'était personne qui ne s'aperçût que cette union si élégante, inscrite au *Social Register* (l'annuaire du « gratin ») était condamnée. La question d'argent minait leurs relations, à cause de leur incapacité à vivre selon leurs moyens et des malheurs répétés de Black Jack à la bourse. Il avait gagné beaucoup d'argent après l'abrogation de la Prohibition en achetant des actions de firmes de spiritueux, mais il reperdit tout aux courses et dans des spéculations absurdes. Ses tentatives pour cacher l'étendue de ses pertes ne réussirent qu'à augmenter son embarras. Il avait toutefois de plus en plus de mal à faire part de ses problèmes à une femme aussi ambitieuse et matérialiste que Janet Bouvier, d'autant qu'il était dépendant de son beau-père.

Il ne lui était pas non plus facile de cacher à sa famille ses dissensions conjugales. Ses parents le défendaient, intervenant sans cesse hors de propos. Les jumelles, grâce auxquelles Jack et Janet avaient fait connaissance, se trouvèrent elles aussi mêlées au conflit. En raison de son jeune âge, Lee fut préservée, mais pour Jackie, il n'y avait pas d'échappatoire. Les silences hostiles se terminaient de plus en plus souvent en disputes. Lorsqu'un orage menaçait, Jackie s'entendait conseiller « d'aller faire travailler son poney ».

Les chevaux faisaient diversion, comme le lapin qu'elle élevait dans sa baignoire à New York, et King Phar, le danois tacheté de son père, avec lequel elle aimait à gambader dans le potager de sa grand-mère à Lasata.

D'après Edie Beale, sa cousine se plaisait à inventer des jeux : « Jackie, Lee et Shella, la fille de tante Michelle, jouaient souvent ensemble à Lasata. Elles s'imaginaient voir apparaître des chevaliers et des guerriers médiévaux derrière les buissons ; elles inventaient des épopées, écrites et dirigées par Jackie, qu'elles égayaient avec du vrai maquillage et des vêtements de grandes personnes. Jackie y jouait toujours un rôle de reine ou de princesse, alors que Lee et Shella étaient ses dames d'honneur.

« Jackie n'a jamais renoncé au rôle de princesse. C'était un drôle de mélange de garçon manqué et de princesse imaginaire. Elle grimpait aux arbres, mais avait le complexe de la princesse. Elle avait même une couronne, provenant d'un costume de cirque, qu'elle portait pendant ces séances. Elle prenait le jeu très au sérieux. Elle décréta un jour son intention de s'enfuir de la maison pour devenir " Reine du Cirque ". Au fond, c'est ce qu'elle a fait. Il est étonnant de constater à quel point le monde imaginaire de Jackie s'est par la suite matérialisé, sans pour autant faire son bonheur. »

Le symbole de la « Reine du Cirque » devait poursuivre Jackie. A quatorze ans, elle écrivit une série de prédictions ironiques relatives à tous les membres de la famille. Elle se voyait en reine du cirque, admirée par « les plus grands hommes du monde », et qui épousait « le trapéziste », possible préfiguration de John F. Kennedy.

Tante Michelle garde le souvenir du garçon manqué qui ne voulait pas être en reste avec Scotty, le fils de Michelle, rustre et costaud de deux ans plus âgé que Jackie. « Le dimanche, Jackie poursuivait Scotty de pièce en pièce et jusque dans les arbres du verger de Lasata. Ils se mesuraient au tennis et au base-ball, disputaient des courses de natation dans la piscine de Maidstone ; ils formèrent une société secrète, " les frères de sang ". Shella, la sœur de Scotty, en était le troisième membre. Ils construisirent un club sur lequel ils peignirent le nom de la société, en lettres noires, parce qu'ils n'avaient pas trouvé de peinture rouge. »

Scotty était le clown et le pitre de la famille ; c'était un enfant espiègle, dont le plus grand plaisir était de jeter du sable ou des pétards sur les gens, quand ils avaient le dos tourné. C'était le sale gosse, dans toute l'acception du terme, « un petit crétin », selon les termes d'un parent éberlué. Il fut expulsé du Maidstone Club pour s'être balancé à une corde accrochée aux chevrons du plafond et avoir atterri sur la table de membres âgés au beau milieu d'un dîner dansant. De telles bouffonneries ne pouvaient que rapprocher Scotty de sa cousine ; ils étaient les deux brebis galeuses d'un troupeau qui n'en manquait pas.

Jackie était également très proche de son cousin Miche Bouvier, qui jouait auprès d'elle un rôle de grand frère. « Mon père, rapporte-t-il, mourut en 1929. Quatre ans plus tard, ma mère se remaria avec un officier de carrière de l'armée américaine. Ils étaient souvent à l'autre bout du monde, aussi m'arrivait-il souvent de passer l'été à East Hampton, tantôt chez mon grand-père, tantôt dans la famille de Jackie. »

Vers 1935, Jack et Janet Bouvier abandonnèrent Rowdy Hall pour passer l'été à Wildmoor. Cette propriété, environnée de champs de pommes de terre et appartenant au major avait été la résidence de la famille avant son installation à Lasata. Jack et Janet pouvaient en disposer gratuitement.

Miche se rappelle les trajets en voiture de New York à East Hampton par l'avenue Vanderbilt. « Le père de Jackie qui avait une excellente mémoire, racontait en conduisant des souvenirs de son enfance, de ses années de collège et de mon père. Il savait intéresser les enfants.

« Smithtown, que l'on traversait alors pour se rendre à East Hampton, était situé à mi-chemin. Nous nous y arrêtions pour manger des cornets de glace à la pistache. Puis nous reprenions la route et Jack repartait dans ses souvenirs d'enfance. Il était tellement absorbé qu'il se faisait invariablement arrêter pour excès de vitesse. Dès qu'elle entendait la sirène de la police, Lee éclatait en sanglots. Janet était furieuse, mais Jackie ne disait mot. Il lui arrivait souvent, perdue dans ses rêveries, de ne pas ouvrir la bouche de tout le voyage. C'était probablement sa façon d'échapper à la tension qui existait entre ses parents. J'aimais Janet. Nous nous entendions bien. Mais entre elle et Jack il n'en était pas de même. »

D'après John H. Davis, le fils de tante Maude qui avait le même âge que Jackie, elle allait souvent rendre visite à Edith et Edie Beale à Grey Gardens, pour échapper à l'atmosphère familiale.

« Elle aimait beaucoup tante Edith, raconte Davis. Loin des tensions que subissait Jackie dans son foyer, Edith constituait un havre apprécié. Tensions motivées par les escapades extra-conjugales de Black Jack et par ses incessants problèmes financiers. En outre, depuis la mort de Bud, il s'occupait de Miche et cherchait à le mettre en pension.

« Sa situation était difficile. Les agents de change se répartissent en deux catégories : les investisseurs et les spéculateurs. Black Jack était un spéculateur, qui achetait mardi et vendait vendredi. Il agissait sur un coup de tête. Mon père et lui partageaient le même bureau ; leurs charges étaient distinctes, mais l'adresse était la même. Malgré leurs philosophies contraires, mon père amenait souvent de nouveaux clients à Jack. Mon père, conservateur, discutait indéfiniment avec Jack, essayant sans succès de le convaincre que les placements à long terme étaient plus rentables que les placements à court terme. Ils n'étaient d'accord que pour affirmer que Joseph P. Kennedy, premier président de la Securities and Exchange Commission, agence fédérale récemment créée par Franklin D. Roosevelt pour surveiller les émissions d'actions et d'obligations et protéger le public contre d'éventuelles escroqueries, était responsable de tous leurs malheurs. Kennedy, père du futur président des Etats-Unis, venait de proscrire toutes les techniques qui lui avaient permis de gagner des millions en bourse, ce qui lui avait valu de nombreux ennemis. La contribution du père de John Kennedy à l'aggravation des difficulés du père de Jackie ne fit que compliquer une histoire déjà bien embrouillée.

« Autre source de conflit entre Jack et Janet Bouvier : la vie mondaine. Jack se fichait éperdument de ce qu'on appelle les " Quatre Cents ", c'est-à-dire le gratin. Hédoniste avant tout, il ne voulait que s'amuser. Janet, elle, ne s'intéressait qu'aux " Quatre cents ". Elle était irlandaise et n'arrivait pas à l'oublier. Parvenue, comme beaucoup d'autres de sa catégorie, elle se montrait intraitable sur les principes. Il lui avait fallu *apprendre* à être une dame. Ses parents avaient dû s'informer dans les livres de la façon de se comporter en société. Janet s'était appliquée à connaître les bonnes manières et pour rien au monde ne se serait permis la moindre incartade. Elle se dominait parfaitement, ce qui n'était pas du tout le cas de Black Jack.

« Jackie se trouvait quelque part entre les deux, aussi se tourna-t-elle vers Edith. Le samedi après-midi, elle se joignait parfois à sa tante pour écouter un opéra à la radio. Et le dimanche, Edith participait souvent au brunch familial à Lasata. Il ne fallait pas beaucoup la pousser pour qu'elle se mette à chanter. A la moindre suggestion, elle roucoulait tout son répertoire : Puccini, Cole Porter, Kurt Weill, Wagner, Verdi et que sais-je encore. Jackie était enthousiasmée. Elle se sentait très proche de sa tante, qui était une sorte de paria et d'artiste manquée.

« Edith encourageait Jackie à découvrir un moyen d'expression qui lui soit propre. Mais le major avait une influence plus directe. Pour le premier anniversaire de Jackie, il composa le premier d'une longue suite de poèmes. Il fit de même ave tous ses petits-enfants. C'étaient des poèmes sentimentaux, pleins d'allusions classiques, dont la métrique et la rime étaient rigoureusement correctes. Il était bien vu de répondre de la même manière. Jackie écrivit ses premiers poèmes et ses premières nouvelles à l'âge de sept ou huit ans. Elle les illustrait aussi de dessins au trait. Ses poèmes évoquaient la nature, le changement des saisons, des promenades au bord de la mer. Ses nouvelles mettaient généralement en scène des animaux familiers. Un de ses contes, " Les aventures de George Woofty, Esq. ", relatait les amours imaginaires de son terrier avec Caprice, un bouvier des Flandres femelle, au poil noir et brillant, dont Jack avait fait cadeau à Jackie, à cause du nom. C'était l'œuvre d'une petite fille douée, mélancolique et solitaire. »

Malgré ses efforts Jackie ne pouvait pas échapper à la rapide désintégration du mariage de ses parents. La nuit, les murs de sa chambre étaient secoués par leurs vociférations. Peut-être Jackie n'en comprenait-elle pas bien le sens, mais elle suivait leurs disputes, dont seule la fatigue avait raison.

Elle raconta par la suite à sa mère qu'il lui arrivait parfois de se glisser dans le couloir obscur pour mieux entendre les ultimatums de sa mère, les démentis et les accusations de son père. Elle restait des heures à les écouter, en priant pour un compromis.

Judith Frame, amie des Bouvier, se souvient « d'une Jackie impénétrable, qui ne laissait rien paraître de ce qu'elle savait des problèmes matrimoniaux de ses parents. C'était une enfant ravissante, qui ressemblait beaucoup à son père : les mêmes yeux brillants et écartés, le même teint mat, les mêmes pommettes saillantes. Sa sœur et elle étaient toujours bien habillées, souvent avec des tenues assorties. Elles avaient leurs " robes musicales ", des robes vertes à smocks, sur le devant desquelles couraient des notes de musique.

« Tout le monde savait que les Bouvier ne s'entendaient pas. Janet se lassa vite des soirées de poker de son mari, de ses dîners et voyages d'affaires, qui ne la trompaient plus. Il n'était pas rare de rencontrer Jack et Janet dans un dîner à East Hampton, puis de le revoir quelques heures plus tard à Gardiners Bay, au Devon Yacht Club, avec une autre fille, et pas de Janet en vue.

« Lors d'une soirée à East Hampton chez les Bouvier, Janet aurait vu son mari disparaître dans les buissons avec la femme d'un autre. Une autre fois, elle le surprit dans les bras d'une de ses amies, Tammy Welch. " Cela ne veut rien dire, affirma-t-il à Janet. Nous ne faisions que plaisanter. "

« Black Jack faisait des ravages. Il était extrêmement beau, et le savait. Il se pavanait au Maidstone comme un coq de basse-cour, s'arrangeant les cheveux, se regardant dans la glace, paradant devant les femmes. Il avait tout du don Juan : séduisant, charmant, dangereux. Il se comportait comme si tous les yeux étaient fixés sur lui. J'ignore quelle était sa taille. Peut-être un mètre quatre-vingt-trois, mais il paraissait beaucoup plus grand. C'était sa façon de bouger, d'entrer dans une pièce. Cette attitude pouvait très bien cacher un profond manque d'assurance. Comment savoir ? Il démarrait en trombe dans sa décapotable, disparaissant dans un nuage de poussière et de vapeurs de champagne.

« Arriva un moment où Janet refusa de paraître en public en compagnie de son mari. Lorsqu'ils étaient invités, elle prétextait n'importe quelle excuse pour se défiler. Elle refusait de prêter attention aux potins qui allaient bon train. Par fierté. Mais elle n'en avait pas suffisamment pour plaquer son mari — pas avant que le monde entier soit informé de leur échec. »

Anthony Cangiolosi, jeune caddie du Maidstone, put lui aussi constater que Jack Bouvier était un obsédé. « C'était un coureur de jupons, rapporte-t-il. Dès qu'on les fait un peu parler, les caddies racontent tous la même histoire. Le Maidstone possédait un des premiers dix-huit trous du pays. Et pour être membre du club, il fallait faire partie du gratin, ou donner tout au moins de sérieuses références.

« J'avais environ douze ans, lorsque j'ai commencé à y faire le caddie, et je me suis retrouvé avec Black Jack, comme l'appelaient les autres. Après ce premier parcours, il me réclama toujours. Ses pourboires dépendaient de la bourse. Si le marché était à la hausse, nous recevions une pièce de vingt-cinq *cents,* s'il était à la baisse, nous n'avions que dix *cents.* Jack était très près de ses sous, mais rien à côté de son vieux. Le major était tellement radin qu'il ne prenait pas de caddie. Quand il jouait, il demandait à Jackie ou à l'un de ses autres petits-enfants de lui servir de caddie.

« Ce qui était bien avec Black Jack, c'est qu'il ne faisait jamais plus de neuf trous. Au neuvième, se trouvait une cabane où il emmenait les dames. Il renvoyait le caddie en lui disant : " Ce sera tout, caddie, vous pouvez rapporter les sacs au club-house. "

« On faisait bien sûr semblant de rentrer, mais en fait, on abandonnait les clubs quelque part, généralement dans l'herbe haute et on allait jeter un coup d'œil par la fenêtre de la cabane. Et ils étaient là, nus comme des vers. Je me souviens surtout des cheveux de Black Jack. Il devait utiliser de la graisse à essieux, car dans le genre plats et lisses, on ne pouvait pas faire mieux.

« Pour être honnête, on dépassait rarement le cinquième trou. Black Jack arrêtait généralement au bout de quelques trous et disparaissait dans les bois avec la femme. C'était un rapide.

« Il lui arrivait de jouer à quatre, mais le plus souvent, il jouait avec des femmes mariées ravissantes et membres du club. On servait de caddie à Black Jack et à une femme, puis trois jours plus tard à cette même femme et à son mari. " Oh, merde ! " s'exclamait-on alors. Si j'avais été plus malin à l'époque, j'aurais acheté un appareil photo. »

Entre autres partenaires, Black Jack avait Virginia Kernochan, femme réservée, plus jeune que Janet de plusieurs années. En juin 1934, Virginia accompagna les Bouvier au concours hippique de Tuxedo Park Riding Academy, parce que Janet y concourait. Au cours de l'après-midi, Black Jack disparut comme à son habitude, emmenant Virginia avec lui ; ils resurgirent quatre heures plus tard, pendant la dernière épreuve.

Un photographe de l'United Press repéra Black Jack et les deux femmes au moment où ils se préparaient à partir. Janet accepta de poser pour une photo en tenue d'équitation, et se hissa sur la clôture, où elle fut rejointe par Virginia ; Black Jack se plaça, quant à lui, à côté de Virginia, lui tenant tendrement la main. Comme Janet regardait de l'autre côté, elle ne s'aperçut pas du manège, mais la publication, le lendemain dans le *New York Daily News,* ne laissa plus de place au doute : le chroniqueur mondain Maury Paul (Cholly Knickerbocker) ne tarda pas à écrire que les Bouvier et miss Kernochan faisaient ménage à trois.

Si Janet n'ignorait rien des aventures préconjugales de son mari et s'amusait de l'attrait qu'il exerçait sur les autres femmes, il n'était pas dans son intention de fermer plus longtemps les yeux sur une telle attitude. Pas plus d'ailleurs que son père. Pour éviter à Janet de commettre la même erreur que lui, James Lee recommanda à sa fille l'un des plus grands avocats de New York et la poussa à prendre rendez-vous avec lui. Persuadée de pouvoir encore sauver son ménage en faisant valoir à son libertin de mari les conséquences de son attitude scandaleuse, Janet ne céda pas tout de suite.

Mais rien n'y fit. Franklyn Ives, assureur de son métier, avait loué la maison voisine de Wildmoor sur Appaquogue Road, durant l'été 1936, et fut témoin d'événements qui devaient se révéler fatals. « Je me trouvais là au début du mois de mai, pour mettre en état la propriété avant la saison, raconte Ives. La foule des estivants n'était pas encore arrivée, et East Hampton ressemblait à une ville fantôme. Le vendredi, une Ford décapotable s'engagea dans l'allée de mon voisin. Trois hommes en descendirent. C'était Jack Bouvier et deux agents de change de ses amis.

« Black Jack se montra très aimable. Dès qu'ils me virent, ses copains et lui s'approchèrent et se présentèrent. J'avais entendu parler des Bouvier par les propriétaires de la maison que je louais. Je savais qu'il avait deux exquises petites filles, de nombreux chiens de race, une mère charmante qui adorait les chevaux et un père agent de change qui avait quelques problèmes financiers. Mais l'histoire ne s'arrêtait pas là.

« Black Jack n'était pas arrivé depuis une heure qu'une autre voiture stoppait devant la maison et trois filles en sortaient — toutes remarquablement belles et âgées d'une vingtaine d'années. L'une d'elles, une sculpturale rousse, avec des jambes somptueuses, était manifestement avec Jack.

« Je ne tardais pas à apprendre que Wildmoor, avec ses six chambres et sa vue magnifique, servait, pendant la saison morte, de retraite aux amis de Black Jack ; ils préparaient leurs attirails de pêche, pour donner le change à leurs épouses, alors qu'en réalité ils s'apprêtaient à passer un week-end libertin à Wildmoor en compagnie d'une flopée de jolies filles.

« Pendant l'été, la situation s'inversait. Les épouses s'installaient à East Hampton avec leurs enfants, tandis que les hommes passaient la semaine à New York. Après sa journée de travail, Black recevait dans son duplex de Park Avenue, sans dévoiler que l'appartement appartenait en réalité à son beau-père. Tout le monde s'imaginait qu'il était plein aux as.

« La rousse aux jambes fabuleuses était danseuse dans une boîte de nuit. Cet été-là, Jack et elle tinrent le devant de la scène, bien qu'il sortît en même temps avec beaucoup d'autres filles. Janet et lui étaient devenus de parfaits étrangers. Ils vivaient dans la même maison, mais ne partageaient pas le même lit. Ils ne pouvaient pas s'adresser la parole sans se disputer. Ils n'avaient plus rien à se dire.

« Au cours des trois ou quatre mois qui suivirent, je me liais d'amitié avec Black Jack. Pour autant que je le connaissais, je ne suis pas sûr qu'il ait été pleinement conscient de ses actions. Je garde le souvenir d'un homme plein de contrastes et toujours porté aux extrêmes, qui se partageait entre l'amour et la haine ; la gentillesse et la brutalité ; la délicatesse et l'insensibilité. Il était de ceux dont on parlait dans la société new-yorkaise. Des dizaines d'histoires couraient sur son compte. J'ai même entendu dire qu'il était bisexuel, qu'il lui arrivait de sortir avec des hommes, que Cole Porter était son amant. Je ne sais pas dans quelle mesure cette histoire est vraie. Je sais seulement qu'il était de la même promotion que Cole Porter à Yale. Je sais aussi que Jack était un chaud lapin, et qu'il affectionnait le Cerruti's, un bar d'homosexuels sur Madison Avenue. Il y avait un merveilleux pianiste au

Cerruti's, Garland Wilson. Mais je soupçonne Jack de n'y être allé que pour s'imprégner de l'atmosphère. »

Alexandra Webb, qui hantait les mêmes cercles que Jack et Janet, résuma en quelques traits féroces le mariage Bouvier : « Janet épousa Jack parce que son nom figurait dans le bottin mondain. Jack épousa Janet parce que son père dirigeait une banque. Elle était une garce et lui un salaud ; en fin de compte, ils furent tous les deux déçus. »

3

Jack humilia sa femme une fois de trop, le 30 septembre 1936, Jackie avait alors sept ans, Janet Bouvier exigea une séparation de six mois. Le major étant le seul membre de la famille de son mari en qui elle eût encore confiance, Janet accepta de le laisser rédiger l'acte de séparation. Elle avait la garde temporaire des enfants et Jack avait un droit de visite le week-end. Ce dernier devait payer 1 050 dollars par mois « pour subvenir aux besoins de Janet, Jacqueline et Lee ».

Black Jack quitta le duplex de Park Avenue et alla s'installer dans une chambre d'hôtel, petite mais ensoleillée, du Westbury, sur Madison Avenue et la 69e Rue. Bien qu'il conservât la tête haute, il se trouvait confronté à de nouvelles difficultés financières. Outre la pension alimentaire de sa femme et de ses filles, il était l'objet d'une poursuite judiciaire de la part du groupe M.C. Bouvier en recouvrement de milliers de dollars de dettes (dont un prêt de 25 000 dollars prolongé en 1930), sans compter une menace de saisie du fisc pour plus de 40 000 dollars.

Malgré ces ennuis, Black Jack menait tambour battant ses week-ends avec ses enfants. Ils avaient mis au point un signal secret, alternance de coups de klaxon longs et brefs, et au premier coup, Jackie (son père la surnommait « Jacks ») accourait et se jetait sur le siège avant, à côté de son père. Lee (« Pekes ») arrivait sur ses talons.

Ils avaient leurs passe-temps favoris et leurs lieux de prédilection, dont le zoo du Bronx et Belmont Park, où Black Jack présentait fièrement ses filles aux jockeys sur le paddock avant les courses. Il y avait aussi les courses de boghei à Central Park, le shopping dans la Cinquième Avenue, les visites au Metropolitan Museum. Ou bien Black invitait quelques amies de ses enfants à déjeuner chez Schrafft, avant de les emmener au cinéma, et manger des glaces. D'autres fois, ils allaient à Baker Field, au stade de l'université de Columbia, pour faire de l'aviron, assister à des épreuves de sélection de base-ball en automne.

Comme tous les chiens de la famille étaient maintenant à Long Island, Jack s'était arrangé avec plusieurs magasins de Manhattan pour en emprunter. Le dimanche, il entrait souvent avec ses filles dans un de ces magasins ; ils repéraient les cabots les plus misérables et les plus tristes, laissaient une caution et les emmenaient se promener à Central Park. Ils ramenaient ensuite les chiens et récupéraient leur caution.

Black Jack réussit un jour à obtenir de Janet qu'elle lui laisse les filles le vendredi matin, pour les emmener à Wall Street. John Ficke, comptable à la petite charge de Jack Bouvier, conduisit, ce matin-là, les filles à la bourse. « Il y avait deux galeries, raconte Ficke une pour la canaille, l'autre pour les agents de change et leurs invités. Jack avait réussi à réserver la deuxième pour ses filles. Il parlait depuis des semaines de leur prochaine visite, aussi le brouhaha fut-il à son comble lorsqu'elles apparurent. Ces deux adorables petites filles, qui se tenaient seules là-haut, étaient donc les filles de Jack. La salle éclata en applaudissements et en acclamations. Les filles étaient ravies. Elles firent de petites révérences à la foule qui explosa de nouveau. Si Wall Street avait fêté Black Jack en l'arrosant d'une pluie de serpentins, il n'aurait pas été plus heureux. Il était follement fier de ses filles. »

Judith Frame se rappelle combien « Jackie s'amusait avec son père. Elle vivait dans l'attente de ces week-ends. Il était la personne qui lui était le plus proche. En sa présence, elle rayonnait littéralement. Enfant, elle était plus en harmonie avec un père chaleureux et extraverti qu'avec une mère froide et méthodique, mais par la suite je pense que les choses changèrent.

« Il faut dire que Jackie était plus proche des Bouvier que des Lee. Elle se considérait comme une Bouvier et resta longtemps sous leur coupe. A l'exception peut-être, du major, les Bouvier estimaient que Janet était la principale responsable de l'échec de ce mariage. Ils lui reprochaient tout ce qu'elle avait dit ou fait. Ils se livrèrent à une véritable campagne d'intoxication sur la personne de Jackie. Si on répète à une enfant que c'est à cause de sa mère qu'elle ne peut pas voir son poney, elle finit par lui en vouloir.

« Janet avait en outre le malheur d'être perfectionniste. C'était à elle que revenait la tâche d'éduquer ses filles, de leur apprendre les bonnes manières, de leur dire de ne pas s'avachir sur les sièges, de boire leur lait, de se brosser les dents et d'aller se coucher. Elle avait un esprit pratique, terre à terre. Janet qui était en tout point conventionnelle comptait bien donner à ses filles l'éducation qu'elle avait elle-même reçue. " On ne trouve pas l'argent sous le sabot d'un cheval ", ne cessait-elle de leur répéter.

« Leur père, au contraire, ne leur refusait rien. Il les emmenait au zoo, manger des glaces, acheter des habits et des bijoux chez Saks, Bonwit Teller, Bergdorf Goodman et de Pinna. Il avait beau se trouver à court d'argent il se montrait follement généreux dès qu'il s'agissait de ses filles. Jack et Janet avaient des vues diamétralement opposées sur la manière d'élever leurs enfants. Leur mère voulait en faire des jeunes filles de la bonne société ; leur père les encourageait à sortir du lot commun et à se faire remarquer. C'était une question de style. Mais aux yeux des enfants, Janet était l'ogre, alors que Jack était paré de toutes les vertus. »

Black Jack prit l'initiative de la réconciliation qui rassembla la famille en 1937. Janet ne pensait pas que cela puisse être durable, mais elle essaya, pour les enfants. Cet été-là, ils louèrent une villa surplombant les dunes de sable d'East Hampton.

Les événements suivants sont consignés dans une déposition sous serment, faite en 1939 par Bertha Kimmerle, que Janet engagea pour s'occuper de Jacqueline et de Lee à la place de Bertha Newey. Le départ forcé de Bertha Newey, à une période critique de l'enfance de Jackie, ne fit qu'aggraver sa tension. Jackie avait supplié sa mère de reprendre miss Newey, mais l'événement qui avait conduit à son renvoi avait envenimé les rapports. Mrs. James T. Lee, qui était venue faire une visite impromptue à ses petits-enfants dans leur duplex de Manhattan, crut à une insolence de la part de Jacqueline et voulut la gifler. Bertha Newey s'avança pour protéger l'enfant et reçut le soufflet, qu'elle n'hésita pas à retourner à Mrs. Lee[1].

Miss Kimmerle resta chez les Bouvier d'août 1937 à décembre 1938, époque à laquelle Janet la renvoya. Elle affirme avoir remarqué, dès la première semaine, que le ménage Bouvier ne s'entendait pas. La mère de Jackie était « une femme volontaire, qui faisait ce qu'elle voulait, quand et où elle le voulait. Lorsqu'elle était sortie, ce qui était fréquent, les enfants restaient avec moi.

« Mr. Bouvier demeurait souvent seul à la maison, mais l'amour qu'il portait à ses filles et qu'elles lui rendaient bien n'échappait à personne. Elles recherchaient invariablement la compagnie de leur père... Surtout Jacqueline..., enfant particulièrement brillante, qui adorait les chevaux. La petite Lee était une adorable petite souris, moins tendue et éveillée que sa sœur, mais forte, gentille et tendre. »

D'après la déposition Kimmerle, Jacqueline et Lee semblaient plus réservées en présence de leur mère que de leur père. Cela tenait sans doute aux fréquents accès d'humeur de Mrs. Bouvier. « Je n'étais pas chez eux depuis dix jours, lorsque Mrs. Bouvier donna une grosse fessée à Jacqueline, parce que la petite fille avait fait trop de bruit en jouant. Il n'était pas rare qu'elle corrigeât Jacqueline ou qu'elle se fâchât contre elle pour quelque obscure raison. »

Miss Kimmerle rapporte un incident qui eut lieu le dimanche 26 septembre 1937. « Mrs. Bouvier fit venir son père. Je crus comprendre qu'elle était furieuse parce que Mr. Bouvier ne s'était pas trouvé d'avocat en ville. Une bruyante dispute s'éleva entre Mrs. Bouvier, Mr. Lee et Mr. Bouvier, et la petite Jacqueline vint me trouver en courant. " Regardez ce qu'ils font à mon papa ! " dit-elle avant d'éclater en sanglots. »

Triste été pour Jackie. Martin Simmonds la voyait lorsqu'elle venait au club d'équitation d'East Hampton, pour sa reprise. « Tout se sait à East Hampton, raconte Martin. Tout le monde est au courant des affaires des autres. Tout le monde savait ce qui se passait chez les Bouvier. Leurs

---

1. Les témoignages de Bertha Newey sont publiés dans l'ouvrage de John H. Davis, *The Kennedys : Dynasty and Disaster*, pp. 177-186. Ce livre contient également des passages des dépositions de Bertha Kimmerle et de Bernice Anderson, femme de chambre chez les Bouvier.

problèmes alimentaient les pires potins. Tous les enfants étaient au courant et certains ne manquaient pas d'asticoter Jackie. Mais quand elle ne voulait rien entendre, elle n'écoutait rien. Pour une petite fille elle avait beaucoup de cran. »

Fanny Gardiner, membre fondateur de l'East Hampton Riding Club, « avait de la peine » pour Jackie. « Jamais je n'oublierai la Jackie que j'ai connue à cette époque. C'était une enfant mélancolique, qui errait dans le club comme un chaton qui a perdu sa mère, discutait avec les garçons d'écurie et s'occupait des chevaux. Elle ne méprisait pas les jeux d'enfants ; elle montait aux arbres, sautait à la corde et jouait à cache-cache avec ses cousins, mais on sentait qu'elle était à des lieues, dans un monde imaginaire. »

En septembre, alors que leur mariage ne tenait plus que par un fil, les Bouvier acceptèrent de passer dix jours à la Havane avec Earl E.T. Smith et Consuelo Vanderbilt, l'épouse du moment. Smith, associé dans la société d'investissement Paige, Smith & Remick, fréquentait parfois Black Jack. « Ma femme et moi jouions au golf avec Jack et Janet, se rappelle Smith. Nous entretenions des relations amicales. Lorsque nous avons compris que leur mariage allait à la catastrophe, nous les avons invités à La Havane. Nous pensions que loin de New York et en compagnie d'amis, ils pourraient régler leurs différends. »

Malgré tout l'éclat de l'ère pré-Castro, La Havane ne fut que le Waterloo de Black Jack. Avant la fin du mois, les Bouvier étaient de nouveau à New York, vivant chacun de son côté. Ils acceptèrent cette fois d'évoquer une « séparation définitive ». Black Jack disait à qui voulait l'entendre qu'il avait voulu sauver leur mariage, mais que sa femme avait refusé.

De l'hôtel Alcazar à Miami, où il passait les fêtes de Noël 1937, Jack écrivit une longue lettre décousue à son beau-père, pour lui demander de l'aider à se réconcilier avec Janet ; il accusait aussi sa femme d'être tombée amoureuse d'un autre homme. Il identifiait « l'autre homme » à Earl E.T. Smith et faisait remonter la trahison à leur séjour à Cuba chez les Smith. Bien que cette lettre n'accuse pas Janet d'avoir eu une liaison avec Smith, ses insinuations sont assez claires :

> *Mon cher Mr. Lee,*
> *Je vous écris pour vous demander aide et conseil dans une situation si importante pour Janet, moi-même et nos deux enfants qu'elle en a presque atteint des proportions effrayantes. Comme Janet a dû vous le dire, elle se croit ou se sait amoureuse d'Earl Smith, ce qui est en soi un coup mortel, mais que je voyais venir depuis longtemps. Il faut dire que le cadre s'y prêtait et que Smith n'a laissé aucun répit à Janet...*
> *Ce voyage loin de notre monde a été terrible. Janet n'a plus guère de sentiments pour moi. Et je pense que cela vient en grande partie du fait que dans un accès de folle jalousie, provoqué par dix jours d'insinuations de la part de Mrs. Smith, je posai devant [Mrs. Smith]*

une question que je n'aurais jamais posée si j'avais été moi-même...

Je mérite sans doute de perdre Janet, car je n'ai jamais été un bon mari et peut-être faut-il voir là un effet de boomerang et je n'ai que ce que je mérite. Mais je l'aime et l'adore toujours... et je ne peux pas la laisser briser son foyer, et la vie de ses enfants, tant que j'ai encore une chance de l'éviter.

Au verso, presque en manière de post-scriptum, Black Jack avait écrit au crayon : « Jacqueline et Lee proposent que nous pardonnions et oubliions tout maintenant que nous sommes pratiquement à égalité, et que, pour changer, nous appliquions sur elles le système de la double commande. »

Des années plus tard, Earl Smith se montra quelque peu étonné à la lecture de cette lettre. « Je suis flatté, déclara-t-il, mais je ne savais pas que Janet était amoureuse de moi. A l'époque, j'étais marié et très heureux avec ma femme. En plus, j'aimais beaucoup Black Jack. Je m'entendais bien avec lui, en tout cas je le croyais. On dirait vraiment qu'il cherchait une tête de Turc. Il n'y a jamais rien eu, je le jure. En fait, je n'ai revu Janet que des années après leur séjour. »

Janes T. Lee ne répondit pas à cette lettre. Il en était venu à détester Black Jack et ne souhaitait qu'une chose : la dissolution légale du mariage de sa fille. Ce qui l'ennuyait le plus, c'était d'avoir à rencontrer Black Jack au Maidstone Club, aussi demanda-t-il au club de lui louer une nouvelle cabane le plus loin possible de celle des Bouvier.

Certains autres membres de la famille Lee lui en voulaient également beaucoup. En 1936, Winifred Lee, la sœur cadette de Janet, avait épousé Franklin d'Olier, Jr., homme d'affaires de Philadelphie, qui qualifiait Black Jack de « personnage douteux », tandis que Winifred disait de lui : « Black Jack n'avait pas la moindre excuse. C'était un type épouvantable. La lie. Un individu de la pire espèce. »

En juin 1938, Black Jack loua la maison d'East Hampton qu'il avait occupée l'été précédent avec Janet. Il la supplia de passer l'été avec lui et de faire un dernier effort pour sauver leur ménage. Janet refusa et loua une maison pour elle et ses filles à Bellport, à une soixantaine de kilomètres d'East Hampton.

Si l'on se réfère à la déposition de Bertha Kimmerle, Janet ne fut guère visible cet été-là. Elle fit de nombreuses escapades avec les hommes qui faisaient maintenant partie de sa vie, laissant Jackie et Lee à la garde de leur gouvernante et d'une femme de chambre. Sous aucun prétexte, avait-elle dit aux domestiques, on ne devait laisser Black Jack entrer dans la maison.

Selon la même déposition, la seule mention du nom de son mari mettait Janet en fureur. Elle alla jusqu'à recommander à miss Kimmerle de fesser les enfants si elles réclamaient leur père.

Janet n'était généralement ni cruelle ni insensée, mais il était clair qu'elle se sentait engagée dans une lutte sans merci avec son mari pour l'affection de leurs enfants. Bernice Anderson, la femme de chambre de la famille, déclare dans sa déposition que Jacqueline menaçait souvent de s'enfuir chez son père. « Un jour, rapporte-t-elle, alors que sa mère était partie, Jacqueline me demanda de l'aider à chercher dans l'annuaire le numéro de téléphone de son père ; elle était trop malheureuse et voulait lui parler immédiatement. »

L'acte de séparation, quelque peu modifié, prévoyait que les filles passent le mois d'août avec leur père. Mais cette perspective tant attendue ne se matérialisa jamais. Plusieurs obstacles se présentèrent, dont le moindre n'était pas l'attitude des filles elles-mêmes, surtout de Jackie. L'enfant, autrefois si vive, sûre d'elle-même et énergique, avait changé. Elle devenait timide, et, pour cacher sa timidité, elle adoptait une attitude distante, presque royale.

Pour mettre le comble à l'angoisse que lui procurait la séparation de ses parents, Jackie remarqua un changement à Lasata. Si elle était trop jeune pour bien comprendre ce qui se passait, il était clair pour le reste de la famille que le major avait une maîtresse, une femme de trente ans plus jeune que lui. Mrs. Mabel Ferguson était une séduisante Anglaise, travaillant à New York pour l'ambassade britannique. Ils se voyaient très souvent, ce qui ne les empêchait pas d'échanger une volumineuse correspondance. Le major agrémentait ses lettres victoriennes et fleuries de poèmes coquins, de billets doux et d'amusantes spéculations sur la nature de l'amour, de la sexualité et du mariage. Il lui achetait des vêtements et lui prêtait de l'argent qu'il ne revit jamais. « Il était tombé amoureux d'elle, dit Edie Beale, et lorsque grand-mère s'en aperçut, elle en eut le cœur brisé. Cette histoire la tua. »

« Les étés dorés » de Lasata, comme les appelle John Davis dans son histoire de la famille, n'étaient plus qu'un souvenir. Quatre des cinq enfants du major seraient bientôt divorcés ; l'un était mort. Le major lui-même, considéré comme le plus solide de la famille, avait pratiquement abandonné une épouse dévouée. Cet homme dominateur l'avait complètement humiliée.

« Grand-mère Maude avait toujours été le ciment de la famille, déclare encore Edie Beale. Les pièces rapportées ne constituaient guère un problème ; elles étaient immédiatement englobées. Mais les divorces, les séparations, les liaisons contribuèrent à l'effondrement de l'ensemble.

« Tous les membres de la famille en vinrent à se haïr. Ils étaient atroces les uns envers les autres. Leurs enfants étaient un sujet permanent de rivalité. C'était odieux, et créait un mur d'animosité et de rivalité qui divisait la famille en plusieurs factions. »

Bouvier Beale, le frère avocat d'Edie, voyait les choses de la même façon : « Les Bouvier se battaient sans arrêt. Tout le monde se disputait. Toute douceur, tout amour avaient disparu de cette famille. Les réunions du dimanche à Lasata étaient un véritable supplice. On commençait par se dire des amabilités, on se serrait la main, et dix minutes plus tard, on se prenait à la gorge. Trois heures plus tard, on se serrait de nouveau la main et on se quittait. La scène se répétait chaque week-end. Grand-mère Maude maintenait un semblant d'harmonie, mais au bout d'un certain temps, la désunion fut consommée. »

En septembre, Jackie et Lee retournèrent auprès de leur mère. Elles avaient quitté le duplex de Park Avenue pour un appartement plus petit au 1, Gracie Square, près de l'école de miss Chapin. Jackie prenait des leçons de danse classique trois fois par semaine avec miss O'Neill au Metropolitan Opera House et allait une fois par semaine au Colony Club, pour le cours de danse de miss Hubbell, où les garçons portaient des vestes d'Eton ou des costumes bleus, et les filles, leurs plus belles robes du soir. Le week-end et l'après-midi après l'école, elle montait Danseuse ; son père avait accepté de payer la pension de la jument chez Durland, écurie de la 66ᵉ Rue Ouest.

En dépit de ces avantages, la situation à la maison ne cessait de se détériorer. Bernice Anderson, qui avait suivi Janet et ses filles dans l'appartement de Gracie Square, prétendait que Mrs. Bouvier buvait, prenait des somnifères, ne se levait pas avant midi et se montrait à la fois nerveuse et déprimée. Le comportement de Janet n'était pas fait pour apaiser les enfants. Pour la première fois les résultats scolaires de Jackie chutèrent. Elle avait de fréquentes altercations avec sa mère, alors que Lee s'effondrait dans d'incontrôlables crises de larmes.

Dans le courant de l'année 1939, Janet choisit pour avocat de son divorce William Evarts du cabinet de Milbank, Tweed & Holt. Evarts conseilla immédiatement à Janet d'engager un détective privé, chargé de réunir les preuves de l'inconduite de son mari. L'adultère, lui expliqua-t-il, était une cause de divorce automatique dans l'État de New York et lui garantirait un jugement avantageux.

Evarts lui recommanda le meilleur dans sa partie, et Janet lui téléphona. Quelques semaines plus tard le détective revient avec un nom : Marjorie Berrien, jeune femme du monde et dernière des nombreuses conquêtes de Black Jack. Il avait aussi découvert l'identité de plusieurs des femmes avec lesquelles Jack était sorti, alors qu'il vivait toujours avec sa femme, dont celles qui fréquentaient les parties fines d'East Hampton à la morte saison.

Muni de noms, de dates, d'heures, de lieux et même de photos, l'avocat de Janet s'adressa à la presse. Le 16 janvier 1940 le *New York Daily Mirror* publiait sous le titre provocant, « UN AGENT DE CHANGE DE LA HAUTE SOCIÉTÉ ASSIGNÉ EN DIVORCE », un article impliquant Black Jack dans une série d'adultères et citant Marjorie Berrien comme une de ses compagnes régulières.

L'article, jugé sensationnel, fut repris par les principales agences de presse, et presque tous les journaux entre New York et la Californie le publièrent. Jacqueline se sentit marquée du signe de l'infamie. Elle en éprouva un profond malaise. Ce n'était pas tant les infidélités et les liaisons passagères des gens de son monde qui la choquaient, que le fait de voir son père attaqué dans la presse et de surprendre les conversations de ses camarades de classe et de ses amies.

Janet s'était lancée dans une intense vie mondaine et son avocat craignait que cela ne complique le déroulement de la procédure ; de fait, Black Jack s'était donné la peine de réunir les témoignages de plusieurs employés de maison. Il fut donc décidé qu'elle demanderait le divorce dans le Nevada pour « cruauté mentale ». Le 6 juin 1940, deux mois après la mort de

Maude Sargeant-Bouvier, Janet et les enfants montaient dans un train à Grand Central Station et arrivaient quarante-huit heures plus tard à Reno dans le Nevada.

A l'exception de quelques excursions au lac Tahoe et d'une série d'entretiens avec son avocat, George Thatcher, du cabinet Thatcher & Woordburn, le plus important et le plus cher de Reno, Janet passa six semaines à monter à cheval avec Jackie et à se baigner avec Lee dans la piscine.

Le 22 juillet, à 9 h 30 du matin, la Rolls-Royce noire de Thatcher, emmenant Janet, George Thatcher et Ruth Peigh, dont le mari était propriétaire du Lazy-A-Bar, où Janet et ses filles avaient pris pension, s'arrêta devant l'entrée latérale du tribunal d'arrondissement de Washoe. Janet portait un tailleur blanc, des escarpins blancs et un nœud blanc dans ses cheveux noir de jais. Ils entrèrent par l'arrière du bâtiment et gagnèrent la salle d'audience qui se trouvait au premier étage.

Ce fut une audience à huis clos, devant le greffier, une sténographe et le juge d'arrondissement, William McKnight. Jack Bouvier était représenté par Charles Cantwell, avocat local, dont la seule intervention fut un large sourire, qu'expliquaient peut-être les honoraires escomptés. L'avocat de Janet prit la parole et Mrs. Peigh attesta que Janet résidait dans le comté de Washoe « depuis au moins six semaines ». Après le bref témoignage de Mrs. Peigh, Janet se plaça à la barre des témoins pour répondre à plusieurs questions de pure forme, avant de donner son point de vue sur l'échec de son mariage :

> *Mon mari et moi nous sommes séparés de la fin de septembre 1936 à avril 1937 ; depuis un an il me négligeait. Il a quitté un jour le domicile conjugal, sans me dire où il allait, et son absence a duré plusieurs jours. Je m'inquiétais mortellement, et quand je lui en faisais la remarque, il se mettait dans des colères noires ; il jurait, me maudissait, et se montrait grossier. En avril 1937, nous nous sommes réconciliés, sans qu'il s'amendât pour autant ; il s'est mis au contraire à multiplier les remarques insultantes, sur mon père en particulier, mais aussi sur le reste de la famille. En septembre 1937, nous nous sommes séparés pour de bon... J'en étais malade...*

L'audience n'avait pas duré plus de vingt minutes, les termes du divorce ayant été préalablement discutés par les avocats des parties adverses. Il fut finalement convenu que Jack Bouvier devrait verser 1 000 dollars par mois à Janet — la moitié pour elle, la moitié pour les enfants. Outre cette somme, de cinquante dollars inférieure à celle versée durant la période de séparation, il était maintenant responsable de « toutes les dépenses médicales, chirurgicales et dentaires, ainsi que des frais d'éducation de chacune de ses filles durant leurs minorités respectives », ce qui incluait « l'externat ou l'internat, le collège et l'université, ainsi que les cours, notamment l'éducation physique, non compris dans la scolarité. » Il accepta enfin de payer 2 500 dollars pour couvrir les frais judiciaires de Janet.

En contrepartie, Black Jack obtenait le droit de recevoir ses enfants un week-end sur deux, un jour par semaine (après l'école), la moitié des vacances de Noël et de Pâques et six semaines chaque été (du 1er août au 15 septembre). Seul inconvénient : le droit inaliénable de Janet de se remarier, qui risquait de poser des problèmes à Jack pour voir ses enfants. Lorsque la situation se présenta, que Janet se remaria et alla vivre ailleurs, Black Jack se crut obligé de faire une déclaration publique : « Dans ma génération, ce sont les femmes qui sont les vainqueurs. »

4

Jacqueline avait à peine onze ans au moment du divorce de ses parents ; c'était assez pour subir de plein fouet l'écroulement de son monde, mais pas assez pour en comprendre tout le sens. Elle s'inventa instinctivement un refuge où elle se retranchait dès qu'elle en ressentait le besoin. Elle s'habitua à participer aux événements sans s'y impliquer, à observer sans être vue. Elle devint en quelque sorte une voyeuse, une spectatrice ; et donna la priorité à son monde intérieur, auquel nul n'avait accès.

En apparence, rien n'avait changé dans son existence. Elle s'adonnait aux mêmes activités, et lisait plus que jamais. Elle s'était plongée dans la littérature romantique, dévorant *Autant en emporte le vent* et les œuvres complètes de Byron, de même qu'une biographie du poète par André Maurois. Elle s'était constitué une bibliothèque sur la danse et suivait toujours avec ténacité ses cours de danse classique. Elle écoutait de la musique, écrivait des poèmes, peignait et dessinait. En 1941, elle remporta une double victoire aux épreuves hippiques juniors des championnats nationaux de Madison Square Garden. Revêtue de l'accoutrement complet des Indiens d'Amérique, elle gagna le premier prix à l'épreuve costumée du club hippique d'East Hampton. Plus tard, dans une robe de dentelle à l'ancienne mode, elle conduisait un boghei au défilé annuel de bienfaisance d'East Hampton, organisé par l'association féminine pour l'embellissement du village.

Jackie était une enfant volontaire, mais d'humeur changeante, morose un instant, gaie l'instant suivant. Le moindre de ses mouvements trahissait une grande détermination. Pour coller un timbre sur une enveloppe, elle se servait de son poing. Lorsqu'elle aimait un livre, elle ingurgitait toute l'œuvre de son auteur. Elle avait, comme le fait remarquer Stephen Birmingham dans le portrait qu'il fait d'elle, une étonnante influence sur les gens, « une étrange facilité à obtenir ce qu'elle voulait d'eux, à les obliger à l'accompagner où elle voulait, à jouer aux jeux qu'elle avait décidés. " Devinez le nom de la chanson à laquelle je pense ", dit-elle un matin à East Hampton à plusieurs de ses amies. Les amies passèrent la matinée, assises autour d'elle,

41

à essayer de découvrir le nom de la chanson en question. Et tout ça pour Jackie [1]. »

Tant d'énergie ne servait à rien face à la destruction du couple parental. Lee et elle n'étaient plus que des pions sur un échiquier ; c'était à qui, du père ou de la mère, les accaparerait le plus. Au milieu de cette lutte, Jackie essayait de maintenir son équilibre.

Grâce à l'allocation mensuelle qu'il leur versait en plus des sommes prévues dans le jugement de divorce, Black Jack Bouvier restait en faveur auprès de ses filles. Libéré des contraintes du mariage, Jack, alors âgé de cinquante ans, abandonna sa chambre de l'hôtel Westbury pour s'installer dans un appartement de deux pièces au 125 de la 74e Rue Est, où il reprit la vie insouciante qu'il avait connue et aimée avant son mariage, tout en goûtant les joies de la paternité.

Tandis que Black Jack sortait avec les plus belles jeunes femmes de New York, Janet s'efforçait d'élargir son horizon. Grâce à Mrs. Eugene Meyer, une amie de Washington, dont le mari possédait le *Washington Post* et *Newsweek,* elle fit la connaissance de Hugh Dudley Auchincloss, Jr., grand gaillard à l'allure de gros nounours, aux yeux souriants et au caractère agréable. Diplômé de Groton, de Yale et de l'école de droit de Columbia, Auchincloss exerça ses compétences juridiques à New York de 1924 à 1926, dans la nouvelle division de l'aéronautique du ministère du Commerce à Washington. On le retrouve ensuite sous le président Herbert Hoover au ministère des Affaires étrangères, division de l'Europe occidentale, poste dont il démissionna en 1931 pour fonder la banque d'affaires Auchincloss, Parker & Redpath, dont le siège social était à Washington et qui avait des agences à New York et dans les principales villes de la côte Est. Quoique de sept ans plus jeune que Jack Bouvier, Hughdie, comme l'appelaient ses amis, était infiniment plus mûr et plus solide. Il faisait preuve d'une force de caractère que Janet n'avait pas trouvée chez son premier mari.

Les Auchincloss étaient d'origine écossaise. Le premier à s'installer en Amérique, en 1803, avait monté une florissante affaire d'importation et de distribution de fil. Les générations ultérieures investirent dans les nitrates et les chemins de fer, la banque ou l'immobilier ; certains s'installèrent à New York et Long Island et firent de riches mariages, s'alliant avec les familles Bundy, Grosvenor, Saltonstall, Tiffany, Vanderbilt et Winthrop, pour n'en citer que quelques-unes.

Le père de Hughdie, Hugh D. Auchincloss, Sr., épousa Emma Brewster Jennings, fille d'Oliver B. Jennings, cofondateur avec John D. Rockefeller de la Standard Oil. Une bonne partie de la fortune héritée de sa mère échut par la suite à Hughdie. Les Auchincloss possédaient une fortune et un statut social beaucoup plus élevés que les Lee ou les Bouvier. Toutefois, comme la majorité des familles patriciennes de la Nouvelle-Angleterre, ils croyaient au travail, à la philanthropie et à la discrétion.

---

1. Stephen Birmingham, *Jacqueline Bouvier Kennedy Onassis,* 1969, p. 35.

Malgré ces prestigieuses références, Hughdie avait un passé conjugal chargé. Lorsqu'il rencontra Janet, il avait déjà divorcé deux fois. Sa première femme, Maria Chrapovitsky, était la fille d'un officier de marine russe ; la seconde était Nina Gore Vidal, fille alcoolique de Thomas P. Gore, sénateur de l'Oklahoma, et mère de l'écrivain Gore Vidal (alors connu sous le nom d'Eugene Vidal, Jr.). Hughdie avait déjà trois enfants : Hugh Dudley III (surnommé Yusha), de son premier mariage ; Nina Gore (Nini) et Thomas Gore, du second.

« Je vivais avec mon père à Merrywood, la propriété de famille à McLean, en Virginie, lorsqu'il a commencé à sortir avec Janet en 1941, raconte Yusha Auchincloss. Cette année-là, Janet vint passer les vacances de Noël à Merrywood avec nous et elle emmena Jackie et Lee. J'avais deux ans de plus que Jackie, mais elle était si vive et fine pour son âge, que cette différence en fut immédiatement effacée. »

Janet et Hughdie continuèrent de se voir régulièrement, souvent le week-end, dans son appartement new-yorkais du 950, Park Avenue. En mars 1942, il emmena Yusha, et le père et le fils passèrent plus d'une semaine avec Janet et ses deux filles.

« Bien qu'il songeât certainement à se marier, poursuit Yusha, il se garda d'en parler. En tout cas pas à moi. Son divorce d'avec Nina Gore en septembre 1941, après un long procès, n'était encore que trop vivace. Et puis il y avait la guerre ; les Etats-Unis venaient de s'engager au côté des Alliés. Père voulait jouer un rôle. Le Deuxième Bureau l'avait nommé à Kingston, en Jamaïque, avec ordre de s'y présenter avant la mi-juin 1942. Janet se rendit à Merrywood avec Jackie et Lee pour assister à son départ.

« Sa décision de se remarier ne fut prise que la veille de l'événement, la guerre autorisant les coups de tête et la satisfaction des caprices.

« La cérémonie eut lieu le matin du départ de mon père pour Kingston. Janet et lui étaient debout à côté d'une fontaine, au bord d'un ancien terrain de croquet, au milieu de la forêt. J'étais garçon d'honneur. Jackie et Lee étaient présentes. Les seuls invités étaient Wilmarth et Annie Lewis, la sœur et le beau-frère de mon père. La cérémonie dura moins de quinze minutes. Dans l'après-midi, Janet conduisit père à l'Union Station à Washington, où il monta dans un train militaire. »

Le retour de Hugh Auchincloss se produisit plus tôt que prévu. Sa mère mourut en septembre et l'armée l'affecta à un bureau du ministère de la Guerre à Washington. La maison comptait alors cinq enfants : Tommy, Nina, Jackie, Lee et Yusha. Deux autres allaient naître : Janet, Jr. en 1945, Jamie deux ans plus tard. Janet, il faut le reconnaître, réussit à faire vivre ensemble sous le même toit des tempéraments très différents.

La transplantation de New York à Washington et Newport, où Hugh Auchincloss possédait une autre maison de famille, Hammersmith Farm, se révéla moins difficile que ne l'avait craint Janet. Elle était soulagée d'aimer un homme en mesure d'assurer son sort et celui de ses filles. Hugh Auchincloss avait de la fortune à revendre, il possédait des bateaux, des automobiles, des domestiques, des chevaux, des tableaux et tous les attributs de la richesse et du pouvoir. Il appartenait aux meilleurs clubs : Bailey's Beach et le Newport Country Club à Newport ; le Metropolitan Club à Washington ; le Chevy Chase Country Club à Chevy Chase, dans le Maryland ; le Knickerbocker Club à New York. C'était une des personnalités les plus en vue du Washington mondain. Il était de toutes les fêtes des hôtesses les plus lancées de Capitol Hill, Laura Curtis, Pauline Davis, Virginia Baker, Gwen Cafritz, pour n'en citer que quelques-unes. Il semblait surtout posséder plusieurs des qualités que Janet appréciait le plus chez un homme : le sérieux, la gentillesse, la courtoisie et l'attention. Personne ne se formalisait de ses petits travers. Il aimait, par exemple, raconter indéfiniment les mêmes histoires qu'il faisait traîner en longueur. Il y avait celle du voyage en train à travers la Bulgarie, où il avait été attaqué par des puces et s'en était défendu avec du poil à gratter. Celle des gâteaux de morue, pour lui le véritable test du cordon bleu ; il pouvait être intarissable sur les gâteaux de morue. Janet elle-même le trouvait parfois ennuyeux. Jackie demanda un jour à sa mère : « A quel acteur de cinéma oncle Hughdie vous fait-il penser ? » Janet proposa Harpo Marx, « sauf, ajouta-t-elle, qu'il lui est un peu supérieur en cela qu'il est capable de dire : " *yes, dear* " ».

Oncle Hughdie, comme Jackie appelait son beau-père, était parfois un peu distrait. Ainsi, sortant un jour de sa cabane de Bailey's Beach, il se jeta la tête la première dans la piscine bondée, sans se rendre compte qu'il avait oublié d'enfiler son maillot de bain.

Son seul vice discernable était peut-être son intérêt démesuré pour la pornographie. Hugh Auchincloss possédait toute une bibliothèque de livres, de diapositives, de films et de manuels sur le sujet. Ce trésor représentait presque toutes les facettes de la sexualité humaine, dont la pédérastie, le sado-masochisme, la domination, la soumission, l'homosexualité, la bisexualité, la transsexualité, la bestialité et la scatologie. Il fréquenta pendant des années les quartiers spécialisés de Washington, la 9e Rue et la 14e Rue, à la recherche de sex-shops. Il dépensait des fortunes en ouvrages et films pornographiques, cartes postales obscènes et autres rares articles érotiques. La 9e Rue possédait en outre plusieurs bordels de luxe qui comptaient parmi sa clientèle d'importantes personnalités politiques de Washington. Hughdie devint un familier de ces établissements.

Hugh Auchincloss n'en fut pas moins un véritable soutien pour Janet et ses filles. Janet était éblouie par son nouveau mariage. Sa sœur, Winifred d'Olier, dépeignait Hugh Auchincloss comme « l'un des hommes les plus merveilleux que l'on puisse rencontrer. Comparé à Black Jack Bouvier, c'était un saint ».

A peine Jackie et Lee étaient-elles arrivées à Hammersmith Farm qu'elles furent expédiées à East Hampton pour y passer le reste de l'été avec leur père. Edie Beale se rappelle Jackie arrivant sans rien à se mettre : « Janet venait de se remarier, et n'avait pas encore eu le temps d'empaqueter les affaires de Jackie. Ma mère alla fouiller dans le grenier de Grey Gardens pour y dénicher mes vieux vêtements qu'elle envoya à Lasata pour Jackie. La pauvre chérie n'était pas plus heureuse que ça de devoir porter des vêtements usagés, mais son père n'avait pas l'intention de lui offrir une nouvelle garde-robe. »

D'après l'histoire de la famille Kennedy par John Davis[1], le père de Jackie s'intéressait fort, cet été-là, à la jeune femme d'un officier de l'armée britannique en poste au Pentagone. Cette femme, dont Davis ne révèle pas l'identité, fit la connaissance de Black Jack à East Hampton, chez des amis communs. Malgré la présence de ses filles, Bouvier ne fit aucun effort pour cacher qu'il en était épris. « Je me suis aperçu de son existence, écrit Davis, lorsque, pénétrant dans la section des hommes de la cabane Bouvier, au Maidstone Club, j'ai surpris oncle Jack et sa jolie dame, enlacés sur le sol de la salle des douches. Elle devint bientôt un membre de la famille. »

Au bout de quelques jours la dame en question s'était installée dans la maison louée par Black Jack, préparant les repas et tenant le ménage pour Jack et ses filles. Elle participait aux brunches donnés par les Bouvier dans les dîners mondains et les réceptions. Le couple se plaisait à choquer la société bien pensante d'East Hampton en affichant leur amour. « Ils marchaient bras dessus, bras dessous, raconte John Davis ; ils se tenaient la main, s'étreignaient, et s'embrassaient sans retenue ; ils faisaient l'amour n'importe où : dans la cabane Bouvier, chez Jack, derrière les dunes. » A treize ans, que pouvait bien penser Jackie de tout cela ? Elle retourna certainement à Merrywood à la fin des vacances affreusement troublée.

Black Jack et sa maîtresse ne se quittèrent qu'à la fin du mois de juin suivant, lorsque l'officier britannique regagna l'Angleterre avec sa femme. Plusieurs mois après son retour, elle annonçait à Jack avoir donné le jour à des jumeaux, un garçon et une fille, et précisait « que durant les neuf mois qui avaient précédé la naissance, elle n'avait pas vécu avec son mari, mais avec lui ». Black Jack était donc le père, mais la dame et son mari avaient décidé d'élever les enfants, comme si de rien n'était.

Jack Bouvier n'avait ni l'envie, ni les moyens de contester cette décision. Bien qu'il n'eût jamais vu ces enfants, d'autres membres de la famille Bouvier eurent l'occasion de les rencontrer, dont Jackie, qui n'eut de cesse qu'elle les ait vus. En 1949, lors d'un bref séjour en Angleterre, elle alla rendre visite à l'ancienne belle de son père et aux deux enfants qu'il avait engendrés. Dans une lettre destinée à son père, Jackie écrivit ensuite que le garçon et la fille lui ressemblaient énormément.

La possibilité, et même la probabilité, d'avoir un demi-frère et une demi-sœur vivant en Angleterre emplissait Jackie d'horreur. Selon John Davis, cette question commença surtout de l'embarrasser dans les années cinquante, lorsque John Kennedy brigua sérieusement la présidence. Elle entrevit les conséquences d'une telle révélation sur l'avenir politique de son mari, et décida d'en garder à tout prix le secret.

« Avant que je ne révèle leur existence dans mon livre sur les Kennedy, raconte John Davis, personne ne mentionnait les jumeaux. Mais au moment

1. Voir John H. Davis, *The Kennedys : Dynasty and Disaster*, pp. 192-193, 195-196.

de la sortie du livre, ils furent tous deux victimes d'une macabre coïncidence. Le garçon trouva la mort dans un accident de voiture en Angleterre ; la fille fut mystérieusement assassinée, au Moyen-Orient. »

En septembre 1942, Jackie quitta East Hampton, où elle avait passé les vacances, pour s'installer à Merrywood. Cette vaste demeure en brique, recouverte de lierre, dominant la côte virginienne, s'élevait au milieu d'un domaine verdoyant de vingt-trois hectares, séparé de Washington par le Potomac. La propriété possédait une piscine olympique, dont les vestiaires ressemblaient à un châlet suisse ; un court de badminton couvert ; deux écuries ; des allées cavalières ; des ruisseaux, des ravins, des collines et des vallées ; un garage pour quatre voitures, avec lavage automatique ; huit chambres à coucher ; une cuisine, équipée pour servir trois cents repas ou plus ; une cave ; un appartement pour les domestiques au-dessus du garage. Il y avait tellement de salles de bains qu'un visiteur supposa que la maison avait été construite pour Crane de Chicago, l'un des premiers fabricants de sanitaires des Etats-Unis. Les pièces communes, dont une salle de jeu semi-circulaire, située à l'une des extrémités de la maison, que Nina Gore avait décorée avec des meubles ronds et dont elle avait fait une salle de bridge, étaient immenses. La première chose que fit Janet en devenant Mrs. Auchincloss, fut de redécorer Merrywood et Hammersmith Farm. Elle s'assura pour cela les services d'une décoratrice de New York, Elisabeth Draper.

« Janet débordait d'énergie, raconte Mrs. Draper. C'était une perfectionniste ; elle était méticuleuse en tout, de la manière de s'asseoir à la manière de s'essuyer les lèvres après le repas. Très attentive au détail, elle avait un goût délicat, qui s'exprima dans la décoration de Merrywood. Les épouses précédentes de Hughdie avaient rempli la maison d'épais tapis et de lourds meubles gothiques. Les fenêtres étaient recouvertes de meneaux et de volets, les murs, de boiseries sombres. Janet conserva l'aspect cérémonieux qu'elle y avait trouvé, mais rendit la maison beaucoup plus agréable à vivre.

« Ce que je préférais à Merrywood, c'était le bruit du Potomac en contrebas, le clapotis de l'eau contre de gros rochers, que l'on entendait parfaitement de la chambre du second, celle qu'avait choisie Jackie ; c'était une espèce de boudoir, bas de plafond, d'environ quatre mètres sur trois mètres cinquante, situé légèrement à l'écart du reste de la maison. »

La chambre de Gore Vidal, dont le départ à l'âge de seize ans coïncida à peu près avec l'arrivée de Jackie, était située juste en face de celle de cette dernière. Vidal évoque en ces termes ses six années passées à Merrywood : « C'était une vie paisible, à la Henry James, un monde de quiétude, éloigné des tensions du xxᵉ siècle. Une vie totalement protégée, qui ne préparait guère au monde réel[1]. »

---

1. Merrywood a servi de cadre au roman de Gore Vidal, *Washington, D.C.* (1967), dans lequel le domaine s'appelle Laurel House. Vidal déclara au magazine *Playboy* à propos de Jackie (juin 1969) : « J'ignorais tout d'elle jusque dans les années quarante, époque à laquelle

Vidal et Jackie ne devaient faire connaissance qu'en 1949, mais il avait laissé à Merrywood plusieurs chemises à manches longues que Jackie portait pour monter à cheval, seule activité familiale à laquelle elle prît part. Dans les premiers temps, elle passait des heures seule dans sa chambre à faire des poèmes ou des dessins qu'elle envoyait à son père à New York ou confiait à ses carnets de croquis.

Dans ses lettres à son père (qu'il montrait aux autres membres de la famille) elle évoquait ses difficultés d'adaptation à sa nouvelle vie. Elle déplorait l'absence de sens de l'humour de l'oncle Hughdie et se plaignait de devoir se tenir au garde à vous avant chaque repas, pour réciter la devise des Auchincloss, qui commençait par : « Soumission à l'impondérable », et se poursuivait durant ce qui lui paraissait des heures. Elle récitait la devise d'une voix presque inaudible, de sorte qu'on l'obligeait à la répéter plus fort et avec plus de conviction.

Autre travers propre aux Auchincloss, la pingrerie tout écossaise de Hughdie. Pendant l'hiver il tenait à ce qu'on mette toutes les glaces et les denrées congelées sur de longues tables disposées derrière la maison. Ainsi pouvait-il faire des économies de congélateur. Mais il ne fallait surtout pas oublier, dès que la température atteignait un certain degré, d'y remettre les aliments et de rebrancher l'appareil. Lorsque la température venait à baisser de nouveau, le processus était inversé.

En dehors des lettres qu'elle envoyait à son père, Jackie écrivait souvent à son grand-père, le major, pour se plaindre de Holton-Arms, l'école de Washington où on l'avait inscrite. Elle trouvait les autres filles froides et le programme peu inspirant.

Elle ne se souciait pas davantage des cours de danse que sa mère lui faisait donner par miss Shippen, célèbre parmi les jeunes filles bien élevées de Virginie et du Maryland. Jackie estimait en connaître suffisamment en matière d'étiquette et de pas de danse, mais sa mère n'était pas du même avis. Outre les cours proprement dits, Janet obligea sa fille à assister aux goûters dansants que miss Shippen donnait pendant les vacances.

Jackie porta sa première robe du soir à la Noël 1942 : taffetas bleu, jupe longue, manches bouffantes. Des escarpins en chevreau doré complétaient la tenue. Comme elle trouvait que ses pieds avaient trop grandi, elle écrivit cette légende sous une photographie d'elle-même qu'elle colla dans un des albums de sa mère : « La première robe du soir de Jacqueline. C'était un joli taffetas bleu, et j'avais une paire de godillots dorés et une parure en plumes vraiment chic. »

Durant l'été 1943, Jackie fit son premier véritable séjour à Hammer-smith Farm, à Newport.

C'était délibérément, expliqua Hughdie, qu'en 1887, sa famille avait bâti

---

j'entendis parler d'elle par des amis de passage à Washington, qui me dirent qu'elle s'était présentée à eux comme ma sœur ; avant l'ère Kennedy, j'étais le notable de la famille. Nous ne nous sommes rencontrés qu'en 1949, et je l'autorisais à se dire ma sœur. J'ai une idée de ce que fut son enfance, car c'est à peu de chose près celle que j'ai moi-même subie. »

cette maison loin du quartier à la mode de Bellevue Avenue, et de son alignement de demeures de marbre, mais dans un domaine de cinquante hectares, car « les Auchincloss ne tenaient pas à marcher sur les traces des Vanderbilt et des Astor ; nous voulions forger notre propre identité ».

La maison comprenait vingt-huit pièces, treize cheminées, un ascenseur et une terrasse de brique en faisait le tour. Elle se dressait au bout d'une longue allée ; son toit, qui comportait plusieurs décrochements, était couronné de pignons et de coupoles. D'un côté la vue donnait sur la baie de Narragansett avec ses yachts et ses voiliers, de l'autre sur des pelouses impeccablement tondues et des pâturages verdoyants. La ferme comportait les écuries pour les chevaux de labour et les poneys, les étables pour les taureaux et les vaches Black Angus, les poulaillers et les enclos pour les moutons, les chèvres et les poulets.

Claire et vaste, la maison était remplie de plantes et de fleurs provenant des jardins à la française. Le mobilier était lourd et vieillot. Des trophées d'animaux décoraient les murs. Dans la salle du Pont, ainsi baptisée parce qu'elle donnait sur l'eau et ressemblait au pont d'un navire, le sol était recouvert d'une collection de tapis modernes et orientaux et de peaux de bête, tandis qu'un pélican empaillé, figé dans un vol simulé, pendait du plafond. Dans les pièces du bas et les couloirs, les murs étaient blancs, et les tapis, rouges. Pour s'harmoniser avec ces coloris Jackie suggéra d'avoir des chiens noir, ce qui était le cas.

Comme à Merrywood, Jackie choisit une chambre isolée du deuxième étage, donnant sur la baie, de sorte qu'elle pouvait entendre, la nuit, les cornes de brume et, l'été, sentir les vents de la mer. Assistée d'Elisabeth Draper, sa mère décora la chambre de papier jaune rehaussé d'une frise représentant des fleurs peintes à la main. Les meubles en rotin et bois blanc — bureau, coiffeuse, table de nuit, commode, bibliothèque et fauteuil à bascule — donnaient à la pièce un air à la fois désuet et féminin. Il y avait des lits jumeaux, dont les têtes étaient incrustées de rotin et une petite étagère sur laquelle Jackie rangeait sa collection d'animaux miniatures en porcelaine.

D'après Elisabeth Draper, lorsque Hugh Auchincloss hérita Hammersmith Farm de sa mère, « la maison était en piteux état. Et il n'était pas facile de trouver de la main-d'œuvre pour l'arranger. Hammersmith Farm employait autrefois seize domestiques et trente-deux jardiniers et valets de ferme. Mais en 1943, c'était la guerre, et très peu d'employés avaient échappé à la mobilisation et aux restrictions économiques. Il n'y avait plus d'hommes dans les parages, et le coût de l'entretien était prohibitif. Mais ils refusèrent de la vendre. Hugh Auchincloss était né dans cette maison et il était bien décidé à y mourir, lorsque son heure viendrait. Aussi décidèrent-ils de la rénover eux-mêmes avec les moyens du bord.

« La majorité des meubles provenait d'héritages. On fouilla dans tous les placards et les greniers pour voir ce qu'on pouvait récupérer. Janet tenait à conserver à la maison son atmosphère de vieille ferme. Hammersmith Farm n'avait rien de prétentieux et ne pouvait être occupée que par des gens authentiques. »

Faute de main-d'œuvre, Janet réduisit les jardins à la française et supprima deux serres sur cinq. Elle répartit les travaux de la ferme entre les enfants. Yusha devait traire les vaches, et Jackie, nourrir plus de deux mille poules ; Hammersmith Farm fournissait en lait et œufs la base navale de Newport. Tout le monde aidait à couper les haies, nettoyer les parterres de fleurs, tailler les arbres fruitiers et tondre les pelouses. En raison des restrictions on n'avait conservé qu'un seul téléphone, qui était installé dans les sous-sols ; les filles se relayaient pour répondre.

Les lettres de Jackie à son père reflétaient une rapide évolution de sa personnalité. Quelques mois auparavant, elle ne faisait que se plaindre, désormais, elle s'adaptait à sa nouvelle vie. Elle était ravie des responsabilités qu'on lui avait confiées et appréciait les avantages que lui procurait le remariage de sa mère. Elle évoque dans ses lettres ses longues promenades avec Hughdie, et les enfants de celui-ci, dont elle aimait la compagnie. Bien que le tohu-bohu de New York lui manquât, elle reconnaissait que Merrywood et Hammersmith Farm étaient très reposants. Elle commençait même à se plaire à Holton-Arms, où elle avait découvert un professeur intéressant en la personne de miss Helen Shearman, qui enseignait le latin. A sa grande surprise, Jackie « tomba amoureuse de cette matière ».

S'il était inévitable que Jackie en vînt à apprécier sa nouvelle situation, son père lui, avait du mal à l'accepter. Il se consolait dans l'alcool. Se sentant abandonné de sa fille, il en rendait Janet responsable.

« Ça le rendait fou, raconte Louis Ehret. Je me rappelle être passé un soir chez lui et l'avoir trouvé affalé sur son canapé. Il portait en tout et pour tout un caleçon bleu et une paire de chaussures vernies noires. Il avait passé sa journée à boire des martinis au Luncheon Club de la bourse, et il était dans un état effroyable.

« Il ne cessait de répéter ce fameux proverbe de Wall Street : " *Take a loss with Auchincloss* ", mais sa colère était en fait dirigée contre Janet. Il semble qu'à l'instigation de celle-ci, Jackie et Lee aient décidé de passer Noël 1943 avec les Auchincloss en Virginie. C'était la première fois qu'elles n'avaient pas passé les fêtes de fin d'année avec leur père et les Bouvier à Lasata. Black Jack en avait été profondément peiné, et bien que le major eût été entouré de presque tous ses petits-enfants, il avait beaucoup regretté l'absence de Jackie et de Lee.

« J'ai donc passé la nuit — on était au début de janvier 1944 — à le regarder se tortiller sur le canapé et à écouter ses diatribes contre Hugh et Janet, surtout contre Janet, qui " lui avait volé les gosses ", et avait " attiré ce pauvre Hugh dans son lit conjugal ".

« Le côté obscur et violent de sa personnalité apparaissait dès qu'il avait trop bu. Il pestait contre la guerre, " ces damnés youtres " car il était antisémite, un préjugé comme un autre, car il était aussi anti-irlandais, " putains d'Irlandoches ", anti-italien " foutus macaronis ", même antifrançais, " fichus fransquillons ". Quand il buvait, il détestait tout le monde, lui le premier.

« Lorsqu'il eut fini, je lui ai conseillé de se regarder dans la glace et de consulter, car ça n'allait manifestement pas.

" Je vais très bien, m'annonça-t-il. C'est le monde qui ne va pas.

— Je n'en doute pas, lui dis-je. Mais toi non plus. " »

Ehret ne fut pas étonné d'apprendre plusieurs mois plus tard que Black Jack avait de son plein gré décidé de suivre une cure de désintoxication à Silver Hill, la clinique où Bud Bouvier avait cherché refuge, seize ans plus tôt. Avec son beau mobilier Hitchcock, ses courts de tennis en gazon, ses pelouses luxuriantes, son lac et ses bois de pins, Silver Hill avait tout d'un luxueux club. Les patients étaient dans l'ensemble de riches névrosés entre deux âges. Une chambre y coûtait mille dollars par mois, sans compter les frais médicaux et psychiatriques. Black Jack passa huit semaines à Silver Hill en 1944, puis y retourna en 1946 et 1947. Malgré tous ses efforts, il ne cessa jamais complètement de boire.

En 1944, après deux ans d'études à Holton-Arms, Jackie entra pensionnaire à Miss Porter's School, à Farmington, dans le Connecticut. Farmington, comme on appelle généralement l'école, avait conservé le caractère très Nouvelle-Angleterre qu'avait voulu lui donner miss Sarah Porter, lorsqu'elle fonda en 1843 cette école de filles. Malgré les origines provinciales de sa fondatrice, l'école s'était toujours adressée aux jeunes filles riches, dont les parents voulaient faire des femmes aussi policées qu'instruites.

A l'époque de Jackie, la noblesse des sentiments, la politesse, l'esprit de compétition étaient de rigueur, mais l'atmosphère y était snobinarde, froide et l'arbitraire y régnait. Toutes les élèves étaient tenues de prendre le thé, le vendredi après-midi, avec les professeurs, et d'assister, le dimanche soir, aux conférences données dans la chapelle de l'école par des intervenants extérieurs. Le samedi, les plus âgées avaient le droit de recevoir des « visiteurs » — les filles de Farmington voyaient généralement des garçons de Harvard, Yale ou autres collèges aristocratiques — mais ceux-ci n'étaient pas autorisés à entrer dans les maisons des étudiantes. Les filles ne pouvaient quitter l'enceinte de l'école sans une autorisation spéciale. Il était interdit de fumer, de boire de l'alcool et de jouer aux cartes. Même les lectures étaient contrôlées ; les romans à deux sous étaient radicalement bannis.

Les condisciples de Jackie se souviennent d'une adolescente fantasque, réservée et plutôt timide, qui aimait à faire de longues promenades solitaires autour du campus, surtout dans une allée, appelée « la Boucle », qui était bordée de vieilles maisons et de grands chênes. L'une de ces maisons appartenait à Wilmarth et Annie Lewis, que Jackie connaissait par les Auchincloss. Wilmarth était un grand spécialiste de Walpole et de Blake. Annie, ancienne élève de miss Porter's, possédait une belle collection de gravures du XVIIIe siècle. Jackie aimait leur compagnie, et leur empruntait souvent des livres d'art. Il lui arrivait d'emmener une amie et de rester dîner, préférant la nourriture familiale à l'ordinaire de la pension.

Les quelque cent cinquante élèves de Farmington logeaient dans de vieilles maisons de deux ou trois étages, qui ressemblaient beaucoup à celles de la Boucle. Pendant sa première année, Jackie partagea une chambre gaie et confortable avec Susan Norton, future débutante d'une riche famille de la Nouvelle-Angleterre. Dans sa classe il y avait aussi sa cousine, Shella Scott, et une ancienne camarade de Chapin, Nancy Tuckerman (« Tucky »), dont les parents, Roger et Betty Tuckerman, s'étaient liés d'amitié avec les Bouvier à East Hampton. Tucky n'était pas aussi intellectuelle que Jackie, mais elle avait, comme elle, un grand sens de l'humour. Elle était également réservée et discrète. Durant les deux années suivantes, elle partagea la chambre de Jackie et prouva qu'elle savait garder des secrets. Avec le temps, elle devint la meilleure amie de Jackie.

« A quinze ans, ma cousine était bégueule, studieuse et autoritaire, rapporte Edie Beale, ancienne élève de Farmington. Elle écrivait de longues lettres à ma mère, détaillant tous les cours qu'elle suivait à l'école. Je ne l'ai vue qu'une seule fois pendant cette période ; nous cherchions toutes les deux des chaussures à New York. Jackie était parfaitement détestable. C'est pourquoi ses camarades de classe l'avait surnommée Jacqueline Borgia.

« Elle savait ce qu'elle voulait et comment l'obtenir. C'était une manipulatrice-née. Ce qui la préoccupait le plus, c'était l'argent, d'abord parce qu'elle n'en avait pas. Son beau-père en avait, ses demi-frères et ses demi-sœurs ne manquaient de rien, mais Jackie n'avait que les cinquante dollars par mois que son père lui envoyait à la pension. A Farmington, où la richesse allait de soi, cinquante dollars n'étaient pas grand-chose. Celles qui n'avaient pas leur cheval à l'école étaient considérées comme des parias. Que pouvait faire Jackie, puisque ni sa mère ni son beau-père ne voulaient payer les vingt-cinq dollars par mois de la pension de Danseuse à Farmington, et que son père ne pouvait pas faire plus qu'il ne faisait déjà ? Elle envoya à son grand-père une demande de subsides avec ses derniers poèmes pour faire passer la pilule. Il envoya l'argent et le cheval suivit. »

Dès l'arrivée de la jument à Farmington, Jackie s'aperçut qu'elle n'avait pas de couverture pour son cheval et pas d'argent pour en acheter. Elle inventa donc un stratagème pour s'en procurer une ; elle écrivit à sa mère que Danseuse portait « une couverture volée à un autre cheval ». Un chèque arriva de Merrywood par le courrier suivant.

Jackie garde le souvenir émerveillé des visites de son père à Farmington le week-end. Miche Bouvier, qui accompagnait parfois Black Jack, se rappelle les camarades de classe de Jackie, qui « se pâmaient littéralement à la vue de son superbe père. Il leur rappelait Clark Gable, le Rhett Butler d'*Autant en emporte le vent*. Il avait la peau si foncée qu'il y eut au moins une élève pour le croire noir. Elles languissaient toutes pour lui, ce qui faisait plaisir à Jackie, mais ne manquait pas de l'embarrasser ».

Il était de tradition à Farmington que les parents venant voir leurs filles les emmènent manger un steak à l'Elm Tree Inn. Suivait un après-midi d'activités organisées par l'école. Black Jack joua un jour en double avec sa fille dans un tournoi de tennis. Il ne manquait jamais les concours hippiques de Farmington auxquels Jackie participait. Il s'abonna même à *Yori*, le journal des élèves, car sa fille en était rédactrice ; elle y publiait des dessins humoristiques et des poèmes.

Il aimait tout particulièrement la voir jouer la comédie. Elle faisait partie de la troupe de Farmington, qui mettait en scène un tableau vivant pour Noël ainsi que deux pièces chaque année. La première année, elle joua le rôle de Mr. Bingsley dans l'adaptation pour le théâtre du roman de Jane Austen, *Orgueil et préjugés*. Elle apparaissait aussi dans les spectacles de chant et de danse, appelés « allemandes », qui étaient une spécialité de Farmington. A la fin de sa première année, elle écrivit et exécuta l'allemande du final, qui évoquait un cirque arrivant en ville. Elle figurait le symbole qui avait bercé son enfance : la reine du cirque. Celle-ci apparaissait sur scène dans un char, brandissant une perche enrubannée, autour duquel dansaient des clowns et des ballerines aux costumes chatoyants.

« Elle tirait partie de ses talents de comédienne et avait un véritable sens dramatique, raconte Lily Pulitze, qui se trouva à Farmington à peu près en même temps que Jackie. Elle avait une façon de marcher et de bouger qui prouvait son goût pour la scène. C'était manifestement une intellectuelle. Jamais je ne l'ai vue sans un livre à la main. J'avais l'impression qu'à cette époque, elle préférait les livres aux garçons. D'ailleurs elle ne sortait pas beaucoup à Farmington, et lorsqu'elle le faisait, c'était en groupe, ou avec des garçons dont les parents étaient liés aux siens. Elle disait en plaisantant qu'elle finirait comme miss Shaw, une des nombreuses responsables célibataires de l'école, " sans mari et sans amour ". »

D'autres élèves de Farmington se souviennent d'une Jackie « non conformiste dans toute sa splendeur ». Elle se rebellait contre les règlements de l'école et les usages mondains. Elle fumait des cigarettes dans sa chambre, dérobait des biscuits dans la cuisine de l'école, arborait des coiffures voyantes et se maquillait beaucoup trop ; elle alla même jusqu'à renverser une tarte au chocolat sur les genoux d'un professeur qu'elle méprisait tout particulièrement. Elle s'habillait différemment des autres élèves, préférant aux chandails en cachemire, jupes écossaises et imperméables en popeline blanche en faveur à l'école, des jupes moins classiques et des capes. Elle se moquait complètement de la mode.

Jackie manifesta encore son goût de la provocation en acceptant de se laisser photographier par une de ses camarades de classe ; il en résulta une série de photos montrant Jackie l'épaule nue, la moue lascive, la tête rejetée en arrière, ses cheveux noirs et ondulés lui masquant un œil, à la Veronica Lake.

Lorsque l'une de ces photos tomba entre les mains de Ward L. Johnson, directeur de Farmington, il en avisa la mère de Jackie, exprimant sa consternation de ce qu'une élève aussi brillante se comportât de manière aussi lamentable. Jackie réagit en illustrant les lettres destinées à sa famille de caricatures irrévérencieuses du directeur. Elle commit l'erreur d'en envoyer une à son grand-père Bouvier, qui répondit immédiatement par un mot de reproche : « Je discerne en toi une tendance marquée au commandement, mais avant de commander les autres, nous devons apprendre à nous diriger nous-mêmes... Ne te montre pas prétentieuse et ne commets pas l'erreur de te croire indispensable... »

Avant de quitter Miss Porter's en juin 1947, Jackie écrivit dans l'annuaire de la classe : « Volonté de réussir dans la vie », puis, « Refus d'être une femme au foyer », déclaration qui visait sans doute sa mère, et tout ce qu'elle représentait. Jacqueline n'avait pas l'intention de devenir une mondaine obsédée par les apparences et les rites de la haute société, style de vie auquel aspiraient certainement de nombreuses diplômées de miss Porter's, mais certainement pas Jackie.

Eileen Slocum, amie de Janet Auchincloss et membre de l'une des plus redoutables coteries de Newport, fait observer que Jackie et sa mère ne se ressemblaient guère : « Elles étaient différentes et pourtant Janet avait plus d'influence qu'on ne l'a dit en général. La recherche de la perfection, propre à Janet, a manifestement déteint sur Jacqueline. Elles étaient différentes dans la mesure où Jacqueline nourrissait des aspirations beaucoup plus vastes que sa mère. Jacqueline refusait d'être une femme ordinaire ou de mener une vie ordinaire, dans des conditions ordinaires, avec des gens ordinaires. Jamais Jacqueline ne se serait contentée d'élever une famille et de s'occuper de bonnes œuvres. Dès le début, elle s'est montrée extrêmement ambitieuse. Dans son genre, c'est l'une des jeunes personnes les plus ambitieuses que j'ai jamais rencontrées. »

Noreen Drexel, dont la cabane au Bailey's Beach Club de Newport était attenante à celle des Auchincloss et dont le mari, John Drexel, était apparenté à Black Jack Bouvier, admet que Jackie « donnait toute jeune l'impression de quelqu'un qui irait loin. Elle avait quelque chose de tout à fait exceptionnel. Intellectuellement, elle était en avance pour son âge. Elle écrivait des histoires pour les enfants, puis les lisait aux gosses du voisinage, dont les miens. On avait le sentiment qu'elle aurait pu être un excellent professeur ou peut-être un écrivain important. Le seul avenir que je ne lui aurais pas prédit, c'est celui de *First Lady*. Elle n'avait pas le bon profil ».

5

L'entrée dans le monde, réception au cours de laquelle les parents sont censés présenter leur fille à leurs amis et à la société, était une des seules traditions que la haute société ait conservées après la Seconde Guerre mondiale. Etant donné le peu d'empressement de Jackie à imiter le style de vie de sa mère, il semblait étrange qu'elle pût s'intéresser à ce rite. C'est pourtant elle qui demanda à oncle Hughdie de recevoir pour elle à Hammersmith Farm. Hugh Auchincloss accepta, et la mère de Jackie organisa tout. Janet décida de donner un thé dansant pour trois cents personnes, le jour de juin où Jamie Auchincloss, né cinq mois plus tôt, serait baptisé à l'église de la Trinité à Newport. Les cartons gravés conviaient les invités à la réception « En l'honneur de miss Jacqueline Lee Bouvier et de Mr. Jamie Lee Auchincloss ».

La seconde étape de l'entrée de Jackie dans le monde se déroula au mois de juillet, à l'occasion d'un grand dîner dansant au Clambake Club, vieux et vénérable établissement de Newport. Cette fois-là, Jackie partagea les honneurs avec Rose Grosvernor, une des trois filles de Theodore Grosvernor, voisin de Newport et parent lointain des Auchincloss. Perché sur des rochers dominant l'Atlantique, le club avait été décoré d'une profusion de fleurs provenant des jardins des Auchincloss et des Grosvernor ; la terrasse, qui servait de piste de danse, était pour l'occasion entourée de guirlandes de minuscules lampes bleues.

Avec sa blondeur, ses yeux bleus et ses fossettes, Rose Grosvernor faisait contrepoint à la beauté éclatante de Jacqueline. Rose portait une coûteuse tenue blanche de chez Dior, mais ce fut la robe très simple de Jackie (celle qu'elle avait portée pour le thé dansant de Hammersmith Farm) qui retint l'attention des journalistes. Ils la décrivirent comme une « merveille provenant de quelque grand couturier », « une ravissante robe de tulle blanc avec un décolleté bateau et une jupe bouffante. » La « merveille », reconnut Jackie quelques années plus tard, venait d'un grand magasin de New York et avait coûté moins de cinquante-neuf dollars.

En matière vestimentaire, la palme, ce soir-là, revint à Lee Bouvier qui, à quatorze ans, possédait déjà une silhouette de femme et le désir de la mettre en valeur. Sylvia Whitehouse Blake, une des meilleures amies de Jackie à Newport, note qu'à cette époque, « Jackie se fichait complètement de la mode. Elle et moi passions l'été en short et en espadrilles. Nous ne nous habillions que pendant la semaine du tennis, le clou de la saison de Newport, mais même alors nous n'étions pas à proprement parler des gravures de mode. En revanche Lee, qui était plus petite que Jackie, mais plus ronde avec un charmant visage en forme de cœur et de jolis traits fins, ne sortait jamais de chez elle qu'elle ne parût habillée comme pour aller à Ascot ».

Pour la soirée de sa sœur, Lee avait dérogé à ses habitudes. Elle portait une robe-bustier étroite en satin rose parsemée de strass et de longues mitaines en satin noir, attachées au médius par un lien en pointe. Au milieu des jeunes filles compassées de la bonne société de Newport, Lee ne passait pas inaperçue. Janet blêmit à la vue de la tenue de sa fille. Jackie en fut d'abord atterrée, mais à la réflexion, elle trouva cela plutôt drôle. Les hommes se ruèrent en masse sur Lee. Ce fut la première et la dernière occasion où elle vola la vedette à sa sœur aînée.

Jacqueline emprunta à plusieurs reprises la « robe de sirène » de Lee, comme elles l'appelaient toutes les deux, et c'est celle qu'elle prétend avoir porté lorsque Igor Cassini, le chroniqueur mondain de Hearst [1], la désigna comme la première débutante de l'année, honneur qu'il réserva à Lee en 1950, l'année où elle fit ses débuts dans le monde. Ainsi s'exprime Igor au sujet de Jackie :

> *L'Amérique est un pays de tradition. Tous les quatre ans, nous élisons un président, tous les deux ans, les membres du Congrès. Et tous les ans une nouvelle reine des débutantes est couronnée... Pour 1947, la reine de l'année est Jacqueline Bouvier; c'est une brune magnifique qui a les traits classiques et délicats d'une porcelaine de Saxe. Elle a de l'aisance, une voix douce et de l'intelligence, ce que toute première débutante devrait avoir. Elle a des origines rigoureusement « Old Guard »... Pour l'instant Jacqueline étudie à Vassar. Inutile de lire un tas de coupures de presse pour se rendre compte de ses qualités.*

Igor Cassini se trompait sur deux points au moins : Jacqueline n'était pas particulièrement délicate, et ses origines n'étaient pas « rigoureusement » *Old Guard* (conservatrices), à moins d'oublier qu'elle était une Bouvier. Toutefois, être couronnée débutante de l'année, en 1947, avant l'avènement de la télévision, c'était être appelée à devenir l'étoile prêtresse de la *café*

---

1. Igor Cassini, surnommé « Ghighi » par ses amis, avait repris la rubrique de Maury Paul, qui paraissait tous les jours et même le dimanche dans le porte-drapeau de Hearst, le *New York Journal-American,* et dans des centaines de journaux du pays.

society, le point de mire de dizaines d'amateurs de potins. C'était la célébrité et des prévenances importunes.

« Je nommais tous les ans une reine débutante, raconte Igor Cassini. J'essayais de choisir une des plus jolies et des plus éblouissantes jeunes filles de la société. Jackie n'était pas éblouissante, et elle n'avait pas fait ses débuts dans un des bals classiques, tels que le *Christmas Ball,* l'*International Ball* ou le *Junior league Ball.* Je l'avais rencontrée brièvement, et ne l'ai vraiment connue qu'après son mariage avec Jack Kennedy. Mais elle avait quelque chose de spécial, une élégance discrète qu'elle a perdue par la suite, mais qu'elle avait encore à l'époque. Bien que timide et extrêmement secrète, elle sortait du lot. Elle avait ce petit quelque chose. Je ne sais pas quel mot choisir pour définir cette qualité : beauté, charme, charisme, style... Bref, quoi que ce fût, elle l'avait. »

Le choix de Jackie comme débutante de l'année la lança dans le monde, mais ne lui fit guère d'amies parmi les étudiantes de Vassar, qui jalousaient son titre. Pendant toute l'année les chroniqueurs mondains s'attachèrent à ses pas. En décembre 1947, Elsa Maxwell écrivait dans sa rubrique : « Jacqueline Bouvier... est assaillie d'offres de toutes sortes, interviews, photos, mais sa famille qui est très conservatrice se tient éloignée de toute publicité. » « L'aisance de Jacqueline Bouvier ! s'exclame Walter Winchell. Quelle fille ! Elle est la ravissante fille de Mrs. Hugh Auchincloss. Avec ses airs de princesse de conte de fées, Jacqueline ne connaît pas le sens du mot snob ! »

Charlotte Curtis, futur écrivain et rédactrice au *New York Times,* entra à Vassar un an avant Jackie, mais habita par la suite la même maison qu'elle. « Nous étions toutes les deux à Main Hall, raconte-t-elle, nous nous voyions tout le temps. Je savais qu'elle avait été nommée débutante de l'année, mais je ne me rappelle pas qu'elle ait jamais évoqué la chose. Je crois qu'elle en était plutôt gênée. Elle ne souhaitait sûrement pas devenir une autre Brenda Frazier attendant tout de son entrée dans le monde.

« Contrairement à Brenda Frazier et d'autres dans son genre, Jackie était intelligente. Elle avait également beaucoup d'aisance pour quelqu'un de si jeune. Par ailleurs, elle ne se plaisait pas tellement à Vassar. " Ce maudit Vassar ", disait-elle. En 1948, sur un campus, on brassait beaucoup d'idées, d'autant qu'on était en période électorale. Vassar était un établissement extrêmement ouvert qui tolérait toutes sortes d'opinions.

« C'était Truman contre Dewey, mais Henry Wallace briguait aussi la présidence, et on parlait beaucoup du communisme. Les étudiantes publiaient deux journaux : le *Vassar Chronicle,* conservateur, et le *Vasar Miscellany News,* libéral ; les étudiantes et le corps enseignant se partageaient à égalité entre les deux titres. Par ses origines sociales, Jackie était peut-être trop blasée pour se laisser entraîner dans la bagarre. Et puis, à l'époque, elle semblait davantage s'intéresser aux hommes et aux sorties qu'au nom ou au parti politique du prochain président des Etats-Unis. »

Charlotte Curtis avait pour camarade de chambre à Main Hall Selwa Showker, future « Lucky » Roosevelt, qui devint journaliste puis chef du protocole pendant l'administration Reagan. « J'ai connu Jackie à Vassar et je l'aimais beaucoup, rapporte Mrs. Roosevelt. Elle avait quelque chose d'innocent. Déjà à l'époque, elle parlait de manière haletante. Ce n'était pas de l'affectation ; c'était sa façon de parler. Et puis elle avait un délicieux sens de l'humour. L'œil pétillant. Les drames qu'elle a par la suite vécus ont sans doute éteint ce pétillement, mais à l'époque elle l'avait bel et bien. Elle était d'une grande beauté. Je ne pense pas qu'elle l'ait gardée intacte, après toutes ces tragédies. Mais jeune fille, elle possédait une beauté naturelle et un teint très coloré.

« Outre toutes ces qualités, Jackie était extrêmement modeste. Je me rappelle, lui avoir dit, lorsque nous avons reçu nos diplômes : " Oh, Jackie, j'ai eu un A en sciences politiques et en économie. " Jackie ne réagit guère, de sorte que je me suis dit : " Oh, mon Dieu, elle a dû avoir de mauvaises notes et ne veut pas le dire devant tout le monde. " Aussi, lorsque j'ai été seule avec elle, lui ai-je demandé : " Jackie, tu n'as pas eu de bonnes notes ? " " Oh, je n'ai pas à me plaindre ", a-t-elle simplement répondu. En fait elle avait brillamment réussi, elle était au tableau d'honneur, mais n'en avait rien dit à personne.

« Aucun journaliste ou biographe n'a jamais réussi à définir l'essence de la personnalité de Jackie. Elle a quelque chose d'insaisissable, une inexplicable timidité. Elle ne se livre pas et s'est toujours montrée jalouse de son intimité. Je m'estime plutôt perspicace et je crois l'avoir pénétrée à l'époque, mais il serait présomptueux de ma part de prétendre la connaître mieux que quiconque, bien qu'elle vînt presque tous les soirs me rendre visite dans ma chambre. Il est évident qu'elle se montrait moins soucieuse de préserver sa vie personnelle, à Vassar, qu'une fois devenue une personnalité en vue.

« Je sais d'elle certaines choses. Elle avait une grande curiosité intellectuelle. Ainsi, elle m'interrogeait constamment sur ma famille. J'étais d'origine libanaise et j'avais grandi dans une petite ville du Tennessee. Ces aspects de ma vie fascinaient Jackie. Elle voulait tout savoir sur mon père qui, encore jeune garçon, s'était embarqué clandestinement sur un bateau en partance pour l'Amérique. Elle insistait pour que je lui parle du Liban. J'avais des photos de ma famille dans ma chambre, et Jackie en scrutait les visages et m'interrogeait sur eux, on eût dit une journaliste, rassemblant des éléments pour un article. Elle avait une étonnante façon de fixer les gens du regard ; c'était très flatteur.

« Le plus déconcertant chez Jackie, c'était sa double personnalité : son côté star, qui faisait qu'on ne pouvait manquer de la remarquer quand elle entrait dans une pièce — elle était si exquise — et son côté secret. Elle avait dans sa chambre une photo de son père et nous ne manquions pas de dire en la voyant : " Quel bel homme ! " Nous le trouvions toutes superbe, mais elle n'en parlait jamais, et n'évoquait jamais le divorce de ses parents. Elle refusait également de parler de garçons. Elle sortait souvent. Jamais on ne la voyait sur le campus le week-end. Mais elle ne citait jamais de noms, ne se découvrait jamais.

« Cela paraissait étrange, car c'était l'un de nos sujets de conversation favoris. Nous étions toutes plus ou moins amoureuses. A chaque nouvelle

rencontre, nous pensions : " C'est le bon ! " Ce n'était évidemment pas vrai
Mais on en parlait entre amies, on donnait des notes. Peut-être en parlions-
nous aussi librement, parce que nous étions innocentes. La révolution
sexuelle n'avait pas eu lieu. Nous étions fondamentalement naïves. »

Le titre de débutante de l'année valut à Jackie de nombreux admirateurs
qui se pressaient à Vassar. Les jeunes gens affluaient à Poughkeepsie, à cent
vingt kilomètres de New York pour rencontrer cette jeune beauté. Le week-
end, elle fréquentait les plus grandes universités masculines ou les réunions
mondaines de Glen Cove, Rye ou Greenwich, dans le Connecticut. Elle allait
parfois chez son père à New York, retrouvait ses galants sous l'horloge de
Biltmore, allait danser le fox-trot au Plaza et au St. Regis avec une kyrielle de
garçons imberbes des meilleurs collèges américains. D'autres fois, elle partait
rejoindre sa mère et son beau-père à Merrywood, où elle retrouvait
invariablement Yusha Auchincloss, alors en troisième année de Yale.

« Elle m'adopta comme ami et confident, un grand frère en quelque
sorte, dit Yusha. Elle se confiait davantage à moi qu'à aucune de ses amies.
Nous nous écrivions régulièrement, et lorsque nous nous retrouvions à
Merrywood ou à Hammersmith Farm, je faisais des courses pour elle, lui
servais de chauffeur, lui présentais mes amis, lui arrangeais des coups avec
des camarades. C'était pour elle une période transitoire. Elle aimait jouer sur
plusieurs tableaux, rencontrer des gens différents, des nageurs de l'équipe de
Yale, des étudiants en médecine de Harvard, des avocats et des agents de
change new-yorkais pleins d'avenir. »

Si Jackie sortait beaucoup, elle devait plus tard qualifier de « raseurs »
ses cavaliers boutonneux, et soutenir qu'elle n'aurait jamais pu épouser l'un
d'entre eux, « non pas à cause d'eux, mais en raison de leur mode de
vie ».

Son refus de privilégier qui que ce fût n'empêchait pas Jackie d'exceller
dans le flirt. Jonathan Isham, étudiant à Yale pendant que Jackie était à
Vassar et l'un de ses cavaliers les plus assidus, estimait que c'était comme un
jeu pour elle, un moyen d'aiguiser ses talents mondains : « Elle était
tellement plus brillante et cultivée que son entourage qu'elle réussissait à
sublimer les relations. Elle avait parfois les yeux écarquillés, à en avoir l'air
bête. Mais c'était un moyen de défense. Je l'avais emmenée un jour au stade
de Yale ; quatre manches avaient déjà été jouées, il en restait cinq,
lorsqu'elle me dit : " Pourquoi donnent-ils des coups de pied dans le
ballon ? " " Allons, Jackie, fis-je, je t'en prie. " Elle avait toujours la tête
dans les nuages. Jack Kennedy utilisait cette expression pour la définir, et
c'était bien trouvé. »

Peter Reed, que Jackie avait connu à Newport, reconnaît qu'elle aimait
« jouer les ingénues. C'était sa façon de se protéger. Elle avait la réputation
d'être un peu coincée avec les hommes. Elle parlait beaucoup d'animaux et
d'antiquités. Mais tout le monde l'aimait. Elle avait un délicieux et original
sens de l'humour.

« Je l'emmenais danser au Bailey's Beach et au Newport Country Club.
Je la retrouvais parfois aussi dans l'enceinte de l'université Le bruit courait

que j'avais couché avec elle. J'aurais bien aimé. Ça m'aurait fait un joli souvenir. Mais avec Jackie on ne parvenait pas à ses fins. »

Chris O'Donnell, actuelle directrice de Resorts International, à Atlantic City, dans le New Jersey, se rappelle aussi Jackie à l'époque de l'université : « Ma sœur, Nuala, épouse du sénateur Clairborne Pell de Rhode Island, était assez amie avec Jackie. Nous l'étions toutes. Je sortais parfois avec elle, mais toujours sans cérémonie.

« Bien qu'à l'époque elle n'ait pas fui les hommes, je l'aurais classée parmi les solitaires. Elle ne faisait partie d'aucune bande. C'était une fille à part, difficile dans ses choix, détachée des contingences de ce monde, jolie, brillante, impossible à connaître.

« Son futur mari, John Kennedy, était un coureur de jupons notoire. Mais Jackie n'avait pas de goût pour les aventures sexuelles. Quand on la ramenait chez elle, elle disait au chauffeur de taxi : " N'arrêtez pas votre compteur, chauffeur. " On savait alors qu'on ne franchirait pas la porte d'entrée. Heureux encore si on recevait un baiser sur la joue. »

Lorsque Jackie commença à sortir, son père prit la chose avec légèreté. Il lui écrivit à Vassar des lettres joviales :

> *Je suppose qu'avant longtemps tu me lâcheras pour quelque drôle, que tu trouveras épatant, parce qu'il a l'air si romantique le soir et porte les boucles d'oreilles en perles de sa mère en guise de boutons de chemise de smoking, parce qu'il l'aime tant... Mais peut-être feras-tu marcher ta cervelle et attendras-tu d'avoir au moins vingt et un ans.*

Mais Jackie semblant préférer passer ses week-ends à Yale ou Princeton, plutôt qu'à New York avec son père, les lettres se firent de plus en plus revendicatrices. Un jour, rentrant d'un week-end à Yale, elle manqua le couvre-feu du soir à Vassar et reçut peu après une lettre furieuse de son père qui commençait ainsi : « Une femme peut être riche, belle et intelligente, mais si elle n'a pas de réputation, elle n'a rien. » D'autres missives suivirent lui recommandant de « jouer de préférence les filles farouches » plutôt que les « filles faciles ». Proposant son expérience personnelle, Black Jack écrivait que plus une femme refusait ses avances, plus il se sentait attiré ; inversement, il perdait tout respect pour elle dès l'instant où elle cédait.

En dehors de ces admonestations, il regrettait que Jackie ne fît pas partie de l'association honoraire de Vassar, *Big Women on Campus*. Il lui suggérait de passer moins de temps avec des soupirants et de participer davantage aux nombreuses activités de l'université.

Jackie fit remarquer que ses week-ends hors de Vassar ne l'avaient pas empêchée d'être au tableau d'honneur et d'obtenir les meilleures notes dans deux des matières les plus difficiles de Vassar : l'histoire des religions de Florence Lovell et une série de conférences sur Shakespeare. A cette occasion, elle avait appris par cœur *Antoine et Cléopâtre*, qu'elle promettait de réciter à son père à sa prochaine visite. Elle lui proposait aussi de l'aider à redécorer son appartement d'East Side. Elle acheta en effet, pour le compte de son père, chez Bloomingdale à New York, pour plusieurs centaines de dollars de tissus.

La mort du grand-père Bouvier en janvier 1948, des suites d'une opération de la prostate, subie l'été précédent, donna lieu à de nouveaux affrontements. Le testament et les dernières volontés du major contenaient quelques surprises désagréables, surtout pour Black Jack, qui se trouva déshérité, ses prêts accumulés annulant ses droits à la succession. En revanche, la maîtresse anglaise du major reçut un legs de 35 000 dollars. Les jumelles, Maude et Michelle, furent les plus avantagées ; elles se virent attribuer des actions, des obligations et la propriété de Lasata, qu'elles vendirent par la suite plutôt que d'avoir à en payer l'entretien. Edith Beale, la moins pourvue de la famille, héritait d'un capital de 65 000 dollars sous forme de fonds en fidéicommis, dont la gestion fut confiée à Black Jack. Il laissait à chacun des petits-enfants, Jacqueline et Lee comprises, un fonds de 3 000 dollars.

L'administration par Black Jack des biens de sa sœur fut la source de nombreux conflits. Edith et Edie Beale ne tardèrent pas à l'accuser de tous les péchés : d'avoir perdu de l'argent par une série de mauvais placements, d'avoir entamé le capital en pariant aux courses et détourné de l'argent à des fins personnelles [1]. Janet Auchincloss descendit elle aussi dans l'arène, exigeant que son ex-mari investisse les fonds de leurs filles en bons du Trésor plutôt qu'en actions ou en obligations.

Tandis que ses aînées se bagarraient (Janet finit par obtenir gain de cause), Jackie accepta d'aller passer les mois de juillet et d'août (1948) en Europe avec trois de ses amies. L'une était Julia Bissell, de Baltimore ; les deux autres, Helen et Judy Bowdoin, belles-filles d'Edward F. Foley, Jr., alors sous-secrétaire au Trésor. Helen Shearman, l'ancien professeur de latin de Jackie à Holton-Arms School, accepta de chaperonner ces demoiselles.

Helen Bowdoin (aujourd'hui Mrs. Helen Bowdoin Spalding), qui voit encore Jackie de temps en temps évoque leur voyage en Europe : « Ma sœur et moi étions allées en Europe avec nos parents avant la guerre, mais nous étions alors des petites filles et ne nous rappelions pas grand-chose. Nos parents étaient amis des Auchincloss, et lorsque mon beau-père proposa à Jackie de nous accompagner, elle accepta immédiatement. Il fallait encore obtenir l'autorisation de son père, car le voyage devait se dérouler pendant la période qui lui était réservée. Janet Auchincloss persuada miss Shearman de nous servir de chaperon. C'était le premier voyage de Jackie à l'étranger. »

---

1. Selon Edie Beale, Black Jack ramena le capital reçu en héritage par sa mère de 65 000 dollars à 58 000 dollars. Son frère, Bouvier Beale, soutient que Black Jack remplaça la différence et justifie le choix de ce dernier comme curateur d'Edith : « Grand-père estimait ma mère incapable de gérer sa fortune. Il avait raison. C'était un panier percé. On m'a demandé d'intervenir et de remplacer Black Jack, mais j'ai refusé. Ma mère était trop ergoteuse. Elle se disputait continuellement avec grand-père. Ma mère était coriace et grincheuse. Grand-père ne l'aimait pas autant que les jumelles, c'est pourquoi il leur a laissé plus d'argent qu'à elle. »

Judy Bowdoin (Mrs. Judsy Bowdoin Key) garde le souvenir de « sept semaines éreintantes assorties d'un emploi du temps surchargé. Tout avait été minuté. Rien n'avait été laissé au hasard. Nous embarquâmes à bord du *Queen Mary* et fûmes dès lors traitées commes des bizuths ».

Edward Foley avait réussi à faire inviter ces demoiselles, pendant leur séjour en Angleterre, à une garden-party au palais de Buckingham. « Mais il tombait des cordes, ce jour-là, raconte Judy Bowdoin. Les femmes en capeline et longs gants blancs, les hommes en smoking, durent se réfugier par centaines sous les tentes abritant les buffets. C'était une vraie cohue. Le roi George VI et la reine Elizabeth recevaient sous une des tentes. Sir Winston Churchill était là lui aussi. Jackie défila deux fois devant nos hôtes en rang d'oignons, afin de serrer une deuxième fois la main de sir Winston. »

Après Londres et une excursion dans la campagne anglaise les jeunes filles visitèrent Paris et les châteaux provençaux, et passèrent deux jours à Juan-les-Pins (où elles retrouvèrent Churchill) ; elles allèrent ensuite en Suisse, à Zurich, Lucerne, Interlaken et contemplèrent la Jungfrau ; puis elles passèrent en Italie par Milan, Venise, Vérone, Florence et Rome, avant de regagner Paris et de sauter dans le train qui les ramenait au Havre.

« Un jour de plus à ce rythme et je meurs », avait dit Jackie à ses compagnes de voyage. Mais dans l'ensemble elle fut enchantée et se promit de revenir. « Je n'ai eu qu'un bref aperçu, mais la prochaine fois je m'en imprégnerai », déclara-t-elle à sa mère.

L'occasion se présenta plus tôt que prévu. Au début de sa deuxième année d'université, une annonce du tableau d'affichage de Vassar donnait le programme étranger de Smith College. Les élèves d'autres universités pouvaient se porter candidats ; trois ou quatre centres en Europe étaient proposés. Elle résolut de postuler, espérant obtenir Paris avec cours à la Sorbonne.

Ce n'était pas seulement son désir de retourner en Europe qui la poussait à poser sa candidature. L'atmosphère hystérique de compétition qui régnait à Vassar dégoûtait Jackie. Elle était fatiguée d'un règlement qui interdisait les hommes sur le campus pendant la semaine et limitait le nombre des week-ends de sortie.

Dans l'attente d'une réponse à son dépôt de dossier, elle informa son père de son intention d'abandonner l'université pour être mannequin. Elle avait le physique de l'emploi et avait participé à des défilés de mode à l'occasion de galas de bienfaisance à Newport et East Hampton. Elle avait également reçu un petit cachet de *Life* pour lequel elle avait posé avec plusieurs autres mannequins, lors d'une présentation de bienfaisance à Vassar.

Black Jack s'opposa violemment à cette idée, faisant remarquer que seule « une femme prête à tout pour réussir » pouvait envisager ce métier. Il n'avait pas englouti des milliers de dollars dans son éducation pour qu'elle devienne mannequin.

Il n'avait pas non plus une grande sympathie pour le dernier galant de Jackie, le colonel Serge Obolenski ; ce prince russe blanc était un homme distingué et une locomotive mondaine, qui avait, entre autres, réussi à redonner du prestige à une demi-douzaine d'hôtels new-yorkais, dont le Plaza, le St. Regis et le Sherry-Netherland. Obolenski, qui avait la réputation d'être « le meilleur valseur de New York », emmenait parfois Jackie danser.

Jack Bouvier s'empressa de rappeler à sa fille de dix-neuf ans que le prince, qui en avait plus de soixante, aurait pu être son grand-père.

Jackie lui fit remarquer que la plupart des femmes avec lesquelles il sortait avaient l'âge d'être sa fille.

Son actuelle égérie, Sally Butler, employée des Pan American Airlines à Miami, n'était guère plus âgée que Jackie. Une amie de Sally, Grace Lee Frey, la décrivait comme « une fille d'une beauté frappante avec des cheveux très longs, que Black Jack lui conseilla de couper à la Norma Shearer. Sally s'exécuta, ce qui la fit paraître encore plus jeune. Bouvier alla avec Sally voir ses parents, en Californie. Ils tombèrent sous le charme, sans manquer d'être déroutés par la différence d'âge. »

Jack Bouvier et Sally Butler ne légalisèrent jamais leur union ; mais, bien qu'intermittente, leur histoire d'amour fut relativement longue. Sally assista un jour à East Hampton, à une violente dispute entre Jackie et son père. Jackie avait sans doute demandé à Sally si la robe qu'elle voulait porter irait mieux avec des perles ou avec la chaîne en or que son père lui avait donnée. Innocemment, Sally proposa les perles. Jack commença par ne rien dire, puis explosa soudain en hurlements et arracha du cou de Jackie le collier dont les perles se répandirent sur le sol. Il continua de crier jusqu'à ce que Jackie ait mis la chaîne et revêtu une robe assortie.

Pareilles altercations n'empêchaient pas Jackie de s'éloigner des Auchincloss. Aussi étrange que lui parût l'attitude de son père, elle se sentait de plus en plus étrangère au mode de vie étriqué de sa mère et de son beau-père.

Jonathan Tapper, qui fut pendant de nombreuses années le majordome de la famille, considérait Janet comme « une femme extrêmement exigeante, qui voulait que tout fût parfait et y parvenait. Elle avait redonné à Hammersmith Farm la splendeur qu'avaient les manoirs et les plantations du Sud d'avant la guerre de Sécession. A la fin des années quarante, elle avait vingt-cinq personnes à son service. Une domestique avait pour seule occupation de vider les corbeilles à papier. Sa maniaquerie culminait à la cuisine. Tout devait être impeccable. La cuisinière se plaignait de ne rien pouvoir poser sur les plans de travail. Lorsque Janet y surprenait un ustensile, elle ordonnait à la cuisinière de le ranger. Du sol de la cuisine elle disait : " Je veux qu'il soit aussi brillant que celui d'une salle de bal. " Nous avions ordre de jeter les bouteilles entamées du bar. Elle ne voulait pas donner l'impression de la pauvreté.

« Janet en faisait souvent trop. Elle attachait une énorme importance au décorum ; peut-être espérait-elle ainsi faire oublier ses origines de parvenue. Il y avait plus de domestiques à Hammersmith Farm qu'il n'y avait de pièces dans la maison. Hugh Auchincloss renâclait, mais se laissait faire. Jackie en était épouvantée. Il y avait tellement de domestiques à nourrir qu'elle et sa sœur pouvaient s'estimer heureuses d'avoir un sandwich pour leur déjeuner. Les frais généraux étaient énormes : notes d'électricité, linge et articles de toilette nécessaires à tant de personnel. Jackie ne cessait de répéter à sa mère qu'avec tous ces domestiques elle finirait par " ruiner " ses deux plus jeunes enfants, Jamie et Janet, Jr. Jackie et sa mère n'étaient d'accord sur rien. »

D'autres familiers des Auchincloss faisaient des récits tout aussi atterrants. La doyenne de Newport, Eloïse Cuddeback, trouvait Hugh et Janet « ennuyeux parce qu'ils vivaient en vase clos dans leur petit monde bien comme il faut. Les gens qui ne se voient qu'entre eux par peur de l'extérieur garantissent des soirées insipides. »

L'écrivain Alan Pryce-Jones, autre voisin de Newpoort, considérait Hugh Auchincloss comme « un individu suffisant, dépourvu de tout sens de l'humour. Il avait cependant le mérite d'être moins intéressé que Janet à la vie de club ; Bailey's Beach était tout pour Janet. Elle pouvait être charmante, mais aussi terrifiante. Elle avait un sale caractère. Lors d'une dispute avec une domestique, elle saisit un couteau et menaça de s'en servir. Elle inculqua à ses enfants la crainte de Dieu. Elle les voulait conformes à son idéal. Ils ont grandi entre un beau-père doux et réservé et une mère explosive. Rien d'étonnant à ce que Jackie ait voulu aller étudier à Paris ».

Une fois admise à passer un an à l'étranger, Jacqueline eut à affronter le principal obstacle : convaincre ses parents que la période passée en France serait bénéfique pour sa formation. La Sorbonne flattait le snobisme de Janet, mais paraissait moins séduisante à Black Jack, bien qu'il préférât que Jackie n'abandonnât pas complètement ses études. Ce séjour l'éloignerait de lui, mais le clan Auchincloss rival serait lui aussi privé de sa présence. Et puis ce départ lui donnerait l'occasion de se rapprocher de Lee. Plus extravertie, moins indépendante, moins volontaire, mais aussi moins instable que Jackie, Lee (qui était à présent à l'école de Miss Porter) était une compagne agréable ; elle consultait plus souvent son père que ne le faisait sa sœur, et écoutait son avis, même si elle ne le suivait pas toujours.

L'année que Jackie passa en France commença à la mi-août 1949 par six semaines d'études du français à l'université de Grenoble. Pensionnaire dans une famille française, elle ne parla que cette langue et se félicita tellement de l'expérience qu'arrivée à Paris, elle ne voulut pas entendre parler de Reid Hall, le foyer où vivaient la majorité des étudiants américains de la Sorbonne et elle alla habiter chez les Renty.

La comtesse Guyot de Renty vivait dans un grand appartement, situé au 78 de l'avenue Mozart dans le XVIe arrondissement et louait des chambres à des étudiantes. La comtesse et son défunt mari avaient combattu dans la résistance et avaient été déportés en Allemagne dans des camps de concentration différents ; le comte n'avait pas survécu. Mais sa femme en était revenue et vivait avec deux de leurs filles. Jackie se lia d'amitié avec l'une des deux, Claude de Renty, qui avait le même âge qu'elle.

Dans une lettre à Yusha Auchincloss, Jacqueline décrivait les Renty : « C'est une famille merveilleuse. J'ai l'impression d'être chez moi. Une mère divine ; une fille de mon âge, Claude ; une autre divorcée avec son petit garçon de quatre ans ; deux Américaines qui sortent de Milton. » Jackie connaissait l'une des deux, Susan Coward, qui était de New York.

Loin du tourbillon de Vassar et des bagarres de ses parents, Jackie s'épanouit. Evoquant par la suite son séjour parisien, elle y voyait « une des meilleures périodes de sa vie, l'année la plus heureuse et la plus insouciante de sa carrière ».

« Jacqueline était très gaie, très facile à satisfaire, se rappelle la comtesse de Renty. Elle était reconnaissante de tout ce que nous faisions pour elle. Et ce n'était certainement pas facile pour une fille habituée au confort de l'Amérique, car la France connaissait encore en 1949 de sévères restrictions, consécutives à la guerre. Elle avait une carte d'alimentation pour acheter du pain et de la viande. Sa mère lui envoyait des colis de sucre, de café et autres produits alimentaires difficiles à se procurer.

« Comme la plupart des logements français, l'appartement de l'avenue Mozart n'avait pas de chauffage central. Durant les mois d'hiver Jacqueline travaillait dans son lit, emmitouflée comme une momie avec châle, mitaines, chandail et serre-tête. Il y avait une unique salle de bains avec une baignoire en étain pour nous sept, mais l'eau chaude était rare. Sinon c'était la douche froide ou le bidet. Les Américains ne connaissent pas les habitudes françaises dans ce domaine. Par un jour glacial, où Jacqueline essayait de prendre un bain chaud, le chauffe-eau explosa, brisa la vitre de la salle de bains. Jacqueline n'en fut pas outre mesure troublée. C'était une fille courageuse, un soldat au meilleur sens du terme.

« Jacqueline, Susan Coward et Claude sortaient souvent ensemble le week-end. Claude lui présenta ses amis. Jacqueline allait à l'opéra, au théâtre, au ballet. Les billets n'étaient pas chers. Elle adorait le Louvre. Vêtue d'un manteau de fourrure, elle aimait aller au Ritz jouer les élégantes. La belle vie calme et studieuse de la Sorbonne lui plaisait aussi. Elle tirait le meilleur de tout et savait profiter de l'instant qui passe. Je lui présentai un de nos amis artistes, un garçon bohème qui lui fit connaître tous les cafés et les boîtes de jazz. Il l'emmenait sur sa moto, et le samedi, ils allaient visiter les galeries de peinture et les antiquaires.

« Jacqueline était très simple. Elle s'habillait sans recherche. Peut-être le pouvoir l'a-t-il par la suite changée, mais à l'époque elle n'avait rien d'une enfant gâtée. Elle n'avait qu'un défaut : son incapacité à se rapprocher des gens. Elle était secrète. Elle avait une conversation charmante, mais ne dévoilait jamais ses pensées intimes. Elle n'était pas superficielle, mais simplement difficile à cerner. »

Cette tendance de Jackie à voiler ses véritables sentiments était surtout sensible avec les hommes. L'un de ses chevaliers servants à Paris, Ormande de Kay, futur scénariste américain, trouvait Jackie « très attirante, mais toujours sur la défensive ».

« Pour être honnête, admet Ormande de Kay, j'étais épris de la compagne de chambre de Jackie, Sue Coward, mais elle-même s'intéressait à un dénommé Georges. Je me souviens de les avoir vus un soir s'embrasser sous un réverbère et en avoir été furieux. Je téléphonais à l'appartement, espérant que Jackie serait sortie, mais sinon... En principe, j'étais son petit ami, ou l'un de ses petits amis.

« Nous nous sommes perdus de vue, mais à l'époque elle était pleine d'enthousiasme et extrêmement séduisante. Les amis français à qui je la présentais étaient tous frappés par sa beauté.

« Nous faisions ce que tout jeune couple fait à Paris : prendre le métro, faire la queue devant un cinéma, marcher main dans la main le long de la Seine, ou bien aller au Flore, aux Deux Magots, au Dôme ou à la Coupole dans l'espoir d'apercevoir Camus ou Sartre. Lorsque j'avais de l'argent, ce qui était rare, je l'emmenais dans une boîte de nuit à Montparnasse. Mais qu'on ait de l'argent ou pas semblait lui être égal. Elle se contentait de s'asseoir à la terrasse d'un café et de regarder les gens passer.

« Ce qui me gênait chez elle, c'était ce côté petite fille qu'elle n'a pas complètement perdu, et qui est de plus en plus exaspérant avec l'âge. Mais même à l'époque c'était très déconcertant, cette toute petite voix, et cet air égaré. J'ai toujours mis cela sur le compte de sa mère, Janet Auchincloss, qui était une femme intelligente et agréable, mais qui avait parfois recours à ce même mode de comportement : la scène de la demoiselle en détresse. C'est un numéro dans lequel excellent les femmes du Sud : l'évaporée séduisante. Elles enjôlent les hommes en jouant les idiotes. Et apparemment, ça marche. »

Durant cette même année, Jackie vit aussi George Plimpton, qui étudiait la littérature anglaise à Cambridge. Lors d'un séjour à Londres, pendant les vacances de Noël, Jackie rencontra par hasard George[1]. Par la suite, lorsqu'il venait à Paris, il ne manquait pas de lui faire signe. Il l'emmena un jour (d'après une lettre écrite par Jackie à l'occasion du vingt-cinquième anniversaire de la *Revue de Paris,* journal littéraire cofondé et dirigé par Plimpton) « dans un trou sans air du boulevard Raspail ». George, « plutôt pâle dans un col roulé noir », raconte à Jackie « que les notes tristes des saxophones dans la pénombre enfumée annonçaient pour lui l'aurore » et « qu'aux premières lueurs de l'aube, à travers les rues grises de Paris, il irait retrouver un lit étranger ».

« Ces soirées, conclut Jackie, étaient grisantes pour quelqu'un qui passait les siennes emmitouflée dans des chandails et des bas de laine à faire ses devoirs dans des cahiers quadrillés. »

Contrairement à ce qu'elle prétendait, Jackie aurait mené, d'après Plimpton, une vie plutôt tumultueuse. « Non pas qu'elle ne travaillât pas, mais elle était manifestement très occupée. Elle semblait connaître tout le monde à Paris : les intellectuels français et les banquiers anglais qui venaient le week-end tirer le faisan dans la campagne française. Mais personne ne la connaissait. »

---

1. C'est à l'occasion de ce voyage (décembre 1949) que Jackie rencontra les enfants que son père avait eus de sa maîtresse anglaise, ce demi-frère et cette demi-sœur, dont elle s'était promis de ne jamais parler.

En février 1950, la mère de Jackie et son beau-père arrivèrent à Paris. Elle n'avait jamais évoqué dans ses lettres la rusticité de l'appartement des Renty, et ils en furent d'abord interdits. Elégant selon les critères français, l'appartement ne correspondait en rien à l'attente de Janet. Plus décidée que jamais, Jackie leur assura que l'appartement lui convenait très bien ; elle n'avait pas du tout l'intention de déménager.

Au bout d'une semaine les Auchincloss emmenèrent Jackie et Susan Coward en Autriche et en Allemagne, par Vienne, Salzbourg, Berchtesgaden (où ils visitèrent le « nid d'aigle »), puis Munich et Dachau. D'après Janet, « Hughdie voulait que Jackie connaisse autre chose que Paris et la Côte d'Azur. Il voulait qu'elle comprenne la portée de la Seconde Guerre mondiale et qu'elle sache que l'Europe n'était pas qu'éclat et or ».

A la fin de l'année universitaire, Jackie fit un autre voyage, en France cette fois, avec Claude de Renty. « Jacqueline partit avant moi, et je la retrouvai à Lyon, raconte Claude. J'avais emprunté la voiture de ma sœur et nous avons pris la direction de Saint-Jean-de-Luz, nous arrêtant pour pique-niquer, nager ou visiter des monuments. Nous avons traversé l'Auvergne, Toulouse, Montauban, la Charente, Bordeaux, les Landes et Nantes, logeant chez des amis ou dans de petits hôtels. Le voyage, y compris une semaine à Saint-Jean-de-Luz, dura un mois.

« Comme toutes les jeunes filles de notre âge, notre principal sujet de conversation était les garçons. Jacqueline là-dessus demeurait vague. Je connaissais plusieurs de ses amis de Paris, parce que c'était moi qui les lui avais présentés. Mais les autres m'étaient étrangers. Aucune de ces amitiés ne semblait très sérieuse. Il y avait un haut conseiller de Georges Bidault, alors président du Conseil, avec lequel elle allait parfois monter à cheval au bois de Boulogne ou qui l'emmenait dîner, mais je ne crois pas qu'elle en ait jamais été amoureuse.

« Jacqueline était dotée d'une très grande force de caractère, mais elle avait aussi ses faiblesses. Pour elle, les choses n'étaient pas toujours faciles. Quand on est du genre à se vouloir toujours fort, on ne peut pas manquer de souffrir. Elle n'acceptait pas ses faiblesses ; pas plus d'ailleurs que celles des autres. Si elle n'estimait pas ou n'admirait pas un homme, elle le laissait immédiatement tomber. »

L'aventure européenne de Jackie se termina cet été-là par un voyage en Irlande et en Ecosse avec Yusha Auchincloss. « Je m'étais engagé dans les marines, raconte Yusha, mais décidai de prendre d'abord quelques vacances. J'invitai donc Jackie à se joindre à moi. Aucun de nous deux ne connaissait l'Irlande ni l'Ecosse. Cela me paraissait de circonstance, étant donné que j'étais à moitié écossais et Jackie à moitié irlandaise. Nous louâmes une voiture et descendîmes dans de petites auberges de campagne. Jackie se plaisait à s'arrêter pour parler aux gens : commerçants, piliers de cabaret, rétameurs, vagabonds ou fermiers. Elle ne se lassait pas d'écouter les gens du peuple. »

Jackie et Yusha regagnèrent les Etats-Unis à bord du *Liberté* et furent accueillis à New York à leur descente du bateau par Jack Bouvier. Au grand désappointement de ce dernier, Jackie ne resta que deux jours avec lui avant de se précipiter à Merrywood s'inscrire en dernière année à George Washington University, à Washington, D.C. Son année à Paris l'avait dégoûtée de Vassar, où elle était une étudiante parmi d'autres, d'autant plus que George Washington avait accepté de prendre en compte ses notes antérieures et l'autorisait à préparer en deux semestres un diplôme de littérature française.

Au début de l'année 1951, tandis qu'elle préparait ses partiels, Jackie revit Ormande de Kay. Sous-officier de réserve dans la marine, il avait été mobilisé, en raison de la guerre de Corée, et affecté sur un destroyer, encore en réserve à la base navale de Charleston, en Caroline du Sud.

« Un jour, dit-il, le téléphone du bateau sonna et je fus convoqué par haut-parleur à la passerelle. C'était Mrs. Eve Tollman, célèbre hôtesse de Washington, qui m'invitait à un bal, à l'occasion du deux centième anniversaire de la fondation de Georgetown, où était attendue la plus belle fille de Washington.

« J'acceptai immédiatement et gagnai Washington en auto-stop. En arrivant chez les Tollman à Georgetown, je reconnus des généraux à cinq étoiles, des magistrats à la Cour suprême et des ambassadeurs ; et tout le monde semblait attendre la fille. Elle apparut enfin, et, à l'étonnement de tous, du mien y compris, nous nous ruâmes dans les bras l'un de l'autre. La fille en question n'était autre que Jacqueline Bouvier. Après cela, je me sentis en quelque sorte obligé de nouer avec elle un semblant d'idylle. De Charleston j'allai souvent en auto-stop à Merrywood passer le week-end avec elle. »

A cette époque, Jackie s'inscrivit au concours du seizième Prix de Paris, organisé chaque année par *Vogue;* il s'agissait d'un concours de rédaction ouvert aux étudiants de quatrième année d'université et offrant au gagnant un an de stage dans le magazine, six mois à Paris et six mois à New York. Les candidats devaient présenter quatre articles sur la mode, un portrait, la maquette d'un numéro du journal et un essai sur « les disparus qu'ils auraient aimé connaître », peintres, écrivains, musiciens ou chorégraphes.

Jackie était tellement décidée à gagner qu'elle suivit un cours de dactylo à l'université George Washington et passa un temps considérable sur son essai. Elle choisit Serge de Diaghilev, Charles Baudelaire et Oscar Wilde, comme les personnes qu'elle aurait aimé connaître. Son acharnement se révéla payant. Jackie gagna le concours, devant mille deux cent quatre-vingts candidats de deux cent vingt-cinq universités accréditées. On la fit venir à New York afin d'être photographiée pour *Vogue* par Horst P. Horst, et présentée aux rédacteurs du journal.

« J'étais avec elle le jour où elle apprit sa victoire, raconte Ormande de Kay. Je me rappelle avoir vu le télégramme ouvert sur la table du vestibule à Merrywood et je ne pus m'empêcher de le lire. Il provenait de *Vogue* et annonçait à Jackie qu'elle avait remporté le Prix de Paris. Je compris alors que derrière l'extérieur quelque peu ahuri, qu'elle réservait aux hommes, se cachait un cerveau. »

Sa mère se montra fière de ce succès, mais Hugh Auchincloss estima que Jackie ne devait pas accepter le prix. Il pensait qu'un autre séjour à Paris risquait de détacher définitivement sa belle-fille de son pays natal ; peut-être déciderait-elle de s'installer pour de bon à Paris. Il réussit à en convaincre Janet et ils se liguèrent pour la persuader de refuser le prix.

Ils convinrent en échange d'envoyer, à leurs frais, Jackie et Lee passer l'été 1951 en Europe. Ce voyage tiendrait lieu de récompense pour les deux filles : Jackie étant sortie diplômée de l'université George Washington et Lee venant de sortir de Miss Porter's et ayant été acceptée à l'université Sarah Lawrence pour y préparer une licence d'histoire de l'art.

Pour raconter leur voyage en Angleterre, en France, en Italie et en Espagne, les sœurs collèrent les dessins et les vers de Jackie avec les récits de Lee dans un album qu'elles intitulèrent *Un certain été* et l'offrirent à leur mère. Découvert parmi les souvenirs de la famille, l'album fut édité en 1974 par Delacorte Presse, et le *Ladies' Home Journal* en publia des extraits. Malgré un ton quelque peu enfantin, cet ouvrage reste le compte rendu le plus complet de cette expédition mouvementée.

Lee commence par évoquer un Libanais rencontré sur le *Queen Elizabeth*. « Jackie m'a avertie des bizarreries sexuelles des Arabes du Proche-Orient ! » écrit-elle. Puis il y eut le Perse au grand nez qui la faisait virevolter sur la piste de danse (« je ne voyais que son nez »), tandis que Jackie valsait gracieusement avec le séduisant commissaire du bord.

Les deux sœurs séjournèrent assez longtemps en Angleterre pour louer une Hillman-Minx qu'elles passèrent en France, mais dont les freins ne tardèrent pas à lâcher. A Paris, Jackie présenta Lee à certains des amis qu'elle s'y était faits lors de son précédent séjour, dont Claude de Renty, qui remarqua tout de suite combien elles étaient différentes : « Jacqueline était brune, sérieuse, d'humeur changeante et curieuse d'esprit. Lee était en tout la petite sœur. Blonde, d'humeur facile, elle semblait peut-être plus accessible, mais aussi beaucoup moins profonde que Jacqueline, qui était habitée par une force dont manquait manifestement Lee. »

Les hommes et les mondanités occupent une grande place dans *Un certain été*. Lee prétend avoir rencontré dans une base militaire « les deux plus beaux officiers dont on puisse rêver. Ils portaient des bérets bleus et avaient de ravissantes cordelettes qui scintillaient sous leurs bras ». Jackie évoque les « charmants garçons anglais et espagnols » avec lesquels elles se lièrent d'amitié et le journaliste espagnol qui « venait de publier une série d'articles sur *Femmes amoureuses* de D.H. Lawrence » et voulait les lui lire à condition qu'elle « vienne le soir même dans son bureau ».

A Venise, où Lee essaya, mais en vain, de trouver quelqu'un qui lui donnât des leçons de chant, Jackie suivit des cours de dessin avec un jeune et bel artiste italien. Lee fait remarquer que « depuis que nous sommes à Venise, Jackie s'intéresse vraiment beaucoup à la peinture. Nous allons tout le temps dans les musées, mais elle semble maintenant vouloir aller plus loin, elle a découvert un professeur de grande expérience et prend tous les jours des cours de dessin avec lui ».

Le professeur en question, dont on voit la photo dans *Un certain été*, personnifie le rêve européen de toute jeune Américaine. Grand et mince, il a un carnet de croquis sous le bras et porte une veste de coupe italienne, négligemment jetée sur les épaules. Debout à côté de lui, en robe moulante, sandales et lunettes de soleil, Jackie paraît charmée par son compagnon.

Les sœurs achevèrent leur périple par le magnifique domaine du collectionneur et critique d'art Bernard Berrenson dans la campagne florentine. « Epousez quelqu'un qui vous stimule en permanence et que vous stimuliez en permanence », conseilla-t-il à Jackie. Puis les deux jeunes Américaines passèrent une semaine à Marlia, pittoresque villa ayant appartenu à Elisa Bacciochi, l'une des sœurs de Napoléon, duchesse de Lucques, et qui était alors la propriété du comte et de la comtesse Pecci-Blunt. Leur fils, Dino, était un ami de John F. Kennedy.

« Ce qui se passa à Marlia, raconte Roderick Coupe, écrivain américain, vivant à Paris, n'est certainement pas mentionné dans le livre des sœurs Bouvier. J'ajouterai que la mère de Dino, la comtesse Anna Pecci-Blunt, qui est aujourd'hui décédée, était une des grandes figures de son époque, une femme terrible, drôle au plus haut point et extrêmement brillante. Elle était extraordinaire. Comme l'était sa villa, surtout réputée pour son vaste parc.

« Ce qui est arrivé à Jackie et Lee ne pouvait arriver qu'en Europe, où les gens attachent une énorme importance aux bonnes manières et aux convenances. Il semble qu'elles aient quitté la villa sans dire au revoir à la comtesse. Elles devaient partir de très bon matin pour rentrer en Amérique et n'avaient pas voulu la réveiller. La comtesse Pecci-Blunt les trouva très mal élevées et déclara à qui voulait l'entendre que ces deux jeunes Américaines n'avaient aucune manière. Jackie et Lee en furent mortifiées. Elles avaient jugé préférable de ne pas réveiller leur hôtesse. Elles s'excusèrent par la suite, mais cet incident jeta une ombre sur leur voyage. Elles restèrent pendant plusieurs années marquées par cette humiliation. »

6

Le retour de Jackie aux Etats-Unis, à la fin de l'été 1951, raviva les hostilités entre son père, qui voulait qu'elle vive à New York et travaille à mi-temps avec lui, et sa mère, qui lui promettait mieux dans la région de Washington. En attendant de prendre une décision, Jackie s'installa à Newport, sortant avec différents membres de la bonne société de Bailey Beach. Steven Spence l'emmenait dans son petit avion. Bin Lewis était l'un de ses partenaires habituels au tennis. Elle jouait au golf avec John Sterling, au Country Club de Newport. « Je n'avais pas revu Jackie depuis son année à la Sorbonne, dit-il. Elle avait considérablement changé, et perdu son côté potelé. Elle était grande et imposante avec son mètre soixante-douze, mais ses pommettes saillantes et ses lèvres sensuelles irradiaient la féminité. Elle était cependant restée aussi froide et distante que la Jackie d'autrefois, une princesse de glace. »

Pour Jackie, cette période fut « pure frustration ». Elle avait le sentiment que son avenir avait été tracé d'avance. On n'attendait qu'une chose d'elle, se plaignait-elle à Sterling, « un beau mariage ».

Jackie prit la décision de vivre à Washington plutôt qu'avec son père à New York. Les habitudes de jeu et de boisson de Black Jack, son comportement bizarre rendaient impossibles les relations entre le père et la fille. Ils se disputaient plus que jamais. Jack se plaignait comme par le passé, que Jackie ne lui faisait signe que lorsqu'elle avait besoin d'argent. Il l'accusait d'être trop dépensière, de sortir avec des hommes dont les intentions n'étaient pas claires et de le négliger en faveur des Auchincloss. Il essayait aussi d'acheter son affection en l'autorisant à utiliser ses comptes dans certains grands magasins de New York. Il proposait de lui payer tous ses frais médicaux, à condition qu'elle consulte des médecins et des dentistes de New York.

Elaine Lorillard, femme de l'héritier du tabac, Louis Lorillard, fut invitée, vers cette époque, à un cocktail chez Black Jack et fut stupéfiée par le nombre de photographies de Jackie sur les murs ou sur les tables. « Il y avait des portraits à l'huile et des photos de Lee et de Jackie, mais il semblait y en avoir davantage de Jackie. Elle était partout. Et Black Jack n'arrêtait pas de parler d'elle. Elle lui manquait et il était déçu qu'elle ait choisi de vivre à Washington. Il commençait pourtant à se dire qu'elle trouverait peut-être un travail plus intéressant à Washington. »

C'est l'oncle Hughdie qui lui suggéra de se lancer dans le journalisme. Il avait pour ami Arthur Krock, correspondant à Washington du *New York Times,* qui proposa d'aider Jackie à trouver une situation.

La suite de l'histoire fait désormais partie de la légende. Krock téléphona à Frank Waldrop, rédacteur en chef et copropriétaire du *Washington Times-Herald,* qui avait autrefois engagé la fille de l'ex-ambassadeur, Joseph P. Kennedy, Kathleen (Kick), comme secrétaire et journaliste occasionnelle. Il avait aussi employé au *Times-Herald* Inga Arvad, soupçonnée d'être une espionne nazie, et dont le nom s'était trouvé associé pendant la guerre à celui d'un jeune officier de marine, appelé John F. Kennedy, ce qui allait, quelques années plus tard, créer un scandale.

« Engagez-vous toujours des petites filles ? demanda Krock à Waldrop. J'ai une merveille pour vous, ajouta-t-il sans attendre de réponse. Elle a les yeux ronds, elle est intelligente et veut faire du journalisme. »

Il mentionna en passant que « la petite fille » à laquelle il pensait était la belle-fille de Hugh Auchincloss, nom bien connu de Waldrop, qui accepta de recevoir Jackie.

Le *Times-Herald,* fondé par l'excentrique et richissime Eleanor « Cissy » Patterson[1], était sans doute le journal le moins influent de Washington. Il était résolument conservateur. Avant l'entrée des Etats-Unis dans la Seconde Guerre mondiale, il avait défendu l'isolationnisme sans se faire beaucoup d'amis dans une ville rooseveltienne. Waldrop lui-même était un conservateur dont les manières brusques et bourrues ne pouvaient qu'intimider de jeunes journalistes. Mais Hugh Auchincloss assura à Jackie qu'elle apprendrait énormément en travaillant pour ce journal et surtout pour un patron aussi passionné et compétent que Frank Waldrop.

« Le vieux *Times-Herald* se trouvait dans la 13e Rue, raconte Waldrop. Jackie débarqua dans mon bureau au début de décembre 1951. Je voyais beaucoup de ces jeunes gens qui voulaient entrer dans le journal, parce que c'était passionnant, un poste d'observation idéal pour connaître une grande ville et s'y amuser. Jackie n'était que l'un d'eux. Ils entraient et sortaient. Curieux de savoir si elle voulait vraiment faire carrière dans le journalisme, je lui demandai si elle souhaitait apprendre le métier ou seulement traîner dans un journal en attendant de se marier. Si elle voulait faire carrière, je l'y

---

1. Cissy Patterson était la petite-fille de Joseph Medill, qui possédait le *Chicago Tribune,* et la sœur de Joseph Patterson, fondateur du *New York Daily News.* Le *Washington Times-Herald* avait été le premier grand journal américain à être dirigé par une femme. Après la mort de Cissy Patterson, en 1948, à l'âge de soixante-sept ans, le *Times-Herald* fut confié, conformément aux vœux de la défunte, à un comité directeur de sept membres, qui devenait propriétaire du journal. Frank Waldrop en faisait partie.

aiderais, sinon, je lui trouverais quelque chose à faire, mais au moins ne prendrait-elle pas la place de quelqu'un d'autre.

« Elle assura vouloir réussir dans le journalisme, mais déclara ne pas savoir bien taper à la machine et tout ignorer de la technique du reportage. Je lui fis confiance. Je lui demandai de revenir après Noël pour que nous en reparlions. Elle revint après Noël en s'excusant. Elle avait dit vouloir faire un essai, mais s'étant fiancée à Noël, elle pensait que je ne voudrais plus l'engager. C'était très honnête de sa part, très élégant. « Eh bien, lui dis-je, parlez-moi de lui. Vous ne m'en avez rien dit avant Noël. Où l'avez-vous rencontré ? Qui est-il ? » Il se trouva qu'elle l'avait rencontré peu de temps auparavant. « Et alors, dis-je, qu'est-ce que ça peut faire ? Venez lundi matin et mettez-vous au travail. »

L'annonce des fiançailles de Jackie parut dans la presse dans les jours qui suivirent son entrée au *Times-Herald ;* le fiancé de Jackie, John G.W. Husted, Jr., était ancien élève de Summerfield School, en Angleterre, diplômé de St. Paul, dans le New Hampshire et de Yale ; pendant la Seconde Guerre mondiale, il avait combattu aux côtés des forces britanniques en Italie, en France, en Allemagne et en Inde. La famille de Husted, originaire de Bedford Village dans le comté de Westchester, travaillait dans la banque, et John était employé chez Dominick & Dominick, importante société d'investissement bancaire de New York.

Jackie et John Husted s'étaient connus grâce à Mary de Limur Weinmann, qui sortait alors avec Yusha Auchincloss. « En raison de mon amitié avec Yusha, je dînais de temps à autre à Merrywood. Je connaissais Jackie depuis 1948. Elle avait l'esprit très vif et ne pouvait pas rester en place. Elle était également très perspicace, trait qu'elle avait manifestement hérité de sa mère. Je me rappelle Janet assise à la table de salle à manger, entourée de tous ces enfants ; tout le monde parlait en même temps, sauf Janet. Elle était assise là et souriait. Elle semblait absente, mais ne perdait rien de ce qui se passait. Jackie était comme elle. Elle semblait parfois être ailleurs, mais ce n'était qu'illusion.

« Je n'étais pas particulièrement proche de Jackie. Elle ne se faisait pas facilement des amis. Mais je l'étais suffisamment pour lui arranger le coup. J'avais parlé d'elle à John Husted, et un week-end, vers la fin de l'année 1951, il vint de New York pour assister à une soirée à Washington. Jackie y était aussi, et je les présentai l'un à l'autre.

« John était grand, bien bâti, courtois, beau, très WASP, et Jackie était éblouissante dans son genre. Je sentais qu'ils pourraient s'entendre, mais jamais je n'aurais pensé que cela puisse aller aussi loin. J'en fus stupéfaite. Du côté de John, ce fut le coup de foudre. A la fin du week-end, je rentrai à New York avec lui ; il était dans le ravissement, et ne pouvait s'arrêter de parler d'elle. Ensuite, j'appris leurs fiançailles. »

John Husted, qui vit aujourd'hui à Nantucket, est resté lié à Jackie, « plus lié que lorsque nous étions fiancés » dit-il ; il trouve « tout naturel » qu'ils se soient rencontrés. « Hugh Auchincloss était très ami avec mon père à Yale. La mère de Jackie et ma mère se connaissaient depuis des années. Ma sœur Anne et ma sœur Louise étaient toutes les deux à Farmington en même temps que Jackie. Aussi peut-on dire que nous avions beaucoup en commun.

« Je fus tout de suite impressionné par l'originalité de Jackie, par sa sensibilité. Elle était aussi très belle avec ses grands yeux écartés et ses boucles brunes. Elle ressemblait à un chevreuil au sortir de la forêt devant son premier être humain. Elle avait sur le visage une expression d'éternelle surprise.

« Elle me présenta à son père, avec lequel je passai un après-midi. Nous avions en commun Yale, le courtage et New York. Il craignait que Jackie fût parfois un peu difficile, mais n'avait rien contre ce mariage…, si telle était sa volonté. Il ne souhaitait que son bonheur, et serait heureux de la savoir mariée et vivant à New York.

« A dire vrai, tout ce qu'on aurait pu dire n'aurait rien changé. J'étais amoureux d'elle. Je téléphonai un soir à Merrywood pour lui suggérer que nous pourrions peut-être nous fiancer. " Viens me retrouver samedi à midi au Polo Bar de l'hôtel Westbury, et je saurai que tu acceptes ", dis-je. Le Polo Bar était un des repaires préférés de Black Jack. Les jeunes s'y réunissaient pour boire un verre. L'exiguïté de beaucoup d'appartements obligeait presque à s'y retrouver.

« Au jour dit, je m'y rendis. Il neigeait, et je dus bien attendre plusieurs heures. Pas de Jackie. J'allais partir, lorsqu'elle fit son apparition. Autour d'un verre nous décidâmes de nous fiancer. A quelques semaines de là, Hugh Auchincloss donna une réception à Merrywood pour fêter nos fiançailles, au cours desquelles je lui offris une bague en saphir et diamant qui avait appartenu à ma mère. »

Parmi les invités se trouvaient le journaliste Philip Geyelin, qui devait par la suite entrer au *Washington Post,* et sa femme Cecilia Parker Geyelin, fille de l'associé de Hugh Auchincloss dans la charge Auchincloss, Parker & Redpath. D'après Cecila, la réception fut très morose. « L'atmosphère ne débordait ni de joie ni d'amour. Les gens paraissaient sur leurs gardes, et les héros de la fête, Jackie et John Husted, semblaient à peine se connaître. Ils ne se parlaient pratiquement pas, et lorsque son fiancé lui adressait la parole Jackie se contentait de hocher la tête et de sourire.

« Jackie était manifestement le pur produit d'une mère qui avait dû lui dire : " Chérie, ne donne pas aux hommes qui partagent ta vie l'impression que tu es plus intelligente qu'eux, sinon tu risques de les faire fuir. On n'attrape pas les mouches avec du vinaigre. " Voilà qui explique le modeste petit sourire qu'arborait Jackie ce jour-là. Je n'arrivais cependant pas à comprendre ce que John Husted et elle faisaient ensemble. »

Mary de Limur Weinmann avait elle aussi des raisons de douter de la sincérité des projets matrimoniaux de Jackie. Quelques semaines après ses fiançailles, Jackie alla rendre visite à Mary pour la remercier de l'avoir présentée à John Husted. « Elle portait des gants, se rappelle Mary. Elle retira son gant gauche pour me montrer sa bague de fiançailles et je remarquai qu'elle avait les ongles verts. Elle m'expliqua que c'était le bain révélateur de la chambre noire du *Washington Times-Herald.* Elle se lança alors dans un compte rendu détaillé de son travail au journal. Elle n'en finissait pas. Ce n'est qu'après coup qu'elle mentionna que le mariage était prévu pour le mois de juin, et que je recevrais bien évidemment une invitation. Elle avait l'air parfaitement indifférente[1]. »

Beaucoup plus que son mariage, sa carrière semblait préoccuper Jackie. En quelques semaines, elle était passée de la position de « garçon d'étage », chargé de servir le café et de faire les courses de plusieurs journalistes, à celle de réceptionniste. Puis lorsque Frank Waldrop décida de créer un poste de reporter-photographe, Jackie se proposa.

Plusieurs reporters et photographes s'étaient déjà succédé à ce poste. Betty Fretz, journaliste au *Times-Herald,* en avait été quelquefois chargée. « Lorsqu'on nous envoyait faire le reporter-photographe, nous disions en plaisantant, que nous n'étions pas en odeur de sainteté. Les photographes détestaient encore plus cela que les reporters. Ils préféraient rester dans un bar plutôt que prendre des photos de gens en train de répondre à des questions idiotes. Ce boulot qui consistait non seulement à poser les questions, mais aussi à prendre les photos faisait fuir tout le monde. »

Prétendant savoir se servir d'un appareil photo, bien qu'elle n'ait jamais eu entre les mains qu'un Leica, Jackie persuada Waldrop de lui donner sa chance. Le Speed Graflex des photographes professionnels était un outil encombrant, dont elle ignorait tout. Elle s'inscrivit en douce à un cours accéléré de photographie de presse, afin de savoir comment s'en servir.

Après une rapide tournée des postes de police et des services des urgences, pour se familiariser avec les péripéties de la vie urbaine, Jackie fut confiée à Betty Fretz et au photographe Joe Heilberger, afin d'être formée sur le tas.

« Elle interviewait les gens et je l'aidais à bâtir son papier, se rappelle Fretz. Elle ne savait pas à quelle distance se tenir du sujet à photographier, aussi Joe Heilberger s'étendit-il de tout son long sur le sol pour mesurer un mètre quatre-vingts, et il lui dit de prendre toutes ses photos de cette distance. »

Le travail de Jackie n'était dans l'ensemble guère apprécié. D'après Estelle Gaines, reporter au *Times-Herald,* Jackie manquait par trop de métier. « Elle donnait l'impression de tuer le temps. Si elle n'avait pas été la belle-fille d'Auchincloss, elle n'aurait jamais eu le job. Elle n'avait aucune expérience et s'affolait. Son malaise s'exprimait dans ses mouvements aussi

---

1. Peu de temps après la visite de Jackie, Mary de Limur Weinmann alla à Rome avec ses parents et y rencontra Lee Bouvier. « Lee passait les vacances universitaires en Italie avec sa mère, soi-disant pour apprendre à chanter. Mais elle y mettait si peu de conviction que Janet s'arrachait les cheveux. Jackie la poussait toujours à chanter. " Chante, Lee, chante ", disait Jackie, et Lee chantait. Mais Lee se fichait du chant ; tout ce qu'elle voulait, c'était être à Rome. Comme j'allais partir pour Paris, et, que j'avais quelques années de plus que Lee, Janet me demanda si elle pouvait me confier Lee. Je n'y voyais pas d'inconvénient. Une autre de mes amies était du voyage. A la dernière minute, nous décidâmes de passer par Kitzbühel, en Autriche, faire un peu de ski. Aucune de nous trois n'en avait jamais fait. Lee ne tarda pas à dénicher un jeune moniteur, prêt à se consacrer à elle. Elle n'était pas aussi profonde que Jackie, mais à l'époque elle était divine et les garçons l'adoraient. »

bien que dans ses reportages. Elle n'avait d'évidence jamais tenu un appareil photo. Ses images n'étaient jamais au point. Elle essaya de se lier avec plusieurs des photographes du journal, mais ses avances tombèrent à plat.

« Elle demanda un jour à plusieurs types du service photo ce qu'ils voulaient pour Noël. Une bouteille de quelque chose, proposèrent-ils. Elle promit de les satisfaire et enveloppa son cadeau dans une belle boîte portant tous leurs noms. Lorsqu'ils l'ouvrirent à l'arbre de Noël, ils y trouvèrent une bouteille de lait. Si elle s'était ensuite fendue d'une vraie bouteille de Cutty Sark ou de J & B, la plaisanterie aurait été bonne. Mais elle s'arrêta là.

« La plupart des rédactrices et des femmes reporters du journal lui faisaient peur. Très peu d'entre nous s'intéressaient à la vie sociale de Washington et de New York. Nous ne frayions pas avec Jackie, parce qu'elle ne faisait pas partie de notre monde. Pour elle, le comble de l'amusement, c'étaient les bals de bienfaisance huppés de l'élégant Sulgrave Club, où aucun d'entre nous ne se serait jamais risqué.

« Dans le métier, Jackie s'intéressait surtout aux gens de la haute. Achsah Dorsey Smith, rédactrice chargée des mondanités, était une des seules femmes du journal avec laquelle elle fût un tant soit peu liée. Achsah était plus gentille que les autres avec Jackie, parce qu'elle connaissait mieux son milieu d'origine. Nous, nous avions grandi dans la pègre. Ce n'est pas nous qui allions lui servir le thé. Nous n'étions pas désagréables, mais nous nous battions pour réussir, et n'avions pas de temps à perdre en bavardages mondains. »

Jack Kassowitz, rédacteur en chef adjoint du *Times-Herald*, devint le supérieur direct de Jackie. Elle déjeunait parfois avec lui. Il garde lui aussi un piètre souvenir des capacités professionnelles de Jackie : « C'était une fille du monde fraîche émoulue de l'université, qui était impressionnée par le monde du journalisme, mais qui n'était pas prête à faire les sacrifices nécessaires. C'était une pauvre petite fille riche ; issue d'une famille aisée, elle n'avait pas d'argent à elle. Elle habitait Merrywood pour ne pas payer de loyer, et roulait dans une Mercury d'occasion noire et décapotable.

« C'était une arriviste. Elle aimait danser, aller dans des restaurants luxueux et rencontrer des gens riches et célèbres. L'air innocent et quelque peu naïf, elle savait exactement où elle allait et ce qu'elle faisait — et le journalisme était loin de tout cela.

« Elle était médiocre reporter. Je devais récrire presque tous ses textes. Au début, je lui soufflai tous les sujets de sa rubrique puis elle a fini par en trouver quelques-uns. C'était une rubrique enjouée et les questions étaient assez bêtes. Par exemple : " Quelle est votre ambition secrète ? " ou bien : " Une femme grande peut-elle épouser un homme petit ? "

« Son travail consistait à interviewer huit ou dix personnes, à les prendre en photo, puis à rassembler le tout. Elle se débrouillait mieux avec les enfants et les célébrités qu'avec l'homme de la rue. Dans le vrai monde de la grande aventure, elle avait du mal à s'imposer. Il lui arrivait de refuser purement et simplement de sortir ; elle prétextait une petite averse pour ne pas quitter le bureau.

« Dans l'atmosphère chaude et encombrée de la salle de rédaction, il était agréable, lorsqu'on levait la tête, de voir une jolie fille comme Jackie. Son physique était son principal apport au journal. Nombreux étaient les reporters et les photographes qui lui couraient après, mais elle refusait toujours leurs invitations à dîner. Sans doute voulait-elle du plus gros gibier, ou peut-être n'avait-elle aucune envie de sortir avec ses collègues. Lorsqu'ils le comprirent ils se liguèrent contre elle. " Que fait ici une fille comme toi ? " lui demandaient-ils. Ou bien : " On a tous l'intention de prendre du large cet après-midi pour aller dans ta piscine. Qu'en penses-tu ? "

« Un jour à déjeuner, je lui demandai de me décrire son homme idéal. Elle me répondit qu'elle détestait les hommes parfaits. Elle les trouvait ennuyeux. " Quand je regarde un mannequin homme, au bout de trois minutes je m'ennuie. J'aime les hommes avec des nez bizarres, des oreilles écartées, des dents irrégulières, les hommes petits, les hommes maigres, les hommes gros. Ce que je demande avant tout, c'est l'intelligence. " Elle ne dit pas qu'une grosse fortune la rendrait indulgente, mais l'esprit y était. »

Les souvenirs de Jack Kassowitz ont bien pu être ternis par un incident désagréable qui se situa en 1955, après qu'elle eut épousé John F. Kennedy et quitté le *Times-Herald*. « Ils étaient en vacances à Nassau sur le yacht de Kennedy père, et je m'y trouvais aussi. J'envoyai ma carte avec un bouquet de roses. Jackie me snoba. Je ne fus pas invité à bord et ne reçus aucune réponse. Elle ne voulait manifestement pas se rappeler les gens qu'elle avait connus pendant son ascension. »

Même une ancienne copine comme Lucky Roosevelt hésite à évoquer les ambitions professionnelles de Jackie. « On a fait tout un plat de sa vie de reporter, alors que c'était zéro, dit Mrs. Roosevelt. Elle se baladait avec son petit appareil et prenait des photos. Ayant moi-même été reporter toute ma vie, je peux vous dire qu'il y a une différence considérable entre ce genre d'amateurisme et le métier de reporter, où l'on commence par porter la copie au marbre avant de grimper les échelons. Elle a tâté du journalisme, comme elle aurait tâté d'autre chose ; on fait ça quand on est jeune. Mais je ne pense pas qu'on puisse se dire journaliste après dix-huit mois de reportage photographique. »

Malgré ses détracteurs, Jackie eut bientôt sa signature dans le journal et reçut une petite augmentation ; de quarante-deux dollars cinquante elle passa à cinquante-six dollars soixante-quinze par semaine. Pour Frank Waldrop, « elle faisait son travail. Elle était utile, sinon, elle n'aurait pas été là ».

Ses questions dénotaient un curieux tour d'esprit : « Les riches aiment-ils plus la vie que les pauvres ? » « Chaucer a dit que ce que les femmes désiraient le plus, c'est le pouvoir sur les hommes. Et vous, que pensez-vous que les femmes désirent le plus ? » « Estimez-vous qu'une épouse doit laisser croire à son mari qu'il est plus intelligent qu'elle ? » « Si vous deviez être exécuté demain matin, que commanderiez-vous pour votre dernier repas ? » « Aimeriez-vous vous introduire dans la haute société ? » « Quelle impression cela vous fait-il quand on vous siffle dans la rue ? »

Plusieurs de ses questions sont étrangement prophétiques : « Quelle est la *First Lady* que vous auriez souhaité être ? » « Aimeriez-vous que votre fils devienne président ? » « L'épouse d'un candidat devrait-elle faire campagne avec son mari ? » « Si vous aviez rendez-vous avec Marilyn Monroe, de quoi parleriez-vous ? » « Quel est le personnage éminent dont la mort vous affecterait le plus ? »

Les ambitions journalistiques de Jackie l'amenaient parfois à des choix étranges. Elle déclara un jour à un écrivain sportif de sa connaissance qu'elle voulait interviewer Ted Williams au vestiaire, lorsque les Boston Red Sox viendraient rencontrer les Washington Senators.

« Vous ne pouvez pas faire ça, dit l'écrivain.

— Pourquoi ? demanda-t-elle.

— Parce que vous ne pouvez pas.

— Je ne comprends pas.

— Croyez-moi. Ça ne se fait pas. »

Faute de Ted Williams, Jackie dut se contenter d'une demi-douzaine de joueurs des Washington Senators. L'équipe, qui avait perdu dix jeux de suite lorsque Jackie pénétra dans le vestiaire du Griffiths Stadium, se mit soudain à gagner. Le directeur du club attribua ce revirement à Jacqueline Bouvier.

Mais l'enthousiasme de Jackie se refroidit vite. Angele Gingras, reporter mondain entrée au *Times-Herald* à peu près en même temps qu'elle, se rappelle ses plaintes : les rédacteurs, disait-elle, l'obligeaient à poser certaines questions et à interviewer des politiciens qui lui déplaisaient. « Un jour, dit Angele, elle se percha sur mon bureau et récrimina contre " Dieu ", comme nous appelions Frank Waldrop, et tous ses autres supérieurs. " Si je dois interviewer encore une fois ce raseur de Munthe de Morgenstern, je donne ma démission ", maugréait-elle. Morgenstern, doyen du corps diplomatique à Washington, était apparemment très apprécié de Waldrop.

« Ce boulot devint une véritable corvée pour Jackie, bien qu'elle parvînt à conserver un certain sens de l'humour. Un après-midi, je la rencontrai par hasard dans la rue. Elle se promenait, son appareil sur l'épaule, en quête de quelqu'un d'intéressant à photographier et à interviewer. Mon boulot de reporter mondain m'obligeait aussi à courir les rues, hélant des taxis pour me conduire à quelque déjeuner ou thé.

« Jackie savait que j'avais séjourné en France, aussi m'adressa-t-elle un sourire et me demanda comment allaient les affaires. Je ris, reconnaissant l'allusion à *Jamais le dimanche*, où l'on voit deux filles s'interpeller sur le boulevard des Italiens.

« Derrière l'humour se cachait de l'ironie, doublée d'indignation. Le journal nous exploitait, estimait Jackie ; nous étions surmenés et sous-payés, puis les rédacteurs la classaient dans la catégorie junior, utile, mais sans plus. On ne la prenait pas au sérieux. Ses consœurs disaient du mal d'elle, parce qu'elle évoluait dans le grand monde. Certaines de ces femmes pouvaient être très vaches. Elles lui prêtaient de généreuses coucheries. Des gens du journal qui ne l'avaient jamais rencontrée paraissaient n'en rien ignorer et se répandaient sur son compte. Leurs histoires étaient fausses. Je ne dis pas qu'elle n'ait jamais été amoureuse et qu'elle n'ait pas flirté, mais elle ne couchait pas. Ça, je peux pratiquement le garantir. »

Jackie passa ses premiers mois au *Times-Herald* en allées et venues entre Washington et New York, où elle passait le week-end avec John Husted. Celui-ci venait parfois la voir à Washington, séjournant à Merrywood et accompagnant sa fiancée dans ses tournées d'interviews. Il la trouvait le plus souvent d'humeur espiègle et facétieuse. Sa sœur Lee était presque toujours l'objet de ses farces. Ainsi, un dimanche matin que Lee et un de ses amis paressaient autour de la maison en lisant le journal, une silhouette grotesque, drapée de la tête aux pieds dans un drap de soie blanche, traversa le salon en émettant un gémissement aigu. Quelques instants plus tard apparut Jackie, demandant de sa voix la plus suave si quelqu'un avait vu « cette pauvre tante Alice, qui recommence à faire des siennes ».

Mais Jackie était d'humeur changeante. Il lui arrivait de se montrer aussi coupante qu'une vieille institutrice. Au début de 1952, John Husted amena Jackie à Bedford pour passer le week-end avec ses parents. Le samedi soir, alors qu'ils feuilletaient quelques vieux albums de photos, la mère de John demanda à sa future belle-fille si elle désirait une photo de John enfant. « Mrs. Husted, répondit Jackie, si je veux une photo de votre fils, je peux la prendre moi-même. »

En mars 1952, les rapports entre les fiancés, que John Husted qualifiait de « chastes », avaient commencé à se refroidir. Janet Auchincloss s'était livrée à une enquête discrète et avait appris que le jeune homme ne gagnait que dix-sept mille dollars par an chez Dominick & Dominick, et bien que ce chiffre n'eût rien de ridicule, elle le jugea tout à fait insuffisant pour faire vivre une famille. Janet n'en dit rien à Husted — « son éducation lui interdisant d'évoquer cette question devant lui » — mais elle en parla à sa fille aînée.

Les considérations financières n'expliquaient pas entièrement la désaffection de Jackie pour son fiancé. John Husted avait certainement tout ce qu'il fallait pour faire un bon mari américain : honnête, sûr, sérieux et discret. Il rentrerait dîner à l'heure et serait un père dévoué. Il fêterait les anniversaires par de généreux cadeaux et offrirait finalement à sa famille un bon train de vie. Mais Jackie n'avait que faire de tout ça. Jack Bouvier était son modèle. Pour elle l'homme idéal devrait être de la vieille école : roué, drôle, cynique. Une belle fortune ne gâcherait rien. Jackie n'avait rien contre l'héritage.

Bien que toujours fiancée, elle se mit à sortir avec d'autres hommes, dont John B. White, ancien éditorialiste au *Times-Herald,* qui en 1952 travaillait au Département d'Etat. Fils d'un pasteur de l'Eglise épiscopale du Sud et ancien galant de Kathleen Kennedy, White, qui avait été présenté à Jackie par Noreen Drexel, se sentit « immédiatement attiré. Elle possédait toutes ces qualités féeriques que les hommes aiment trouver chez les femmes ».

White ne se rappelle pas que Jackie ait jamais évoqué ses fiançailles avec John Husted. « J'avais la très nette impression qu'elle en avait assez de ces continuels voyages à New York. Au bout d'un certain temps, elle se mit à passer ses week-ends dans les environs de Washington, et il nous arrivait de sortir ensemble. Nous parlions de sa rubrique, qui constituait, d'après moi, la meilleure littérature d'évasion alors publiée dans le district de Columbia. Rien ne laissait présager qu'elle continuerait à occuper ce poste ou même qu'elle resterait dans le journalisme. Mais elle avait sans aucun doute dans ce domaine le tour de main et le don de trouver les bonnes questions. D'esprit curieux, elle savait gagner la confiance des gens ; lors de ses interviews, elle provoquait des réponses franches. Avec ses amis de la bonne société, elle adorait chercher des questions pour sa rubrique. J'en proposai plusieurs. Il lui arrivait aussi d'interviewer ses amis et ses parents, posant alors ses questions personnelles.

« J'ai toujours pensé que Jackie avait de multiples talents. Elle me montra un jour un cadeau exquis qu'elle avait fait à sa mère pour un anniversaire, *The Red Shoes,* un adorable petit livre, conte pour enfants de son cru qu'elle avait illustré elle-même. C'était le prolongement de ses œuvres d'enfant, et c'était un travail si charmant que je lui proposai d'essayer de trouver un éditeur. Elle commença par refuser, mais finit par me le prêter. Je l'emportai à Boston et le montrai à mes amis éditeurs, qui furent unanimes à le trouver superbe, mais difficilement commercialisable. A y repenser, je trouve désolant qu'il n'ait jamais été publié.

« Ayant cessé de voir John Husted, elle se mit à recevoir à Merrywood, dès que ses parents tournaient les talons. Elle y invitait surtout des gros bonnets de Washington, qui avaient, pour la plupart, dans les cinquante ou soixante ans. J'ai presque une génération de plus que Jackie, mais ces gens-là en avaient le double. Elle savait merveilleusement s'y prendre avec eux. Mais elle n'avait pas beaucoup d'amis de son âge. Pour en savoir plus, j'en parlais à une de ses amies, Mary de Limur Weinmann, qui me le confirma, l'amitié de gens de son âge lui manquait, mais elle s'entendait en revanche très bien avec des hommes et des femmes plus âgés.

« Cela me parut très bizarre, aussi l'emmenai-je un week-end à New York, où je lui présentai quelques filles de ma connaissance. Je lui en donnai la raison. " Tu devrais avoir des amies de ton âge ", lui dis-je. Je la laissai donc quelques heures avec elles. Les filles furent très intéressées par Jackie, mais il n'en fut pas de même pour elle. Elle était incapable de se lier avec des femmes de son âge. Je crois que cela venait de son incapacité à s'ouvrir. Elle avait le don d'amener les autres aux confidences, mais elle refusait de se livrer, comme l'attendent la plupart des jeunes. Les gens âgés aiment raconter leurs expériences, en fait ils sont ravis d'en avoir l'occasion, parce qu'on ne leur prête en général guère attention. »

John White emmena Jackie à St. Elizabeths, l'hôpital psychiatrique fédéral de Congress Heights à Washington, près de la base aérienne de Bolling, qui surplombe la vallée de l'Anacostia. Le parc de l'hôpital, deux cents hectares de prairies ondulées, plantées d'ormes, de chênes et d'érables, avait fait partie d'un arboretum, et les arbres portaient encore des plaques libellées en anglais et en latin.

« J'avais écrit une série d'articles sur St. Elizabeths et ses sept mille malades mentaux, expliqua White, et à cette occasion je m'étais lié d'amité avec le directeur de l'hôpital, le Dr Winifred Overholzer. Je pensais que Jackie aimerait faire sa connaissance et visiter le site, remarquable par son calme et par la vue extraordinaire qu'on y avait sur Washington.

« Nous y allâmes donc et Jackie fut impressionnée par la vue et par l'établissement. C'était l'époque où Ezra Pound, célèbre poète américain, y était enfermé et où des écrivains connus comme T.S. Eliot, H.L. Mencken et Katherine Anne Porter venaient lui rendre hommage.

« Nous ne vîmes pas Pound, lors de cette visite, mais nous tombâmes sur trois types, assis côte à côte sur un banc dominant Washington. Ils étaient parfaitement immobiles, catatoniques, je dirais. Jackie et moi nous assîmes sur un autre banc et nous les regardâmes en nous demandant quels secrets habitaient leurs cerveaux et s'ils partageaient leurs pensées.

« Lorsque je présentai Jackie au Dr Overholzer, elle se lança avec lui dans une fascinante conversation sur Hercule. Elle se demandait pourquoi le héros rencontrait tant de difficultés tout le long de sa vie et d'où venaient les accès de colère qui lui créaient sans cesse des ennuis. Elle demanda au Dr Overholzer si le diagnostic de la maladie d'Hercule était possible. Overholzer inclinait à penser qu'Hercule aurait eu sa place à St. Elizabeths, qu'il était schizophrène.

« Jackie aimait beaucoup parler des gens et de leurs mobiles. Nous jouions de temps à autre à un jeu qui consistait à dresser une liste de noms de femmes, que je choisissais dans l'histoire ou la littérature et qui avaient certaines qualités en commun avec Jackie. Je les lui lisais, et elle les commentait. C'était le seul moyen que j'avais trouvé de la faire parler d'elle.

« Le premier nom de ma liste était Jeanne d'Arc. Jackie l'écarta assez vite. Elle admirait la force de persuasion de Jeanne d'Arc et se trouvait la même qualité, sans pour autant se sentir prête à subir sa fin.

« Sapho, la poétesse grecque, faisait partie de ma liste. Ce rapprochement plut beaucoup à Jackie, le lesbianisme supposé de Sapho mis à part, car l'homosexualité ne l'attirait pas. Mais elle aurait aimé vivre dans le passé et être la meilleure poétesse du monde. Puis l'idée de vivre dans une petite île reculée, comme Sapho, lui plaisait.

« Eve rebutait Jackie. Elle en trouvait la conduite stupide. Jackie n'aimait pas l'échec. Pandore lui inspirait le même type de réaction. Cause involontaire de nombreux maux, Pandore l'irresponsable ne pouvait séduire Jackie, qui voulait, dans la mesure du possible, dominer les événements.

« Les personnages avec lesquels elle s'identifiait le plus étaient Mme de Maintenon et Mme Récamier, deux femmes extrêmement séduisantes qui avaient l'art de mettre en valeur l'esprit des autres, et particulièrement celui des hommes ; aussi se réunissaient-ils dans leurs salons pour faire assaut d'intelligence. Gertrude Stein et Alice Toklas avaient fait de même.

« L'idée de tenir un salon et d'y recevoir des esprits distingués souriait à Jackie. Rien ne l'enchantait comme les conversations élevées. Elle avait d'ailleurs le don de les faire naître, aimant voir les gens s'amuser et se montrer brillants. Ses soirées de Merrywood étaient l'ébauche d'un salon, et, durant son règne à la Maison-Blanche, elle s'efforça d'en tenir un.

« Jackie elle-même cita Aliénor d'Aquitaine, parce qu'elle venait d'en lire une biographie. Aliénor avait vécu des événements capitaux, et avait été très proches de ceux qui les avaient provoqués. Plus que tout au monde, Jackie aimait fréquenter des hommes importants, en être la confidente, sinon la conseillère. L'intérêt qu'elle portait aux êtres était lié à leur importance et à leur facilite à divertir. La bonté, la bienséance, et tout le reste, c'était bien, mais cela ne comptait pas devant la puissance et le charme. Le pouvoir et le charisme à ses yeux surpassaient tout. »

Comme John White ne tarda pas à le découvrir, Jackie était très autoritaire. « Un après-midi, dit-il, nous décidâmes d'aller faire un tour à Fort Washington, en Virginie, théâtre de plusieurs échauffourées durant la guerre de 1812. C'était un prétexte pour passer quelques heures à la campagne. En rentrant à Washington, nous nous trouvâmes pris dans un énorme encombrement.

« Nous avions chacun un dîner, ce soir-là, et nous allions être en retard. C'était embouteillé sur des kilomètres. J'étais pour ma part plutôt content d'être en retard, mais ce n'était pas le cas de Jackie, et pour la première fois, je vis passer sur son visage une lueur de vraie férocité. C'était ma voiture et c'était moi qui conduisais, mais elle prit les choses en main.

« " Recule ici et prends cette petite route ", dit-elle subitement. Elle connaissait la région, car nous ne nous trouvions pas très loin de Merrywood, aussi décidai-je de l'écouter. Elle se mit alors à me donner une série d'ordres : " Tourne à droite, tourne à gauche, ne change pas de file. " Allant même jusqu'à poser sa main sur le volant, au-dessus de la mienne, pour être sûre que je faisais ce qu'elle exigeait. Que voilà une énorme main de paysan, me disais-je. Ce n'est pas une main de dame ; c'est une main forte et puissante. Alors, je découvris que c'était une dure, une vraie dure !

« Cette dureté brute constituait le fond de sa personnalité. Cela intimidait certainement beaucoup de gens. A commencer par moi. Je n'ai jamais rien essayé avec Jackie, ce qui n'est pas dans mes habitudes. Je me demande encore aujourd'hui pourquoi. Eprouvais-je un sentiment protecteur ? Avais-je peur de ce qui pouvait suivre ?

« Je me rappelle lui avoir tenu la main. Et cette forte et grosse main m'inspira le même sentiment d'étrangeté par contraste avec sa petite voix faible et son apparente fragilité. La demoiselle, en vérité, n'avait rien de fragile. Je pensais qu'elle n'avait guère, sinon pas du tout, d'expérience sexuelle. Mais cela ne l'inquiétait pas outre mesure. Elle n'était pas prude. Le moment venu, elle agirait avec la même autorité. »

A cet époque, Jackie voyait également Godfrey McHugh, commandant d'aviation de dix ans son aîné, et William Walton, correspondant du *Time*, qui avait été parachutiste durant la Seconde Guerre mondiale. Ils étaient tous les deux célibataires. Jackie fit la connaissance de McHugh par sa mère et sa sœur, et celle de Walton par John White.

« Je présentai Jackie à Bill Walton, parce que c'était un de mes bons amis, dit White. Je pensais qu'il pourrait lui faire du bien. Il était intelligent et avisé, extrêmement séduisant, d'esprit vif et caustique. »

Bien qu'en ce temps-là il fût encore journaliste, Walton était à la veille de se lancer dans une carrière de peintre. Ses paysages austères mais lumineux de Cape Cod enchantaient Jackie. Walton était lui aussi attiré par les célébrités. Son plus proche ami pendant la guerre avait été Ernest Hemingway. « Ses fêtes, disait White, étaient presque intimidantes. On se sentait un peu gêné de se trouver dans la même pièce que tant d'invités importants. »

Jackie devint une habituée des soirées de Walton et celui-ci des siennes. Walton et White déjeunaient parfois ensemble ou se retrouvaient en fin d'après-midi autour d'un verre. Jack Kassowitz se joignit un jour au groupe et remarqua que Jackie « suivait la conversation avec autant d'avidité que s'il s'était agi d'un match de tennis, gloussant de chacune des répliques des autres — et même hors de propos ».

Très apprécié des maîtresses de maison de Washington, Godfrey McHugh était un globe-trotter infatigable, qui, à l'époque où il rencontra Jackie, avait fait le tour du monde, à l'occasion d'innombrables expéditions militaires et personnelles. « C'est la raison pour laquelle Jackie aimait être avec moi, dit-il. Elle adorait mes récits de voyages et l'évocation de mes rencontres. J'appréciais la compagnie des filles à la mode. Jackie était plus que jolie. Elle avait un charme incroyable, un magnétisme animal. Elle ne parlait pas beaucoup, mais quand cela lui arrivait, on écoutait. »

Charles Bartlett était aussi des admirateurs de Jackie. Son intérêt pour elle remontait à 1948, lorsque, jeune correspondant ambitieux et doué du *Chattanooga Times*, il débarqua à Washington. En 1949, il l'invita au mariage de son frère David à East Hampton, où il faillit, à ce qu'on dit, lui présenter son ami John F. Kennedy, député du onzième district du Massachusetts, celui de Boston.

Originaire de Chicago et diplômé de Yale, Bartlett avait rencontré John Kennedy peu de temps après la guerre, sa famille passant l'hiver à Hobe Sound et les Kennedy résidant tout à côté, à Palm Beach. « Je connaissais les goûts de John en matière de femmes et pensais qu'il aimerait Jackie, parce qu'elle n'était pas comme tout le monde, dit Bartlett. A ce même mariage, je la présentai à l'ancien champion de boxe, poids lourd, Gene Tunney. Ils étaient dans un coin et John dans un autre, à parler comme d'habitude politique. Impossible de les déranger, et lorsque je pus interrompre le tête-à-tête de Jackie, John était parti. »

L'occasion se représenta en mai 1951. Charles Bartlett avait épousé Martha Buck, riche héritière d'un magnat de la sidérurgie ; ils vivaient à Georgetown, où ils attendaient la naissance de leur premier enfant. Bien que Charles Bartlett eût toujours prétendu avoir présenté John et Jackie, il semble qu'il faille en attribuer le mérite à sa femme.

« C'est Martha qui finit par réunir John et Jackie, insiste Lewis Buck, oncle de Martha et associé de son père. Elle se résolut à le faire, parce que Charlie s'intéressait toujours à Jackie. Il l'invitait à déjeuner et la ramenait à la maison pour dîner, s'installant avec elle dans le salon devant un verre, pendant que Martha, alors en début de grossesse, préparait le repas. Martha finit par en avoir assez. Elle téléphona à son père et lui demanda : " Que dois-je faire ?

— Invite quelqu'un pour Jackie. Trouve-lui un type ", répondit son père. Ainsi fut fait. Martha trouva John F. Kennedy. Elle organisa un dîner aujourd'hui historique, avec John et Jackie, et plusieurs autres couples, pour que cela ne fasse pas trop arrangé. Elle poussa John et Jackie sur le canapé, leur servit des cocktails et des amuse-gueule et les fit boire. Charlie n'y fut pour rien. »

John Kennedy évoqua cette soirée en 1957 lors d'une interview au *Time Magazine*. Jackie, encore étudiante, lui paraissait plus profonde que la plupart des jeunes femmes qu'il avait rencontrées jusque-là ; elle ne semblait pas vouloir se contenter de faire étalage de sa beauté. « Je me penchai donc par-dessus les asperges et lui proposai un rendez-vous. » D'après Jackie, les Bartlett n'avaient pas servi d'asperges ce soir-là.

En fait, la soirée se termina par un incident désagréable. Charles Bartlett se rappelle qu'après le dîner « tout le monde se rendit dans leur petite arrière-cour pour jouer à une espèce de jeu de charade contre la montre, qui consiste à se diviser en deux équipes et à mimer un mot ou une phrase, syllabe par syllabe. L'équipe qui devine la première a gagné. Les Kennedy étaient aussi forts à ce jeu qu'au *touch football* (football américain édulcoré) — et tout aussi accrocheurs. Mais Jackie, qui avait fait de la pantomime chez Miss Porters, était la meilleure.

« John, impressionné, l'accompagna, au moment de partir, jusqu'à sa voiture, garée devant la maison. Il lui proposait de l'emmener boire un dernier verre quelque part, lorsqu'il se fit une soudaine agitation. Notre fox-terrier s'était précipité en avant et, sautant par une fenêtre ouverte de la voiture, avait atterri sur les genoux d'un inconnu. Le mystérieux personnage n'était autre qu'un ancien galant de Jackie qui habitait non loin de là ; rentrant chez lui, il avait aperçu sa voiture et décidé de s'installer sur le siège arrière pour lui faire une farce. Jackie fut aussi surprise que les autres de le trouver là. Elle devint rouge comme une écrevisse, mais, se ressaisissant, elle fit les présentations. Ne sachant quelle contenance prendre, John prit congé et disparut sans demander son reste.

« Mais il téléphona le lendemain pour se renseigner sur elle. Puis plus rien jusqu'à l'automne. Jackie, quant à elle, passa l'été en Europe avec sa sœur Lee. »

John et Jackie ne se revirent pas avant l'hiver suivant ; Jackie était alors fiancée avec John Husted et travaillait au *Times-Herald* ; quant à Kennedy, il préparait les élections sénatoriales dans le Massachusetts contre le républicain sortant Henry Cabot Lodge. Une fois de plus, Martha provoqua la rencontre, en persuadant Jackie de demander à Kennedy de l'accompagner à un dîner qu'elle donnait.

« Nous n'avions pas une haute opinion du fiancé de Jackie, dit Charles Bartlett. C'était un brave type, mais il n'était pas à la hauteur. »

Le dîner se passa bien. La première fois qu'ils sortirent ensemble, peu après cette soirée, Kennedy emmena Jackie danser dans le salon bleu de l'hôtel Shoreham. Ils avaient un chaperon : Dave Powers, assistant politique de Kennedy. La conversation passa tour à tour de la politique au base-ball.

Par la suite, leurs rencontres furent, selon l'expression même de Jackie, « spasmodiques... Il m'appelait de quelque bar à huîtres de Cape Cod dans un grand tintement de pièces de monnaie, pour me demander de l'accompagner, le mercredi suivant, au cinéma... ». Bien qu'il fît campagne dans le Massachusetts, Kennedy n'en passait pas moins trois jours par semaine à Washington, du mardi au jeudi. Jackie allait parfois le voir dans son appartement-bureau de Bowdoin Street, à Boston, où trônaient ses deux secrétaires, Evelyn Lincoln et Mary Gallagher, qui le suivirent à la Maison-Blanche.

En avril, ils se voyaient plus régulièrement, mais limitaient leurs apparitions en public, préférant les petits dîners chez des parents ou des amis proches. Ils allaient souvent chez les Bartlett pour une soirée de bridge, de dames ou de monopoly. Le sénateur et Mrs. Albert Gore faisaient partie de leurs intimes, de même le sénateur et Mrs. John Sherman Cooper et Jeff et Pat Roche (Jeff Roche, grand ami de Charles Bartlett, était journaliste pour Hearst à New York). Il leur arrivait de dîner et de passer la nuit à Georgetown chez le frère et la belle-sœur de John, Bobby et Ethel Kennedy.

« Il y avait aussi, selon l'ancien camarade de chambre de John à Choate, Kirk LeMoyne (Lem) Billings, les soirées qu'ils passaient à se peloter sur le siège arrière de la voiture de John. Il la ramenait ensuite chez elle à Merrywood par le Key Bridge en longeant le Potomac. Une nuit sa voiture tomba en panne au beau milieu de l'allée menant à la maison. Il poussa la voiture tant bien que mal jusque chez elle, et Jackie lui donna les clés de la voiture de son beau-père. Le lendemain matin, à la place de sa belle Bentley bleue, Hugh Auchincloss trouva une vieille décapotable avec plaques du Massachusetts, qui bouchait le passage.

« Les choses ne tardèrent pas à devenir plus sérieuses, et John se trouva dans une situation embarrassante. Un jour qu'ils se caressaient dans sa décapotable un policier survint. Ils étaient garés dans une rue écartée d'Arlington, lorsque surgit une voiture de patrouille ; le policier en descendit et braqua sa torche sur la banquette arrière, John s'était débrouillé pour retirer le soutien-gorge de Jackie. Le policier dut reconnaître le sénateur, car il s'excusa et battit en retraite. Mais John entrevit tout de suite les titres qui pourraient suivre : UN SÉNATEUR AMÉRICAIN DÉSHABILLE UNE REPORTER-PHOTOGRAPHE. LA PHOTOGRAPHE AUX SEINS NUS. " Sans doute est-elle fiancée, mais elle n'est pas mariée ", déclara-t-il. »

John Husted ne se faisait plus guère d'illusions sur Jackie. « Après nos fiançailles, ses lettres furent nombreuses et romantiques. Mais elle ne tarda pas à avouer qu'aux yeux de sa mère, nous étions trop pressés, que nous avions la vie devant nous et que nous devrions peut-être différer nos plans.

« J'en reçus ensuite une lettre bizarre, dans laquelle elle disait : " Ne t'arrête pas aux sottises que tu pourrais entendre sur moi et John Kennedy. Ce sont des racontars de journalistes qui ne signifient rien. " A l'époque, nous nous voyions déjà moins, et la situation était claire. Dans une autre lettre elle souhaitait retarder le mariage. Inutile d'être Einstein pour comprendre ce que cela voulait dire. »

Vers la mi-mars, Jackie invita John Husted à passer le week-end à Merrywood. Comme il le raconta lui-même, il arriva avant elle et fut accueilli par la petite Nina Auchincloss dans son uniforme bleu de l'école Potomac, qui apprenait l'orthographe dans la bibliothèque. Nina lui fit la conversation pendant une heure, en attendant l'arrivée de Jackie, puis monta dans sa chambre.

Jackie ne semblait pas le moins du monde troublée, elle était plutôt exubérante. Au bout de quelques minutes, elle monta avec John Husted et ils donnèrent la sérénade à une Nina abasourdie. Husted dîna ce soir-là avec Jackie et sa famille et dormit dans la vaste chambre d'ami, qu'il occupait toujours lorsqu'il venait la voir.

Le dimanche à midi, elle le conduisit à l'aéroport, où il devait prendre un avion pour New York. Une fois dans l'aérogare, Jackie retira sans un mot de son doigt sa bague de fiançailles et la glissa dans la poche de la veste de John. « Elle ne dit rien et moi non plus. Il n'y avait pas grand-chose à dire », se rappelle Husted.

« Quelques semaines plus tard, je reçus une lettre de Hugh Auchincloss. Il m'aimait bien, disait-il, et regrettait cette conclusion. Il terminait sa lettre en citant le vers fameux de Tennyson : " Mieux vaut avoir aimé en vain que de n'avoir jamais aimé ", puis ajoutait en post-scriptum : " Et je suis bien placé pour le savoir. " Ayant été marié deux fois avant d'avoir épousé la mère de Jackie, il devait en effet le savoir. »

Jackie fut soulagée d'avoir rompu sans difficulté ses fiançailles. Enchantée de cette décision, Janet s'empressa de renvoyer les cadeaux de mariage et fit paraître une annonce dans la presse, selon laquelle « par consentement mutuel », les intéressés avaient rompu leurs fiançailles et étaient de nouveau libres.

John Husted ne tarda pas à se consoler. En 1954, le carnet mondain du *New York Times* annonçait son mariage avec Mrs. Ann Hagerty Brittain, fille de Mrs. Raoul H. Fleischmann et de Sherward Hagerty, décédé, de Philadelphie. C'était le second mariage de Mrs. Brittain, le premier s'étant soldé par un divorce. Son beau-père était le président-directeur général du *New Yorker*. Comme Jackie, Ann avait fréquenté l'école de Miss Porter.

Ormande de Kay rencontra John Husted au River Club de New York « peu de temps après que Jackie l'eut congédié pour John. Cette rencontre me remit en mémoire une lettre que j'avais reçue de Jackie pendant la guerre de Corée, après mon embarquement. Datée de janvier 1952, elle avait fait le tour des bureaux de poste de la marine avant de me parvenir au début du printemps. " Je veux, écrivait-elle, que tu sois le premier à savoir que j'ai trouvé l'amour de ma vie, l'homme que je veux épouser. " C'était John Husted. Lorsque la lettre me parvint, elle avait laissé tomber Husted pour courir après John. »

Lorsque Jackie informa John White de son intérêt pour Kennedy, il n'hésita pas à lui dire qu'il n'en attendait rien de bon. « John et moi nous étions liés d'amitié à l'époque où je sortais avec sa sœur Kathleen, dit White. Nous étions souvent sortis à quatre. Je savais quel coureur il était, et je dis à Jackie que je ne pensais pas qu'il ferait un bon mari, qu'il était certainement un compagnon distrayant, mais pas du tout le genre de type qu'on présente à sa maman.

« Je pense que sa volonté de conquérir JFK était d'abord inspirée par le goût de l'argent et de la difficulté, et aussi par son manque d'expérience de l'amour ; en fait, elle avait plus à apprendre que sa jeune sœur. Jackie était plus dure, mais aussi beaucoup plus innocente que Lee. Elle estimait sans doute que JFK n'était pas une si mauvaise affaire. Et l'idée qu'il était en pleine ascension ne pouvait manquer de la séduire.

« J'avais connu d'autres filles qui avaient eu affaire à lui. Je connaissais leurs histoires. Pour certaines d'entre elles, composer avec tant de pouvoir brut et un mépris aussi ouvert — être répertoriées dans un petit livre noir — était une épreuve terrible. Elles pensaient pouvoir franchir cette barrière. Sa froideur fondamentale jouait aussi un rôle. Il avait le sang chaud, mais le cœur insensible. La plupart de ces femmes n'étaient pas des novices et le considéraient comme un spécimen précieux en ce qu'il était différent des autres hommes, parfaitement froid et grossier envers les femmes, ce que beaucoup d'entre elles trouvaient excitant.

« Je ne pense pas que Jackie se soit souciée des mœurs de JFK. A quelque temps de là, nous parlâmes de lui ; elle avait fini par comprendre la situation et était prête à en prendre le risque. Plus important que ses mœurs : il occupait avec bonheur une position importante et lui offrait un rôle à jouer. Il n'est que juste de constater que tous deux remplirent loyalement les conditions de leur marché.

« Aurait-elle davantage ressemblé à son père, que les choses auraient pu tourner différemment pour Jackie. Elle parlait souvent de Black Jack et semblait le vénérer, bien qu'elle y mît quelques réserves. Elle reconnaissait probablement en elle-même quelques-unes des qualités de son père. J'avais le sentiment qu'avec un peu plus d'audace, elle serait partie pour Paris ou ailleurs et serait devenue totalement indépendante, mais elle préféra la sécurité. Black Jack était l'exemple auquel elle sut toujours résister. »

7

En novembre 1952, après l'élection d'Eisenhower à la présidence et de John Kennedy au Sénat, représentant du Massachusetts, John Davis déjeuna avec sa cousine Jackie à l'hôtel Mayflower à Washington. Comme le rapporte Davis dans *The Kennedys*[1], leur conversation passa rapidement de banales questions familiales à un sujet plus intéressant, ses relations avec John Kennedy. Elle racontait que le sénateur allait tous les jours chez le coiffeur « pour un coup de peigne », qu'il boudait « pendant des heures » si, lors d'une réception, personne ne le reconnaissait ou ne le photographiait. Ayant présenté John Kennedy à tante Edith Beale et à ses quarante chats, Jackie remarqua que Kennedy était allergique aux animaux, surtout aux chevaux et aux chats. « Tu me vois avec un homme allergique aux chevaux ! » plaisanta-t-elle. Autre commentaire mémorable : « Les Kennedy sont vraiment trop bourgeois. »

Bourgeois ou pas, le jeune sénateur possédait manifestement des qualités qui séduisaient Jackie : il était beau, avait du charme, du mordant, et un père richissime. John Kennedy était d'évidence un parti exceptionnel, il était en outre extrêmement ambitieux et avait été élevé dans la même religion que Jackie. Sur le plan politique, il se définissait comme un « idéaliste sans illusions ». Lorsqu'on lui demandait quels étaient ses plus grandes qualités et ses pires défauts, il classait la curiosité au premier rang de ses qualités ; l'irascibilité et l'impatience au premier rang de ses défauts. Derrière son brillant et son allant se cachait une solitude que Jackie connaissait bien. Il gardait comme elle au fond de son être une « plage secrète ». Elle comparait John et elle-même à des icebergs, dont la plus grande partie est submergée, et assurait qu'ils se savaient très semblables sur ce point, « ce qui constituait un lien entre nous ».

Elle avait lu dans un journal une interview, dans laquelle John Kennedy évoquait la femme qu'il souhaitait. « Gentille, intelligente, mais pas trop. »

---

1. Voir John H. Davis, *The Kennedys : Dynasty and Disaster*, pp. 150-151.

Cette description la perturba beaucoup moins que d'être si différente des femmes avec lesquelles il avait l'habitude de sortir et qui étaient toutes séduisantes, extraverties et pulpeuses. Même sans y attacher une grande importance, elle avait conscience de sa silhouette sportive et de ses seins plats.

Jackie s'efforçait de donner d'elle-même l'image d'une compagne chaleureuse, enthousiaste et gaie, qui aimait l'art, la musique et la littérature. Ce qui chez elle plaisait le plus aux hommes, c'était cette faculté qu'elle avait de devenir « un phare de charme ». Lorsqu'elle aimait un homme, elle en dirigeait le faisceau sur lui, ignorant tout le reste. Elle le buvait de ses grands yeux écartés et l'écoutait comme un oracle.

C'est ce qui se passait avec John Kennedy. Jackie déclara à Mary Van Rensselaer Thayer, journaliste amie de sa mère, qu'elle avait tout de suite vu que John « aurait une influence profonde, gênante peut-être » sur sa vie. Elle avait également compris qu'en dépit de ses déclarations aux journalistes, il n'avait pas réellement envie de se marier. Cette intuition l'avait d'abord démoralisée, mais elle s'était vite reprise.

Jackie décida de ne rien laisser au hasard. Lorsqu'elle apprit qu'il lui arrivait d'apporter son déjeuner dans un sac en papier et de manger seul dans son bureau sénatorial, elle mit un point d'honneur à débarquer à l'heure du déjeuner avec un repas chaud pour deux. Au journal, dans sa rubrique, elle posait des questions destinées à pousser John dans la bonne direction. « Pour quelles raisons un célibataire satisfait se marierait-il ? » demanda-t-elle à un groupe de touristes devant le monument de Lincoln. Une autre fois, citant l'auteur irlandais Sean O'Faolain, elle demanda à une douzaine de passants s'ils trouvaient comme lui que « les Irlandais ne sont pas doués pour l'amour ».

Frank Waldrop proposa un matin à Jackie d'interviewer John Kennedy pour sa rubrique. Il savait que Kennedy avait emmené Jackie au bal inaugural donné par Eisenhower en janvier 1953, qu'elle avait couvert pour le *Times-Herald*. Mais il ignorait l'ampleur de leurs relations, et qu'elle avait donné un cocktail avec lui la veille du bal.

« Allez l'interviewer, dit Waldrop à Jackie. Dites-lui que c'est moi qui vous envoie, mais ne vous faites pas trop d'illusions. Il est trop vieux pour vous, et en plus il ne veut pas se marier. »

Jackie en resta muette. Avec l'aide d'Estelle Gaines, elle interviewa non seulement le sénateur Kennedy, mais le vice-président Nixon, deux nouveaux membres du Congrès. Elle demanda aux huissiers. « Quel effet cela fait-il d'observer les hommes politiques de près ? » et aux hommes politiques : « Quel effet cela fait-il d'observer les huissiers de près ? »

La réponse de Kennedy n'était pas dépourvue d'humour. « J'ai souvent pensé, dit-il, qu'il serait peut-être préférable pour le pays que sénateurs et huissiers échangent leurs métiers. Si une telle loi était votée, je serais ravi de céder les rênes... »

L'intérêt de Jackie pour le vibrant sénateur ne passait pas inaperçu au Capitole. William « Fishbait » Miller, portier du Congrès, se rappelait

« Jackie Kennedy quand elle était Jackie Bouvier, petite journaliste apeurée, essayant de jouer les grandes personnes. Elle venait me demander de l'aide pour sa rubrique, qui ne consistait qu'à poser une question par jour. »

Fishbait conseilla cependant à Jackie de « ne pas toucher à l'homme le plus séduisant et le plus recherché du parti. Mais, ajouta-t-il, si vous le voulez vraiment, Jackie, je vous y aiderai.

" Crétin, répondit-elle. Si j'ai besoin d'aide, Fishbait, je vous le ferai savoir. " »

Lem Billings essaya lui aussi de l'en dissuader. « Je la pris à part, lors d'une soirée, dit-il, et m'efforçai de la mettre en face des réalités. Je lui parlai des problèmes physiques de son dos, sa maladie d'Addison et de son goût des femmes ; j'insistai sur la difficulté de vivre avec un homme plus vieux, qui avait déjà ses habitudes. J'évoquai aussi les ambitions politiques de John, son ambition présidentielle, avec tout ce que cela pouvait entraîner pour elle. " A Washington, lui dis-je, si on n'est pas accueilli par *Hail to the Chief,* dès qu'on entre dans une pièce, on n'est jamais qu'un second couteau. "

« Cela dit, je soulignai quel rôle elle pourrait jouer dans la carrière de John. Je lui fis remarquer qu'elle était bien au-dessus de toutes les femmes qu'il avait connues. " La plupart n'ont pas de cervelle, dis-je. Tout ce qu'elles demandent, c'est lui plaire, être des hôtesses parfaites. Elles lisent *Time, Newsweek, US News & World Report,* et les best-sellers. A Washington, cela suffit. Ça permet de parler de n'importe quoi à n'importe qui, de faire illusion dans un dîner ou un cocktail, sans avoir l'air d'une idiote, à condition toutefois de laisser de côté le sexe et la religion. Mais vous et moi le savons, ce n'est pas ce dont John a besoin. Il lui faut une femme qui ait le sens du monde, mais aussi de l'intelligence et du caractère, comme vous. Si vous voulez que je lui parle de vous, je le ferai. " » Jackie déclina l'offre.

Elle avait toutes les raisons de s'interroger sur l'avenir. Son métier de journaliste en était petit à petit venu à occuper dans sa vie une position secondaire, la première étant tenue par Kennedy. Elle lui prouva sa dévotion (et son talent littéraire) en l'aidant à écrire plusieurs articles qui exprimaient la position du Sénat envers le Sud-Est asiatique et une dissertation d'histoire de l'art pour Ted Kennedy, le plus jeune frère de John, qui était encore à Harvard[1]. Elle traduisit plusieurs livres pour John, dont l'œuvre de Paul Mus, écrivain français, spécialiste de l'Indochine. Elle faisait ses courses, portait sa serviette lorsqu'il avait mal au dos, l'accompagnait à des dîners politiques, l'aidait à choisir des vêtements (avant Jackie, Kennedy ne s'intéressait guère à la mode masculine), faisait du bateau ou allait au cinéma avec lui (il ne voulait voir que des westerns ou des films d'aventure, ce qui n'était pas particulièrement du goût de Jackie).

Lorsqu'elle était encore fiancée avec John Husted, Jackie passa un long

---

1. Ted Kennedy prit très tôt l'habitude de se reposer sur le talent des autres. Au cours de sa première année a Harvard (1950), il persuada un de ses camarades de classe de passer à sa place l'examen final d'espagnol. La supercherie ayant été découverte, ils furent tous les deux renvoyés, mais réintégrés l'année suivante.

week-end avec John dans la propriété des Kennedy à Palm Beach. Elle n'y rencontra pas Rose Kennedy, la mère de John, mais lui envoya tout de même une lettre de remerciements, signée Jackie. « Je croyais que c'était un garçon [1] », dira Rose Kennedy dans son autobiographie. Ce fut ainsi qu'elle apprit l'existence de la nouvelle amie de John.

Ce fut durant l'été 1952, où elle passa plusieurs jours à Hyannis Port, la propriété des Kennedy à Cape Cod, que Jackie vit pour la première fois sa future belle-mère. Elle connaissait déjà Bobby et Ethel, et avait rencontré les sœurs de John, mais elle était terrifiée à l'idée de rencontrer Rose Kennedy et son redoutable mari.

Le séjour s'amorça mal, car sa robe du soir était légèrement trop habillée pour un dîner à la campagne. John l'en taquina gentiment « Où te crois-tu ? » Mais Rose Kennedy prit sa défense : « Ne sois pas méchant. Elle est ravissante. »

La famille dans son ensemble s'ingénia à intégrer Jackie dans ses rangs. Elle fut littéralement emportée par le dynamisme et la folle énergie du clan, qui se jetait à corps perdu dans toutes sortes d'activités.

« Comment les dépeindre ? écrira-t-elle plus tard. Ils étaient effervescents. Tout le monde à côté d'eux paraissait morne. Ils parlaient de tout avec un enthousiasme inouï. Ou bien ils jouaient à des jeux de société. Il n'y avait jamais de temps mort. Ils étaient passionnés par la vie ; c'était merveilleusement stimulant. Et ils étaient si gais et si ouverts... »

Selon Dinah Bridge, une amie de la famille, les Kennedy furent eux aussi impressionnés par les performances de Jackie : « Je dirais qu'elle fut mise à l'épreuve. Et elle soutint admirablement le barrage de questions des Kennedy. Car il s'agissait bien d'un barrage. Il fallait avoir une sacrée forme, vous savez, parce que les plaisanteries allaient vite. Mais elle s'en sortait à merveille. »

Les visites suivantes furent cependant plus difficiles. Jackie remarqua, sans toutefois l'admettre, dans l'attitude des Kennedy à son égard, une certaine réserve qui, malgré la chaleur de l'accueil, lui donnait l'impression d'être en période probatoire.

L'activité effrénée, qu'elle avait connue lors de son premier séjour, cette fois s'exaspéra. Cette compétition permanente en tout — *touch football,* tennis, natation, voile, *softball,* golf, ou même propos de table — était insupportable. Jackie comparait la propriété familiale à un camp scout et sa réception à un bizutage. Elle voyait dans les sœurs de John, Eunice, Jean et Pat, des fans dont le goût invétéré du jeu sous toutes ses formes représentait « les vestiges d'une enfance prolongée ; pour se distraire de leur dose de sports classiques, elles s'adonnaient au trampoline, au jogging, à la gymnastique sur la plage ». « Lorsqu'elles n'ont rien à faire, raconta-t-elle à Lee, elles courent sur place. Ou bien elles se tombent les unes sur les autres comme une bande de gorilles. »

---

1. Voir Rose Fitzgerald Kennedy, *Times to Remember,* pp. 346-348.

Les sœurs de John asticotaient impitoyablement Jackie et l'ass
de bruyants sarcasmes. Elles l'appelaient « la débutante », se moquaient
sa petite voix de bébé, l'obligeaient à jouer au *touch football,* et la
houspillaient lorsqu'elle courait dans la mauvaise direction ou ratait une
passe. Lorsqu'elle leur fit remarquer que son nom se prononçait « Jac-line »,
Eunice fit observer tout bas : « Ça rime avec *queen.* » Elles se moquèrent
également d'elle lorsque, refusant au cours d'une sortie en mer leurs
sandwiches au beurre de cacahouette, elle préféra le pâté, la quiche et la
bouteille de vin blanc qu'elle avait apportés. Les sœurs étaient menées par
Ethel, qui s'était toujours vantée d'être « la plus Kennedy de tous ». Lorsque
Jackie avoua avec quelque ingénuité qu'elle aurait aimé être danseuse,
montrant ses chaussures du doigt, Ethel s'exclama : « Avec ces pieds-là ? Tu
serais mieux dans une équipe de football, ma petite. »

Jackie s'efforça de suivre le rythme trépidant des Kennedy, jusqu'au
jour où elle décida d'en revenir à son style à la fois plus tranquille et plus
réfléchi. « Le sport en soi me suffit ; pourquoi vouloir à tout prix gagner ? »
déclara-t-elle à John qui essayait de la convaincre de s'enrôler dans son
équipage pour les régates du 1ᵉʳ mai au Yacht Club de Hyannis Port. Munis
de jumelles, Joe Kennedy et Jackie suivirent la course de l'embarcadère de la
propriété.

« D'après Lem Billings, Joe ne tarda pas à devenir le plus ardent
supporter de Jackie. Il admirait son individualité. Elle n'avait pas peur de lui,
le cajolait, le taquinait, lui répondait. Il était l'âme du clan. C'est lui qui
dirigeait la vie de ses enfants, leurs relations, leurs pensées. En faisant la
conquête du père, elle faisait celle du fils. »

Pour gagner Joe Kennedy à sa cause, Jackie joua sur ses complexes
sociaux ; elle ne manquait pas de faire allusion à ses origines illustres, de faire
valoir son ascendance française et catholique, son sens inné de l'élégance,
mais elle se gardait bien de dévoiler le côté irlandais de son caractère, tout de
dureté et d'ambition. Elle avait compris d'emblée que, malgré les sarcasmes
de ses filles, Joe était séduit par son raffinement et ses manières. Tous les
Kennedy épousaient des femmes qui leur étaient socialement supérieures.
Joe avait épousé Rose parce que son père, John Francis (Honey Fitz)
Fitzgerald, était député et maire de Boston. La volonté de gravir l'échelle
sociale, d'acquérir une certaine respectabilité historique et de sortir des
taudis de Boston l'avait toujours poussé. L'impossibilité pour un Irlandais de
s'introduire dans la bonne société protestante de Boston l'avait obligé à
installer sa famille à New York. Lorsqu'il devint par la suite ambassadeur à la
cour de St. James, tous les Irlandais d'Amérique admirèrent la façon dont il
sut gagner la faveur de l'aristocratie britannique.

Selon Joe Kennedy, Jackie avait tout ce qu'il fallait pour aider John à
atteindre la présidence. Elle était passée par Miss Porter's School, Vassar et
la Sorbonne ; elle avait été débutante de l'année, avait reçu le prix de Paris et
vivait à Merrywood et Hammersmith Farm. Tout laissait penser qu'elle était
riche, ce qui dissipait la crainte qu'elle cherchât à faire un mariage d'argent.
Sa fortune n'était qu'illusion ; Jackie n'avait pratiquement pas un sou, mais

...s son mariage. Joe Kennedy n'était alors préoccupé que
...es qui séparaient John et Jackie. Il savait qu'un échec
...ait être fatal à l'avenir politique de John. Mais il se disait
...de Jackie, son expérience de la vie la faisaient paraître plus
...les de son âge. Si leur mariage devait connaître des difficultés,
...ent d'ailleurs.

...Kennedy ne se contenta pas d'accepter ce mariage, il le décréta,
affirma Lem Billings. " Un homme politique doit être marié, déclarait-il, et
un homme politique catholique doit avoir une femme catholique. Elle doit
avoir de la classe. Jackie a sans doute plus de classe qu'aucune des filles
qu'on a vues ici. "

« J'attendais donc d'un jour à l'autre la demande en mariage, bien qu'on
imagine mal John disant à Jackie : " Je t'aime et voudrais t'épouser. " Il
aurait aimé que les choses se fassent, sans qu'il ait besoin de rien dire. Il
n'était pas précisément du genre romantique.

« Au début du printemps 1953, il était clair qu'il n'avait jamais été aussi
loin avec aucune des femmes qu'il avait jusque-là connues. Ils couchaient
certainement ensemble, mais Jackie ne voulait pas que ses amis le sachent.
Elle n'était attirée que par des hommes " dangereux ", comme son père.
C'était en quelque sorte freudien. John n'ignorait pas l'attirance qu'elle
éprouvait pour Black Jack ; il n'hésitait d'ailleurs pas à lui en parler, et elle ne
le niait pas.

« D'après moi, Jackie aimait le sexe, mais dans la mesure où il était
inspiré par des sentiments véritables. Le sexe est le plus raffiné des jeux, et
Jackie était extrêmement raffinée. Elle ne détestait pas non plus la tension,
inhérente à toute relation amoureuse. Elle n'aimait pas voir John sortir avec
d'autres femmes, d'un autre côté cela piquait sa curiosité. Elle s'efforçait de
ne fermer aucune porte et s'arrangeait pour être vue avec toutes sortes de
partis possibles, jeunes ou moins jeunes. Elle se prenait à ce jeu, jouait les
filles inabordables, n'était pas toujours là lorsque John téléphonait, et pas
toujours disponible, lorsqu'elle était là.

« A l'époque, Jackie avait à plusieurs reprises séjourné à Hyannis Port
et s'était peu à peu rapprochée des autres membres du clan, et même des
sœurs de John. Si elles en voulaient toujours à Jackie, c'était à cause de John.
Après la mort de Joe, lors d'une mission de bombardement, pendant la
Seconde Guerre mondiale, John était devenu l'espoir de la famille, et ses
sœurs se liguaient contre toutes les filles qui semblaient vouloir l'épouser.

« Les Kennedy pensaient avant tout à eux. Tous ceux qui étaient admis
dans le saint des saints, amis ou époux, devaient d'abord prouver leur
loyauté. Cette méfiance envers les autres venait de l'hostilité qu'on leur avait
toujours manifestée et d'une série de tragédies familiales : la mort de Joe, Jr.
en 1944, la mort en 1948 de Kick Kennedy en France dans un accident
d'avion ; la lobotomie subie en 1941 par Rosemary Kennedy et son
internement au couvent de St. Coletta, à Jefferson dans le Wisconsin. »

Après avoir réussi à séduire Joe Kennedy, Jackie décida d'organiser une
rencontre entre John Kennedy et son père. Jack Kennedy et Jack Bouvier

dînèrent pour la première fois ensemble en février 1953 dans un restaurant de New York. Selon Jackie, « ils avaient beaucoup en commun. Ils parlèrent de sport, de politique et de femmes, sujets favoris de tous les hommes au sang chaud ».

Black Jack dira par la suite à Louis Ehret qu'en dehors de son besoin d'une bonne coupe de cheveux, le jeune Mr. Kennedy paraissait être « un gentil garçon, différent de ce à quoi je m'attendais. Je le voyais plus comme un mentor. En tout cas, Jackie est follement amoureuse de lui ».

James Rousmanière, camarade de chambre de John Kennedy à Harvard, entendit lui aussi parler de cette rencontre, mais sous l'angle Kennedy. « Black Jack était un homme très malheureux que Jacqueline passa une bonne partie de sa vie à essayer de faire oublier, dit Rousmanière. Son ivrognerie était légendaire. C'était un être pathétique.

« Lorsque John Kennedy fit sa connaissance, Black Jack était déjà engagé sur la voie de la déchéance. Bien qu'il suivît toujours le marché, il était sur le point de vendre sa charge. Il ne voyait plus personne. Jackie, pas plus que Lee, ne s'occupait beaucoup de lui. John Kennedy fit de réels efforts pour le connaître, avant même d'avoir épousé Jacqueline.

« Il alla à plusieurs reprises voir son futur beau-père à New York. Black Jack l'emmena déjeuner au Luncheon Club de la Bourse, puis lui fit visiter Wall Street. Un autre jour, John passa le voir chez lui. Ils étaient seuls et regardèrent un combat de boxe à la télévision. Black Jack paraissait tellement seul que John voulut prolonger sa visite. Black Jack avait déjà trop bu. Kennedy, quant à lui, était plutôt sobre, mais Black Jack le fit boire un peu et ils passèrent une bonne soirée. »

Le 18 avril, Black Jack se rendit pour la première fois à Merrywood. Après avoir quitté l'université de Sarah Lawrence, pris des cours de peinture et de chant en Italie, et travaillé brièvement au *Harper's Bazaar* à New York, Lee avait sérieusement songé à faire un essai pour la Paramount, puis s'était lancée, à vingt et un ans, dans un nouveau projet : le mariage. Le jeune homme en question était Michael Temple Canfield, fils adoptif de Cass Canfield, patron de la maison d'éditions Harper and Brothers. Diplômé d'Harvard et ancien combattant de la marine, Michael fréquentait Lee depuis plusieurs années. Il venait d'accepter un poste à l'ambassade des Etats-Unis à Londres, où il pensait s'installer avec Lee[1].

La cérémonie du mariage devait avoir lieu à l'église de la Sainte-Trinité à Washington et la réception à Merrywood. Aussi dure que fût l'épreuve, Jack Bouvier se sentit obligé de se risquer sur le territoire des Auchincloss, afin de conduire sa fille à l'autel. Il s'acquitta honorablement de la première partie de sa mission, mais ne tarda pas à éprouver quelque regret. Comment

---

1. Le bruit courait que Michael Canfield était le fruit illégitime d'une femme mariée de la noblesse britannique et du duc de Kent (fils cadet du roi). Les Canfield l'auraient adopté pour éviter qu'un scandale n'ébranlât la famille royale. Selon Cass Canfield, Jr., frère de Michael, « ce bruit n'est qu'un bruit, dénué de tout fondement, qui ne s'est répandu que parce que Michael ressemblait au vrai fils du duc de Kent ».

ne pas comparer la demeure de Merrywood et son vaste domaine à son modeste appartement de New York ? Jamais n'avaient paru plus criants le contraste des deux résidences, la différence entre la fortune de son rival et ses maigres moyens. Le sentiment d'avoir beaucoup moins donné à ses filles que Hugh Auchincloss laisserait une marque indélébile.

Le mariage de Lee fut aussi une épreuve pour sa demoiselle d'honneur, Jackie, qui, bien que plus âgée que sa sœur, n'était encore ni mariée ni fiancée. Mais, vers la mi-mai, John Kennedy se décida à faire ce qu'il considérait comme une déclaration d'amour : il demanda Jackie en mariage, lui prétendant qu'il avait pris sa décision un an auparavant, mais qu'il avait préféré attendre, tout en sachant que ce serait elle.

« Je n'en attendais pas moins de ta part ! » répliqua Jackie.

L'annonce officielle de leurs fiançailles dut être retardée. Le *Saturday Evening Post* devait publier un article, intitulé « John Kennedy, le joyeux célibataire du Sénat », et Kennedy ne voulait pas avouer son changement de cap avant que le magazine ne fût dans les kiosques. En outre, Jackie avait accepté d'accompagner une amie, Eileen Bowdoin (aujourd'hui Eileen Bowdoin Train) au couronnement d'Elizabeth II d'Angleterre.

C'est Eileen, sœur aînée de deux des filles avec lesquelles Jackie avait fait son premier voyage en Europe, qui eut l'idée de se lancer dans cette expédition. « Je fus soudain prise par la folie du couronnement et j'appelai Jackie : " Si j'organise tout, irais-tu au couronnement ? " lui demandai-je. Jackie fut instantanément piquée par la même mouche et dit qu'elle allait en parler à son patron. Elle me rappela le lendemain, disant que son patron voulait qu'elle couvre le couronnement pour le journal.

« Mon père George Bowdoin avait un grand ami, Alex Abel-Smith, dont la femme était une des dames d'honneur de la reine Elizabeth. Ils étaient tenus d'habiter au palais de Buckingham durant la semaine du couronnement, et proposaient de nous prêter leur appartement de Londres. Mon père connaissait aussi le directeur de la Compagnie transatlantique américaine qui nous trouva in extremis une cabine sur le paquebot *United States*. »

Les articles de Jackie sur le couronnement, complétés par une série d'esquisses à la plume, firent la une du *Times-Herald*. Elle couvrit tout, depuis le voyage des chiens du duc et de la duchesse de Windsor à bord du *United States* (ils voyageaient avec leurs propres extincteurs) jusqu'au bal de Perle Mesta à Londonderry House. Observatrice avide, Jackie vit Lauren Bacall valser avec le général Omar Bradley, tandis que Humphrey Bogart errait d'un air absent ; elle fut présentée à la jeune marquise de Milford Haven, qui lui raconta qu'on avait fait une marque sur la couronne d'Edouard le Confesseur pour s'assurer qu'elle ne serait pas posée à l'envers sur la tête de la reine ; elle discuta avec le pacha de Marrakech, lors d'un dîner dansant à l'ambassade des Etats-Unis. Lorsqu'elle n'était pas dans les salons, Jackie se promenait dans les rues de Londres, interviewant des touristes américaines, des ménagères anglaises, des ouvriers faubouriens, des étudiants antillais. Ces interviews lui permirent de consacrer un article au point de vue de l'homme de la rue sur le couronnement.

Après une semaine à Londres, Jackie reçut un télégramme de John Kennedy : ARTICLES EXCELLENTS MAIS TU ME MANQUES. Cette manifestation de romantisme, rare entre toutes, fut suivie d'un appel transatlantique. John revenait du mariage de sa sœur Eunice avec Sargent Shriver qui avait eu lieu à New York et désirait lui en parler. Puis il lui demanda de lui acheter quelques ouvrages épuisés à New York : des livres d'histoire et de droit, et des œuvres d'Aldous Huxley. A peine eut-elle accepté, qu'il se mit à débiter une liste de quatre pages. Jackie dut acheter une valise et payer cent dollars d'excédent de bagages pour rapporter les livres aux Etats-Unis.

D'après Eileen Bowdoin, « presque personne ne savait que John Kennedy avait demandé Jackie en mariage avant notre départ. Pendant notre séjour en Europe elle se demanda si elle allait l'épouser ou non. C'était une décision difficile. Elle devrait seule affronter un clan qui, de notoriété publique, n'était pas de tout repos. Quel que fût l'intérêt qu'elle portait à John, elle sentait qu'elle allait perdre son indépendance et son identité. Son job au *Times-Herald* n'entrait pas en ligne de compte... Ce qui l'inquiétait, c'était l'idée d'entrer dans cette famille despotique ».

Pendant plus d'un an Jackie n'avait pensé qu'à se faire épouser par John Kennedy, mais, au pied du mur, elle était saisie d'angoisse. Il lui fallait gagner du temps. Après deux semaines à Londres, elle décida d'aller passer deux semaines de plus à Paris.

A Paris, Jackie demanda conseil à John P. Parquand, Jr., fils du célèbre romancier de la Nouvelle-Angleterre et écrivain lui-même, qui avait publié l'année précédente son premier roman, *The Second Happiest Day*.

« Nous nous connaissions, dit John Marquand, Jr, par ma femme Sue Coward. Sue avait été la compagne de chambre de Jackie, lorsqu'elles étaient toutes les deux à la Sorbonne. Le cousin germain de Sue était Michael Canfield, le mari de Lee. Jackie et moi étions plus proches avant qu'elle ne devienne la Cléopâtre de son temps. Nous entretenions une correspondance régulière, dont j'ai, depuis déjà longtemps, détruit la plus grande partie. Je ne voulais pas que cela traîne.

« Lorsque Jackie arriva à Paris après le couronnement, nous dînâmes plusieurs fois ensemble. J'ignore le rôle que j'ai pu jouer, mais je sais que le bruit courait que nous étions amants, que c'était moi qui avait défloré Jackie. Cette histoire ridicule s'était répandue grâce au lamentable livre de Kitty Kelley sur Jackie (*Jackie Oh!*, 1978, pp. 27-28), dans lequel, se fondant sur des sources anonymes, elle prétend que j'ai été le premier amant de Jackie, et que celle-ci se serait ensuite exclamée : " Oh ! Ce n'est donc que cela ! "

« J'ignore où Kitty Kelley a pris ça — j'ai refusé toute interview avec elle — mais cette absurdité me fait plus de tort à moi qu'elle n'en fait à Jackie. Quel est l'imbécile qui irait se vanter d'avoir dépucelé Jacqueline Kennedy Onassis ? Lorsque Kitty Kelley publia cette histoire, des tas de gens me téléphonèrent pour me dire des sottises. J'étais consterné. J'abordai Jackie, qui me dit : " N'en parlons pas. Oublions ça. " De toute façon c'est une connerie, totalement apocryphe et absolument fausse. »

Jackie et Eileen décidèrent de rentrer en avion plutôt qu'en bateau. Elles s'envolèrent le 14 juin de l'aéroport d'Orly et devaient atterrir à Boston tard dans la soirée. A côté de Jackie, mais de l'autre côté du couloir central, se trouvait Zsa Zsa Gabor, qui racontera par la suite que « pendant vingt-quatre heures, celle-là n'avait cessé de lui demander avec le plus grand sérieux : " Que faites-vous pour avoir une si belle peau ? " Je ne lui ai même pas demandé son nom. Elle n'était ni la plus séduisante ni la plus belle. Elle avait les cheveux crépelés et une vilaine peau ».

Jackie ignorait que Zsa Zsa Gabor et John Kennedy avaient défrayé la chronique. A mesure qu'ils approchaient des Etats-Unis, Jackie était de plus en plus anxieuse. Elle se demandait si John l'attendrait à l'aéroport.

L'actrice hongroise quitta l'avion avant Jackie, passa la douane comme une flèche et trouva John Kennedy dans la salle d'attente, négligemment appuyé à un comptoir. Lorsque Kennedy aperçut Zsa Zsa, il la prit dans ses bras et la souleva de terre. « Mon ange adoré, j'ai toujours été amoureux de toi », déclara-t-il. Quelques instants plus tard, Jackie entra à son tour dans la salle d'attente et vit John avec Zsa Zsa. John reposa l'actrice sur le sol et sourit à Jackie qui s'avançait. Il présenta alors les deux femmes.

« Mademoiselle Bouvier et moi avons passé des heures ensemble dans l'avion, dit Zsa Zsa à Kennedy. C'est une gentille petite. Ne t'avise pas de la corrompre, John.

— Mais il l'a déjà fait », chuchota Jackie.

8

Le lendemain de son retour d'Europe, Jacqueline Bouvier alla, l'air désolé, trouver son patron, Frank Waldrop, pour lui remettre sa démission. « Elle me déclara que je ne m'étais pas trompé en prévoyant qu'elle abandonnerait le journalisme pour se marier, dit Waldrop. Elle en faisait un peu trop, mais je m'avouai déçu, car ses articles sur le couronnement étaient prometteurs. " Qui est l'heureux élu ? demandai-je ensuite.

— John Kennedy, répondit-elle. Et cette fois, c'est pour de vrai. " »

L'annonce officielle des fiançailles de John et de Jackie parut le 24 juin 1953, et fut suivie de deux réceptions, l'une donnée par les Auchincloss à Hammersmith Farm, l'autre par les Harrington, amis des Kennedy, dans une vaste maison qu'ils possédaient en bordure du golf de Hyannis Port. Larry O'Brien, assistant politique de John Kennedy et membre de la légendaire « mafia irlandaise », arriva chez les Kennedy plusieurs jours avant la réception Harrington.

« Ma femme et moi étions assis à discuter avec John et Jackie, raconte O'Brien. Nous étions en bermudas et maillots de bain, lorsque apparurent deux jeunes gens en costumes trois pièces. C'étaient des employés de chez Van Cleef & Arpels à New York, apportant la bague de fiançailles de Jackie composée d'une émeraude et d'un diamant. John la glissa au doigt de sa fiancée. Jackie la passa à ma femme qui s'amusa à l'essayer. John était si content qu'il invita les deux hommes à se baigner avec nous. »

Ils refirent le numéro de la remise de la bague chez les Harrington au cours d'un déjeuner assis, suivi des farces et jeux habituels, dont une chasse au trésor au cours de laquelle furent dérobés un car scolaire et une casquette de policier.

Jackie retourna à Hyannis Port la semaine suivante, pour, espérait-elle, jouer au tennis, lire, dessiner et faire du bateau. Au lieu de cela, on la présenta à un photographe de *Life,* et elle dut, pendant trois jours, poser pour des centaines de photos illustrant leur histoire d'amour. Comme elle se montrait contrariée, les sœurs de John lui rappelèrent qu'elle se devait à la carrière de leur frère.

Durant le mois de juillet, Jackie accompagna John à Worcester, dans le Massachusetts, où il offrit de la part de la fondation Joseph P. Kennedy, Jr. un chèque de 150 000 dollars à l'université de l'Assomption, qui venait d'être sévèrement endommagée par une tornade. Une douzaine de journalistes et de photographes embarquèrent dans leur avion privé. Interrogée par l'un d'entre eux, sur ses éventuels points communs avec le sénateur du Massachusetts, Jackie répliqua qu'en certaines choses, ils étaient trop semblables : « Nous sommes l'un et l'autre tellement indépendants, que nous devrons faire beaucoup d'efforts si nous voulons que notre ménage marche. »

La future mariée fit, cet été-là, de fréquents séjours à Hyannis Port. Lorsqu'ils n'étaient pas assiégés par la presse, John et elle naviguaient sur le *Victura* (le voilier de sept mètres et demi des Kennedy), lisaient des poèmes à haute voix ou se promenaient sur la plage. Jackie consentait même à participer de temps en temps à un jeu de *touch football,* mais elle y renonça définitivement, l'année suivante lorsque Ted Kennedy lui cassa accidentellement la cheville.

A la mi-juillet, la mère de Jackie invita Rose Kennedy à déjeuner à Newport, afin de discuter du mariage. John et Jackie passèrent eux aussi le week-end à Newport. Avant le déjeuner, ils allèrent tous les quatre au Beach Club de Bailey. Janet et Rose étaient sur leur trente et un : capelines, gants blancs, robes de soie et perles. John portait un vieux maillot de corps, un jean raccourci et des pantoufles.

« Les deux mères étaient assises à l'avant et nous étions assis derrière, comme deux sales gosses, raconte Jackie. En arrivant au Club, John et moi allâmes nous baigner. Je sortis de l'eau la première ; c'était l'heure du déjeuner, mais John traînait. Je me rappelle Rose debout sur la promenade, appelant son fils qui était encore dans l'eau : " Jack[1] !... Ja-a-ck ! " Exactement comme les enfants qui ne veulent pas sortir et font semblant de ne pas entendre leurs mères. " Ja-a-ck ! " Mais il ne sortait toujours pas de l'eau. Je ne me rappelle pas si elle a fait mine de descendre ou si c'est moi qui suis allée le chercher, mais il est enfin remonté en disant : " Oui, maman. " »

Pendant le déjeuner, Janet Auchincloss déclara qu'elle désirait pour Jackie un petit mariage dans l'intimité. Pas de photos, pas de journalistes, pas de foule, juste un entrefilet dans les journaux de Newport et de Washington et quelques amis proches.

« Ecoutez, Mrs. Auchincloss, votre fille épouse une personnalité politique, un sénateur, un homme qui a des chances de devenir président, protesta John Kennedy. Que nous le voulions ou non il y aura des photographes. Il faut que Jackie soit resplendissante. »

Comme ils ne parvenaient pas à se mettre d'accord. John envoya son père voir Janet. Joe Kennedy prit l'avion pour Newport. Dès que Jackie vit

---

1. Surnom de John. Aux Etats-Unis, on l'appelle aussi bien Jack Kennedy que John Kennedy. On utilisera donc les deux prénoms au cours du récit. (*N.d.T.*)

l'ambassadeur surgir de l'avion, et marcher sur eux d'un air de défi, elle comprit que sa mère n'avait aucune chance.

Il fut décidé que la cérémonie aurait lieu à Newport, mais tiendrait davantage de l'événement médiatique que du mariage mondain.

Chacun des partis resta sur ses positions. Janet Auchincloss trouva les Kennedy gauches et vénaux ; elle déclara à des amies que Jackie faisait une mésalliance. Joe Kennedy lui parut caustique, bourru et agressif, « le genre d'homme à vous arracher la tête s'il n'obtient pas ce qu'il veut ».

Evoquant les Auchincloss en particulier et les habitants de Newport en général, Joe Kennedy déclara à Red Fay, camarade de guerre de John : « Ils ne savent pas vivre à Newport. Leur fortune s'est envolée depuis belle lurette. La plupart d'entre eux essayent de donner le change, mais sont couverts de dettes. Si on soulevait les tapis, on y trouverait très certainement toute la poussière de l'été, car il n'y a pas assez de personnel pour entretenir ces grandes maisons. La nourriture y est en général médiocre. Croyez-moi, comparés à nous, ils vivent comme des ploucs [1]. »

En août, John Kennedy partit avec Torbert H. (Torby) Macdonald, ancien camarade d'université (et futur représentant du Massachusetts), pour une croisière de deux semaines autour de la Méditerranée, laissant Jackie aux derniers préparatifs du mariage. La mère de Jackie était furieuse. « Un homme amoureux ne fait pas une chose pareille ! dit-elle à sa fille. Quand on est amoureux, on reste avec l'élue de son cœur. »

Bien qu'elle le niât, cette « dernière escapade » de John ne manqua pas d'inquiéter Jackie. Estelle Parker, styliste à Palm Beach et Newport, rapporte que, pendant qu'elle lui essayait son trousseau, Jackie s'ouvrit de ses anxiétés.

« Elle se plaignait des hommes incapables de s'établir, dit Estelle Parker. Elle voulait savoir ce que je pensais des maris qui trompent leurs femmes. Je sentais qu'elle s'adressait à moi parce qu'elle ne pouvait pas parler à sa mère et ne voulait pas parler aux amies de celle-ci.

« Elle n'était manifestement pas emballée par les Kennedy et savait que si elle entrait dans cette famille, elle devrait se plier à tous leurs caprices. Les femmes Kennedy étaient considérées comme des citoyennes de deuxième ordre. Lorsque la discussion devenait sérieuse, ils prenaient virtuellement Rose Kennedy par la peau du cou et la faisaient sortir de la pièce. Jackie n'était pas prête à accepter ce genre de traitement.

« Elle paraissait troublée, indécise. Elle refusait de jouer les seconds rôles, mais craignait d'être une mauvaise maîtresse de maison. Elle disait ne rien y connaître. Elle avait été élevée au milieu de femmes de chambre et de cuisinières, savait mettre un couvert et faire un bouquet, mais était incapable de cuire un œuf. Elle avait abandonné sa situation et essayait d'apprendre à

---

1. Ce commentaire de Joe Kennedy a été repris dans la première version du livre que Fay a consacré à son amitié avec John F. Kennedy, *The Pleasure of His Company* (1966). Avant la parution du livre, Jackie demanda à ce que ce passage, ainsi que plusieurs autres, soit supprimé. La famille Kennedy fit pression sur Fay, qui finit par céder.

tenir une maison. Pendant que je lui faisais ses essayages, elle me demanda si je pourrais lui donner des trucs, susceptibles de l'aider.

« Mon mari et moi remplîmes un grand carnet de toutes sortes de suggestions : mettre dans le réfrigérateur de la viande froide et de la bière pour le sénateur et ses copains politiciens ; comment faire durer les fleurs coupées ; pour économiser les draps, se servir du drap de dessus comme drap de dessous. Evidemment, lorsqu'elle devint présidente, quelques années après, elle faisait changer ses draps trois fois par jour, mais au début, elle était plus raisonnable. Quand je la revis deux ans plus tard, elle m'avoua avoir toujours le carnet en sa possession et s'en servir régulièrement. " Sans ces conseils, je ne sais pas ce que je serais devenue ", dit-elle. »

Pour la robe de mariée et les robes de tout le cortège, Janet Auchincloss avait retenu les services d'Ann Lowe, couturière noire américaine, qui cousit secrètement pendant cinquante ans les toilettes des femmes les plus en vue de la société américaine. Cet été-là, Jackie alla fréquemment à New York pour des essayages et des modifications, mais ne révéla à personne l'identité de sa faiseuse.

Lois K. Alexander, directeur de l'Institut de la mode de Harlem et ami d'Ann Lowe, se rappelle qu'une inondation, quelques jours avant le mariage, provoqua un vrai désastre dans l'atelier d'Ann : « Dix robes sur quinze furent perdues. Les quarante-cinq mètres de taffetas ivoire de la robe de mariée, la faille rose et le satin rouge des demoiselles d'honneur durent être remplacés. La robe de mariée qui avait coûté plus de deux mois de travail fut terminée en cinq jours, deux jours de coupe et trois de couture. Au lieu de sept cents dollars escomptés, Ann perdit deux mille deux cents dollars, car elle refusa de parler de l'accident aux Auchincloss. »

Pendant qu'Ann travaillait fébrilement pour finir les robes, les Kennedy célébraient avec enthousiasme les prochaines noces. Il y eut d'abord une réunion à la Parker House de Boston pour les amis politiques de John. Puis le clan Kennedy transforma la propriété de Hyannis Port en une sorte de parc d'attractions pour leurs parents et relations. Durant la semaine qui précéda le 12 septembre 1953, les pelouses bourdonnèrent d'activité ; on y célébra l'anniversaire de Mr. Kennedy père. Ses enfants lui offrirent chacun un chandail qu'ils s'amusèrent à lui enfiler l'un au-dessus de l'autre.

On se transporta ensuite à Newport, où Anthony et Jane Akers, amis des Auchincloss, donnèrent un cocktail pour John et Jackie. Deux jours avant le mariage Hugh Auchincloss offrit un dîner d'hommes de dix-huit couverts au Clambake Club. John Kennedy porta un toast à l'absente (« à ma future femme, Jacqueline Bouvier ») et invita chacun à jeter son verre après lui dans la cheminée.

« J'avais prévenu John que tel était l'usage, dit Red Fay. Mais je fus étonné qu'il le fasse, car les verres étaient de magnifiques coupes en cristal appartenant à Hugh Auchincloss, qui étaient manifestement dans sa famille depuis plusieurs générations. Celui-ci fit la grimace en voyant ses dix-huit verres se briser dans la cheminée. Le maître d'hôtel les remplaça par d'autres verres en cristal appartenant également à Auchincloss. John se leva et dit :

" Peut-être n'est-ce pas la coutume, mais je tiens à exprimer mon amour pour la fille que je veux épouser. Un toast pour la mariée. " Tout le monde vida son champagne et les verres volèrent de nouveau dans la cheminée. Hugh Auchincloss était effrondré. A la suite de ce second toast, les verres qui apparurent alors sur la table n'auraient pas déparé sur l'étagère de quelque gargote. »

Le dîner de noces eut également lieu au Clambake Club. C'est là que, la veille du mariage, les membres du cortège reçurent leurs cadeaux : des parapluies de chez Brooks Brothers pour les quatorze garçons d'honneur, des cadres en argent, marqués de leurs initiales pour les dix demoiselles d'honneur. Le futur marié dévoila en un discours ironique les raisons qui l'avaient poussé à épouser Jackie : il avait voulu l'arracher au quatrième pouvoir. Comme reporter et photographe, elle était devenue trop perspicace et menaçait son avenir politique.

Jackie lui renvoya la balle. Comme soupirant, déclara-t-elle, le sénateur ne valait rien. Depuis qu'ils se connaissaient, il ne lui avait écrit aucune lettre d'amour et une unique carte postale, qu'il avait envoyée des Bermudes. Elle la brandit et la lut : « Dommage que tu ne sois pas ici. Jack. »

Mary de Limur Weinmann, qui assita à ce dîner, évoque le cadeau de mariage que John offrit à Jackie. « C'était un bracelet en diamant, dit-elle. J'étais assise à côté d'elle, lorsqu'il s'approcha et le laissa tomber sur ses genoux. Elle se montra très étonnée. »

Black Jack assombrit le mariage de Jackie. En vue du grand jour, il avait passé le mois d'août à se dorer au soleil et à faire du sport au Maidstone Club d'East Hampton. Il lui avait fallu des semaines pour se choisir une garde-robe, une jacquette impeccablement coupée, l'épingle de cravate en perle de son père, des chaussures et des gants dans le cuir le plus fin. Il avait retenu une suite au Viking, le meilleur hôtel de Newport, tandis que les jumelles et leurs maris avaient choisi l'hôtel Munchener King.

« Les Auchincloss s'étaient occupés de tout, raconte Michelle, la sœur de Jack Bouvier, et ils avaient veillé à ce que le père de Jackie ne se mêle de rien. Janet avait fait en sorte que son rôle fût réduit au minimum et qu'il n'assistât à aucun des dîners qui devaient précéder le mariage. Black Jack était effondré. Il pensait au moins être invité à plusieurs réceptions. Mais il n'en fut rien. En dehors des quelques minutes qu'il passa avec Jackie au moment de la répétition de la cérémonie, il ne la vit même pas. Cette cérémonie prit donc dans son esprit des proportions épiques. Il était décidé à faire une entrée en beauté. Il descendrait la nef centrale au bras de sa fille et la conduirait à l'autel ; ce privilège-là, on ne pourrait pas le lui enlever. »

A Hammersmith Farm, le matin du mariage, Jackie était sereine et déterminée. Aidée de Janet et de Lee, elle revêtit sa robe de mariée et un voile de dentelle ayant appartenu à la mère de Janet. Personne ne semblait songer que le voile, que Janet avait porté le jour où elle avait épousé Jack Bouvier, avait déjà inauguré deux mariages ratés.

D'après un spécialiste de la mode, la robe n'était qu'un « horrible amas de taffetas, orné d'une profusion de volants, de plissés et de fleurs », opinion que Jackie n'était pas loin de partager. Elle aurait préféré une robe plus moderne, plus près du corps, mais elle avait fini par accéder aux vœux du marié. John Kennedy lui avait demandé de porter quelque chose de « classique et de suranné ». Elle mit aussi pour lui une jarretière bleue.

A l'hôtel Viking, ce matin-là, la situation était rien moins que sereine. Les sœurs jumelles de Black Jack avaient dépêché leurs maris — John E. Davis et Harrington Putnam — pour l'aider à se préparer. Lorsqu'ils arrivèrent, ils le trouvèrent à moitié habillé et à moitié saoul, un verre vide et une bouteille de whisky à portée de la main. Il avait la voix pâteuse et tenait à peine debout.

Les deux hommes téléphonèrent à leurs femmes pour décrire son état. Maude et Michelle appelèrent alors Janet Auchincloss pour lui dire que Black Jack avait un peu bu, mais qu'à leur avis, il pourrait sans doute être d'attaque pour conduire Jackie à l'autel.

Janet ne voulut rien entendre. Elle n'avait pas du tout envie de se mettre dans une position embarrassante devant tant de gens. Le beau-père de Jackie remplacerait dont Black Jack. Et s'il osait se montrer à l'église, elle le ferait jeter dehors. Les jumelles essayèrent de la raisonner, disant que Jackie souhaitait être conduite à l'autel par son vrai père, Janet ne voulut rien entendre.

D'après le *New York Times,* plus de trois mille curieux se pressèrent devant St. Mary pour apercevoir le marié de trente-six ans et la mariée de vingt-quatre ans. La police dut retenir la foule avec une corde pour laisser la limousine de Jackie s'avancer devant l'église.

Avec ses sept cent cinquante invités et plus, St. Mary était bondée. L'intérieur de l'église était décoré de glaïeuls roses et de chrysanthèmes blancs. Le demi-frère et la demi-sœur de Jackie, Jamie et Janet, Jr., étaient enfants d'honneur. Bobby Kennedy était premier garçon d'honneur et Lee, première demoiselle d'honneur. Joe Kennedy avait demandé à l'archevêque de Boston, Richard Cushing, de présider la messe de mariage avec l'assistance de monseigneur Francis Rossiter et de plusieurs ecclésiastiques de haut rang, dont le très révérend James Kellor de New York, chef du mouvement des Christophers, et le très révérend John J. Cavanaugh, ancien président de Notre-Dame. Le ténor Luigi Vena, de Boston, chanta « Ave Maria », « Panis Angelicus » et « Jesu, Amos Mi » ; sa voix mélodieuse contrastait vivement avec le ton grinçant et monocorde de Cushing, qui donna, à l'issue de cette messe solennelle, la bénédiction apostolique du pape Pie XII.

Cette cérémonie en tout majestueuse connut, grâce à John White, un instant de frivolité. « Lorsque Jackie s'était fiancée à JFK, je lui avais parié que ça ne tiendrait pas, raconte White. Elle avait parié le contraire à deux contre un. Si, pour quelque raison, elle ne l'épousait pas, elle me donnerait deux dollars ; si elle l'épousait, je lui donnerais un dollar.

« J'étais sûr de gagner, mais voilà que l'invitation arriva. J'en reçus des deux côtés, de John et de Jackie, ce qui ne manqua pas de m'amuser, car il n'y avait pratiquement pas de chevauchement entre leurs groupes d'amis respectifs.

« Je me rendis donc à Newport pour le mariage, et n'aperçus Jackie qu'au moment où elle descendait la nef au bras de Hugh Auchincloss. J'agitai mon billet d'un dollar dans sa direction, et les rires fusèrent autour de moi, mais Jackie fut la seule à comprendre le sens de ce geste. Elle m'adressa un grand sourire et alla son chemin. »

Sylvia Whitehouse Blake, une des demoiselles d'honneur, fut impressionnée par « sa capacité à surmonter l'absence forcée de son père. J'ignorais, ce que tout le monde apprit par la suite, qu'il était ivre à l'hôtel Viking. Bien que tous les livres aient prétendu qu'elle était bouleversée, elle ne pleura pas et ne laissa rien paraître. Mais je suis sûre qu'aimant son père comme elle l'aimait, cela a dû être très éprouvant pour elle ».

Eileen, qui était elle aussi invitée au mariage, avait appris que Black Jack se trouvait à Newport et se demandait où il était passé. « Comment ne pas se demander pourquoi ce n'était pas lui qui conduisait Jacqueline à l'autel ? Hugh Auchincloss avait pris sa place. Les gens jasèrent, surtout pendant la réception qui fut donnée à Hammersmith Farm. Il y eut plus de mille trois cents invités, mélange étrange, composé d'hommes politiques irlandais et d'amis républicains de Hugh et de Janet, qui s'étaient, pour la plupart, aperçus de l'absence de Jack Bouvier.

« En dehors de cet incident, ce fut un de ces mariages " parfaits " : soleil, petite brise, chevaux et bétail paissant dans les pâturages, invités radieux, pelouses couvertes d'énormes tentes. Meyer Davis, qui avait joué au premier mariage de Janet, violonait comme un fou. Les enfants — les miens, ceux de Doreen Drexel et les deux jeunes Auchincloss — dansèrent une danse mexicaine devant les caméras des actualités[1] ».

Après avoir signé le registre, John et Jackie reçurent les félicitations des sénateurs, des gouverneurs, des gens du monde, des agents de change. Le défilé dura quelque deux heures et demie.

A côté de la star du jour se tenait John, apparemment décontracté. Mais les invités qui le virent de près remarquèrent qu'il avait le visage plein de bleus et d'égratignures, à la suite d'une mêlée matinale au *touch football* avec quelques copains. Il les portait avec panache, souriant aux photographes et dansant avec sa femme sous une tente rayée de bleu et de blanc. Jackie dansa aussi avec son beau-père, aida le marié à couper la gigantesque pièce montée, lança son bouquet d'orchidées roses et blanches aux demoiselles d'honneur, et disparut se changer.

Dans le secret de sa chambre, Jackie s'abandonna à sa peine, en songeant à son père, qu'elle aurait tant voulu avoir à ses côtés en ce jour, mais lorsqu'elle réapparut devant les invités dans son tailleur Chanel gris,

---

1. Ken McKnight, qui entra au ministère du Commerce durant l'administration Kennedy, évoque ainsi la réception : « Une tente était réservée pour le service (chauffeurs, etc.) ; le traiteur se trompa, leur servit le Moët, réservé aux invités, et donna à ceux-ci un mousseux médiocre. A la fin de la soirée, les chauffeurs des cinq cents voitures étaient ivres et provoquèrent sur l'unique route menant à la ville le plus gros embouteillage de toute l'histoire de Newport. »

avec le bracelet de diamants de John et une broche en diamants que lui avait offerte son beau-père en cadeau de mariage, elle avait retrouvé son sang-froid. Elle embrassa sa mère, sa sœur et tous les parents qui se trouvaient là, elle remercia l'oncle Hughdie de lui avoir tenu lieu de père, et sous une pluie de riz et de confetti, elle partit avec John pour l'aéroport, où un avion privé les conduisit à New York.

Ils passèrent leur nuit de noces et la suivante dans la suite nuptiale du Waldorf-Astoria avant de s'envoler pour Mexico et Acapulco. A leur arrivée à l'aéroport de Mexico, ils furent abordés par la police de l'immigration. Leurs passeports étaient en règle, mais Evelyn Lincoln, la secrétaire de Kennedy, avait oublié d'y joindre leurs certificats de naissance. Après trois heures d'attente, ils furent autorisés à rejoindre leur destination finale.

C'est Jackie qui avait eu l'idée d'aller à Acapulco. Plusieurs années auparavant, elle y avait fait un bref séjour avec sa mère et son beau-père et avait repéré la villa où elle souhaiterait passer sa lune de miel. C'était une maison de pierre rose qui s'élevait sur plusieurs niveaux au-dessus des eaux bleues du Pacifique contre une falaise d'argile rouge. Jackie ignorait alors que la villa appartenait à Don Miguel Aleman, président du Mexique, que Joe Kennedy connaissait de longue date. Reconnaissant la villa d'après la description que lui en avait faite Jackie, Joe Kennedy s'était mis en rapport avec Aleman et avait appris qu'*El Presidente* serait ravi de recevoir les nouveaux mariés. Il leur laissait la libre disposition de sa propriété pour le temps qu'ils désireraient.

La première chose que fit Jackie en arrivant fut d'écrire à son père une longue lettre affectueuse pour lui dire qu'elle savait qu'il avait dû subir de nombreuses pressions, mais qu'elle considérait que c'était lui qui l'avait conduite à l'autel.

Cette lettre toucha beaucoup Black Jack, et s'il ne la montra à personne, il en parla à plusieurs amis, dont Yusha Auchincloss.

« J'avais connu Black Jack par Jackie, explique Yusha, et avec les années, nous nous étions liés d'amitié. Après le mariage de Jackie, je fus pris de pitié pour lui et décidai de lui passer un coup de fil. Cela se passait une ou deux semaines après son retour à New York. Il était mieux. Les journaux avaient dit qu'il n'avait pas pu conduire Jackie à l'autel, parce qu'il était malade. En fait, il avait été pris de panique à l'idée d'affronter les foules, les journalistes et les commérages sur Janet et lui.

« A propos, il est faux que mon père et lui ne s'entendaient pas. Mon père a, au contraire, toujours essayé d'arrondir les angles entre Black Jack et Janet. Mais il n'y parvint pas, car il y avait par trop d'hostilité entre eux.

« La lettre de pardon de Jackie aida Black Jack à reprendre confiance en lui. Quelle qu'en soit la raison, il avait négligé ses devoirs paternels et devrait en porter le fardeau. Mais de savoir qu'il n'avait pas perdu la face vis-à-vis de sa fille faisait toute la différence. Dès son retour de voyage de noces, Jackie rendit visite à son père à New York pour rediscuter de l'affaire. Elle lui dit qu'on ne l'avait pas invité aux festivités qui avaient précédé le mariage, parce publiques, président de la commission maritime américaine, membre de la commission Hoover, mais en parlait rarement. Membre du prestigieux Everglades Club, il ne s'y montrait guère. Bien qu'il ne pariât jamais, je me rappelle l'avoir vu au casino de Palm Beach. Il n'aimait pas perdre, m'a-t-il un jour avoué. »

George Vigouroux, propriétaire de galeries de peinture à Palm Beach et New York, partage le point de vue de Knott : « Tout ce que gagnait Joe Kennedy allait à sa famille ou au financement des diverses campagnes politiques des siens. Comme ils ne recevaient jamais, ils ne se souciaient pas de leur intérieur, qui avait pourtant grand besoin de réparations. Joe faisait peindre la façade de la maison, mais négligeait l'arrière et les côtés, car les gens ne voyaient que le devant. Malgré sa fortune, Joe Kennedy restait ce qu'il avait toujours été : le fils d'un cafetier irlandais à l'esprit fondeur.

« Rose Kennedy était encore plus radine. Elle allait à la messe tous les [jou]rs de la semaine, mais ne donnait jamais plus d'un dollar à la quête. Le [pèr]e Jeremiah O'Malloney, de Saint Edward, à Palm Beach, la supportait [parc]e que la famille avait un nom. Mais il était révolté par la modicité de ses [dons] et la fustigeait devant toute l'assemblée. Elle s'en moquait complète[ment]. Plutôt que d'acheter de la nourriture au pique-nique hebdomadaire de [la par]oisse, elle et ses filles préféraient apporter leur repas. Elle parcourait sa [maiso]n comme un ouragan, éteignant les lumières pour économiser l'électri[cité, fai]sait des marques sur les bouteilles d'alcool pour que les domestiques [ne se s]ervent pas derrière son dos, retenait dix *cents* sur leur salaire pour [toute] bouteille de Coca Cola qu'ils prenaient dans le garde-manger entre [les repa]s. Les domestiques étaient très mal payés. Ils appelaient la maison [...] " la maison des gages minimum ".

[U]ne des principales raisons qui poussa Rose à rester en bons termes [avec Mar]y Sanford, de la bonne société de Palm Beach, c'est qu'elle avait [une piscin]e chauffée. Jusqu'à son attaque en 1961, Joe Kennedy refusa de [chauf]fer la sienne. Rose allait donc chez Mary et arrivait invariablement [pour l]e déjeuner. Le plus drôle de l'affaire, c'est qu'elle aimait nager à nu. [Lorsqu]e Mary recevait des amis à déjeuner, la silhouette nue de Rose [ap]paraissait et se ruait vers la piscine. Les invités de Mary s'en [étonnaient] quelque peu, mais il y avait belle lurette que Mary ne se fatiguait [à donne]r des explications. »

[Ma]is pour les femmes des hommes de la famille, depuis Joe, Sr. [le plus] jeune de ses fils, était peut-être plus choquant que son [goût de l']argent. Joe Kennedy était un coureur infatigable. Sa liaison [avec S]wanson fut la plus connue de ses aventures extra-maritales. [Dans les] années vingt, il créa une société cinématographique, Gloria [qui prod]uisit le premier film parlant de la « reine d'Holly[wood...] [se pro]duisit dans l'intimité de sa propriété de Palm Beach, pendant [que Rose ét]ait dans une autre pièce et que le mari de Swanson, le [marquis d]e La Falaise, était à la pêche. « Comme un cheval pris au [lasso rét]if, se débattant pour se libérer, écrivait-elle dans son

qu'on craignait qu'il soit mal à l'aise ; on croyait même qu'il n'avait aucune envie d'y assister. »

D'Acapulco, Jackie écrivit aussi à Rose Kennedy. Elle décrivait dans sa lettre leur pêche en haute mer, au cours de laquelle John avait pris un pèlerin de deux mètres soixante-dix de long, qu'elle avait l'intention de faire naturaliser et monter sur un socle en souvenir de leur lune de miel ; elle racontait les démêlés souvent comiques de John avec la langue espagnole, ses propres difficultés en ski nautique, leurs matchs de tennis marathons au Racquet Club de la Villa Vera. Elle y joignit un long poème qu'elle avait composé pour Jack à la manière de Stephen Vincent Benet : « Il peut trouver l'amour ! Il ne trouvera jamais la paix / Car il lui faut chercher / La Toison d'or... » Jackie ne parlait pas dans cette lettre de la réception, donnée par leur voisin, l'architecte mexicain Fernando Parra, où elle avait trouvé son mari sur la terrasse, entouré de trois beautés faisant assaut d'amabilités. Ce ne fut malheureusement pas le seul incident de ce type durant leur voyage de noces.

Après deux semaines à Acapulco, ils s'envolèrent pour San Francisco, où les attendaient Red et Anita Fay, des amis de John. Les Fay remarquèrent une certaine tension entre les nouveaux mariés. Red Fay l'attribua aux « contraintes de la vie publique — sans parler de celles d'un vieux camarade de bord et de son épouse — qui débordaient trop souvent sur ce que toute jeune mariée attend de sa lune de miel[1] ».

John Kennedy n'hésitait pas à faire des virées sans Jackie. Un après-midi, Red Fay et lui allèrent assister à un match de football, laissant les deux femmes se débrouiller toutes seules. Anita emmena son invitée déjeuner au restaurant, puis lui fit faire le tour de la baie en voiture. Jackie ne s'amusa pas. Elle était mécontente d'avoir été laissée avec quelqu'un qu'elle connaissait à peine, et plus furieuse encore de l'intérêt manifeste que portait son mari aux autres femmes. John Kennedy qui, en parlant de lui-même à Red Fay, se décrivait comme « à la fois trop vieux et trop jeune pour le mariage », flirtait sans vergogne avec toutes les femmes de quelque intérêt qui croisaient son chemin.

---

1. Paul B. Fay, Jr., *The Pleasure of His Company*, p. 163.

9

A la mi-octobre 1953, de retour de voyage de noces, Jackie Kennedy déjeuna avec son amie Selwa « Lucky » Roosevelt au restaurant Occidental, à Washington, D.C. « Je m'étais mariée avant Jackie, raconte Lucky, et étant partie pour la Turquie avec mon mari, Archie Roosevelt, j'avais raté son mariage. Nous avions beaucoup de choses à nous dire. Elle paraissait très excitée. Elle était passée avec John dans une émission d'Edward R. Murrow, *Person-to-Person,* la plus populaire de la télévision de l'époque. Pendant le déjeuner, Jackie me déclara : " Oh Lucky ! N'est-ce pas merveilleux d'être si heureuse et si amoureuse ? "

« C'était touchant, mais douteux. Ils n'avaient pas encore de maison à eux et se partageaient entre celle des Auchincloss en Virginie et les propriétés Kennedy à Hyannis Port et Palm Beach. Ils en cherchaient une, me dit-elle, car ils voulaient avoir des enfants " et pour avoir des enfants, il faut avoir une maison à soi "

« Je trouvais étrange qu'ils vivent chez leurs beaux-parents respectifs. Ce devait être insupportable pour eux. Je ne vois pas le rapport entre avoir des enfants et posséder une maison. Quand on est marié, il faut être indépendant. »

Lors d'un dîner donné à New York par Charles et Jayne Wrightsman, que les Kennedy connaissaient de Palm Beach, Jackie retrouva une vieille amie, Jeanne Murray Vanderbilt, avec laquelle elle avait souvent monté à cheval, étant enfant. « Après le dîner, dit Jeanne Vanderbilt, Jackie et moi nous trouvions dans la chambre de Jayne. John Kennedy était à Washington et Jackie seule à New York. Elle semblait un peu perdue. Peut-être avait-elle du mal à s'adapter à sa nouvelle situation, surtout avec la famille Kennedy. Elle savait que les Murray étaient aussi un clan catholique irlandais envahissant, aussi me demanda-t-elle : " Jeanne, tu viens d'une grande famille. Comment fais-tu ? "

« Je ne savais pas quoi lui dire. J'évoquai la nécessité de conserver son

identité. " Tu ne peux pas les changer, dis-je, alors, n'essaye pas de changer. " »

Quoique bien intentionné, un tel avis était plus facile à donner suivre, car à rester soi-même au milieu des Kennedy, on risquait de autant de problèmes qu'on en résolvait, puisqu'on se heurtait fatalem l'unité de la tribu. Le jeune ménage passait beaucoup plus de temps famille que ne l'aurait souhaité Jackie.

Ils passèrent Noël 1953 à Palm Beach avec les parents de John, eut tout loisir de se familiariser avec l'un des aspects les plus désag la famille. Elle avait donné à John en cadeau de Noël une coûteu peinture. « Tous les Kennedy, dit Lem Billings, se jetèrent dess les tubes, s'emparant des pinceaux, s'amusant à barbouille surfaces possible dans le minimum de temps. Ils s'y attelè jusqu'au soir tard, commençant dehors, puis rentrant, dè chaud, sans se soucier de mettre de la peinture et de la téréb Jackie était abasourdie. Elle resta à les regarder la bouche exploser. »

Habituée à vivre avec un budget très serré et à res conduite également strict, Jackie ne pouvait qu'être ch insouciance et un tel gaspillage. Les ressources finan estimées entre cent et sept cent cinquante millions de d l'origine, semblaient presque inépuisables. Joe Ken grâce à une série d'opérations qui seraient aujourd'l étaient alors pratique courante chez les courtiers et tion de « whisky médicinal » d'Ecosse au plus astucieuses manipulations boursières et transacti l'achat et la vente de diverses sociétés. Il av l'immobilier, le pétrole, les chantiers navals, le c mobilières. Il possédait le Merchandise Mart l'un des principaux actionnaires du champ de Passé par Harvard, il avait été le plus jeune pr obsession de faire fortune, ne le cédait c l'échelle sociale. En 1925, il avait placé chacun de ses enfants, et dans les ann décuplé.

Malgré leur fortune et leur insouci connus pour leur parcimonie. James historique de Palm Beach, les trouvai au sens strictement pécuniaire du te eux-mêmes. Ils ne participèrent ja Beach. Ils ne recevaient jamais, me homme qui n'avait rien d'un hom être enjoué en public et n'avait r efficace et intelligent, un poin Grande-Bretagne, sans en avo autobiographie[1]. Après un rapide orgasme, il resta à côté de moi, à me caresser les cheveux. » « Cet homme étrange me possédait », dira-t-elle encore. Il l'emmena en Europe avec sa femme, l'installa dans un bungalow dans Rodeo Drive, à Beverly Hills. Pendant les trois années que dura leur liaison, Gloria vécut dans la crainte de tomber enceinte. Kennedy voulait un enfant d'elle, et lui fit remarquer sa fidélité : n'y avait-il pas un an que sa femme n'était pas enceinte ? Leur aventure prit fin lorsque Kennedy la remplaça par Nancy Carroll, actrice elle aussi, dont la ressemblance avec Swanson était frappante. Gloria découvrit plus tard que le bungalow et les cadeaux somptueux que lui avait faits Kennedy, dont une voiture et un manteau de fourrure, avaient été débités à son compte à elle.

La façon dont Joe Kennedy se comportait avec les femmes touchait souvent à l'abjection. Marianne Strong, agent littéraire et expert en relations publiques, évoque un incident qui eut pour acteurs Joe Kennedy et deux jeunes mannequins qu'il avait emmenées dîner à La Caravelle, à New York : « Mon défunt mari et moi savions que Joe Kennedy fréquentait La Caravelle ; on disait même qu'il était actionnaire du restaurant, aussi n'étions-nous pas surpris de le trouver assis à côté de nous. Il était donc entouré de ces deux ravissantes filles, et il devint vite clair qu'il était en train d'en caresser une des deux sous la table ; il avait la main dans sa petite culotte, un ignoble sourire sur le visage. Ainsi occupé, il mangeait de l'autre main.

« Mon mari appela le maître d'hôtel. " Nous ne sommes pas venus ici au spectacle, dit-il. Pouvez-vous avoir l'amabilité de nous changer de place. "

« Le malheureux maître d'hôtel fut incapable de trouver une table libre. Il fallait ou partir ou rester sans rien dire. Nous restâmes et dûmes supporter jusqu'au bout la performance de Joe Kennedy. »

Doris Stet, ancien échotier mondain au *New York Post*, femme pleine de vivacité et de verve, passa elle aussi une soirée désagréable entre les mains du patriarche Kennedy. « Joe Kennedy représentait le summum de la vulgarité. C'était un obsédé, il n'y a pas d'autre mot. Il courait après toutes les filles qu'il voyait. Moi comme les autres. Il m'emmena un soir dîner au " 21 ". On était en plein été et il faisait très chaud. Personne n'avait l'air conditionné à l'époque. J'avais bu beaucoup de vin pendant le dîner et je n'y étais pas habituée. Il m'emmena ensuite à El Morocco et me fit encore boire, puis me ramena chez moi. Dans l'entrée, il me dit : " Qu'est-ce qu'il y a là-haut ?

— Où ? " demandai-je en tournant la tête.

« Il colla sa bouche sur la mienne et m'embrassa. Je montai en courant et vomis. Il était tellement ignoble. C'était un homme ignoble. Il aurait voulu que je l'accompagne à Saratoga, mais je lui dis que j'étais malade, aussi m'envoya-t-il un médecin.

« Il avait beaucoup de petites amies. J'ai connu une fille qui a été sa

---

1. Voir Gloria Swanson, *Swanson On Swanson,* pp. 356-357 (*Gloria Swanson par elle-même,* Ramsay, 1986).

maîtresse pendant plusieurs années. C'était une danseuse de cabaret. Joe lui acheta un appartement à Beekman Place à New York, là où tous les hommes riches logeaient leurs maîtresses. C'était l'endroit idéal, parce que la circulation y était presque nulle, qu'il n'y avait donc personne pour vous repérer dans la rue. Il ne devait pas craindre de dépenser de l'argent avec les femmes, car il lui donna de somptueux bijoux.

« D'après elle, Rose ne voulait pas savoir combien de femmes Joe entretenait ; tout ce qui l'intéressait c'était sa famille. Elle n'avait eu de relations sexuelles avec son mari que dans un but de reproduction. Par conviction religieuse. Une fois ses enfants nés, elle se désintéressa du sexe. Aussi se moquait-elle de savoir qu'il avait des femmes. On l'a souvent qualifiée de " malheureuse Rose ". C'est faux. Dans la mesure où elles ne gênaient pas sa vie personnelle ou celle de sa famille, Rose admettait les femmes de Joe. »

« La vie de Joe Kennedy était un numéro d'équilibre compliqué, disait Slim Aarons, photographe mondain pour *Holiday, Town & Country* et d'autres publications à la mode. Il vivait parmi les riches, mais n'était pas vraiment l'un d'entre eux. Il ne faisait pas partie du grand monde. Il avait trois intérêts dans la vie : la politique, le golf et les femmes. C'était un homme puissant qui ne se souciait pas de blesser les gens, en tout cas il ne paraissait pas en être tourmenté. Voilà le secret de sa réussite.

« J'allais le voir à Palm Beach. Il me laissait le photographier, mais à la condition que nous ne dations pas la photo. Il voulait qu'on crût qu'il vivait toute l'année à Hyannis Port. C'était une erreur politique que d'être associé à Palm Beach, surtout à cette époque, où l'argent seul était le dénominateur commun. Les Noirs n'avaient pas le droit de pénétrer dans le village après sept heures du soir. Les *country clubs* leur étaient presque tous interdits. Pour quelqu'un dont le fils voulait être président des Etats-Unis, Palm Beach était un boulet.

« Joe Kennedy était tout le temps avec des dames. En séjour dans sa maison de Palm Beach, je vis avec lui une fille de vingt-cinq ans. Elle partit le jour où le père Cavanaugh de Notre-Dame arriva. Le père Cavanaugh partit et Rose arriva. Rose repartit et la fille de vingt-cinq ans revint. J'ai toujours pensé que l'attitude de Joe envers les femmes était une façon de réagir contre la morale restrictive qu'il associait au catholicisme irlandais. Il voulait montrer au monde qu'il était libéré, affranchi. Il adorait afficher ses liaisons. Et aucune femme n'échappait à ses avances : ni votre femme, ni votre fille, ni les petites amies que ses fils ramenaient pour dîner. Il y avait comme une fatalité. Il suffisait d'être jeune et séduisante et d'entrer en contact avec les Kennedy, pour être sûr que l'un ou l'autre des mâles de la famille essayerait de vous séduire ou de vous forcer. »

S'il choquait beaucoup de gens, le côté coureur de Joe Kennedy, émoustillait Jackie, qui pouvait comparer son beau-père à son père. Peu de gens étaient aussi proches de Joe qu'elle. Ils avaient un sens de l'humour analogue ; ils unirent un jour leurs efforts pour chasser une servante de la salle à manger à coups de côtelettes d'agneau à moitié mangées. L'ambassa-

110

deur décrivit à Jackie la timidité initiale de John dans l'arène politique. « Je n'aurais jamais cru ça de lui », dit Joe Kennedy — Jackie n'hésitait pas à critiquer les points de vue racistes de son beau-père sur les Noirs et les juifs ; elle lui reprochait de ne voir le monde qu'en termes absolus, en noir et blanc, et non pas gris comme il est en fait. Il aimait sa franchise. « C'est la seule qui ait un peu de jugeote », disait-il à sa femme.

« L'ambassadeur, raconte Lem Billings, adorait parler de ses conquêtes féminines. Il entretenait Jackie pendant des heures de Gloria Swanson, Marion Davies et d'innombrables autres conquêtes, anciennes ou actuelles. Jackie et lui étaient complices. Lorsqu'elle avait des problèmes matrimoniaux, elle s'en ouvrait à Joe. Il admirait sa force, la façon dont elle réussissait à conserver son identité. Elle était la seule à tenir tête au vieil homme. »

Malgré son intimité avec Joe Kennedy, ses rapports avec Rose, qu'elle trouvait « écervelée » et « autoritaire », se détériorèrent rapidement. Langdon Marvin, qui fut longtemps conseiller et assistant de Jack Kennedy, fut témoin des premiers heurts entre les deux femmes, qui se disputaient le premier rôle.

« A l'automne 1953, vers Halloween, je me rendis à Hyannis Port, raconte Marvin. Je sortais alors avec Gloria Emerson, l'écrivain, et l'emmenai pour le week-end. Nous arrivâmes tard ; ils étaient déjà en train de dîner. A ma grande surprise, on nous offrit un punch que nous bûmes en vitesse. Le vieux Joe n'aimait pas qu'on boive son alcool, ce qui était bizarre, vu qu'il gagnait quelque chose comme cinquante *cents* sur chaque bouteille de whisky vendue aux Etats-Unis. " Je suis bien contente que vous soyez venu, Langdon, me dit Jackie. Depuis que nous sommes revenus ici, c'est le premier verre auquel j'ai droit. " Je trouvais cela un peu triste. La femme d'un conducteur de camion, dans son appartement sans eau chaude de la Onzième Avenue, à New York, peut se demander si elle va prendre sa bière avant ou après le dîner. Dans son cas le rationnement est normal. Mais vivant avec les Kennedy, Jackie devait se plier à leurs volontés.

« Je me rappelle qu'il faisait très froid ce week-end, d'autant plus que Rose et Joe refusaient de monter le chauffage. Il me fallut porter trois paires de chaussettes et autant de chandails empruntés. Lorsque Jackie évoqua notre inconfort, Rose la fusilla du regard. " Nous allons passer un film, dit Rose. Il fait plus chaud dans les sous-sols. " Après le dîner, nous gagnâmes donc le sous-sol pour regarder un film dans la salle de projection de Joe. Cela ne m'enchantait pas, mais je n'avais pas l'intention de discuter. On nous passa d'abord les films du mariage de Jack et de Jackie, puis un mauvais film de gangsters avec Edward G. Robinson. Inutile de le dire, le sous-sol était de loin la pièce la plus froide de la maison.

« Le lendemain samedi, Jackie me montra un recueil de caricatures politiques auquel elle travaillait à ses moments perdus. Je me rappelle un dessin montrant la femme d'un sénateur, qui, à la lumière dans le Capitole et au drapeau sur la Chambre, pouvait dire si le Sénat était toujours en session.

Il y en avait une autre de Jack, l'air sinistre, plein de poils sur les jambes, et en légende : " J'exige mes droits conjugaux. "

« Nous feuilletions le recueil, en regardant la partie de *touch football* sur la pelouse. Toutes les cinq minutes, une grappe de Kennedy s'effondrait sur le sol dans une mêlée indescriptible, au visible dégoût de Jackie, lequel ne fut que renforcé lorsque Rose Kennedy s'approcha et lui dit : " Jackie, pourquoi Langdon et vous ne vous joignez-vous pas aux autres ? Un peu d'exercice vous ferait le plus grand bien. " Impassible, elle rétorqua : " Il serait peut-être temps que quelqu'un dans cette maison exerce son cerveau plutôt que ses muscles. "

« Nul n'ignorait qu'elles ne pouvaient pas se supporter. Jackie n'arrêtait pas de se moquer de Rose. Elle trouvait hilarante l'habitude qu'avait sa belle-mère d'épingler de petits bouts de papier sur ses vêtements pour se rappeler quelque corvée ou tâche à accomplir. Rose de son côté trouvait drôle la manie qu'avait Jackie de faire couler l'eau dans la salle de bains pour couvrir le bruit des fonctions naturelles.

« Tout le monde connaît l'histoire de Rose, exaspérée par les habitudes de lève-tard de Jackie, demandant à Mary Gallagher, sa secrétaire, si Jackie allait bientôt descendre. " Rappelez-lui que nous avons des invités importants à déjeuner et qu'il serait gentil de sa part de se joindre à nous. " Jackie répondit à Mary en imitant l'accent irlandais de sa belle-mère et resta au lit jusqu'à ce que les invités " importants " soient partis.

« Je ne revis pas Jackie avant janvier 1954. J'allais à Palm Beach avec Gloria Emerson. Les parents de Jack n'étaient pas là, mais tout le monde était très agité, car on attendait Rose. Elle arriva le lendemain pour déjeuner et prit place à table. Jack descendit quelques minutes plus tard et se mit à déambuler dans le salon. Au mur, où trônait auparavant le précieux Renoir de sa mère, Jackie avait accroché l'énorme poisson naturalisé qu'il avait pris pendant leur lune de miel. Puis il vint s'asseoir sans rien dire. Après le dessert, nous allâmes tous dans le salon. Rose jeta un coup d'œil au monstre et faillit tourner de l'œil. Elle quitta la pièce sans un mot, appela l'homme chargé de l'entretien, l'accusa du méfait et le renvoya sur-le-champ. »

Neuf mois après l'incident du poisson, alors que Jackie était en Europe et John sur le point de subir une opération du dos à New York, celui-ci demanda à Langdon Marvin d'organiser un week-end à Northeast Harbor, dans le Maine, où les parents de Langdon possédaient une maison. Langdon savait ce que John entendait par-là, et bien qu'il aimât beaucoup Jackie, ce n'était pas à lui de discuter. Il fit ce qu'on lui demandait.

« Nous étions sept, Joe Driscoll, un camarade de Harvard, Grace Ferro, Sally Alexander, John, deux autres et moi, raconte-t-il. Les filles étaient toutes séduisantes. J'imposai une règle pour le groupe : ne jamais se déplacer qu'en nombre impair — trois, cinq ou sept et non deux, quatre ou six. Personne ne pourrait ainsi coller quoi que ce soit sur le dos de John ou de moi.

« Je réservai tout le premier étage de la vieille Kimball House. Mrs. Kelly, la concierge, fut informée de ce que John aurait une chambre pour lui seul. Nous passâmes notre première soirée au Pot-and-Kettle Club, établissement très fermé de Bar Harbor. John avait des béquilles à cause de son dos. Le lendemain nous assistâmes aux régates, puis allâmes, le soir, au bal du Bar Harbor Country Club. John ne dansa pas, mais le bruit s'était répandu qu'un sénateur américain était en ville et qu'il n'était pas seul.

« Aujourd'hui, ça n'aurait peut-être pas d'importance, mais à l'époque ça en avait. Nous étions terriblement espionnés : on écoutait nos conversations téléphoniques, le service d'étage faisait irruption dans la chambre de John avec deux plateaux de petit déjeuner au lieu d'un, les femmes de chambre de l'hôtel inspectaient les draps. La seule chose qu'ils négligèrent de faire, c'est de regarder sous les lits. La ville fut soudain envahie de reporters qui soudoyaient le personnel de l'hôtel.

« Le lendemain matin nous tînmes une petite conférence, au terme de laquelle nous décidâmes que la situation exigeait que John emmenât Mrs. Kelly, vieille veuve à canne et cheveux blancs à l'église la plus proche pour y assister à la messe. John n'était pas encore remis de sa soirée, nous le plongeâmes donc dans une baignoire pleine d'eau froide, lui enfilâmes un costume et le descendîmes dans le vestibule. Mrs. Kelly attendait dans sa voiture. John y grimpa et ils démarrèrent, suivis d'une cohorte de reporters et de photographes. Après cela, nous n'eûmes plus de problème ; finis l'espionnage, les journalistes, le personnel faisant irruption dans nos chambres.

« Ce que pensait Jackie de l'attitude de John vis-à-vis des femmes ? En vérité, je ne le lui ai jamais demandé. J'imagine qu'elle était au courant. J'en suis même sûr, bien qu'elle n'y ait jamais fait allusion devant moi.

« Je présume qu'elle en fut très affectée. J'ignore s'il existe quelque preuve médicale, mais je me suis parfois demandé si cette tension n'a pas été à l'origine de toutes ses fausses couches et autres ennuis du même genre. Elle fit une fausse couche la première année de son mariage. Si elle ne gagnait pas en sérénité, lui dit son médecin, elle risquait d'avoir du mal à garder un enfant. Cette situation inquiétait John et l'incitait probablement à avoir des aventures. Il voulait une famille nombreuse, au moins cinq enfants, mais il comprit très vite qu'il ne l'aurait pas. »

10

« Jackie me déclara un jour que John Kennedy avait un corps minuscule et une énorme tête, dit Truman Capote. C'était dans un moment de colère. Je ne crois pas qu'elle se doutait de ce qui l'attendait en l'épousant. Entre son vieux et lui, c'était la compétition permanente à celui qui se ferait le plus de femmes. Jackie n'était pas préparée à une inconduite aussi flagrante. Elle ne s'imaginait pas abandonnée dans une soirée, pendant que son mari filait avec une belle. Elle ne s'attendait pas davantage à devenir la risée des femmes de son entourage, qui savaient, comme tout le monde, ce qui se passait. »

Se confiant à une amie, Jackie présentait les choses de façon plus modérée : « Je ne crois pas qu'il existe des hommes qui soient fidèles à leurs femmes. Les hommes sont un tel mélange de bien et de mal. »

Capote était beaucoup plus brutal : « Tous les Kennedy mâles se ressemblent ; ils sont comme des chiens, ils ne peuvent pas voir une bouche d'incendie sans s'arrêter pour lever la patte. »

Evoquant un petit dîner, qui eut lieu à New York deux ans après le mariage de Jackie. Capote raconte : « Cela se passait dans un appartement de Park Avenue, et les Kennedy étaient là, ainsi que Babe Paley [1]. Après le dîner, les femmes, dont Jackie et Babe, étaient sorties de table, tandis que les hommes restaient pour boire du cognac et fumer des cigares. Un flambeur du Texas raconta ses expériences avec des call-girls à quinze cents dollars la nuit. Il énumérait leurs spécialités : suceuses de bite, d'anus, ou du corps entier. Il connaissait leurs performances, le temps, la longueur, la grosseur de la queue qu'elles pouvaient absorber et tout ce qu'elles faisaient que personne d'autre n'avait jamais fait. C'est ainsi qu'il s'exprimait. C'était dégoûtant, à vous retourner l'estomac. John Kennedy buvait ça comme du petit-lait, c'est tout juste s'il ne prenait pas des notes. Il nota bel et bien quelques noms et numéros de téléphone sur un bout de papier. Lorsqu'il partit avec Jackie, elle lui demanda ce dont nous avions parlé. " De politique, dit-il, seulement

---

1. Epouse de William Paley, président de CBS.

de politique. ". Mais Jackie savait à quoi s'en tenir. Elle savait tout. »

Gore Vidal estimait lui aussi que Jackie savait et approuvait tacitement ou qu'en tout cas elle fermait les yeux sur les vagabondages de John ; Vidal qualifiait le mariage Kennedy de « mariage de convenance à la façon du xviiie siècle qui arrangeait les deux partis ». Pour lui, Jackie comme sa sœur Lee avaient été élevées dans le même esprit que les courtisanes d'antan.

Le sénateur George Smathers, qui partagea avec John un pied-à-terre à l'hôtel Fairfax à Washington, se montra d'abord opposé au mariage de son ami : « John me demanda ce que je pensais de Jackie. Je ne lui dis pas exactement ce que j'en pensais. Il me demanda alors si je trouvais qu'il devrait l'épouser. Je lui dis qu'il pourrait, à mon avis, trouver mieux. J'eus le tort de le dire à John, qui pouvait se montrer querelleur. Il lui rapporta ce que j'avais dit et elle me le resservit à la Maison-Blanche, après qu'elle fut devenue *First Lady*. Nous dansions à quelque réception présidentielle, lorsqu'elle me murmura dans l'oreille : " Je parie que vous aimeriez bien être encore en Italie avec John. " Puis elle me ressortit ce que j'avais dit sur elle près de dix ans auparavant. Je ne crois pas qu'elle m'ait jamais pardonné, peut-être parce qu'elle m'associait aux folles années de célibat de John. »

George Smathers reconnaît que John Kennedy tenait son obsession des femmes d'un père exigeant qui « n'acceptait pas de jouer les seconds rôles par rapport à aucun de ses fils ». Smathers pensait lui aussi que Joe et Rose « ne couchaient ensemble que pour avoir des enfants, ce qui explique pourquoi Joe courait autant. J'ai le sentiment que Rose, comme Eleanor Roosevelt, détestait le sexe. Joe était un phallocrate, un terrible coureur de jupons, et John avait lui aussi une lidibo très active. L'intérêt de John pour une femme n'était jamais que très bref. Il aimait la variété, l'aventure. " Vivre chaque jour, comme si c'était le dernier ", telle était sa philosophie. Il pouvait être très sérieux, très grave, mais savait aussi s'amuser. Son plus grand don était peut-être cette faculté qu'il avait de tirer le meilleur de chaque expérience. Je ne crois pas avoir jamais connu personne de semblable. »

James Rousmanière, qui côtoya John à Harvard, le voyait « comme un étrange mélange d'étudiant sérieux, de joyeux luron et de coureur de filles ». Rousmanière assista aux fêtes que donnait John dans son logement de Winthrop House : « Deux cents étudiants envahissaient des pièces prévues pour vingt personnes. Il faisait venir Snowball, barman légendaire de Cambridge, réputé pour son mélange fatal, le " punch du dragon vert ". Une gorgée de cette potion magique vous mettait sur le chemin du paradis.

« John avait beaucoup de succès avec les filles. Beaucoup. Il lui suffisait de claquer les doigts. Il ne se contentait pas d'une fille à la fois ; il en avait plusieurs. Mais il avait ses favorites. Les trois dont il parlait à l'époque étaient Olive Field Cawley, qui épousa par la suite Tom Watson, président d'IBM ; Charlotte McDonnell, dont la sœur Anne épousa Henry Ford II ; Frances Ann Cannon de Cannon Mill, qui épousa l'écrivain John Hersey. Il y avait aussi des étudiantes, des mannequins, des hôtesses de l'air, des danseuses et des infirmières. Il en avait un stock inépuisable. A chaque fois qu'il allait passer le week-end à New York, il en ramenait dix nouveaux noms. Je le taquinais en lui disant : " Jack, tu devrais te trouver une gentille petite catholique et te ranger.

— Présente-m'en une, et je le ferai peut-être ", répondait-il. »

D'après Langdon Marvin, « une atmosphère presque incestueuse régnait chez les Kennedy. Je veux dire, ajoute-t-il, que les mâles Kennedy se refilaient leurs femmes, comme si elles appartenaient à la communauté ; ils se jetaient sur les petites amies les uns des autres, les échangeaient comme des timbres de collection. John sortit ainsi plusieurs des anciennes petites amies de Joe, Jr., dont Stella et Anna Carcano — connues sous les noms de Bebe et Chiquita —, filles de Miguel Angel Carcano, ambassadeur d'Argentine en Angleterre. Joe, Jr. sortait avec Chiquita ; John se rendit dans leur *estancia* près de Buenos Aires et se lia avec les deux sœurs. Elles épousèrent par la suite des Anglais : Bebe, lord Edmund ; Chiquita, le plus jeune fils de lady Astor, Jakie.

« Il y avait aussi Pat Wilson, la dernière petite amie de Joe, Jr., ravissante jeune veuve anglaise, qui avait été mariée avec le comte de Jersey, dont elle avait divorcé pour épouser Robin Wilson, tué pendant la Seconde Guerre mondiale. John courtisait en même temps Pat et la célèbre star du tennis, Kay Stammers.

« Lorsque John rencontrait une fille qui lui plaisait, il ne perdait pas de temps en préliminaires ou en politesses. Il lui laissait tout de suite entendre ce qu'il en attendait. Lorsqu'il se trouvait assis dans un avion à côté d'une jolie fille, il arrangeait un rendez-vous avec elle, après quoi il la ramenait dans sa chambre d'hôtel. Ou bien c'était avec l'hôtesse de l'air. Lorsqu'il en avait fini avec la fille, il donnait généralement son numéro de téléphone à son père ou à l'un de ses frères, et ils agissaient de même avec lui. »

Kennedy passa une partie de l'été 1940 dans le sud de Californie, partageant un appartement à Hollywood Hills avec l'acteur Robert Stack, qui se fit plus tard un nom dans le rôle d'Eliot Ness, dans *Les incorruptibles*. Dans son autobiographie de 1980, *Straight Shooting* [1], Stack ne laisse guère de doutes sur les premières prouesses de Kennedy avec les femmes : « J'ai connu la plupart des grandes stars d'Hollywood et très peu semblent avoir eu autant de succès auprès des femmes que JFK, même avant qu'il ne pénétrât dans l'arène politique. Il lui suffisait de les regarder pour qu'elles trébuchent. »

Susan Imhoff rencontra John pendant l'automne 1940 : « Il était alors à l'école de commerce et d'administration de Stanford à Palo Alto, et j'étais dans une université près de San Francisco. Nous nous sommes rencontrés dans une soirée à Nob Hill. John avait une Buick vert foncé décapotable toute neuve avec des sièges en cuir vert. Il me ramena ensuite chez moi et me demanda de sortir avec lui le lendemain soir. Il était séduisant, grand et

---

1. Voir Robert Stack, *Straight Shooting*, pp. 72-73.

mince, avec des yeux brillants, une épaisse chevelure cuivrée et un sourire d'enfant.

« John était gentil, vif et malin, mais il était aussi têtu, autoritaire et arrogant. Il n'arrêtait pas de parler de son père, dont il paraissait étonnamment proche. Je savais qu'il avait mal au dos, car même à l'époque il dormait sur une planche et ne pouvait pas conduire plus d'une heure de suite sans s'arrêter pour s'allonger.

« A cause de son dos, il préférait faire l'amour avec la fille sur lui. Il trouvait plus excitant que la fille fasse tout. Il n'aimait pas se blottir contre elle après l'amour, mais il aimait parler et il avait un grand sens de l'humour ; il adorait rire. »

Durant la brève période qu'il passa à Stanford, Susan Imhoff ne fut pas la seule compagne de Kennedy. Edward Folger, qui s'y trouvait aussi, citait les noms de Nancy Burkett et Harriet Price, « deux des étudiantes les plus sexy, et les plus populaires du campus », comme ayant aussi retenu son attention. « Il les emmenait danser au Mark Hopkins et à l'hôtel St. Francis à San Francisco, ou bien dîner à l'Omelette, restaurant à la mode de Palo Alto.

« John Kennedy avait deux facettes : l'une guindée et très britannique, l'autre simple et très américaine. Il emmenait une fille danser dans un hôtel luxueux afin de l'impressionner, mais au fond, il préférait rester chez lui. Il aimait s'habiller sans façon de vieux chandails de tennis, de pantalon chinois, de mocassins sans chaussettes, et pour les manières, ce n'était pas toujours ça. En fait, il n'en avait aucune ; il ne savait pas ce que c'était que de s'effacer devant une femme, de lui tenir la porte, de se lever quand une femme entre dans la pièce. A table, ce n'était guère mieux. Il engloutissait son repas et sortait de table, même si les autres n'avaient pas terminé. Il agissait de même lorsque la conversation ne l'intéressait plus. Il se levait alors et quittait la pièce sans rien dire. Plutôt gentil avec les gens, il ne se souciait pas de ce qu'ils pouvaient ressentir.

« J'imagine que ce genre de personnalité, énergique et brutale, attire les femmes. A Stanford, les filles se pressaient autour de lui. Il leur arrivait de refuser de sortir dans l'espoir qu'il leur ferait signe. Il invita Harriet Price au match de football Berkeley-Stanford. Ils allèrent ensuite au Del Monte, où ils passèrent la nuit avec d'autres couples d'étudiants, ce qui était alors de tradition à Stanford. Le soir, il y avait toujours un grand dîner dansant, et le lendemain, tout le monde allait à la plage du Carmel. Je me rappelle le couple séduisant que formaient Jack et Harriet. Mais les Japonais attaquèrent Pearl Harbor et l'Amérique entra en guerre. John Kennedy quitta Stanford et s'engagea dans la marine. »

Inga Arvad, grande et belle journaliste danoise, travaillait pour le *Washington Times-Herald,* vers la fin de l'année 1941, lorsque son amie Kathleen Kennedy lui présenta son frère John, lors enseigne de vaisseau au service des renseignements de la Marine (ONI) au Pentagone. John Kennedy fut tout de suite séduit par cette beauté nordique aux cheveux blonds et aux yeux bleus, qui, à vingt-huit ans (quatre de plus que lui), semblait beaucoup plus expérimentée qu'aucune de ses anciennes petites amies.

Inga était effectivement une femme intéressante. Née à Copenhague en 1913, élevée à Londres, Bruxelles et Paris, elle avait épousé un jeune diplomate égyptien dont elle avait divorcé, alors qu'elle n'avait pas vingt ans. Elle avait remporté un concours de beauté en France, puis était devenue la correspondante à Berlin d'un important journal danois ; elle s'était attiré les bonnes grâces du haut commandement allemand et avait obtenu des interviews de Hermann Georing, Joseph Goebbels et Adolf Hitler, qui l'avait invitée personnellement aux Jeux olympiques de Berlin en 1936. Lorsque le ministre des Affaires étrangères avait proposé à Inga de travailler à Paris, comme agent secret pour le compte du IIIe Reich, elle était rentrée au Danemark, accepta un petit rôle dans un film à petit budget et avait épousé le metteur en scène du film, Paul Fejos, d'origine hongroise.

Le couple, qui partageait le même goût de l'aventure, passa deux ans dans les Indes néerlandaises à tourner des documentaires sur la nature, avant d'arriver à Singapour. Là, ils rencontrèrent Axel Wenner-Gren, financier suédois, qui avait fait fortune dans les aspirateurs et l'artillerie anti-aérienne. Personne ne semble savoir exactement ce qui se passa ensuite, mais quelques semaines plus tard, Fejos se retrouvait dans les Andes à la tête d'une expédition archéologique aux ruines incas du Machu Picchu, financée par Wenner-Gren, pendant qu'Inga et ce dernier embarquaient pour un tour du monde à bord de son yacht de cent mètres. Leur voyage se termina à New York en 1940, où Inga entra à l'école de journalisme de l'université de Columbia.

Ce fut Arthur Krock, professeur à l'Ecole de journalisme, qui fit engager Inga par Frank Waldrop au *Times-Herald*. « Krock était notre recruteur officieux, dit Waldrop. Il nous envoya Kathleen Kennedy, Inga Arvard et Jackie Bouvier. C'était Inga qui avait de loin le plus de talent. En trois cents mots, elle était capable de saisir une personnalité, alors qu'il faut deux pages de journal à la plupart des journalistes actuels. Sa rubrique, " Avez-vous vu par hasard ? ", qui paraissait trois fois par semaine, portraiturait des Washingtoniens connus. »

L'enseigne de vaisseau Kennedy appelait sa nouvelle copine Inga-Binga, Bingo et la Scandaleuse Scandinave ; ils sortaient souvent avec John White et Kathleen Kennedy, qui étaient tous les deux au *Times-Herald*. John Kennedy ne savait pas alors — pas plus que quiconque d'ailleurs — qu'Inga était étroitement surveillée par le FBI. Du fait de ses liens passés avec les hauts fonctionnaires allemands et de sa liaison avec Axel Werner-Gren, soupçonné d'être un militant nazi, le ministère de la Justice avait toutes les raisons de croire qu'Inga Arvad était agent secret.

« Lorsque j'appris qu'Inga était soupçonnée d'espionnage pour le compte de l'Allemagne, dit Frank Waldrop, je compris que les Alliés ne pourraient pas perdre la guerre. Si Adolf Hitler, pensais-je, était assez stupide pour louer les service d'Inga Arvad, son sort était scellé ! Inga était une enfant du Danemark, brillante et jolie, qui essayait, comme tout le monde, de faire son chemin dans la vie. Ici entrent en jeu J. Edgar Hoover et sa méfiance proverbiale ; il branche le téléphone d'Inga sur table d'écoutes, colle un micro sous son oreiller, intercepte son courrier, fouille son appartement, la file, comme si Mata Hari en personne avait l'intention de séduire et de compromettre le futur président des Etats-Unis.

« Ainsi commença l'affaire. Une fois John Kennedy dans leur téléobjectif, les hommes du FBI demandèrent la collaboration du service de renseignements de la Marine (ONI). John fut muté au chantier naval de Charleston, en Caroline du Sud. Inga alla plusieurs fois l'y retrouver. Sur ordre du président Roosevelt et du ministre de la Justice Francis Biddle, le FBI installa des micros dans leur chambre d'hôtel, et il obtint des enregistrements d'Inga et de Jack faisant l'amour. Cela convenait parfaitement au président Roosevelt, qui cherchait justement un moyen de pression sur Joe Kennedy. Le président s'estimait trahi par ce dernier. Il l'avait nommé ambassadeur en Angleterre et Joe s'était fait l'apologiste de la politique d'apaisement du Premier ministre britannique, Neville Chamberlain, déclarant en outre à certains parlementaires que Roosevelt n'était qu'une marionnette entre les mains des communistes et des juifs, que la démocratie en Angleterre avait vécu et que le fascisme ne tarderait pas à s'imposer. On rappela Joe aux Etats-Unis, mais il fallait le contrôler. Inga Arvad tombait à pic. »

L'enquête du FBI en révéla finalement autant sur les Kennedy que sur Inga. Les agents fédéraux découvrirent, par exemple, que les enfants de Joe Kennedy partageaient ses tendances isolationnistes. A Harvard, Joe, Jr avait fait partie du comité étudiant contre l'intervention militaire en Europe, groupe réactionnaire, qui était intervenu auprès de membres influents du gouvernement et qui avait tenu des meetings contre l'entrée de l'Amérique dans la guerre. Plus nettes étaient les accusations du FBI contre John F. Kennedy ; il aurait « exprimé des sentiments antibritanniques et défaitistes, et reproché à Winston Churchill d'avoir entraîné les Etats-Unis dans la guerre... Il aurait préparé au moins un des discours que devait prononcer son père, en réponse aux critiques portées sur sa politique d'apaisement... John Kennedy aurait en outre déclaré que l'Angleterre était, à son avis, fichue, et que le grand tort de son père avait été de ne pas suffisamment s'exprimer ».

Toutes considérations politiques mises à part, le FBI connut dans le détail la liaison d'Inga Arvard et de John Kennedy : elle le voyait le week-end à Charleston, descendait dans différents hôtels et voyageait sous le nom de Barbara White. Le 9 février 1942, les agents fédéraux enregistraient les faits suivants : « Surveillance maintenue sur le sujet (Inga Arvard) depuis l'heure de son arrivée à Charleston, S.C... jusqu'à son retour à Washington D.C. (Pendant le séjour du sujet à Charleston), Jack Kennedy, enseigne de vaisseau de la marine américaine, a passé toutes les nuits avec elle dans sa chambre de l'hôtel Fort Sumter, engageant à de nombreuses reprises des rapports sexuels... Elle l'appelait " chéri ", " *honey* ", " *honeysuckle* ", et disait : " Je t'aime. " »

Le même dossier contient de longues transcriptions de conversations téléphoniques entre John et Inga. Si elles ne mentionnent rien des prétendues activités d'espionnage d'Inga, elles sont révélatrices de l'état d'esprit de John Kennedy à l'époque (5 février 1942) :

J. — J'ai entendu dire que tu t'étais offert une belle orgie à New York.

I. — Je te raconterai. Je te raconterai pendant tout un week-end, si tu veux. Mon mari (Paul Fejos) avait ses petits espions.

J. — Vraiment?

I. — Non, ce n'est pas vrai. Mais il m'a raconté des tas de choses sur toi, dont aucune n'est très flatteuse. Il sait tout ce que tu as dit sur moi à ton père. J'ai eu l'air d'une conne, ça m'a beaucoup amusée.

J. — Que veut-il dire par « tout ce que j'ai dit sur toi à mon père »?

I. — Quelqu'un connaît très bien ta famille et connaît aussi mon mari, mais je ne sais pas qui c'est. Cette personne te connaît depuis que tu es enfant et je crois qu'ils vivent à New York.

J. — Et alors?

I. — Voici ce qu'il a dit : « John Kennedy a haussé les épaules et a dit : " Jamais je ne l'épouserai, en fait elle ne me fait ni chaud ni froid. Je l'ai ramassée sur la route, un point c'est tout. " » C'est très drôle, chéri. Dis-moi, quand [t'embarques-tu]?

J. — Je ne pars pas avant un certain temps. Qu'a dit d'autre ton mari?

I. — Eh bien, il a dit que je pouvais faire ce que je voulais. Il a dit qu'il était triste de me voir faire des choses comme ça. Je t'en parlerai et je te jure qu'il ne tient pas à nous embêter. Il n'intentera rien contre toi, bien qu'il sache ce qu'il pourrait en tirer.

J. — Il serait drôlement chic de ne pas le faire.

I. — Après tout, c'est un gentleman. Je ne me soucie pas de ce qui arrivera, il ne ferait pas une chose pareille. C'est un type bien[1].

Ce fut Langdon Marvin qui informa John Kennedy de l'enquête du FBI. « J'appris que le FBI s'intéressait à Inga par un de mes amis qui avait été agent du FBI pendant la Seconde Guerre mondiale. Il s'était occupé des écoutes et me parla des enregistrements de John et d'Inga-Binga en train de faire l'amour. Il me demanda si je savais quelque chose sur Inga. Je lui dis que je ne savais pas grand-chose, à part qu'elle était l'une des nombreuses jolies jeunes femmes habitant dans ce que j'appelais le palais du Paon, ou plus exactement Dorchester House, au 2480 de la 16e Rue, à New York[2]. Je l'appelais le palais du Paon, parce que les murs de tous les vestibules de

---

1. Inga faisait probablement allusion dans cette conversation au procès en divorce que pourrait intenter à JFK Paul Fejos, auquel elle était toujours légalement mariée. La conversation révèle aussi que si JFK était sexuellement attiré par Inga, il n'avait pas l'intention de l'épouser.
2. Pendant l'enquête du FBI, Inga Arvard s'installa dans un appartement situé au 1600, 16e Rue, NW. C'est à cette adresse que la surveillance du FBI se fit la plus active.

120

l'immeuble étaient revêtus de miroirs. En se dirigeant vers l'ascenseur, on ne pouvait pas s'empêcher de s'arranger et de prendre des airs. Jack partagea quelque temps un appartement avec « Kick » Kennedy dans ce même immeuble. On ne s'y ennuyait pas. Un de nos amis, Alfredo de la Vega, y habitait aussi. Il avait une moquette plus épaisse que les autres et invitait tout le monde à jouer au football américain dans son salon. On jouait à genoux et il fallait traverser toute la moquette pour marquer un essai.

« L'affaire d'Inga Arvard ulcéra le père de John ; il dut se démener pour faire sortir son fils de l'ONI et le faire entrer dans le service actif. Le chantier naval de Charleston n'était qu'une affectation temporaire. Le directeur de l'ONI souhaitait renvoyer purement et simplement John de la Marine, mais Joe Kennedy avait des relations à Washington, dont James Forrestal, qui devint ministre de la Marine, et J. Edgar Hoover. Joe Kennedy était un agent spécial du FBI, en d'autres termes informateur bénévole. Connaissant Hollywood comme sa poche, il communiqua les noms de sympathisants et de partisans communistes de l'industrie cinématographique, car il avait compris que Hoover exerçait une immense autorité et que ses dossiers sur Inga Arvard pourraient avoir des conséquences désastreuses sur l'avenir de son fils.

« Dix ans plus tard, ayant battu aux sénatoriales Henry Cabot Lodge dans le Massachusetts, John s'inquiéta des dossiers détenus par le FBI. " Le salaud, me dit-il. Je vais obliger Hoover à me donner ces dossiers.

— Ne fais surtout rien, Jack, lui conseillai-je. Ne les réclame pas. Oublie-les. Laisse-les se couvrir de poussière. Avant de te les envoyer, sois en sûr, il en ferait des douzaines de copies, et tu n'aurais rien gagné. S'il te savait prêt à tout pour les obtenir, tu serais à sa merci. " »

Le 2 mars 1942, John Kennedy alla voir Inga à Washington, pour mettre ostensiblement un terme à leur liaison. Le fait est mentionné dans une brève note du FBI :

> Du fait que John Kennedy... n'est resté qu'une heure chez Inga Arvard, on peut conclure que Kennedy a rompu toute relation avec elle. Un de ses amis (Langdon Marvin) l'aurait prévenu que les autorités maritimes (et le FBI) le surveillaient et avaient apparemment placé un micro dans la chambre d'Inga...

Le 6 mars, John Kennedy parut changer d'avis. Le FBI enregistra son coup de téléphone à Inga, de Charleston :

J. — Pourquoi ne viendrais-tu pas ce week-end ?

I. — Quelle question ! As-tu oublié ce que nous avons décidé dimanche ?

J. — Non, non.

I. — Ah, tu ne crois pas que ça va durer ?

J. — La vie est trop courte.

I. — Oh, Kennedy !... Tu n'es tout de même pas en train de renoncer à ce que nous nous sommes promis, dimanche dernier ?

J. — Non, mais pas avant de te revoir. Je ne suis pas très sage, hein ?

I. — Je trouve que tu es parfait, mon cher. Nous nous reverrons probablement.

J. — Tu veux dire la semaine prochaine ?

I. — Je ne viendrai pas. Je ne sais pas. Ce n'est pas de l'entêtement. J'essaye seulement de t'aider. Tu le sais, n'est-ce pas ?

J. — Je pensais que...

I. — Je t'aime toujours autant et je t'aimerai toujours.

Ce fut finalement la guerre qui sépara Jack et Inga. John Kennedy fut affecté à une vedette lance-torpilles et envoyé dans le Pacifique. Après avoir enfin divorcé de son deuxième mari, Inga quitta le *Times-Herald* et s'installa à New York, où elle fit la connaissance du vieux Bernard Baruch, et passa plusieurs mois dans sa luxueuse maison de Sands Point, à Long Island.

John écrivit à Inga des îles Salomon (« Notre liaison a été l'épisode le plus brillant de vingt-six années extrêmement brillantes ») et retourna la voir vers la fin de la guerre, à Hollywood, en Californie, où elle écrivait des échos pour la North American Newspaper Alliance. Mais leurs sentiments s'étaient refroidis, d'autant qu'ils étaient l'un et l'autre engagés ailleurs.

En 1947, Inga épousa Tim McCoy, soixante-quatre ans, vedette de films de cow-boys à la retraite. Les McCoy achetèrent un ranch près de Nogales, dans l'Arizona ; ils s'y installèrent et eurent deux fils. Après l'assassinat de Kennedy, plusieurs éditeurs offrirent à Inga des sommes considérables pour qu'elle raconte sa liaison. Elle refusa. Elle mourut d'un cancer en 1973 et fut certainement le premier grand amour de John Kennedy.

Le FBI ne put découvrir aucun lien significatif entre Inga Arvard et les artisans de l'Allemagne nazie, mais il n'abandonna pas la vie privée de John F. Kennedy. La plupart de ses liaisons futures ou de ses rencontres éphémères furent répertoriées. Les dossiers « mondains » du FBI sur John Kennedy, dont la publication vient seulement d'être autorisée, contiennent des informations sur plusieurs affaires se situant dans les années de l'immédiat après-guerre.

D'après les noms qui figurent dans ces rapports, John Kennedy aurait partagé le goût de son père pour les stars et les starlettes d'Hollywood. En 1945, de passage à Paris, il rendit visite à Hedy Lamarr, actrice d'origine viennoise, dont le film *Extase* (1932), où elle apparaît nue, contribua à lancer la carrière cinématographique. Dans l'autobiographie qu'elle publia en 1966, *Ectasy and Me : My life as a Woman,* elle raconte que Kennedy lui téléphona pour lui proposer de sortir. Elle l'invita dans son appartement, où il arriva une heure plus tard avec un sac d'oranges. Les agrumes étant à l'époque pratiquement introuvables à Paris, le présent fut très apprécié. John et la séduisante miss Lamarr passèrent ensemble une fort agréable soirée.

Moins célèbre que Lamarr, mait tout aussi charmante, il y eut aussi Angela Greene, ancien mannequin de l'agence Powers, devenue actrice. John et Angela sortirent de temps à autre ensemble entre 1944 et 1946, où elle épousa le riche agent immobilier de Los Angeles, Stuart W. Martin. John emmenait Angela dans les boîtes les plus lancées de New York, Sardi's, le Stork Club, El Morocco, mais il n'avait jamais assez d'argent pour y passer toute la nuit. Lorsqu'ils allaient à la messe à la cathédrale St. Patrick, il devait lui emprunter de l'argent pour la quête. Angela passa plusieurs jours avec lui à Hyannis Port, et fut abasourdie, comme tout le monde, par l'esprit d'émulation qui régnait dans la famille, et par les perpétuels discours de Joe Kennedy sur la nécessité d'être le meilleur, dans la course à la présidence comme au Monopoly (« auquel ils jouaient comme s'ils étaient vraiment propriétaires », aurait-elle dit).

Selon le FBI, John se montra à Hollywood en compagnie de Susan Hayward, puis de Joan Crawford. Son nom est également associé à la starlette Peggy Cummins, à l'ancienne championne de patin à glace Sonja Henie (qu'il qualifiait de « vraie briseuse de cœur ») et à Lana Turner. Il n'est pas fait mention d'Olivia de Havilland, bien que John l'ait rencontrée en 1945 à une réception à Beverly Hills, donnée par le producteur de films Sam Spiegel. John la revit à un dîner donné par Gary Cooper. Quelques jours plus tard, il alla prendre le thé chez elle, accompagné de Chuck Spalding, ami de John et directeur de publicité à New York.

« John était fasciné. Il ne savait que faire pour lui plaire. Il se penchait vers Olivia et la regardait fixement, il était carrément rasoir... Nous nous levons enfin, mais il continue à essayer de la convaincre de venir dîner avec nous. Elle était prise et refusait de se décommander. C'est alors qu'en prenant congé, John, incapable de quitter Olivia des yeux, posa la main sur la poignée de la porte et rentra droit dans le placard de l'entrée. Les raquettes et les balles de tennis et tout ce qui s'y trouvait lui tombèrent sur la tête...

« Nous allâmes ensuite dîner dans un restaurant, où nous retrouvâmes Olivia et l'écrivain Ludwig Bemelmans. " Je ne comprends pas, dit John. Regarde donc ce type ! Je sais qu'il a du talent, je sais qu'il est très doué, mais vraiment ! Tu crois que c'est parce que je suis entré dans ce placard ? Tu crois vraiment que c'est ça ? " »

Joan Fontaine, la petite sœur d'Olivia, fut elle aussi l'objet des assiduités de John. Pour le décourager, elle lui raconta que son père lui avait également fait des propositions. « J'espère seulement, répondit John, être comme lui quand j'aurai son âge. »

Plus sérieuse fut la liaison de Kennedy avec l'actrice Gene Tierney. Ils s'étaient pour la première fois rencontrés à une soirée, donnée par l'hôtesse californienne Betsy Bloomingdale. Leur liaison, qui dura deux ans, débuta en 1946, lorsque Kennedy retourna à Hollywood sous l'uniforme de lieutenant de vaisseau de la marine américaine. Il se rendit sur le plateau, où Gene tournait *Le château du Dragon,* de Mankiewicz. Tandis qu'elle tournait, elle fut tout à coup « éblouie par les plus beaux yeux bleus qu'elle eût jamais vus chez un homme... Il me sourit. J'eus une réaction on ne peut plus romanesque. Mon cœur s'arrêta littéralement de battre ».

Gene était sur le point de divorcer du couturier Oleg Cassini et s'apprêtait à placer dans un établissement spécialisé sa fille attardée mentale ; elle en était très éprouvée et John, qui avait l'expérience de sa sœur Rosemary, était plein de compassion. Gene et lui se mirent à sortir ensemble, surtout à New York, dès que Gene se trouvait sur la côte Est. Elle racontait alors à sa famille et à ses amis qu'elle avait rencontré un type qui était non seulement un héros national (grâce à la publicité provoquée par le compte rendu élogieux de John Hersey dans le *New-Yorker* sur les aventures de JFK avec le PT-109[1]), mais qui en plus briguait le Congrès et serait sûrement président un jour. « C'était son but, écrivait-elle. Il en parlait de façon tout à fait naturelle. » Gene faisait remarquer que si Jack n'était guère romantique, « il savait prodiguer son temps et son intérêt. Il connaissait l'impact de la phrase " Qu'en penses-tu ? ". »

Gene passa une semaine à Cape Cod, où elle fit la connaissance de la famille. Elle raconta que John était allé la chercher à la gare « dans un blue jean rapiécé... Il ressemblait à Tom Sawyer ». Un autre jour, « je mis en son honneur une de ces robes new-look, à la cheville, lancées par Dior ». Réaction de John : « Mon Dieu, Gene, qu'est-ce que c'est que ça ? » Elle se rappelle avec tristesse qu'il secouait la tête, dès qu'elle parlait de haute couture. « Il épousa plus tard une femme très élégante, mais je crois qu'il est juste de dire que les habits n'étaient pas son fort. »

Pas plus d'ailleurs que les vedettes de cinéma protestantes et divorcées. « Tu sais, Gene, lui dit-il un jour, pendant le déjeuner, jamais je ne pourrai t'épouser. » A la fin du repas, comme il était sur le point de quitter le restaurant pour prendre un avion, elle lui dit d'une voix douce : « Adieu, Jack.

— Que veux-tu dire ? On dirait un adieu définitif.

— C'en est un, répondit-elle. »

Gene garda malgré tout un « charmant souvenir de cette idylle ». John

---

1. Lorsqu'il rencontra John pendant la guerre John Hersey était fiancé à Frances Ann Cannon, ancienne amie de JFK ; il eut vent de l'histoire du *PT-109*, fit des recherches et rédigea un article. « Les Kennedy, écrit-il, firent réimprimer l'article et en firent paraître un extrait dans *US News and World Report,* sans mention de réserve et sans ma permission. J'écrivis à JFK pour lui demander s'il avait jamais entendu parler des droits d'auteur. Il me répondit une lettre charmante, au terme de laquelle il se disait prêt, pour réparer son erreur, à me céder les droits de *Why England Slept,* très mauvais livre tiré de sa thèse de Harvard. Il fut élu président, *Why England Slept* fut réimprimé, mais je n'entendis plus parler de rien. Joseph Kennedy veilla, quant à lui, à ce que l'article sur le *PT-109* paraisse dans le *Readers Digest* et l'utilisa même pour la campagne de son fils. Lorsqu'on en fit un film en 1963, Jack aurait voulu que ce fut Warren Beaty qui joue son rôle, mais ce fut finalement le moins prestigieux Cliff Robertson. »

était un jeune homme sérieux, habité par un rêve, prenait aussi la vie comme elle venait[1].

On raconta que Kennedy avait épousé « secrètement » une femme avec laquelle il était sortie dans les années quarante ; il s'agissait de Durie Malcolm, dont il connaissait la famille depuis son enfance. John était sorti avec Durie en 1939, puis de nouveau au début de l'année 1947, où il l'avait emmenée au match de l'Orange Bowl à Miami. Cette même année Durie épousait Tom Shevlin, ancien champion de football à Yale et héritier d'un magnat du bois.

Si la liaison de John et de Durie fut suffisamment sérieuse pour passionner la société de Palm Beach, il ne fut jamais question de mariage. D'après les révélations qui éclatèrent en 1962, Kennedy étant président, ils se seraient mariés secrètement en 1939, et auraient divorcé à Reno en 1948, mais le divorce aurait été invalidé et l'archevêque Cushing aurait obtenu de Rome l'annulation du mariage au début de 1953. Cette rumeur se fondait sur l'erreur de la note consacrée à Durie dans un ouvrage généalogique (*The Blauvelt Genealogy*). Elle se répandit comme une traînée de poudre ; des publications ultra-conservatrices, extrémistes et racistes s'en emparèrent pour discréditer Kennedy.

Les dossiers du FBI contiennent des informations sur l'affaire Durie Malcolm-John Kennedy, mais aussi sur une idylle qu'aurait eue JFK en 1951 avec Alicja Purdom, épouse de l'acteur anglais Edmund Purdom. L'affaire fut divulguée dix ans plus tard, lorsqu'un hebdomadaire italien publia un article sur leurs relations.

L'article, tel qu'il est traduit par le FBI, prétend qu'Alicja Purdom, née Barbara Maria Kopczynska en 1926 à Lodicz, Pologne, avait été fiancée avec le président Kennedy, et aurait pu devenir la première dame des Etats-Unis si le père du président ne s'était pas opposé au mariage, sous prétexte qu'elle était une réfugiée juive polonaise. Arrivée aux Etats-Unis en 1939, elle avait habité à Boston avec sa mère jusqu'en 1951, puis s'était installée à New York, où elle avait rencontré Kennedy ; là s'était nouée leur idylle. Une somme de 500 000 dollars aurait été versée pour arrêter les poursuites qu'elle aurait engagées contre lui.

Après enquête, le FBI conclut qu'un procès avait bien été intenté contre John Kennedy (« essentiellement pour une affaire entre JFK et " une femme ", qui serait tombée enceinte ») mais que les minutes du procès avaient été mises sous scellés par le tribunal de New York. Ce dossier contenait probablement des photos compromettantes de JFK et de Mrs. Purdom, et des documents qui auraient pu être dangereux pour le président.

Une note de J. Edgar Hoover patron du FBI, datée de 1963 et adressée

---

1. JFK poursuivait aussi de ses assiduités Austin « Bootsie » McDonnell, épouse de l'échotier Igor Cassini, dont elle était séparée, et belle-sœur de Gene Tierney. Bootsie épousa par la suite William Randolph Hearst, Jr., qui dans le texte d'une conférence conservée à la JFK Library convient que John Kennedy était « très populaire, très beau, très vif et très recherché par les filles, ça je vous le dis ».

au ministre de la Justice, qui était alors Robert Kennedy, est assez claire :
« Lorsque le procès a été engagé à New York, juste avant que le président
n'entre en fonction, vous vous êtes apparemment rendu à New York et avez
obtenu le retrait de la plainte, contre une somme de 500 000 dollars. »

Lors d'une récente interview, la femme en question (actuellement
Mrs. Alicja Corning Clark, veuve de l'héritier des machines à coudre Singer,
Alfred Corning Clark) avoue avoir connu JFK en 1951 (« Je connaissais
toute la famille »), mais nie avoir été fiancée avec lui ou lui avoir intenté un
procès, mais elle reconnaît avoir eu affaire « à des avocats véreux ». Elle
prétend également ne rien avoir touché de la famille.

Une telle confusion s'explique par l'abondance des femmes qui traversaient la vie de John Kennedy, particulièrement à cette époque. Dans leur
hagiographie encyclopédique, *The Search for JFK*, Joan et Clay Blair
Jr. citent plusieurs de ses conquêtes, dont deux infirmières, Ann McGilli-
cuddy et Elinor Dooley, qui fréquentèrent John vers la fin de la guerre. Il y
avait aussi Pamela Farrington, de Boston, mannequin aux cheveux noirs et
aux yeux bleu saphir, avec qui il voyageait souvent. Elle aimait prendre des
bains de soleil toute nue, et, lors de sa campagne sénatoriale de 1952, les
assistants de JFK furent paniqués par une photo abondamment reproduite le
montrant allongé sur une plage déserte de Floride à côté de Pamela dévoilant
sa superbe anatomie. Voyant cela, le candidat se contenta de dire en
ricanant : « Oui, je me la rappelle. Elle était géniale ! »

John Sharon, assistant du député Charles Howell du New Jersey de 1950
à 1952 (Sharon devint par la suite assistant d'Adlai Stevenson) fit la
connaissance de John et se lia d'amitié avec lui : « Le député Kennedy avait
le bureau voisin du nôtre au quatrième étage... et le soir nous sortions
souvent à quatre. Il s'intéressait à ma petite amie du moment, Hermila
Anzaldua. Nous avons décidé de dîner un soir chez lui... Je lui trouvai une
fille qui s'appelait Lolita Delsorios. Il me demanda laquelle des deux était la
mienne. Je le lui dis, il sourit et ne s'intéressa plus qu'à l'autre, ce que je
trouvai très élégant de sa part. »

« Elégant » n'est pas exactement le terme employé par la présentatrice
de télévision Nancy Dickerson à propos de JFK. « Il avait beaucoup de sex-
appeal, admettait-elle, mais c'était le parfait phallocrate. Il considérait les
femmes comme des objets de plaisir. Il n'en disait pas de mal, mais pas de
bien non plus. Je me rappelle le soir où, venu me chercher pour sortir, il
n'était pas entré dans la maison, mais était resté dans sa voiture se contentant
de klaxonner. Je n'ai pas aimé, et il n'a jamais recommencé.

« Nous sommes sortis ensemble, avant qu'il n'épouse Jackie. Il était
jeune, riche et beau, mais il était surtout irrésistible — on ne pouvait pas ne
pas être impressionné. Pour John, faire l'amour ou boire une tasse de café,
c'était tout comme. Il disait à ses amis que s'il ne faisait pas l'amour au moins
une fois par jour, il contractait un terrible mal de tête et ne pouvait pas
fermer l'œil de la nuit. Je suis convaincue que les travaux d'approche étaient
plus importants pour lui que l'acte en soi. »

Pendant ses années parlementaires, Kennedy n'eut aucun mal à se trouver des compagnes, bien qu'il eût la réputation, parmi les femmes de Georgetown, d'être un partenaire décevant, qui faisait l'amour l'œil sur sa montre. « Si on en juge par le temps qu'il passait avec une femme, dit George Smathers à Kitty Kelley, c'était un piètre amant. Il recherchait davantage la quantité que la qualité. » Se vantant un jour devant les journalistes, Kennedy déclara : « Je n'en ai jamais fini avec une fille, avant de l'avoir eue de trois façons. »

L'historienne Margaret Louise Coit[1], lauréate du prix Pulitzer, rencontra John F. Kennedy au début du printemps 1953, à l'occasion de recherches pour une biographie de Bernard Baruch. « John Kennedy était le chouchou de la politique libérale, le célibataire le plus recherché de la Nouvelle-Angleterre. Toutes les filles du Massachusetts et de Washington rêvaient de sortir avec lui, et je ne faisais pas exception. »

Une heure dans le bureau sénatorial de Kennedy et un rapide tour de la ville avec le sénateur laissèrent Margaret Coit pantoise : « Dans son bureau, il signait à tour de bras à l'intention de ses électeurs des photos du beau mec qu'il était, répondait au téléphone, dictait cinq ou six lettres à la fois, lisait des rapports législatifs, parcourait les journaux, lisait son courrier, tout ça sans cesser de discuter avec moi. Il possédait une énergie fantastique. Il me demanda soudain comment Bernard Baruch avait fait fortune. " Comme votre père, répondis-je. Vous devriez demander à votre père. " Il changea de sujet. Montrant sa bibliothèque croulant sous les livres, il me dit : " Interrogez-moi sur n'importe lequel, je les ai tous lus. "

« Il me ramena à la pension de famille où je demeurais. En passant devant la Maison-Blanche, il devint anormalement sérieux, presque solennel. " Un jour, dit-il, ce sera ma maison. " Je le regardai. Je le croyais devenu fou. Mais j'étais jeune et impressionnable, et lorsqu'il m'invita au coktail de fiançailles, donné quelques jours plus tard chez les Kennedy pour sa sœur Eunice et Sargent Shriver, je sautai sur l'occasion.

« Richard Nixon, Alice Longworth et Stuart Symington étaient de la fête. Les sœurs de Kennedy étaient aussi présentes toutes très chic. Elles avaient les cheveux givrés. C'était la première fois que je voyais ça.

« Kennedy et Symington passèrent toute la soirée dans un coin, à discuter politique. Je me sentais abandonnée. Il m'avait invitée chez lui, mais ne m'avait pas adressé la parole. Puis vers la fin de la soirée, il me remarqua et s'approcha de moi. Il m'empoigna dans le vestibule et passa son bras autour de moi. Tout le monde nous voyait, ce qui me gênait un peu, mais je ne dis rien. »

Margaret Coit revit Kennedy plusieurs jours plus tard. Il la raccompagna de nouveau chez elle, mais cette fois elle commit l'erreur de l'inviter. « Une de mes amies m'avait avertie de ne jamais me trouver seule dans une pièce avec Joe Kennedy, mais personne ne m'avait rien dit de John. Je l'invitai à

---

1. Margaret Louise Coit avait remporté le prix Pulitzer de biographie en 1951 pour *John C. Calhoun : American Portrait*.

entrer, parce qu'il paraissait fatigué. Je pensais qu'il serait content de se reposer quelques minutes. »

Ils étaient assis sur le canapé du salon, lorsque John se jeta sur Margaret. Elle se débattit et réussit à le repousser. « Du calme ! s'écria-t-elle. Ce n'est que notre premier rendez-vous. »

Kennedy se remit à la tripoter. « Laissez-moi vous parler, dit Margaret. J'ai des principes, comme vos sœurs. Vous ne voudriez pas que je fasse quelque chose que vous ne voudriez pas que vos sœurs fassent, n'est-ce pas ? »

Kennedy affirma qu'il se fichait de ce que faisaient ses sœurs et se jeta une troisième fois sur elle. « Et votre curé ? fit Margaret. Que lui direz-vous ?

— Oh, il me pardonnera », répondit Kennedy en souriant, et il la coucha sur le canapé. Elle réussit à se dégager et se leva pour aller chercher un verre d'eau dans la cuisine. Kennedy la complimenta sur ses jambes. Lorsqu'elle eut regagné le canapé, il reprit les opérations là où il en était resté.

« Ce n'est que notre premier rendez-vous, répéta Margaret. Nous avons le temps. »

Kennedy leva la tête et la regarda dans les yeux.

« Je suis impatient, dit-il d'une voix froide, presque mécanique. Tout ce dont j'ai envie, il faut que je m'en empare. Voyez-vous, je n'ai pas le temps... »

Cette méthode expéditive se révélait en général efficace. Pendant qu'il courtisait Jackie Bouvier, JFK sortait avec au moins trois autres filles : Ann McDermott, qui était venue à Washington pour trouver une situation dans l'administration ; Noel Noel, amie de longue date de Philip Graham du *Washington Post* et compagne occasionnelle de Jack ; Florence Pritchett était une femme brillante, attachante et élégante, qui faisait partie de la *café society,* et dont l'amitié avec John remontait aux années quarante.

D'après Lem Billings, « Flo Pritchett et John s'entendaient merveilleusement bien. Quand on était vraiment déprimé, c'était la personne à voir, car elle trouvait toujours le mot qui vous faisait sourire. On pouvait compter sur elle pour amuser John. C'était une compagne géniale. Lorsqu'il ne se sentait pas bien, qu'il avait mal au dos ou qu'il était déprimé, c'était elle qu'il voulait voir.

« Avant de le rencontrer elle avait épousé Richard Canning, fils du roi du chewing-gum. Si elle n'avait pas été divorcée, je pense que John l'aurait volontiers épousée. Au lieu de quoi, elle devint la seconde femme d'Earl E.T. Smith et vécut à Palm Beach à côté de chez les Kennedy. Il y aurait eu alors des intermèdes secrets entre John et Flo, des rencontres fiévreuses sur la plage qui relie leurs maisons respectives. Bien que je n'aie personnellement assisté à aucun de ces rendez-vous, je ne doute pas une seconde qu'ils aient eu lieu. »

11

Au début du printemps 1954, John et Jackie Kennedy louèrent une petite maison du XIXᵉ siècle au 3321, Dent Place, à Georgetown. La maison était environnée de résidences pratiquement identiques ; un ambassadeur et un amiral à la retraite habitaient en face, mais il y avait aussi des maisons de rapport et des appartements d'étudiants, car Dent Place était toute proche de l'université, de Georgetown. A quelques dizaines de mètres de chez eux, se trouvait un parc public où John et son frère Bobby allaient parfois jouer au *touch football*.

Un soir par semaine John allait à Baltimore prendre des cours de lecture rapide avec un professeur de l'université John Hopkins. Jackie s'inscrivit, quant à elle, à un cours d'histoire américaine avec le professeur Jules Davids, de l'école des Affaires étrangères de l'université de Georgetown. Tous les matins pendant le petit déjeuner, elle discutait avec John de ses cours. Ils donnaient de petits dîners de huit. Ayant un jour invité sa mère, Jackie déclara : « Je crois que je serais moins impressionnée de recevoir un roi ou une reine que ma mère, quand il y a d'autres invités. » Ils engagèrent une cuisinière à plein temps, Mattie Penn, et donnèrent de plus grands dîners à Merrywood, où ils s'installaient dès que les parents de Jackie libéraient les lieux.

Comme l'avoua plus tard Jackie, les choses ne se passèrent pas exactement comme elle se l'était imaginé. « Au cours de notre première année de mariage, nous avons vécu comme des romanichels au milieu des valises. C'était épuisant. John allait d'un bout à l'autre du pays faire des discours et ne dormait jamais plus de deux nuits de suite à la maison.

« Pour ne rien arranger, nous avions loué une maison dans Georgetown pour six mois et à la fin du bail, nous nous sommes installés à l'hôtel.

« Pendant l'été, nous avons fait plusieurs séjours chez le père de John à Hyannis Port. Nous y occupions la petite chambre de jeune homme de John au rez-de-chaussée. Je compris vite qu'elle n'était pas faite pour deux.

« J'aspirais à avoir une maison à nous. J'espérais que nous y gagnerions des racines, une certaine stabilité. L'idéal pour moi à l'époque, c'était une vie normale avec un mari rentrant tous les soirs à cinq heures, passant le week-end avec moi et les enfants que j'espérais avoir.

« Un matin de cette première année de mariage, John me dit : " Qu'as-tu prévu pour les quarante invités que nous avons à déjeuner ? "

« Personne ne m'en avait rien dit. Il était 11 heures du matin et les invités étaient attendus à 13 heures. J'étais complètement affolée. Dès que j'eus repris mes esprits, je me ruai chez un Grec du voisinage qui fait de délicieux ragoûts.

« Le déjeuner fut très réussi : ragoût, salade et framboises. Je me jurai de ne jamais plus m'en faire lorsque John ramènerait des invités imprévus. »

Bien que Jackie se fût toujours refusée à finir en bonne petite bourgeoise, elle semblait maintenant soupirer après ce genre de vie. « L'essentiel pour moi était de faire ce que voulait mon mari. Jamais il n'aurait pu ou voulu épouser une femme qui lui aurait disputé la vedette.

« J'estimais que le mieux que j'avais à faire était de le distraire. John vivait dans et pour la politique. Comment pourrait-il se détendre, si, en rentrant à la maison, il devait encore se battre. »

Elle tenait avant tout à ce que son mari ait enfin trois repas corrects par jour. Dans son désir de devenir une bonne hôtesse, Jackie s'efforça d'apprendre les bonnes années des grands vins. Selon leurs amis, John fut bientôt fier du raffinement gastronomique de sa femme.

Après le dîner, il lui arrivait de fumer un havane, pour, disait-il, l'aider à digérer. « Cela l'aidait aussi à supporter la fumée de mes cigarettes », précise Jackie.

Elle s'attaqua à la garde-robe de son mari. Le désintérêt de John pour les vêtements était connu. Ted Reardon, Jr., son attaché au sénat, se rappelle qu'avant son mariage Kennedy arriva à un important banquet politique avec une veste de serge bleu impeccable, une cravate marron et un vieux pantalon noir défraîchi. Reardon exprima sa consternation, mais John ne comprit pas pourquoi. « Il était peut-être daltonien », remarque Reardon.

A l'époque de son mariage, John n'avait rien à se mettre. Igor Cassini rapporta dans une chronique qu'en 1954, « Kennedy possédait quatre costumes d'hiver portables et deux autres qu'il n'avait pas eu le temps de faire mettre à ses mesures. (Sa garde-robe aurait été plus importante sans son habitude d'oublier un costume dans le placard des hôtels où il passait.) ».

Jackie changea tout cela. « J'ai mis de l'ordre dans la vie de John. Chez nous, la table était bonne et raffinée — contrairement à ce à quoi il était habitué. Finies ses sorties le matin, chaussé d'un soulier noir et d'un soulier marron. Ses habits étaient repassés et il n'avait plus à se ruer comme un fou à l'aéroport ; je lui faisais ses bagages. »

Les efforts de Jackie tournaient parfois au comique. Afin de pouvoir remplacer la cuisinière ses jours de congé, elle prit des cours de cuisine. Elle inaugura sa science nouvelle le jour même de la fin de ses cours. « Evelyn Lincoln m'appela pour me prévenir que John quittait le bureau, je me mis donc aux fourneaux, raconte-t-elle. Ayant entendu cent fois de ces récits stupides de jeune mariée brûlant des repas entiers, je savais que tout se passerait bien, lorsque soudain, je ne sais pourquoi, une fumée impénétrable envahit la cuisine. Et lorsque j'essayai de retirer les côtelettes du four, la porte parut s'écrouler. Le plat glissa dans un geyser de graisse. Une des côtelettes tomba par terre, mais je la remis dans le plat directement. La sauce au chocolat brûlait en explosant. Quelle odeur! La cuillère y restait coincée, malgré tous mes efforts. Le chocolat était dur comme pierre. Quant au café, il avait bouilli jusqu'à évaporation complète. Je m'étais brûlé le bras et il devenait violet. C'était l'horreur. Enfin, John arriva et m'emmena au restaurant. »

Les interventions de Jackie ne se bornaient pas à leur foyer. Bien que timide et réservée, elle faisait de son mieux pour tenir son rôle de compagne de sénateur ; elle suivait les débats du Sénat, assistait dans les tribunes aux séances où John devait prononcer un important discours, lisait le *Congressionnal Record* et répondait aux masses de lettres que recevait son mari. Elle participait à des réunions et des réceptions politiques, ainsi qu'à des cocktails et des déjeuners. Elle entra à la Croix-Rouge des Dames du Sénat (apprit à faire des bandages) et dans un groupe culturel, composé de femmes de sénateurs, qui levait des fonds pour les musées. Elle n'aimait guère ces associations féminines, mais, pour John, elle y restait, au moins temporairement.

Elle aida en outre son mari à devenir un orateur plus efficace. Bien qu'ayant suivi des cours à la Staley School of Oratory de Boston, Kennedy manquait de confiance et de savoir-faire. Avachi et les mains dans les poches, il parlait trop longtemps et trop vite, d'une voix grinçante et haut perchée. Il ne savait jamais quand prendre sa respiration ou comment faire ressortir un argument. Grâce aux cours dramatiques qu'elle avait suivis chez Miss Porter et à son goût pour le théâtre, Jackie parvint à lui faire ralentir sa diction, moduler sa voix et mettre de l'ordre dans ses pensées. Certains gestes de la main pouvaient, lui apprit-elle, l'aider à paraître plus décontracté. Elle lui enseigna le langage du corps et l'obligea à brider sa débordante énergie.

Mais les efforts de Jackie ne s'arrêtaient pas là. Helen McCauley, qui faisait partie de la bonne société de Georgetown, reçut un coup de téléphone d'une amie disant que Mrs. Kennedy trouvait que son mari bridgeait bien et « qu'elle voulait y jouer plus régulièrement pour être à la hauteur. Mon amie savait que je jouais une fois par semaine avec Ann Covington et Ann Clark, dont les maris faisaient tous les deux partie du gouvernement, et que nous cherchions une quatrième. L'ennui, c'est que nous étions de bonnes joueuses et que nous jouions assez gros. Mon amie en parla à Mrs. Kennedy, qui répondit qu'elle était prête à mettre le prix, pourvu qu'elle fasse des progrès. Je demandai son avis à Ann Clark, qui déclara : " Oh, c'est comme si on nous payait pour jouer. "

« Mon mari venait de mourir et j'étais seule, aussi demandai-je à mon amie de dire à Mrs. Kennedy que j'essayerais de trouver deux autres femmes et de lui organiser une table. C'est ce que je fis, et nous nous retrouvâmes une fois par semaine chez Mrs. Kennedy. Elle était tout à fait charmante. " Il faut, me prévint-elle immédiatement, que vous me repreniez impitoyable-

131

ment. " Je n'y manquai pas, et elle fit de rapides progrès. Elle apprenait vite et en plus était modeste. J'appris ensuite qu'elle faisait des tournois de scrabble et qu'elle était une des meilleures joueuses du pays. Mais j'admirai le mal qu'elle se donnait pour jouer au bridge aussi bien que son mari. »

Pour ne pas être en reste, Jackie prit aussi des leçons de golf. Hugh Sidey, correspondant à la Maison-Blanche pour le *Time* et auteur d'une biographie de John F. Kennedy, rapporte une scène qui eut lieu au golf de Hyannis Port, pendant l'été 1954 : « C'était au dix-septième trou, et John regardait Jackie essayer désespérément de sortir d'un bunker. N'en pouvant plus de voir la balle retomber à ses pieds, John s'écria de sa voiture de golf : " Ouvre donc ton club et accompagne la balle. " S'approchant, il ajouta : " Je vais te montrer. " Prenant le club, il fit deux superbes swings dans le vide, le releva dans un mouvement gracieux, puis l'abaissa avec force et souplesse. La balle se souleva de quelques dizaines de centimètres avant de retomber dans le sable. " Tu vois, dit-il en tendant le club à Jackie, c'est comme ça qu'il faut faire[1]. " »

En dépit de tous ses efforts, le mariage de Jackie fut marqué par la souffrance et le drame. Le 11 octobre 1954, John Kennedy entrait au centre médical de l'université Cornell à Manhattan pour y subir des radios et examens. Ses médecins voulaient trouver la cause exacte de l'atroce mal de dos qui avait nécessité une intervention chirurgicale en 1944.

Langdon Marvin vint voir John pendant la première semaine de son séjour à l'hôpital et le trouva étonnamment calme. « Il parvenait très bien à cacher sa souffrance. Il avait accroché sur le mur au-dessus de sa tête un poster de Marilyn Monroe en short et tricot moulant ; le lit était jonché d'animaux en peluche et quelqu'un avait apporté un petit aquarium avec des poissons rouges. Jackie venait souvent tenir compagnie à John et lui raconter les derniers potins. Elle s'était installée chez Jean, une des sœurs de John, et bien que les circonstances ne soient pas idéales, elle paraissait contente d'être à New York. Elle avait découvert chez Helena Rubinstein, sur la Cinquième Avenue, un nouveau coiffeur, Kenneth Battelle (qui la coiffe toujours). A l'époque Kenneth débutait, et Jackie n'était qu'une jeune femme de Washington en visite prolongée à New York.

« Malgré son état, je n'aurais nullement été surpris d'apprendre qu'il avait couché avec au moins une de ses dizaines d'infirmières. Elles avaient l'œil sur lui, et Jackie avait l'œil sur elles. Mais John semblait surtout occupé de politique, et en particulier de la censure de Joe McCarthy, le nouveau sénateur chasseur de rouges du Wisconsin dont le comité sur les activités antiaméricaines avait empoisonné l'atmosphère politique. Le père de John était lié à McCarthy. Il avait financé sa campagne, comme celle de Franklin D. Roosevelt. Sa fille Eunice était sortie avec McCarthy. Et Bob avait été conseiller auprès de ce comité. Personnellement McCarthy m'avait toujours frappé par son allure policière. Mais John estimait ne pas pouvoir s'opposer à

---

1. Voir Hugh Sidey, *John F. Kennedy, President,* p. 247.

lui. Dans ce contexte son hospitalisation n'avait pas que des inconvénients. »

Le médecin des Kennedy, le Dr Sara Jordan, était hostile à une nouvelle opération. Elle s'inquiétait, à juste titre, de l'insuffisance surrénale de John (due à la maladie d'Addison) qui risquait d'entraîner une infection et d'autres complications postopératoires. Jackie, pour sa part, ne voulait pas influencer la décision de son mari. « Plutôt mourir que de passer le reste de ma vie avec des béquilles », lui dit-il pour justifier son choix.

Le 21 octobre, une équipe de quatre médecins, sous la direction du Dr Philip Wilson, pratiqua une intervention sur la colonne vertébrale de Kennedy dans l'espoir de stabiliser et de renforcer son dos. Quoique délicate, l'opération se passa bien, mais quelques jours après, l'infection s'installa et l'état de John empira. Il resta pendant trois semaines dans un état critique.

Charles Bartlett rendit visite à John à la mi-novembre. « La crise est passée, mais il était toujours hospitalisé, et très, très malade. Jackie fut admirable. Elle savait être à la hauteur des situations les plus pénibles. Elle restait des heures à son chevet, lui tenait la main, lui épongeait le front, le nourrissait, l'aidait à sortir de son lit, lui enfilait ses chaussettes et ses pantoufles, le distrayait en lui faisant la lecture et en lui récitant des poèmes qu'elle connaissait par cœur, lui apportait des bêtises et des jouets pour l'amuser, jouait aux échecs ou à d'autres jeux de société. Lorsqu'il fut assez bien, elle encouragea ses amis à venir le voir le plus souvent possible. Tout était bon pour lui faire oublier la douleur. »

Le courage de Jackie lui valut le respect de la famille Kennedy. Elle sut également très bien y faire avec les hommes politiques importants. Adlaï Stevenson téléphona à John pour lui dire ses vœux de prompt rétablissement et reçut en retour une charmante lettre de Jackie, disant que son coup de téléphone avait littéralement « transformé John ». Lyndon Johnson, qui venait d'être désigné comme chef de la majorité au Sénat, avait reçu une lettre semblable de Jackie en réponse à un télégramme. A Bernard Baruch, qui s'était présenté à l'hôpital pour se voir chassé par une infirmière trop zélée, elle écrivait : « Si vous saviez comme nous sommes consternés de vous avoir manqué. Je sais que John est désolé, car il aurait beaucoup aimé vous voir, mais je suis sûre que je le suis davantage, parce qu'il n'est personne au monde que j'aurais préféré rencontrer. Et vous êtes maintenant pour moi comme un bateau qui serait passé dans la nuit. » En réponse à une lettre d'encouragement du président Eisenhower à son mari, elle écrivait : « Vous avez davantage fait pour lui que n'importe quel docteur. »

Un soir, lors d'un petit dîner à New York, Jackie rencontra Grace Kelly et persuada l'actrice de l'accompagner à l'hôpital. « Je suis la nouvelle infirmière de nuit », murmura Grace dans l'oreille de Kennedy. Le malade sourit, mais était tellement abruti par les médicaments, que le lendemain matin, il se rappelait à peine avoir eu une visite.

Vers la fin décembre, les médecins déclarèrent que John devrait se rétablir plus rapidement dans le cadre familier d'une des propriétés de son père. Il quitta donc l'hôpital sur un brancard, accompagné de Jackie, d'une infirmière et d'un médecin, et fut transporté en ambulance à l'aéroport de La Guardia. Le groupe prit l'avion pour Miami, où attendait une deuxième ambulance qui les conduisit dans la propriété des Kennedy à Palm Beach.

Deux mois plus tard, il était de retour à New York et à l'hôpital. L'infection avait repris, nécessitant une seconde intervention pour retirer la plaque de métal implantée lors de la première opération. Kennedy sortit trois semaines plus tard et regagna Palm Beach. L'infirmière resta un mois auprès de lui et apprit à Jackie, avant de s'en aller, comment panser sa plaie.

George Smathers alla le voir à Palm Beach. « J'y allai avec mon frère. Jack avait perdu près de vingt kilos. Sa sœur Eunice en plaisantait. " Ce n'est rien, c'est la cuisine de Jackie ", disait-elle. Il était couché sur le ventre, car il ne supportait pas le moindre poids sur son dos. Jackie était allée faire des courses, ce jour-là, aussi me demanda-t-il de lui changer son pansement. Je retirai la gaze et découvris au beau milieu de son dos un énorme trou béant et suintant, qui avait très vilaine apparence. " Regarde, dis-je à mon frère qui se penchait pour mieux voir.

— Mon Dieu, il en sort un liquide verdâtre ", fit-il.

« C'était vraiment horrible. Les médicaments qu'on lui donnait ne valaient manifestement rien, car il souffrait beaucoup. La nuit, il ne dormait pas, et le jour, il divaguait.

« Je compris alors que j'avais sous-estimé Jackie. Quelqu'un qui était capable de soutenir jour après jour la vue de cette plaie purulente et d'endurer toute cette souffrance avec son mari devait avoir du caractère. John en était bien conscient. " Ma femme est une fille timide et silencieuse mais lorsque les choses tournent mal, elle sait se comporter ", disait-il. Ça n'a pas dû être drôle pour elle. Elle vivait avec ses beaux-parents, ce qui n'est jamais facile, pour une jeune femme. En fait, son apparence était trompeuse. Elle n'avait rien de fragile. C'était une dure. Joe Kennedy s'en était tout de suite rendu compte. Il est vrai qu'il avait été alléché par une alliance avec les Auchincloss, d'autant qu'il se rendait bien compte que Newport était à un échelon au-dessus de Boston sur l'échelle sociale. Mais il voulait avant tout pour John quelqu'un qui ait quelque chose dans le ventre et assez de caractère pour le soutenir dans sa course à la présidence. »

Pendant la convalescence de John, Jackie l'encouragea à lire, à écrire et à peindre. Lorsque Rose Kennedy commença à se plaindre des notes de blanchissage, il dut arrêter de peindre — ce qu'il faisait dans son lit. Il se lança alors dans la rédaction d'un livre sur le courage politique, auquel il continua de travailler lorsque Jackie et lui s'installèrent, quelques mois plus tard, à Merrywood. John, qui ne pouvait pas encore s'asseoir, utilisait un pupitre et écrivait dans une position invraisemblable.

Jackie l'aida à établir le plan et dépouilla pour lui les ouvrages historiques, envoyés par la bibliothèque du Congrès, prenant des notes et rédigeant de longs passages. Le livre est une galerie de portraits, où sont décrits huit personnages importants (dont John Quincy Adams et Daniel Webster) et leurs réalisations face à de graves obstacles. Il l'intitula *Profiles in Courage* et rendit hommage à Jackie pour l'aide qu'elle lui avait apportée :

Ce livre n'aurait jamais vu le jour sans les encouragements, le concours et les critiques de ma femme, Jacqueline, dont je ne saurais jamais assez louer le soutien durant ma convalescence.

La sortie de *Profiles* au début de 1956 fut annoncée par des articles flatteurs, dont beaucoup étaient de complaisance ; grâce à un important budget de lancement, accordé par Joe Kennedy, le livre ne tarda pas à figurer sur les listes de best-sellers. Il reçut même le prix Pulitzer catégorie biographies. Il aurait peut-être choisi d'écrire si son frère aîné n'avait pas été tué, déclara-t-il à des amis. Evoquant un jour devant Margaret Coit son bref passage au service international du syndicat de la presse Hearst, il avait été jusqu'à dire qu'il aimerait mieux remporter le prix Pulitzer que de devenir président des Etats-Unis.

Quelle était la participation réelle de Kennedy à la rédaction du livre, et même à celle du précédent, *Why England Slept,* defense unilatérale de la position isolationniste de son père durant la guerre, qui, comme *Profiles in Courage,* avait figuré sur les listes de best-sellers ?

Blair Clark, ami de Kennedy et ancien camarade de chambre de Harvard, assista, pendant la convention démocrate de Chicago, en 1956, à un déjeuner à l'hôtel Blackstone, au cours duquel on en vint à parler des œuvres écrites de John Kennedy. « Nous avions à notre table John Kennedy et un éditorialiste, Joe Alsop, et nous nous demandions quelle était la vraie part de John dans la rédaction de *Profiles in Courage.* Pour plaisanter, je dis : " Tu te rappelles sûrement le jour où nous nous sommes rencontrés à la bibliothèque Widener (à Harvard) et où tu m'as demandé de récrire des passages de *Why England Slept.* " Cette remarque le rendit furieux. Mais il était bien vrai qu'il me l'avait demandé. Sans doute me faisait-il confiance, car j'étais rédacteur en chef du *Harvard Crimson,* le journal des étudiants, dans lequel, sur sa demande, je l'avais fait entrer.

« Autant que je me souvienne, c'est au printemps 1940 que je me cognai dans John à la Widener. Il venait de passer six mois en Angleterre à rédiger sa thèse. Il l'avait avec lui et voulait que je la revoie. Je passai trois ou quatre après-midi accablants sur le manuscrit. J'aurais pu me borner à écrire quelques paragraphes originaux, mais en fait je le récrivis et l'annotai. J'avoue avoir été très étonné qu'il trouve un éditeur. »

Blair Clark ne fut pas le seul à participer à la mise en forme du manuscrit. Beaucoup plus importante fut la contribution d'Arthur Krock qui retravailla entièrement la thèse afin de la rendre publiable. Krock, confrère de Joe Kennedy, proposa de faire rédiger la préface de *Why England Slept* par Henry Luce, grand ami de Kennedy. Quelques mots du fondateur du *Time* contribueraient au succès du livre

Mais Joe Kennedy alla plus loin. Pour s'assurer que le livre figurerait sur la liste des best-sellers, il fit racheter le stock de tous les libraires du pays. Tom Hailey, jeune étudiant employé à de menus travaux dans la propriété des Kennedy à Hyannis Port au début des années quarante, raconte avoir passé une semaine dans le grenier et dans le sous-sol de la maison à compter les exemplaires de *Why England Slept.* « Ils étaient empilés du sol au plafond, dans des boîtes, des cartons et des caisses. Je n'avais jamais vu autant de livres du même auteur à la fois. J'en comptai peut-être trente ou quarante mille exemplaires. »

En dépit de toutes les bruyantes déclarations contraires, John Kennedy n'était apparemment pas pour grand-chose dans la version finale de *Profiles in Courage,* en tout cas pour beaucoup moins qu'il ne voulait bien l'admettre.

Ted Sorensen rédigea d'importants passages de ses différentes versions. Jackie demanda à Jules Davids, le professeur d'histoire américaine qu'elle avait eu à l'université de Georgetown, d'apporter son concours.

« Sorensen et moi sommes responsables de l'essentiel de la rédaction de *Profiles in Courage,* affirme Davids. Arthur Schlesinger, Jr., James MacGregor Burns et Arthur Holcombe y participèrent également. Alan Nevins en écrivit la préface et donna quelques conseils. Mais Sorensen et moi en rédigeâmes l'essentiel. On pourrait presque définir le livre comme une publication officielle, résultat de collaborations multiples de documentalistes, de secrétaires et de conseillers. »

Jackie se chargea de trouver un éditeur. Angele Gingras, qui n'avait pas vu Jackie depuis l'époque où elles étaient toutes les deux au *Washington Times-Herald,* la rencontra au printemps 1955 chez Lord & Taylor à New York. Jackie questionna Angele sur les éditeurs.

« Nous étions au rayon tissu, et, prenant des sièges, nous nous assîmes une heure à bavarder, dit Angele. Jackie évoqua les problèmes de dos de son mari. Puis elle parla de *Profiles in Courage,* disant que John rédigeait, mais qu'elle l'aidait. Elle espérait trouver un éditeur et se demandait s'il fallait prendre un agent littéraire et si je pouvais lui en recommander un. Elle voulait aussi savoir s'il fallait soumettre le manuscrit à plusieurs éditeurs à la fois (pratique courante aujourd'hui, mais qui à l'époque ne l'était pas). Je lui conseillai de traiter directement avec les éditeurs, et d'en toucher un à la fois. »

Jackie s'adressa à Cass Canfield chez Harper & Brothers, parce que son fils Michel avait épousé Lee. Canfield lut une première version du manuscrit, qu'il trouva sommaire, mais intéressant, offrit à Kennedy une modeste avance et confia le livre à Evan W. Thomas, fils du leader socialiste américain Norman Thomas.

Canfield et Thomas allèrent voir les Kennedy à Merrywood. Selon Thomas, « John avait tellement mal au dos qu'il ne pouvait pas prendre le manuscrit sur la table à côté de sa chaise. Après ce rendez-vous, nous communiquâmes surtout par téléphone. Si ce n'est pas lui qui a écrit *Profiles in Courage,* il en connaissait en tout cas parfaitement le contenu. Lorsqu'on l'interrogeait sur une page, un paragraphe, ou même une phrase, il savait toujours répondre. Lorsque John et moi n'étions pas d'accord, Jackie prenait invariablement le parti de son mari. Il est difficile de déterminer qui a fait quoi dans ce livre. Il ne fait aucun doute que Ted Sorensen ait apporté une grande aide. La question de savoir si John n'a pas été le seul auteur du livre reste ouverte. »

La controverse autour de l'attribution du prix Pulitzer à JFK pour *Profiles in Courage* rebondit le 7 décembre 1957, à l'émission de Mike Wallace sur ABC, lorsque le journaliste Drew Pearson qualifia de scandale national la récompense accordée à Kennedy pour un livre qu'il n'avait pas écrit. John Kennedy, ayant suivi l'émission, téléphona le lendemain matin à Clark Clifford, avocat de Washington, dont le cabinet avait traité plusieurs affaires mineures pour le compte de la famille. « J'arrive tout de suite », dit-il à Clifford.

« Pendant que John était assis en face de moi, raconte Clifford, son père téléphona, disant : " Demandez soixante millions de dollars à ce salaud ! "

— Ce n'est pas vraiment la bonne méthode ", lui répondis-je.

« John et moi partîmes pour New York et passâmes deux jours avec les gens d'ABC, compulsant les masses de notes qu'il avait écrites pendant qu'il était alité. Nous réussîmes, sans toutefois les convaincre, à les persuader de faire une rétractation au cours de l'émission de la semaine suivante. Je sais que Drew Pearson avait ses doutes. Mais John et son père semblaient satisfaits.

« Je me demandais pourquoi cette affaire les agitait tant. Mais lorsque je compris que John allait se lancer dans la course à la présidence, je ne m'étonnai plus de leur émotion. Il aurait été accablant pour un candidat à la présidence de se voir officiellement accusé de s'être indûment présenté comme un auteur à succès, alors qu'il n'avait même pas écrit le livre. »

Après six mois d'absence, John Kennedy reprit ses fonctions sénatoriales. Il ne voulait pas utiliser de béquilles en public, refusait la chaise roulante et tenait à marcher seul ; mais son dos le faisait toujours souffrir. Il alla consulter un nouveau médecin à New York, Janet G. Travell, qui lui prescrivit un corset orthopédique, lui recommanda de dormir sur un matelas en crin extra-dur, de se détendre sur une chaise à bascule et d'utiliser des chaussures correctives, avec un demi-centimètre de différence entre chaque semelle.

« L'opération n'avait rien arrangé, explique le Dr Travell. Les méthodes que je proposais, associées à de la gymnastique suédoise et autres exercices, se révélèrent beaucoup plus efficaces. Je recommandai des massages, des bains chauds et des cataplasmes. J'avais évidemment la partie belle. Il était facile rétrospectivement de dire : " L'opération n'a pas marché. Jamais je n'aurais fait ça. " Mais à l'époque, la décision d'opérer semblait la meilleure.

« Un jour que j'avais examiné John, Jackie me demanda s'il existait des piqûres qui supprimeraient totalement la douleur. Je répondis que de telles piqûres existaient, mais que cela supprimerait toute sensation en dessous de la taille. Jackie fronça les sourcils et John dit en souriant : " Nous n'allons pas faire ça, hein, Jackie ? " »

A la mi-juin, il se sentit assez bien pour recevoir à Hyannis Port quatre cents parlementaires et hauts fonctionnaires avec leurs épouses. L'événement annonçait le retour de Kennedy et préparait un prochain coup de théâtre. Jackie faisait les honneurs ; elle arborait son large sourire, mais se sentait quelque peu mal à l'aise. Elle n'appréciait pas d'être poussée en avant par son mari avec ces mots : « Je voudrais vous présenter ma femme... Jackie. » Elle n'aimait pas les réunions politiques et encore moins leur public.

Mrs. John F. Kennedy snobait fermement le monde politique. Elle considérait les hommes comme de grossiers mâchouilleurs de cigare et les femmes comme d'assommantes rabâcheuses : les unes et les autres se conduisaient comme s'ils étaient en permanence sur un plateau de télévision, manifestant en toutes circonstances le conformisme le plus épais à grands coups de phrases toutes faites. Selon Jackie, les femmes de ce milieu ne parlaient que chiffons, enfants et petits-enfants, régimes et livres de cuisine. Elles échangeaient des recettes et se répandaient en remarques sirupeuses sur « les braves gens de l'Amérique profonde », qui formaient ces masses dont le vote commandait le retour de leurs maris à Washington.

« Jackie n'était ni Elsie de Wolfe, ni la maharané de Cooch-Behar, mais elle était beaucoup plus fine que la plupart de ces femmes de politiciens, dit Truman Capote. Elle était à la fois naïve et fine mouche. Elle ne supportait pas ces créatures. Elle brocardait leur manque de chic et leur dévotion aveugle à la carrière de leurs maris. " Quelles gourdes ", disait-elle.

« La supériorité de Jackie tenait à son éducation new-yorkaise, à sa fréquentation des meilleures écoles et à ses voyages à l'étranger. Elle était acquise, pas innée. Cela la mettait à part parmi les femmes dont les maris avaient choisi de faire carrière dans la politique. Elle avait plus de flair, de goût et d'imagination.

« Nous nous voyions au Carlyle Bar, où j'écoutais toutes ses histoires de famille. Le jour qu'elle avait emmené sa jeune demi-sœur Nina acheter son premier soutien-gorge. La fois où, des années plus tard, lors du mariage de Nina avec Newton Steers, Jr., elle était entrée tout habillée dans une baignoire vide pour une démonstration de douche vaginale (" Il vaut mieux se servir de vinaigre, de vinaigre blanc, conseilla-t-elle à Nina. Et si on ne fait pas attention à la dilution, on peut se brûler "). Imaginez Eleanor Roosevelt, Bess Truman ou Mamie Eisenhower traiter du bel art de la douche vaginale ! »

A la fin de l'été 1955, les fonctions de Kennedy à la commission des Affaires étrangères du Sénat procurèrent à John et Jackie l'occasion d'un voyage de deux mois en Europe. Ce périple comprenait dix jours en Pologne et une audience du pape. Ils furent reçus à Rome par Clare Boothe Luce, ambassadeur des Etats-Unis en Italie, à un dîner, auquel assistait le ministre des Affaires étrangères français Georges Bidault. Kennedy et Bidault étaient très désireux de se parler, mais ne pouvaient pas se comprendre, aussi fit-on appel au talent d'interprète de Jackie.

Bidault devait lui écrire : « Jamais je n'ai rencontré autant de sagesse, alliée à tant de charme. »

A Paris, elle écuma les antiquaires et assista à de nombreuses présentations de mode. Lors d'un cocktail, elle fut présentée à la fameuse Wallis

Simpson, duchesse de Windsor, qui prit Jackie à part pour lui demander comment elle réussissait à « tenir en bride » son impétueux mari.

« Je boude, dit Jackie. Il ne supporte pas les bouderies. Ça le rend fou. »

Jackie avait d'autres ressources. Elle excellait à ramener les hommes à la modestie. A la fin de leur voyage, les Kennedy, accompagnés de l'auteur dramatique anglais, sir William Douglas-Home, furent invités dans le midi de la France à une fête, donnée sur son yacht par l'armateur milliardaire grec Aristote Onassis. Churchill était de la partie. Au contraire de son père, John Kennedy l'admirait beaucoup. Il s'habilla pour l'occasion et montra beaucoup d'empressement envers le vieil homme, espérant l'impressionner. Mais Churchill, qui, ce jour-là, n'était manifestement pas dans son assiette, remarqua à peine le sénateur. En quittant le bateau, Jackie pointa le doigt sur le smoking blanc de son mari et dit : « A mon avis, il t'a pris pour le maître d'hôtel. »

Rentrés aux Etats-Unis au mois d'octobre, les Kennedy entreprirent de trouver un logement définitif. Ils acquirent l'une des trois maisons du domaine Kennedy de Hyannis Port. En outre, Jack acheva le règlement des 125 000 dollars que représentait l'achat de Hickory Hill, manoir géorgien de briques blanches au milieu de trois hectares de bois à McLean en Virginie, à trois kilomètres de Merrywood. Cette maison avait abrité le quartier général du général George B. McClellan lors de la guerre de Sécession. Elle dominait une pente abrupte et une longue allée en U y donnait accès. La propriété comportait des écuries, des vergers et derrière la maison, au sommet de la colline, une piscine, où John pouvait pratiquer les exercices recommandés par le Dr Travell.

Pour prévenir les contractions musculaires qui lui bloquaient le dos et le cou, Kennedy prenait de la novocaïne en piqûres et de la cortisone en comprimés. Malgré les constants démentis de son bureau politique, il était bel et bien traité pour la maladie d'Addison. Le traitement, assez efficace, comportait, outre la prise quotidienne de cortisone, l'implantation tous les trois mois dans les muscles des cuisses d'acétate de désoxycorticostérone (DOCA) sous forme de pilules retard, dosées à 300 mg. Ces deux médicaments combinés ne stimulaient pas seulement sa production déficiente d'adrénaline (cause principale de la maladie d'Addison) mais aussi sa libido.

« Cela confinait au comique, témoigne le Dr Gerald Ehrlich, spécialiste du comportement sexuel. Lorsqu'on administre à un homme des doses importantes de cortisone, ses appétits sexuels se déchaînent et il arrive très souvent qu'il soit frappé de priapisme. Dans le cas de Kennedy, ces absorptions massives et prolongées de cortisone ont certainement stimulé sa virilité. Mais, au-delà de ses besoins physiques, son psychisme le poussait à l'outrance. Il avait constamment besoin de se prouver quelque chose, de prendre des risques, de se montrer supérieur aux règles sociales. »

Tandis que Jackie s'occupait d'arranger leur nouvelle maison, s'attachant particulièrement à l'aménagement de la chambre d'enfants, John renoua avec sa vie extraconjugale. Les dossiers du FBI révèlent que du milieu de 1955 à la fin de 1959, il loua une suite au septième étage de l'hôtel

Mayflower à Washington. Un informateur anonyme du FBI qualifiait cette suite d'« aire de jeu personnelle de Kennedy » et raconte qu'il assista à une réception au Mayflower où le sénateur John Kennedy et le sénateur Estes Kefauver, autre éminent coureur de jupons, firent l'amour à leurs petites amies respectives devant tous les convives. La chose faite, les deux sénateurs échangèrent leurs partenaires et recommencèrent. »

Dans un livre paru en 1987, *Capitol Hill en Black and White*, souvenirs d'un ancien maître d'hôtel du Sénat, Robert Parker confirme ces dires[1]. Au milieu des années cinquante, Parker travaillait pour Harvey's, restaurant à la mode de Washington, situé tout à côté du Mayflower. « Contrairement à d'autres sénateurs, écrit Parker, Kennedy y prenait rarement ses repas. Au début, il passait commander le dîner, que je lui portais dans sa garçonnière... au Mayflower. Puis il commanda par téléphone ; moi et d'autres garçons, selon le nombre des invités de JFK, apportions les plats dans la chambre et faisions le service... Kennedy y donnait constamment des parties fines. Il était parfois seul avec une femme, parfois il réunissait plusieurs hommes et leurs petites amies. Lui-même ou un de ses assistants m'appelait le matin pour me demander de préparer la chambre. Je dressais le bar, préparais une collation et veillais à ce qu'il y ait beaucoup de glace. »

Outre ces réunions intimes, John Kennedy donnait de grandes réceptions au Mayflower pour des célébrités, tels Audrey Hepburn, Betty Grable, Judy Garland, Marlène Dietrich (que le père de John prétend avoir séduit, en 1939, lors d'un séjour sur la Côte d'Azur), Bing Crosby et Frank Sinatra. Ce dernier, inépuisable rabatteur de séduisantes jeunes femmes, était entouré des plus grandes prévenances de la part de Kennedy. « JFK commandait une cargaison de homards... et Harvey's les préparait et les servait avec la garniture habituelle », écrit Robert Parker. Kennedy renvoya par la suite l'ascenseur à Sinatra en lui ouvrant nombre de portes et en l'introduisant auprès de certains des hommes les plus influents du Capitole.

Le mariage de Peter Lawford, membre du fameux « *Rat Pack* » de Sinatra, avec Pat Kennedy, rapprocha encore les deux hommes. Joe Kennedy, quant à lui, s'opposa farouchement à ce mariage. « Pour moi, il n'y a pire gendre qu'un acteur, déclara l'ambassadeur à Lawford, lorsqu'il le rencontra. Sinon un acteur anglais », ajouta-t-il.

Peter Lawford ne parvint pas à s'entendre avec Joe Kennedy, si bien que lorsqu'il venait à Hyannis Port ou à Palm Beach, il n'habitait presque jamais chez son beau-père. Mais il devint un partisan acharné du futur président, lui procurant la complaisance d'actrices et de danseuses de cabaret que Kennedy retrouvait dans une thébaïde californienne. Comme Langdon Marvin et d'autres partisans ou employés de JFK, Lawford jouait souvent auprès de lui un rôle de chaperon, détournant l'attention des journalistes et offrant pour Jackie un alibi commode.

Non que Kennedy ne puisse se débrouiller tout seul. Il n'avait en fait nul

1. Robert Parker, *Capitol Hill en Black and White*, pp. 84-85.

besoin d'entremetteur, ni même d'alibi, il lui arrivait souvent de s'afficher avec sa dernière conquête. Lance Morrow, reporter au *Time* et auteur de *The Chief, A Memoir of Fathers and Sons,* rapporte que Bobby Baker, séide de Lyndon Johnson, vit le sénateur Kennedy, à l'automne 1955, sortir d'un cinéma en compagnie d'une somptueuse blonde. « Elle avait d'aimables rondeurs, et mesurait plus d'un mètre quatre-vingts », raconta Baker à ses copains[1].

La blonde en question était probablement la belle actrice de variétés Tempest Storm, qui changeait de couleur de cheveux à chaque spectacle et dont les attributs physiques étaient impressionnants. Kennedy rencontra Tempest en 1955, alors qu'elle jouait au Casino Royal de Washington, et il la vit cette année-là, à chaque fois qu'elle était dans le secteur. Elle qualifia leurs rapports d'orageux, mais sexuellement satisfaisants, et précisa que Kennedy était insatiable au lit.

Philip Nobile (alias V. de Foggia) écrivit un article intitulé « JFK et l'adolescente » pour le numéro de juillet 1955 de *Penthouse's Forum,* dont il était alors rédacteur en chef. Il y prétend que vers le milieu des années cinquante, Kennedy eut une liaison avec une étudiante de Radcliffe, qui travailla par la suite à Washington. La discrétion n'était pas son fort ; il arrêtait souvent sa voiture devant son pavillon de Radcliffe. Il la voyait chaque fois qu'il allait à Boston. McGeorge Bundy, doyen de Havard avant de devenir membre du conseil de sécurité sous l'administration Kennedy, aurait mis John en garde « contre tant d'ostentation ». Kennedy ignora ces conseils de prudence.

« Si la vie amoureuse de Kennedy n'eut guère de témoins, il y avait suffisamment de preuves indirectes contre lui, dit Marianne Strong. Avant de devenir agent littéraire, lorsque j'assurais la rubrique mondaine pour le *New York World-Telegram,* je me rappelle l'avoir vu à une réception à l'hôtel des Ambassadeurs de Park Avenue, serré dans un coin contre Vivi Stokes Crespi. Ils étaient très occupés l'un de l'autre. Jackie n'était pas là. Jackie et Vivi s'étaient liées d'amitié à leurs débuts dans le monde, c'est pourquoi je remarquai tout de suite ce tableau plutôt étrange. »

Emile de Antonio, grand cinéaste et pivot de la vie artistique de New York, connaissait plusieurs des femmes avec lesquelles Kennedy sortait alors. « J'étais de la promotion de JFK à Harvard, la promotion 40, et je peux témoigner qu'il sortait avec quantité de femmes haut placées. Le pouvoir étant le plus puissant aphrodisiaque de notre temps, JFK se permettait tous les caprices. C'est la raison principale pour laquelle la famille s'opposa à toute enquête sur son assassinat. Durant sa présidence, il avait eu des liaisons avec des femmes très en vue, et les Kennedy ne souhaitaient pas attirer de publicité sur cet aspect de sa vie.

« Ses relations avec les femmes ne dépendaient pas que de ses pulsions sexuelles. Il lui arrivait d'avoir des amitiés platoniques. Je connaissais une de

---

1. Lance Morrow, *The Chief : A Memoir of Fathers and Sons,* p. 100.

ses amies, une fille de Boston, Kay-Kay Hannon, aujourd'hui mariée à Douglas Auchincloss, parent de Hugh Auchincloss. Après l'avoir été à Shipwreck Kelly, ex-mari de Brenda Frazier, et à un King, de la célèbre famille d'éleveurs du Texas. John et Kay-Kay étaient proches, jusqu'à quel point, je n'en sais rien. A quoi tient ce que se disent deux personnes quand elles sont ensemble ? Quand on veut raconter tout ce qu'on a sur le cœur, y compris ses problèmes matrimoniaux, on ne s'adresse pas à n'importe qui. Je ne suis pas du tout sûr que JFK se soit jamais livré. Peut-être réservait-il ses états d'âme à Jackie. Elle le connaissait probablement mieux que quiconque et peut-être cette complicité constituait-elle leur lien principal. »

Ormande de Kay alla voir les Kennedy à Hickory Hill au début de mai 1956. « C'était la première fois que je voyais Jackie depuis son mariage. Jackie était enceinte, et la naissance était prévue pour septembre. Sa mère et elle avaient décoré la maison. Il y avait des échantillons de tissus et de papiers peints sur la table basse. Il était impossible de discerner le degré d'entente entre John et Jackie. Je me souviens qu'il évoqua les monstrueux embouteillages qui se reproduisaient chaque matin entre McLean et Washington et qu'elle répondit : " Qu'est-ce que cela peut bien te faire ? Tu n'es jamais assez longtemps à la maison pour en être gêné. "

« Après le dîner, il nous confia les projets politiques de sa famille. Il était prévu que les trois frères entrent au Sénat. John s'y trouvait déjà, aussi travaillait-il à aller plus loin ; il mentionna la vice-présidence. Ils allaient faire élire Bob sénateur de New York. Et ils préparaient l'entrée en lice de Ted dans l'Arizona contre Barry Goldwater. Ils ne semblaient pas tenir ce dernier en très haute estime.

« De tous les hommes qu'elle aurait pu épouser, il est étonnant que Jackie ait jeté son dévolu sur un politicien aussi ambitieux. Elle paraissait si loin de la politique. En outre, John était un coureur notoire, tout comme l'était le père de Jackie. Ils étaient tous les deux du genre à sauter sur tout ce qui bouge. La pensée qu'elle pourrait réussir là où sa mère avait échoué fut, à mon avis, pour quelque chose dans la fatale attraction qu'elle éprouva pour lui : amener au repentir un mari polygame. »

Le 1er juillet suivant, sur le plateau de *Face the Nation* sur CBS, le sénateur Kennedy devait déclarer : « Je ne suis pas candidat à la vice-présidence et je doute fort d'être choisi pour tenir ce rôle. » Puis il énuméra quatre raisons qui l'empêcheraient, selon lui, de faire partie de l'équipe démocrate pour la conquête de la Maison-Blanche aux côtés d'Adlai Stevenson : il était catholique ; à trente-neuf ans, on pouvait le juger trop jeune ; il fallait un homme du Sud pour équilibrer la popularité de Stevenson dans le Nord-Est ; enfin son soutien à certains projets de loi n'avait pas été bien vu de tous. Mais il se hâta d'ajouter qu'il serait très honoré et qu'il « accepterait bien évidemment cette désignation ».

Trois semaines plus tard, il se rendait à Los Angeles pour enregistrer le texte d'un film de vingt minutes sur l'histoire du parti démocrate, commandé pour servir d'introduction au discours d'ouverture à Chicago. Il était prévu que ce film serait projeté immédiatement avant le discours, prononcé par Franck Clemens, gouverneur du Tennessee[1].

Le film avait été conçu par Dore Schary, chef de production à la Metro Goldwyn-Mayer, et écrit par Norman Corwin. Selon certaines rumeurs, Joe Kennedy en avait financé la production, d'où le choix de John comme présentateur. En vérité le film avait été commandé par le comité national du parti démocrate, et le choix de Kennedy releva quelque peu du hasard. Lorsque Corwin eut achevé le script, il discuta avec Schary du choix d'un présentateur. Ils tombèrent d'accord sur le fait qu'il vaudrait mieux que le texte fût dit par un homme politique plutôt que par un acteur — mais lequel ? Après quelques hésitations, il avança le nom du sénateur John Kennedy qu'il décrivit comme un brillant sujet, « jeune ; plein de charme et d'avenir ». Corwin lui ayant demandé si Kennedy serait disposé à le faire, Murrow répondit : « Il sautera sur l'occasion. Cela ne peut qu'augmenter son prestige dans le parti. »

Corwin rapporta cette proposition à Schary, qui l'accepta et la transmit à Paul Butler, président du comité national démocrate. Kennedy accepta d'emblée et se rendit à Brentwood, chez Schary pour y rencontrer ce dernier et Corwin. Pendant le dîner, ils discutèrent du script. Jack proposa deux modifications mineures, dont l'une était de supprimer une allusion à son père, déclarant en riant qu'il serait plus prudent de ne pas insister là-dessus dans un film consacré à la noble histoire du parti.

Fidèle à lui-même, John n'avait pas fait seul le voyage de Los Angeles. Sa compagne, qui ne l'accompagna toutefois pas chez Schary, était une beauté riche et lancée qui se faisait appeler « Pooh », mais que ses intimes nommaient plus simplement « P ». D'après Langdon Marvin, « elle était éblouissante, mais pas particulièrement brillante. Elle n'en avait pas besoin. Ajoutant à sa beauté la plus grande liberté de mœurs, elle fascinait John ».

Jackie était enceinte de sept mois, lorsqu'elle arriva avec John le 13 août à Chicago pour l'ouverture de la Convention démocrate. Kennedy croyait en ses chances d'être choisi comme colistier d'Adlai Stevenson. Ses deux frères et lui étaient installés dans des suites contiguës d'un hôtel du centre. Jackie était hébergée par son beau-frère et sa belle-sœur Sarge et Eunice Shriver dans leur appartement de Lake Shore Drive, magnifique logement de fonction du directeur du Chicago Merchandise Mart appartenant à Joe Kennedy.

Malgré son état, et la chaleur écrasante qui régnait à Chicago, Jackie assista à un petit déjeuner à l'hôtel Palmer House, qui rassemblait tous les

---

1. La projection du film devant la Convention fut retransmise par NBC, ABC et Mutual, mais CBS préféra diffuser une série d'interviews de délégués du parti. Le film ayant été conçu pour faire partie de la présentation de leur programme, les démocrates, irrités contre CBS, adressèrent à la chaîne une très ferme protestation, présentant cette coupure comme une insulte, non pas seulement au parti lui-même, mais aussi à la Convention, aux téléspectateurs et au sénateur Kennedy, lequel n'en fut cependant pas une seconde troublé.

délégués de la Nouvelle-Angleterre, et à divers événements de la Convention elle-même, dont le discours de son mari en faveur d'Adlai Stevenson. Il existe une photo de Jackie et Jean Kennedy, qui venait d'épouser Stephen Smith, homme d'affaires new-yorkais, debout sur leurs sièges, agitant, survoltées, de petits drapeaux, où est écrit : « Stevenson Président. »

En dépit de sa volonté de partager cette excitation, Jackie ne comprenait pas bien à quoi correspondait toute cette clameur. Il lui manquait le sens politique de la famille Kennedy ; elle l'acquerrait plus tard. La seule personne à la convention qui prît la peine de lui expliquer de quoi il retournait fut Josefa Moss, sœur de Lyndon Johnson. Lorsqu'elle mourut d'un cancer en 1960, Jackie écrivit à lady Bird Johnson et lui rappela dans sa lettre la présence de Josefa à la Convention — « dans l'atmosphère frénétique de ces journées, j'en vins à beaucoup l'aimer. Dans cette arène survoltée, je la retrouvais chaque jour avec le plus grand plaisir ».

Le soir du deuxième jour de la Convention, Jackie accompagna son mari à « un champagne, offert par Perle Mesta, aux épouses en campagne », à l'hôtel Blackstone, tapageuse mêlée, où Jackie ne connaissait presque personne. « J'étais timide et gauche », reconnut-elle plus tard. Le reporter d'un journal de Boston la dépeignit, plantée seule au milieu du tumulte, les yeux écarquillés « comme une petite fille parmi les adultes... Elle ne semblait pas tant mal à l'aise qu'absente, étrangère à ce qui se passait ».

Perle Mesta, « la super-hôtesse » de l'époque, ne se rappelait pas avoir rencontré Jackie au bal du couronnement en 1953 à Londres, quant aux Kennedy, ils ne l'impressionnaient pas outre mesure. Interviewée après la soirée, elle devait déclarer : « Je ne m'attendais pas à voir John Kennedy arborer des souliers marron avec son smoking. » Elle qualifia Mrs. Kennedy de « beatnik », qui ne s'était même pas souciée de mettre une paire de bas.

Jackie n'oublia pas cet affront. Lorsqu'elle devint *First Lady* en 1961, elle qualifia les réceptions de Perle Mesta « d'archi-conformistes » et l'accusa de se comporter trop souvent « en épouse de maquignon ». Sous l'administration Kennedy, Perle Mesta ne reçut guère, et ne fut jamais invitée à la Maison-Blanche, ce qui ne lui était jamais arrivé.

En 1952, employée au *Washington Times-Herald,* Jackie avait exprimé dans une lettre à la journaliste Bess Furman ses sentiments sur la presse : « C'est un monde qui me passionne ; j'ai pour la presse les mêmes sentiments que l'on peut avoir à dix ans devant une vedette de cinéma. » Mais lorsque de chasseur Jackie devint gibier, elle changea rapidement d'avis. Elle se brouilla avec la presse, sitôt après son mariage ; dès 1956, elle considérait les médias comme ses ennemis personnels.

Maxine Cheshire, jeune et ambitieux reporter du *Washington Post* voulut interviewer Jackie à la Convention nationale démocrate. « Peu après que la Convention se fut prononcée en faveur de Stevenson, je repérai Jackie assise dans la loge des Kennedy. Je voulus connaître sa réaction, mais à peine avais-je prononcé le mot journal qu'elle ne voulut plus rien entendre... Lorsqu'elle se leva et quitta la loge, je la suivis dans la salle. Et lorsqu'elle s'engagea dans l'escalier qui conduisait au garage en sous-sol, je ne la lâchai pas. Quand elle s'aperçut, une fois dans le garage, que je la suivais toujours, elle remonta sa robe et se mit à courir[1]. »

Sa grossesse ne la gênait apparemment pas, car elle distança en quelques instants le reporter du *Post*.

Jackie se trouva de nouveau sur le pont, lors du scrutin pour la vice-présidence. Dans l'espoir de galvaniser la Convention, Adlai Stevenson avait décidé, après sa victoire, de laisser les délégués choisir son colistier plutôt que de le désigner lui-même. La nouvelle provoqua un choc dans le camp Kennedy, qui avait espéré pouvoir compter sur le soutien direct de Stevenson.

La seule fois où Jackie se trouva directement mêlée à des manœuvres électorales fut dans la nuit frénétique qui précéda le scrutin pour la désignation du candidat à la vice-présidence. Elle se trouvait dans la chambre d'hôtel de John avec Ted, Bob, Sargent Shriver, Jean Kennedy Smith, Ted Sorensen, Charles Bartlett, John Bailey et d'autres. « Je ne me souviens pas avec précision de la présence de John, mais je me rappelle un grand tumulte et Bob disant qu'il nous fallait tous travailler à obtenir pour le lendemain le maximum de suffrages, devait-elle raconter plus tard. Je me rappelle Bob me demandant si j'avais des relations dans le Nevada ou tout autre État. Je me rappelle aussi avoir passé là une grande partie de la nuit. Dans ces cas-là, quand la tension monte, on ne peut plus s'en aller... »

George Smathers se souvient du coup de téléphone qui le réveilla à 2 h 30 du matin. « C'était John me demandant de voter pour lui, lors du scrutin pour la vice-présidence. Je lui répondis de s'adresser au gouverneur du Connecticut, Abe Ribicoff. Il me répondit l'avoir déjà touché, mais qu'il désirait me voir aussi appuyer sa nomination. " Kefauver l'a dans la poche ", lui dis-je. Il insista pour se présenter, assurant que le scrutin était beaucoup plus ouvert qu'il n'y paraissait. Je finis par accepter, ne serait-ce que pour pouvoir dormir.

« Lorsque j'arrivai à la Convention le lendemain matin à 8 heures, les lieux étaient à demi vides. Je ne savais pas quoi dire. A ses débuts au Congrès, John n'était qu'un jeune parvenu, un fils à papa prétentieux. Plus tard, au Sénat, il ne se montra pas particulièrement assidu ni influent ; il semblait surtout occupé de parvenir aux plus hauts postes. Son ambition était évidente, mais elle était complètement détachée de tout souci de la nation. Il ne s'agissait que de gagner. Je ne pensais pas qu'il eût la moindre chance d'être désigné pour la vice-présidence. Pourtant, je me lançai. J'évoquai à la tribune le John F. Kennedy de la Seconde Guerre mondiale, héros du patrouilleur 109, etc. Comme il n'avait encore rien fait en politique, je parlai de sa famille, si active et distinguée, et répétai la même chose trois ou quatre fois de suite. Tout à coup, une douleur fulgurante me traversa le dos et la poitrine. Je me crus frappé d'une crise cardiaque, là devant les caméras de télévision. Mais ce n'était que Sam Rayburn, le président de la Convention,

---

1. Voir Maxine Cheshire, *Maxine Cheshire, Reporter*, pp. 49-50.

qui m'enfonçait son marteau dans les côtes, pour me prévenir que mon temps de parole était dépassé. " McCormack est arrivé ", me chuchota-t-il à l'oreille. John McCormack était l'orateur suivant. Jamais je ne fus aussi heureux d'abandonner le micro.

« Le discours de McCormack me parut encore beaucoup plus décousu que le mien, et si Bob Kennedy ne l'avait point poussé à la tribune, il ne l'aurait pas prononcé. Au bout du compte John fut battu par Estes Kefauver, mais sa défaite fut beaucoup moins nette que prévu. Joe Kennedy, en vacances sur la Côte d'Azur, estima son fils bienheureux d'avoir échoué : " Stevenson ne peut pas battre Eisenhower. Il vaut beaucoup mieux pour John qu'il reste hors du coup. S'il s'était présenté avec Stevenson, on lui aurait fait porter le chapeau de la défaite en incriminant sa religion. Et quitte à être balayé, autant l'être en se battant pour la première place. En 1960, il pourra briguer la première place. "

« Après la convention, Joe Kennedy commanda une étude sur le sentiment de l'électorat vis-à-vis de la religion — un catholique pouvait-il être président des Etats-Unis ? La réponse fut positive. Compte tenu de son expérience limitée, John avait obtenu un score étonnant, et pouvait espérer devenir le premier président catholique américain.

« Lorsque l'affaire fut jouée, nous nous retrouvâmes tous dans la suite de John, qui, montant sur le lit, nous adressa une allocution impromptue. Jackie versa quelques larmes. J'étais stupéfait de lui voir prendre cette défaite tellement à cœur. Après tout, la tentative de son mari n'avait été qu'une offensive de dernière minute. La leçon de cette candidature à la vice-présidence de 1956 est que JFK, en vingt-quatre heures de travail seulement, n'avait manqué que de très peu la victoire. Je suis persuadé que la seule raison qui l'avait poussé à se présenter avait été l'attitude de Stevenson, laissant à l'assemblée le soin de désigner son colistier. Comme tous les Kennedy, John était incapable de ne pas relever un défi.

« Avant la Convention, John, Ted et moi avions projeté d'aller faire un peu de voile en Italie après la bagarre. Mais la réaction de Jackie devant les résultats de la Convention et sa grossesse avancée me firent hésiter.

« Jackie insista pour que nous partions. " Allez-y. Vous avez tous travaillé si dur, surtout Jack. Il mérite bien un peu de repos. "

« Nous partîmes donc, mais John aurait dû se montrer plus avisé. Jackie avait fait une fausse couche, l'année précédente, ce qui pouvait laisser prévoir des complications. Elle s'était, en outre, beaucoup occupée de lui après son opération du dos. Et maintenant que c'était son tour d'avoir besoin de lui, il semblait l'abandonner. »

12

Sitôt après la Convention démocrate de 1956, Kennedy rentra à Boston avec sa femme. A l'aéroport de Logan, il chassa les journalistes, sous prétexte qu'il était épuisé et qu'elle était surmenée. « Je n'ai rien à déclarer. On a assez parlé de moi. »

Jackie avait décidé d'aller se reposer plusieurs semaines à Hammersmith Farm avec sa mère et son beau-père. John et Ted partirent très vite pour Paris. Ils passèrent leur première nuit à l'hôtel George-V, puis gagnèrent la Côte d'Azur, où Joe Kennedy avait loué une villa pour la saison. Clare Boothe Luce et les Douglas-Home étaient au nombre des invités. Sir William révéla à John combien son père avait été fier de le voir frôler la vice-présidence. « Dans deux ans, lui dit-il, le seul nom de cette Convention, dont on se souviendra, ce sera le tien. »

Avant de prendre une décision d'ordre politique, John avait voulu consulter son père. Mais pendant son séjour sur la Côte d'Azur, il reçut un conseil inattendu : celui de Winston Churchill. Aristote Onassis envoya à John de Monte-Carlo une invitation à venir sur son yacht, où se trouvait déjà Winston Churchill. John partit immédiatement avec l'espoir que cette deuxième rencontre avec Churchill serait plus heureuse que la première.

Onassis reçut John à bras ouverts et le conduisit auprès de Churchill, installé dans un fauteuil à l'endroit du pont qu'il affectionnait. Churchill, qui était au courant du beau score de Kennedy à la convention démocrate, lui demanda qu'elles étaient ses chances futures pour les présidentielles. « C'est difficile à dire, répondit Kennedy. Vous savez, je suis catholique.

— Vous pouvez toujours changer de religion, fit remarquer Churchill. Mais si j'étais vous, ajouta-t-il, je jouerais la carte du catholicisme. Ne donnez pas l'impression que vous essayez de le cacher. Affichez-le au contraire. Si vous l'affichez, on admirera votre courage. »

John rapporta ces propos à son père. « C'est la première fois que j'entends cet homme donner un avis sensé », dit l'ambassadeur.

Quelques jours plus tard, John et Ted se mirent en rapport avec George Smathers à Cannes et louèrent un voilier de douze mètres avec capitaine et cuisinier. Au nombre des matelots se trouvaient « P », la maîtresse de John, et une pulpeuse starlette française qui, d'après les chroniqueurs mondains, aurait été remarquée par Ali Khan.

George Smathers a toujours nié la présence de femmes sur le bateau, mais un correspondant du *Washington Star* interviewa par la suite le capitaine qui reconnut avoir vu « plusieurs femmes à bord ». Un autre journaliste prétend avoir rencontré une amie de « P », qui aurait confirmé que « P » était « la mystérieuse femme avec laquelle JFK fit une croisière en Méditerranée tout de suite après la Convention ». Cette même amie raconte que John aurait donné à « P » un livre (probablement *Profiles in Courage*) avec la dédicace suivante : « A P, en souvenir des moments passés ensemble, dans le passé et dans le futur, John Kennedy. »

Le 23 août, Jackie, qui n'était pas encore remise des fatigues de la Convention, eut une hémorragie et de fortes douleurs abdominales. Sa mère l'emmena immédiatement à l'hôpital de Newport. Pour essayer de sauver le bébé, on lui fit en urgence une césarienne. L'enfant, une petite fille, était mort-née.

La première personne que vit Jackie, en reprenant conscience, fut Bob Kennedy. Janet l'avait appelé à Hyannis Port, et il avait essayé en vain de joindre John par téléphone. Le bateau ne disposait apparemment pas de liaison radio avec la côte. Bob avait sauté dans une voiture et avait rejoint Newport, pour y remplacer son frère. C'est Bob qui annonça à Jackie la mort de son bébé. Des années plus tard, Jackie apprit que son beau-frère s'était occupé de l'enterrement de l'enfant. « Quand on avait des ennuis, on pouvait compter sur lui », disait-elle.

Ce ne fut que trois jours après la tragédie, le 26 août en arrivant à Gênes, que John parla à Jackie. Il était vaguement contrarié. « Je te conseille de te manier le cul, lui dit George Smathers, dès qu'il eut raccroché, et d'aller rejoindre ta femme, si tu veux avoir une chance d'être un jour président. » John regagna les Etats-Unis deux jours plus tard.

Le lendemain de son arrivée à Newport, alors que Jackie était toujours à l'hôpital, Kennedy assista à un dîner donné par Louis et Elaine Lorillard au Clambake Club. « Je le plaçai à ma droite, raconte Mrs. Lorillard, et il se montra tout à fait charmant. Il ne laissa rien échapper qui pût laisser croire qu'il y avait du tirage entre Jackie et lui. Tout le monde avait appris par les journaux la mort du bébé. Mais John affirma que Jackie se remettait et qu'elle serait sur pied dans un jour ou deux. »

Malgré cette sérénité apparente, son ménage était en crise. Un porte-parole de l'hôpital attribuait cette naissance malheureuse à « la tension nerveuse et à l'épuisement consécutifs à la Convention démocrate ». Charles Bartlett en voyait la cause dans le fait que Jackie n'avait pas dormi la nuit précédant le vote pour la vice-présidence. Rose Kennedy incriminait le tabagisme de Jackie (lorsqu'elle était énervée, elle n'arrêtait pas de fumer), tandis que Janet Auchincloss rejetait la faute sur John Kennedy (« il aurait dû rester auprès de toi », dit-elle à Jackie).

Plusieurs éléments, dont deux naissances dans la famille Kennedy, vinrent aggraver la situation. Le 25 août, deux jours après la mort de l'enfant de Jackie, naissait Sydney Lawford, deuxième enfant et première fille de Pat Kennedy et de Peter Lawford. Et le 9 septembre, naissait Mary Courtney Kennedy, cinquième enfant et deuxième fille d'Ethel et de Robert Kennedy. Ces naissances ne firent qu'aviver le désespoir de Jackie et son sentiment d'échec.

« Quoique les Kennedy ne le lui aient jamais dit en face, raconte Peter Lawford, ils lui faisaient bien comprendre qu'en matière de maternité, elle n'était pas à la hauteur. Ils ne se privaient pas de faire des commentaires derrière son dos. Ils insinuaient qu'elle était peut-être trop " bien née " pour avoir des enfants. Il faut dire que ces femmes étaient de vraies pondeuses, alors que Jackie avait manifestement du mal à en avoir.

« Ironie du sort, Pat et moi avions eu notre deuxième enfant deux jours seulement après la mort du leur. Mais nous n'étions pas à Chicago pour la Convention de 1956. Pat était restée à Santa Monica pendant les derniers mois de sa grossesse, alors que Jackie était allée soutenir John lors de son duel contre le sénateur Estes Kefauver. Si quelqu'un a joué les aristocrates bien nées, c'est Pat, et pas Jackie.

« En outre, Jackie fut seule pour tout assumer. John, à sa honte, était incapable de faire face à la situation : la fausse couche, l'enfant mort-né, les consultations, la césarienne, les transfusions sanguines, le séjour à l'hôpital. C'était au-dessus de ses forces, et, malgré toute l'affection et l'admiration que j'avais pour lui, je considère que cette attitude lamentable trahissait une grave faiblesse. »

Lorsque Jackie put quitter l'hôpital, elle retourna à Hammersmith Farm. Etant donné les circonstances, elle n'avait aucune envie d'aller à Hickory Hill, qu'elle avait décoré et conçu en songeant au bébé qui allait naître. Le vide qu'elle y aurait trouvé n'aurait fait qu'augmenter sa tristesse et sa déception, et lui rappeler toutes les nuits où elle s'y était retrouvée seule, tandis que son mari faisait de la politique ou courait les filles, ou les deux à la fois. « Tout allait de travers », dit-elle en parlant de cette époque.

« Comme il arrive souvent en période troublée, les différences de vue, d'intérêts et de manières de John et de Jackie s'exaspérèrent, explique Lem Billings. Ils étaient l'un et l'autre amers, désenchantés, renfermés, taciturnes, comme s'ils avaient peur que toute parole creuse encore la blessure. Ils étaient en quelque sorte refoulés, incapables de parler franchement. Jackie avoua à sa sœur Lee qu'elle craignait de ne pas pouvoir avoir d'enfant. Mais en présence de John, elle rejetait l'échec de sa grossesse sur cette exténuante Convention démocrate. Il réagit à ce genre de propos en se lançant dans la campagne pour Stevenson et Kefauver. »

La mésentente entre Jack et Jackie ne cessait de s'accroître. Les chroniques mondaines en vinrent à évoquer un prochain divorce. John vendit Hickory Hill (à prix coûtant) à Bob. Jackie se rendit à New York auprès de Lee, qui était séparée depuis un an de Michael Canfield et dont le mariage était sur le point d'être annulé.

« Il était effectivement question de divorce entre John et Jackie, reconnaît

Peter Lawford. Mais ce n'étaient que des bruits. Le *Time* rapporte une rencontre entre Jackie et Joe Kennedy à New York, au cours de laquelle Joe lui aurait offert un million de dollars pour rester avec John. Il y eut bien une rencontre, mais pas d'offre de ce genre. En fait, à la lecture de l'article du *Time,* elle téléphona à Joe. " Pourquoi seulement un million de dollars ? Pourquoi pas dix millions ? " demanda-t-elle en riant. Ce même bruit se répandit dans les années soixante. On raconta cette fois que Joe lui avait donné de l'argent pour rester pendant la campagne. Ces deux histoires sont fausses. Ils se virent en effet, mais Joe se contenta de dire à Jackie que son mari l'aimait, même s'il n'agissait pas toujours en conséquence. Il évoqua sans doute son propre mariage avec Rose et lui tint un discours éculé sur le sexe et l'amour, qui pour un homme sont deux choses distinctes[1].

« Je suis enclin à penser que là n'était pas le problème pour Jackie. Son père, son grand-père et son beau-père étaient tous des coureurs de jupons. Sans approuver ce comportement, il ne justifiait pas un divorce. Elle avait constaté les dégâts de celui de ses parents et ne voulait pas remettre ça. Je ne dis pas qu'elle n'était pas un peu revenue du mariage. Aurait-elle eu tout de suite des enfants, que les choses auraient peut-être été différentes. Cela les aurait probablement rapprochés plus tôt.

« Mais Jackie était surtout préoccupée par la carrière de John. Elle n'aimait pas la politique, incompatible pour elle avec ses goûts artistiques et littéraires, et avait appris à considérer les hommes politiques comme de vulgaires escrocs. Si John n'avait pas atteint son but en 1960, peut-être Jackie l'aurait-elle poussé vers une autre carrière ou bien l'aurait-elle quitté pour partir s'installer en Europe. Nous ne le saurons sans doute jamais. »

S'il ne fut pas question d'argent entre Joe Kennedy et sa belle-fille, Jackie présenta plusieurs exigences. Elle déclara, entre autres, ne plus vouloir être soumise à l'emprise souvent étouffante de sa belle-famille. Il était de tradition, pendant l'été et les vacances, que le clan Kennedy, les parents et les amis de la famille qui se trouvaient dans les parages se retrouvent tous les soirs à dîner autour de la mère et du père de John. « Une fois par semaine, c'est parfait, déclara Jacqueline. Mais pas tous les soirs. » Joe accepta.

Il accepta aussi que John se réinstalle à Georgetown avec sa femme ; il leur trouva un appartement au 2808, P Street NW, qu'ils occupèrent de janvier à mai 1957. Ils achetèrent ensuite une maison en briques rouges de 1812, au 3307, N Street NW. A l'étage noble se trouvait un immense salon

---

1. Lady Mary (May) Sommerville Lawford, mère de Peter Lawford, n'est pas de l'avis de son fils. Dans son autobiographie posthume, « *Bitch* » : *The Autobiography of Lady Lawford*, p. 77, elle écrit : « Le vieux Joe Kennedy offrit à sa belle-fille un chèque d'un million de dollars pour rester mariée avec John. Jackie Kennedy était une fille intelligente, une bonne femme d'affaires. " D'accord, si c'est exempt d'impôts ", aurait-elle répondu. » Interviewé par l'auteur du présent ouvrage, Peter Lawford déclara : « Ma mère se plaisait à répandre des commérages méchants et souvent faux sur le compte des Kennedy en général, et de Jackie en particulier. J'avoue l'avoir fait moi aussi. Ne croyez pas tout ce que vous lisez. »

haut de plafond, qui contenait deux cheminées. Une des fenêtres donnait sur une arrière-cour, plantée de magnolias. Au bout d'un étroit vestibule, la salle à manger, la cuisine et un minuscule office. Sur les instances de Joe Kennedy, John laissa toute liberté à sa femme pour décorer la maison, ce dont elle profita pleinement.

Malgré les concessions obtenues (John ne devait plus répondre au téléphone pendant le dîner), Jackie n'avait pas totalement oublié son ressentiment. A Palm Beach, cet hiver, elle exaspéra Rose en repassant indéfiniment le même disque de Cole Porter. Elle choqua volontairement sa belle-mère en venant déjeuner avec un short en toile rouge, un chemisier sans manches en soie jaune, des mules bleu vif, brodées de perles et une ceinture représentant des chauves-souris et l'inscription BATS IN YOUR BELFRY (vous avez une araignée au plafond).

Dans les jours qui suivirent la perte de son enfant, l'attitude de Jackie fut pour le moins imprévisible. Pour décrire l'humeur changeante de sa femme, John Kennedy traça sur une feuille de papier une ligne sinueuse, qu'il traversa d'un épais trait droit figurant la sienne. Jackie confirma cette opinion en disant de son mari : « C'est un roc, sur lequel je me repose en tout. »

« Je me rappelle un débat à Hyannis Port sur le bien-fondé d'une candidature à la présidence en 1960, raconte Lem Billings. Bob, qui avait dit publiquement que Jackie était " poète, artiste, fantasque, provocante et aussi très féminine ", se demanda si elle saurait s'adapter à la campagne et si son goût du ballet, de la chasse au renard, des gravures et objets d'art du XVIIIe siècle ne serait pas un repoussoir pour l'électeur moyen. Jackie s'insurgea, affirmant qu'elle ferait tout pour augmenter les chances de John.

« " Si elle est prête à faire campagne, dit John, la campagne est-elle prête pour elle ? L'Amérique est-elle prête à accepter Jackie ? "

« Il plaisantait, mais Jackie fut visiblement ébranlée. Elle bondit de son siège et se rua hors de la pièce. John lui courut après et la ramena. Jackie aimait bien taquiner, mais elle prenait mal la plaisanterie. Elle était trop susceptible. »

Peu après cet incident, au début de 1957, un journaliste surprit un éclat de la famille Kennedy au restaurant Le Pavillon de New York. Jacqueline réclama la note. « J'en ai assez. Je vais m'en aller, disait-elle à Bob. Vous autres Kennedy, vous ne pensez qu'à vous ! Qui d'entre vous a jamais songé à mon bonheur ? »

« C'est indéniable, les Kennedy étaient souvent insupportables, témoigne George Smathers. Rose Kennedy et Jackie ne se sont jamais bien entendues. Jackie comparait sa belle-mère à un " dinosaure sans cervelle ". Puis, il y avait les sœurs de John, toujours à se vanter de la fortune de la famille, du pouvoir de Joe, de son influence, de la façon dont John serait élu président en 1960. Leurs bavardages arrivaient à vous rendre dingue. Elles rendaient manifestement Jackie folle, et celle-ci leur en faisait probablement aussi voir de toutes les couleurs. »

D'après Igor Cassini, Jackie avait beaucoup de mal à se faire aux

« fameuses soirées Kennedy, ces fêtes délirantes, où les invités se jetaient dans les piscines, lorsqu'ils n'y étaient pas poussés.

« Je me rappelle une soirée dans la propriété de Charlie et Jayne Wrightsman à Palm Beach, à laquelle assistèrent les Kennedy. J'étais alors marié avec Charlene Wrightsman, fille d'un premier mariage de Charlie. Lorsqu'il était jeune et inconnu, John Kennedy avait fait la cour à Charlene, mais Charlie qui était ultra-républicain, avait clairement signifié qu'il ne voulait pas JFK pour gendre. En grande partie grâce à moi, John et Jackie se lièrent d'amitié avec Charlie et Jayne. Les Kennedy savaient que si on parvenait à faire changer Charlie d'opinion, il pourrait devenir un des soutiens de John dans sa future campagne. C'est exactement ce qui s'est passé. Charlie est devenu un des plus grands partisans de JFK, et a donné aux Kennedy de très importants subsides et de nombreux cadeaux.

« A cette fameuse soirée, tous les Kennedy, à l'exception de Jack et de Jackie, se mirent à chahuter. Bob, Ted, Stephen Smith et Peter Lawford s'enivrèrent et se mirent à jouer au *touch football* dans le salon des Wrightsman. Il en résulta une douzaine de verres brisés et plusieurs inestimables fauteuils signés disloqués. Les Wrightsman découvrirent plus tard que Peter Lawford avait donné plusieurs coups de téléphone en Californie, leur laissant une note importante.

« Jackie ne pouvait pas supporter ce genre de comportement. Ça la rendait extrêmement nerveuse. On sentait qu'elle avait envie de rentrer sous terre. Elle se rongeait les ongles et se tordait les mains. »

Jackie assista au débat au cours duquel John et les leaders du parti démocrate devaient choisir le siège de la Convention de 1960, où John Fitzgerald Kennedy recevrait l'investiture de son parti pour se présenter à la plus haute fonction du pays. Dans un moment de silence, quelqu'un demanda à Jackie quelle serait la ville de son choix.

« Acapulco », répondit-elle sans réfléchir, à l'hilarité générale.

Générale, à l'exception de John. Il la regarda stupéfait ; puis lui prit la main. Elle fit un grand sourire, peut-être un peu trop appuyé, alors il sourit aussi, d'un large et merveilleux sourire complice.

L'année 1957 ne fut qu'une succession de hauts et de bas dont les contrastes mirent Jackie à rude épreuve[1]. En mars, elle eut la joie

1. Selon le livre de Kitty Kelley, *Jackie Oh!*, pp. 75-78, l'existence chaotique de Jackie aurait rendu nécessaire une cure d'électrochocs à Valleyhead, clinique psychiatrique de Carlisle, dans le Massachusetts, qui ferma ses portes en 1977. Cette affirmation, comme beaucoup d'autres du livre de Kelley, est sûrement fausse. Elle tire sa source de l'épouse anonyme d'un anesthésiste anonyme qui n'exerçait à Valleyhead que le week-end. D'après Kelley, ces séances lui auraient été administrées en 1957, mais elle n'en donne pas la date exacte. Mais ce qui rend son histoire tout à fait invraisemblable, c'est que Jackie à cette époque ne voyait pas de psychothérapeute, et, de l'aveu même de Kelley, elle avait largement dépassé quarante ans et habitait New York, lorsqu'elle commença d'en consulter. Il aurait été pratiquement impossible à quiconque n'aurait pas été suivi par un psychologue, un psychiatre ou un psychanalyste de subir un traitement d'électrochocs à Valleyhead ou ailleurs. Plus incroyable encore est la supposition de Kelley, selon laquelle Jackie aurait subi ce traitement en une seule fois. Si Jackie avait dû

d'apprendre qu'elle était enceinte. Elle décida cette fois d'éviter toutes les causes d'anxiété et les fatigues qui avaient compromis ses précédentes grossesses.

« Jackie s'efforça de limiter ses activités à l'aménagement de sa nouvelle maison de N Street, déclare Elisabeth Draper, décoratrice de Janet Auchincloss. Je l'avais aidée à installer Hickory Hill, et elle m'invita à venir visiter leur nouvelle acquisition, bien qu'elle se soit déjà entendue avec une décoratrice de New York.

« Jackie attendait beaucoup de sa nouvelle maison. " Bessie, me dit-elle, celle-ci sera la bonne. Finis les déménagements. " Elle avait dit la même chose en s'installant à Hickory Hill. Jackie me faisait de la peine — elle et John n'avaient pas cessé de déménager et leur mariage en avait pris comme un air de précarité. Je ne sais pas très bien comment le définir, mais elle n'avait jamais semblé vivre qu'à l'hôtel.

« Cette fois, ce serait différent. John lui donna carte blanche pour la décoration de leur nouveau logis. Ça ne l'intéressait guère. Comme beaucoup d'hommes il prétendait ne s'intéresser qu'à l'essentiel. Les bibelots n'étaient pas son fort.

« Jackie, au contraire, adorait s'entourer de jolis objets, de jolis fleurs, de gravures françaises, d'appliques dorées, de tasses et de soucoupes en porcelaine rose et or, dans les premières elle déposait des cigarettes et les secondes servaient de cendrier. Elle aimait aussi les lins brodés, les chaises de salle à manger Louis XVI, les fragiles fauteuils Louis XV, les tables en marqueterie, les tapisseries rares, les tissus aux teintes délicates. Nous avions choisi pour Hickory Hill du satin bleu et blanc, ce qui était élégant, mais peu commode. Un tabouret tapissé de satin blanc n'était guère fait pour que Jack y pose les pieds en rentrant du bureau. Jackie voulait que leur maison convienne à l'un autant qu'à l'autre, en un mot qu'elle soit moins raffinée. Elle s'attaqua à la tâche avec son habituelle méticulosité, notant dans un carnet les moindres nuances des coloris possibles, inventoriant tous les meubles, examinant des centaines d'échantillons de moquettes et de rideaux, dressant même les plans de la chambre d'enfants. Elle n'était pas du genre à regarder travailler le décorateur. »

Au début de juillet, elle reçut un coup de téléphone alarmant de Yusha Auchincloss. Celui-ci était allé à New York voir le père de Jackie, comme il le faisait de temps en temps, et en était rentré persuadé que l'ancien bon vivant, aujourd'hui aigri et reclus, était gravement malade. Jackie sauta dans

---

suivre un traitement par électrochocs, celui-ci aurait comporté une série de séances, qui n'auraient jamais pu être bloquées en un seul week-end, comme le prétend Kelley. D'après Lyle Stuart, l'éditeur de *Jackie Oh !,* Kelley soutint être allé enquêter à Valleyhead, muni d'un magnétophone caché pour interviewer les membres de l'équipe médicale. Il n'en demeure pas moins qu'elle fut incapable de découvrir une seule personne qui témoigna avoir vu Jackie Kennedy à Valleyhead. De plus il ne se trouva pas un seul parent ou ami de Jackie pour confirmer cette assertion. En bref, bien que la presse populaire en ait depuis longtemps fait ses choux gras, cette accusation est un exemple supplémentaire d'affabulation.

un avion pour aller voir son père. Il se plaignit amèrement d'avoir été négligé toutes ces années ; elle oubliait son vieux père sauf lorsqu'elle avait besoin de quelque chose. Mais rien ne laissait deviner qu'il fût souffrant. Jackie regagna Hyannis Port, où elle passait l'été.

Il était, en vérité, très malade, mais il ignorait être atteint d'un cancer du foie. Le 27 juillet, à la suite de très vives douleurs, il entra au Lenox Hill Hospital pour y subir une série d'examens. Jackie retourna le voir, mais, ignorant la gravité de son état et, « ne le trouvant pas si mal », décida d'aller passer son anniversaire auprès de sa mère à Newport.

Le 3 août au matin, un coup de téléphone lui apprit que son père était tombé dans le coma. Bouleversée d'avoir été tenue dans l'ignorance de la situation, elle s'envola immédiatement à New York avec John. Miche Bouvier les attendait à l'hôpital. Ils arrivèrent une heure trop tard. Selon Miche, le dernier mot de Black Jack avait été « Jackie ». Il avait soixante-six ans.

Jackie fut profondément touchée et accablée de remords de ne pas avoir compris plutôt la gravité de la maladie de son père. Elle se reprocha de ne pas avoir été auprès de lui dans ses derniers moments. Dans un état de total abattement, elle s'occupa de l'enterrement.

Elle envoya Miche Bouvier et sa tante Maude choisir un cercueil, mais alla elle-même trouver une des anciennes amies de Black Jack qui possédait une photographie de lui qu'elle désirait faire paraître, puis elle rédigea la notice nécrologique. Elle demanda à son mari de porter le texte et la photo au *New York Times*, en lui précisant bien de les remettre en main propre au directeur de la rédaction.

Elle choisit de faire célébrer l'office funèbre à la cathédrale St. Patrick, ne prévenant que la famille proche et une douzaine d'amis intimes de son père. Des paniers d'osier blanc remplis de fleurs multicolores accentuaient encore la simplicité de la cérémonie. Avant de fermer le cercueil, Jackie retira la chaîne qu'elle portait au poignet, cadeau d'examen de son père, et le déposa dans sa main. Le cercueil fermé fut recouvert de fleurs jaunes et blanches.

« J'ai pleuré en apprenant la mort de Jack, raconte Edie Beale, la cousine de Jackie. Pendant le service, je me suis effondrée. J'étais la seule. Jackie ne versa pas une larme. Elle n'exprimait jamais rien. Je n'aime pas les gens qui masquent leurs émotions. Jacqueline ne versa pas une larme à St. Patrick, non plus qu'à East Hampton, où eurent lieu les obsèques.

« Dans l'assistance, il y avait sept ou huit des anciennes belles de Jack Bouvier. Personne ne les avait prévenues ; elles étaient venues d'elles-mêmes. Vêtues de noir des pieds à la tête, elles se tenaient toutes ensemble dans le dernier banc. J'entendis l'une d'elles déclarer qu'après Black Jack Bouvier aucun homme n'existait plus. »

13

Une vie en remplace une autre : le 27 novembre 1957, le lendemain de Thanksgiving et quatre mois après la mort de Jack Bouvier, Jacqueline Kennedy donnait le jour à New York à la maternité de l'université Cornell à une petite fille en bonne santé. L'accouchement se fit par césarienne. Caroline Bouvier Kennedy pesait 3,227 kg et semblait, selon son père, aussi « costaud qu'un lutteur japonais ».

Caroline avait trois mois lorsque Jackie la revêtit de la même robe précieuse qu'elle avait portée à son propre baptême, et, en compagnie d'un père rayonnant, elle l'emmena à la cathédrale St. Patrick, où le bébé fut baptisé par le cardinal Cushing, archevêque de Boston. Pour ses parents, la naissance de Caroline était une espèce de triomphe. Jackie était aux anges, et John, ayant fini par s'en vouloir des fausses couches de sa femme, se sentait soulagé et rassuré. Leur ménage s'en trouva notablement consolidé.

Avec Maud Shaw, la minuscule nurse anglaise à cheveux gris, engagée pour s'occuper de Caroline, ils regagnèrent Washington pour emménager dans leur nouvelle maison de Georgetown.

Jack Bouvier avait laissé à Jackie un tableau de Shreyer, représentant des chevaux arabes, à Lee, un joli bureau, plusieurs legs en espèces à ses neveux et nièces et une provision de mille dollars pour chacun de ses petits enfants « à naître ». A part ça, Jack Bouvier avait divisé sa fortune en deux parts égales, l'une pour Jackie, l'autre pour Lee ; il leur échut de la sorte quatre-vingt mille dollars chacune, après impôts. Cet héritage, très inférieur à ce qu'il aurait pu être si leur père avait bien géré ses affaires, permit toutefois à Jackie d'acheter à son mari un somptueux cadeau de Noël : une étincelante Jaguar blanche qu'il trouva trop voyante et échangea rapidement contre le dernier modèle Buick.

Pour la première fois depuis son mariage, Jackie se sentait chez elle. Elle avait échappé à l'emprise de la famille Kennedy et à une mère dominatrice et critique et se sentait enfin indépendante. John et Jackie recevaient souvent des amis à dîner, mais jamais plus de six ou huit à la fois ; ils allaient de temps en temps au cinéma et assistèrent même au bal *April in Paris* au Waldorf-Astoria, à New York.

La naissance de Caroline rendit confiance à Jackie. Elle admit enfin que les Kennedy étaient des personnalités publiques ne vivant que de publicité et qu'elle devrait en tenir compte, au préjudice de son intimité.

« Je ne prétendrais pas qu'il soit facile d'être la femme d'un homme politique débordé, déclara-t-elle à un journaliste. Mais il faut y penser et se débrouiller pour mener au mieux la maison, pour passer le plus de temps possible avec son mari et ses enfants... Le plus important pour réussir un mariage, c'est de laisser le mari faire ce qu'il aime et qu'il fait bien. La satisfaction de la femme suivra. »

Jackie et Lee acceptèrent de présenter des modèles dans le numéro de décembre 1957 de *Ladies' Home Journal.* D'après l'article accompagnant les photos, Jackie aurait déclaré, au grand amusement de John : « Je n'aime pas acheter des tas de vêtements et avoir mes placards pleins. Un tailleur, une bonne petite robe noire à manches et une robe du soir courte, c'est tout ce qu'il faut pour voyager. »

Mais les lecteurs ignorèrent le petit épisode qui suivit : « Elles nous ont demandé de leur donner les robes qu'elles avaient portées, raconte Bruce Gold, rédacteur en chef de *Ladies' Home Journal.* C'était donnant donnant, vous savez... Aucune des deux n'avait beaucoup d'argent, et elles aimaient être bien habillées. Elles n'étaient pas assez riches pour ça. D'ailleurs, lorsque Jackie fut devenue *First Lady,* le président lui fit des scènes à cause de ses frais de toilette. C'est sans doute pourquoi elle a épousé Onassis. Elle était folle de vêtements, et décidée à en avoir coûte que coûte. »

Les folies vestimentaires de Jackie ne datent pas de son entrée à la Maison-Blanche. « Peu après leur mariage, John se plaignait déjà de ses dépenses, raconte George Smathers. Elle adorait les tenues coûteuses. Et les beaux meubles. Rien n'était plus important pour elle que son intérieur. C'était presque pathologique et venait de son enfance, lorsqu'elle était trimbalée d'une maison à l'autre.

« " Elle me casse le cul ", disait Jack à propos de ses dépenses. Elle achetait des vêtements et des meubles, et cachait les factures, puis essayait de les régler avec son allocation mensuelle. Au début, John ne remarqua rien. Mais les dépenses excédant les recettes, les impayés arrivaient au service comptable de la famille, au 277, Park Avenue, à New York. Les Kennedy employaient une armée de contrôleurs, de comptables et de conseillers fiscaux. Joe Kennedy éplucha un beau jour un relevé de comptes et découvrit les sommes dépensées par ses enfants et ses belles-filles. Ce soir-là, il piqua une sacrée colère. " Où croyez-vous que vous seriez sans moi ? hurla-t-il. Vous ne vous doutez pas du mal qu'il faut se donner pour gagner de l'argent, et vous n'en connaissez pas non plus la valeur. "

« Peu de temps après, Joe me dit : " John sait peut-être gérer le budget fédéral, mais pour ce qui est de ses finances personnelles, il n'est pas très doué. Je ne comprends pas pourquoi il ne s'intéresse pas davantage à sa fortune. Il ne sait même pas comment marchent ses propres affaires. Vous

156

êtes un de ses copains, en plus vous êtes juriste, essayez de le raisonner un peu. "

« Je passai donc une heure à expliquer à John que ses capitaux lui donnaient un certain revenu mensuel auquel il devait limiter ses dépenses. Peine perdue. La question ne l'intéressait pas. Par contre, il se mit à chicaner Jackie sur ses factures. Le ménage moyen, en somme : elle dépensait et il râlait. »

La prodigalité de Jackie et sa volonté de préserver sa vie privée furent la cause de nombreuses disputes. Lorsqu'en pleine campagne pour sa réélection au siège de sénateur du Massachusetts, Kennedy accepta qu'un photographe de *Life* vienne photographier la petite Caroline, Jackie s'y opposa. Pour obtenir son consentement, John lui promit un voyage à Paris. Il accepta aussi de limiter à l'avenir l'usage de photos de leur bébé à des fins électorales.

Avant son départ pour Paris et après son retour, Jackie participa activement à la campagne de John, excellente préparation à la suite des événements. Bob Kennedy étant trop absorbé par ses fonctions de premier conseiller à la commission sénatoriale des trafics de main-d'œuvre, l'organisation de la campagne de John échut à Ted, conjointement avec Larry O'Brien. Devinant les dons de Jackie, O'Brien la prit sous sa coupe.

« A mesure que le temps passait et que notre activité politique se développait, je m'aperçus que tout cela était entièrement nouveau pour elle. Elle ne s'était pas du tout mêlée aux affaires du Massachusetts : les serrements de mains, les tapes dans le dos, elle ne connaissait pas. Elle voulait pourtant fermement participer à cette campagne. Quant à moi, j'estimais néfaste d'employer une personne qui n'avait aucune expérience ; qui, pour ainsi dire, se jetait à l'eau. Car il nous fallut bien reconnaître qu'elle avait tout à apprendre : communiquer avec les gens, se familiariser avec mes méthodes électorales, entrer enfin en politique ; et cela prendrait du temps.

« Jackie rendit pourtant des services cette année-là, elle organisa des réceptions avec moi, rencontra pas mal de gens, et accompagna de temps en temps John dans ses périples. Elle participa enfin à la production d'un film de trente minutes pour la télévision exaltant la carrière de John, sa vie de famille et ses desseins, qui inaugura une nouvelle forme de propagande politique.

« En bref, elle changeait agréablement de l'habituelle femme de candidat, car elle ne se souciait pas de singer l'enthousiasme devant tout ce qu'elle voyait et tous ceux qu'elle rencontrait. Le public le sentait et aimait cela. Lorsque Jackie était présente dans la caravane Kennedy, les foules étaient deux fois plus nombreuses.

« Je savais qu'on disait beaucoup que Jackie détestait la politique. Je pense au contraire que cela l'amusait et que le spectacle l'intéressait. Qu'est-ce que la politique après tout, sinon du théâtre ? Il y avait des moments vraiment très drôles. Je me rappelle une histoire avec " Mugsy " O'Leary, typique Irlandais de Boston, engagé comme chauffeur pour John. Il conduisit un jour Jackie faire des courses. Elle allait être en retard à une réunion politique, et Mugsy ne savait que faire pour l'arracher à la belle boutique où elle était entrée. Il finit par passer la tête à la porte et l'apostropher : " Allez, Jackie ! Bouge-toi le cul, nom de Dieu ! " »

La connaissance qu'avait Jackie du français, de l'espagnol et de l'italien se révéla inestimable. William DeMarco, vieux responsable local du parti démocrate, se souvient d'une intervention de Jackie à l'école Michel-Ange dans le quartier italien de Boston. « La plus grande impression de ma vie, je l'éprouvai lorsque Jacqueline Kennedy s'adressa à une foule de huit cents personnes en faveur de son mari qui briguait le Sénat. Cette ravissante jeune femme se dressa face à un public d'Italiens, d'Italiens âgés, qui ne savaient pas qui elle était. Mais lorsqu'elle ouvrit la bouche pour se présenter, en italien, dans un italien aisé, je puis le dire, comme la femme du sénateur Kennedy, un véritable pandémonium se déclencha. La foule se rua pour l'embrasser ; les vieilles femmes qui parlaient comme si elle eût été des leurs et née dans leur quartier. Je demeure persuadé que son intervention cimenta vraiment les relations entre le sénateur Kennedy et les Italo-Américains du secteur. De ce jour, ils furent persuadés qu'il n'était pas seulement leur représentant, mais qu'il était l'un d'entre eux.

« A la fête du Columbus Day, Jackie défila dans la rue avec John, et les gens furent convaincus de voir passer le couple italo-américain idéal. Il était hors de question d'expliquer aux habitants de ce quartier que les Kennedy étaient irlandais. Puisque Jackie parlait si bien leur langue, ils les croyaient italiens dur comme fer. »

Pour Lem Billings, la force principale de Jackie tenait à sa capacité de conseiller et guider John, là où ses assistants et ses conseillers en étaient incapables. « On ne pouvait compter sur O'Brien, O'Donnell, Powers et tous les autres pour donner les avis les plus éclairés. Ils agissaient comme des managers de boxe, des soigneurs qui indiquent au champion s'il devance l'adversaire aux points ou s'il est devancé, selon ce qu'ils croient devoir l'aiguillonner le mieux. Jackie pouvait se permettre davantage d'objectivité. Son aptitude à juger les gens était un grand atout. Elle repérait les filous à une lieue et ne craignait pas de dire à John qu'il se faisait avoir. Elle n'hésitait pas non plus à le lui dire lorsqu'elle pensait qu'il se trompait. Un jour qu'il s'engueulait avec un grand journaliste européen, Jackie mit un terme à la querelle en lui allongeant un coup de pied sous la table.

« Jackie s'imposa, à de nombreux égards, comme le principal auteur de l'image idéale de John. Cependant une notion importante lui échappait, celle d'amis et ennemis politiques. Lorsque John était contré par tel ou tel professionnel, Jackie calquait son attitude sur la sienne, et, si l'occasion s'en présentait, elle traitait froidement l'offenseur. Mais elle en vint à apprendre que l'adversaire en question n'était pas toujours un ennemi, et qu'en politique, on peut avoir des antagonistes qui ne soient pas des ennemis, mais des collègues avec qui, un jour ou l'autre, les circonstances peuvent vous appeler à travailler où à vous entendre. »

Jackie donna un de ses plus beaux exemples de naïveté dans ce domaine un soir neigeux de mars 1958. Dean Acheson, ancien secrétaire d'Etat, attendait un train sur le quai de Pennsylvania Station à New York, lorsqu'un employé l'invita à s'abriter du froid dans le bureau du chef de gare. Il y trouva une belle et élégante jeune femme, qu'il avait connue à Georgetown, Jacqueline Kennedy.

Ils s'assirent tous deux devant une tasse de café en attendant l'arrivée du train. Jackie entreprit d'attaquer Acheson sur un passage d'un livre qu'il venait de publier, *Power and Diplomacy,* où il critiquait un discours de John Kennedy devant le Sénat en 1957. Dans cette intervention, JFK pressait la France d'accorder immédiatement l'indépendance à l'Algérie et demandait que les Etats-Unis la condamne aux Nations unies, si cette indépendance tardait. Acheson estimait que ce n'était pas une façon de traiter « l'allié le plus ancien et le plus susceptible de l'Amérique ».

Jackie lui reprocha aussi d'avoir dit à son beau-père, Hugh Auchincloss, que Joe Kennedy était « un trafiquant d'alcool arriviste, qui avait été rejeté par la bonne société de Boston et s'était par la suite vengé en achetant à son enfant gâté de fils un siège au Congrès[1]. »

Ayant écouté Jackie, Acheson fit remarquer qu'ils allaient probablement passer plusieurs heures ensemble — ayant regardé leurs billets, ils avaient découvert que leurs places étaient voisines.

« Nous pouvons soit nous bagarrer pendant tout le voyage, soit nous montrer aimables, dit Acheson.

— Eh bien, choisissons l'amabilité », répondit Jackie.

Après une longue attente, le train quitta New York, mais n'arriva à Washington qu'à 7 heures le lendemain matin. Jackie et Acheson passèrent la nuit à échanger des propos, entrecoupés de petits sommes.

De retour à Washington, Jackie reprit la discussion, par lettre, cette fois. « Comment un homme, capable de se montrer aussi olympien, peut-il devenir désobligeant à ce point lorsqu'il en vient à la politique ? » lui demanda-t-elle. Acheson lui répondit qu'à sa connaissance, « les Olympiens étaient... plutôt désobligeants ».

Jackie eut le dernier mot. Elle écrivit à Acheson qu'elle comprenait maintenant que le meilleur moyen de marquer un point était « d'attaquer » l'adversaire, mais cela implique de se faire des ennemis de tous ceux avec lesquels on n'est pas d'accord, car les paroles désagréables ne préparent pas les conciliations futures. Lorsqu'on ajoute chaque jour un nouveau nom à la liste des gens qui ne vous adressent pas la parole, la vie devient vraiment sinistre.

Jackie ne tarda pas à apprendre combien il était important de se faire des

---

1. Acheson fait ici allusion à un prêt que Joe accorda en 1952 à John Fox, patron du *Boston Post,* qui se crut ainsi obligé de soutenir JFK, contre ses préférences qui allaient à Henry Cabot Lodge. Acheson n'avait pas de mots assez durs pour qualifier Joe Kennedy : « typique faisan de Wall Street, corrupteur, cornaqué en politique par le très peu recommandable Honey Fitz Fitzgerald, ancien maire de Boston et père de sa femme ». En avril 1960, Acheson écrivit à Harry Truman qu'il espérait empêcher la nomination de JFK à la présidence : « Peut-être devrions-nous nous avouer vaincus d'avance. » Malgré leurs divergences, Acheson fut conseiller aux Affaires étrangères pendant l'administration Kennedy.

relations parmi les femmes de la bonne société de Washington. « Elle s'était toujours refusée à cultiver les amitiés féminines, dit Lem Billings. Il se dégageait d'elle une aura de fragilité qui semblait attirer les hommes davantage que les femmes, et réduire les premiers à l'état de lavettes. Puis elle rencontra la pétulante et irrésistible Alice Roosevelt Longworth, la première femme dont elle écouta les conseils politiques. Alice invitait Jackie à prendre le thé. Elle lui téléphonait pour lui demander de tout laisser tomber et de venir immédiatement, et Jackie s'exécutait. Elles s'installaient autour d'une table — Alice, Jackie et quelques autres invitées triées sur le volet — et grignotaient du pain et du beurre. C'était le genre de réunions qu'abhorrait Jackie. Elle n'y alla tout d'abord qu'en raison de l'importance du rôle d'Alice dans la société de Washington. John l'obligeait à y aller. " On ne résiste pas à Mrs. Alice Longworth ", lui dit-il. Puis elle apprit à apprécier Alice, " si distrayante et originale qu'on ne pouvait pas ne pas s'amuser en sa compagnie ". »

A l'un des thés de Mrs. Longworth, Jackie rencontra Mrs. Herbert Lehman, épouse du gouverneur de l'Etat de New York. Mrs. Lehman, qui occupait avec son mari une suite à l'hôtel Sheraton de Washington, donnait aussi des thés, quelque peu compassés, auxquels Jackie assistait parfois. De ce groupe, elle connaissait aussi Mrs. Richard Neuberger, dont le mari était sénateur de l'Oregon. A la mort de ce dernier, en 1960, Maurine Neuberger fut élue à sa place pour achever son mandat, puis réélue pour elle-même aux élections suivantes. Les Neuberger habitaient à deux cents mètres des Kennedy, de sorte que les deux ménages se recevaient mutuellement.

Jackie était également liée avec Mrs. John Sherman Cooper, qui lui donna les trucs qu'elle avait appris pendant la campagne de son mari dans le Kentucky. « Elle m'apprit qu'elle avait toujours des cartes avec elle et que, dès qu'elle quittait une ville, elle écrivait des mots de remerciement, dit Jackie. Elle me conseilla de faire la même chose... Ecrire tout de suite : " Cher Untel, merci pour ceci ou cela ", sinon les choses s'entassent et on oublie. »

Lorraine Cooper apprit à Jackie l'importance de se rappeler les noms et les visages. Jacob Javits, sénateur de New York aujourd'hui disparu, fit la connaissance de Jackie en 1958 à une réception. « Elle avait le don de rapprocher les noms et les visages. La plupart des politiciens perfectionnent cette capacité avec le temps, chez elle c'était inné. Rencontrait-elle quelqu'un une fois, elle ne l'oubliait jamais. Elle reconnaissait infailliblement les moindres politiciens — maires, gouverneurs ou délégués aux conventions. Elle me frappa aussi par sa politesse et son aisance à s'exprimer. Aussi ai-je assez vite pensé que si JFK briguait la présidence, Jackie serait pour lui un atout majeur. »

Jackie ne se souciait guère de la cohérence de ses propos. « J'ai la politique dans le sang, disait-elle au début de 1958. Si jamais John changeait de métier, ça me manquerait cruellement. La vie politique est la plus stimulante de toutes ; on est toujours plongé dans l'actualité, on fréquente des gens d'une exceptionnelle vitalité, et il ne se passe pas de jour qu'on ne soit pris par quelque chose de passionnant. A côté, tout le reste paraît fade.

On s'habitue à vivre dans une fièvre permanente et l'on apprend à y être comme un poisson dans l'eau. »

Mais lorsque le masque tombait, apparaissait une personnalité entièrement différente. Un journaliste aperçut un jour la voiture des Kennedy garée devant un couvent à Lowell, dans le Massachusetts. John y entra pour se présenter à la mère supérieure et aux religieuses (« elles votent aussi », avait-il rappelé à sa femme). Restée dans la voiture, Jackie feuilletait d'un air las les pages d'un magazine de mode.

Un autre jour, tandis que le cortège des voitures de la suite de Kennedy défilait lentement dans les rues bondées de Boston, elle se tassa sur la banquette arrière de la limousine et se plongea dans la lecture des mémoires du général de Gaulle — dans le texte. Elle fut surprise une autre fois lisant *A la recherche du temps perdu* de Proust. Il lui arrivait de refuser purement et simplement d'accompagner John, préférant se promener seule le long du canal de Georgetown.

Son enthousiasme de militante était considérablement tempéré par sa peur de la presse. « Rien ne m'inquiète plus que les journalistes, déclara-t-elle un jour à Yusha Auchincloss. C'est la plaie de la vie publique. J'ai toujours détesté les potins sur la vie privée des hommes publics . Mais quand on choisit la vie publique, on devient la propriété de tous les contribuables. Votre vie devient un livre ouvert. »

« Jackie détestait Jack Anderson et Drex Pearson, qui publiaient continuellement des papiers anti-JFK, ou qu'elle jugeait tels, dit George Smathers. Pas une seconde elle ne se disait qu'il ne faisait jamais que leur travail. Elle éprouvait une curieuse antipathie envers la presse en général, et le temps ne fit qu'aggraver les choses. Elle avait oublié qu'elle-même avait été reporter-photographe, pourchassant les gens connus. Pourchassée à son tour, elle parlait d'atteinte à la vie privée. »

Mary Tierney, reporter au *Boston Herald-Traveller,* qui suivit Jackie pendant la campagne sénatoriale de 1958 et la course à la présidence de 1960, la trouvait « coriace ». « Elle avait un sourire bête et figé... C'était une petite actrice, complètement perdue sans son texte. Je veux dire qu'elle était du genre à ne pas savoir quoi répondre quand on lui disait bonjour. Au bout de trois questions, elle craquait. Sur demande instante de Larry O'Brien, les journalistes ne devaient pas lui poser plus de trois questions [1].

— Nous n'avons pas l'intention de la surmener, avais-je fait remarquer.

« Jackie n'acceptait les vraies interviews que dans la mesure où elle pouvait les contrôler. Pour être honnête, je la croyais stupide. Je ne la pensais pas capable de parler de grand-chose, et encore moins de politique. Ça ne l'intéressait pas. Elle détestait les campagnes électorales. Elle montait dans la même voiture que son mari, que si elle ne pouvait pas faire autrement, elle disparaissait derrière le tableau de bord, dès qu'il s'arrêtait

---

1. Larry O'Brien dément avoir limité le nombre des questions posées à Jackie, mais il admet qu'elle était réservée et qu'elle avait très bien pu imposer elle-même une telle limitation.

pour s'adresser aux foules. Lui, au contraire, adorait les bains de foule. Il avait un charme qui agissait sur elle. C'était évident. Tout le monde voulait lui serrer la main et manifestait son enthousiasme par des clameurs.

« Jackie méprisait le politicien moyen et surtout la Mafia irlandaise qui entourait John. Elle ne les trouvait pas assez bien pour elle. C'était une snob. Je pense qu'elle a fait campagne, parce qu'elle ne pouvait pas faire autrement. Pour une ancienne photographe elle manquait totalement de chaleur.

« C'était une drôle de femme. Une zéro. Intellectuellement, elle n'était pas idiote — elle aimait Adlai Stevenson, parce que c'était un intellectuel — mais la politique en soi ne l'intéressait pas. Elle ne commença à l'apprécier qu'une fois à la Maison-Blanche. Son mariage avait été de pure convenance. Elle voulait le prestige, et les Kennedy étaient contents qu'elle ne soit pas irlandaise. Tout le côté irlandais — la publicité, les bobards, les chansons, la salade électorale — l'emmerdait profondément.

« Je me souviens d'un jour, pendant la campagne, où nous allions à Worcester. Il faisait froid et Jackie voulait porter son manteau de vison, mais John lui dit que ce serait déplacé, Worcester étant une cité ouvrière. Elle mit donc un manteau en tweed bleu et bouda pendant tout le trajet.

« Elle rentra à Boston de son côté. Moi, je montai dans une voiture avec JFK et un autre journaliste. John souhaitait se faire réélire au Sénat, et songeait à la présidence. Il voulait obtenir la plus forte majorité possible aux sénatoriales, afin de convaincre les dirigeants du parti qu'il avait l'étoffe d'un président. Pendant tout le voyage, il ne parla que de la présidence, semblant s'inquiéter de la façon dont se comporterait Jackie dans une campagne nationale. Si aller de Boston à Worcester la perturbait, qu'en serait-il si elle devait se rendre dans le Wyoming, le Mississippi ou le Nouveau-Mexique ? »

Jackie limita les grands déplacements, mais parut plus à l'aise lors de la campagne nationale qu'elle ne l'avait été pendant celle du Massachusetts. Au printemps 1958, elle accompagna John à Los Angeles à une collecte pour le parti démocrate. Joseph Cerrel, qui devait devenir président du parti démocrate de Californie, se rappelle l'effet que produisit Jackie.

« Je l'avais déjà rencontrée à la Convention de 1956 à Chicago, mais c'était la première fois que je la voyais en Californie. Je ne crois pas qu'elle s'intéressait particulièrement à cette région, mais pour son mari, elle tenait à donner le change. En tout cas, elle fit sensation, car c'était la première fois que les Californiens voyaient quelqu'un arborer des jupes au-dessus du genou. Son éclat et sa beauté si peu classique ne passaient pas inaperçus et attiraient les médias, pour lesquels le couple était devenu un symbole de jeunesse et de vitalité, le symbole nouveau d'un âge nouveau. Ils ressemblaient davantage à des vedettes de cinéma que beaucoup de vedettes de cinéma. »

Lors de leur cinquième anniversaire de mariage, Jackie et John étaient au congrès démocrate du Midwest, à Omaha, dans le Nebraska ; ils assistèrent ensuite à une collecte de fonds à Des Moines, dans l'Iowa. Jackie accompagna encore son mari à une réunion à Baltimore, couverte par Nancy

Dickerson pour la chaîne de télévision NBC. Après la réunion, Nancy se fit ramener à Washington par les Kennedy.

« Comme à son habitude John conduisait à 145 km à l'heure, et Jackie commença à avoir mal au cœur, raconte Dickerson. Nous changeâmes donc de place — elle s'allongea sur la banquette arrière, et je m'installai devant à côté de John. A mon avis, c'est surtout la réunion politique qui était responsable de la nausée de Jackie. Elle n'aimait pas les foules des campagnes électorales. Elles lui faisaient peur et la rendaient malade. »

Un incident similaire se déroula pendant l'hiver 1958. James Rousmanière, qui travaillait alors à New York, reçut un coup de téléphone de John Kennedy. « L'école de droit de l'université Fordham me décerne un grade honorifique. Jackie et moi prenons l'avion demain pour New York. Viens nous chercher à La Guardia et nous irons ensemble. »

Rousmanière les attendait à la descente de l'avion. Il neigeait, et le vol avait dû être inconfortable, car Jackie ne se sentait pas bien.

« Nous l'installâmes sur le siège arrière de la voiture, dit Rousmanière. En raison du temps et de la circulation, les routes étaient couvertes de gadoue. L'arrivée à New York parut interminable. Une demi-heure après avoir quitté La Guardia, elle se mit à vomir sur le siège. Elle était extrêmement gênée, et je suis persuadé qu'elle m'associa toujours à ce mauvais souvenir. »

Jackie déclara par la suite à Larry O'Brien qu'elle avait plus appris sur la nature humaine pendant cette première année de campagne que pendant tout le reste de sa vie. « La veille de l'élection, elle fit avec nous la tournée des circonscriptions de Boston, qui à l'époque se terminaient au G & G Delicatessen, à Dorchester, dit O'Brien. Nous partageâmes un sac de chocolats, et, comme elle ne voulait pas qu'on la voie fumer, je lui tenais sa cigarette et elle en tirait de temps en temps de furtives bouffées. Nous étions épuisés, mais heureux. John, Bob et Ted grimpèrent sur une table et se mirent à chanter " Heart of My Heart " — ils chantaient faux, mais avec exubérance. »

Leurs efforts furent récompensés. John Kennedy réussit à battre un avocat de Boston, Vincent Celeste, de 874 000 voix, soit un score de trois contre un. La victoire de Kennedy fut largement répercutée par les médias nationaux. Il avait fait un pas de géant dans la course à la présidence.

14

Une semaine après la réélection de JFK au Sénat, au cours d'un dîner privé au Pavillon de New York avec Joe Kennedy et d'autres membres de la famille Kennedy, Lem Billings fit une remarque spirituelle et caustique au sujet de John. L'ambassadeur, d'habitude sensible à ce genre d'humour, ne rit pas. Il répliqua sèchement, puis lui expliqua qu'il ne devait plus jamais parler ainsi de John en public. « Le Moyne, vous devriez pourtant comprendre ça. On ne sait jamais qui peut vous entendre. Dorénavant, il vous faudra considérer John un peu moins comme un ami et un peu plus comme un candidat potentiel à la présidence des Etats-Unis. » Il marqua une pause avant d'ajouter : « Et je peux vous prédire dès aujourd'hui que le jour viendra où vous ne l'appellerez plus " John " mais " monsieur le président ". »

La rumeur de l'intention de Kennedy de briguer la présidence se répandit rapidement. Nancy Tenney Coleman, voisine des Kennedy à Hyannis Port, assista à un bal sur le thème du cirque qui eut lieu au Plaza de New York durant les vacances de Noël 1958. Parmi les invités, se trouvaient Loel et Gloria Guiness, Mary Sandford, le prince Juan Carlos, alors prétendant au trône d'Espagne, le duc et la duchesse de Windsor, Nelson Rockefeller, à l'époque gouverneur de l'Etat de New York, Averell Harriman et John et Jackie Kennedy.

« Je dansais avec Charlie Bartlett, raconte Nancy Coleman. Ça faisait longtemps que je n'avais pas vu JFK, aussi ai-je eu envie qu'on aille lui dire bonjour. Et c'est là que Charlie m'a fait part du projet de candidature de John. Je n'arrivais pas à y croire. Je lui ai dit : " Charlie, c'est une blague ! Il ne va pas se présenter à la présidence. »

— Bien sûr que si, m'a répondu Charlie.

— Eh bien, je vais lui poser la question moi-même, ai-je alors répliqué.

— Nancy, je vous en prie. Il devinera que c'est moi qui vous l'ai dit.

— Et alors, je suis une vieille copine. »

« Nous avions grandi ensemble à Cape Cod. Il avait un merveilleux sens de l'humour. Il était drôle. C'était un type tout ce qu'il y a de plus normal et gentil. Personne n'aurait pu croire qu'il deviendrait un jour président.

« " Alors, Ken, lui ai-je lancé en l'arrêtant sur la piste de danse. Je ne l'appelais jamais autrement. On m'a dit que vous alliez vous présenter à la présidence. Je ne peux pas le croire. "

« Bien qu'il fût en train de danser, il avait un cigare Upmann à la bouche. Prenant son cigare à la main, il m'a répondu :

" Non seulement, je vais me présenter à la présidence, mais je vais gagner.

— Mon Dieu ! Ken, vous allez bousiller les rues de Hyannis Port. Les touristes vont arriver par flopées. La ville ne sera plus jamais la même. "

« Et, de fait, lorsqu'il est devenu président, c'est exactement ce qui s'est produit. »

Selon George Smathers, la candidature présidentielle de JFK fut orchestrée, de bout en bout, par Joe Kennedy. « C'était devenu une course aux honneurs, pour Joe autant que pour John. Joe Kennedy a dirigé la campagne exactement comme il avait dirigé l'entrée de son fils en politique, après la mort de Joe, Jr. " Nous allons vendre John comme un paquet de corn-flakes ", se vantait-il. Il avait rallié à lui des soutiens politiques dès 1957, à commencer par Richard Daley, le maire de Chicago. Il fut probablement l'un des premiers à avoir recours aux sondages. Il avait loué les services de Lou Harris, et Harris traînait toujours dans les parages, avec sa règle à calcul, à raison de 500 dollars l'heure. Mais ses informations étaient un outil inestimable. Joe Kennedy fut également le premier à saisir l'aspect relations publiques de la politique. Il avait compris qu'il s'agissait avant tout de vendre un concept et il avait acquis suffisamment d'expérience à Hollywood et dans l'industrie du cinéma pour faire valoir, dans un domaine plus large, ce qui est aujourd'hui devenu pratique courante.

« La campagne de 1960 fut entièrement mise en scène par Joe, mais il s'arrangea pour rester en coulisses. Son passé l'obligeait à se tenir à l'écart des feux de la rampe. Mais c'était lui qui tirait les ficelles et l'on sentait nettement son influence et son empreinte sur bon nombre des idées de John. »

Début 1959, Peter Lawford se rendit à Palm Beach, avec Frank Sinatra, pour mettre au point certains préliminaires à la campagne présidentielle. Déjà très lié à Kennedy, Sinatra rebaptisa provisoirement le Rat Pack le « Jack Pack » et, dans une veine similaire, désignait Peter comme le « brother-in-Lawford ».

Lawford raconte que Sinatra était l'hôte de Morton Downey, le plus vieil ami de Joe Kennedy à Palm Beach, tandis que lui-même résidait chez Frank et Betty McMahon. McMahon, magnat du pétrole canadien, appartenait au milieu des courses de Palm Beach.

« Joe Kennedy dirigea la campagne depuis un enclos en plein air, mitoyen de la piscine, raconte Lawford. Il l'appelait le *bullpen* (le toril). Il n'y avait même pas de toit. A l'intérieur, juste un téléphone et un transat. Joe passait ses matinées au téléphone, aboyant ses ordres à des employés et des larbins terrifiés. Le plus curieux, c'est qu'il donnait tous ces appels dans le plus simple appareil, ce qui justifiait pleinement la palissade. Et c'est ce même homme qui me jetait la pierre parce que je jouais pieds nus sur le golf de Palm Beach avec John.

« Joe Kennedy était le plus grand hypocrite du monde. Sa philosophie était simple : " Faites ce que je dis et non pas ce que je fais. " Mais son talent, son génie si l'on veut, était sa capacité de simplifier un problème au lieu de l'embrouiller davantage, comme c'est souvent le cas. Il voyait toujours une seule route là où nous en voyions plusieurs, et il la suivait. Nous sommes pour la plupart — et moi comme les autres — victimes de notre imagination. Pas Joe. Il avait un certain sens du destin. »

Durant le séjour de Sinatra, Joe Kennedy insista sur le rôle qu'il espérait lui voir jouer, en clair celui d'un collecteur de fonds et pratiquement d'un agent de relations publiques. La valeur de Sinatra dans une campagne politique, quelle qu'elle soit, résidait dans le large éventail de ses connaissances, non seulement dans le milieu du spectacle mais aussi dans le monde des affaires et de la grosse industrie, dans l'immobilier et même dans les jeux et le racket. Sur un plan plus futile, Joe voulait que Sinatra enregistre une chanson qui servirait d'hymne à la campagne de John. Ils arrêtèrent leur choix sur « High Hopes » et réussirent à convaincre Sammy Cahn et l'arrangeur personnel de Sinatra, Jimmy Van Heusen, de retravailler les paroles.

« Joe se tourna alors vers moi, raconte Peter Lawford. " Il faut que tu trouves un moyen de faire taire ta mère, me dit-il. Ses dénonciations publiques ne sont pas précisément un soutien à notre cause. " Le moins qu'on puisse dire, c'est que ma mère, lady May Lawford, avait son franc-parler. Son dernier éclat, où elle avait pris ma femme à parti, avait été repris et publié par Walter Winchell : " Patricia Lawford est une pute, une vraie pute. Elle possède des millions, mais elle laisse Peter payer toutes leurs factures. Dans leur somptueuse propriété de Santa Monica, propriété qui appartenait précédemment à Louis B. Mayer, il y a une piscine en marbre, des roseraies magnifiques et une salle de projection dont les murs sont tapissés en cuir véritable. Mais la maison, et la moindre pièce de mobilier appartiennent à mon fils. " Ou quelque chose d'approchant.

« Ma mère et Joe Kennedy étaient ennemis mortels. Mais que pouvais-je y faire ? " C'est ma mère, Joe. Je ne peux tout de même pas la tuer, lui répondis-je.

— Non, répliqua-t-il, mais moi je peux. "

« Puis il décréta :

" File-lui de l'argent, achète-la. Elle se calmera. Et si tu ne le fais pas, c'est moi qui le ferai. "

« Il est clair que Joe Kennedy connaissait mal ma mère. Aucune fortune au monde n'aurait pu acheter son silence. Lorsque John fit campagne à Los Angeles, elle loua un éléphant et descendit Wilshire Boulevard sur son dos, en brandissant une pancarte incitant les électeurs à soutenir la candidature de Richard Nixon. »

Peu après son séjour à Palm Beach, Frank Sinatra invita Joe Kennedy à le rejoindre au Cal-Neva Lodge, un hôtel-boîte de nuit, dans le style cabane en rondins surplombant la pittoresque rive nord du lac Tahoe. La frontière de l'Etat passait en plein milieu de l'établissement, avec les tables de jeu et les machines à sous côté Nevada, et la piste de danse côté Californie. Sinatra possédait des actions dans l'affaire, tout comme Sam Giancana, figure notoire de la pègre de Chicago. L'endroit devint célèbre, les stars du cinéma y côtoyaient les stars du crime, chacun allant et venant à sa guise.

Peter Lawford était présent lui aussi au Cal-Neva lorsque Joe Kennedy arriva : « Au cours des deux années qui suivirent, il y fit peut-être une douzaine d'apparitions. Il venait toujours seul. Et Frank veillait à ses divertissements.

« En dehors du simple plaisir, le motif de ses séjours était ses contacts avec un type du nom de Norman Biltz. Biltz possédait une résidence sur le lac. Il était lui-même très riche, mais surtout il avait accès à beaucoup d'autres fortunes. On l'appelait « le Roi du Nevada ». C'était un vieux dur à cuire. Bien qu'étant lui-même républicain, il contrôlait à la fois les républicains et les démocrates de l'Etat. Biltz se fichait pas mal qu'on soit dans un camp ou dans l'autre.

« Il racontait des histoires fascinantes sur la politique du Nevada et sur la manière dont les choses se passaient, dans un parti comme dans l'autre. Il avait déjà été marié deux fois, mais sa femme à l'époque (et jusqu'à sa mort) était Esther Auchincloss, la sœur de Hugh Auchincloss. Et c'est là que nous revenons à notre sujet : c'est Jackie qui avait organisé le premier rendez-vous entre Biltz et Joe Kennedy.

« Hugh Auchincloss se montra d'un radinisme exemplaire. Sa contribution à la campagne se limita à 500 dollars, en tout et pour tout. Il versait habituellement une somme de 10 000 dollars au candidat présidentiel du parti républicain. Il est vrai qu'il autorisa Janet à lancer des collecteurs de fonds en faveur de JFK, mais il aurait préféré que John fût républicain. Biltz était différent. Joe Kennedy et lui avaient en commun le pouvoir et le dynamisme. Ils étaient tous deux très imbus d'eux-mêmes, des escrocs plein de charme, pourrait-on dire. Avant que Biltz ne passe l'arme à gauche, il avait rassemblé plus de 15 millions de dollars pour la campagne de John et rallié des gens comme Wilbur Clark, qui représentait des motels comme le Desert Inn à Las Vegas, et qui était à la tête de la délégation démocrate du Nevada. Joe Kennedy a dû balancer dans la campagne 30 millions de dollars prélevés sur sa fortune personnelle. D'autres y ont aussi contribué, dont plusieurs figures de la mafia. Marilyn Monroe a donné 25 000 dollars, au même titre que d'autres stars. Ce fut la campagne présidentielle la plus richement subventionnée qui ait jamais eu lieu aux Etats-Unis. Un des facteurs essentiels dans cette course au pouvoir, avec le vote des femmes est Jackie Kennedy. »

Joe Kennedy, manipulateur et stratège en chef, fit également entrer en scène les femmes du clan Kennedy, instaurant les fameux « ladies' teas » qui devinrent si populaires lors des diverses campagnes de John dans le Massachusetts, et veillant à ce que ce rituel se poursuive à l'échelle nationale. Joe Alsop, qui sentit que la série de graves interventions chirurgicales que

John avait subies en 1955 marquait un tournant dans sa carrière (« J'ai toujours pensé qu'il n'avait commencé à prendre sa carrière politique vraiment au sérieux... qu'après sa très grave maladie de 1955 »), attachait une grande importance au rôle joué par les femmes du clan Kennedy dans la campagne présidentielle. « Ce qui m'impressionna le plus, ce fut le spectacle de toutes ces filles. C'était exactement comme un de ces vieux numéros burlesques de poneys, des filles à l'allure superbe, avec leurs longues jambes et leurs crinières touffues, s'attaquant aux électeurs en bataillon groupé... C'était un spectacle extraordinaire, je n'avais jamais rien vu de tel auparavant. »

Depuis 1959, Langdon Marvin rendit visite aux Kennedy à Palm Beach et fut ahuri en les voyant « tous si optimistes au sujet des perspectives présidentielles de John, en particulier les femmes de la famille. Rose, Eunice, Pat, Jean et Ethel étaient entassées dans la cuisine, autour d'un gâteau au chocolat qu'elles dévoraient en dressant avec excitation des plans pour la campagne qui approchait. A chaque fois que l'une ou l'autre avait ce qui leur paraissait une idée prometteuse, elles surgissaient toutes dans le salon pour consulter Bob, responsable de la campagne ».

« C'étaient de véritables bêtes de la politique, le clan tout entier, avec un désir authentique de marquer le cours de l'histoire moderne, dit Slim Aarons. Si l'on voulait leur amitié, il fallait être prêt à les soutenir jusqu'au bout. Lorsque JFK entra effectivement en campagne, je reçus un coup de téléphone de Chuck Spalding, qui dirigeait la campagne pour l'Etat de New York. Il voulait que je fasse quelques interventions électorales en faveur de John. Je lui répondis que je ne pouvais pas. J'avais un certain nombre de séances de photos que je ne pouvais pas annuler. Et, détail non négligeable, j'avais une famille à nourrir. " Mais John a besoin de vous, insista Chuck.

— Je suis flatté, répondis-je, mais j'ai vraiment d'autres engagements. "

« Après ça, ils m'ont lâché comme on lâche une vieille chaussette. »

Durant toute l'année 1959, et la première moitié de 1960, alors qu'elle était de nouveau enceinte, Jackie accompagna John dans bon nombre de ses déplacements. Elle s'exprima en espagnol à New York, en français à Eau Claire, en italien à Syracuse et articula quelques bribes de polonais à Milwaukee. Elle enregistra des messages en diverses langues étrangères pour la radio et la télévision. Elle fit plusieurs apparitions dans des émissions de télévision, dont le *Today Show,* avec Dave Garroway. Elle donna des déjeuners dans sa maison de Georgetown. Elle se rendit dans des supermarchés et s'adressa aux acheteurs par le biais du circuit de diffusion interne. Elle traversait le pays, avec John à bord du *Caroline,* un bimoteur Corvair reconverti, que Joe Kennedy avait acquis plus tôt pour la somme de 350 000 dollars. L'utilisation d'un avion privé leur conférait un énorme avantage sur leurs rivaux, qui devaient se débattre avec les horaires souvent fantaisistes des compagnies commerciales.

« Il y avait deux phases dans la campagne, rappelle Larry O'Brien. D'abord, il nous fallait remporter l'investiture du parti démocrate ; ensuite, nous devions battre Richard Nixon. La première partie fut plus aisée pour

Jackie, parce qu'elle n'était pas encore enceinte. Et elle était devenue une voyageuse accomplie, capable de se nourrir de fast-food et de se débrouiller avec seulement trois robes — une pour le matin, une pour l'après-midi et une pour le soir — et un chapeau pour l'église. Son unique bijou était un rang de perles. Elle avait également emporté un fer à repasser de voyage et une trousse de couture. A ce stade, elle avait appris à jouer des coudes dans une foule, à se hisser sur une estrade devant 5 000 étrangers hurlants, à serrer 10 000 mains sans s'effondrer de fatigue. »

« On serre des centaines de mains dans l'après-midi, et encore des centaines le soir, note Jackie. On est si fatigué qu'on se surprend à rire et à pleurer en même temps. Mais on finit par se calmer et on s'en sort. Il suffit de se dire qu'on est obligé d'en passer par là. On savait que c'était inévitable, et que ça en valait la peine.

« Les lieux se confondent au bout d'un moment, je vous assure. Je me souviens des gens, pas des visages, alignés. Et ce qui émane de ces gens, c'est un sentiment de timidité, d'angoisse et d'espoir rayonnant. Ces femmes qui viennent me voir à un meeting sont aussi timides que moi. Parfois nous restons seulement là, debout, à nous sourire sans rien dire. »

Le premier test important pour Jackie n'eut lieu qu'en mars 1960. Kennedy se battait avec acharnement pour obtenir la victoire contre Hubert Humphrey dans les primaires du Wisconsin. La rumeur lui parvint de Washington qu'un vote du Sénat sur la législation des droits civils était imminent. C'était un vote qu'il ne pouvait se permettre de manquer.

« Rentre à Washington pour voter, Jack, lui dit Jackie. Je continuerai à ta place. »

Et elle continua. Accompagnée de Ted Kennedy, elle voyagea de ville en ville, prononçant de courtes allocutions à chaque étape. A Marshfield, elle déclara devant soixante-quinze personnes, invitées à un déjeuner au Charles Hotel : « Nous avons travaillé dur dans le Wisconsin, et je sais que si vous choisissez de soutenir mon mari vous constaterez que votre confiance est bien placée. Ces dernières années, il a travaillé dans le cadre de la Commission du Travail et de la Santé publique du Sénat et, à ce titre, il a fait autant pour les travailleurs de ce pays que n'importe quel sénateur américain. Il continuera à faire tout ce qui est en son pouvoir s'il est élu président. »

A Neillsville, elle participa à une émission de la radio locale et rappela simplement : « Il a servi ce pays pendant quatorze années, dans la marine et au Congrès. Il est profondément concerné par le bonheur de la nation et, en tant que président, il apportera la plus grande contribution à son avenir. »

A Fairchild, elle s'arrêta pour visiter une maternelle et rencontrer parents et enseignants. Elle dit aux enfants qu'ils lui faisaient penser à Caroline et assura aux adultes que la jeunesse de la nation était à la fois le souci et l'espoir de son mari.

La réaction du public aux efforts de Jackie fut très mitigée. Edmund Nix, District Attorney du comté d'Eau Claire, se souvient d'une volée de bois vert dans la presse, lorsqu'on surprit Jackie « fumant une cigarette dans la rue ». Personnellement, Nix trouvait que Jackie « avait fait du très bon boulot, et une assez bonne impression », en prenant la relève de John.

Jerry Bruno, un partisan de la première heure de JFK, estimait que Jackie s'était révélée « extrêmement efficace dans le Wisconsin. A Kenosha, ma ville, John Kennedy fut retardé au siège de l'American Legion alors qu'il était attendu en ville pour une réception d'après-midi. Il y avait foule à cette réception et les gens étaient en rangs serrés depuis des heures. Jackie monta à la tribune et prononça un discours. Alan Ameche, le joueur de football professionnel, était présent. Entre lui et Jackie, ils réussirent à tenir la salle, jusqu'à ce que Kennedy arrive enfin.

« Jackie n'aimait guère ces tournées électorales, mais ça ne la gênait pas non plus. Elle pensait surtout à Caroline. Elle avouait à quel point sa fille lui manquait. Elle était furieuse contre un certain reporter du *Milwaukee Journal* qui ne cessait d'écrire des salades au sujet d'une éventuelle rupture entre John et elle. Ce journaliste politique semblait prêter plus d'attention aux ragots qu'à la politique elle-même. Ce qui la faisait enrager aussi, c'était la manie de ce même journaliste de mettre constamment sur le tapis la question religieuse. S'il y avait 10 000 personnes à un rassemblement, il écrivait que 9 900 d'entre elles étaient catholiques. Où que nous allions dans le Wisconsin, ce mec rapportait que 99 pour 100 de l'auditoire était catholique. Jackie n'en pouvait plus. Un jour, elle lança : « Ce type doit faire un sondage personnel à chaque réunion. Sinon, d'où tiendrait-il ses statistiques ? »

Frank Thompson, un vieil ami de JFK, décrit un incident amusant qui se déroula dans le Wisconsin. « Ils étaient tous à Madison, relate Thompson. Ivan Nestinger, le futur secrétaire du HEW, Department of Health, Education & Welfare, était le maire de l'époque et c'est lui qui conduisait John dans une toute petite voiture, par un temps absolument glacial. Jackie était partie de son côté pour faire campagne dans les églises noires des faubourgs de Madison. A la fin de la journée, ils allèrent la chercher et elle se serra sur le siège arrière, entre deux autres personnes. John, assis à l'avant, demanda : « Comment ça s'est passé, Jackie ? » Et elle : « Oh, très bien. J'ai rencontré le plus délicieux des prêtres de la plus délicieuse des églises noires, et il m'a dit qu'il avait toutes sortes de problèmes financiers. J'ai pensé que ça serait gentil de l'aider, alors je lui ai donné 200 dollars. » « C'est gentil, en effet », approuva John. Mais après une seconde à peine de réflexion, il s'exclama : « Nom de Dieu ! C'était pas mon argent, au moins ? »

Lorsque se déroulèrent les primaires du Wisconsin et que Kennedy battit Humphrey de 106 000 voix, il apparut que la présence de Jackie avait peut-être été l'élément décisif. Jackie ne s'en serait jamais vantée. Elle attribuait cette victoire à la valeur de John sur le front. La presse, elle, l'attribua au large pourcentage d'électeurs catholiques dans le Wisconsin. La Virginie occidentale, à prédominance protestante, allait être un test plus important.

Charles Peters, rédacteur en chef du *Washington Monthly*, était l'un des agents électoraux de JFK en Virginie occidentale. Lorsque Bob Kennedy l'informa que Jackie participerait à la campagne pour les primaires dans son Etat, Peter s'opposa avec véhémence à cette idée. « J'avais le sentiment que Jackie ne soutiendrait pas la comparaison avec Muriel Humphrey, la femme d'Hubert, qui était très terre à terre et plus proche des Virginiens. Je trouvais Jackie beaucoup trop sophistiquée. En fait, je trouvais JFK un peu sophistiqué pour la Virginie occidentale. Ma mère, qui était elle aussi militante du parti démocrate, et pensait qu'ils n'auraient pas dû se lancer dans les primaires, était de mon avis là-dessus. Ils le firent, pourtant, et à juste titre.

« J'étais responsable du comté de Kanawha, le plus grand de l'Etat. Je suis parti en tournée avec Jackie à deux reprises. Elle semblait jouer son rôle avec une certaine gentillesse. On sentait une petite réticence de sa part, mais sans plus. D'après ce que j'avais entendu, elle tenait à participer à la campagne. Elle était maintenant très désireuse d'entrer à la Maison-Blanche.

« Ce qui m'a le plus étonné, je crois, c'était la façon dont les gens réagissaient face à Jackie. C'est à travers la nouvelle popularité de Jackie que j'ai senti, pour la première fois, ce qui se passait dans la société américaine. Il ne fait aucun doute qu'au lieu de s'identifier à Muriel Humphrey — qui leur ressemblait — ils se sont identifiés à la princesse. Il était clair qu'ils voulaient Jackie. Ils avaient une lueur émerveillée dans le regard quand ils la voyaient. Après le manque d'élégance d'Eleanor Roosevelt, de Bess Truman et de Mamie Eisenhower, ils étaient en quête d'une image aristocratique. Et les Kennedy réussirent admirablement à vendre la leur.

« La campagne était parfaitement organisée. JFK faisait preuve d'une grande subtilité politique, et Joe Kennedy était un débrouillard de première. Les Kennedy avaient tous un profond désir de s'élever socialement, et ils savaient que leur ascension sociale faciliterait leur ascension politique, dans le Massachusetts d'abord, à l'échelle nationale ensuite. Je pense que si John Kennedy a épousé Jackie, c'est parce qu'elle lui donnait une certaine classe. Du moins les attributs extérieurs de cette classe, dans la mesure où elle appartenait, en fait, au même milieu que le sien. »

La victoire de Kennedy lors des primaires en Virginie occidentale représenta un tournant capital dans sa campagne. « A ce moment, nous avons su que nous pouvions gagner jusqu'au bout, raconte Charles Peters. S'il avait perdu, nous aurions compris qu'il risquait de perdre jusqu'au bout. Il était clair que c'était une partie importante à jouer. Jamais un enjeu aussi important n'avait dépendu de quelque chose d'aussi peu important que des primaires dans un Etat comme la Virginie occidentale. »

Ce qui frappa l'entourage de JFK, ce fut le manque d'exubérance de Jackie après la victoire. Le soir des primaires, John et Jackie, accompagnés de leurs amis Ben et Toni Bradlee, se mirent en quête d'un cinéma dans le centre de Washington. Ils voulaient aller voir *Soudain l'été dernier,* mais ils arrivèrent après le début du film. Alors ils traversèrent la rue pour entrer dans un cinéma porno. Ils virent *Private Property,* l'histoire des exploits sexuels d'une épouse fantasque et de ses aventures torrides avec des laitiers, des réparateurs, des livreurs et tous ceux qui se trouvaient sur son chemin.

A la fin du film, les quatre compères rentrèrent à la résidence des Kennedy, dans N Street. Au moment où ils ouvraient la porte, la sonnerie du téléphone retentit. C'était Bob : John l'avait remporté, haut la main. Il appela immédiatement son père, puis alerta son équipage et lui demanda de tenir le *Caroline* prêt à décoller sur-le-champ. En compagnie des Bradley et de Steve et Jean Smith, John et Jackie s'envolèrent pour Kanawha, afin de remercier en personne leurs supporters. « Je pense que nous avons maintenant enterré le problème religieux, une fois pour toutes », déclara Kennedy aux journalistes qui l'attendaient à l'aéroport de Kanawha.

Cette victoire fut célébrée au Kanawha Hotel. Tandis que le champagne coulait à flots et que la musique résonnait, Jackie s'esquiva par une porte dérobée, repéra la voiture qui les avait amenés de l'aéroport, se glissa sur le siège arrière et resta là assise, seule et lasse, dans l'attente de leur retour à Washington.

Le malaise et l'ennui de Jackie se manifestèrent à d'autres moments de la campagne. Elizabeth Gatov, l'un des leaders du parti démocrate en Californie, remarqua aussitôt que « Jackie n'aimait décidément pas beaucoup les politiciens, ni leur entourage. Elle vint en Californie à plusieurs reprises avec JFK, et je me rendis rapidement compte qu'elle refusait d'entrer dans une pièce pleine de gens...

« Mon sentiment personnel est qu'elle se sentait intimidée devant tous ces gens, qu'elle avait du mal à établir une relation avec le genre d'individus que l'on rencontre dans le contexte politique. Elle n'était pas à son aise avec eux et, lorsqu'elle venait avec JFK, j'essayais de trouver une ou deux personnes — dans la mesure du possible des hommes séduisants et bien élevés — pour lui tenir compagnie dans ces moments-là... et faire en sorte qu'ils lui soient aussi agréables que possible ».

Clara Shirpser, autre responsable politique, exprime une réaction similaire au désintérêt apparent de Jackie pour la campagne : « Lors de la grande réception que les Kennedy donnèrent au Fairmont Hotel à San Francisco, il y avait des files de gens depuis le trottoir jusqu'au hall, venus pour rencontrer John Kennedy et lui serrer la main. John et Jackie étaient présents. Une demi-heure s'était déjà écoulée et Jackie n'était pas encore apparue. Je me trouvais à l'accueil, près de John. Tout le monde demandait : " Mais où est Jackie ? Où est Jackie ? " Je me suis tournée vers John. J'étais assez près pour pouvoir lui parler discrètement. " Tout le monde se demande où est Jackie ? Pourquoi n'est-elle pas ici ? " Il m'a répondu : " Evidemment, elle ne veut pas descendre. " J'ai insisté : " Je pense vraiment que vous devriez la faire venir. Après tout, vous cherchez à faire preuve de bonne volonté.

— Voulez-vous monter et aller la chercher ?

— Non, elle ne m'écouterait même pas. "

« Il a alors marmonné quelque chose comme : " Je vais vous faire un aveu, elle ne m'écouterait pas non plus. "

« Alors je lui ai dit : " Je vous en prie, envoyez-lui quelqu'un qui saura la convaincre. Il faut vraiment qu'elle descende. " Je crois que John s'est décidé à y aller. Jackie a fini par descendre, mais elle était d'humeur boudeuse, presque renfrognée. Si quelqu'un lui disait quelque chose d'aimable, elle répondait sèchement par un " Merci ", " Non " ou " Oui ". C'est l'une des femmes d'hommes politiques en campagne les plus difficiles à manier. Elle n'aimait que les privilèges, pas les responsabilités. »

Quelle qu'ait pu être l'attitude de Jackie, elle était controversée. Elle avait autant de supporters que de critiques. Alors que certains pensaient qu'elle était beaucoup trop raide, formelle et distante, d'autres l'admiraient et vantaient son caractère, son maintien et sa conduite. Et tandis que bon nombre de ses détracteurs l'accusaient d'avoir perdu autant de voix que son mari en avait gagné, ses nombreux fans soulignaient qu'elle avait joué un rôle significatif dans son ascension spectaculaire.

Si elle n'entrait pas toujours de plain-pied dans le tourbillon politique, Jackie s'arrangeait néanmoins pour faire sentir sa présence. Elle donna le coup d'envoi d'une campagne nationale féminine, « Calling for Kennedy », en organisant des conférences données par onze femmes dans onze Etats. Elle participa à la constitution du « Women's Committee for New Frontiers », qui se réunit durant la campagne pour discuter de sujets tels que les soins aux personnes âgées, le chômage et l'enseignement public. Elle persuada Benjamin Spock et Reinhold Niebur (historien et philosophe catholique) d'apporter leur soutien à la candidature présidentielle de son mari. Se conformant aux conseils de Mrs. John Sherman Cooper, elle rédigea « Campaign Wife », une chronique hebdomadaire à l'intention des femmes, que le Comité national démocrate distribua à divers journaux. Elle défendit également avec ténacité l'honneur politique de son mari, lisant le manuscrit d'un projet de biographie de Kennedy par l'historien James MacGregor Burns, puis le critiquant dans une longue lettre assez virulente.

Le journaliste Peter Lisagor n'oublia jamais l'accueil qu'il reçut après avoir descendu en flammes Kennedy dans une séquence de *Face The Nation*. « A la fin de l'émission, raconte-t-il, Jackie me regarda comme si j'étais un monstre infâme, sorti en rampant de quelque trou pour planter ses crocs empoisonnés dans le talon de son mari. » Elle lui reprocha d'avoir posé à JFK des questions « absolument épouvantables ».

Il ne faut pas sous-estimer l'importance de Jackie dans la campagne de John Kennedy. Toujours photogénique, mystérieuse, réservée et imprévisible, elle eut un impact indéniable sur le psychisme américain. On la remarquait, plus qu'aucune autre femme du clan Kennedy, essentiellement parce qu'elle était différente : elle n'était pas la première venue, elle le savait et elle n'essayait pas d'avoir l'air comme tout le monde. Elle défiait la tradition politique en admettant publiquement qu'elle cuisinait rarement et qu'elle ne s'intéressait guère au fonctionnement ménager de sa maison. Elle ne cachait pas que c'était une gouvernante qui s'occupait de Caroline et qu'il y avait aussi chez eux d'autres serviteurs. Elle était d'une franchise rafraîchissante. Elle disait qu'elle avait choisi de faire campagne aux côtés de son mari parce qu'autrement elle ne le verrait jamais. Elle disait qu'elle trouvait agaçant de descendre pour le petit déjeuner et de trouver une douzaine d'hommes en costume froissé, assis autour de la table, cigare au bec, et discutant de stratégie électorale. Elle reconnaissait dépenser de l'argent pour s'habiller, mais pas les 30 000 dollars par an que *Women's Wear Daily* avait prétendu qu'elle dépensait à cet effet — « Je n'aurais pas pu dépenser une telle somme, à moins de porter des sous-vêtements en zibeline » — mais elle confessait avoir acheté plusieurs créations de Givenchy et de Balenciaga, et fréquenter un certain nombre d'autres couturiers européens. Elle était différente, non seulement par ses manières, mais par son allure. Au milieu de la campagne, sa mère lui dit un jour : « Ne pourrais-tu pas ressembler un peu plus à Muriel Humphrey ou à Pat Nixon ? »

Même son sens de l'humour la laissait à part. Il était canaille et même osé. Francis Lara, un journaliste basé à Washington de 1959 à 1966, trouvait la sensibilité de Jackie « très européenne. Elle était impitoyablement taquine, rien de méchant, juste un humour au tac au tac, souvent orienté. Je lui disais par exemple : " Ben Bradley m'a dit que vous sortiez avec Untel. " Et je citais quelqu'un de très connu, comme Cary Grant. Elle me renvoyait immédiatement la balle. Elle riait de tout Elle était très calme, très maligne, calculatrice. Elle savait parfaitement ce qu'elle faisait ».

C'est peut-être la carte de la Saint-Valentin qu'elle envoya à Arthur Krock, en 1959, qui illustre le mieux le sens de l'humour de Jackie. On y voyait une blonde pulpeuse en déshabillé décolleté et semi-transparent, dont la pose évoquait les contorsions légendaires de Betty Grable en pin-up de la Seconde Guerre mondiale. Le message disait : « Déshabillez-moi, monsieur Valentin ! » Et dessous, Jackie avait écrit : « Amitiés, de la part de l'épouse d'un soldat au front, Muriel Humphrey bien sûr ! »

15

Plus John Kennedy approchait de la présidence, plus il courait le jupon. Les dossiers du FBI sur Kennedy font allusion à « deux hôtesses de l'air que le sujet rencontre en Californie ». Une autre pièce met en évidence les liens étroits entre John Kennedy et Frank Sinatra : « Kennedy et Sinatra ont été, dans un passé récent, impliqués dans des parties fines à Palm Springs, à Las Vegas ou à New York. En ce qui concerne les informations sur la relation Kennedy-Sinatra, le magazine *Confidential* déclare posséder les dépositions de deux prostituées mulâtres de New York. » Une autre annotation dans ces dossiers allègue qu'en 1957-1958, Kennedy fit plusieurs voyages à La Havane, pour rendre visite à Flo Pritchett Smith, l'épouse de Earl E.T. Smith, ambassadeur des Etats-Unis à Cuba sous Eisenhower. Apparemment, ils se voyaient aussi à Miami et à Palm Beach.

En septembre 1958, Kennedy et George Smathers assistaient à une soirée à l'ambassade d'Italie à Washington. Sophia Loren y était invitée. Jackie n'était pas en ville et Sophia semblait être venue seule. John se montra intéressé. Au lieu d'aborder l'actrice directement, il envoya le sénateur Smathers et attendit dans le patio.

Smathers déploya tout son charme. Il aborda Sophia et lui expliqua de sa voix suave d'homme du Sud que son ami, le sénateur Kennedy, qui serait bientôt le président Kennedy, souhaitait que mademoiselle Loren le rejoigne pour souper dans sa maison de Georgetown. Le champagne, ajouta-t-il, était déjà au frais.

Il se trouve que la journaliste Maxine Cheshire se tenait à côté de Sophia et entendit par inadvertance à la fois cette proposition et le refus poli mais ferme de l'actrice. Comme l'anglais de Sophia était encore, à cette époque, un peu rudimentaire, Smathers pensa qu'elle n'avait pas compris. Il reformula sa demande et essuya une nouvelle rebuffade.

Cheshire voyait Kennedy dans le patio, se balançant impatiemment d'avant en arrière sur ses talons. Il ne pouvait accepter ce « non » pour réponse et il renvoya Smathers.

Cette fois, Sophia lança un regard de détresse à Cheshire, comme si elle implorait la journaliste de faire comprendre à Smathers que ça ne l'intéressait pas. Voyant la réaction de Sophia, Smathers eut l'impression que Cheshire, qu'il n'avait jamais vue auparavant, était une sorte de chaperon ou d'interprète assignée à l'actrice durant son séjour à Washington. Il sourit à Sophia et dit d'un ton exaspéré sur lequel on ne pouvait se méprendre : « Oh, si c'est ça, vous pouvez aussi bien venir avec votre amie. On fera une partie carrée. »

Une autre actrice réussit à échapper aux avances de Kennedy : Jean Simmons. Son ex-mari, Stewart Granger, évoque dans son autobiographie [1] le jour où en 1958 Jean Simmons rentra de Boston où elle tournait *Cette nuit ou jamais*. » Elle me parla de ce sénateur très séduisant qui l'avait couverte de fleurs et qui avait fini par défoncer pratiquement la porte de sa chambre. » Avec un sourire, Jean ajouta qu'« il avait un si beau sourire que j'ai failli le laisser entrer ». Prenant la mouche, Granger demanda si elle connaissait son nom. « Oui, c'est un sénateur très important, il s'appelle John Kennedy. » « Je n'en avais jamais entendu parler », ajoute Granger.

John eut plus de chance avec Pamela Turnure, une jeune débutante de vingt et un ans, qui ressemblait beaucoup à Jackie, avec ce même air distant et presque la même façon de parler. Pam entra comme secrétaire dans le bureau sénatorial de John et rejoignit par la suite son équipe de campagne présidentielle. Le photographe Bob Phillips, qui évoluait dans les mêmes cercles que Pam, la décrit comme « brillante, séduisante, courtoise. Elle fréquentait beaucoup d'hommes et je sais qu'elle donnait des soirées très réussies. Je ne suis jamais sorti avec elle, mais nous étions devenus assez proches. Pourtant, elle ne mentionna jamais Kennedy en ma présence, autrement que dans le contexte de son travail. Je n'ai connu les détails de leur liaison que beaucoup plus tard ».

Ces rencontres nocturnes éveillèrent l'intérêt passionné des propriétaires de Pam à Georgetown. Leonard et Florence Kater, catholiques pratiquants, étaient outrés. Ils installèrent des magnétophones à chaque endroit stratégique, y compris dans un conduit d'aération qui partait du sous-sol et menait directement à la chambre de Pam, située au deuxième étage. Les résultats étaient aussi incontestables que les photographies qu'ils prirent le 11 juillet 1958, à 1 heure du matin, et sur lesquelles on voyait John Kennedy émergeant de l'appartement de Pam. Des tirages de ces photos assassines furent envoyés non seulement au FBI, mais aux journaux, aux magazines et aux chaînes de télévison. A une petite exception près — un bref article paru dans le *Washington Star* — l'affaire fut classée. J. Edgar Hoover ajouta leurs clichés à son dossier déjà volumineux sur John Kennedy, mais refusa de rencontrer les Kater.

Ils descendirent alors dans la rue et commencèrent à se montrer dans les rassemblements politiques de JFK, avec des écriteaux dénonçant le candidat comme adultère. Ils le suivirent à Independence, dans le Missouri, quand il

---

1. Stewart Granger, *Sparks Fly Upward*, pp. 380-381.

alla rendre visite à l'ancien président Harry S. Truman. Ils téléphonèrent à Joseph Kennedy, qui les envoya promener, et ils se rendirent à Boston pour voir le cardinal Cushing. Comme tout avait échoué, Mrs. Kater campa devant la Maison-Blanche.

Pam Turnure avait depuis longtemps quitté son appartement dans la maison des Kater. Sur la recommandation de John Kennedy, elle s'était installée dans la maison de Mary Meyer. Mary, la sœur de Tony Bradley, était artiste. Diplômée de Vassar, elle entretenait avec Jackie Kennedy une relation amicale. Elles se promenaient souvent ensemble, le matin, autour de Washington, avant que Jackie ne devienne première dame des Etats-Unis.

« Mary Meyer se trouva entraînée, malgré elle, dans les mailles de l'intrigue », raconte James T. Angleton, directeur des opérations clandestines de la CIA et confident de Mary. « Pam Turnure vivait chez Mary et voyait John Kennedy en cachette. Mary était au courant, mais elle était également amie avec Jackie Kennedy. Lorsque les Kennedy entrèrent à la Maison-Blanche, JFK suggéra que Pam devienne le porte-parole de Jackie. " Que ferais-je d'un porte-parole ? " demanda Jackie. Pam n'avait aucune expérience. Mais Jackie se laissa finalement convaincre, car elle pourrait ainsi garder un œil sur Pam. Ce qu'elle ne pouvait pas prévoir, c'est que John laisserait tomber Pam pour s'intéresser à Mary Meyer. »

Deirdre Henderson, autre jeune femme fort séduisante, qui travaillait dans l'équipe électorale de Kennedy, ne savait si elle devait se sentir insultée ou soulagée de ne pas avoir subi les avances de son employeur. « J'ai commencé à travailler pour lui en 1958, raconte-t-elle. J'ai d'abord été reçue par Ted Sorensen, puis par Kennedy. Après quoi, Kennedy m'a demandé de passer dans une autre pièce et de taper une liste des dix questions de politique étrangère de l'époque que je considérais comme les plus importantes. Ma liste lui convint apparemment, puisqu'il me demanda si je voulais bien écrire ses discours. Je pensais ne pas être à la hauteur. " Pourquoi ne me confiez-vous pas plutôt vos recherches ? " ai-je suggéré. Il m'a finalement envoyée à Boston pour assurer la liaison avec la communauté intellectuelle.

« Je me suis installée dans un appartement de Cambridge et j'ai organisé un cocktail pour permettre à Kennedy de rencontrer des gens de Harward et du MIT, dont certains devaient rejoindre ultérieurement son équipe, le plus souvent à des postes clés. Ce fut peut-être le cocktail le plus important de la campagne, car c'est là que Walt Rostow utilisa pour la première fois le terme de " New Frontier " et commença à l'imposer à Kennedy. C'est devenu finalement un de ses leitmotive. Je puis affirmer, en toute honnêteté, que Kennedy s'est toujours comporté en parfait gentleman. Il n'a jamais rien tenté avec moi. Mais, durant la campagne, il a fait quelque chose qui m'a plutôt étonnée. Il avait appris que l'un de ses principaux assistants, un homme marié, avait une liaison avec une jeune femme de l'équipe. Pour une quelconque raison, cela l'ennuyait. Il a téléphoné à son assistant et a entrepris de le sermonner. Venant de lui, c'était une bien curieuse façon de régler la situation. »

L'une des liaisons les plus discrètes de Kennedy semble avoir été celle qu'il entretint avec lady Jean Campbell, fille du duc d'Argyll et petite-fille du puissant magnat de la presse britannique, lord Beaverbrook. Russell D. Hemenway, un des reponsables de la campagne d'Adlai Stevenson, se considérait comme un proche ami de Jean et il la vit fréquemment en compagnie de Kennedy, au milieu des années cinquante. « C'était une brune sensuelle, qui devait avoir un peu plus de vingt ans, indépendante, brillante, une fille assez simple dans l'ensemble. Elle avait été la compagne d'Henry Luce avant de l'abandonner pour devenir la troisième épouse de Norman Mailer, et s'était arrangée pour glisser JFK en sandwich entre les deux. Je n'ai jamais su quelle était la teneur réelle de leur relation. Je les voyais ensemble dans des dîners à New York ou dans des endroits comme le Stork Club, et ils avaient l'air assez intimes. »

Moins intense, mais plus durable, fut la relation de John avec Joan Lundberg, une divorcée californienne qui avait deux enfants et qu'il rencontra à Santa Monica, fin 1956. Il continua à la voir, sporadiquement, jusqu'en 1959. Selon les dires de Joan, elle se trouvait avec des amis dans un bar de Santa Monica, le Sip'n'Surf, et c'est là qu'elle aperçut les Lawford en compagnie de John Kennedy. Décidée à profiter de l'occasion pour faire sa connaissance, elle se glissa jusqu'au juke-box placé à côté de leur table et entama la conversation, dans le but évident de l'intéresser au disque qu'elle allait mettre.

Kennedy partit avant elle et, peu après son départ, elle reçut un coup de téléphone au bar. C'était lui, qui l'invitait à une soirée chez les Lawford. Lorsqu'elle arriva à la soirée, elle découvrit qu'il avait convié plusieurs autres femmes. Mais, à son grand plaisir, il choisit de passer la nuit avec elle.

Elle dira plus tard qu'il avait été attiré parce qu'elle ressemblait beaucoup à sa sœur, Pat. Une ressemblance qui leur permit d'ailleurs de voyager ensemble, car on les prenait souvent pour frère et sœur. Elle le retrouvait soit chez les Lawford, soit aux diverses étapes de sa campagne. Dans la mesure où elle avait ses deux enfants à charge, c'est Kennedy qui assumait ses frais de voyage. Joan prétend que leur liaison prit fin lorsque les amis des Lawford commencèrent à poser des questions, et qu'elle n'y fut plus reçue.

Durant la campagne la plupart des conquêtes féminines de JFK faisaient partie de ce qu'on avait baptisé les « Kennedy Girls » : des mannequins, des hôtesses, des étudiantes supporters, recrutées par les éclaireurs du candidat pour ajouter un soupçon de fantaisie et de piment à cette course à la présidence. Janet DesRosiers, hôtesse à bord du *Caroline,* avait le sentiment que si Jackie avait été plus présente dans la campagne de John, les occasions et le besoin de telles aventures auraient été sérieusement réduits.

« L'ennui, c'est que Jackie n'aimait pas beaucoup ces tournées, raconte DesRosiers. Elle trouvait le rythme trop trépidant et n'avait aucune envie de se coltiner M. et Mme Toulemonde. Lorsqu'elle participait à la campagne, elle restait distante et solitaire. Je pense que John aurait dû l'encourager. Elle représentait une part importante de l'image Kennedy. Et il devait trouver déconcertant qu'elle refuse souvent de l'accompagner ou qu'elle ne suscite pas un plus grand enthousiasme, un plus grand élan, quand elle était à ses côtés.

« L'une de mes fonctions, en tant qu'hôtesse, et ça ne devait pas plaire beaucoup à Jackie, était de lui masser la nuque et les épaules. Il suffit qu'on masse quelqu'un pour que les gens s'imaginent automatiquement qu'il y a anguille sous roche. Mais il fallait bien que quelqu'un le fasse. Il était tout noué, à force de bosser pendant des heures sans interruption, de se lever à 4 heures du matin pour aller serrer des mains dans quelque aéroport perdu, par plusieurs degrés au-dessous de zéro. Il prononçait une trentaine de discours par jour, sept jours par semaine, trois semaines d'affilée.

« Il avait des problèmes de voix et de dos. Les massages soulageaient son mal de dos. Et c'est David Blair McCloskey, un professeur de l'université de Boston, qui lui apprenait à placer sa voix. McCloskey lui faisait faire des exercices pour fortifier ses cordes vocales et m'ordonnait de le ménager dès qu'il était dans l'avion. Je lui tendais un bloc et il comuniquait par écrit. »

Préservés pour la postérité par Janet DesRosiers, plusieurs de ces blocs-notes nous donnent un aperçu de ses obsessions sexuelles. Envisageant la possibilité d'une victoire sur le vice-président de l'époque, Richard Nixon, il écrit : « Je suppose que si je gagne, je peux mettre une croix sur mes " *poon days* " (" *poon* " étant un terme familier, dans la Marine, pour désigner l'activité sexuelle). » Un autre jour, il griffonne : « J'imagine qu'ils vont chercher à m'atteindre, avant la fin de la campagne » — vraisemblablement une allusion à ses craintes que les partisans de Nixon ne tentent d'exploiter ses aventures extra-conjugales. Au dos d'une enveloppe commerciale, il note froidement : « Je me suis envoyé la blonde. » Il évoque également ses projets, dans le cas où il n'obtiendrait pas l'investiture démocrate : « Si je perds... tour du monde en 180 jours. » Il avait évidemment en tête une version prolongée de la bacchanale méditerranéenne qui avait suivi, en 1956, sa défaite à la Convention nationale démocrate de Chicago.

Malgré son emploi du temps, JFK se débrouillait toujours pour trouver le temps de voir Frank Sinatra. Le 7 février 1960, quittant le Texas pour l'Oregon, Kennedy décida de faire un petit détour en avion par Las Vegas, où Sinatra se produisait au Sands Hotel.

Blair Clard, qui avait son journal du soir sur CBS-Radio, se trouvait à bord du *Caroline* : « Il n'y avait que cinq ou six journalistes dans l'avion — deux techniciens, un type du *New York Times,* Mary McGrory et moi-même. On pensait tous " Comment faire pour coincer Sinatra au Sands ? "

« Quand on est arrivé à l'hôtel, Mary et moi nous avons été incités à prendre un verre dans la suite de Sinatra, pendant que le chanteur finissait de s'habiller pour son spectacle. Il était entouré de sa bande — Dean Martin, Sammy Davis, Jr., Joe Bishop, Peter Lawford. Ils venaient de boucler le tournage de *L'inconnu de Las Vegas* et Lawford s'est mis à commenter longuement le scénario.

« Au bout d'un moment, nous sommes descendus dans le hall. On nous a installés à la table de Sinatra, et les gens ont commencé à aller et venir, à se lever et à s'asseoir en permanence. Il y avait tous ces gogos et ces danseuses autour de nous. Et puis il y avait une femme, très attirante, avec des yeux bleus et des cheveux noir corbeau, qui s'appelait Judith Campbell (Exner). Sa présence n'avait aucune signification pour moi, à l'époque. Mais, des années après, les pièces du puzzle se sont mises en place. »

Exner, vingt-six ans et divorcée, était une actrice déchue d'Hollywood qui avait un succès fou dans les soirées de la côte Ouest. Elle avait eu avec Sinatra une liaison tumultueuse, et c'est Frank qui l'a refilée à Kennedy. JFK la reçut somptueusement dès le lendemain, dans le patio de la suite de Sinatra, mais leur relation sexuelle ne débuta que le 7 mars (à la veille des primaires dans le New Hampshire), lors d'un rendez-vous au Plaza de New York.

Leur liaison dura jusqu'au milieu de l'année 1962. Ils se retrouvèrent souvent dans des hôtels, des motels, chez John à Georgetown (quand Jackie était en vacances en Floride) et à la Maison-Blanche. Il semble que Kennedy ait couvert Exner de cadeaux, dont une grosse broche en diamants et rubis et un chèque de 2 000 dollars pour rembourser l'achat d'un nouveau vison. Et ils se téléphonaient tout le temps. Les registres de la Maison-Blanche révèlent d'innombrables appels durant les dix-huit premiers mois de la présidence de Kennedy.

L'aspect le plus intrigant de cette liaison fut la révélation postérieure des liens d'Exner avec la Mafia, et en particulier avec des gens comme le patron du crime de Chicago, Sam Giancana et son lieutenant californien John Roselli. Tous deux furent recrutés plus tard par la CIA, avec le chef de la Mafia de Floride, Santo Trafficante, dans le cadre d'un complot foireux pour assassiner Castro tout en compromettant le président Kennedy.

Espérant toucher le gros lot en dévoilant sa liaison avec JFK, Exner écrivit en 1977 *My Story,* un livre dans lequel elle raconte son amitié, à la fois avec Kennedy et avec Giancana (à qui elle avait été également présentée par Sinatra), admettant que Giancana était devenu son principal protecteur, l'hébergeant et lui offrant de somptueux cadeaux, tout en se demandant si, en fait, il ne l'utilisait pas « parce que j'étais la maîtresse du président ».

La deuxième version de Judith Exner fit surface le 28 février 1988, date à laquelle le magazine *People* publia un article intitulé : « *The Dark Side of Camelot* », signé Kitty Kelley. Pour l'essentiel, Exner « en train de mourir d'un cancer » reconnaît avoir menti, non seulement dans son livre, mais aussi devant la Commission spéciale du Sénat qui avait enquêté, en 1975, sur l'attentat manqué contre Castro. Si l'on en croit ces derniers propos, en plus de ses « services sexuels », Exner aurait été le messager personnel de JFK, chargé de délivrer ses messages à Giancana et Roselli ou, plus rarement, d'assurer la liaison en sens inverse. D'après Exner, il est possible que ces enveloppes aient contenu une correspondance secrète entre Kennedy et la Mafia, sollicitant son intervention dans les primaires en Virginie occidentale et, ultérieurement, dans le coup de main contre Castro. Exner prétend également dans *People* (elle et Kelley se sont partagé une somme de 100 000 dollars pour cet article) qu'elle avait organisé un certain nombre de rencontres entre Kennedy et Giancana, et qu'elle aurait assisté à l'une d'entre elles.

En dépit de nombreuses failles et incohérences dans les divers récits de Judith Exner, il n'en reste pas moins que, tout en fréquentant Kennedy, elle avait conservé des liens étroits avec la Mafia ; et que Kennedy, au courant de ces liens, continua à la voir[1]. Nous savons également par les documents et les enregistrements du FBI que Kennedy avait des contacts directs avec des membres notoires de la pègre, comme Meyer Lansky et Joe Fischetti, et qu'il a très vraisemblablement bénéficié, sur un plan politique, de l'argent et des muscles de la Mafia, au Texas, en Illinois et en Virginie occidentale.

« Judith Exner se vantait, soutient Peter Lawford. Elle commençait à croire qu'elle comptait pour John. Elle pensait qu'il tenait à elle. Mais John n'était pas du genre à confondre sexe et amour. Pas même quand il s'agissait de quelqu'un d'aussi fascinant et célèbre que Marilyn Monroe[2]. »

John et Marilyn se rencontrèrent pour la première fois chez les Lawford, en 1957, mais ils se virent peu jusqu'en 1959, date à laquelle JFK s'arrangea pour passer plusieurs jours de suite à Palm Springs avec Marilyn. Et c'est là que débuta leur liaison.

Dès le début, Peter Lawford fut conscient des dangers possibles autant que des bénéfices potentiels que pouvait entraîner cette liaison. Comme pour certains produits cautionnés par des stars, la présence de Marilyn aux côtés de Kennedy pouvait constituer un avantage dans sa campagne. Réciproquement, l'amitié de JFK pouvait influer sur le bonheur futur de Marilyn. L'autre possibilité, bien sûr, c'était le péril de s'exposer publiquement. Personne n'élirait comme président un homme qui trompait notoirement sa femme et humiliait ainsi sa famille. L'entourage politique de JFK était inquiet, en particulier lorsqu'il apprit que Marilyn projetait de se rendre avec lui à la Convention nationale démocrate de Los Angeles, alors que Jackie resterait à Hyannis Port.

En dehors du choix de Lyndon B. Johnson comme candidat à la vice-présidence, la victoire au premier tour de John F. Kennedy, le 13 juillet 1960 à Los Angeles, n'offrit guère de surprises. Bob Kennedy était arrivé en ville une semaine plus tôt et avait installé son poste de commandement dans une suite de quatre pièces à l'hôtel Biltmore. Joe et Rose Kennedy s'installèrent dans la maison de Marion Davies, à Beverly Hills. Joe disposait d'une batterie de téléphones au bord de la piscine et faisait de son mieux pour

---

1. Vous trouverez un commentaire sur ce point après la bibliographie (chapitre 15) figurant à la fin de ce livre.

2. Les documents du FBI indiquent que Sam Giancana, voulant faire cesser la surveillance du syndicat du crime de Chicago, essaya d'entrer dans les bonnes grâces de JFK en dépêchant Paul « Skinny » d'Amato, le gérant du casino clandestin d'Atlantic City, en Virginie occidentale, avec mission de distribuer des pots-de-vin aux shérifs locaux et autres officiels. Les mêmes documents démontrent cependant clairement que l'influence d'Amato fut pour le moins minime. Le facteur le plus important, dans ces primaires de Virginie occidentale, fut probablement la présence de Franklin D. Roosevelt, Jr. C'était Joe Kennedy qui avait eut l'idée de recruter le fils de l'ex-président, dont le nom était révéré dans tout l'Etat. Car le président Roosevelt avait reconnu aux mineurs le droit de s'organiser et de toucher un salaire décent.

rester en retrait, autorisant Rose à le représenter à la Convention (les opposants à JFK scandaient : « John et Bob mènent le spectacle, tandis que Ted a la charge de cacher Joe »). John Kennedy réserva sa propre suite au Biltmore, mais sous-loua également le luxueux appartement de l'acteur Jack Haley, au 522, North Rossmore Boulevard, ainsi qu'un autre à la même adresse, à dix minutes à peine en voiture du Los Angeles Memorial Sport Arena, site de la Convention.

Comme prévu, Jackie resta à Hyannis Port, ravie de suivre les événements sur un petit poste de télévision loué pour la circonstance et d'échapper aux pressions et au chaos qui avaient marqué la Convention quatre ans plus tôt. Elle s'entretenait aussi quotidiennement au téléphone avec sa sœur Lee, qui assistait à la Convention avec le prince Stanislas Radziwill, dit « Stas », cet aristocrate rondouillard et moustachu, d'origine polonaise, qu'elle avait épousé en mars 1959. Stas, de vingt ans l'aîné de Lee, avait émigré en Angleterre en 1946 et s'occupait depuis d'affaires de construction et d'immobilier. Comme d'autres membres de la famille, il avait été enrôlé pour faire campagne en faveur de JFK et prononça plusieurs discours. Durant la Convention, les Radziwill occupaient une suite au Beverly Hilton.

Joe Cerell, chef du parti démocrate californien, observe que Frank Sinatra fut « extrêmement actif dans les coulisses », organisant un dîner de collecte de fonds au Beverly Hilton, à 100 dollars le couvert, dîner auquel assistèrent près de 3 000 supporters de JFK, parmi lesquels on reconnaissait plusieurs stars hollywoodiennes : Janet Leigh, Tony Curtis, Angie Dickinson, Milton Berle, George Jessel, Rhonda Fleming, Judy Garland et le « Rat Pack » au grand complet. John était assis à côté de Judy Garland à un bout de la table, tandis que Sinatra était à l'autre bout, au milieu des autres candidats démocrates, Adlai Stevenson, Stuart Symington et Lyndon Johnson.

Sinatra et sa bande furent omniprésents pendant la Convention, assurant l'ouverture, le 11 juillet, avec une version jazz du thème national de la campagne, puis sillonnant le stade en s'efforçant de convaincre les délégués indécis. Lui et Peter Lawford se relayèrent pour tenir le bar lors d'un cocktail organisé par Joe Kennedy chez les Davies. Il demanda au comédien Mort Sahl d'improviser un monologue satirique avant le discours de réception de JFK.

« Il régnait à L.A. une atmosphère d'euphorie et d'exubérance, pendant cette semaine riche en événements, raconte Peter Lawford. L'Administration Eisenhower avait été un puissant tranquillisant national. Les démocrates tenaient enfin un candidat capable d'insuffler un peu d'enthousiasme et d'idéalisme dans le sang des Américains. »

Les accusations selon lesquelles John F. Kennedy était trop jeune, trop catholique (« C'est un si *piètre* catholique », avait déclaré un jour Jackie à l'éditorialiste Arthur Krock), trop riche et de santé trop fragile, persistèrent longtemps après sa nomination. Lorsque Lyndon Johnson grommela « qu'il ne se laisserait pas bousculer par un gamin de quarante-trois ans », c'est de

JFK qu'il parlait. Eisenhower l'appelait « ce jeune homme ». Le Dr Janet Travell rappelle la tentative de vol des dossiers médicaux de JFK dans son bureau de New York, et la révélation consécutive, par l'entourage de Johnson, que Kennedy était malgré son âge atteint d'un mal mystérieux (la maladie d'Addison) qui pourrait l'empêcher d'arriver jusqu'au terme d'un éventuel mandat.

Betty Carson Hickman, membre du bureau sénatorial de Lyndon Johnson, remarque que « le clan Kennedy avait pourvu chacun des délégués (de la Convention) de tout ce dont ils pouvaient avoir besoin pour se distraire, y compris l'alcool et les femmes envoyées dans leurs chambres. On sentait que la campagne de John avait été financée par Joseph Kennedy. C'était, je pense, le sentiment général. Une chose regrettable ».

Le seul argument inavouable, pour les membres de la presse et les adversaires politiques de Kennedy, était sa vie dissolue. Comme l'explique Betty Carson Hickman. « Il y avait une sorte d'accord tacite à Washington, selon lequel on ne parlait pas de la vie privée des gens, et ils ne parlaient pas de la vôtre... Je suis contente que tout ça soit mis en lumière aujourd'hui. Non pas pour les gens qui ne sont plus là — je trouve ça détestable, à cause de leurs enfants — mais je pense qu'à présent nos politiciens ont compris qu'ils doivent mener une vie plus nette et défendre un peu mieux la morale. Je pense que c'est leur rôle. »

Dans son livre sur leur relation, Judith Exner parle d'un rendez-vous avec John au Beverly Hilton, le soir de l'ouverture de la Convention, au cours duquel il essaya de la convaincre de faire *ménage à trois* et la présenta à « une jeune femme approchant de la trentaine, grande, mince, du type secrétaire, avec des cheveux bruns et des traits plutôt aigus ». Comme Judith Exner résistait, Kennedy lui répliqua : « Je te connais, je sais que ça te plaira [1]. »

Il semble que Frank Sinatra ait essayé lui aussi de l'intéresser au même genre d'activité. Elle avait déjà refusé à ce moment-là et refusa une fois de plus.

John consacrait son peu de liberté à Marilyn Monroe, dont le mariage avec Arthur Miller venait de sombrer. Elle s'était aussi engagée dans une liaison autour de laquelle on avait fait grand bruit, avec Yves Montand, son partenaire dans *Le milliardaire* (1960). Montand, ne voulant pas quitter Simone Signoret, avait mit fin à leur histoire. Marilyn avait espéré davantage qu'une simple passade. Maintenant, elle se tournait vers John Kennedy.

Le deuxième soir de la convention, Marilyn accompagna Kennedy à un dîner au Puccini's, restaurant qui appartenait à Frank Sinatra et à une poignée d'acolytes discrets. Ils étaient avec Peter Lawford et Ken O'Donnell.

« De toutes ses " autres " femmes, Marilyn était peut-être celle qui lui convenait le mieux, déclare Lawford. Ils allaient bien ensemble. Ils avaient tous deux un certain charisme et le sens de l'humour. Marilyn disait

---

1. Judith Exner, en collaboration avec Ovid Demaris, *My Story,* pp. 164-165.

justement ce soir-là que la prestation de John avait été démocratique et pénétrante. Elle eut aussi cette repartie merveilleuse : " Je pense que je fais du bien à son dos. "

« Jack aimait la caresser et la prendre dans ses bras. Il était en train de la tripoter sous la table quand une expression ahurie traversa son visage. Marilyn raconta plus tard qu'il avait glissé la main sous sa robe et découvert qu'elle ne portait pas de sous-vêtements. »

Marilyn faisait partie de la foule de 100 000 personnes qui s'écrasait dans le Los Angeles Coliseum, le 15 juillet, pour écouter Kennedy prononcer son vibrant discours d'acceptation. Elle assista, ce soir-là, à une réception chez les Lawford et apparut, le lendemain, au grand raout de la victoire que Joe Kennedy donna en l'honneur de son fils au restaurant Romanoff.

« Il y eut des réactions contradictoires chez Romanoff, relate George Smathers. Les membres du clan Kennedy se sentaient trahis, parce que JFK avait choisi Lyndon B. Johnson comme vice-président. Sans Johnson, John n'aurait jamais remporté l'élection, pourtant les Kennedy ne cessaient de le critiquer.

« Leurs critiques portaient en grande partie sur le simple fait qu'il venait du Texas, qui évoquait les cow-boys avec leurs armes et leurs Stetsons, les rodéos, les barbecues en plein air, les saucisses au chilie, le machisme des rangers du Texas, et Fort Alamo. A cet égard, LBJ leur semblait la quintessence même du Texan : massif, bruyant, voyant, têtu, arriviste, vulgaire et combatif. Personne, dans la famille Kennedy ni parmi les partisans de JFK, ne reconnaissait les aspects positifs de sa personnalité. Il avait une énergie remarquable, un esprit analytique d'une grande acuité, de rares dons comiques, et un penchant populiste qui le rendait désireux d'améliorer la vie des masses. Il était grégaire, amical, vif-argent, et probablement le meilleur législateur que ce pays ait jamais connu. »

Après une journée supplémentaire à Los Angeles, pour rester en compagnie de Marilyn Monroe, John Kennedy s'envola pour Boston le 17 juillet, salua quelque 13 000 supporters à Logan Airport, changea d'avion et poursuivit jusqu'à Cape Cod.

Dans la perspective de son arrivée, Jackie avait achevé un dessin de JFK, arborant le costume de George Washington et faisant son entrée à Hyannis Port à bord du *Victura,* accueilli sur le quai par les chiens, les chats, les enfants, les grands-mères, une fanfare (précédée d'une bannière sur laquelle on pouvait lire « WELCOME BACK, MR. JACK »), les hordes inévitables de curieux, ainsi que Jackie et Caroline.

Un peu plus tôt, ce même jour, deux coiffeurs se présentèrent à son domicile pour la coiffer dans « ce style bouffant qu'elle affectionnait », ultime préparatif à l'arrivée de l'avion de son mari à l'aéroport municipal de Hyannis, dans la soirée. Elle tint ensuite une conférence de presse de quarante-cinq minutes, sur le porche frontal de la maison de Joe Kennedy, faisant face aux questions d'un vaste chœur de journalistes et de correspondants de radio et de télévision internationaux. L'interview se poursuivit pendant près de quatre-vingt-dix minutes, avec un groupe plus restreint d'entre eux, qui poursuivirent Jackie jusque dans sa propre maison, tout en la pressant de questions.

Au milieu de l'après-midi, Jackie se reposait dans sa chambre. Deux jours plus tôt, JFK avait convenu avec Larry Newman, son voisin de Hyannis Port, que c'est lui qui amènerait sa femme à sa descente d'avion. Quelqu'un d'autre, dans le clan Kennedy, avait demandé à Frank Morrissey, un vieux copain de la famille, de faire la même chose. Morrissey partit de Boston en voiture et arriva peu avant 18 heures. Il rencontra Newman.

« Ne vous inquiétez pas de Jackie, fit Morrissey, je m'en charge.

— Bonne chance, répondit Newman. »

Morrissey entra dans la maison et fut conduit à la chambre de Jackie, au deuxième étage. Il s'approcha et se mit à lui parler. L'espace d'un instant, sa voix, pour une fois tonitruante, résonna dans toute la maison.

« Sortez d'ici ! Sortez ! Je ne veux rien avoir à faire avec vous ! »

En regagnant sa voiture, Morrissey croisa Newman.

« On dirait qu'elle a changé d'avis, fit Morrissey. Elle dit qu'elle ne veut pas y aller. »

Newman monta à sa chambre et la trouva assise sur son lit. Elle avait réfléchi, disait-elle, et elle ne voulait plus y aller.

« Je n'irai pas, parce que l'avion de John va atterrir et moi je vais être accueillie avec un bouquet de roses rouges fanées par un de ces comités de femmes du parti démocrate. Et John va se diriger directement vers les barrières et moi je vais me retrouver seule au milieu de l'aéroport.

— Je vais vous dire ce que nous allons faire, Jackie, la rassura Newman. Une fois que vous serez dans l'aéroport, vous ne resterez pas une seconde sans quelqu'un à vos côtés, parce que je serai là jusqu'à ce que les derniers chiens aient fini d'aboyer.

— Bon d'accord, allons-y », soupira Jackie, résignée.

Accompagnée de sa demi-sœur de quinze ans, Janet Auchincloss, Jackie se laissa conduire jusqu'à l'aéroport et ils arrivèrent à temps pour accueillir l'avion. Lorsqu'il atterrit, elle monta à bord précipitamment, pour réapparaître avec son mari derrière elle, dans l'encadrement de la porte ouverte, tandis qu'un rugissement montait de la foule compressée derrière une barrière et des barricades de police.

« Embrassez-le, Jackie », hurlaient plusieurs photographes à l'unisson. Kennedy fit irruption et s'approcha de la barrière pour serrer des mains. Un comité de femmes du parti démocrate vint offrir un bouquet de roses rouges à Jackie avant de s'évanouir dans la foule. Jackie lança un regard complice à Newman. Ils étaient debout, tous les deux, au milieu de la piste, observant John qui faisait sa propagande électorale, le long de la barrière.

« Qu'est-ce que je vous disais ? fit Jackie.

— Et qu'est-ce que je vous ai répondu ? fit Newman.

— Venez, décréta-t-elle. Rentrons à la maison. »

Les rumeurs autour de John et de Marilyn Monroe avaient filtré jusqu'à Jackie. Elle ressassait cette dernière aventure de son mari et déclara à son ami Walter Sohier, une personnalité en vue de Georgetown, qu'elle se

185

demandait si la récente nomination de John « marquait un début ou une fin ».

Elle rendit visite à Truman Capote, à New York. « Dieu merci, je suis enceinte, lui annonça-t-elle. Je vais pouvoir échapper à ces horribles dîners de racolage. »

« Elle n'avait aucune envie de replonger dans la campagne, confirme Capote. Elle avait le sentiment d'avoir assez donné. Elle avait aidé Kennedy à remporter l'investiture démocrate. Il lui appartenait à présent, avec Lyndon Johnson, de vaincre les candidats républicains Richard Milhous Nixon et Henry Cabot Lodge. »

Lem Billings fut reçu par les Kennedy à Hyannis Port et servit de médiateur dans un conflit entre John et Jackie, au sujet de son rôle futur dans la course à la Maison-Blanche. « John lui dit que Pat Nixon se tiendrait aux côtés de son mari et que si elle refusait d'en faire autant, il n'aurait aucune chance de remporter la victoire. Tout ce qu'elle aurait à faire serait de sourire et de parler de Caroline. »

Billings repartit et Norman Mailer arriva. Il voulait interviewer JFK pour un article dans *Esquire* qui allait avoir un certain retentissement, « Superman Comes to the Supermart » (Superman au Supermarché), article qui sera repris dans son livre *Presidential Papers*. Mailer, portant un costume sombre et habillé parfaitement déplacé en la circonstance (et « trempé de sueur ») se retrouva dans le salon jaune et blanc de Jackie avec un groupe dont faisaient partie Arthur Schlesinger et son épouse ; Stas Radziwill, le chroniqueur du *Saturday Evening Post*, Peter Mass ; Jacques Lowe, le photographe officiel de la campagne ; et Pierre Salinger, porte-parole de JFK. Jackie lui offrit un verre — une verveine glacée avec un brin de menthe fraîche — et entama une conversation entrecoupée avec l'auteur. Mailer sentit l'exaspération contenue de Jackie à l'idée de recevoir cette bande d'envahisseurs. Il la trouva distante, maussade et absente. Après la parution de l'article, Jackie lui adressa un mot, une sorte de lettre de « remercie-ments-pour-votre-gentillesse ». Et il lui répondit par un « Merci pour vos éloges ».

Ce type de réceptions et de correspondance semble avoir été la limite souhaitée par Jackie dans son engagement à ce stade de l'enjeu présidentiel. A Arthur Krock, elle écrivit qu'elle n'avait pas grand-chose d'autre à faire que de tenir la tribune démocrate et qu'elle n'avait aucune intention de le faire. Elle donna un déjeuner très réussi pour quelque soixante rédacteurs en chef et reporters de la presse de Washington et organisa un buffet dominical à l'intention des représentants de divers groupes de défense des droits civils.

Après la Convention républicaine, Lyndon et lady Bird Johnson arrivèrent à Hyannis Port pour voir les Kennedy. Pendant que les deux hommes conféraient avec plusieurs des conseillers de JFK, Jackie fit les honneurs de la maison à lady Bird. Après quoi, Jackie avoua : « Je me sens si totalement déplacée, totalement perdue. C'est le moment où John a le plus besoin de moi, mais je suis enceinte et incapable de faire quoi que ce soit.

— Voulez-vous que je vous dise, répondit lady Bird. Vous avez une maison délicieuse, et on sent votre empreinte partout ici. Si j'étais vous, je trouverais un ou deux reporters et je les inviterais pour parler de votre maison. Voilà ce que vous devriez faire. »

Accompagnés de Betty Carson Hickman, les Johnson revinrent chez les Kennedy le lendemain. Selon Hickman, « John Kennedy n'aurait pu se montrer plus aimable. Il nous rejoignit à trois ou quatre reprises. " Betty, est-ce que je peux vous servir encore un peu de café ? Que puis-je faire pour vous ? " Et il était charmant avec tout le monde. Mais Jackie n'adressa même pas la parole à lady Bird.

« Elle se comporta comme si nous n'étions pas là et... s'en alla dans une autre partie de la maison... elle semblait très au-dessus de tout ça. Je trouve que c'était très grossier. Cela me contrariait terriblement, et je craignais que les Johnson ne fussent pas traités avec tout le respect qui leur était dû. »

En dernier ressort, les deux personnes à qui est due la réapparition de Jackie dans la campagne sont Joe Alsop, le chroniqueur, et Joan Braden, l'épouse du libéral Tom Braden, directeur de journaux californiens. Alsop rencontra Jackie cet été-là à Hyannis Port et la trouva dans un état d'agitation extrême, inquiète non seulement de sa grossesse mais des intrusions continuelles, des assauts permanents des médias sur une vie privée pourtant étroitement gardée. Elle exprimait ses réserves sur une éventuelle accession au titre de First Lady, se plaignait de n'avoir rien en commun avec lady Bird, se répandait en injures contre la presse qui avait révélé qu'elle avait acheté sa garde-robe de maternité chez Bloomingdale's et qu'elle avait déboursé 34,95 dollars pour une nouvelle robe d'après-midi en soie, de chez Lord & Taylor.

Jackie déclara à Alsop qu'elle était consternée par les questions indiscrètes des journalistes et écœurée par les photographes qui pourchassaient « la pauvre petite Caroline avec leurs flashes, dans le but de donner d'elle l'image d'une petite Shirley Temple au teint blafard ». Elle en avait aussi ras le bol des sœurs Kennedy : « Elles l'adorent, et elles sont prêtes à tout pour avoir leur nom dans le journal. »

Alsop fit comprendre à Jackie qu'en essayant d'éviter toute cette publicité, elle ne faisait qu'attirer davantage l'attention sur elle, et que le fait qu'elle devienne ou non First Lady n'y changerait rien. « Même si vous êtiez tout simplement Mrs. Kennedy, de New York, de Londres ou de la Côte d'Azur, les gens sauraient où vous allez acheter vos vêtements, observa-t-il. Mais qu'est-ce que cela a à voir avec ce que vous êtes vraiment ? »

La course à la présidence, selon Alsop, « est le seul jeu qui vaille la chandelle ». Il fit remarquer à Jackie qu'elle n'avait aucun respect pour le pouvoir, sans doute parce qu'il était apparu si soudainement dans sa vie, sans qu'elle ait à travailler pour l'obtenir — il parlait du pouvoir par le mariage. « Mais si les choses se passent bien, vous l'accueillerez avec plaisir et vous en ferez certainement bon usage pour ce qui vous tient à cœur. »

Joan Braden, présentée aux Kennedy par Joe Alsop, joua un rôle plus direct et plus pratique dans le réveil de Jackie : « J'ai suggéré six choses que Jackie pourrait faire pour apporter son aide. John et Bob les approuvèrent toutes, mais se demandaient comment persuader Jackie. Je n'ai réussi à la convaincre que parce que nous étions toutes les deux enceintes. La seule différence, c'est que je n'avais jamais fait de fausses couches comme elle, et qu'il était essentiel qu'elle ne dépasse pas les limites de sa propre endurance. J'ai toujours travaillé pendant mes grossesses. Mon mari et moi avions inspiré les personnages du feuilleton de télévision intitulé : *Huit ça suffit*. En conséquence, j'ai organisé les interventions de Jackie durant la deuxième phase de la campagne, et je l'ai aidée à remplir ses charges.

« Si, par exemple, nous étions invitées par la télévision nationale, c'est souvent moi qui prenais les décisions — apparaîtrait-elle dans telle émission ou dans telle autre ? Et je l'accompagnais au studio d'enregistrement, ou bien je restais auprès d'elle si l'émission était filmée à son domicile. Lorsque Jakie ne voulait pas parler aux journalistes, ce qu'elle refusa de faire à plusieurs reprises, alors ils s'adressaient à moi. Je connaissais bien la presse, de l'intérieur comme de l'extérieur et j'avais publié des articles ; et bien sûr, mon mari faisait partie de ce milieu. Je vivais dans ce monde et beaucoup de nos amis travaillaient à la radio ou à la télévision. Jackie n'avait pas la même expérience, même si elle avait été une photographe perspicace. Mais ça n'avait rien à voir avec le reportage. Si quelqu'un comme le journaliste Joe Kraft voulait poser une question à Jackie, il s'adressait tout aussi bien à moi.

« Durant la campagne, Jackie me confia à plusieurs reprises qu'elle redoutait de perdre son bébé. Elle avait pris l'avion dans des conditions météorologiques très difficiles pour suivre John en campagne dans le Delaware et dans le Maine. Je ne pensais pas que cela changerait grand-chose si elle renonçait à se rendre dans certains autres Etats. Mais les assistants de John considéraient New York comme un point clé de la campagne et tenaient à ce qu'elle fasse le voyage. Il y eut de terribles pressions sur elle. Je lui conseillai de ne pas y aller. Son obstétricien, le Dr John Walsh, était lui aussi contre ce projet, mais Jackie déclara : " Si je n'y vais pas et si John perd, je ne me le pardonnerai jamais. "

« Elle y alla donc. Elle parla espagnol dans le quartier espagnol à Harlem, italien dans Little Italy, et français dans un quartier peuplé d'immigrés haïtiens. JFK remporta New York. Je les suivis. Nous étions descendus au Waldorf. Jackie n'assistait pas à toutes les réunions. Pour se détendre, un après-midi, elle alla visiter les galeries de Madison Avenue avec Bill Walton. C'était le genre de choses qu'elle adorait faire. Elle était encore assez peu connue pour pouvoir le faire sans ameuter aussitôt la foule. Et personne, bien entendu, ne connaissait Walton. Je me souviens qu'à un déjeuner électoral à New York, John et Jackie étaient assis à cinq sièges l'un de l'autre et que Jackie plaisanta : " Cela fait des mois que je n'ai pas déjeuner aussi près de mon mari. Je ne l'ai pas vu depuis le 1er mai. "

« Pour Jackie, le plus beau de la campagne fut le défilé dans le quartier des banques de New York, sous une avalanche de serpentins. Debout avec John, à l'arrière d'une voiture décapotable, elle éprouva à la fois de la peur et de la jubilation face à cette foule immense qui jouait des coudes, se bousculait et s'élançait sur leur passage. Wall Street lui rappelait son père. Et Jackie dira plus tard qu'il aurait été fier d'elle. »

Pour John F. Kennedy, l'apogée de la campagne n'a pu être que les quatre débats télévisés d'une heure, face à Richard Nixon, qui furent diffusés à l'échelle nationale en septembre et octobre 1960. Si les débats étaient ancrés dans la tradition politique américaine depuis l'époque de Lincoln et de Douglas, ce furent les premiers débats présidentiels télévisés de l'histoire des Etats-Unis. Dans une course politique aussi serrée, l'issue déciderait immanquablement du vainqueur.

Le 26 septembre, Langdon Marvin accompagna John à Chicago, pour le premier débat. « Ce voyage me rappela une scène des *Hommes du président,* avec Robert Redford, raconte Marvin. Le film a sans doute été inspiré en partie par la campagne de John, surtout pour ce qui touche à la sexualité.

« Nous venions de rentrer de la Nouvelle-Orléans, où John avait passé vingt minutes à faire l'amour avec la strip-teaseuse Blaze Starr dans le placard d'une suite d'hôtel, pendant que son amant, le gouverneur Earl Long, donnait une réception dans la pièce voisine. Dans ce placard, John avait trouvé le temps de raconter à Blaze l'histoire du président Harding qui sautait sa maîtresse, Nan Britton, dans un placard de la Maison-Blanche.

« La veille du débat, John me demanda : " Aucune fille sur les rangs pour demain ? " Je m'arrangeai donc pour qu'une fille l'attende dans une chambre au Palmer House. Je l'y conduisis une heure et demie avant le décollage de son avion, pris l'ascenseur avec lui, lui présentai la fille (elle avait été préparée à cet effet), puis montai la garde dans le couloir, devant la porte de la chambre. John apprécia visiblement la chose, car il émergea un quart d'heure plus tard avec un sourire jusqu'aux oreilles.

« Pendant le débat, il offrit l'image d'un homme sûr de lui et en pleine forme. Tandis que Nixon avait tout l'air d'un prévenu en cavale — blême, en sueur, les yeux en boutons de bottine. John était si content des résultats qu'il insista pour que nous tenions une fille à sa disposition avant chaque débat. »

Mary Tierney se souvient d'avoir couvert une série de soirées-télévision, organisées par Jackie pendant les débats, et auxquelles assistaient des membres des comités nationaux féminins avec leurs maris, les présidents et vice-présidents locaux des comités de soutien à Kennedy et Johnson, ainsi que des amis, des parents et quelques journalistes.

« Jackie était enceinte à l'époque, et nous étions tous assis là, à observer ses réactions au débat, raconte Tierney. Elle n'arrêtait pas de se tordre les mains. On aurait dit une petite écolière affolée, se demandant : " Qu'est-ce que je dois dire ? Qu'est-ce que je dois faire ? " C'était si ridicule. Elle avait l'air tellement paumée.

« On lui demandait : " Alors, que pensez-vous Jackie ? " et elle répondait : " Euh... C'est-à-dire. " Elle prenait la chose de la manière la plus inepte, la plus infantile qui soit. »

Jackie participa également à une interview télévisée menée par Henry

Fonda, dans laquelle elle se montra, semble-t-il, un peu plus en verve. Dorothy Schiff, alors propriétaire et éditrice du *New York Post,* annonça à Kennedy que Jackie s'en était bien tirée. Kennedy convint que sa femme se débrouillait mieux à la télévision qu'en privé. Relatant sa rencontre avec JFK, pour le bénéfice d'un biographe, Schiff remarque : « Il était d'une froideur absolue dans ses réflexions sur Jackie et j'avais le sentiment qu'il s'intéressait très peu à elle, sauf dans ce qui pouvait affecter sa campagne[1]. »

Dans l'une des dernières interviews de Jackie avant l'élection, Betty Beale lui demanda si, dans l'hypothèse où elle deviendrait First Lady, elle avait l'intention de continuer à sauter dans une voiture pour filer à Middleburg, Virginie, où elle chassait à courre à l'Orange County Hunt Club.

Proclamant une fois de plus son indépendance, Jackie répondit : « Voilà une chose à laquelle je ne renoncerai pas. »

Le 8 novembre 1960, jour de l'élection, John et Jacqueline se rendirent ensemble au bureau de vote de la West End Library, à Boston. Jackie portait une petite épingle d'or, qui représentait un âne (le symbole du parti démocrate) dont l'œil était un saphir et les oreilles deux petits éclats de diamant. JFK offrit une épingle identique à lady Bird Johnson, en remerciement de son aide dans la campagne.

Après plusieurs bloody mary, Jackie déclara à Arthur Schlesinger qu'elle n'avait voté qu'une seule fois[2] pour John : « C'est une chance rarissime que de pouvoir voter pour son mari en tant que président des Etats-Unis, et je n'ai pas voulu la gâcher en votant pour qui que ce soit d'autre. »

En raison de sa grossesse, Jackie avait en fait voté par correspondance ; elle n'avait accompagné son mari aux urnes que pour satisfaire aux exigences de la presse. Mais, contrairement à ce qu'elle avait dit à Schlesinger, elle avait également voté pour Eddie McLaughlin comme vice-gouverneur. Tip O'Neill, supporter résolu de Kennedy, exprima sa cruelle déception en constatant que Jackie n'avait pas soutenu son entrée au Congrès : « J'étais effondré, et je n'arrivais pas à comprendre comment elle avait pu me faire ça. »

La dureté politique de Jackie s'étendait jusqu'aux membres de sa propre famille. Par exemple, le mariage de sa demi-sœur Nina Auchincloss avec Newton Steers, supporter de Richard Nixon, porta un moment atteinte aux liens familiaux. Steers se souvient d'une conversation entre Jackie et Nina : « Jackie parlait encore avec celle qui était alors ma femme et qui, probablement à cause de moi, lui disait qu'elle serait amenée à soutenir Nixon. " Tu veux dire que tu vas voter pour Milhous ? " s'exclama Jackie. Elle semblait abasourdie. Un hebdomadaire national publia par la suite un article sur ce désaccord, faisant allusion à moi comme à " un républicain dans le cercle Kennedy ". JFK n'appréciait guère notre position. Nous l'avons vu

---

1. Jeffrey Potter, *Men, Money & Magic : The Story of Dorothy Schiff,* p. 261.
2. L'élection du président s'accompagne de nombreux autres votes pour des postes de gouverneurs, sénateurs, représentants, juges, shérifs, etc. (*N.d.T.*).

la veille de son élection et ce fut la dernière fois avant ses obsèques. Nous le voyions à la télévision, mais c'était tout. Nous n'avons jamais été invités à la Maison-Blanche. Il est probable que si nous n'avions pas été engagés politiquement, ma femme se serait laissé entraîner dans le sillage du cirque Kennedy, mais ce n'était pas le cas. »

Jackie décrit la période entre la clôture du scrutin et le moment de la victoire comme « la plus longue nuit de l'Histoire ». Elle et John, Ben et Toni Bradlee, ainsi que Bill Walton dînèrent tranquillement à Hyannis Port, en discutant d'art. Puis ils s'installèrent dans le salon pour regarder à la télévision les résultats qui arrivaient lentement. Jackie passa une partie de la soirée à étudier une pile de photographies de John et elle, prises pendant la campagne, pour les utiliser en cas de victoire. Ils furent rejoints par Ted Sorensen, tandis que dans la maison voisine, chez Bob, le reste de la famille et divers assistants recueillaient des informations par téléphone auprès d'observateurs bien placés dans tout le pays, avant même qu'elles ne tombent sur les téléscripteurs et ne soient annoncées par les commentateurs des journaux télévisés.

A 22 h 20, lorsque les premiers résultats indiquèrent une nette avance pour Kennedy, Jacqueline murmura : « *Oh Bunny, you're president now*[1].

— Non... Non... Il est encore trop tôt pour l'affirmer », répondit John.

Vers 23 h 30, quand Nixon remonta la pente et se trouva à égalité puis avec une légère avance sur Kennedy, Jackie alla se coucher. John la suivit à 3 heures du matin, heure à laquelle les résultats étaient encore indécis. Mais à 5 h 45, les agents du Service Secret[2] vinrent installer un cordon de sécurité autour de la maison de Hyannis Port. Lorsqu'il se réveilla à 7 heures, John Fitzgerald Kennedy était président élu, le plus jeune des Etats-Unis, avec une marge si étroite — moins de 115 000 voix sur près de 70 millions d'électeurs — que Robert Kennedy, debout en chaussettes sur son sofa, déclara aux journalistes que c'était un vrai miracle.

« Tout le monde, y compris moi-même et Janet Auchincloss, se mit à appeler JFK " M. le Président ", raconte Hughdie Auchincloss. Après son élection, nous sommes passés du soir au matin, de John à M. le Président. »

Il y en avait, cependant, qui étaient réticents à ce titre officiel, en particulier ceux qui l'avaient connu petit garçon. Le pharmacien Robert Green se souvient de cette période de transition à Palm Beach comme à Washington, de ces quelques mois durant lesquels John choisit les membres de son cabinet et récupéra des fatigues de sa campagne. « Rien n'avait vraiment changé en lui. C'était un type tout à fait naturel. Il continuait à aller chez Green's, d'un coup de volant, pour déjeuner d'un hamburger au comptoir. Il prenait un ou deux magazines de sports à l'entrée et les feuilletait distraitement en mangeant. Il n'avait jamais d'argent sur lui. Je lui

---

1. « Mon lapin, te voilà président. »
2. Le « Secret Service » qui, malgré son nom, n'a rien à voir avec l'espionnage, est chargé de la protection du président.

disais qu'il était mon invité, modeste contribution à la caisse électorale du parti démocrate.

« John a toujours été très rusé. Il était capable de vous faire avaler n'importe quoi et de faire en sorte que ça vous plaise, en plus. Il était déjà comme ça avant son élection. La seule différence, c'est qu'après l'élection, il était toujours entouré par ces gorilles du Service Secret. Mais les gens, chez Green's, continuaient à l'appeler John ou Jack. " C'est M. le Président ", m'a dit l'un d'eux un jour. " Pour vous peut-être, lui ai-je répondu, mais pour moi, il restera Jack. " »

Marty Venker, un ancien garde du corps, observe qu'avant de faire confiance à son détachement de gorilles, Kennedy « essaya de les semer. A peine tournaient-ils le dos qu'il sautait dans sa décapotable et disparaissait. Et ils étaient obligés de sillonner tout Palm Beach, à sa recherche.

Une fois, il se fit enrouler dans une couverture et placer à l'arrière de sa voiture par son valet de chambre, un vieux Noir du nom de George Thomas. Le garde de service arrêta la voiture au portail d'entrée. Kennedy bougea et le garde vit la couverture bouger. Il sortit son arme, la pointa sur la tempe de Thomas et s'écria : " Si jamais tu t'avises de refaire une chose pareille, je te fais sauter la cervelle. " »

Une autre fois, JFK réussit à s'échapper. Les gardes du corps firent appel au FBI et se tournèrent finalement vers Homer Large, le chef de la police de Palm Beach. Homer, l'un des hommes de confiance de la famille Kennedy, savait exactement où trouver John. Il était juste à côté, dans la piscine de Earl E.T. Smith. Il était seul avec Flo Smith et, selon Homer, « ils n'étaient pas en train de nager la brasse papillon [1] ».

La perspective imminente d'entrer à la Maison-Blanche n'atténua pas le besoin de conquêtes féminines de JFK. Alors qu'il entretenait déjà des liaisons avec Flo Pritchett Smith, Judith Exner et Marilyn Monroe, il ajouta à cette liste prestigieuse la star de cinéma et de télévision Angie Dickinson. Bien qu'Angie n'ait jamais confirmé publiquement sa relation avec Kennedy, elle fit certaines remarques assez croustillantes.

« C'est le seul candidat présidentiel qui m'ait jamais excitée, raconte-t-elle. Evidemment, on a dit, on a *écrit* que nous étions amants. Et même si j'affirmais le contraire aujourd'hui, personne ne me croirait. »

Lors d'une émission télévisée du *PM Magazine,* elle a déclaré récemment au sujet de JFK : « Il était merveilleux. C'est tout ce que je peux dire. Ce serait faire preuve d'incorrection que d'en dire davantage. »

---

1. Selon Earl Smith, « JFK voulait me nommer ambassadeur en Suisse, mais Fidel Castro s'y opposa parce que les Etats-Unis et Cuba avaient rompu leurs relations diplomatiques et que la Suisse représentait Cuba aux Etats-Unis. Comme j'avais été ambassadeur à Cuba sous Eisenhower, Castro prétendit qu'une telle nomination représentait un conflit d'intérêts. Mon nom fut donc retiré, ce qui était tout aussi bien, car je ne partageais pas les opinions politiques de JFK ». Plusieurs livres sur les Kennedy suggèrent que JFK voulait envoyer Earl Smith en Suisse pour garder Flo pour lui, invraisemblance flagrante car la femme de Smith l'aurait certainement accompagné.

Une revue largement diffusée, *Celebrity Sleuth,* dévoile qu'Angie a gardé sur son bureau une photographie de l'ex-président, portant la dédicace suivante : « Angie. A la seule femme que j'aie jamais aimée. »

Les allusions ne manquent pas. Betty Spalding, l'ancienne épouse de Chick Spalding, pense que sa liaison avec l'actrice aurait pu devenir sérieuse, mais qu'« il allait devenir président, et qu'il ne pouvait se permettre d'emmener Angie Dickinson à la Maison-Blanche avec lui ». Frieda Kramer, la biographe de Jackie Kennedy (*Jackie : An Intimate Biography,* 1979), fait clairement allusion à « une ravissante actrice blonde, qui deviendrait par la suite l'épouse d'un compositeur célèbre, et qui excita un moment l'intérêt de Jack ». (Angie Dickinson épousera ultérieurement le compositeur Burt Baccharach.) Judith Campbell Exner raconte dans son livre une rencontre avec l'actrice, au cours de laquelle Angie s'exclama : « Judy Campbell ! John m'a tellement parlé de vous. » Exner présume qu'elle voulait parler de John Kennedy.

Slim Aarons, un habitué de Palm Springs, raconte que « Angie et JFK disparurent pendant deux ou trois jours à Palm Springs, durant la période qui précéda l'entrée en fonction de JFK. Ils restèrent dans une villa sans mettre le nez dehors. Tout le monde était au courant ».

Joe Cerrell le confirme : « Je n'étais pas très au courant de la vie personnelle de JFK, mais j'étais dans le secret de sa liaison avec Angie Dickinson. J'étais au courant à l'époque. »

Dans un portrait d'Angie Dickinson, publié dans les pages généralement sérieuses de *TV Guide,* l'actrice admet qu'elle a toujours trouvé « les hommes de pouvoir séduisants ». Elle cite Frank Sinatra en exemple et parle ouvertement de sa relation avec John Kennedy : « A la minute où je l'ai rencontré, j'ai eu un coup de cœur, comme tout le monde. C'est l'homme politique le plus sexy que j'aie jamais rencontré... C'était un tombeur au physique dévastateur, un homme charmant — le genre d'homme que votre mère n'aimerait pas vous voir épouser. »

Pour Jackie, « l'ère nouvelle » débuta par de nouvelles inquiétudes. Elle avait entendu son mari demander à un garde du corps à quel degré de sécurité le président et sa famille pouvaient prétendre, selon lui. « En toute objectivité, répondit l'homme, il y a pas mal de défauts à la cuirasse. Si quelqu'un veut le faire, il peut le faire. »

Walter P. Reuther, président du Syndicat des ouvriers de l'automobile, et Jack Conway, futur directeur adjoint du Département des études économiques, rendirent visite aux Kennedy à Hyannis Port cet automne-là. Il faisait un temps vif, mais le soleil était chaud, et les deux hommes étaient assis sur la plage, bavardant avec Jacqueline. « Elle était vraiment obsédée, déclara plus tard Conway, par l'idée de ce changement de vie pour elle, pour Kennedy, et par les moyens de se protéger contre une éventuelle tentative d'assassinat. » Reuther, lui-même blessé par des tueurs de la pègre en 1948, essaya de la convaincre que le Service Secret utilisait les méthodes et les stratégies les plus sophistiquées pour faire respecter la loi et qu'elle n'avait rien à craindre.

Ce besoin obsessionnel de Jackie de protéger son identité est probablement ce qui l'a incitée à rédiger l'autobiographie qu'elle a commencée à ce moment-là. En racontant sa propre histoire, elle espérait dissuader les autres de s'attaquer au sujet, tout en renforçant plusieurs des mythes qui avaient entouré la famille Bouvier, le plus important étant qu'ils étaient descendants d'une famille de haute lignée française du même nom.

Mary Van Rensselaer, amie intime de la famille, sauta sur cette occasion de travailler avec Jackie sur le projet et le *Ladies' Home Journal* proposa 150 000 dollars pour les droits de première parution en Amérique du Nord, le premier des quatre épisodes prévus devant paraître le mois de l'entrée en fonction de Kennedy. Doubleday publierait plus tard la version livre [1].

Mary Bass Gibson, alors rédactrice en chef du *Journal*, a lu « les tout premiers chapitres et les a trouvés très plaisants. Ils décrivaient l'enfance de Jackie et ses prestations dans des concours hippiques, ses poèmes, son amour des chevaux, son amour pour son père, toutes choses qui rendaient Jackie Kennedy très attachante. Et, bien sûr, cela se terminerait sur l'élection de son mari et la cérémonie d'investiture.

« C'était censé être une histoire édifiante, pas une " confession ". Mais jusqu'à un stade très avancé dans ma lecture, je n'avais pas compris que c'était Jackie elle-même qui l'écrivait. Elle utilisait du papier ligné et ne quittait pas son lit. Mary récupérait les pages remplies et les relisait. La copie arrivait chaque mois, à la dernière limite avant la date d'impression. Seul le nom de Mary apparaissait dans la marge, mais c'était l'histoire de Jackie et c'est Jackie qui l'écrivait. Pour le meilleur et pour le pire, c'est probablement le seul travail autobiographique complet qu'elle produira jamais. »

Jackie travailla d'arrache-pied au projet jusqu'à Thanksgiving qu'elle célébra dans la maison de Georgetown avec John et Caroline. Après le dîner, Kennedy se prépara à partir pour l'aéroport où son avion privé l'attendait pour les emmener, lui et ses assistants, à Palm Beach. Jackie, dont l'accouchement était prévu dans trois semaines, avait passé la plus grande partie de l'après-midi à se disputer avec son mari. Les reporters et les photographes plantés devant la porte de la maison la virent s'ouvrir et assistèrent au départ de John.

Le *Caroline* était à mi-chemin vers la Floride lorsqu'un message radio urgent fut reçu à bord : « Mrs. Kennedy a ressenti des douleurs prématurées et a été transportée d'urgence par ambulance au Georgetown University Hospital. »

A l'aéroport de West Palm Beach, Kennedy apprit que sa femme devait subir une césarienne. Il embarqua immédiatement à bord de l'avion de presse qui accompagnait le *Caroline* et retourna à Washington. Ils étaient

---

1. Le livre de Doubleday, une biographie intitulée simplement *Jacqueline Bouvier Kennedy* par Mary Van Rensselaer Thayer, parut en 1961.

encore en vol lorsque la nouvelle arriva : Jackie venait d'accoucher d'un petit garçon, John, Jr., de 2,8 kg, et qui devait rester en couveuse, mais tonique et en bonne santé.

Lorsqu'elle reprit conscience, Jackie oublia sa douleur et son inconfort et demanda à voir son bébé. Tandis qu'on la transportait à la nurserie, un photographe de presse fit irruption d'un placard de réserves, dans le couloir de l'hôpital, et pointa son objectif sur elle. Quand Jackie le vit, elle se mit à crier et deux gardes du corps apparurent aussitôt, se jetèrent sur l'intrus, confisquèrent son appareil photo et arrachèrent le film.

Cet épisode fit la une des journaux mais un autre incident, qui survint le dimanche suivant la naissance, a été passé sous silence jusqu'à ce jour. Thomas Souder, alors lieutenant au 7e district de la police de Washington, était responsable de la sécurité pendant le séjour de Jackie à l'hôpital. Le dimanche en question, le lieutenant Souder était capitaine par intérim des services de police.

« Nous avions un nombre impressionnant d'hommes, à l'intérieur comme à l'extérieur de l'hôpital. Mais c'est une infirmière qui a repéré la première ce type d'une vingtaine d'années qui traînait sur la pelouse sous la fenêtre de Jackie. Sa chambre se trouvait au cinquième étage et les fenêtres étaient grandes ouvertes.

« L'infirmière a appelé la police et une voiture de patrouille a intercepté le gars. Il portait un paquet contenant cinq bâtons de dynamite. Quand je suis arrivé sur place, le paquet était sur le sol et les flics venaient de maîtriser ce type.

« J'ai appelé la Brigade de déminage de l'Armée et quand leur équipe a emporté les explosifs, j'ai appelé le député George Waldrodt, chef suppléant de la police. Qu'est-ce que je devais faire du coupable ? Waldrodt me rappela quelques minutes plus tard. " Envoyez-le, décréta-t-il, nous voulons l'interroger. Ensuite envoyez-moi un rapport par porteur, et oubliez ce qui s'est passé. Pas de carbones, pas de copies. Pas un mot là-dessus ! "

« Ils n'ont rien laissé transpirer. Ils n'ont même jamais ouvert de dossier sur le type, parce que cela aurait entraîné une publicité indésirable. Je suppose que quelqu'un de haut placé en a parlé au Service Secret, qui en a discuté avec le président, lequel a dit quelque chose comme : " Je ne veux pas de rumeurs inutiles. Cela ne ferait qu'effrayer Jackie. " Et ça s'est terminé. On n'en a plus jamais reparlé jusqu'à aujourd'hui… trente-huit ans plus tard. »

Heureusement inconsciente de la situation, Jackie récupéra lentement. Les cinq premiers jours, elle était trop épuisée pour quitter son lit et elle ne commença à se sentir mieux que lorsqu'on retira l'enfant de la couveuse. John Kennedy retourna à Palm Beach et Jackie se mit à jour en consultant les journaux de la semaine écoulée. Dans le *Washington Post*, elle lut qu'on l'avait transportée d'urgence à l'hôpital pour une césarienne parce qu'elle avait eu « une hémorragie ». Par l'entremise de Pierre Salinger, elle adressa une note au *Post*, soulignant que cette mention particulière était d'un goût discutable. Maxine Cheshire, qui avait écrit l'article, se plaignit à son rédacteur en chef, trouvant que Jackie commençait à se comporter comme un personnage sorti d'un roman du XVIIIe siècle... trop aristocratique pour accepter qu'on parle d'elle en des termes aussi triviaux.

Une semaine après son accouchement, Jackie était assise, rêveuse et seule, enroulée dans un long manteau de daim noir, sur la terrasse couverte de l'hôpital. Une autre patiente survint et reconnut Jackie d'après ses photos. « Excusez-moi, n'êtes-vous pas Mrs. Kennedy ? » demanda-t-elle. Jackie pencha la tête et soupira d'un air résigné. Quelques minutes plus tard, elle retourna à sa chambre.

Se sentant plus forte, Jackie se remit à son autobiographie et se lança dans la tâche délicate de sélectionner sa propre équipe pour la Maison-Blanche, dont un couturier attitré. Lady Bird Johnson avait bien proposé de demander à Stanley Marcus (de la célèbre maison Nieman-Marcus) d'envoyer à Jackie ses croquis pour la robe de la cérémonie inaugurale, mais Jackie avait déjà commandé la sienne à Ethel Franco, directrice de l'atelier de création de Bergdoff Goodman. Elle comprit cependant qu'elle aurait besoin à la Maison-Blanche de son propre couturier et elle commença à dresser une liste de noms. La seule condition préalable étant qu'il soit américain, de naissance ou naturalisé. Elle songea alors à son ami Oleg Cassini, un juif russe élevé à Florence qui était arrivé en Amérique en 1936. Elle l'envoya chercher. Il interrompit ses vacances à Nassau avec Jill St. John et arriva au Georgetown University Hospital avec un carton plein de croquis.

Jackie avait beaucoup d'admiration pour les talents de Cassini en tant que styliste, mais elle était surtout séduite par ses manières européennes. Sa généreuse contribution à la campagne de JFK pour les primaires de Virginie occidentale fut également un atout, mis à part le fait qu'il avait gagné la reconnaissance éternelle de Joe Kennedy pour lui avoir présenté une flopée de ravissantes jeunes femmes. Mais ce qui fit pencher la balance était la proposition de l'ambassadeur Joe de couvrir tous ses frais de garde-robe si elle optait pour Cassini[1].

Jackie voulait être habillée, elle l'écrira plus tard à Cassini, comme si « Jack était président de la France ». Elle avait conscience d'être « tellement plus représentative que les autres First Ladies », mais elle ne voulait pas que le gouvernement de son mari ait à « souffrir de scandales d'ordre vestimentaire ». Elle insistait sur le fait qu'elle ne voulait pas être « la Marie-Antoinette ni l'impératrice Joséphine des années soixante », et qu'elle ne tenait pas à « paraître trop dépensière ». Elle exigea donc un droit de regard sur toute publicité faite par Cassini et lui demanda de « veiller à ce que personne n'ait exactement la même robe qu'[elle]... [elle] ne voulait que des modèles originaux et il n'est pas question de voir les mêmes sur le dos de femmes petites et grosses ». Plus que tout, elle lui demandait « protec-

_____

1. Mortimer M. Caplin, ancien directeur des impôts sous la présidence de Kennedy, a raconté à l'auteur que Joe Kennedy lui a demandé un jour : « Et toutes ces robes que Jackie est obligée de porter sont-elles déductibles ? » Caplin pensa que Joe Kennedy plaisantait. Mais il n'en était rien, car il posa la même question à son propre comptable.

tion »... « car, disait-elle, je me sens terriblement exposée et je ne sais comment faire face. Je viens de lire ce soir que je me teins les cheveux parce qu'ils sont gris souris ».

Le 9 décembre, jour du baptême de John, Jr. dans la petite chapelle de Georgetown University Hospital, Jackie maintint son rendez-vous avec Mamie Eisenhower pour la traditionnelle passation des pouvoirs de maîtresse de la Maison-Blanche. Le garde du corps chargé de la protection de Jackie avait téléphoné à l'avance et demandé que la Maison-Blanche prévoie une chaise roulante pour l'arrivée de Mrs. Kennedy, car elle était toujours sujette à des vertiges. Craignant d'avoir à pousser celle qui allait lui succéder dans les longs couloirs, Mrs. Eisenhower donna des instructions à son personnel pour que la chaise roulante soit remisée dans un placard et qu'on ne la sorte que sur la demande expresse de Jackie.

Elle ne la demanda pas. Elle était trop intimidée. Et elle se sentait mal à l'aise en présence de son hôtesse. Quand elle repartit, Jackie semblait lasse et contrariée. Elle confia à Laetitia Baldridge, sa nouvelle secrétaire, que l'endroit ressemblait à « un hôtel qui aurait été décoré par un magasin de meubles en gros avant les soldes ».

Ce même jour, Jackie emmena ses enfants — John, Jr. et la petite Caroline qui avait trois ans — dans la maison des Kennedy à Palm Beach, décidée à s'y cloîtrer jusqu'à l'investiture de janvier, et peut-être au-delà.

Mais il devait en être autrement. Le dimanche 11 décembre, deux jours après l'arrivée de Jackie, un incident attira une fois de plus l'attention des médias. A 9 h 50, une voiture qui roulait sur le front de mer de Palm Beach ralentit et s'arrêta devant la résidence de Joseph P. Kennedy. A l'intérieur de la maison se trouvaient plusieurs membres de la famille Kennedy, dont le président élu, sa femme et leurs deux jeunes enfants.

Selon les dossiers du Service Secret, le conducteur de la voiture était un employé des postes retraité de soixante-treize ans, originaire de Belmont, New Hampshire, du nom de Richard P. Pavlick, qui avait précédemment proféré des menaces contre la vie de John F. Kennedy et dont le nom était déjà familier à ceux qui assuraient la garde du futur président. La voiture de Pavlick, on l'apprendra par la suite, contenait sept bâtons de dynamite (on en trouva trois de plus dans sa chambre de motel) dont l'explosion pouvait être déclenchée par la simple fermeture d'un cran d'arrêt de couteau. Selon une déclaration décousue et incohérente de Pavlick, il voulait attendre que Kennedy monte dans sa propre voiture, puis lui rentrer dedans avec la sienne, refermer le cran d'arrêt et tout faire sauter : lui-même, JFK, les gardes du corps et quiconque aurait la mauvaise idée de se trouver là.

Sans être repéré, Pavlick surveilla l'entrée de la maison. Il savait que peu avant 10 heures, Kennedy irait à la messe. Il vit sa voiture. Un garde du corps était au volant, un autre se tenait debout près de la porte arrière. Quelques minutes plus tard, la porte d'entrée de la maison s'ouvrit et John Kennedy émergea, flanqué par d'autres membres de son escorte, ainsi que Jacqueline, Caroline, plusieurs nièces et neveux, et enfin John, Jr. dans les bras de la nurse, Luella Hennessey. L'assassin en puissance les regarda s'embrasser en riant. Et à cet instant précis, Pavlick fut saisi de remords, mêlé de fascination. Comme il le déclarera par la suite, il ne voulait pas « faire du mal à Mrs. Kennedy ni aux enfants. J'avais, disait-il, décidé de le coincer à l'église ou ailleurs ». Kennedy fit un signe de la main à sa famille, monta dans sa voiture et s'en alla de son côté. Pavlick démarra dans la direction opposée. Son projet ne se matérialisa jamais. Le jeudi 15 décembre, il fut arrêté pour conduite dangereuse et remis aux agents du Service Secret qui l'inculpèrent de tentative de meurtre et de possession illégale de dynamite. En conséquence de quoi, il passa six années de prisons fédérales en hôpitaux psychiatriques.

Tout le monde eut froid dans le dos. Quelques jours plus tard, Robert Green, le pharmacien local, croisa John dans la rue et lui passa le bras autour de l'épaule. Trois gardes du corps se saisirent de leurs armes. La plus secouée de tous était Jackie. « Nous ne sommes que des cibles sur un stand de tir », se lamentait-elle. « A dater de ce jour, commente Lem Billings, elle fut convaincue que, tôt ou tard, ils voleraient tous en éclats. »

16

Le 16 janvier 1961, six semaines après son départ pour Palm Beach, Jackie retourna à Washington à bord du *Caroline*. Elle était seule. Toutes les femmes Kennedy, ainsi que sa propre mère formaient les rangs du comité d'accueil de la Reception for Distinguished Ladies, à la National Art Gallery. Vêtue d'un tailleur en tweed noir et blanc et portant un petit turban rouge, Jackie se glissa sur le siège avant d'une berline verte conduite par un membre du Service Secret, et se rendit à Georgetown. Elle avait laissé ses enfants à Palm Beach.

La maison était en plein chamboulement, des caisses et des cartons partout, des vêtements empilés les uns sur les autres, des bibelots et des livres éparpillés sur les canapés et les fauteuils. Tish Baldridge réglait la circulation au rez-de-chaussée. La servante espagnole de Jackie, Providencia « Provy » Paradès, semblait avoir pris le reste en main.

Les premiers projets audacieux pour sa maison de rêve commençaient à prendre forme dans l'esprit de Jackie. A Palm Beach, elle avait essayé de prendre du recul par rapport à l'incident Pavlick, se concentrant sur la perspective immédiate de son installation à la Maison-Blanche. L'huissier en chef J.B. West lui avait envoyé des albums de photographies annotées de bon nombre des cent trente-deux pièces, ce qui l'aida à se familiariser avec les lieux.

Elle avait longuement parlé de la Maison-Blanche avec Sister Parish, sa décoratrice à N Street et à Hyannis Port. Sister arriva à Washington avec ses idées et une multitude d'échantillons de mobilier, de tapis et de papiers peints.

« Je n'avais vu l'intérieur qu'en photo, raconte-t-elle. Je n'y suis entrée que la veille de l'investiture de JFK. Nous avons déambulé de pièce en pièce, ouvrant les portes de placard et scrutant le moindre recoin. Ma première réaction fut qu'il y avait du pain sur la planche. Des tas de choses ne me plaisaient pas, devaient être supprimées ou remplacées.

« Les appartements privés étaient en piteux état — taches sur les tapis, plâtres écaillés, traces de doigts sur les murs, papiers peints décollés, tentures en lambeaux. Tout cela pouvait être aisément réparé. Mais le plus gros problème était celui des pièces de réception. La plupart des meubles d'origine avaient disparu. Ces salles d'apparat contenaient tout un fatras de tables et de chaises. Un mobilier qui n'avait pas la moindre justification historique. Il n'avait appartenu à aucun des présidents. C'étaient juste des éléments récupérés au fil du temps.

« J'ai dit à Mrs. Kennedy que, pour rendre son lustre à la Maison-Blanche, il faudrait la restaurer de fond en comble. Qu'un projet d'une telle envergure ne pouvait être accompli sans le soutien d'un comité, voire de plusieurs. Sinon, il faudrait des années pour le mener à bien. J'ai donc suggéré à Mrs. Kennedy d'en faire son projet favori.

« Elle m'a demandé de choisir les gens qui, selon moi, conviendraient le mieux pour un tel comité. Et c'est ainsi que tout a commencé. J'ai choisi le comité initial. D'autres membres s'y ajoutèrent ultérieurement, formant une véritable organisation. Il y avait tout le temps des réunions, le plus souvent à la Maison-Blanche. Mrs. Kennedy y participait à tout. Elle devint une sorte de superviseur, assurant la coordination, ce qui n'était pas une tâche facile car il fallait ménager les susceptibilités. Ça tournait parfois au psychodrame. »

L'autre souci majeur de Jackie avait été l'inauguration officielle, et en particulier le choix des vêtements qu'elle porterait pour les diverses cérémonies. Bien que Bergdoff ait dessiné sa robe pour la cérémonie du serment, Oleg Cassini créa pour elle un long manteau de laine fauve, avec un col en zibeline (à porter sur la robe), ainsi qu'un manchon assorti (une suggestion de la doyenne de la mode, Diana Vreeland). Halston signa la toque bordée de fourrure que Jackie portait légèrement en arrière. Cette toque — qui n'avait pourtant rien d'une nouveauté — contribua à la consécration de « Son Elégance » (c'est ainsi que *Women's Wear Daily* surnomma Jackie) comme l'une des femmes les mieux habillées d'Europe et d'Amérique, donnant un plus au look de Jackie, une véritable révolution de style avec ses talons bas, ses manteaux de drap de couleur vive et ses tailleurs style Chanel. Son style annonçait celui de Courrèges. En bref, un style baby-doll flamboyant, revu et corrigé par une adulte [1].

« Une erreur communément répandue à son sujet était l'idée qu'elle cherchait à lancer la mode, explique Oleg Cassini. Rien n'est plus faux. Jackie possédait un style éminemment personnel. Elle s'habillait pour elle-

---

1. « Je voudrais donner deux exemples de l'influence que Jackie exerça sur l'industrie de la mode, raconte Halston. Lorsqu'elle porta la toque que j'avais dessinée pour elle, il y avait beaucoup de vent et lorsqu'elle descendit de la limousine, elle posa sa main sur la toque pour l'empêcher de s'envoler. Elle déforma légèrement le chapeau. Le creux apparut dans toutes les photos. Les femmes se mirent à creuser leurs toques et les stylistes créèrent même des modèles dans cet esprit. Une autre fois, JFK lui offrit un manteau de léopard d'une valeur de 3 000 dollars. Je lui ai dessiné un chapeau assorti. Elle porta cet ensemble pour une couverture de *Life*. Il y eut une telle ruée sur les manteaux de léopard que les prix montèrent jusqu'à 40 000 dollars et que cet animal fut porté sur la liste des espèces en danger de disparition, liste sur laquelle il figure encore aujourd'hui. »

même. Elle voulait qu'on la remarque, pas qu'on la copie. Mais il fut évident, dès le début, qu'une femme possédant la beauté exotique de Jackie et son port altier ne pouvait qu'influencer la mode. »

Cassini dessina les autres tenues que Jackie porterait lors des autres cérémonies inaugurales, en suivant le plus souvent ses instructions précises. Les chaussures assorties (pointure 42 !) furent commandées chez Eugenia, à Florence. Tish Baldridge, qui avait travaillé chez Tiffany's, s'arrangea pour que le grand bijoutier prête une parure de diamants à Jackie pour la circonstance. Jackie demanda à sa masseuse de Palm Beach (une Suédoise qui aurait déclaré un jour que Jackie avait la peau la plus froide qu'elle ait jamais touchée) de prendre l'avion pour Washington, ainsi qu'à Kenneth, son fidèle coiffeur. Kenneth arriva avec son assistante, Rosemary Sorrentino, qui défrisait les cheveux de Jackie.

L'une des tâches auxquelles Jackie s'appliqua sans conviction fut l'établissement d'une liste de parents à inviter pour l'Inauguration et pour diverses réunions privées programmées après la prestation de serment. Les Bouvier, les Auchincloss, les Lee, les Fitzgerald et les Kennedy étaient fort différents et Jackie redoutait d'avoir à les affronter tous en même temps. A cette liste familiale, elle ajouta les noms de vieilles amies d'école et de relations importantes. A chaque invitation, elle fit joindre un programme détaillé et des informations précises sur la manière de se rendre aux différents points de l'itinéraire. Jackie organisa avec précision des rendez-vous dans les gares et les aéroports et les conduites aux hôtels et aux cérémonies. Elle prépara même une liste spéciale de ceux qui, en raison de leur âge ou de leur maladie, auraient droit à une voiture officielle de la Maison-Blanche. Trois cars furent réquisitionnés pour véhiculer les invités de la présidence dans Washington.

Mais les plans soigneusement établis par Jackie furent en partie perturbés par une violente tempête de neige qui s'abattit sur Washington la veille de l'inauguration, causant la fermeture de l'aéroport et obligeant des milliers de visiteurs à abandonner leur voiture ou leur taxi. Trois cents hommes de la Garde nationale furent déployés pour assurer le déblaiement des rues et tracer la voie du défilé du lendemain, le long de Pennsylvania Avenue.

A 20 heures, le soir du 19, John et Jackie (accompagnés de Bill Walton) assistèrent à une réception en l'honneur d'Eleanor Roosevelt, avant d'être conduits à un concert pré-inaugural donné au Convention Hall, puis à la National Guard Armory pour un gala organisé par Frank Sinatra et Peter Lawford. Dix mille invités payèrent 1 000 dollars par place pour combler le déficit de la campagne du parti démocrate et entrevoir la nouvelle Première Dame, resplendissante dans sa robe d'organza blanc. Avec deux heures de retard sur l'heure prévue, ils purent également écouter Harry Belafonte, Louis Prima et Keely Smith, Ella Fitzgerald, Bette Davies, Leonard Bernstein et sir Laurence Olivier. Ethel Merman, pourtant républicaine convaincue, entonna *Everything's Coming Up Roses*, et Sinatra lui succéda avec *That Old « Jack » Magic*.

A la fin du spectacle Jackie était visiblement décomposée. Elle s'excusa et on la raccompagna chez elle, « si fatiguée que j'aurais pu dormir en armure ». John, qui était on ne peut plus en forme, se joignit aux vedettes pour un dîner offert par son père au restaurant de Paul Young. Il regagna N. Street au lever du jour.

L'aube de l'investiture se leva dans un froid mordant. Le président élu était habillé de pied en cap lorsque, à 10 h 40, la limousine présidentielle, une Lincoln à toit transparent, s'arrêta devant chez lui. En se dirigeant vers la porte, il lança à Jackie, qui était encore en haut, en train de se maquiller : « Jackie, pour l'Amour du Ciel ! » Son exaspération s'estompa quand elle apparut en haut des marches, aussi digne qu'élégante, dans une tenue d'une simplicité remarquable.

Escortés par le Speaker[1] Sam Rayburn, les Kennedy arrivèrent au portique nord de la Maison-Blanche pour emmener le président et Mrs. Eisenhower. Eisenhower leur fit dire qu'il espérait que son successeur et la nouvelle First Lady accepteraient de venir d'abord prendre un café avec eux. Etaient également présents le vice-président sortant, Richard Nixon et son épouse, le nouveau vice-président, Lyndon Johnson et Madame, le sénateur Henry Styles Bridges (président de la Commission politique du parti républicain) et d'autres membres de comité inaugural. Cela n'avait rien d'une réunion conviviale. Jackie se sentit mal à l'aise et contrite lorsqu'elle se trouva assise aux côtés de Pat Nixon qui l'ignora et poursuivit sa conversation avec le sénateur Bridges.

A 11 h 45, dans le froid glacial, le président Eisenhower et John F. Kennedy, suivis par leurs épouses dans une seconde voiture, furent conduits au Capitole pour la cérémonie. Tous les regards étaient rivés sur Jackie lorsqu'elle prit place à la tribune, entre Mamie Eisenhower et lady Bird Johnson. Elle avait l'air abasourdie par la cérémonie qui se déroulait devant elle : Robert Frost, aveuglé par l'éclat du soleil, interrompant le poème qu'il avait composé pour la circonstance et en récitant un autre de mémoire à la place ; le cardinal Cushing entonnant ses prières et le Grand Rabbin donnant sa bénédiction ; le président de la Cour suprême, Earl Warren, faisant prêter serment à JFK, et le trente-cinquième président (qui avait retiré son pardessus en dépit du froid) répétant le serment d'une voix ferme et posée ; le discours inaugural du président ; Marian Anderson interprétant l'hymne national. A la fin de l'hymne, Jackie, qui avait eu l'idée d'associer Frost et Anderson à la cérémonie, s'avança et caressa doucement la joue de son mari. « Tu as été merveilleux », murmura-t-elle. Le lendemain, elle dira : « Je ne pouvais pas l'embrasser devant tous ces gens. »

Après la cérémonie, John et Jackie se rendirent au déjeuner officiel donné au Capitole, dans l'ancienne salle de la Cour suprême, tandis que d'autres membres de la famille montaient à bord d'autocars qui les

---

1. Speaker : le président de la Chambre des représentants.

conduisaient au buffet offert pas Joe et Rose Kennedy dans un salon du Mayflower Hotel. John Davis se rappelle le somptueux étalage de homards, de crevettes et de saumon fumé « sur une grande table de banquet, au centre de la salle, avec tout autour des tables rondes de six ou huit couverts. Chacune des cinq branches de la famille s'installa dans une partie différente de la salle. Joe Kennedy nous observa des pieds à la tête, comme si nous étions des Martiens. Il ne desserra pas les dents. Les trois sœurs Kennedy — Eunice, Jean et Pat — ne parlèrent qu'entre elles. Et personne n'adressa la parole à Hugh Auchincloss ».

Miche Bouvier convient que « très peu de gens se mélangèrent. J'ai essayé, mais sans succès. La salle était divisée en deux groupes principaux — les Bouvier, les Lee et les Auchincloss d'un côté, les Kennedy et les Fitzgerald de l'autre. Puis elle a éclaté en petits groupes individuels. Joe Kennedy avait l'air déjà ailleurs, ce qui semblait tout aussi bien pour ce qui concernait les Bouvier ».

Les mêmes gens se retrouvèrent à 17 heures, pour une réception familiale à la Maison-Blanche, juste après l'événement majeur de l'après-midi, la parade inaugurale, que Jackie avait abandonnée au bout d'une heure à peine. Exténuée et transie de froid, elle était rentrée à la Maison-Blanche pour se préparer avant les cinq bals qu'elle devait encore endurer. Elle avait réquisitionné le salon de la Reine, au deuxième étage, tandis qu'une équipe d'entretien de la Maison-Blanche mettait en état les appartements présidentiels privés, installant une nouvelle nurserie, l'office, la cuisine et la salle à manger familiale.

Jackie se reposa, tandis que les parents se rassemblaient dans la salle à manger d'apparat. « Les Bouvier arrivèrent les premiers, raconte Edie Beale. Les Kennedy étaient les derniers car c'était eux qui avaient eu à subir le froid le plus longtemps. Nous nous jetâmes tous sur le thé et le café chauds, le punch épicé, le champagne, les cocktails, tout ce qui pouvait nous dégeler. Puis nous retournâmes à nos clans respectifs.

« Je m'approchai de Hugh Auchincloss. Il ne me connaissait ni d'Eve ni d'Adam. " Je sais tout de vous ", lui dis-je, en lui crachant pratiquement au visage. Je lui ai sorti ses quatre vérités, au nom de Jack Bouvier, le père de Jackie.

« Les Kennedy avaient tous l'air très malheureux. Je me demandais vraiment pourquoi. Ils semblaient à la fois surexcités et sinistres. Je n'avais jamais vu jusqu'alors autant de malheur dans la même pièce.

« Je rejoignis Joseph P. Kennedy, le patriarche, et lui appris que son fils aîné, Joe, Jr., et moi avions été pratiquement fiancés. J'avais connu Joe, Jr. lors d'une soirée à Princeton où il était de passage et moi aussi. Et je dis à son père que si ces fiançailles étaient devenues une réalité, que si Joe avait été encore vivant et s'il avait brigué la présidence des Etats-Unis, alors la petite Edie Beale serait aujourd'hui First Lady à la place de sa cousine Jackie. Il s'éloigna de moi en secouant la tête.

« J'avais espéré rencontrer Ethel Kennedy, mais c'est Joan que j'abordai. Elle se montra courtoise, inoffensive et naïve. Je n'aimais pas trop les sœurs de JFK, mais Joan était très douce et gentille. Elle ne cherchait pas à en imposer, comme ses sœurs et Ethel.

« Si JFK fit une apparition symbolique au cours de cette réunion, Jackie resta sequestrée dans sa chambre, vraisemblablement déçue que Lee n'ait pas pu assister à l'inauguration. Elle avait eu un accident d'automobile et récupérait quelque part en Suisse.

« Franchement, je ne fus pas particulièrement impressionnée par John Kennedy. Il fut plutôt grossier avec moi. La seule fois où j'ai essayé de lui adresser la parole, il m'a regardé comme si j'étais transparente. Vous savez, ce genre de regard vitreux. »

Une heure après le début de la réception, Janet Auchincloss monta voir ce qu'il était advenu de sa fille. Elle trouva Jackie assise dans son lit un coussin chauffant calé sous les reins. Assistants et membres du personnel de la Maison-Blanche s'agitaient autour d'elle.

« Tu n'as pas l'intention de te joindre à nous ? demanda Janet. Certains de tes parents ont fait des milliers de kilomètres pour le simple plaisir de te serrer la main. Ils ne t'ont pas vue depuis le jour de ton mariage.

— Je ne peux pas, répondit Jackie d'un ton plaintif. Je ne peux vraiment pas. »

Miche Bouvier, la seule autre personne de la famille à avoir été admise dans la chambre, comprenait le dilemme de Jackie : « Si tu venais de subir une césarienne, si tu t'étais gelé les fesses à écouter un discours inaugural et gelé le reste à regarder un défilé interminable, s'il te fallait encore t'habiller pour assister à cinq ou six bals ce soir, je pense que tu aurais envie, toi aussi, de quelques heures de sommeil. »

Kenneth et Rosemary Sorrentino continuèrent à coiffer Jackie. « J'avais égalisé ses cheveux la veille, raconte Rosemary. A présent, il s'agissait de les brosser et de les mettre en forme. Lorsque Jackie et sa mère eurent fini de se chamailler à propos de la réunion familiale, Mrs. Auchincloss se mit à critiquer les cheveux de sa fille. Elle n'approuvait pas sa coiffure et essaya de la persuader d'en changer. Voyant qu'elle n'y parviendrait pas, elle se tourna vers Kenneth et le pria d'insister auprès de Jackie. Mais l'esprit de la nouvelle First Lady était aussi ferme que son élégant chignon. »

Pendant que sa femme commençait à s'habiller, John Kennedy prit une douche, se changea et s'accorda quelques instants pour un petit dîner en solitaire, chez George et Jane Wheeler, ses loyaux supporters. Parmi les invités se trouvaient Angie Dickinson et Kim Novak, dont les chevaliers servants étaient, en la circonstance, Red Fay, récemment nommé sous-secrétaire de la Marine, et l'architecte Fernando Parra. Fay, dont la femme était en Europe, avait accepté d'escorter Angie sur la réquisition de John.

Le président retourna ensuite à la Maison-Blanche et y trouva Lyndon et lady Bird Johnson, qui l'attendaient dans le salon Rouge. Cinq minutes plus tard, Jackie passa la porte dans un bruissement de mousseline de soie, arborant une spectaculaire robe de bal blanche, brodée d'argent et de strass, inspirée par Cassini, négligemment couverte par une cape finement tissée qui lui tombait jusqu'aux chevilles. Le président eut un hochement de tête approbateur. « Ta robe est superbe, fit-il. Tu n'as jamais été plus belle. »

L'allure royale de Jackie captiva ceux qui emplissaient la salle de bal du Mayflower Hotel pour le premier bal. Elle ne fit pas moindre impression sur la foule qui se pressait au Statler-Hilton, cadre du second bal. Elle venait à peine de s'installer, avec les Johnson, dans le box présidentiel, que le président s'excusa. A un étage supérieur, Frank Sinatra recevait en privé un grand nombre des artistes qui avaient participé au gala de la veille. Kennedy s'y précipita pour une seconde entrevue éclair avec Angie Dickinson. Il était de retour à sa place trente minutes plus tard, l'air légèrement coupable et portant un exemplaire du *Washington Post* sous le bras, comme s'il était juste sorti pour l'acheter.

« Quelque chose d'intéressant dans le monde, ce soir ? » lui demanda Jackie. Il lui fit un sourire penaud ; elle lui retourna un regard glacial.

Leur troisième destination était l'Arsenal, où plus d'un millier d'invités les accueillirent par une ovation debout qui dura vingt minutes. Rose Kennedy décrira plus tard cette « vague d'amour et d'admiration » qui « engloutit » le président et son épouse. Mais ni la mère du président, ni le président lui-même ne s'aperçurent que le sourire qui animait le visage de Jackie était forcé et figé. Elle avait l'air si émouvante, si radieuse, qu'il aurait été difficile de croire, l'eût-elle admis, qu'elle était une fois de plus sur le point de défaillir. Sa détermination (associée au comprimé de Dexedrine qu'elle avait avalé) l'aida à tenir le coup jusqu'à ce que Ted Kennedy suggère qu'ils se rendent à la manifestation suivante. Il était minuit lorsque Jackie, telle Cendrillon, proclama que la soirée touchait pour elle à sa fin. « Continue, John. Il faut que je rentre », annonça-t-elle.

Avant de jeter l'éponge, le président Kennedy assista à deux autres bals, ainsi qu'à une soirée au domicile de Joe Alsop. La « fête » chez les Alsop était également le terminus d'une demi-douzaine de starlettes d'Hollywood que Peter Lawford avait importées pour l'occasion. Selon ce dernier, « elles voulaient toutes être avec le président. Elles organisèrent un comité d'accueil digne du bordel de Madame Claude à Paris, et Jack en choisit deux d'entre elles. Ce *ménage à trois* fut la conclusion triomphante de sa première journée d'entrée en fonction ».

17

Jackie fut réveillée de bonne heure, le lendemain matin, par l'odeur écœurante de la peinture fraîche et les coups de marteau. Les Eisenhower avaient emporté leurs meubles et leurs tableaux, les siens n'étaient pas encore arrivés. Ce vide la déprimait et les ouvriers de la Maison-Blanche, avec leurs outils, leur peinture et leurs échelles, n'amélioraient guère l'ambiance. Elle resta au lit. Elle n'attendait personne et sursauta quand on frappa à sa porte. Son mari entra dans la pièce, suivi de son premier visiteur officiel, l'ex-président Harry S. Truman. En voyant la Première Dame sous ses couvertures, Truman sourit, lui fit un signe de la main et se retira aussitôt.

Jackie passa l'après-midi à discuter des projets de restauration de la Maison-Blanche avec Sister Parish, Bill Walton, David E. Finley (président de la Commission des Beaux-Arts) et John Walker, qui était à la fois le directeur de la National Gallery of Art et un vieil ami des Auchincloss. Quand ils eurent terminé, elle rejoignit son mari dans un des petits salons à l'étage. Tentant d'allumer un feu dans la cheminée, ils furent rapidement suffoqués par la fumée et la suie. Kennedy courut à la fenêtre, mais ne parvint pas à l'ouvrir. « Ça fait des années que les fenêtres n'ont pas été ouvertes », expliqua J.B. West. Avec difficulté, l'huissier principal réussit à forcer une petite fenêtre de côté et une bouffée d'air glacé chassa Jackie de la pièce.

La Maison-Blanche était d'un inconfort pour le moins surprenant. Jackie s'aperçut que sa douche ne fonctionnait pas et que la chasse d'eau était cassée. Il n'y avait ni corbeilles à papier, ni bibliothèques. « Eisenhower ne lisait pas ? » s'enquit-elle. Elle se demandait aussi pourquoi il fallait qu'un des garde du corps reste posté devant la porte des toilettes à chaque fois qu'elle y entrait. « Si au moins il réparait la chasse », maugréa-t-elle.

Le dimanche 22 janvier, les Kennedy donnèrent leur premier dîner sans cérémonie à la Maison-Blanche, invitant Franklin Roosevelt, Jr., Joseph Alsop, Tom Braden, Leonard Bernstein et leurs épouses respectives. Bernstein, toujours aussi exubérant, serra Jackie dans ses bras et posa un baiser humide sur sa joue, geste public qu'elle n'appréciait pas toujours.

206

Constatant son malaise, le président lança à Bernstein : « Et moi, je n'y ai pas droit ? » Bernstein s'exécuta avec empressement. Les Kennedy offrirent champagne et caviar, un cadeau de Khrouchtchev et entraînèrent ensuite leurs invités dans une joyeuse visite guidée de leur nouvelle résidence.

« La maison était vide, raconte Roosevelt, et ils étaient loin d'être installés. Jackie me confia : " Oh, savez-vous ce que je viens de découvrir ? Il y a une vingtaine de calligraphes, tous en train de graver des plaques au sous-sol. " Je m'en souvenais de l'époque de mon père, mais je croyais qu'ils avaient été remplacés depuis longtemps par une presse. Il semble bien que non, puisque toutes ces plaques de cuivre gravées de cartes ou de menus, tout ça est encore là. »

Joe Alsop, qui, lui aussi, n'avait pas mis les pieds à la Maison-Blanche depuis des années, trouva qu'elle ressemblait à présent à la suite présidentielle du Muehlebach Hotel à Kansas City — il n'y avait pas le moindre objet de goût là-dedans, rien qui ne soit faux ou déplacé ; tous les meubles qui restaient de la présidence d'Eisenhower étaient des copies[1].

Alsop évoque un moment où ils étaient dans les appartements privés du président, composés de sept pièces. Dans l'une, il avait remarqué quelque chose qui ressemblait à deux hublots. Il demanda à Jackie : « Qu'est-ce que c'est que ça ? » Ils étaient situés de chaque côté d'une porte. J.B. West entra et Jackie, elle aussi, demanda : « A quoi servent ces hublots ? » West les ouvrit. Il s'agissait en fait de deux postes de télévision encastrés, à l'usage du président et de Mrs. Eisenhower. L'huissier principal expliqua que les Eisenhower n'aimaient pas les mêmes programmes mais qu'ils aimaient regarder la télévision ensemble. Alors ils se faisaient servir leur dîner sur un plateau, l'un ici, l'autre là, et l'on ouvrait les hublots pour qu'ils puissent voir — Ike un western et Mamie un feuilleton ou une *sitcom*.

Le lundi, première journée de travail à plein temps pour Jackie, elle fit connaissance avec le personnel domestique de la Maison-Blanche. Ils entrèrent trois par trois, tandis qu'elle était assise sur le coin d'un grand bureau. Elle portait des jodhpurs, un chemisier blanc en soie et des boots marron. Selon une femme de chambre d'étage, elle ressemblait ainsi à la maîtresse d'un domaine passant l'inspection de ses esclaves.

« Comment peut-elle voir ce qu'elle regarde, avec tous ses cheveux dans la figure ? » murmura la gouvernante en chef Mabel Walker, qui en était à son cinquième président. Jackie entendit sa remarque et Mabel fut la première à partir, remplacée finalement par une diplômée de Vassar, Anne H. Lincoln, une amie de Jackie.

Même si le personnel s'interrogeait parfois sur l'intérêt de Jackie pour sa fonction, la nouvelle First Lady (elle détestait ce titre et insistait pour qu'on l'appelle Mrs. Kennedy) se montra pleine d'assurance, ambitieuse et travailleuse. Elle rédigeait de nombreuses notes, souvent détaillées, à

1. Lorsqu'elle emménagea, Jackie compara la Maison-Blanche à la Loubianka, prison soviétique tristement célèbre.

l'intention des divers membres du personnel et ces notes constituèrent une sorte de guide officiel pour la gestion de la Maison-Blanche. West réalisa immédiatement ce que d'autres mirent davantage de temps à comprendre : « Le souhait de Jackie, exprimé dans un murmure par un " Pensez-vous... " ou " Pourriez-vous je vous prie... ", avait valeur d'ordre. Et quand elle vous disait de sauter, vous sautiez. »

« S'il y a une chose que je ne peux pas supporter, ce sont les miroirs victoriens... Ils sont hideux, écrit-elle un jour à West. Faites-les décrocher et mettez-les au rebut. »

D'autres notes suivent, assez rapprochées :

« Pas de rose style Mamie sur les murs, sauf dans la chambre de Caroline, pas de meubles rafistolés à la va-vite, pas de cendriers ni de babioles en verre et cuivre... J'ai l'intention de faire de cette maison une grande maison... »

« Maud Show n'aura pas besoin de grand-chose dans sa chambre. Contentez-vous de lui trouver une corbeille en osier pour ses peaux de banane et une petite table pour son dentier la nuit... »

« Je ne peux rien apprendre aux servantes et je n'ai guère le temps pour ça — quand elles sont si terrifiées... Elles sont trop paniquées pour se souvenir de quoi que ce soit. La seule manière pour elles d'apprendre à bien faire leur travail... est de rester assez longtemps au service de la famille et de la maison pour que leur terreur s'atténue... »

« Il faut faire quelque chose au sujet des stores pour toute la Maison-Blanche. Ils sont énormes et pleins de poulies et de ficelles. Quand je les descends, j'ai l'impression d'être un marin en train d'affaler sa voile. »

Les premiers jours, Mrs. Kennedy écuma les couloirs de la résidence, découvrant des « trésors » et bannissant les « horreurs », s'assurant que les appartements privés recevaient une attention particulière. Une chambre d'ami, rénovée par Truman, située au-dessus du grand hall, accueillit les boutons de rose, le lit à baldaquin blanc et les chevaux à bascule de Caroline. Une autre chambre d'ami contiguë devint la nurserie bleu et blanc de John-John, avec un berceau et un parc blancs, et toute une ménagerie en peluche.

« Je veux que mes enfants grandissent dans un environnement plus personnel, pas dans des pièces d'apparat, déclara Jackie à J.B. West. Et je ne tiens pas à ce qu'ils soient élevés par des nurses et des gardes du corps. »

Par l'entremise de John Walker et de David Finley, les Kennedy purent emprunter des tableaux, des gravures et des lithographies à la National Gallery et au Smithsonian Institute. Jacqueline découvrit également des stocks de mobilier et d'ustensiles domestiques accumulés à la Maison-Blanche depuis Theodore Roosevelt. Il n'existait aucun catalogue de ces stocks, aussi Jackie se lança-t-elle dans ce qu'elle appelait des « missions exploratoires » pour voir ce qui pouvait être sauvé. Les tapisseries d'Aubusson furent remontées du sous-sol. Les bustes de marbre des précédents présidents furent relégués dans un fumoir. Elle découvrit le bureau *Resolute* qui trouva place dans le bureau Ovale. Des chaises et une console Bellange furent exhumées d'un entrepôt et restaurées. Ainsi fut entrepris le premier inventaire. Les salles et les parties publiques de la Maison-Blanche furent agrémentées de compositions florales pleines d'imagination, créées par une amie de Jackie, Bunny Mellon, qui offrit également de financer la plantation d'une nouvelle roseraie. Des tissus pastel ou à pois habillèrent les chambres en étage. Un mémorandum soulignant les responsabilités quotidiennes du personnel fut mis en circulation :

> *Les 18 chambres et 20 salles de bains du deuxième étage doivent être nettoyées ; les 147 fenêtres entretenues ; les 29 cheminées prêtes pour une flambée ; les 412 poignées de porte astiquées ; les 1 000 m² de parquet du deuxième étage cirés ; les 2 500 m² de marbre lavés et relavés ; les moquettes et tapis passés à l'aspirateur trois fois par jour (le matin, à midi et le soir) ; les 37 pièces du rez-de-chaussée époussetées deux fois par jour (le matin et le soir).*

Jackie imposa plusieurs autres décrets, dont la suspension des visites publiques de la Maison-Blanche, qu'elle estimait trop dérangeantes pour les équipes en charge du travail de rénovation. « Comment peuvent-ils enduire ou peindre avec des centaines de touristes autour ? » demanda-t-elle dans une note à l'huissier. Un membre du personnel mit l'accent sur le fait que la vraie raison était que Jackie et ses enfants faisaient la sieste l'après-midi et qu'ils ne pouvaient pas se reposer avec les hordes de touristes parcourant la résidence. A ce propos, Jackie insista pour que ses draps soient changés avant et après. Elle tenait également à ce que les serviettes de toilette et de bain soient renouvelées trois fois par jour.

On installa un nouveau système d'air conditionné dans l'appartement familial pour 85 000 dollars. Bernard L. Boutin, directeur de l'Intendance générale, signa les factures. Boutin trouvait Jackie « extraordinairement efficace dans sa manière de se procurer tout ce qu'elle voulait. On m'avait dit qu'elle était naïve, mais elle ne l'était pas le moins du monde ».

Le premier mois, elle épuisa les 50 000 dollars qui lui avaient été alloués sur le budget de la Maison-Blanche pour la rénovation des appartements privés. Elle se tourna vers West et Boutin et souligna que les appartements présidentiels avaient été aménagés pour un couple âgé (les Eisenhower) et non pas pour un couple de jeunes parents avec deux jeunes enfants. Elle réussit ainsi à obtenir du gouvernement une rallonge de 125 000 dollars pour ses projets de décoration et promit d'obtenir des fonds supplémentaires par ses propres moyens. En révélant ses difficultés à des amies aisées, Jayne Wrightsman et Bunny Mellon, Jackie trouva le soutien nécessaire pour achever les travaux. Sa chambre, décorée à son goût, comprenait un lit séparé mais adjacent pour le président, bien qu'ils aient continué à faire chambre à part.

Elle fit à cette époque une déclaration sur ce qu'elle considérait comme son rôle essentiel : « Je pense que le rôle primordial de l'épouse du président est de s'occuper du président et de ses enfants. » Elle confia en privé à la journaliste Charlotte Curtis, son ancienne compagne de dortoir à Vassar, qu'elle ne savait pas si elle y parviendrait. « La Maison-Blanche est un environnement si artificiel. C'est une fosse aux serpents. Si je ne fais pas attention je vais devenir folle. »

« Jackie portait tellement de masques, qu'elle était impossible à déchiffrer, rapporte Charlotte Curtis. Une fois First Lady, elle devint encore plus évasive, plus secrète, plus théâtrale. Sans doute se sentait-elle plus vulnérable. Elle était en tout cas une cible permanente pour la presse, une cible bien plus grosse que lorsqu'elle était femme de sénateur. »

Parfaitement consciente que sa vie privée était menacée, Jackie obligea les membres du personnel de la Maison-Blanche à signer une lettre par laquelle ils s'engageaient à ne jamais écrire ni dire quoi que ce soit au sujet de leurs années de service auprès des Kennedy. Ce document n'avait aucune valeur légale (étant manifestement signé sous la contrainte) et finit par ne susciter que ressentiment et publicité négative. Il n'empêcha pas non plus les personnes concernées d'écrire le récit de leurs expériences à la Maison-Blanche ; en tout état de cause, il les encouragea plutôt dans ce sens.

Jackie s'explique sur sa politique du secret dans un long numéro adressé à Pam Turnure, qui commençait ainsi : « J'ai le vif sentiment que la publicité nous échappe totalement aujourd'hui... et il faut vraiment que vous protégiez ma vie privée et celle de mes enfants... sans pour autant offenser [la presse]...

« Mes relations avec la presse seront un minimum d'informations, données avec un maximum de politesse...

« Je n'accorderai aucune interview... ne poserai pour aucune photographie, etc. pendant les quatre ans à venir... »

J.B. West, destinataire de plus de mémos internes de Jackie que quiconque, reçut un certain nombre de notes concernant l'intimité de ses enfants quand ils jouaient sur la pelouse sud. Jackie s'était personnellement penchée sur la question et avait découvert l'endroit de la haute grille de fer entourant la Maison-Blanche d'où les touristes et les photographes de presse pouvaient prendre des photos de Caroline et de John, Jr. en train de jouer.

Elle dessina un plan de la pelouse.

« Si vous vous placez sur le terrain de jeux des enfants, vous constaterez que des tas de gens peuvent prendre des photos depuis l'endroit marqué d'une croix », écrivit-elle à West.

Puis, après lui avoir demandé s'il pouvait faire planter un « mur épais » de buissons ou d'arbres aux fameux point X, elle ajouta :

« Quel est le premier président qui aura le courage de faire construire un mur en briques ? »

« Jackie exigeait un dévouement total, explique Zella West, la veuve de J.B. West. Quand elle avait un problème, elle appelait mon mari à la maison, quelle que soit l'heure. Mais beaucoup de ses problèmes étaient de son propre fait. Par exemple, elle et Sister Parish avaient à peine achevé les appartements présidentiels qu'elle fit venir un autre décorateur, un Français qui s'appelait Stéphane Boudin, et entreprit avec lui un projet totalement différent. Il fallut entièrement faire repeindre les chambres et les réaménager.

« Elle avait loué, avec le président, Glen Ora, une maison de week-end et de vacances à Middleburg, sept pièces avec 1,5 ha de terrain, et Jackie avait tout refait de fond en comble comme si la maison lui appartenait. Lorsque la propriétaire (Gladys Tartiere) constata les changements, elle insista pour que les Kennedy la remettent dans l'état initial. Elle refusa d'ailleurs de renouveler le bail.

« Au frais du gouvernement, Jackie installa plusieurs de ses propres employés à la Maison-Blanche — sa femme de chambre personnelle, sa secrétaire, le valet de chambre de son mari, la gouvernante des enfants, une porte-parole, une masseuse. Cela entraîna des problèmes, dans la mesure où leurs salaires étaient prélevés sur le budget de fonctionnement de la Maison-Blanche, ce qui signifie que certains membres du personnel durent être licenciés ou accepter de travailler pour un salaire sensiblement réduit. Lorsque M. West suggéra que les Kennedy pourraient prendre en charge les frais supplémentaires, Jackie répondit : « Nous n'avons pas d'argent pour ça. Mon mari n'est qu'un employé fédéral, comme les autres membres de l'équipe de la Maison-Blanche. »

West et d'autres eurent le sentiment que Jackie snobait la presse, en particulier ses représentantes féminines, et qu'elle faisait la fine bouche quand il s'agissait de décider à quelles cérémonies officielles de la Maison-Blanche elle assisterait. Elle ne voulait pas entendre parler des scouts, des myopathes, des aveugles et des handicapés physiques, des descendantes des pères fondateurs, de la Société protectrice des animaux ni de la Croix-Rouge. « Envoyez-leur lady Bird », ordonna-t-elle à Tish Baldridge. Au cours de sa première année à la Maison-Blanche, Jackie demanda à Mrs. Johnson de la remplacer à plus de cinquante reprises.

Herbert H.S. Feldman, homme de loi et auteur britannique qui rencontra Jackie en 1961, la décrit comme une femme « dure, obstinée, suffisante, sans grande ambition en matière de réussite personnelle mais adorant les projecteurs, la publicité et les applaudissements. Sa bouche la trahit. On dirait celle d'un requin. Assurément, les Kennedy et les Bouvier étaient bien assortis. »

Un autre détracteur de Jackie, la journaliste May Craig, critiqua son visage statique, son armature d'acier, son imprévisibilité et son amour servile de la célébrité. A titre d'exemple de ce dernier trait de caractère, elle citait le refus de Jackie de rencontrer des étudiantes journalistes de Miss Porter's et de Vassar, deux écoles qu'elle avait elle-même fréquentées, alors qu'elle invita George Balanchine, directeur du New York City Ballet, à prendre le thé (« Elle ressemblait à un chaton », dira-t-il d'elle plus tard), ainsi que Greta Garbo, qui vint à la Maison-Blanche pour un petit dîner intime avec les Kennedy et Lem Billings. Garbo et Billings s'étaient rencontrés plusieurs années auparavant sur la Côte d'Azur.

« Jackie ne perdait pas son temps, raconte Billings. Elle utilisait ces gens. Voici comment elle opérait. Elle invitait des artistes accomplis pour connaître le nom d'autres artistes accomplis qui viendraient à la Maison-Blanche. »

Et ça marchait. Balanchine obtint de Margot Fonteyn et de Rudolf Noureïev qu'ils viennent danser lors d'un dîner officiel, tandis que Greta Garbo posa un jalon en mentionnant Pablo Casals, le grand violoncelliste espagnol qui vivait en exil volontaire à Puerto Rico. Casals avait juré de ne plus jamais jouer dans un pays qui reconnaissait le régime du général Franco, mais il fit une exception lorsque les Kennedy l'invitèrent à jouer à la Maison-Blanche devant le gouverneur de Puerto Rico et Mme Muñoz-Martin. Ce qui décida Casals fut l'intervention opportune de son représentant américain, l'avocat Abe Fortas, qui lui transmit la requête présidentielle et s'occupa de l'organisation finale du séjour éclair d'une journée du maître à Washington [1].

La haute renommée des artistes qui se produisaient à la Maison-Blanche et la qualité des spectacles parfaitement organisés par Jackie lui valurent l'admiration de beaucoup. Tout comme sa beauté et son style. La critique de mode Hebe Dorsey remarque que « le style de Jackie changea la mode en vigueur, il contribua à casser un certain puritanisme qui avait toujours existé en Amérique et selon lequel il était impudent de porter des bijoux, d'être coiffée avec fantaisie, de vivre avec grâce et élégance, de porter des vêtements signés, des manteaux de fourrure, des jupes au-dessus du genou.

« Jackie savait d'instinct ce qu'il fallait faire. Elle était désinvolte mais bien de son temps. Elle avait beaucoup de charme. Et puis elle a beaucoup appris en avançant dans la vie, et même si elle a tendance à se montrer plus discrète aujourd'hui, elle est probablement plus élégante que jamais. »

Sous l'égide de Jackie, Washington devint une ville plus brillante, plus gaie, plus intellectuelle, plus romantique et plus amusante. Les grands dîners qu'elle donnait à la Maison-Blanche étaient en contraste flagrant avec ces cocktails bondés et bruyants auxquels les politiciens avaient l'habitude de se rendre chez de vieilles douairières comme Gwen Cafritz et Perle Mesta. Jackie s'affirma bientôt comme la meilleure hôtesse de la ville, menant de nombreuses activités avec un égal succès, un soir une surprise-partie entre amis et le lendemain un grand raout collet monté. Elle élimina toute affectation ou toute décontraction excessive et, avec l'aide de Robert Meyzen et Roger Fessaguet, copropriétaires de Caravelle, elle engagea un chef français, René Verdon, et un chef pâtissier, Ferdinand Louvat. Attaquée par la presse pour avoir fait appel à des « étrangers », Jackie imposa au président de faire accélérer les formalités de naturalisation de Verdon et Louvat.

Arrogant et excessif (Verdon écrivit à l'auteur : « Je me serais fait tuer pour le président »), René n'était pas apprécié de tous. Liz Carpenter, porte-

---

1. Le gouverneur de Puerto Rico fournit à la Maison-Blanche une liste d'Hispaniques éminents vivant aux USA qu'il souhaitait faire inviter au concert de Casals. JFK les invita tous sauf un : José Ferrer. En 1952, quand il eut un Oscar, Ferrer passa devant la Commission des activités antiaméricaines. « Peut-être se dirent-ils que deux suspects gauchistes comme Casals et moi c'était de trop pour un dîner à la Maison-Blanche », ironisa Ferrer. Avec le recul, la décision de JFK d'exclure Ferrer semble aussi irrespectueuse que lâche.

parole de lady Bird Johnson, note : « C'était une prima donna. C'était un chef français, et comme la plupart d'entre eux, il avait la grosse tête. Ils savent faire de bonnes sauces, mais donnent toujours du fil à retordre à leur employeur... Il avait le plus grand mal à s'entendre avec ses assistants. »

Grande cuisine mise à part, ce qui donnait à ces réceptions de la Maison-Blanche une note particulière, c'était la liste des invités. Elle était truffée de noms de personnes à la fois douées et célèbres, appartenant le plus souvent au monde de l'art, de la musique, de la danse, du théâtre, du cinéma ou de la littérature. Cela pouvait aller de Carl Sandburg à Igor Stravinski, d'Aaron Copeland à Isaac Stern, de Tennessee Williams à Andrew Wyeth. Il y eut une soirée en l'honneur des lauréats américains du prix Nobel. Après le dîner, la soirée était assurée par des orchestres symphoniques, des chanteurs d'opéra, des troupes de ballet, des acteurs shakespeariens, des poètes ou des musiciens de jazz.

Jamie Auchincloss, le demi-frère de Jackie, est convaincu que ce qui restera de l'ère Kennedy ce sont « ces soirées culturelles éblouissantes, encouragées et inspirées par Jackie. Elle n'était pas tant un esprit créatif qu'un esprit concret et stimulant. Elle avait conscience des possibilités qu'offrait son statut et elle sut les exploiter.

« Il est exact qu'elle ne se plia jamais à certaines obligations. Elle supportait mal le côté lèche-cul et hypocrite de certaines fonctions officielles. Mais en matière d'art, elle était décidée à faire ce qu'aucune First Lady n'avait jamais fait pour le pays.

« Le point fort de Jackie, c'était sa capacité à s'emparer d'une idée et à la mener jusqu'à son terme. Un exemple dont je me souviens et qui lui valut mon admiration se situe en 1961. J'étais entré dans un magasin de disques et j'avais demandé au directeur quel morceau de musique américaine orchestrale relativement récente il pouvait me recommander. Il mentionna *The Grand Canyon Suite,* de Ferde Grofe. J'achetai donc le disque et l'écoutai un soir, lors d'une des visites de Jackie à Hammersmith Farm. J'étais assis dans la grande pièce et Jackie était en train de peindre à l'autre bout. Elle demanda : " C'est quoi cette musique ? "

« Je le lui dis et lui montrai la couverture de l'album. Six semaines plus tard, en retournant en pension, j'ouvris mon numéro de *Time* et appris que Jackie et le président avaient reçu Ferde Grofe à la Maison-Blanche et qu'on avait joué ce soir-là pour leurs invités *The Grand Canyon Suite*. Et le disque que j'avais acheté pour 2,99 dollars devint un best-seller, simplement parce que je l'avais écouté un soir alors que Jackie peignait dans la même pièce.

« Le moindre geste de John et de Jackie était magnifié au centuple sous les projecteurs sans complaisance de la presse. Un exemple : mon père possédait un livre rare de portraits d'Indiens d'Amérique par George Catlin, que John vit par hasard lorsqu'il vint en convalescence à Hammersmith Farm, en 1955, après son opération du dos. Lorsqu'ils entrèrent à la Maison-Blanche, Jackie demanda au Smithsonian Institute s'ils avaient des tableaux de Catlin. Il se trouve qu'ils possédaient justement l'une des seules véritables collections. Ils les mirent à la disposition de la Maison-Blanche, et ce sont ces toiles qui décorèrent les appartements privés de la présidence. Une fois de plus, l'opinion publique s'empara d'un artiste resté obscur jusqu'alors et fit de Catlin l'un des peintres américains les plus connus... Il avait suffi d'un coup de téléphone à la Maison-Blanche pour demander : " Envoyez-moi un tableau. " »

Le fait de savoir qu'elle était le point de mire de l'opinion publique contribua indubitablement aux crises d'angoisse récurrentes de Jackie. A cette époque, elle tenta de déjouer son anxiété par des pointes d'humour noir, comme le jour où elle signala deux femmes reporters de la radio au Service Secret, prétendant que « deux femmes à l'air espagnol » cherchaient à entrer en contact avec elle. Il se trouva que les deux correspondantes en question étaient Fran Lewis et Helen Thomas. « Comme elle l'avait prévu, la chose filtra jusqu'à nous, écrit Helen Thomas dans *Dateline : White House*. Elle est tombée pile dans le mille puisque Fran est juive et moi d'origine arabe. » Un agent accosta les deux femmes devant la Maison-Blanche. Elles montrèrent leurs cartes de presse et furent promptement arrêtées.

Un jour, Jackie arriva à la Maison-Blanche avec un nouveau chiot berger allemand. Les journalistes présents lui demandèrent ce qu'elle allait lui donner à manger. « Des reporters », répliqua-t-elle du tac au tac.

Et lors d'une réception à la Maison-Blanche, en l'honneur du shah et de l'impératrice d'Iran, réception où il y avait foule, une correspondante du *Women's Wear Daily* demanda à la First Lady si elle lisait ce journal.

Jackie répondit : « Je m'efforce de ne pas le lire. »

Il lui arrivait aussi d'avoir moins d'humour. Lorsqu'elle fut photographiée tombant de sa monture lors d'un concours hippique, elle téléphona à John à l'autre bout du pays pour qu'il fasse interdire la photo. Il refusa. (« Jackie, lui dit-il, lorsque la First Lady tombe sur le cul, c'est une nouvelle. »)

Elle ordonna un jour au Service Secret de confisquer les films des photographes qui prenaient la famille présidentielle sans son autorisation. Elle tira la langue à un groupe de touristes qui visitaient la Maison-Blanche, puis avertit un reporter du *Boston Globe* qui avait assisté à la scène qu'elle le ferait bannir de la Maison-Blanche s'il mentionnait l'incident.

Après avoir lu un reportage sur Charlie, le welsh terrier des Kennedy, elle sortit en furie pour aller voir le responsable du chenil de la Maison-Blanche, Traphes Bryant. « Ne vous avisez pas de donner une seule information de plus à ces maudits fouineurs de journalistes. » Elle passa un savon à Tish Baldridge pour s'être montrée trop coopérative avec la presse : « Vous êtes là pour défendre les intérêts de la famille présidentielle, pas ceux de la Maison-Blanche. »

Pierre Salinger remarque : « Tandis que ce déluge de publicité se poursuivait sans rémission, la colère de Jackie se mua en férocité. En tant que porte-parole du président, j'eus à subir tout le poids de sa violence. »

Jackie donna libre cours à sa colère dans une série de notes manuscrites adressées à Salinger :

« ... Je croyais que vous aviez passé un accord avec les photographes pour qu'ils ne prennent pas les enfants en train de jouer à la Maison-Blanche. Ils ont eu toutes les photos de Macaroni (le poney de Caroline) qu'ils ont voulues. Il n'est pas question qu'il y en ait d'autres — *Tenez-vous-le pour dit.* Si vous vous montrez assez ferme et si vous prenez le temps de vous en occuper, vous pouvez faire en sorte que ça cesse. Alors faites-le, je vous prie. A quoi sert donc un porte-parole — à aider la presse, soit — mais aussi à *nous* protéger. »

Après avoir reçu ce mémo, Salinger pria les photographes de la Maison-Blanche de respecter les desiderata de Jackie, ce qu'ils firent pendant plusieurs mois. Puis un jour les journaux furent à nouveau envahis de photos des enfants en train de jouer — faites par un amateur qui les avait vendues à l'agence Associated Press. Une autre note de Jackie arriva sur le bureau de Salinger :

« Pas d'inquiétude, ceci n'est qu'un petit mémo gentil : votre politique à l'encontre des voyeurs a merveilleusement fonctionné pendant tout l'automne. Maintenant, si on laisse passer ça, je crains que ça ne redémarre de plus belle. Pourriez-vous réprimander les types de l'AP pour avoir acheté ces photos (si elles ont bien été prises par un touriste) ? Il faudrait dire aux gardes de surveiller les gens qui prennent des photos à travers les grilles. Les gardes qui sont au portail auraient pu empêcher ça. Si nécessaire, postez un homme de patrouille devant le portail sud-ouest. »

Cecil Stoughton, photographe officiel de la Maison-Blanche sous le gouvernement Kennedy, comprenait le dilemme de Salinger : « Jackie était en conflit ouvert avec Pierre au sujet des enfants et de la presse, bien qu'ils fussent tout le temps à la une des journaux. Le président comprenait les avantages politiques de laisser paraître des photos des enfants, tandis que Jackie considérait que c'était une intrusion dans leur vie privée. Pierre organisait des séances de photos des enfants quand Jackie était absente, puis rejetait la responsabilité sur le président quand elle s'en prenait à lui. Jackie avait le sentiment qu'elle ne pouvait rien faire, rien dire, aller nulle part sans que l'opinion publique en soit informée.

« Dans l'ensemble, la presse avait du mal à croire que Jackie ait pu être reporter-photographe. Elle s'identifiait si peu aux médias qu'il semblait peu plausible qu'elle ait jamais travaillé pour un journal. J'ai toujours pensé que son passage dans la presse avait été une sorte de passe-temps de jeune fille ; ça lui permettait d'avoir ses entrées dans des cercles choisis. »

La réserve et l'obsession de Jackie au sujet de sa vie privée devinrent un facteur déterminant durant sa première année à la Maison-Blanche. Elle fit de son mieux pour éviter les journalistes accrédités à la Maison-Blanche et ignorer leurs demandes d'interviews personnelles. Elle échappait à la presse et aux contraintes de la Maison-Blanche en passant autant de temps que possible loin de Washington. Lorsque son mari la forçait à répondre aux journalistes (« Pauvre Jack, déclara-t-elle un jour il pense que si je les ignore, ils vont le dénigrer »), elle avait recours à ce que son entourage appelait le « PBO » (*polite brush off* — éviction polie).

Elle fit la démonstration de cette technique le 11 avril 1961, lors du déjeuner annuel que la Maison-Blanche donnait pour les Dames de la Presse, quelque deux cents journalistes venues de tous les Etats-Unis. Mrs. Kennedy choisit le salon de l'Est pour le buffet, la salle à manger d'apparat étant trop petite. Ce fut la première fois que René Verdon eut la charge de nourrir autant de monde.

Jackie accueillit ces dames une par une à l'entrée de la salle. Elle salua Doris Fleusons d'un « Oh, Doris, que faites-vous donc ici? » peu enthousiaste. Elle se montra plus désobligeante encore avec Angele Gingras, son ex-collègue du *Times-Herald.* Garnett Stackleberg, une amie d'Angele, qui se trouvait juste derrière elle dans la queue, se souvient de la scène.

« Angele avait beaucoup aidé Jackie au début. Mais comme nous arrivions à la hauteur de Jackie en avançant dans la file, elle lui tendit à peine deux doigts pour lui serrer la main, deux doigts mous avec un « Hello » assez sec pour tout bonjour, pas le moindre petit signe de reconnaissance, pas de " Oh, bonjour Angele, comment allez-vous? ". C'était du Jackie tout craché.

« Je pensais qu'elle aimait le pouvoir et la gloire, les beaux vêtements, le chic, les mondanités et tout ça. Mais elle méprisait les journalistes. Elle posait beaucoup. Tout ça c'était du cinéma. Et elle jouait très bien son rôle. Elle était encore meilleure quand il s'agissait de rabaisser les journalistes. Je suis persuadée qu'Angele ne devait pas être ravie de la manière dont Jackie la traitait. »

Hope Ridings Miller, rédacteur en chef du magazine *Diplomat,* qualifia ce déjeuner de « charmant mais tendu, car il y avait des cartons indiquant la place de chacun. Jackie était assise entre quelqu'un du *New York Times* et quelqu'un du *Time,* ce qui rendit furieuses les autres filles.

« Mon sentiment est que tout cela ne l'intéressait guère. Elle était blasée, comme si elle jouait un personnage. Elle se montra gentille avec moi, mais c'était seulement parce que je ne couvrais pas régulièrement les événements de la Maison-Blanche. C'étaient les journalistes accrédités qu'elle ne pouvait pas sentir ».

Le fiasco de la baie des Cochons eut lieu une semaine plus tard et marqua le premier échec politique de l'administration Kennedy. Le président, plus conscient que jamais de son image publique, encouragea Jackie à se montrer plus tolérante dans ses rapports avec la presse. Selon la journaliste Esther Van Wagner Tufty, son laïus eut peu d'effet :

« La première réception à la Maison-Blanche après l'affaire de la baie des Cochons fut en l'honneur de Bourguiba et de son épouse. Il y avait un certain nombre de femmes journalistes au cocktail offert dans le salon Bleu avant le dîner, et Jackie faisait de son mieux pour nous ignorer, déambulant avec son étui à cigarettes en or et un petit briquet, en or lui aussi, qu'elle tendait à l'homme le plus proche quand elle voulait fumer.

« Le président remarqua qu'elle nous lançait des regards noirs. Il alla vers elle et la saisit très fermement par le bras gauche. Il la tira ainsi vers nous et lui intima, de sa voix la plus suave : " dis bonjour à ces dames, ma chérie ". Quand elle eut murmuré un " Hello ", il lui relâcha le bras et l'on pouvait encore voir l'empreinte de sa main sur sa peau.

« Ce qui rendait les rapports avec Jackie particulièrement difficiles, c'était son caractère totalement imprévisible. Par moments, elle se montrait très attentionnée. Je suis entrée à l'hôpital en 1962, pour subir une intervention chirurgicale, et j'ai reçu de sa part un ravissant bouquet de roses. A d'autres moments, elle nous traitait comme des chiens. Elle ne cessait de faire allusion aux femmes du pool officiel de journalistes comme à des " harpies ". Dans un mémo que j'ai eu un jour sous les yeux, elle suggère de " tenir les harpies à distance en postant à leurs côtés deux gardes armés de baïllonnettes ". Franchement, je n'ai jamais vraiment compris quel était son problème vis-à-vis de la presse. Quand on ne veut pas que sa vie privée soit violée, on ne devient pas First Lady. C'est du moins mon point de vue. »

Mais ce n'était pas tout à fait le point de vue de Jackie. Sa guerre d'indépendance contre la presse ne cessa jamais. La conduite des reporters pendant les dîners officiels de la Maison-Blanche la stressait tellement qu'elle proposa qu'on ne les autorise à voir la salle que juste avant le dîner (« ... mais brièvement et de loin »). Elle ne voulait pas qu'ils reviennent après le dîner : « C'est là qu'ils posent des questions à tout le monde et je ne pense pas qu'il soit très digne de les laisser papillonner ainsi. Cela me donne toujours l'impression d'être une hôtesse qui cherche à gagner ses galons. Leurs carnets m'agacent aussi, mais peut-être faut-il les autoriser à les garder. Au moins, comme ça, on sait que ce sont des journalistes, mais je pense qu'il faudrait leur faire porter des gros badges et les virer aussitôt que nous passons à table. » Dans un autre mémo, elle suggère que les membres de la presse « soient autorisés à assister aux réceptions importantes, mais qu'ils restent hors de vue, derrière les piliers ou les palmiers en pot. Ils sont trop indiscrets. Ils entourent nos invités et les monopolisent. Personne n'a pu approcher John Glenn, l'autre soir. Et aussi, à la minute où les photographes ont fini de prendre leurs photos, ils doivent être reconduits à la porte principale, pour que la fanfare des Marines puisse entonner *Hail to the Chief* ».

Lem Billings reconnaît que les Kennedy se querellaient souvent et parfois violemment à ce sujet. Le couple présidentiel se disputait aussi fréquemment à propos des dépenses personnelles de Jackie, d'autant que le président avait décidé de faire don de son salaire de 100 000 dollars à des œuvres de charité. Il pensait que ça ferait mauvais effet de l'accepter, étant donné la fortune de son père. Cette dépendance apparente à l'égard de son père agaçait Jackie. Pendant l'invasion de la baie des Cochons, il téléphona à l'ambassadeur pratiquement toutes les heures. Jackie perdit toute illusion. Mais l'histoire des reporters la préoccupait toujours.

« En un sens, on ne peut pas la blâmer, affirme Lem. Ils la critiquaient tout le temps, quoi qu'elle fasse, que ce soit prendre des cours de tennis, utiliser un hélicoptère du gouvernement pour se rendre à Glen Ora, nager dans des eaux infestées de requins en Floride, refuser d'assister à certains thés et déjeuners de la Maison-Blanche, quitter Washington à chaque fois que sa belle-mère était en visite, danser le twist avec Robert McNamara, secrétaire à la Défense, être présente à l'une de ces soirées chez Bobby et Ethel où tout le monde finissait dans la piscine, tout habillé, bouleverser les traditions de la Maison-Blanche en supprimant les queues-de-pie et les hauts-de-forme pour les cérémonies officielles, éliminer les tables de banquet en U pour quarante au profit de petites tables rondes pour douze personnes au plus. Jackie fit pour Washington et la Maison-Blanche ce que les Modernistes ont fait pour la poésie — rationalisation et épuration. Par la force de sa volonté, elle entraîna cette lourde mécanique dans le xxᵉ siècle, et tout ce qu'ils pouvaient faire c'était écrire et faire paraître des ragots sur son compte.

« Je vous accorde qu'il y avait des fois où elle dépassait les limites. Un jour que les femmes des membres du Congrès offraient un déjeuner en son honneur, elle s'éclipsa pour aller assister à une représentation du London Royal Ballet à New York. Une autre fois, elle échappa à un déjeuner de presse en prétendant qu'elle était souffrante mais sortit en douce pour aller passer l'après-midi à la National Gallery of Art avec André Malraux.

« Un jour, elle omit de paraître à une réception donnée sur la pelouse sud pour plusieurs milliers d'étudiants étrangers. En l'occurrence, lorsqu'un journaliste demanda à Tish Baldridge la raison de cette absence, celle-ci répondit : " Toujours cette vieille sinusite. " Le journaliste fouina un peu et découvrit rapidement que Jackie n'avait pas le moindre problème de sinus : elle avait juste préféré aller chasser le renard ce jour-là. »

Ces dames de la presse éprouvaient un certain plaisir à prendre Jackie pour cible. Elles achetèrent des jumelles, louèrent des yachts et la suivirent quand elle partait à bord du *Honey Fitz*, le yacht présidentiel de 29 m de long. Elles s'observaient mutuellement à la jumelle. Elles la filèrent jusqu'à Glen Ora, jusqu'à Newport, jusqu'à Hyannis Port, jusqu'à Camp David, la retraite présidentielle dans les Catoctin Mountains, dans le Maryland ; et par la suite jusqu'à sa nouvelle résidence d'Atoka, en Virginie, que John avait fait construire pour elle après l'expiration du bail de Glen Ora.

Jackie apprécia progressivement sa position sur un piédestal et comprit mieux ce qu'elle représentait pour le peuple américain, même si elle ne résolut jamais son problème avec les journalistes. Ils étaient le fléau de son existence, l'épine de sa couronne. Elle avait peu de problèmes avec les hommes, les enfants ou les animaux. Mais elle restait constamment sur ses gardes et hostile quand elle avait à faire à des femmes journalistes.

18

L'autre grand problème de Jackie, pendant son séjour à la Maison-Blanche, fut ses rapports avec le Service Secret, qui la maintenait dans un état de fébrilité permanente en l'informant des projets de kidnapping de ses enfants, des intentions criminelles d'un pilote cubain à l'encontre de son mari ou des lettres que lui adressait un prisonnier inculpé de viol (lettres interceptées par le Service Secret), dans lesquelles il lui déclarait son amour éternel et lui promettait de la « surprendre » lors de son prochain séjour à New York. « Il y avait une grande part d'élucubrations romanesques dans les soupçons du Service Secret, confiera-t-elle plus tard à des amis. Leur heure de gloire fut sans doute l'assassinat de Jack, pendant lequel ils protégèrent Lyndon Johnson qui, de toute évidence, n'était pas la cible visée, alors que Jack se faisait descendre. Le plus grave, c'est que si l'on n'était pas au courant on pouvait se croire parfaitement en sécurité avec tous ces types autour. »

Il était facile, en effet, de se laisser bercer par une fausse impression de sécurité. Le Service Secret était un petit groupe d'élites, un réseau très fermé dont les membres étaient baptisés « protecteurs ». Leur omniprésence était dissuasive, ils affichaient une puissance physique et musculaire totalement décourageante, renforcée par un arsenal voyant, qui était censé effrayer les éventuels fauteurs de troubles. Souvent, le seul être humain avec lequel le président ou son épouse étaient en contact était leur protecteur. Les membres de la famille présidentielle devinrent dépendants d'eux et leur accordèrent leur confiance. Il leur arrivait même de leur faire des confidences. Le garde du corps chargé de la protection de Jackie s'appelait Clint Hill. Ils faisaient ensemble de longues promenades, le long de la plage de Hyannis Port. Il la suivait partout où elle allait.

Un autre garde du corps, Marty Venker, se souvient que faire partie de l'équipe de protection rapprochée du président était généralement considéré comme la mission la plus enviable de toute l'histoire du Service Secret. « Ceux qui avaient la chance de travailler à cette mission, raconte Venker, comprenaient tout de suite le sens de la fameuse boutade de Ted Sorensen :

" Ce gouvernement va faire pour le sexe ce que le précédent a fait pour le golf[1]. " Les jeunes gardes du corps récemment détachés auprès de Kennedy avaient beaucoup de mal à en croire leurs yeux, mais ils apprenaient rapidement à garder pour eux-mêmes leurs commentaires. Kennedy aimait leur compagnie. Non seulement ils racolaient pour son compte, mais ils partouzaient souvent avec lui. C'étaient de jeunes types, beaux, bien élevés, qui aimaient les femmes, la boisson et les excitants de toutes sortes. On était en plein dans l'ère James Bond, et Kennedy était fasciné par le mythe du Service Secret. Il s'identifiait à nous et il savait que nous ne le trahirions jamais. Il y avait un accord tacite au sein de la CIA : " Si tu défends ma peau, je défendrai la tienne. " Nous ne parlions pas de ses débordements sexuels parce que nous en faisions pratiquement autant. La plupart de ces types avaient une femme et des enfants, mais cela ne les empêchait pas de participer aux plaisirs et aux jeux. Ce qui ne veut pas dire qu'ils n'étaient pas surpris de son comportement. Après tout, il était président des Etats-Unis. Ils ne pouvaient pas imaginer que ce genre de choses se passait à la Maison-Blanche. Ils se disaient : " Bon sang, les gens vont finir par tout découvrir. " Mais personne ne songeait à cafter ou à aller voir les journalistes. Ça aurait été perçu comme une trahison, non seulement vis-à-vis du président mais vis-à-vis de la CIA. Les rangs se seraient aussitôt resserrés. Si l'un d'entre nous s'était avisé de parler, il aurait été relevé de son poste avant le coucher du soleil et, comme c'était la meilleure part du boulot, personne ne pipa jamais mot. S'il y avait eu un mouchard, tous les autres l'auraient bouclée, ou bien auraient démenti formellement ses propos[2].

« Etre avec Kennedy, c'était faire partie d'une sorte de fraternité itinérante. C'était toujours la fête. On avait le sentiment que rien ne pourrait jamais tourner mal. On embarquait à bord d'Air Force One, et on se retrouvait dans un autre monde. L'avion, qui avait été décoré par Jackie, était aussi luxueux qu'une maison. Il suffisait de demander un steak au barbecue et on vous servait un steak au barbecue. Ce n'était pas des plats réchauffés, comme ceux qu'on vous sert généralement dans les avions. C'était des steacks de trois centimètres d'épaisseur, grillés sous vos yeux ! Le président disposait d'une chambre personnelle où il recevait souvent des filles, lorsque Jackie n'était pas à bord. On m'a raconté que Jackie en avait par-dessus la tête de la Maison-Blanche et de tout ce cirque, et qu'elle aimait partir toute seule de son côté. Et, bien sûr, Kennedy l'encourageait pour pouvoir s'amuser tranquille.

« Au cours de ces voyages présidentiels, quand on arrivait à l'hôtel, le président tenait aussitôt deux réunions, l'une de nature politique avec le chef

---

1. Le président Eisenhower, prédécesseur de Kennedy, était célèbre pour sa passion du golf.

2. Si les agents chargés de la protection de Kennedy n'ont jamais parlé à la presse, il semble que plusieurs d'entre eux aient remis à leur bureau d'origine des rapports confidentiels sur les activités sexuelles du président. Les copies de ces rapports ont été fournies à l'auteur dans le cadre du Freedom of Information Act (loi sur la liberté de l'information).

d'état-major et l'autre avec le responsable du détachement de sécurité du Service Secret, le plus souvent un agent envoyé en éclaireur dans la ville ou le pays où nous étions, deux semaines au moins avant notre arrivée. Il y avait donc deux types de questions à l'ordre du jour : les questions politiques, et les questions mondaines. Kennedy convoquait d'abord invariablement son éclaireur, qui lui fournissait les informations concernant ses priorités personnelles. Il ne voulait pas entendre parler de sécurité, mais de nanas. L'agent était supposé organiser des rendez-vous pour le président. Si c'était un nouveau, et s'il n'était pas au courant, Kennedy s'arrangeait pour le lui faire comprendre assez rapidement. Il lui disait quelque chose dans le genre : " Ça fait déjà deux semaines que vous êtes ici, et vous n'avez pas été fichu de me dénicher une nana. Vous autres, vous pouvez avoir toutes les filles que vous voulez. Vous pourriez faire un petit quelque chose pour votre commandant en chef, non ? " C'était dit sur un ton mi-facétieux, mais il était tout à fait sérieux. Ceux qui étaient au courant en savaient assez pour préparer le comité d'accueil. Naturellement, toutes les beautés locales voulaient coucher avec le président. Elles en faisaient un devoir de patriote. Et si nous étions à l'étranger, alors elles faisaient ça pour l'aventure ou par attrait de la nouveauté. Pensez au plaisir qu'elles avaient à raconter à leurs amies qu'elles venaient de se faire sauter par le président des Etats-Unis.

« De tous les présidents récents, Kennedy était le plus désinvolte et le plus excité. Il était aussi désinvolte en matière politique qu'avec les femmes. Il laissait toujours les portes ouvertes, même celles du bureau Ovale. Il lui arrivait de tenir une réunion top secret porte grande ouverte. On pouvait tout voir et tout entendre.

« Quand il recevait des femmes à la Maison-Blanche, c'était souvent dans la piscine ou au bord. A cause de ses problèmes de dos, l'eau était chauffée à plus de 32°. Son père avait commandé une fresque murale du port de Sainte-Croix au peintre français Bernard Lamotte. Et on avait installé des enceintes stéréo pour la musique ainsi qu'un système spécial d'éclairage. Si on pressait l'interrupteur, il était minuit, avec la lune et les étoiles scintillant dans un ciel sombre au-dessus de votre tête. Une porte transparente qui donnait sur la piscine avait été remplacée par une vitre dépolie, pour empêcher quiconque d'espionner le président. Les parties se tenaient souvent entre Kennedy et deux ou trois femmes. En prévision, il y avait toujours du daïkiri au frais dans un réfrigérateur portable ; ainsi que des petites saucisses viennoises enroulées dans du bacon et tenues au chaud. Le personnel attaché à la piscine était soit mis en congé pour la journée, soit prié de rester à l'écart. Lorsque Jackie était absente, il était parfois périlleux de prendre l'ascenseur. Un soir, le gardien du chenil se rendait au sous-sol lorsque la porte de l'ascenseur s'ouvrit et qu'une secrétaire blonde, complètement à poil, en sortit en courant. Elle faillit le renverser au passage, puis s'arrêta pour lui demander s'il savait où se trouvait le président. Mais, même parmi le personnel de la Maison-Blanche, il y avait une conspiration du silence pour protéger Kennedy et empêcher Jackie de percer à jour sa vie secrète.

« Le président gardait un œil sur sa femme en demandant à son garde du corps de rester en contact radio permanent avec celui de Jackie. De cette manière, il était toujours au courant de ses déplacements. Il pouvait recevoir tranquillement dans la piscine, pendant que Jackie atterrissait à l'aéroport militaire de Saint Andrews. Kennedy et les filles s'amusaient jusqu'à ce que Jackie arrive au portail de la Maison-Blanche[1]. Des corps nus traînaient partout. Un agent ou un huissier se hâtait de rassembler les verres et les gobelets, et d'effacer toute autre trace compromettante. Kennedy restait dans la piscine, où il était censé faire des exercices pour son dos, tandis que les filles étaient renvoyées par une porte dérobée.

« Il y a plusieurs anecdotes sur les fois où Jackie faillit le surprendre en flagrant délit. Tout le monde connaît celle de la petite culotte de soie noire qu'une femme de chambre de la Maison-Blanche trouva un jour dans le lit de Kennedy. Pensant qu'elle appartenait à Jackie, elle la rendit à la First Lady. Et lorsque Jackie vit son mari, elle lui tendit la culotte en lui disant : " Tiens, retrouve la propriétaire. Ça n'est pas ma taille. "

« J'ai entendu une autre histoire, dont je sais qu'elle est vraie parce que je connaissais bien le garde du corps impliqué dans l'incident. Elle ne concerne pas Jackie, mais elle se rapporte aux habitudes de Kennedy. Quand il utilisait la piscine, il postait toujours un de ses gardes devant la porte, en lui donnant l'ordre de ne laisser entrer personne : " C'est bien compris, personne. " Un jour, Ken O'Donnell se présenta à l'entrée de la piscine. Il expliqua au garde du corps qu'il avait rendez-vous avec le président. " Je suis désolé, monsieur, mais vous ne pouvez pas entrer. "

« O'Donnell lui lança un regard incrédule.

" Seriez-vous en train de me dire que je ne peux pas voir le chef ? tonna-t-il.

— Ce sont les ordres, monsieur, répliqua l'agent. Je ne dois laisser entrer personne.

— Vous n'êtes qu'un simple agent du Service Secret, espèce de petit crétin s'exclama O'Donnell, et ce n'est pas vous qui allez m'empêcher de rentrer. "

« Il écarta le garde fit irruption dans la piscine où il trouva Kennedy en train de se détendre dans l'eau avec deux jeunes femmes. Tous les trois étaient à poil. Kennedy était furibard. Il sauta hors de la piscine et se mit à engueuler O'Donnell. " Pauvre con ! Quand un agent vous dit de rester dehors, vous n'avez pas à entrer ici ! Allez vous faire foutre ! " C'est cette manière de prendre parti pour ses gardes du corps, en leur présence, qui a valu à Kennedy leur loyauté.

« Mon supérieur, Tony Sherman, m'a raconté un épisode qui s'est déroulé à Puerto Rico. Tony travaillait pour la Division de protection du président, section d'élite du Service Secret, et il était dans le secret de pas

---

1. Le nom de code utilisé par le Service Secret pour désigner Jackie était « Lace » (dentelle). Celui du président, « Lancer » (lancier), avait une connotation sexuelle évidente.

mal d'affaires concernant Kennedy. Celle-ci impliquait un agent assigné depuis peu à la protection rapprochée du président, et remonte à début 1961.

« Le nouveau garde du corps montait la garde devant la suite occupée par Kennedy au San Juan Hotel lorsque soudain la porte s'ouvrit sur le président, drapé dans une serviette de bain, une cigarette non allumée en main. Le garde put voir très nettement qu'il y avait une blonde, à poil, dans le lit du président. Ce dernier lui demanda du feu. Le garde fouilla dans sa poche et en sortit le premier objet qui lui tomba sous la main et qui ressemblait à une pochette d'allumettes. Malheureusement, c'était en fait un préservatif neuf qu'il s'apprêtait à déposer dans la main tendue du président. Lorsque Kennedy vit ce qu'il lui tendait, il fut pris d'un fou rire, déroula le préservatif et le montra à la fille allongée dans le lit, qui se mit elle aussi à pouffer. Pendant plusieurs semaines, l'homme craignit de perdre son job, mais bien sûr le président considéra cet incident comme une blague et l'affaire en resta là. »

Le président Kennedy était également soutenu dans ses activités extra-conjugales par son entourage immédiat. Doris Lilly fut abordée par l'un des acolytes de John, lors d'un séjour à Palm Beach, au printemps 1961.

« J'étais là-bas pour le *New York Post,* raconte-t-elle. Le président Kennedy tenait une conférence de presse dans la villa de son père, et je m'y rendis. Nous nous étions déjà rencontrés une fois, dix ans plus tôt, sur un avion en partance pour l'Europe. C'était avant qu'il n'épouse Jackie, à l'époque où il n'était que membre du Congrès. Nous avions passé toute la nuit à bavarder. Je lui avais raconté que j'étais sortie un soir avec son père. A la fin du vol, nous avions échangé nos numéros de téléphone, mais nous ne nous étions jamais appelés.

« Je suis arrivée en plein milieu de la conférence de presse. J'ai vu qu'il me regardait fixement. Il avait l'air d'essayer de se souvenir où il m'avait déjà rencontrée. Mais il continuait à répondre aux questions. Après la conférence de presse, quand les caméras de la télé se sont éteintes, les reporters ont été autorisés à s'approcher pour poser d'autres questions. Je me suis donc avancée vers lui, mais nous étions séparés par cinquante journalistes et après avoir tenté vainement de m'infiltrer, j'ai décidé de partir.

« Je suis retournée à ma chambre d'hôtel et, quelques minutes plus tard, j'ai reçu un coup de téléphone de l'un des premiers assistants de JFK. Le président se souvenait de moi et voulait me voir. Il souhaitait discuter d'un certain point avec moi et me proposait de le retrouver dans un endroit appelé The Swordfish Motel. C'est comme ça que ça s'appelait. Je devais l'y retrouver une heure plus tard. Mon interlocuteur ne savait pas de quoi le président voulait s'entretenir avec moi, mais il insinua que c'était probablement très important. Je savais à quoi m'en tenir et je répondis que je ne pouvais pas y aller. Mon interlocuteur insista, affirmant que je ne serais pas déçue. Je savais exactement ce qu'on attendait de moi. Il aurait fallu que je sois aveugle, sourde et muette pour l'ignorer. Mais je n'y suis pas allée et je ne l'ai jamais regretté. »

La « dose de sexe quotidienne » de JFK, comme dit Garry Wills dans

The Kennedy Emprisonment (1981), fait davantage partie de son héritage que son œuvre politique. Les femmes furent la faille fatale dans le destin de Kennedy ; il était incapable de leur résister. Il ne pouvait renoncer à l'occasion de rencontrer Jayne Mansfield, un sex-symbol d'Hollywood souvent comparé à Marilyn Monroe. Jayne, dont les talents d'actrice étaient négligeables, avait néanmoins de l'ambition et de la cervelle, et peut-être un point de vue plus réaliste sur les hommes que sa célèbre rivale.

« Jayne avait l'air d'une blonde idiote, mais elle était tout sauf stupide, nous dit Peter Lawford qui la présenta à son beau-frère au cours de l'un des séjours de John en Californie. Ils se sont rencontrés à trois reprises, du moins à ma connaissance, une fois à Beverly Hills, une autre à Malibu et la troisième à Palm Springs. Jayne, dont le mariage avec Mickey Hargitay était alors en train de sombrer, appelait John " Mr. K. ". Lui vantait ses prouesses sexuelles. Elle avait la plus belle plastique d'Hollywood : de longues jambes, une poitrine ferme et généreuse, et une taille très mince. Mais elle était frigide, à moins d'être complètement défoncée.

« Jayne avait une bien plus grande expérience des hommes que Marilyn Monroe. Marilyn se lançait toujours corps et âme dans une liaison. Jayne prenait les hommes comme ils venaient. Elle pouvait aussi bien coucher avec un joueur de base-ball, un barman ou le président des Etats-Unis... Pour elle, c'étaient tous des hommes et les hommes étaient tous les mêmes.

« La fois où ils se sont vus à Palm Springs, Jayne était enceinte de Maria, son quatrième enfant, et John ne s'en aperçut que lorsqu'ils se retrouvèrent dans le même lit. Sa grossesse était patente. Et cet état l'excitait visiblement. Ce qui m'étonna beaucoup. »

Raymond Strait, qui fut l'attaché de presse de Jayne Mansfield pendant dix ans, confirme au moins deux des rencontres de Kennedy et Jayne, dans son livre sur l'actrice aujourd'hui décédée, *The Tragic Secret Life of Jayne Mansfield* (1974). « Le président déclara un jour à Jayne que sa voix était très proche de celle de sa femme. Jayne se sentit insultée, mais elle ne le lui avoua jamais. Elle n'avait pas la même voix, se plaignit-elle (à moi). La voix de Jackie ne ressemblait à rien. »

Jayne Mansfield exprima un autre grief contre Kennedy. Elle raconta à Lawford qu'il y avait « une certaine froideur en lui, un côté dur et inflexible qui ne devait pas rendre sa vie personnelle avec Jackie très satisfaisante ».

Une semaine après avoir vu Kennedy à Palm Springs, Jayne était assise avec Strait dans le Polo Lounge du Beverly Hills Hotel quand on la demanda au téléphone. « Jayne avait bu et elle était passablement éméchée, écrit Strait. Je ne sus pas à qui elle parlait, jusqu'au moment où elle commença à s'énerver... au téléphone. Elle termina la conversation par : " Ecoute, tu n'es président que pour huit ans, au plus. Moi, je suis une star de cinéma pour l'éternité ! " Et elle raccrocha. »

Une autre aventure, toujours orchestrée par Lawford, met en scène une call-girl new-yorkaise de haut vol, Leslie Devereux. Elle aussi trouvait Kennedy « mécanique et froid, avec un regard dur, glacial, et un sourire magnétique. Peter Lawford ne m'a jamais rien expliqué, il m'a juste donné une adresse en me demandant de l'y rejoindre. Il s'agissait, en l'occurrence, de l'hôtel Carlyle. Nous sommes montés ensemble jusqu'à un atelier en duplex et, là, nous avons trouvé le président des Etats-Unis. Il m'a souri et il a dit : " C'est bon Peter, maintenant disparais ! "

« Je l'ai vu quatre ou cinq fois, au Carlyle. Au début, c'était tout ce qu'il y a de plus classique, sexuellement parlant. Par la suite, c'est devenu plus vicieux. J'avais couché avec un certain nombre d'hommes politiques puissants et il y avait une chose qui leur plaisait à tous, c'était un certain sado-masochisme non violent. Nous avons donc donné un peu là-dedans... Je lui attachais les mains et les pieds aux montants du lit, je lui mettais un bandeau sur les yeux, je le titillais avec une plume, puis avec mes ongles. Il avait l'air d'apprécier.

« Je suis allée le voir deux fois à la Maison-Blanche, la première fois pour un quart d'heure à peine dans une petite pièce adjacente au bureau Ovale. Ses secrétaires n'ont pas eu l'air trop étonnées de me voir. Elles m'ont fait entrer et sortir aussi naturellement que si j'avais été le secrétaire d'Etat.

« La deuxième fois, je suis allée le voir en haut, dans les appartements privés. Un agent de Service Secret m'a introduite dans une pièce sombre, remplie de meubles en bois massif et m'a dit : " Mettez-vous à votre aise, il vous rejoindra dans un petit moment. " Il m'a désigné un énorme lit sculpté en bois de rose, en précisant : " C'est le lit d'Abraham Lincoln.

— Vous voulez dire que je suis censée m'allonger sur ce lit, sur le lit d'Abraham Lincoln ? ai-je demandé.

— Madame, a-t-il répondu, c'est le meilleur que nous ayons. »

« La porte s'ouvrit bientôt et un valet de chambre en gants blancs a apporté du champagne sur un plateau d'argent. Puis le président est arrivé et nous avons passé plusieurs heures ensemble. Je lui ai dit qu'il me paraissait sacrilège de violer le lit d'Abraham Lincoln. Il s'est mis à rire et m'a raconté la légende selon laquelle lorsqu'on fait un vœu sur le lit d'Abraham Lincoln il se réalise toujours. " Alors fais un vœu ", lui ai-je dit. Il a fermé les yeux et je suis montée sur lui. " Tu vois, ça ne rate jamais ", remarqua-t-il. »

Stanley Tretick, photographe attitré du magazine *Look,* se souvient d'une conversation qu'il eut un jour avec Clark R. Mollenhof, reporter pour le même magazine, au sujet des conquêtes féminines de Kennedy. « Clark disait toujours qu'il fallait que je fasse des photos des filles que JFK introduisait à la Maison-Blanche, et je lui répondis : " Mais comment diable veux-tu que je m'y prenne ?

— Il suffit de te poster devant le portail sud-ouest et de traîner un peu autour en surveillant les allées et venues des camionnettes de livraison », suggéra-t-il.

« Je lui fis remarquer que si elles entraient par cette porte, c'était parce qu'elles étaient bourrées de victuailles, de gerbes de fleurs et de choses du même genre. Il me retourna alors un regard plein de sous-entendus. »

Ned Kenworthy, correspondant à Washington du *New York Times,* confessa à Philip Nobile, son rédacteur en chef, qu'il avait vu l'une des jeunes conquêtes de Kennedy, une fille qui ne devait guère avoir plus de vingt ans.

Dave Powers lui faisait monter l'escalier menant aux appartements privés de JFK. Quand Powers avait aperçu Kenworthy, il avait tenté de déguiser ses intentions en désignant du doigt un portrait accroché dans la cage d'escalier et en lançant : « Ce tableau a été offert à la Maison-Blanche par James Madison[1]. »

Enquêtant sur d'autres histoires, Nobile découvrit toute une série de mésaventures survenues à JFK. Au cours d'une brève visite à Chicago, Kennedy entra par inadvertance dans une suite de son hôtel où trois hôtesses de l'air étaient en train de s'envoyer en l'air avec leurs petits amis. Le président entama une conversation oiseuse avec le sextuor ahuri. L'un des garçons, un journaliste, s'excusa et alla s'enfermer dans la salle de bains. Quand il en ressortit, il s'aperçut que Kennedy s'était éclipsé avec sa partenaire.

Le lendemain, le journaliste demanda à l'hôtesse de l'air ce qui lui était arrivé : « Comment as-tu pu me plaquer comme ça ?

— Combien d'autres occasions aurai-je de passer la nuit avec un président ? », répliqua-t-elle.

Et puis, il y eut cette baby-sitter nubile qui s'occupait des enfants d'un journaliste célèbre et qui accompagna la famille lors d'un week-end à Camp David. Le journaliste en question était en train d'écrire un portrait intime du président. Il apprit — mais ne rapporta pas — que Kennedy avait décidé qu'on se baignerait nu dans la piscine de Camp David, chauffée depuis peu. Il découvrit également que la baby-sitter entretenait une liaison brûlante avec JFK. Ce qu'il ne savait pas, c'est qu'elle était tombée enceinte de lui et qu'elle avait dû se faire avorter à Puerto Rico (ce n'était pas la première intervention du genre financée par Kennedy).

En dépit de son rang, toutes les manœuvres érotiques du président ne se terminaient pas dans un lit. Au début de 1961, Shirley MacLaine séjournait dans la propriété de Frank Sinatra à Palm Springs, lorsque le président annonça sa visite. Pour rire, Sinatra envoya Shirley le chercher à l'aéroport dans sa limousine. A peine la portière refermée, les mains de JFK se mirent à tripoter Shirley partout. Ahurie, elle sauta de la voiture au moment où elle démarrait. Elle tomba sur le bitume et s'écorcha le genou. La limousine s'arrêta pour la récupérer. Elle monta à l'arrière et fut aussitôt réprimandée pour avoir retardé leur départ et mis en péril la vie du président.

Shirley et John n'eurent jamais de liaison, mais elle eut ce commentaire

---

1. Dave Powers, aujourd'hui conservateur de la Bibliothèque Kennedy, fut toujours un supporter dévoué et discret de JFK. Il alla jusqu'à écrire dans *Johny, We Hardly Knew Ye* (Johny, nous te connaissions à peine), que Jack et lui dînaient ensemble à chaque fois que Jackie s'absentait de Washington, puis que le président disait ses prières et allait se coucher tout seul. Powers, comme d'autres membres de l'entourage de JFK, servait non seulement d'alibi au président, mais aussi de rabatteur. D'après une histoire souvent publiée, Powers aurait demandé un jour à JFK ce qu'il voulait pour son anniversaire. Le président désigna une actrice de télévision californienne. Son souhait fut exaucé.

qui aurait constitué une magnifique épitaphe : « Je préfère un président qui baise les femmes à un président qui baise son pays. »

Philip Nobile fournit quelques noms, mais ces noms-là étaient déjà connus de tous ceux qui étaient assez curieux pour se poser des questions. Celui de la princesse Elizabeth de Yougoslavie revenait fréquemment dans les conversations en coulisses. « Elle était belle-belle-belle, raconte Doris Lilly, et elle traînait toujours autour de la Maison-Blanche. » Son allure, son charme, son raffinement et son sang royal la rendaient extrêmement attirante aux yeux de Kennedy. « Comparée à des femmes comme Jackie et Pam Turnure, qui étaient froides et impersonnelles, Elizabeth de Yougoslavie était un volcan », nous dit Lem Billings. Elle était mariée, à l'époque, à Howard Oxenberg, un homme charmant et très aisé, industriel du prêt-à-porter dans la Septième Avenue, qui ne se souvient de « rien de particulier concernant la Maison-Blanche et les Kennedy ». Oxenberg connaissait pourtant les rumeurs qui liaient sa femme au président. « Tout le monde sait que Washington est un véritable moulin à ragots, affirma-t-il. Les gens adorent parler, là-bas. »

Une des plus surprenantes anecdotes à propos de JFK concerne Marlène Dietrich, qui raconta au metteur en scène Josh Logan qu'au cours d'un dîner à la Maison-Blanche elle avait subi les assauts du président. Marlène Dietrich, de seize ans plus âgée que Kennedy, parvint à résister sans trop de mal. Comme elle s'en allait, il la raccompagna jusqu'à l'ascenseur et réclama l'autorisation de lui poser une dernière question.

« Oui, dit-elle, de quoi s'agit-il ?

— Avez-vous vraiment couché avec mon père ? Il s'en est toujours vanté. »

On disait aussi que les nombreux voyages de Jackie hors de Washington étaient motivés en grande partie par le dégoût que lui inspiraient les attentions de son mari pour d'autres femmes, en particulier pour Marilyn Monroe, qui, déguisée en brune avec une perruque, d'immenses lunettes de soleil et une vieille robe, séjournait avec Kennedy à l'hôtel Carlyle de New York, voyageait avec lui à bord d'Air Force One (pour l'équipage, elle était la secrétaire particulière de Peter Lawford) et l'accompagnait chez les Lawford, dans leur villa de Santa Monica. Lawford organisa bon nombre de leurs rencontres et, une fois au moins, prit des photos de Marilyn en train de faire une fellation à Kennedy, pendant qu'il se prélassait dans une vaste baignoire en marbre.

Lawford était à la fois l'ami de Marilyn et de l'une de ses amies intimes, Patricia Newcomb, un agent de publicité, qui en savait probablement beaucoup sur Marilyn. A la mort de Marilyn, en 1962, elle fut envoyée en Europe par Averell Harriman, pour un voyage de six mois, tous frais payés, à la demande des Kennedy. Aussi proche de Bob Kennedy les dernières années, qu'elle l'avait été de John (elle travaillait pour Bob en 1964, lorsqu'il fut candidat à l'un des sièges de sénateur de l'Etat de New York), Pat prétend avoir été invitée lorsque Jackie était absente.

« Je n'ai vu Jackie perdre contenance qu'une seule fois, à cause d'une autre femme, raconte Lem Billings. C'était à Cause d'Odile Rodin, la jeune épouse française de Profirio Rubirosa, l'ambassadeur play-boy dominicain, connu pour ses nombreuses conquêtes féminines et ses mariages avec les riches héritières Doris Duke et Barbara Hutton. John et Rubi furent présentés l'un à l'autre par Igor Cassini. Ils avaient une chose en commun : leur intérêt passionné pour les femmes. Ils devinrent amis ; John et Odile devinrent plus intimes encore. Rubi, qui n'était pas particulièrement jaloux, ne semblait pas s'en offusquer. Mais Jackie s'en inquiétait beaucoup.

« Je n'arrivais pas à comprendre ce qui irritait tant Jackie, à moins qu'elle n'ait tout simplement cristallisé ses frustrations sur Odile. John pouvait se montrer éhonté ; il était capable de soulever les jupes des filles et de poursuivre, tout simplement. Il les coinçait dans les dîners de la Maison-Blanche et leur demandait de le suivre dans la pièce d'à côté, loin du bruit, là où ils pourraient avoir " une conversation sérieuse ". Et s'il arrivait que ces femmes soient sérieuses, lui ne l'était jamais. Le jour de ses quarante-quatre ans, il disparut avec Hjordis Niven, l'épouse de David Niven, dans les cabines du yacht présidentiel pendant dix bonnes minutes. On ne peut tirer aucune conclusion hâtive ou définitive de cet incident, mais c'était typique de la manière dont il se comportait avec les femmes. »

Purette Spiegler, qui travailla pour Kennedy dès 1954, lorsqu'il était sénateur et continua lorsqu'il entra à la Maison-Blanche, comme assistante de Tish Baldridge, convient qu'« il était impossible de travailler pour les Kennedy sans être au courant de leurs difficultés conjugales. Je savais, par exemple, que Pam Turnure avait une liaison avec JFK quand il entra à la Maison-Blanche. Pam était assez ombrageuse à ce sujet, ce qui est naturel. Je ne sais pas si cela ennuyait Jackie. Je ne suis pas sûre que Jackie ait été au courant des aventures de son mari, ou du moins je me demande jusqu'à quel point elle savait. Elle passait son temps à demander aux gens s'ils pensaient qu'il voyait Pam, ce qui prouve qu'elle n'en était pas sûre.

« N'oubliez pas que Jackie était souvent absente. Elle se faisait remplacer par lady Bird Johnson, ou par Ethel Kennedy. Elle n'était présente que lorsqu'elle le voulait bien. Elle avait l'air extrêmement brillante, extrêmement sensible, et si elle ne savait pas tout des frasques de son mari c'est seulement parce qu'elle ne voulait pas savoir.

« Je me souviens d'être allée à Paris, sous le gouvernement Kennedy, et avoir rencontré un spécialiste des sondages politiques dont la maîtresse, une femme d'affaires française, avait récemment visité la Maison-Blanche avec un groupe d'industriels européens. Il y avait une réception et dès que Kennedy la vit, il lui demanda de passer la nuit avec lui, rapporte son ami. Dans ma position, j'entendais des histoires de ce genre vingt-quatre heures sur vingt-quatre. Etaient-elles vraies ? J'en doute. Certaines peut-être, mais si tout ce qu'on a raconté sur JFK était vrai, l'homme n'aurait jamais pu être à la hauteur d'une telle réputation. »

« Si seulement un dixième des femmes qui ont prétendu couché avec le président l'avaient fait, le chiffre resterait ahurissant » raconte le journaliste Francis Lara. Et le chiffre est réellement ahurissant. Il est tout aussi surprenant de constater que ses partenaires sexuelles n'ont jamais vendu la mèche, ni ne l'ont empêché de faire son métier de président.

« Elles venaient de partout. Une playmate de *Playboy* arriva un jour à la Maison-Blanche munie d'une lettre adressée au président par l'une de ses connaissances en Californie. Kennedy écrivit plus tard à cette connaissance : " J'ai bien reçu vos deux messages. "

« Les femmes demandaient constamment à Pierre Salinger ou à Ken O'Donnell si elles pouvaient rencontrer le président " juste une minute ". On les laissait entrer. Et si la minute se transformait en plusieurs heures... personne ne s'en étonnait.

« Un ravissant mannequin scandinave se présenta un jour à la Maison-Blanche, fit irruption dans le bureau de Salinger et demanda si elle pouvait " voir " le président. Je vis Salinger la conduire dans le bureau de JFK et en ressortir, en la laissant seule avec Kennedy. Ce scénario, ou une variante, se répétait souvent à cette époque [1].

Les Américains sont peut-être choqués par une telle conduite, mais les Européens trouvent ça compréhensible. Un bel homme, dans la position la plus puissante du monde — un Européen s'imagine bien qu'il a une maîtresse, ou même deux. Lorsque Kennedy rencontra le Premier ministre britannique Harold Macmillan, aux Bermudes, fin 1961, il entretenait très ouvertement une liaison avec l'une des secrétaires qui l'accompagnaient. Macmillan pensait que, pour sa propre protection, Kennedy aurait peut-être dû se montrer plus discret à ce sujet, mais il n'émit aucune réserve morale ou éthique.

L'attitude européenne en matière d'amour et de mariage est parfaitement illustrée par l'anecdote qui suit : JFK reçut un jour à la Maison-Blanche deux journalistes femmes, l'une d'entre elles étant Oriana Fallaci, la très célèbre correspondante de presse italienne, qui déclara au président : « Permettez-moi de vous présenter la maîtresse de mon mari... »

Un point de vue sensiblement contradictoire nous est donné par Philippe de Bausset, chef du bureau de *Paris-Match* à Washington, qui trouvait que « l'administration Kennedy représentait une nouvelle forme de manipulation des forces politiques par Madison Avenue. Elle était tournée vers la jeunesse ; elle représentait l'espoir. Mais elle n'était pas fondée sur la vérité. La presse savait, par exemple, que John et Jackie ne s'entendaient pas, même si JFK essayait de préserver l'image d'un homme entouré d'une femme aimante et de beaux enfants, tous contents et souriants. Le public voulait du rêve, c'est ce que nous lui avons donné. En privé, je racontais à

---

1. Lorsque Gore Vidal écrivit *The Best Man,* une pièce inspirée en partie par la campagne présidentielle Kennedy-Nixon, le tempérament de coureur de Kennedy apparaissait comme un thème sous-jacent. Le personnage de JFK (William Russell) imagine comment il pourra introduire des femmes à la Maison-Blanche. Lorsque JFK entra en fonction, Vidal remit un exemplaire de sa pièce à la fois à John et à Jackie. Ils en lurent chacun un dans le même lit. Jackie demanda à Jack : « Il ne peut pas s'agir de nous, n'est-ce pas ? — Non, répondit John. C'est une pure fiction. »

mon rédacteur en chef certaines choses que je croyais vraies, mais il me disait : " Pas question d'écrire ces salades. "

« Nous avions déjà eu des ennuis pour avoir publié un article révélant que Caroline était si mal dans sa peau qu'elle voyait un psychanalyste pour enfants plusieurs fois par semaine. Pierre Salinger explosa en voyant le papier, traita le journal de " torchon " et menaça de nous traîner en justice pour diffamation. Jackie avait dû le briefer farouchement sur ce coup. Paul Mathus, le correspondant de *Match* à New York, et un ami personnel de Jackie, dut l'apaiser avec tout un assortiment de cadeaux qu'il acheta pour elle, aux frais du journal.

« Un soir, j'assistais à une réception officielle donnée à la National Gallery en l'honneur d'André Malraux et de " la Joconde ". Malraux s'était arrangé pour que le Louvre prête à titre personnel aux Kennedy *La Joconde* et un portrait de la mère de Whistler. Les deux tableaux furent exposés séparément à la National Gallery (puis, ultérieurement, au Metropolitan Museum of Art à New York). J'étais venu avec un photographe qui prenait des photos du président Kennedy frayant avec les invités. A un moment, il s'adressa d'une manière très intime à une Française d'une beauté exceptionnelle. Je dis au photographe : " Prends une photo. Ils forment un très beau couple. " Le président vit ce que nous étions en train de faire, s'avança droit sur nous, pointa le doigt sur ma poitrine et déclara : " Pas question de publier cette photo, compris ? " Je répondis : " OK, nous ne la publierons pas. "

« Ce genre de manipulation était monnaie courante à l'époque. L'administration Kennedy était un immense spectacle de relations publiques. Je me demandais souvent comment les gens réagiraient s'ils apprenaient que Jacqueline Kennedy, qui était supposée être la femme la plus désirable et la plus excitante au monde, était incapable de satisfaire son mari. Ce n'était pas entièrement de sa faute. Kennedy était trop centré sur son plaisir. Cela n'a peut-être pas entravé sa capacité à gouverner le pays, mais cela ne l'y a pas aidé non plus. S'il avait vécu, beaucoup de ses indiscrétions auraient été rendues publiques. Il n'aurait pas été réélu. En l'occurrence, il n'a pas réussi à mener à bien son programme politique. Nous étions prisonniers d'un mythe que nous avions contribué à créer. Les professionnels de l'image avait construit une image. Les journalistes sont tombés dans le panneau et furent contraints, par la suite, d'accréditer cette image. »

Même s'il affirme que les frasques de Kennedy n'ont eu aucun effet sur son action politique, Langdon Marvin se souvient de deux incidents qui, bien que fort drôles, auraient pu avoir des conséquences catastrophiques. « Les deux se déroulèrent à l'hôtel Carlyle, à New York, le premier quand John décida de se rendre à une soirée privée organisée par une de nos amies, dans une maison située juste en face du Carlyle, au 45, East 76ᵉ Rue, une maison qui avait été autrefois la résidence de ma famille. Notre hôtesse, une femme célèbre de la haute société new-yorkaise, qui présentait souvent des filles à John, lui avait promis pour l'occasion un certain nombre de jolies demoiselles. Et John ne tenait pas à avoir le Service Secret dans les pattes. Je connaissais un itinéraire détourné pour sortir du Carlyle par les sous-sols. Nous réussîmes ainsi à semer les agents qui assuraient sa protection et nous nous rendîmes à la soirée sans nous faire repérer. En l'espace de quelques minutes, John avait déjà choisi sa partenaire pour la nuit et il était reparti avec elle dans son appartement. Quelques instants plus tard, le Service Secret se pointa. Où était le président ? Personne ne le savait, bien sûr. Le garde du corps commença à blêmir. Dans la rue, devant la maison, se tenait un lieutenant de l'armée avec un attaché-case enchaîné au poignet par des menottes. Cela me choqua soudain. John était en train de faire des galipettes et l'homme à la serviette noire était resté en rade. Les Russes auraient pu faire sauter la planète tout entière, et nous n'aurions rien pu faire pour les en empêcher.

« La seconde mésaventure fut la perte par John de son petit carnet noir de téléphone. Il l'avait laissé tomber sur le trottoir, quelque part en Arizona, au cours d'une visite avec des officiels de l'Etat. Heureusement, un de mes anciens condisciples de Harvard, gouverneur de l'Arizona à l'époque, l'avait ramassé (ou un de ses collaborateurs) et il l'avait fait envoyer au président, au Carlyle. Jusqu'alors, John avait occupé un duplex sur la façade est de l'hôtel. L'autre duplex, celui de la façade ouest, possédait une chambre de plus. Dès qu'il fut libéré, John fit l'échange et s'y installa. Lorsque le ministre soviétique des Affaires étrangères se rendit aux Etats-Unis pour une conférence des Nations unies, il eut droit à l'ancien appartement de John. Le liftier du Carlyle, qui n'était pas au courant de l'échange, déposa le paquet contenant le petit carnet noir sur une table, dans l'entrée de l'appartement.

« Le lendemain, John m'appela, paniqué. " Où a bien pu passer ce foutu carnet d'adresses ? Le garçon d'ascenseur affirme qu'il l'a déposé dans l'entrée, mais je ne le vois nulle part. "

« Il ne me fallut pas longtemps pour comprendre qu'il y avait eu une horrible confusion. J'imaginais déjà les gros titres dans la *Pravda* et dans le *New York Times,* faisant état de la vie dépravée de notre président. Me précipitant au Carlyle, je mis la main sur le liftier, lui glissai deux billets de vingt dollars et lui demandai de trouver une clé du duplex est. " Celui du président ? me demanda-t-il.

— Non, répondis-je, l'*ancien* duplex du président. "

« Il récupéra une clé et nous montâmes ensemble. Le paquet contenant le petit carnet noir attendait toujours sur la table de l'entrée où il avait été posé. A mon grand soulagement, on n'y avait pas touché. »

Le syndrome de « l'autre femme » toucha Jackie de bien des façons. Par périodes, elle se morfondait pendant de longs moments, détachée de tout et glaciale avec le président. C'est dans ces moments-là qu'elle se lançait dans ses grandes expéditions de shopping, dépensant des milliers de dollars en bijoux, en vêtements griffés, en tableaux... tout ce qui lui prenait la fantaisie d'acheter.

Le grand jour pour Jackie fut celui où le président lui remit de l'argent pour faire dessiner et construire « Wexford », sa retraite personnelle de week-end à Atoka, à l'ouest de Middleburg, dans les collines Condoyantes de Virginie. Le terrain avait été vendu aux Kennedy, pour une somme symbolique, par Paul et Bunny Mellon et, jusqu'à l'achèvement des travaux de son propre haras, Jackie plaça ses chevaux en pension chez les Mellon. « J'ai besoin d'un endroit où je puisse être seule », confia-t-elle à des amis qui lui demandaient pourquoi elle préférait Wexford à la maison des Kennedy à Hyannis Port. C'est ce goût de Jackie pour l'indépendance, le fait qu'elle reconnaissait que John et elle avaient besoin de se séparer de temps en temps qui permirent à leur mariage de durer.

« Jackie gardait le dessus, dans la mesure où elle se souciait peu de ce que les gens pensaient, et où elle pouvait quitter la Maison-Blanche quand bon lui semblait, observe Peter Lawford. Elle savait aussi que son mari était jaloux quand elle voyait d'autres hommes, parce qu'il était convaincu qu'elle faisait la même chose que lui. Elle jouait sur cette jalousie par représailles, contente et rassurée quand ça marchait.

« Au cours d'un gala à la Maison-Blanche, Jackie but trop de champagne, retira ses chaussures et dansa langoureusement avec tous les hommes en vue de la soirée. Elle rejetait la tête en arrière en riant, ou faisait les yeux doux à son partenaire. Ce stratagème eut évidemment les résultats escomptés.

« John et Jackie rouvrirent les hostilités durant un pèlerinage de Pâques à Palm Beach. Le dimanche matin, alors que le président renâclait à aller à la messe, on put entendre la First Lady qui le bousculait : " Allons, viens, espèce d'ordure. C'est toi qui l'as voulu, et c'est toi que le public réclame. Alors mets une cravate, enfile une veste et allons-y ! " »

Le vendredi saint, après une autre querelle domestique, Jackie se rendit à l'église en robe courte sans manches, un bandau dans les cheveux, en sandales et jambes nues, faisant la grimace aux photographes de presse qui la mitraillaient. Pour arranger les choses, Peter Lawford vint la chercher après l'office en bermuda et pieds nus.

Benno (Gilbert) Graziani, un journaliste italien qui devait devenir l'un des proches de Jackie, et plus proche encore de Lee Radziwill, découvrit une autre facette de la First Lady. « Alors que Jackie faisait visiter la Maison-Blanche à Benno, relate Francis Lara, elle ouvrit brusquement la porte d'un bureau dans lequel deux jeunes femmes étaient assises. Jackie se tourna vers Benno et lui lança : " Ces deux-là sont des maîtresses de mon mari. " »

Pour le Service Secret, les deux jeunes femmes en question étaient connues sous les noms de « Fiddle et Faddle ». « C'étaient des copines d'université enrôlées pour la campagne de Kennedy, raconte Pierre Salinger. Quand il fut élu, elles continuèrent à travailler pour lui à la Maison-Blanche. Priscilla Weir (Fiddle) était l'assistante d'Evelyn Lincoln ; Jill Cowan (Faddle) travaillait avec moi. Est-ce que Jack leur tournait autour ? Disons qu'il séparait le plaisir du boulot. Et qu'il était un être humain, avec des faiblesses humaines. »

Le degré de réaction de Jackie à la duplicité conjugale de John était fonction de son humeur. Mais, avec le temps, elle devint de plus en plus philosophe. Il y avait des fois où elle le taquinait beaucoup au sujet de son besoin pressant d'autres femmes. Au cours de vacances à Palm Beach, alors qu'elle était allée se baigner avec les Lawford, elle rentra à la maison en déclarant à John : « Tu ferais mieux de descendre tout de suite. J'en ai vu deux qui te plairaient beaucoup. » Une autre fois, lors d'un dîner à la Maison-Blanche, elle le plaça entre deux de ses dernières conquêtes — juste histoire de l'embarrasser.

Selon Truman Capote, la seule aventure extra-conjugale de Jackie fut purement cérébrale : « On chuchotait beaucoup autour de Jacqueline, mais il y eut peu de scandale. La plupart des flirts qu'on lui attribuait n'étaient que des escapades de son esprit. Elle tenait une liste d'amants imaginaires, en tête de laquelle André Malraux faisait figure de colosse, suivi du Dr Christian Barnard, d'Henry Kissinger, d'Alistair Cooke, de Cary Grant[1], de Robert McNamara, du général Maxwell Taylor et de Nourev, du moins jusqu'au jour où elle vit des photos d'hommes évoluant à poil dans la chambre d'ami du danseur. Alors, elle décida qu'elle avait seulement de l'" admiration " pour Rudolf. Elle citait également le prince Philip, John Glenn et Eugene R. Black, le président de la Banque mondiale. Il y avait d'incessantes rumeurs la liant à des notables de Washington, comme Clark Clifford ou Franklin Roosevelt, Jr., Gianni Agnelli, qui tenait les rênes de l'empire automobile Fiat, était également souvent mentionné, mais tout ça n'était que pour la façade. Jackie n'était pas vraiment de tempérament volage et il n'y avait rien de provoquant ni de sensuel chez elle. »

Tout le monde n'était pas de cet avis. Certains la considéraient comme une grande coquette au merveilleux sens de l'humour. Elle était ultra-féminine. Elle adorait les hommes, tout autant que son mari adorait les femmes. Selon certains ragots, Jackie aurait même eu une liaison avec un de ses gardes du corps. La vérité, c'est que cet agent avait fantasmé sur Jackie et qu'il avait commis l'erreur de faire connaître ses sentiments. Jackie réagit en insistant pour qu'il soit muté. D'une manière générale, elle prétendait être ahurie par de telles rumeurs. « Que puis-je y faire ? demanda-t-elle à Toni Bradlee. Il suffit que je dîne avec quelqu'un, que je danse plus d'une fois avec quelqu'un, que je me promène avec quelqu'un, que je sois photographiée avec quelqu'un sans Jack... et aussitôt les gens s'écrient : " Mon Dieu, ils doivent avoir une liaison ! " Comment peut-on réagir à une chose pareille ? »

« Je ne pense pas que Jackie ait jamais trompé Jack, déclara Peter Lawford. Par ailleurs, elle n'était pas totalement honnête avec elle-même. Elle maquillait un peu ses histoires de famille. Elle racontait des bobards pour échapper à certaines cérémonies officielles. Elle était prête à dire pratiquement n'importe quoi aux journalistes pour s'en débarrasser. En même temps, elle était visiblement au courant des aventures de Jack. Elle

---

1. Cary Grant séduisit également JFK. Le président appelait l'acteur, de temps à autre, « juste pour entendre cette voix parfaite ».

m'a dit qu'elle savait. Elle m'a même dit qu'elle l'avait surpris un jour en flagrant délit. Je suis sûr qu'elle voulait en fait me faire savoir qu'elle était au courant de mon rôle dans la vie amoureuse de son mari. Si l'on tient compte de tout ça, Jackie aurait pu choisir de prendre elle aussi des amants. J'aurais plutôt tendance à en douter, mais c'est possible. Elle adorait prêter l'oreille aux indiscrétions sur les autres ; Jack lui ressemblait sur ce point. Mais Jackie ne parlait jamais d'elle-même, alors que si l'on poussait un peu Jack, il lui arrivait de cracher le morceau. " Un jour, peut-être, on saura tout de moi, mais pas sans ma coopération ", m'a-t-elle dit un jour. »

Joe Acquaotta, chauffeur de l'Esplanade Limousine Service à Palm Beach, se souvient d'un incident qui se produisit pendant l'un des nombreux séjours de Jackie dans la région. « Un jour, à 3 h 30 du matin environ, je reçois un coup de téléphone me demandant d'aller chercher quelqu'un au Biltmore Hotel. J'y vais, et je trouve un homme et une femme, l'air très tendre, se tenant par la main, les yeux embués. La femme se détache de l'homme et monte dans ma voiture. C'est Jackie Kennedy. Je l'ai pilotée peut-être une cinquantaine de fois dans Palm Beach, alors je ne peux pas confondre. Je dis : "Salut Jackie. Comment ça va ce soir ?

— Je ne suis pas Jackie ", qu'elle me répond.

« Je la regarde encore une fois dans le rétroviseur. C'est Jackie, j'en suis sûr. Elle me regarde sans rien dire. Finalement, elle me donne une adresse et je l'y emmène. C'est la villa du colonel C. Michael Paul qui, comme chacun sait, est l'endroit où elle séjournait cette fois-là avec le président. Au moment où elle descend, je lui dis : " Bonne nuit, Jackie. " Elle me lance un regard noir et s'éloigne. Je n'ai pas la moindre idée de ce qu'elle foutait main dans la main avec ce type, devant le Biltmore Hotel, à pareille heure, mais je suis sûr que c'était elle. Ma tête à couper. »

19

L'administration Kennedy tenta par tous les moyens d'étouffer l'affaire des relations de John et Jackie avec le Dr Max Jacobson. Surnommé « Dr Feelgood » et « Miracle Max », c'était un réfugié allemand dont les injections de multivitamines, stéroïdes, hormones, enzymes et cellules organiques animales, associées à des amphétamines, lui valurent la radiation de l'ordre des médecins dans l'Etat de New York. Max injectait des amphétamines à des artistes, des écrivains, des politiciens et des membres du jet-set les plus célèbres du pays, depuis déjà une bonne dizaine d'années. Bien que largement consacrée à ces célébrités, la pratique de Jacobson s'étendait à toutes sortes de gens y compris à 400 patients souffrant de sclérose en plaques et dont beaucoup continuèrent à le consulter bien après sa radiation.

Beaucoup des patients de Max ne juraient que par les potions qu'il concoctait dans son officine du 155, East 72nd Street et insistaient — sans toujours savoir ce qu'il y avait dans ces injections — pour qu'il les aide à trouver la santé et le succès. La plupart prétendaient que ses piqûres leur donnaient une énergie illimitée, une vie plus productive et plus agréable.

Mais quelques-uns abandonnèrent le traitement, se plaignant de mauvaises réactions et d'une dépendance aux amphétamines. Utilisée sur une longue période, à des doses plus ou moins massives, la drogue produisait, on le savait, des pertes de mémoire, des hallucinations, un état dépressif, des angoisses, une perte de poids, un état paranoïaque et de l'hypertension. Les dernières années, le Bureau du contrôle médical de la ville de New York affirma qu'au moins un des patients de Max était décédé « d'un empoisonnement aux amphétamines ».

Malgré tous ces risques, la liste des fidèles du Dr Jacobson ressemblait à celle du *Who's Who*[1]. Leurs maladies représentaient un large éventail, mais

---

1. En dehors de John et Jackie Kennedy, on compte parmi ses patients les plus célèbres Winston Churchill, Cecil B. de Mille, Judy Garland, Marlène Dietrich, Peter Lorre, Alan Jay

la technique du docteur était invariable. Avec ses cheveux noirs, ses yeux noirs, ses joues rouges, sa vitalité, sa fébrilité, Jacobson ne se comportait en rien comme un médecin. Il ne croyait pas aux examens approfondis ni aux traitements conventionnels. Il était brutal, énergique, dogmatique et plein d'humour. Son diagnostic s'appuyait davantage sur son intuition que sur les courbes, les diagrammes et les rapports complexes utilisés par la majorité de ses confrères. Non conformiste et iconoclaste, il travaillait fréquemment dix-huit heures par jour, voire plus, et sept jours sur sept. Avant de piquer un patient, il testait sur lui-même toute nouvelle substance. Les patients de Max attendaient souvent des heures avant d'être reçus dans l'une des multiples pièces de son cabinet. Il apparaissait soudain, souvent en pantalon avachi et blouse de chirurgien maculée de sang, faisait une piqûre, échangeait quelques mots et s'esquivait pour aller s'occuper du patient d'à côté. Quand un malade le harcelait de questions, il se retrouvait avec le dos du médecin pour seul interlocuteur. Max Jacobson trouvait son équilibre dans la fuite, quelque chose d'assez proche du mouvement perpétuel.

Le premier contact entre John Kennedy et Max eut lieu à l'automne 1960, une semaine après une allocution qu'il prononça devant un groupe de pasteurs à Houston (son discours mémorable sur la séparation de l'Eglise et de l'Etat) et une semaine avant son premier débat télévisé face à Nixon. Kennedy avait instauré un rythme de campagne exténuant ; les longues heures de travail et les voyages interminables avaient fini par l'ébranler. Chuck Spalding remarqua à quel point son ami était fatigué. Il lui dit qu'il connaissait un médecin, le Dr Max Jacobson, qui l'avait guéri d'une mauvaise mononucléose.

Ce n'était pas la première fois que Kennedy entendait ce nom-là. Mark Shaw, un autre des patients de Jacobson, faisait partie du pool de photographes délégués par *Life* pour photographier Kennedy et sa famille. Shaw et sa femme, l'actrice Pat Suzuki, vedette de la comédie musicale *Flower Drum Song* à Broadway, fréquentaient les Kennedy. Mark, qui faisait souvent des photos de mode pour *Life*, rapportera plus tard de Paris et de Londres des clichés, des collections, en avant-première, pour Jackie afin qu'elle puisse s'informer des dernières tendances et envoyer une amie pour choisir tel ou tel modèle. « En tant que First Lady, Jackie était censée n'acheter que des vêtements américains, et c'est ce qu'elle prétendait ; mais

Lerner, Van Cliburn, Otto Preminger, Emilio Pucci, Edward G. Robinson, Tennessee Williams, Truman Capote, Billy Wilder, Hermione Gingold, Eddie Fisher, Margaret Leighton, Anaïs Nin, Henry Miller, Anthony Quinn, Yul Brynner, Arlene Francis, Martin Gabel, Franchot Tone, le sénateur Claude Pepper, Burgess Meredith, Rita Moreno, Chita Rivera, Hedy Lamarr, Kurt Baum, Leontyne Price, Franco Zeffirelli, Stavitsky, Maynard Ferguson, Andy Williams, Eddie Albert, Mal Allen, Mickey Mantle, Roscoe Lee Browne, Tony Franciosa, Roddy MacDowell, Cicely Tyson, Mabel Mercer, Stavros Niarchos, Rebekah Harkness et Pat Suzuki. Suzuki raconte que lorsqu'on allait chez Max, c'était « comme si on entrait dans l'agence de William Morris. Et bien sûr, toutes ces célébrités lui ont tourné le dos et l'ont trahi quand les choses ont commencé à tourner mal pour lui. Ils l'ont désavoué. Ils ne voulaient pas de cette publicité ».

en fait elle s'habillait chez les créateurs européens, raconte Pat Suzuki. Elle achetait des modèles de leurs couturiers et arrachait probablement les griffes. »

Mark Shaw chanta si bien les louanges de Jacobson que Kennedy donna finalement le feu vert à Chuck Spalding pour qu'il lui prenne un rendez-vous. La seule exigence de Spalding était que Max vire tous ses autres patients et ne garde que le personnel indispensable. Pour des raisons évidentes, expliqua Spalding, la consultation devait rester strictement privée et confidentielle.

Max accepta, et le candidat démocrate à la présidence arriva seul à son cabinet, après avoir réussi à semer son escorte. Il dit à Max que Mark et Chuck l'avaient chaudement recommandé et qu'ils lui avaient parlé de la manière dont il les aidait à faire face aux tensions de leur activité professionnelle.

Kennedy reconnut que sa campagne avait été épuisante physiquement et mentalement. Il avait des difficultés à se concentrer et se sentait souvent tendu et affaibli.

Le Dr Jacobson prit quelques notes, posa des questions sur les antécédents médicaux de Kennedy, diagnostiqua le stress et l'assura que le traitement du stress était justement l'une de ses spécialités.

Pour le prouver, il fit une injection à JFK. Le futur président sentit une vague de chaleur se répandre dans tout son corps. « Après ce traitement, il me confia que sa faiblesse musculaire avait disparu, écrit Jacobson dans une autobiographie inédite. Il se sentait calme et très en forme. Je lui remis un flacon de vitamines. Après quoi, il s'en alla. »

Jacobson soigna Kennedy une deuxième fois, peu après son élection, en lui rendant visite à Hyannis Port avec Mark Shaw et Pat Suzuki, et il assista à la cérémonie inaugurale en tant qu'invité d'un autre de ses patients, le sénateur de Floride Claude Pepper et sa femme[1]. Mais il n'entendit plus parler de Kennedy ensuite, jusqu'au voyage du président et de Mrs. Kennedy au Canada, leur premier voyage officiel en pays étranger. A cette date, Jacobson reçut un coup de téléphone du Dr Janet Travell, le médecin personnel du président, qui lui posa des questions détaillées sur son traitement contre le stress.

— Cela a-t-il un rapport avec le président ? demanda Jacobson.

— En effet, répondit Travell.

Max donna au médecin de la Maison-Blanche un descriptif complet de son traitement, mais lorsqu'il proposa de lui envoyer ces mêmes informations par écrit, avec un échantillon pour test, elle déclina son offre.

---

1. Max les soignait depuis la fin des années quarante. Ils restèrent ses fidèles supporters longtemps après sa radiation. « Pendant plus de trente ans, raconte Pepper, j'ai souffert d'eczéma intense sur les mains et au scrotum. Je suis allé au Walter Reed Hospital, dans divers hôpitaux militaires, j'ai consulté des dermatologues, l'Institut Médical d'Harvard. Aucune amélioration. Et puis Max est venu, il m'a fait quelques piqûres et les démangeaisons ont disparu. »

Le 12 mai 1961, quatre jours avant leur départ, Max reçut un coup de téléphone de la Maison-Blanche. Accepterait-il de prendre l'avion pour Palm Beach pour venir voir le président ?

— Quand ? demanda Max.

— Sur-le-champ.

A son arrivée, on le conduisit à la résidence de Charles et Jayne Wrightsman, où séjournaient les Kennedy. Il s'assit et patienta sous un porche plusieurs minutes avant que le président n'apparaisse. Kennedy en vint directement au fait. Il était inquiet de l'état de santé général de Jackie. Depuis son accouchement de John, Jr., elle souffrait périodiquement de dépression et de sévères migraines. Il voulait savoir si elle pourrait supporter les tensions du voyage à venir au Canada, mais, plus important encore, si elle serait en état de l'accompagner à Paris, Vienne et Londres, début juin, pour une conférence au sommet avec le numéro un soviétique, Nikita Khrouchtchev. Max déclara à Kennedy que, pour répondre judicieusement à cette question, il lui faudrait rencontrer la patiente.

Jackie se reposait dans la chambre de Jayne Wrightsman. « Elle avait l'air malheureuse et se plaignait d'une violente migraine, écrit Max. Après une brève discussion, je lui ai dit : " Le moins que je puisse faire pour vous, c'est stopper votre migraine. " Et c'est ce que j'ai fait. Je lui ai fait une injection. Et en quelques minutes son mal de tête a disparu. Ça a brisé la glace. Et son humeur a changé du tout au tout. »

En dépit de quelques différends mineurs entre le Premier ministre John Diefenbaker et le président Kennedy, la conférence canadienne se déroula bien, à l'exception toutefois d'un incident qui n'avait rien à voir avec la diplomatie. Au cours d'une cérémonie de plantation d'arbres sur le terrain de la Maison du Gouvernement à Ottawa, Kennedy se pencha pour creuser le sol à l'aide d'une pelle et se coinça une vertèbre. Il rentra à Washington avec une douleur atroce, à peine capable d'avancer.

Quelques jours plus tard, la réceptionniste de Max reçut un coup de téléphone urgent d'une certaine Mrs. Dunn, à Washington. « Dunn » était le nom de code qui avait été choisi par le Service Secret pour le prévenir d'un appel de la Maison-Blanche. Il prit l'appel et on lui demanda s'il pouvait prendre l'avion pour Washington. Les vols réguliers étaient complets, mais Mark Shaw, ancien pilote de la Seconde Guerre mondiale, était copropriétaire d'un Cessna et accepta de l'emmener.

« On m'avait réservé une chambre au Sheraton, écrit Max. Le lendemain, une voiture me conduisit à la Maison-Blanche. Afin de ne pas attirer l'attention des touristes et de la presse, je transportais mon matériel médical dans un attaché-case. On m'escorta au bureau du Service Secret qui surveillait l'accès à l'ascenseur, puis à l'étage, là, on me pria de m'asseoir dans le vestibule. Au bout d'un court moment, Providencia Parades apparut et me servit un petit déjeuner dans la salle à manger familiale. Après quoi, elle m'introduisit dans le salon et m'annonça à Mrs. Kennedy. Je fus étonné de la trouver relativement en forme. Elle appréhendait le voyage projeté en

Europe et son programme chargé. Après son traitement, elle m'annonça : " Jack veut vous voir. "

« George Thomas apparut à la porte et me conduisit le long d'un couloir qui reliait les deux chambres à coucher au bureau du président. Celui-ci me salua cordialement et me pria de prendre un siège.

« Il confirma les récentes dépêches de presse faisant état de l'aggravation de ses problèmes de dos, à la suite de la plantation d'un arbre au Canada. Il était confronté à un emploi du temps surchargé et redoutait que son dos ne soit encore une source d'ennuis en Europe, où il craignait d'avoir à rester debout, ou assis, des heures durant. Le Dr Travell l'avait soulagé en pulvérisant du chlorure d'éthyle, un anesthésiant local. Cette pratique était autrefois utilisée en Russie, mais elle avait été abandonnée en raison de son manque de valeur thérapeutique...

« Je lui ai montré un exercice pour fortifier ses muscles dorsaux. Je lui ai administré ensuite son premier traitement (pour le dos), non seulement pour soulager la douleur localement, mais pour renforcer ses défenses et lui permettre de mieux contrer les effets du stress. Aussitôt après la fin du traitement, il s'est levé et s'est mis à marcher de long en large, plusieurs fois de suite. " Je me sens beaucoup mieux.

— Je suis navré de vous l'entendre dire, plaisantai-je.

— Je voudrais que vous veniez en Europe avec moi, la semaine prochaine. J'espère que vous pourrez arranger ça, dit-il en riant.

— Il va sans dire que je considère cela comme un service, non seulement à vous, mais au gouvernement qui m'a permis d'échapper aux persécutions d'Hitler et de m'établir ici en tant que citoyen américain. " »

Selon l'autobiographie de Jacobson, que corroborent les dossiers du Service Secret, Max passa quatre jours consécutifs à Washington pour soigner le couple Kennedy. Le deuxième jour de son séjour à la Maison-Blanche, il fut confronté à une Jackie en proie à la plus grande agitation. Elle avait découvert un flacon de Demerol dans la salle de bains du président. Les recherches révélèrent que ce médicament interdit avait été fourni à son mari par un homme du Service Secret. L'agent fut rapidement démis de ses fonctions.

« Mais cela ne suffisait pas, écrit Jacobson, qui s'opposait à l'usage de l'alcool et des opiacés en association avec ses traitements à base d'amphétamines. Lors de ma séance suivante avec le président Kennedy, je mis sur le tapis les événements de la veille et la découverte du Demerol. En des termes sans équivoque, je soulignai que, contrairement à la croyance populaire, non seulement le Demerol créait une forte dépendance, mais il aurait des conséquences sur son rôle de président. De plus, s'il continuait à en prendre, je refuserais de continuer à le voir. »

Truman Capote décrit l'effet général du traitement de Jacobson comme une « euphorie instantanée. On se sent comme Superman. On a l'impression de voler. Les idées arrivent à la vitesse de la lumière. On tient le coup pendant soixante-douze heures d'affilée, avec à peine une pause café. On n'éprouve pas le besoin de dormir, on n'éprouve pas le besoin de manger. Et si c'est du sexe que vous voulez, vous pouvez bander une nuit entière. Après, on s'effondre. C'est comme si on tombait au fond d'un puits, comme si on sautait d'un avion sans parachute. On voudrait se raccrocher à quelque chose, mais il n'y a rien autour, sauf de l'air. Alors on se précipite de nouveau 72ᵉ Rue. En quête de ce moustique allemand, l'insecte à la piqûre magique. Il vous pique et on repart en flèche aussitôt ».

Les Kennedy étaient déjà légèrement accros le 31 mai, date de leur départ pour Paris. Le président insista pour que Max lui fasse une injection à bord de l'Air Force One, alors qu'ils étaient encore sur la piste d'Idlewild. Max quitta ensuite l'appareil et, avec sa femme Nina qui faisait également partie du voyage, embarqua sur un vol Air France. Ce fut « le vol le plus étrange que j'ai jamais vécu. Nina et moi étions les seuls passagers à bord. L'équipage et les hôtesses s'en sont donné à cœur joie et nous avons eu droit au service le plus épouvantable qui soit ».

Le coût astronomique de ce charter transatlantique pour deux passagers — afin de masquer leur présence dans l'entourage présidentiel — fut pris en charge par les contributions américaines, de même que les frais somptuaires d'hôtel. A Paris, les Jacobson eurent droit à une suite immense à l'hôtel Napoléon, alors l'un des hôtels les plus chers de la ville.

Les Parisiens se délectèrent de la présence rayonnante de *la belle Jackie* et de son look de « Madone gothique ». Dès le moment où Charles de Gaulle accueillit les Kennedy à Orly en les faisant saluer de 101 coups de canon, tous les yeux furent fixés sur Jackie, dont le rôle politique majeur à Paris fut celui d'une ambassadrice de charme, d'une intermédiaire dans ce que JFK appela « mes conversations difficiles avec Charles de Gaulle ».

« Il n'est peut-être pas inutile que je me présente déclara JFK. Je suis l'homme qui a accompagné Jackie Kennedy à Paris. » Le président Kennedy, l'homme derrière la femme, exprimait ainsi sa fierté à propos de l'accueil tumultueux que les Européens avaient réservé à sa femme.

Ce fut le triomphe de Jackie. Elle se sentait comme une reine. Elle résidait au Quai d'Orsay, dormait dans *la chambre de la Reine,* dans un lit occupé précédemment par la reine Fabiola de Belgique, se baignait dans une baignoire en mosaïque, dans une salle de bains en nacre, était conduite dans une Citroën noire à toit ouvrant, escortée par des gardes républicains à cheval en grande tenue. Alexandre, le coiffeur de Greta Garbo et de Liz Taylor, fut convoqué pour coiffer Jackie. Hubert de Givenchy dessina la robe qu'elle devait porter pour le souper officiel donné à Versailles. Et, pour la circonstance, elle était maquillée par Nathalie, une esthéticienne de renommée mondiale.

Sa garde-robe et sa coiffure firent l'objet de tous les commentaires. Si la réaction générale était très favorable, Jackie avait aussi ses détracteurs. La comtesse Consuelo Crespi, conseillère de mode à *Vogue,* trouva son look Givenchy « époustouflant », mais le travail d'Alexandre « des plus malvenus ». Ce n'était plus Jackie Kennedy. Elle portait ses cheveux sur les épaules, lors du déjeuner officiel donné à l'Elysée par Charles de Gaulle, ce qu'aucune Européenne n'aurait fait en de telles circonstances. Et, pour le premier soir de gala, elle avait une coiffure plongeante, avec une mèche

Jacqueline Bouvier à six ans, avec le danois de la famille.
(Ph. Bert et Richard Morgan.)

La photographie qui provoqua le divorce : Black Jack Bouvier et Virginia Kernochan se tiennent par la main alors que Janet Bouvier a le dos tourné.
(Ph. UPI/Bettmann Newsphotos.)

Madame John Vernou Bouvier III **avec ses deux filles Lee et Jackie, 1941.**
(Ph. Bert et Richard Morgan.)

Jackie avec son père John Vernou Bouvier III **, surnommé Black Jack, et son grand-père John Vernou Bouvier J**r**, East Hampton, 1943.**
(Avec l'aimable autorisation du Fonds John F. Kennedy.)

Le mariage de l'année.
(Ph. UPI/Bettmann Newsphotos.)

John F. Kennedy entouré des membres de la famille Kennedy : *debout, de gauche à droite :*
Ethel Kennedy, Stephen Smith, Jean Kennedy Smith, John F. Kennedy, Robert F. Kennedy,
Patricia Kennedy Lawford, Sargent Shriver, Joan Kennedy et Peter Lawford.
Assis, de gauche à droite : Eunice Kennedy Shriver, Rose Kennedy, Joseph P. Kennedy,
Jacqueline Kennedy et Edward M. Kennedy. *(Ph. AP/Wide World.)*

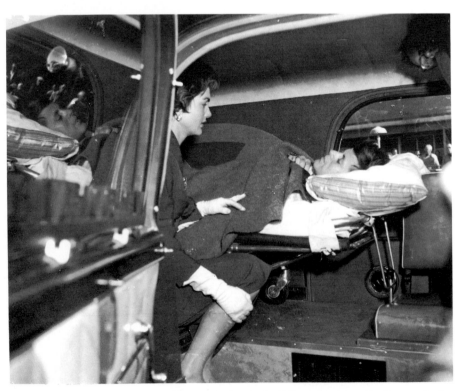

Accompagné par sa femme Jacqueline, le sénateur John F. Kennedy, à la suite d'une opération
du dos effectuée à New York, est transporté en ambulance jusqu'à la résidence de son père
à Palm Beach. *(Ph. UPI/Bettmann Newsphotos.)*

Bien qu'enceinte, Jackie accompagne son mari lors d'une rude journée de campagne électorale à travers New York et ses environs.
(Ph. Reuter/Bettmann Newsphotos.)

La famille Kennedy sur la terrasse à Hyannis Port.
(Avec l'aimable autorisation du Fonds John F. Kennedy.)

« Je pense qu'il n'est pas inutile que je me présente, je suis l'homme qui a accompagné Jackie Kennedy à Paris. » *(Ph. AGIP/Robert Cohen.)*

Le docteur Max Jacobson injectait régulièrement des doses d'amphétamine à John et Jackie en particulier au sommet de Vienne pour leur rencontre avec Khrouchtchev. *(Avec l'aimable autorisation de Ruth Jacobs.)*

Lyndon Baines Johnson prête serment dans l'avion qui ramène le corps de John Kennedy à Washington.
(Avec l'aimable autorisation du Fonds John F. Kennedy.)

Jackie apporte son soutien à Bobby lors de sa campagne présidentielle. *(Ron Galella.)*

Le mariage de Jackie en 1968, avec Aristote Onassis sur l'île de Skorpios, frappa le monde entier de stupeur. *(Ph. AP/Wide World.)*

Jackie en pleine fringale
d'achat. *(Ron Galella.)*

Jackie Onassis, après être allée chercher son
fils John à l'école, se régala avec Caroline et
lui d'un cornet de glace sur Broadway.
(Ron Galella.)

Lee Radziwill et Jackie Onassis en train de
faire des courses à Capri, en Italie.
(Ron Galella.)

Accompagnée de son chevalier servant, le négociant en diamant Maurice Tempelsman, Jackie se rend à une soirée new-yorkaise (1978). *(Ph. AP/Wide World.)*

« Mon adorable petite maison. » C'est ainsi que Jackie décrit sa propriété estimée à 3 millions et demi de dollars à Martha's Vineyard. *(Ron Galella.)*

Le premier petit enfant de Jackie, Rose, est née le 25 juin 1988. On lui a donné le prénom de son arrière-grand-mère, l'aïeule de la famille Kennedy.
(Ph. New York Post/Paul Adao.)

**Jackie sort de sa réserve pour défendre une cause qui lui tient à cœur :
sauver « Grand Central », la gare principale de New York.** *(Cl. M. Norcia/SYGMA.)*

Une femme nommée Jackie. *(Ron Galella.)*

nouée sur le dessus de la tête, très xive siècle. Le deuxième soir — un souper aux chandelles en présence de 150 invités, dans la galerie des Glaces du château de Versailles, suivi par une représentation de commande d'un ballet, dans le petit théâtre Louis XV du château et d'un feu d'artifice tiré dans le parc —, elle portait un gros chignon surmonté d'une délicate tiars de diamant. C'était la première fois qu'elle changeait de style de coiffure, depuis qu'elle était devenue First Lady. C'était une erreur. Ça ne collait pas.

Jackie n'était évidemment pas de cet avis. Elle demanda à Alexandre de l'accompagner à Vienne et à Londres. Par la suite, elle l'invita à la Maison-Blanche et continua à faire appel à lui, des années plus tard, quand elle devint Mrs. Onassis. Le général de Gaulle disait d'elle que c'était « une femme charmante et ravissante avec des yeux et des cheveux extraordinaires ». Il soupesait chaque mot qu'elle prononçait, se penchant à un moment pour murmurer à l'oreille du président Kennedy : « Votre femme connaît mieux l'histoire de France que la plupart des Françaises. » « Et des Français », observa Kennedy. C'est Jackie qui remit à de Gaulle le cadeau officiel de son pays : une lettre autographe faisant partie de la correspondance Washington-Lafayette, et qui avait été acquise pour l'occasion par leurs amis de Palm Beach, Charles et Jayne Wrightsman, pour la somme de 90 000 dollars.

Après le premier déjeuner, Jackie se précipita dans une pouponnière, le genre de visite qu'elle ne faisait pratiquement jamais aux Etats-Unis. Une énorme foule était massée à chaque coin de rue pour regarder passer Jackie et sa suite, qui comprenait Rose Kennedy, Eunice Shriver, Lee Radziwill, Miche Bouvier (qui vivait alors à Paris et qui travaillait pour la compagnie Grumman Aircraft) et Tish Baldridge, qui tentait d'expliquer la popularité de Jackie à la presse étrangère. « John Kennedy est notre président, mais elle est notre star de cinéma. »

Janet Travell accompagnait les Kennedy en tant que médecin officiel de la Maison-Blanche, mais c'était Max Jacobson qui assurait leur traitement médical. Michael J. Samek, un ami et patient de Jacobson, avait équipé une malette en cuir spéciale pour Max, avec des poches intégrées pour les flacons et les médicaments. Sa mallette en main, Max arriva au Quai d'Orsay juste après le dîner d'ouverture.

« C'était tout à fait inattendu de trouver Jackie si loquace alors qu'elle était d'habitude si réservée avec moi, écrit Max. Je jetai un coup d'œil dans la pièce et repérai dans un coin une irrégularité dans les moulures, dont les motifs étaient, ailleurs, parfaits. Je soupçonnai un micro. J'attirai son attention là-dessus en pointant un doigt dessus et en camouflant mes lèvres de l'autre main. Elle comprit aussitôt... Après notre rencontre, je me rendis dans la chambre du président.

« Le président était très calme... Il me demanda si nous avions eu un vol agréable et me dit qu'il voulait me voir tôt le lendemain matin. Avec le décalage horaire et après une journée exténuante, il était important qu'il passe une bonne nuit. »

Le lendemain matin, après avoir reçu les soins de Jacobson, Kennedy rejoignit de Gaulle pour une autre série d'entretiens, tandis que Jackie, pilotée par Mme de Gaulle et André Malraux, visitait les impressionnistes du musée du Jeu de Paume, se rendait à La Malmaison (retraite de l'impératrice Joséphine) et avait droit à un déjeuner gastronomique à La Celle-Saint-Cloud, où Mme de Pompadour trouvait autrefois refuge[1].

En fin d'après-midi, avec un seul garde du corps à la traîne, Jackie utilisa une voiture banalisée pour aller visiter quelques-uns de ses lieux favoris de la rive gauche. Pour la première fois, depuis son arrivée, elle se promena incognito. Elle parlait encore de sa petite escapade ce soir-là, quand le groupe présidentiel arriva à Versailles.

A plusieurs reprises, au cours de la soirée, Jackie dut intervenir comme interprète entre de Gaulle et son mari. Au théâtre de Versailles, après le souper, elle parla avec de Gaulle de littérature et de poésie françaises. Le lendemain, elle confia à Max Jacobson qu'elle ne se souvenait pas s'être jamais sentie aussi bien, ni aussi confiante.

Nina Jacobson resta à Paris, tandis que Max accompagnait le président, la First Lady et ses trente-cinq malles à bord d'Air Force One, en partance pour Vienne. Ils atterrirent sous un orage crépitant et se séparèrent aussitôt en deux cortèges. L'un suivit Jackie qui devait rencontrer Nina Khrouchtchev. L'autre suivit Kennedy jusqu'à la résidence privée de l'ambassadeur américain dans les monts Semmering, aux environs de Vienne, où devait avoir lieu sa première rencontre avec Khrouchtchev.

« A peine étions-nous arrivés que je fus dépêché dans les appartements privés et dans la chambre du président, écrit Jacobson. " Khrouchtchev doit être en route, déclara-t-il. Vous feriez mieux de me donner quelque chose pour mon dos. "

« Pendant l'entretien, j'attendis dans le vestibule, où je m'assis sur un large rebord de fenêtre, admirant le panorama sur les montagnes... Je n'avais rien mangé depuis le petit déjeuner dans l'avion, et je fus très heureux de voir arriver Provi [Parades] et George [Thomas] avec un plateau de saucisses viennoises en sandwiches. Les heures passant, je me demandais comment les choses se dérouleraient. J'étais de plus en plus inquiet. Puis le président apparut à la porte. Je lui demandai : " Comment vous sentez-vous, monsieur le Président ?

— Me permettrez-vous de m'absenter un instant avant de vous répondre ? " fit-il.

« Quand il revint, il déclara que l'entretien était presque terminé et qu'il se sentait bien. Que je pouvais rentrer à mon hôtel. »

Malgré le coup de fouet psychologique provoqué par les injections d'amphétamines, les entretiens du président avec Khrouchtchev ne se passèrent pas très bien. Le ministre du Travail, Arthur Goldberg, et le

---

1. « Jackie est unique comme femme de président américain » déclara, Malraux à de Gaulle après le départ des Kennedy. « Elle est unique en effet, aurait répliqué de Gaulle. Je l'imagine tout à fait, d'ici une dizaine d'années, sur le yacht d'un magnat grec du pétrole. »

secrétaire d'Etat, Dean Rusk, avaient conseillé à Kennedy de différer le Sommet — il ne s'était pas écoulé assez de temps depuis la débâcle de la baie des Cochons — mais dans son effort pour réduire les tensions de la Guerre froide, JFK avait décidé d'aller de l'avant. Le résultat fut une vigoureuse empoignade verbale avec un combattant plus vieux, plus sage et plus aguerri.

Si le Sommet représenta un échec tactique pour JFK, il fut l'occasion d'un second triomphe pour Jackie. Comme à Paris, elle éblouit les foules, les dignitaires étrangers et la presse internationale. Elle impressionna même Nikita Khrouchtchev.

Le banquet officiel eut lieu à Schönbrunn : l'équivalent viennois de Versailles. Pendant la plus grande partie du dîner, une foule énorme était rassemblée devant le château baroque, scandant : « Ja-ckie ! Ja-ckie ! » La manifestation devint si bruyante que les gardes durent disperser la foule.

« Ils semblent vous apprécier », déclara Khrouchtchev à Jackie. Elle rougit. Il lui dit à quel point il trouvait « exquise » sa robe blanche, brodée de perles roses, qui lui tombait jusqu'aux chevilles. Les 250 convives ne pouvaient manquer de remarquer qu'il avait rapproché sa chaise de la sienne. Ils parlèrent de chevaux et de danses folkloriques ukrainiennes. Lorsqu'il l'informa qu'il y avait plus d'enseignants dans l'Ukraine soviétique que dans l'Ukraine tsariste, elle s'exclama : « Oh, monsieur le Président, ne m'ennuyez pas avec des statistiques. » Il rit. Quand elle l'interrogea sur les chiens soviétiques qu'on envoyait dans l'espace, il lui promit de lui en envoyer un et il le fit. Le photographe d'un quotidien britannique demanda à Khrouchtchev s'il accepterait de poser avec le président Kennedy. « Je préférerais poser avec son épouse », répondit le leader soviétique.

Godfrey McHugh, qui faisait partie du voyage en tant que conseiller militaire de JFK, se souvient que tout le monde se sentait « abattu » pendant le vol de retour vers Londres. « C'était comme si l'on rentrait avec l'équipe perdante de base-ball après les championnats du monde. Personne n'osait trop parler. Khrouchtchev avait intimidé Kennedy, en particulier sur la question de Berlin. Le premier Soviétique exigeait que la frontière existante soit entérinée. Berlin-Est serait sous contrôle absolu de l'Allemagne de l'Est, tandis que Berlin-Ouest prendrait le statut de ville internationale. Si l'Amérique tentait de s'interposer dans ce projet, avait déclaré Khrouchtchev, il y aurait la guerre. JFK avait riposté que s'il devait y avoir une guerre nucléaire entre deux grandes nations, plus de soixante-dix millions de gens périraient dans les dix premières minutes. Khrouchtchev l'avait regardé droit dans les yeux en décrétant :

" Eh bien, soit ! "

Jackie elle aussi semblait déprimée. Pendant le vol, elle écrivit une longue lettre au général de Gaulle, commentant le Sommet et lui exprimant sa gratitude pour avoir fait de son passage à Paris un séjour aussi mémorable. Elle écrivait en français et me demanda de la relire. " C'est une lettre merveilleuse, Jackie lui dis-je, mais une femme ne doit pas s'adresser à de Gaulle en l'appelant ' mon général '. " Je lui expliquai que " mon général " était exclusivement réservé à l'usage masculin. " Les Français sont très tâtillons en matière d'étiquette. "

« " Dans ce cas, le Département d'Etat n'a qu'à écrire lui-même une lettre ", répondit-elle en se renfonçant dans son siège. »

Air Force One fut accueilli à l'aéroport d'Heathrow par le Premier ministre britannique Harold Macmillan, l'ambassadeur américain David Bruce et une foule enthousiaste. Tandis que la voiture du président se rendait à la résidence des Radziwill, une maison géorgienne de trois étages située au 4, Buckingham Place, juste à l'angle de Buckingham Palace, Max Jacobson rejoignit sa femme au Claridge. Ils étaient à peine arrivés dans leur chambre que le téléphone sonna. C'était un agent du Service Secret. Le président avait de nouveau mal au dos. Le Dr Jacobson pourrait-il venir le voir ?

« La voiture me déposa à l'entrée de service, écrit Jacobson. Le chauffeur m'escorta à travers le jardin jusqu'à la porte qui ne s'ouvrit pas immédiatement, car elle donnait en fait sur une salle de bains qui se trouvait temporairement occupée.

« De là, nous montâmes par un escalier assez raide jusqu'à un vaste foyer contenant des sculptures victoriennes du XIXe siècle sur des piédestals de marbre. Nous montâmes au deuxième étage par un autre escalier, j'entrai dans la chambre de Lee Radziwill ou je trouvai Lee, le président et Jackie en train de bavarder. Le président et moi nous nous retirâmes dans une antichambre, où je le soignai. Après m'être également occupé de Mrs. Kennedy, je redescendis dans le foyer. Soudain, un bel homme en queue-de-pie surgit et me serra la main avec un sourire, se présentant comme " Stas " C'était le prince. Je quittai les lieux et retournai au Claridge. »

Max devait bientôt ajouter les Radziwill à son écurie de fidèles patients. Il partira en safari avec Stas et sera reçu par les Radziwill, à Londres comme dans leur manoir Queen Anne, près de Henley-on-Thames. Et c'est parce que Max prônait la natation comme un excellent exercice physique que les Radziwill firent installer une gigantesque piscine couverte sur leur propriété de Henley. Ils voyaient également Max à chacun de leurs séjours à New York, où ils possédaient un duplex de 12 pièces dans la Cinquième Avenue.

Le principal objet de cette étape à Londres était le baptême d'Anna Christina Radziwill, la petite-fille du prince et de la princesse Radziwill. La cérémonie eut lieu à la cathédrale de Westminster, le 5 juin, et fut couronnée par une réception où l'on retrouvait, parmi les invités, le duc et la duchesse de Devonshire, Randolph Churchill, lady Elizabeth Cavendish, sir Hugh et lady Antonia Fraser, ainsi que Douglas Fairbanks, Jr. Les Kennedy assistèrent ensuite à un dîner donné par la reine Elisabeth et le prince Philip à Buckingham Palace. Ils y étaient invités en compagnie d'Harold Macmillan, du comte Louis Mountbatten, de David Ormsby-Gore (ambassadeur de Grande-Bretagne aux Etats-Unis et vieil ami de la famille Kennedy) avec de nombreux autres dignitaires britanniques.

Après le dîner, à 23 h 45, le président réembarqua à bord d'Air Force One pour rentrer à Washington, sans Jackie, qui avait projeté un long week-end en Grèce avec sa sœur et son beau-frère.

Deux jours après son arrivée, Kennedy s'envolait pour Palm Beach où il accorda une interview exclusive à Hugh Sidey pour *Time-Life*. Sidey dîna avec Kennedy, Chuck Spalding « et deux secrétaires », chez les Wrightsam. Bien qu'il n'en ait rien dit dans son article, Sidey fut apparemment frappé par l'ostentation avec laquelle JFK faisait étalage de sa vie de play-boy.

Pendant ce temps, Jackie et les Radziwill profitaient de leur séjour en Grèce. Le gouvernement leur avait alloué une villa spacieuse et un yacht de quarante mètres pour faire le tour des Cyclades. Ils visitèrent la colonie artistique d'Hydra, le petit port de Poros, les ruines du temple de Poséidon au cap Sounion. Jackie se baigna, fit du ski nautique, dansa le cha-cha-cha sur la musique de *Jamais le dimanche* dans une boîte de nuit d'Athènes, monta à l'Acropole, visita Delos, le berceau d'Apollon (l'île fut fermée aux touristes, le jour de la visite de Jackie), se promena dans les rues pavées de Mykonos, suivie à la trace par des centaines de reporters, de photographes et d'autochtones.

Au retour de Jackie à Washington, les Kennedy commencèrent à utiliser régulièrement les services de Jacobson, une fois par semaine au moins et jusqu'à trois ou quatre fois, par périodes. A partir de l'été 1961, ils étaient tous les deux fortement dépendants de ce traitement à base d'amphétamines. Comme beaucoup de patients de Max, ils avaient le sentiment d'être plus efficaces, plus énergiques, d'avoir besoin de moins de sommeil que depuis des années.

« Les 18 et 19 septembre 1961, écrit Jacobson, je me trouvais à la Maison-Blanche où j'appris que Dag Hammarskjold[1], le secrétaire général des Nations unies, était mort dans un accident d'avion en Afrique. Il régnait une grande agitation, parce que les Russes interviendraient dans la nomination de son successeur. Il y eut des rumeurs (confirmées ultérieurement) selon lesquelles sa mort n'avait pas été accidentelle. Kennedy voulait se présenter devant l'Assemblée générale et la convaincre de rejeter la proposition soviétique de nommer une troïka (un triumvirat) à la tête de l'ONU, plutôt qu'un secrétaire général. De l'avis de Kennedy, une telle disposition entraînerait une paralysie du fonctionnement de l'ONU, dans l'éventualité d'une catastrophe nucléaire (ou autre).

« Tôt, dans la matinée du 25 septembre, je reçus un coup de téléphone. On me demandait de venir immédiatement au Carlyle. J'y arrivai une heure et demie avant l'heure prévue pour le discours de Kennedy. Je montai directement dans son appartement où je fus accueilli par David Powers. A en juger par les verres vides et par les cendriers pleins qui traînaient dans toute la pièce, les discussions avaient dû aller bon train pendant toute la nuit. Powers me conduisit à la chambre du président. Kennedy était encore en pyjama et il me salua d'une voix si faible et si enrouée que je le comprenais à

---

1. Hammarskjold exprima un jour son irritation face à la publicité qui entourait Jackie et se moqua de sa beauté, déclarant à Adlai Stevenson : « Je me demande pourquoi tout ce raffût. Elle ne daigne même pas assister aux soirées données en son honneur par les épouses de député. Et malgré cela il est impossible de lire un journal sans tomber sur son nom. »

peine. Il me mit au défi : " Qu'est-ce que vous allez faire pour me tirer de là ? " Il était impératif qu'il prononce son discours aux Nations unies en personne pour faire échec aux manœuvres soviétiques. Je répondis au président que je l'aiderais à retrouver sa voix... Je lui annonçai que j'allais lui faire une injection sous-cutanée, juste en dessous du larynx... Je revois encore l'expression de surprise sur le visage de Kennedy lorsqu'il put parler à nouveau normalement. »

« L'usage des amphétamines n'était pas illégal à cette époque, et elles ne représentaient que l'un des nombreux ingrédients des injections de Max, souligne Michael Samek. Il avait à son cabinet un laboratoire, dans lequel il expérimentait ses médications. Je l'aidais parfois à préparer les piqûres. Il était influencé par le Dr Paul Niehans, fondateur de La Prairie, cette fameuse clinique suisse. Niehans était spécialisé dans les injections chez l'homme de cellules animales — de mouton essentiellement. Tout comme Niehans, Max pensait que, si l'on ne pouvait prolonger la vie, on pouvait du moins en améliorer la qualité. Sa philosophie était : " Pourquoi souffrir inutilement ? " Max utilisait beaucoup de placenta et de poudre d'os pour ses injections, ainsi que du calcium, ce qui provoquait un courant de chaleur au moment où le produit pénétrait. Il utilisait aussi des cellules hépatiques en assez grande quantité. Il s'en servit d'ailleurs pour revigorer Jackie. A un moment, il commença à faire des expériences avec les anguilles électriques (gymnotes). Il était intéressé par le fait que ces anguilles n'avaient pas de reins. Je me suis porté volontaire pour l'une de ces injections. Son fils, Tommy, qui était alors interne, s'émerveilla de ma confiance. Je me fiais entièrement à Max. Je croyais en lui plus qu'en tout autre médecin avant lui, et depuis.

« Apparemment, c'était le cas pour les Kennedy[1]. Ils ne demandaient jamais ce qu'on leur injectait, et Max ne le leur disait jamais. S'il avait un défaut, c'était de ne pas supporter les questions de ses patients. De plus, il manquait d'organisation. Une fois par semaine environ, je rangeais sa sacoche, nettoyais les flacons, et tout ça. Ça lui donnait au moins une apparence professionnelle, en particulier quand il allait voir les Kennedy. En général, Max ne se souciait guère des apparences. C'était un improvisateur. Son cabinet n'était pas vraiment conforme à un cabinet standard de médecin. J'étais son pire critique. Je lui disais toujours : " Max, il faut mettre en ordre ce cabinet et tenir tes dossiers à jour. " Et c'est comme ça que je me suis retrouvé chargé de ranger sa sacoche. Je me suis également occupé de commander quelques meubles pour la salle d'attente. Max était très impatient. Il n'avait pas le temps de se soucier de telles vétilles. Je dis " vétilles ", parce que c'est ainsi qu'il considérait ce genre de détails.

« Autre chose, à propos de Max : il n'était affilié à aucun hôpital

---

1. En 1962, l'Amérique livra des médicaments, des outils agricoles et des denrées alimentaires à Cuba, en rançon des prisonniers capturés pendant l'invasion de la baie des Cochons. Le principal « bateau de secours », propriété privée d'un multimilliardaire du nom de Piero Johnson, fut rebaptisé *SS Maximus,* en l'honneur de Max Jacobson. Ce nom avait été suggéré par JFK.

conventionné ni à aucun organisme médical. Il n'était pas membre de l'American Medical Association. Il considérait la plupart des médecins comme de simples commerçants, des faiseurs d'argent. Son mépris de l'establishment médical, associé à son succès dans le traitement de tant de patients célèbres, suscita une bonne dose d'animosité professionnelle à son encontre. L'American Medical Association l'avait à l'œil. Max était un anarchiste, un précurseur. Les autres médecins cherchaient à " guérir " leurs patients, tandis que Max voulait seulement rendre leur vie plus supportable. Max détestait les hôpitaux, la maladie, la mort et les enterrements. En cela, Kennedy était très proche de lui. C'était pour Max un patient idéal, car il aimait profondément la vie. Il y a cette anecdote au sujet de Caroline qui aurait montré un jour à son père un oiseau mort qu'elle avait trouvé sur la pelouse de la Maison-Blanche... Et son père eut un mouvement de recul : " Enlève-moi ça d'ici, mets-le hors de ma vue ! " Max aurait réagi de la même manière.

« Je suis allé un jour avec Max à Hyannis Port. Mark Shaw était là aussi. Je voyais Jackie pour la première fois. Il la soigna, puis nous attendîmes le président. Tandis que nous étions assis dans le salon, Max me dit : " C'est quelque chose, non ? Je suis là, moi, le fils d'un boucher casher de Berlin, et j'attends le président des Etats-Unis. "

« Max soignait Jackie au Carlyle, chaque fois qu'elle venait à New York, et à la Maison-Blanche, quand il y allait pour soigner son mari. Lorsqu'ils partaient en vacances, il prenait l'avion pour les rejoindre, où qu'ils soient. Mark Shaw pilotait souvent Max quand il allait voir Jackie à Glen Ora ou à Wexford, utilisant le terrain d'atterrissage privé des Mellon. Un jour, ils durent faire un atterrissage forcé dans un pâturage. Max aimait les intrigues et les péripéties inhérentes à ces voyages. Une autre fois, alors que je l'accompagnais à la Maison-Blanche, Max fut autorisé à monter mais pas moi. Je dus l'attendre en bas. Et Max dut se dépêcher. La raison était que M. et Mme Alexei Adjhubei, le gendre et la fille de Nikita Khrouchtchev, avaient été invités par les Kennedy pour un déjeuner privé. Alexei était journaliste et l'on s'inquiétait qu'il rapporte la présence d'un médecin. Il n'était pas question que les Russes apprennent que Kennedy avait des ennuis de santé. »

Il y eut des rapports moins élogieux sur la pratique de Max, l'un de Ruth Mosse, une infirmière qui travailla avec lui pendant une partie de la présidence de Kennedy : « Lorsque Jackie venait à New York, le Service Secret téléphonait au cabinet et annonçait qu'ils envoyaient une voiture pour Max. Alors, on l'enlevait à ses patients. Il quittait le cabinet avec les hommes du Service Secret, qui le raccompagnaient ensuite. Les Kennedy ne venaient jamais au cabinet. C'est lui qui se déplaçait.

« J'étais stupéfaite qu'ils le fassent appeler. Max était un pur charlatan. Je le sais. J'y étais. Je voyais ce qui se faisait et ce qui ne se faisait pas. Il utilisait de la moelle osseuse qu'il faisait cuire et injectait à ses patients. Ça déclenchait des infections chez certains. D'autres perdaient connaissance et il fallait qu'on se débrouille pour les remettre sur pied. Et pourtant, tous ceux qui portaient un nom étaient là. Ils croyaient en lui, à la manière des fanatiques qui croient en leur religion.

« Max planait complètement. Quand il faisait une piqûre, il renversait le contenu de sa sacoche sur la table et farfouillait dans un tas de flacons non étiquetés et de substances chimiques non déterminées jusqu'à ce qu'il trouve ce qu'il cherchait. Ses ongles étaient tout le temps noirs, à cause de ces médicaments. Si un patient lui demandait quel sorte d'injection il lui faisait, Max répondait : " Si je vous le dis, ça vous apprendra quoi ? " Son attitude signifiait en gros : " Est-ce qu'on pose des questions à Dieu ? " Max était cinglé. Il lui arrivait de voir trente patients, parfois plus, en une journée. Il travaillait vingt-quatre heures sur vingt-quatre, parfois pendant des jours et des jours d'affilée. C'était un boucher. Il y avait du sang partout sur sa blouse. C'est pour ça qu'il fallait qu'on le change, quand on venait le chercher pour Jackie. Et comme il se piquait lui-même, son discours devenait souvent confus. Il était par moments difficile à comprendre. Mon père, qui était psychiatre, m'a obligée à quitter ce job parce qu'il craignait que Max ne commence à me piquer moi aussi. »

Les appréhensions de Ruth Mosse étaient partagées par plusieurs intimes de Kennedy. Pierre Salinger ne comprenait pas pourquoi le président consultait quelqu'un d'aussi peu professionnel, par son apparence autant que par son comportement. Et il craignait que cette association ne vienne aux oreilles de la presse. Le Dr Janet Travell tenta d'aborder le problème de l'accoutumance aux amphétamines avec le président. Celui-ci n'en tint pas compte ; comme pour les fréquents avertissements de son frère Bob. Les dossiers du FBI indiquent qu'en 1961 Bob envoya cinq flacons de médicaments, que Jacobson avait laissés à la Maison-Blanche, aux laboratoires du FBI pour analyse. Le rapport du FBI montra la présence d'amphétamines et de stéroïdes à doses fortement concentrées, dans chacun des cinq flacons.

Chuck Spalding se brouilla lui aussi avec Max Jacobson. Leur rupture eut lieu dans une voiture conduite par Max, sur la route de l'aéroport de La Guardia où, avec Chuck Spalding et Ken McKnight (un autre de ses copains, administrateur du Département du Commerce), il devait embarquer pour Washington, où il avait rendez-vous avec Kennedy. Ils longeaient Sutton Place, dans Manhattan, lorsque Spalding, en plein milieu d'une conversation, lança à Max : « Arrête la voiture. Je descends ici. »

« Il en sauta littéralement, raconte Ken McKnight, et se mit à courir. Je me suis retourné pour le regarder fendre la foule, chemise au vent. »

« Je trouvais simplement que Max se conduisait d'une manière irresponsable et qu'il était temps de le quitter, affirme Spalding. Je n'ai pas honte d'avoir été l'un de ses patients, mais il ne faudrait pas surestimer les miracles de Max. J'avais atteint le point où, bien qu'initialement fasciné par le bonhomme, je sentais qu'il fallait que ça s'arrête là. Il y avait trop de charabia autour de ce qu'il faisait. Au début, il m'avait donné un sacré coup de fouet, mais il semblait devenir de plus en plus incohérent. Je savais qu'il utilisait des amphétamines, que la plupart de ses patients, des gens comme Eddie Fischer, des membres du show-business, avaient besoin de se maintenir au sommet de leur forme, et que c'était là la base de sa pratique. Mais derrière tout ça, je m'aperçus rapidement que le type en question n'était pas fondamentalement différent de ses patients. Il racontait toujours des histoires extravagantes sur la manière dont il avait, par exemple, récupéré un éléphant qui venait d'être tué, arraché son cœur et injecté ses cellules dans la poitrine de quelqu'un. Et puis, il se vantait de pouvoir vivre pratiquement sans dormir, il expliquait comment il révolutionnerait le cycle de la vie humaine. A la Maison-Blanche, on commençait à s'interroger sur son compte. Après un certain temps, j'en suis venu au même point.

« Il y eut un moment où Max voulut arrêter de soigner JFK, rapporte Michael Samek. Je suis resté auprès de lui la moitié de la nuit pour l'aider à rédiger une lettre au président, expliquant les raisons pour lesquelles il ne voulait plus continuer à le soigner, ni lui ni Jackie. Max était en colère parce qu'il sentait que certains membres de l'entourage proche de JFK, comme Robert Kennedy et Chuck Spalding, disaient du mal de lui et le snobaient. Quant à Janet Travell, j'ai du mal à croire qu'elle était ravie de voir Max traîner tout le temps dans les parages. »

Max raconte la chose suivante dans ses mémoires :

« A la maison, après avoir réfléchi, je préparai une lettre pour le président que je lui remis au début de la séance suivante.

« Il l'ouvrit et lut que j'avais été heureux de lui rendre mes services dans le passé, mais qu'afin d'éviter toute controverse, je demandais sa permission de cesser mes activités à la Maison-Blanche. Il rit, déchira la lettre et déclara : " C'est hors de question. " »

Jacobson continua donc à traiter John et Jackie, mais Robert Kennedy poursuivit une campagne acharnée pour le discréditer. La dernière stratégie de Bob fut de suggérer à John de soumettre tous les médicaments qui lui étaient administrés à un examen préalable de la Food and Drug Administration. Après s'être fait longuement prier, le président finit par demander à Max d'un air embarrassé s'il voulait bien se plier à cette suggestion. Max accepta et envoya au bureau du ministre de la Justice quinze flacons de ses produits. Une semaine plus tard, le FDA confirma les conclusions des laboratoires du FBI : les produits en question contenaient des amphétamines et des stéroïdes. « Je me fiche de savoir si c'est de la pisse de cheval, décréta le président. Ça marche. »

« La combinaison des stéroïdes et des amphétamines augmentait sans aucun doute les pulsions sexuelles de Kennedy, prétend Tom Jacobson, le fils de Max, qui se substitua à son père à plusieurs reprises. J'ai traité Jackie un jour que mon père était parti à Londres avec Alan Jay Lerner pour rendre visite aux Radziwill. Jackie avait un rhume. Je me suis rendu au Carlyle avec Ken McKnight. Il a attendu devant la porte de l'appartement, avec deux agents du Service Secret, dont l'un était Clint Hill. J'ai passé environ une heure avec Jackie, et je lui ai fait une injection. »

A la Maison-Blanche, les moments de grâce étaient entrecoupés de moments de crise, ce qui justifiait les interventions continues de Max. Plus Kennedy était soumis aux tensions, plus il avait besoin d'amphétamines. « Je me souviens parfaitement d'un après-midi où devait avoir lieu une réception très importante à la Maison-Blanche, écrit Max Jacobson. A cette époque, le pays était en pleine crise de l'acier. Kennedy était tendu et inquiet. Après son traitement, il me sourit et dit : " Maintenant, je peux descendre et serrer la main à des centaines d'amis intimes. " »

En septembre 1962, lorsque James Meredith devint le premier Noir américain à entrer à l'université du Mississippi et que Kennedy fit appel aux troupes fédérales pour devancer les émeutes raciales, Max Jacobson fit une série d'injections au président. Il recommença durant les premiers jours de la crise des missiles cubains et restait de garde à chaque fois que le pays envoyait un de ses cosmonautes dans l'espace.

« Max était fasciné par le programme spatial et celui de la NASA, raconte Michael Samek. Il discutait de ce sujet pendant des heures avec Kennedy. Il était convaincu que c'était le prélude à une nouvelle ère en matière de découvertes médicales. »

Un autre sujet souvent abordé entre eux était le programme de mise en forme physique du président. Quand ils en vinrent à la randonnée de 80 kilomètres recommandée par Max, Kennedy lui apprit qu'il avait parié avec Stas Radziwill que ce dernier ne parviendrait pas à battre le record de Bob Kennedy — qui avait couvert la distance en dix-huit heures. Le montant du pari était de 1 000 dollars et le chèque du perdant devait être rédigé à l'ordre de la Fondation pour la Recherche Constructive, une fondation créée par Max pour développer le travail qu'il avait entamé avec ses patients souffrant de sclérose en plaques. Lorsque Eunice Shriver entendit parler de ce défi amical, elle paria 1 000 dollars de plus contre Stas.

« Je décidai de me joindre au groupe des marcheurs qui comprenait à présent Chuck Spalding[1], Stas et Mark Shaw, écrit Max dans ses mémoires. J'attrapai de justesse le dernier vol en partance de New York pour Palm Beach, la veille de la date fixée. Lorsque nous arrivâmes à l'hôtel, nous ne prîmes même pas la peine de nous déshabiller, Mark et moi, car il ne restait plus qu'une heure avant notre départ au petit matin. Je m'étais sans doute assoupi lorsque j'entendis soudain le téléphone. La réception nous informait que Mrs. Jacqueline Kennedy était à l'entrée principale, avec un garde du corps et une voiture...

« Nous fûmes propulsés dans la voiture et je me retrouvai assis pratiquement sur les genoux de Jackie, mais trop fatigué pour apprécier à sa juste mesure ma position. La distance qui nous séparait de l'autoroute reliant West Palm Beach à Miami était courte. Jackie retourna à sa résidence et une autre voiture apparut, apportant de la nourriture, de l'oxygène (que j'avais demandé) et un garde du corps Secret pour vérifier les temps et la distance...

« J'avais déjà convenu avec Stas de ce départ à une heure aussi indue que 4 heures du matin afin de réduire l'exposition à la chaleur et de voir si, à

---

1. C'était après la dispute entre Max et Chuck, mais ils étaient restés en termes suffisamment amicaux pour prendre part ensemble à cette randonnée.

midi, nous aurions réussi à parcourir la moitié de la distance. En cas d'échec, j'avais suggéré qu'il abandonne, car il avait des problèmes de cœur. Tandis que le soleil se levait, nous avançâmes bravement le long de l'autoroute. Au bout de 25 kilomètres un camion surgit…, nous obligeant à nous disperser en tous sens. Je fis un pas dans le vide et roulai au bas d'un escarpement abrupt. Lorsque je repris mes esprits, je m'aperçus que je m'étais foulé la cheville. Je décidai de poursuivre dans la voiture, où je pourrais soigner ma blessure. Peu avant midi, nous atteignîmes notre objectif : nous avions couvert les 40 premiers kilomètres. Nous fîmes une halte. Pendant que nous nous reposions, Mark Shaw continua son reportage photographique sur l'expédition. Lorsque le président arriva, en compagnie de Jackie, Lee et Arkadi Gerney, un ami des Radziwill, Mark prit un rouleau entier de photos de lui. Après avoir rechargé son appareil, il demanda à Jackie de prendre quelques photos de nous tous. Avant de rendre l'appareil à Mark, cette dernière ouvrit accidentellement le chargeur, exposant la pellicule…

« Nous atteignîmes la ligne d'arrivée à 21 h 45, avec quinze minutes d'avance. Epuisés, nous nous effondrâmes dans la limousine, qui fit demi-tour pour nous ramener à Palm Beach. Ce voyage de retour nous parut interminable et nous avions du mal à croire qu'un être humain fût capable de marcher sur une telle distance.

« JFK nous attendait, debout, à l'entrée de la maison des Wrightsman et nous félicita l'un après l'autre, épinglant sur nos chemises trempées de sueur des médailles en papier. Un buffet avait été préparé et un juke box serinait " Bei mir bist du Schön " dans l'enregistrement des Andrews Sisters. »

Ken McKnight se souvient d'une visite que Max Jacobson rendit à la Maison-Blanche au début de 1962 et qui coïncidait avec la rupture du mariage d'Eddie Fisher et Elizabeth Taylor. « Elizabeth Taylor avait plaqué Eddie pour Richard Burton et Eddie était totalement effondré, raconte McKnight. Il arrivait de Rome. Max s'occupa de lui, et lui fit des piqûres pour le calmer. Il craignait qu'Eddie ne se jette d'une fenêtre. Les journalistes étaient partout, et il nous fallait tenir Eddie à l'écart. Max me demanda de rester avec lui dans une suite au 38e étage de l'hôtel Pierre. Le téléphone sonnait constamment et Eddie ne voulait parler à personne, surtout pas aux journalistes. Il était profondément amoureux d'Elizabeth Taylor, et elle venait tout simplement de l'émasculer en public.

« Il parlait d'elle pendant des heures, la décrivait dans les détails les plus intimes. Il disait à quel point elle était excitée quand elle faisait l'amour, comment elle rampait à terre, à quatre pattes, ronronnant comme une chatte en chaleur, comment il la prenait par-derrière, et que plus elle était excitée, plus elle ronronnait.

« Je lui disais : " Cesse de te torturer, Eddie ", mais rien n'y faisait. Et puis Max appela. Il devait aller voir les Kennedy à Washington, mais il ne voulait pas abandonner Eddie. Eddie était davantage qu'un simple patient pour Max ; il était comme un fils. " Il va falloir que nous emmenions Eddie avec nous ", décréta-t-il.

« Nous prîmes le chemin de l'aéroport. Il y avait également avec nous

Milton Blackstone, le manager d'Eddie, que Max soignait aussi depuis longtemps. Nous avions enfilé à Eddie un vieux pardessus, col remonté, pour que personne ne le reconnaisse. A Washington, nous descendîmes au Statler Hilton. Max partit pour la Maison-Blanche. Une demi-heure plus tard, le téléphone sonna. C'était Max. Il avait oublié un flacon de médicaments sur la commode et il en avait besoin tout de suite. Je devais sauter dans un taxi. Eddie voulut m'accompagner, mais Max s'y opposa. Les Kennedy voulaient rencontrer Eddie, mais il était un peu trop excité pour qu'on puisse l'envisager, du moins pour le moment. Je le laissai donc avec Milt.

« Je fis ma livraison et retournai à l'hôtel. Eddie Fisher arpentait nerveusement le hall. Les journalistes avaient appris, on ne sait comment, qu'il était descendu au Statler, et avaient tenté de l'interviewer par téléphone. Le directeur de l'hôtel avait rappelé au bout de plusieurs minutes pour dire qu'il y avait près de cinquante reporters dans le hall et dans le parking. Les autres résidents s'étaient plaints et le standard était saturé. Max était revenu et Eddie était hors de lui. L'aéroport était fermé à cause d'un orage imprévu. Le problème était de trouver un moyen de quitter discrètement l'hôtel avec Eddie Fisher et de le renvoyer à New York.

« J'ai appelé le directeur de l'hôtel. " Nous ne voulons pas partir avec tous ces types sur les talons ", lui ai-je dit. Je m'étais souvenu que lorsque Franklin D. Roosevelt avait été élu président pour la première fois, le bal inaugural avait eu lieu au Statler Hilton et que, pour cacher son infirmité [1], ils avaient fait construire un élévateur spécial qui l'avait transporté, en voiture, jusqu'à la salle de bal, située au deuxième étage de l'hôtel. J'ai demandé au directeur s'il fonctionnait toujours. Il fit vérifier puis nous autorisa à l'utiliser.

« Ensuite, j'ai téléphoné à Hertz pour louer une limousine avec une casquette de chauffeur. Je suis sorti de l'hôtel par l'accès livraisons, et j'ai parcouru deux cents mètres sous la pluie battante jusqu'au bureau de location de Hertz. Je suis reparti vers l'hôtel en voiture et je suis entré directement dans le monte-charge qui m'a amené au second étage et à la salle de bal. Max, Milt et Eddie étaient descendus de leur côté par l'ascenseur, qui avait été bloqué pour que personne d'autre ne puisse y entrer. Et nous avons démarré. Eddie était à l'arrière et nous l'obligions à se planquer à chaque fois qu'on passait un poste de péage. J'étais au volant, coiffé de la casquette de chauffeur. Ce fut une sacrée équipée.

« Plus tard, cette même année, Ken McKnight reçut un coup de téléphone d'Evelyn Lincoln, la secrétaire particulière du président Kennedy [2]. Elle lui dit qu'elle avait un message à lui transmettre en personne.

---

1. Franklin D. Roosevelt était atteint de poliomyélite.
2. Lors d'un entretien avec l'auteur, Evelyn Lincoln prétendit qu'elle n'avait aucun souvenir de quelqu'un du nom de Ken McKnight, réponse qu'elle avait déjà faite à la presse lorsqu'on l'interrogea sur Judith Campbell Exner. Si le nom de McKnight ne lui dit plus rien aujourd'hui, Evelyn Lincoln le connaissait pourtant. Ken McKnight a montré à l'auteur plusieurs cartes et lettres qu'il avait reçues de Mrs. Lincoln.

" Nous arrivons à New York demain soir et le président et son équipe descendront au Carlyle ", m'annonça-t-elle. Elle voulait savoir si j'étais d'accord pour prendre le petit déjeuner avec elle à l'hôtel. Je lui répondis que oui. " Très bien, fit-elle. Je vous appellerai demain soir à notre arrivée. "

« Ce qu'elle fit. Elle m'invita pour le petit déjeuner, le jour suivant, à 8 h 15.

« Je répondis que j'y serais. Elle ne me dit pas ce qu'elle avait en tête, mais je soupçonnais que ça avait quelque chose à voir avec Max et lui en parlai donc. Il me dit : " C'est très intéressant. Je crois savoir de quoi il retourne. C'est moi qui te conduirai demain matin. "

« Il me déposa à l'angle de la 77e Rue et de Park Avenue. Tout le quartier était bouclé. L'endroit était littéralement truffé de flics new-yorkais, de policiers en civil, de compagnies de sécurité et d'agents du Service Secret. Il devait y avoir près de trois cents hommes déployés autour de cet unique bloc d'immeubles et leur nombre augmenta encore quand j'approchai de Madison Avenue. Personne ne fit la moindre tentative pour m'arrêter. Le hall du Carlyle était noir de monde, des agents du Service Secret pour la plupart. Je m'approchai de l'un d'entre eux qui était assis à une table de contrôle installée à côté de l'ascenseur. Je le connaissais de Washington. " Comment ça va, Ken ?, fit-il.

— Bien, répondis-je. Je suis venu voir Evelyn Lincoln.

— Nous sommes au courant, mais vous êtes en avance de trois minutes.

— Vous m'attendiez ?

— Bien sûr, répondit-il. Vous êtes sous surveillance depuis le moment où vous êtes descendu de la voiture du Dr Jacobson. Mrs. Lincoln sait que vous êtes dans le hall. Elle vous enverra chercher d'une minute à l'autre. "

« Peu après, il y a eu un grésillement dans son talkie-walkie. L'agent me dit de monter dans la chambre nº tant. Je trouvai Mrs. Lincoln devant sa porte. Elle me demanda ce que je voulais pour mon petit déjeuner. Elle commanda des œufs brouillés pour elle-même et je pris des œufs brouillés, des toasts, du bacon, une tranche de melon et du café.

« Nous nous installâmes pour bavarder autour de ce petit déjeuner. Ce qu'elle avait à me dire, c'était qu'à chaque fois que le Dr Jacobson se rendait à Washington, nous risquions une dénonciation de la presse. Les journalistes étaient partout, dans les gares, les aéroports, les gares routières. Le président et son entourage étaient inquiets. La seule solution était que le Dr Jacobson s'installe à la Maison-Blanche. Elle m'annonça ensuite qu'elle avait déjà parlé de cette possibilité à Max, mais qu'il s'était montré réticent. Ils avaient donc décidé de faire appel à un ami.

« Je lui dis que j'aurais été heureux de collaborer, mais que j'avais déjà abordé le sujet avec Max. Il m'avait répondu qu'il ne pouvait en aucun cas abandonner ses quatre cents malades de sclérose en plaques, ce qu'une installation à la Maison-Blanche l'aurait obligé à faire. Il était prêt à faire n'importe quoi pour le président, à prendre l'avion à n'importe quelle heure pour n'importe quelle destination, mais il ne pouvait pas abandonner ainsi son cabinet.

« " Mais vous essayerez tout de même de le convaincre, n'est-ce pas ? "
me demanda Mrs. Lincoln. Je répondis que j'essayerai et que je la tiendrai au
courant. Juste à ce moment-là, le téléphone sonna. " Il faut que j'y aille, me
dit-elle. Le président me demande. " Elle s'engouffra dans l'ascenseur et
monta, tandis que je descendais. Après quoi, je retournai au cabinet de Max
pour rapporter nos propos. Il me dit en riant qu'il s'y attendait. Il me
remercia d'être allé voir Mrs. Lincoln et répéta qu'il ne pouvait tout
simplement pas abandonner son cabinet par dévouement à la Maison-
Blanche. Il avait trop de patients dont la vie même dépendait de lui. Il
continuerait à soigner la famille présidentielle de toutes les manières
possibles, mais sa base opérationnelle devait rester New York. »

Max Jacobson soigna les Kennedy jusqu'au bout, ne réclamant (ni ne
recevant) jamais le moindre penny de plus ou de moins que ses défraiements.
Le 15 novembre 1963, il prit l'avion pour Palm Beach, où il donna ses soins
au président pour la dernière fois. « Il était en pleins préparatifs pour son
voyage au Texas, écrit Jacobson. L'atmosphère était tendue, même si le
président avait l'air détendu et en bonne forme. Selon la rumeur, ce voyage
imminent pouvait être risqué. Je lui exprimais mon inquiétude à son sujet. Il
balaya mes propos d'un rire et me dit qu'il était impatient de partir. Je me
souviens de ma déception de ne pas avoir été invité à l'accompagner. »

20

Les injections d'amphétamines de Max Jacobson permirent à Jackie Kennedy de survivre à la restauration de la Maison-Blanche. Elle était déterminée à faire de la résidence présidentielle l'attraction muséographique la plus magnifique au monde. Son projet impliquait indirectement la rénovation et la restauration de Blair House — la résidence réservée aux invités officiels du président — ainsi que de Lafayette Square, toute une rangée d'immeubles de bureaux et de maisons privées de style fédéral, faisant face à la Maison-Blanche, de l'autre côté de Pennsylvania Avenue [1].

Jackie entreprit de trier les quelques 26 500 pièces stockées dans le grenier et le sous-sol et remplaça progressivement les objets modernes par des antiquités. Quand elle eut épuisé les réserves de la Maison-Blanche (et surmonté une certaine résistance de la part de son mari qui considérait sa persévérance comme une démarche futile), elle convainquit J. B. West de l'emmener dans les gigantesques magasins de Fort Washington, situés sur l'autre rive du Potomac, côté Maryland, où étaient entreposés tous les meubles et les objets de la Maison-Blanche estimée hors d'usage. Jackie sauva ainsi des douzaines de « trouvailles », les fit réparer et peaufiner avant de les remettre en service.

En six mois, Jackie avait formé plusieurs comités et sous-comités de conseillers et d'experts pour participer à ce travail et organiser les collectes de fonds, parmi lesquels une Association Historique de la Maison-Blanche,

---

1. Le Chef du Protocole Angier Biddle Duke et sa femme Robin furent nommés responsables du projet de Blair House. L'architecte John Carl Warnecke, un ami de la famille Kennedy, travailla sur le projet de Lafayette Square. « Personne, absolument personne à Washington ne se souciait de ce que deviendrait Lafayette Square, raconte Warnecke, sauf Jackie. Avec leur gigantesque ego, les autres voulaient seulement abattre les vieux immeubles pour en construire de nouveaux. Jackie pensait que ce serait criminel, à cause de la proximité de la Maison-Blanche. Ce qu'il fallait faire, c'était sauver les structures et les restaurer. C'est un travail qui coûta 30 millions de dollars, dont les deux-tiers pour les deux principaux immeubles de bureaux (l'un d'eux étant l'Executive Office Building), et le reste pour les maisons plus petites. »

un Comité Spécial pour les Peintures de la Maison-Blanche et un Comité des Beaux-Arts, dont les premiers parrains avaient été suggérés par Sister Parish, mais qui furent rapidement développés par Jackie. Elle passa un week-end à Winterthur, une grandiose demeure-musée, située à Greenville, dans le Delaware, appartenant à Henry Francis Du Pont, une autorité en matière de mobilier américain et l'un des membres de la riche famille de l'industrie chimique. Du Pont accepta le titre de président du Comité des Beaux-Arts. L'objectif de ce groupe, selon l'un de ses nombreux bulletins d'information, était « de repérer des meubles authentiques, reflétant l'histoire de la présidence des Etats-Unis, des pièces intéressantes sur le plan historique et de qualité équivalente à celles qu'on trouvait dans les musées ou dans les galeries ».

Une autre des innovations de Jackie fut la création d'un poste de conservateur permanent, chargé de cataloguer les diverses acquisitions, de préparer les rapports, d'éditer et de rédiger des ouvrages et de superviser une collection en expansion continue. Le poste échoua à une jeune femme de 26 ans, Lorraine Pearce, qui, ayant étudié et travaillé à Winterthur avec Henry Du Pont, avait été chaudement recommandée.

Dans son effort pour donner à la Maison-Blanche une identité nationale, Jackie décida de réhabiliter l'époque du président James Monroe (1817-1825), à laquelle la résidence était meublée « dans le style Empire français, alors en vogue ». Pour recréer cette atmosphère, Jackie fit appel à un décorateur français, Stéphane Boudin, qui avait contribué à la décoration de plusieurs de ses autres maisons, et qui comptait parmi sa clientèle Jayne Wrightsman et la duchesse de Windsor.

Du Pont et Boudin, tous les deux dans la soixantaine et de caractère très affirmé, étaient convaincus, chacun de son côté, d'en savoir plus que l'autre, et ils ne s'entendirent sur presque rien. J.B. West parle très longuement d'eux dans ses Mémoires intitulés *Upstairs at the White House,* rappelant que « dès le premier jour où les deux hommes se sont rencontrés, il fut évident qu'ils ne verraient jamais rien du même œil. Mr. Du Pont, un milliardaire très digne de la côte Est, ne s'intéressait qu'à l'authenticité et se souciait peu d'harmonie, de proportion ou de compatibilité. M. Boudin, un petit Français bouillonnant et démonstratif, ne s'intéressait qu'au plaisir de l'œil.

« Mrs. Kennedy et moi, nous leur fîmes visiter la Maison-Blanche au début de 1961.

« Mr. Du Pont, qui était un peu sourd, parlait très vite entre ses dents, et marchait lentement. M. Boudin, qui était également dur d'oreille, parlait un anglais hésitant et furetait avec énergie dans chaque pièce. Ils essayaient désespérément d'être courtois l'un envers l'autre. Il y eut une profusion de " Je vous demande pardon ", de " navré ", de " je crains de ne pas " et de " vous voulez sans doute dire… " que Mrs. Kennedy et moi dûmes traduire. Nous déambulions d'une pièce à l'autre, confondus par leur manque total de communication. »

Les répercussions des disputes qui agitèrent ce duo incompatible allaient se faire sentir pendant des années. Clement E. Conger, conservateur de la

Maison-Blanche de 1970 à 1986, remarque que Jackie « avait eu tout à fait raison d'engager Henry F. Du Pont comme président du Comité. C'était certainement, de son vivant, la plus grande autorité américaine en matière d'art américain. Mais Mrs. Kennedy, dont l'origine était française et qui avait une passion pour les choses françaises, engagea aussi Stéphane Boudin, qui était la coqueluche de Paris. Elle n'avait ni consulté ni informé Mr. Du Pont. Celui-ci, nous l'apprîmes par la suite, fut très contrarié, parce que Boudin, s'il était un grand décorateur à Paris, n'était pas réellement qualifié pour être le décorateur de la Maison-Blanche, en Amérique. Certaines choses devinrent trop " françaises ". Heureusement, sous l'administration Nixon-Ford, une partie de ces objets, de ces tentures, de ces tapisseries, de ces tissus, fut retirée. Les pièces furent redécorées dans un style purement américain ».

Parmi les conseillers de Jackie en matière de restauration, seule Jayne Wrightsman resta une inconditionnelle de Boudin. Les autres étaient unanimement partisans d'une destitution du Français. James Fosburgh, directeur du Comité Spécial pour les Peintures de la Maison-Blanche, écrivit à Jackie peu de temps après avoir fait la connaissance de Boudin :

> J'espère que vous ne m'en voudrez pas de vous parler avec la plus totale franchise. La rencontre avec Boudin lundi dernier, date à laquelle elle eut finalement lieu, m'a mis dans une position impossible. Permettez-moi d'essayer de vous expliquer pourquoi. Si c'est lui qui doit décider quel tableau accrocher, dans la mesure où il ne connaît rien à la peinture américaine ni, en l'occurrence, au mobilier américain, il n'est pas de la moindre utilité que je continue à acquérir quoi que ce soit pour la Maison-Blanche, car je n'ai pas de raison de penser que ça ne sera pas écarté ou relégué au grenier dès qu'il le verra...
>
> Je ne suis pas en train de me plaindre de Boudin, en tant que tel, encore que sa grossièreté ne puisse se justifier, en partie, que par le fait qu'il pensait peut-être... que je ne comprenais pas le français, ce en quoi il faisait erreur. Mais, depuis octobre, j'ai consacré tous mes instants à cette cause et je serais des plus malheureux de voir à présent nos grands espoirs pour ce projet, qui me tient particulièrement à cœur, réduits à néant...

Le plus grave différend entre Boudin et Du Pont concernait le salon Bleu, dont le décorateur français voulait absolument peindre les murs en blanc, et le salon Vert, dont les murs furent refaits couleur chartreuse.

« C'est trop *français* », s'exclama Du Pont quand il les vit pour la première fois. Le président Kennedy était totalement désemparé. « Le salon Bleu doit être bleu, insista-t-il, et le salon Vert doit être vert. Fais les refaire. »

Jackie refusa, soulignant que les nouvelles couleurs étaient plus proches de la réalité historique que les anciennes. De plus, cela coûterait trop cher de refaire la décoration.

Kennedy éclata de rire. L'argent n'avait jamais été un problème pour elle. A chaque fois qu'il entrait dans la chambre de sa femme, les murs avaient changé de couleur — pourquoi les salons Bleu, Vert ou Rouge feraient-ils exception ?

Lorraine Pearce, la conservatrice récemment engagée par Jackie, apporta un soutien total à son ancien mentor. Elle confia à James Biddle, conservateur adjoint de l'aile américaine du Metropolitan Museum of Art de New York, et conseiller auprès du Comité des Beaux-Arts, qu'elle se trouvait dans une position des plus délicates. Elle pensait, et Biddle l'approuva, qu'elle devait aborder sa fonction d'un point de vue de conservatrice et non pas intervenir simplement comme coordinatrice des divers caprices de décorateur qu'à son avis Boudin cherchait, plus ou moins, à défendre. Biddle fit part des propos de Lorraine à Du Pont. Quelques jours plus tard, Lorraine Pearce assistait à un séminaire à Winterthur et eut l'occasion de s'adresser directement à Du Pont.

« Je dois poursuivre ma tâche, telle qu'elle a été définie par le Comité des Beaux-Arts, dont vous êtes le président, affirma-t-elle. M. Boudin n'a rien à voir avec le Comité et je n'ai pas l'intention d'exécuter ses ordres et de détruire les salons de réception. »

Dans une lettre à Du Pont, Mrs. Pearce raconte que Jackie l'avait convoquée dans ses appartements : « Elle était très en colère que je vous aie parlé. Je ne sais pas comment elle l'a su et j'en étais très contrariée, mais je lui ai dit franchement quel était mon sentiment sur le sujet. »

La First Lady en parla également à Du Pont qui lui avait communiqué sa conversation avec Lorraine Pearce. Jackie la trouva extrêmement « déloyale » de s'en être ouvert à Du Pont derrière son dos : « Elle aurait pu se souvenir que c'était mon idée d'engager un conservateur, et de faire appel à vous. Je me rends compte du dévouement de Lorraine à vous et à la Maison-Blanche, mais elle est mal placée pour m'accuser de vous trahir. J'ai demandé à M. Boudin de se joindre à notre équipe, sentant qu'il pourrait nous être précieux, et je le pense toujours. »

Elle se justifia à nouveau lors de la visite suivante de Du Pont à la Maison-Blanche, soulignant la valeur inestimable que son expertise continuait à représenter dans les choix du Comité des Beaux-Arts. Elle utilisa la même tactique lorsqu'elle s'adressa à Stéphane Boudin et réussit ainsi à les tenir à distance.

Quand J.B. West l'informa que le projet de rénovation risquait de coûter au gouvernement plusieurs millions de dollars et de provoquer un scandale national, Jackie prit l'initiative d'un nouveau plan pour réunir les fonds nécessaires. Elle téléphona à l'avoué Clark Clifford et l'invita à déjeuner à la Maison-Blanche.

« Clark, lui demanda-t-elle, combien y a-t-il de gens qui entrent à la Maison-Blanche chaque année ?

— Je n'en sais rien, fit Clifford. Beaucoup. Un ou deux millions peut-être. Je pense que je pourrais le savoir. Mais en quoi cela vous intéresse-t-il ?

— Avant de répondre à vos questions, je voudrais que vous répondiez aux miennes. Est-ce que ces gens-là versent de l'argent à la Maison-Blanche ?

— Non. La Maison-Blanche est propriété publique. Les gens ne paient pas pour la visiter. Pourquoi voudriez-vous qu'ils paient ?

— Il n'y a pas de raison, en effet, répliqua Jackie. Mais nous devrions leur proposer quelque chose de concret qu'ils pourraient acheter et emporter avec eux comme souvenir. Cet argent pourrait nous servir car mon but, en fait, est de faire de la Maison-Blanche la première maison du pays.

— C'est un but louable. J'ai lu des choses sur votre projet de rénovation, Jackie, et je suis entièrement pour. Je vais y réfléchir.

— Il ne suffit pas d'y réfléchir, rétorqua Jackie. Il faut faire quelque chose. J'ai plusieurs idées. L'une d'elles consiste à vendre des cartes postales, pas comme celles qu'on trouve ailleurs mais des cartes à peindre des divers salons officiels, des cartes que les enfants pourraient colorier chez eux, par exemple. Et si ça n'est pas réalisable, je voudrais mettre au point un guide de la Maison-Blanche, un livre avec un texte éloquent et de belles photos, du genre de ceux que *National Geographic* propose à ses abonnés, mais pas aussi banal. Nous le vendrions pour un dollar. Les gens qui traversent cet endroit en quinze minutes sont incapables de vous dire ce qu'ils ont vu. Ce livre le leur rappellera, et il nous aidera à financer le projet de rénovation. Il pourrait même être réimprimé à chaque changement de gouvernement, avec des documents relatifs au gouvernement sortant. »

Clark Clifford retourna à son cabinet et discuta du projet de Jackie avec Carson Glass, son associé. Glass trouva que l'idée du guide était bonne et en parla à David Finley. Jackie, pendant ce temps, prit contact avec Melville Grosvenor, président de *National Geographic*. « Elle avait décidé que si *National Geographic* éditait de si beaux livres, le sien y trouverait sa place, raconte Glass. Je suis parti de là. Clifford m'annonça que nous devrions inclure dans ce projet l'Association Historique de la Maison-Blanche. C'était la seule manière de rester dans la légalité. Le problème, c'était que personne n'était propriétaire de la Maison-Blanche. Il n'y avait donc aucune autorité pour créer une société. Nous avons dû faire appel au ministère de la Justice et essayer d'obtenir une désignation officielle quelconque. Nicolas Katzenbach, le vice-ministre de la Justice, nous a aidés à finaliser le dossier. Finalement, un décret fut passé, selon lequel la Maison-Blanche dépendait désormais du Service des Parcs Nationaux. Après quoi, nous avons pu nous constituer en société.

« Il y avait d'autres problèmes. Il fallait, entre autres, obtenir un copyright sur le guide, dont le texte devait être rédigé par Lorraine Pearce, avec une préface de Jackie. La loi stipule qu'on ne peut demander de copyright sur un texte écrit par un employé fédéral durant ses heures de travail. Nous avons dû déclarer qu'elle écrivait la nuit, en dehors de ses heures de travail.

« A un moment, Jackie décida qu'elle voulait faire réaliser un film sur la Maison-Blanche. Elle me convoqua, ainsi que toutes les autres personnes impliquées dans le projet de guide. Nous nous réunîmes dans la salle de projection de la Maison-Blanche. Jackie était là, avec sa mère, Mrs.

Auchincloss. Elle essayait de définir quel genre de film elle souhaitait. Plusieurs réalisateurs avaient été sollicités pour montrer des échantillons de leur travail. Nous visionnâmes les bandes. Puis les lumières se rallumèrent et Jackie se leva pour faire un petit discours.

« Ce dont je me souviens parfaitement, c'est la manière dont elle s'est adressée à nous. Je ne pourrais pas la citer exactement, mais, de sa petite voix fluette, elle déclara en substance : " Je ne connais rien à ces choses-là. Je n'ai jamais rien appris là-dessus. Je dois m'en remettre à vous, messieurs. Vous devrez vous en occuper pour moi, mais si vous me permettez de faire une petite recommandation, voici la manière dont je m'y prendrais. " Elle débita ensuite une longue liste d'instructions très précises en nous disant exactement ce qu'elle attendait de nous. Elle était drôlement maligne. Elle savait comment obtenir des gens ce qu'elle voulait. Elle enrobait ses instructions de sucre, mais nous avions tous compris qu'il nous faudrait les appliquer à la lettre.

« Cette idée de film fut un prélude à la visite télévisée de la Maison-Blanche qu'elle organisa finalement pour CBS. Je reçus de Jackie un flot ininterrompu de lettres longues et détaillées. Elle envoya également par écrit à Clark Clifford des instructions prolixes, soulevant de nombreux points sur lesquels elle voulait son avis, mais Clark les a toutes détruites. Je l'aurais tué. Le contenu historique était, à lui seul, d'une valeur inestimable, mais il ne voulait pas conserver ces lettres parce qu'elles mettaient en cause des amis. J'ai toujours pensé qu'il aurait dû garder tout ça. J'ai appris ultérieurement que Jackie souffrait sans doute d'insomnie. Au milieu de la nuit, elle se levait pour noter toutes ses idées. Elle s'assurait ainsi que ceux qui étaient concernés auraient connaissance de ses moindres désirs. »

Robert L. Breeden, vice-président de *National Geographic,* confirme le degré d'engagement de Jackie : « Elle participait à chaque décision, depuis les titres jusqu'au choix des caractères. Elle exprimait ses volontés avec une grande précision. Elle était aussi très convaincante. Après qu'elle eut parlé à Melville Grosvenor, il accepta non seulement d'assumer les frais éditoriaux et iconographiques mais aussi de fournir une subvention supplémentaire.

« Le photographe en chef du guide était George F. Mobley, l'un des membres de l'équipe du *National Geographic.* Un soir, tard, il se trouvait dans le salon Rouge, en train de prendre des photos pour le livre. Il était obligé de travailler quand les salles étaient fermées au public. Il se plaignait qu'à chaque fois qu'il avait fini de photographier une pièce, Jackie changeait tous les meubles et les objets. Ce qui signifiait qu'il devait tout recommencer à zéro. Je crois qu'il m'a dit avoir photographié le salon Vert à quatre reprises. Ils ont finalement utilisé la troisième série de photos. Ils en avaient fait une quatrième, parce que Jackie avait décidé que la pièce ne lui plaisait plus et qu'elle avait voulu changer le tapis, mais celui qu'ils choisirent, après de multiples essais, était le même que celui qui avait servi à la troisième série de photos.

« Quoi qu'il en soit, George était en train de prendre des photos dans le salon Rouge, un soir. Il se servait, pour les clichés de détail, d'un de ces vieux appareils énormes, sur pied. Il avait le cache de feutre noir sur la tête lorsqu'il sentit une présence dans la pièce. Il retira donc le cache et, jetant un coup d'œil autour de lui, constata que Jackie était là. Ils n'avaient jamais été présentés officiellement. " Qui êtes-vous ? demanda-t-elle.

— Je suis George Mobley, répondit-il. Ça fait plus d'un an que je travaille ici. "

« Elle se montra très cordiale et ajouta : " Puis-je jeter un coup d'œil ? Elle se mit la tête sous le cache et s'étonna : Oh, mais c'est tout à l'envers. " Elle avait regardé à travers la lentille qui projette toujours une image inversée. George avait trouvé ce commentaire hilarant, de la part d'une ancienne photographe. C'était tout Jackie... on ne savait jamais si elle ne se moquait pas de vous.

« Je me souviens que l'une des photos que nous avions choisies pour le livre était une photo de John-John et Caroline, dans la chambre du petit garçon. Mr. Grosvenor affirma que c'était exactement le genre de document qu'il souhaitait voir dans le livre. Jackie n'arrêtait pas de la retirer de la pile de photos sélectionnées. Mais Grosvenor ne cessait de la lui remettre sous les yeux, en lui disant à quel point il la trouvait charmante et attendrissante. Nous étions en réunion avec Jackie pour décider du choix final. Mr. Grosvenor exhiba finalement la photo en déclarant : " Décidément, Jackie, c'est une grande photo. Pouvons-nous l'utiliser ? " Jackie regarda la photo, puis nous regarda. " Messieurs, fit-elle, même quand on a deux ans, une chambre doit rester un lieu privé. " Elle ne voulait pas voir paraître dans le livre une photo de John-John dans sa chambre, et il n'y eut pas moyen de la faire changer d'avis.

« Il y eut un certain nombre de conflits avec Lorraine Pearce. L'une des discussions épineuses que nous eûmes avec elle concernait les légendes. Lorraine voulait utiliser des numéros de référence et regrouper les légendes ailleurs. Lorsqu'on lui fit remarquer que ce n'était pas une pratique très journalistique, elle s'obstina. " Ce n'est pas du journalisme, fit-elle, c'est de l'histoire. " C'est ce type de comportement qui créa des frictions.

« A la suite d'une réunion particulièrement difficile avec Lorraine, Franc Shor et moi l'emmenâmes déjeuner au Mayflower. Elle s'était montrée inflexible et pas très réaliste sur de nombreux points. Franc lui déclara, durant ce déjeuner, qu'elle était la personne la plus arrogante qu'il ait jamais rencontrée. Elle éclata en sanglots. Mais les accrochages furent incessants jusqu'au 4 juillet 1962, jour de la mise en vente de *The White House : An Historic Guide*. »

Le guide de Jackie connut un succès immédat. Le tirage initial de 250 000 exemplaires fut épuisé en trois mois. Le livre fut réimprimé deux fois en 1962. A ce jour, il a été vendu à des millions d'exemplaires et a subi de nombreuses révisions. Le président Kennedy avait dès le début prévenu sa femme qu'elle serait vilipendée pour avoir commercialisé la Maison-Blanche, mais elle eut finalement droit aux honneurs pour son initiative. Le *New York*

Times célébra sa « méthode créative pour collecter encore plus d'argent pour les travaux de rénovation, en soulageant les épaules déjà surchargées des contribuables ».

Si Jackie s'était montrée économe de l'argent des contribuables, elle afficha un mépris total pour les sentiments des riches. « Elle les aborda avec une joyeuse malice, raconte Truman Capote. Elle insuffla à ses comités et sous-comités autant de sang bleu et d'argent qu'elle put en trouver. Puis elle les ponctionna sans vergogne.

« L'un des membres de son Comité Spécial pour les Peintures de la Maison-Blanche me raconta qu'il avait été invité pour le thé à la Maison-Blanche avec une demi-douzaine d'autres membres de ce même comité. Lorsqu'ils arrivèrent, ils trouvèrent tous les tableaux posés contre les murs de la pièce. Jackie les avait sélectionnés dans plusieurs galeries importantes de New York. Les invités furent informés, de manière assez subtile, que s'ils repéraient un tableau qu'ils estimaient digne d'être offert à la Maison-Blanche, il y aurait sûrement un moyen rapide et facile d'arranger la chose. A la fin de l'après-midi, il ne restait plus un seul tableau sans option d'achat. »

Si elle était passée maître en « vente douce », Jackie savait aussi quand et comment faire pression. Lorsqu'elle apprit qu'un certain Dr Ray C. Franklin, de Mt. Kisko, dans l'Etat de New York, possédait un miroir Hepplewhite qui avait appartenu jadis à George Washington, elle invita le médecin à la Maison-Blanche. Elle lui parla pendant des heures, lui expliquant son projet, l'emmena faire une visite personnelle des pièces d'apparat, mais ne lui demanda rien. Il était sur le point de partir, quand elle souleva enfin la question et le Dr Franklin s'entendit lui offrir le fameux miroir, qui valait 20 000 dollars.

Walter H. Annenberg, conservateur, directeur de journal et de magazine, et futur ambassadeur à la cour de St. James, fut lui aussi victime de Jackie. Clark Clifford raconte comment Jackie téléphona un soir au riche Philadelphien et lui parla de ses plans pour faire de la Maison-Blanche un monument national à part entière. Tout en devisant, elle fit allusion à la collection d'art inestimable d'Annenberg.

« Qn m'a dit que vous aviez un magnifique portrait de Ben Franklin par David Martin », fit Jackie.

A ces mots, Annenberg commença à comprendre les véritables motifs de l'appel de Jackie. « Vous êtes, Mr. Annenberg, le premier citoyen de Philadelphie. Et c'est pourquoi, Mr. Annenberg, j'ai pensé à vous. Croyez-vous qu'un grand citoyen de Philadelphie accepterait d'offrir à la Maison-Blanche un portrait d'un autre grand citoyen de Philadelphie ? »

« C'était fait de manière si détachée, si habile, qu'Annenberg n'a jamais compris ce qui lui arrivait, remarque Clark Clifford. Il déclara que c'était l'un de ses portraits favoris et qu'il avait besoin de quelques jours pour y réfléchir. Il ne lui dit pas que ce tableau lui avait coûté 250 000 dollars, mais il avait la certitude qu'elle le savait déjà. Il s'accorda en tout trente minutes de réflexion, la rappela et lui annonça qu'elle pouvait avoir le tableau pour la Maison-Blanche. Il le lui expédia dès le lendemain[1].

« Elle invitait parfois des groupes à la Maison-Blanche et me demandait d'être présent pour l'aider à répondre aux questions. Je leur assurais que les dons en argent ou en nature, y compris en mobilier et objets d'art, faits aux Etats-Unis au profit de la Maison-Blanche, seraient déductibles de leurs impôts, en vertu de la législation concernant les dons de charité. Les donations qui seraient faites par l'intermédiaire du Comité des Beaux-Arts créé par Mrs. Kennedy seraient considérées, au regard du fisc, comme des dons de charité, après acceptation officielle, pour le compte des Etats-Unis, par le représentant légal du gouvernement, en l'occurrence le directeur du National Park Service.

« Mais la clé de la rénovation de la Maison-Blanche fut sans conteste la grâce et le charme de Jackie, ainsi que son génie pour décider les gens — souvent contre leur propre volonté.

« Jackie démarcha également beaucoup de magazines comme *Life* ou *Look* — elle appelait ça " chanter pour gagner ma croûte " — dans le but de faire connaître le projet et de solliciter des fonds auprès du grand public. Mais, en 1962, Maxine Cheshire écrivit dans le *Washington Post* une série d'articles cinglants sur le projet de rénovation, qui mirent Jackie hors d'elle. »

Cette série de sept articles faisait état de l'ancienneté, de l'origine, du donateur, et de la valeur parfois douteuse de chaque pièce (l'enquête de Maxine Cheshire révéla qu'il y avait plusieurs faux parmi les antiquités nouvellement acquises, dont un bureau du salon Vert qui aurait coûté 20 000 dollars). Ces indiscrétions provoquèrent un appel de JFK au rédacteur en chef de l'époque du *Washington Post,* Philip Graham, auquel le liait une amitié en partie fondée sur un échange occasionnel de maîtresses et de petites amies. « Maxine Cheshire a fait éclater ma femme en sanglots, fit le président. Vous entendez ? »

Le martyre de Jackie se mua rapidement en fureur. Lorsque Henry Francis Du Pont lui demanda si elle avait autorisé la parution de la série d'articles de Maxine Cheshire, elle répondit, dans une lettre du 20 septembre 1962 qu'elle n'avait jamais autorisé cette parution et que les articles l'avaient révoltée. Mais c'est surtout Maxine Cheschire qui la révoltait.

C'était parmi les journalistes qui contribuèrent tant à gâcher sa vie et celle de ses enfants, une des « plus intelligentes et des plus perfides ».

Si Jackie déclare dans cette même lettre qu'elle ne « cherche pas à

---

1. Jackie savait être tout aussi persuasive par lettre, comme lorsqu'elle écrivit à Bernard Baruch (le 24 février 1962) : « Peut-être savez-vous que nous sommes en train d'essayer de ramener à la Maison-Blanche les objets ayant appartenu aux précédents présidents. Quelqu'un m'a dit que vous possédiez un portrait de Woodrow Wilson par Orpen. Le portrait que nous avons de lui actuellement n'est vraiment pas à la hauteur... et je pense que ce serait plus touchant et historique, si nous avions un superbe portrait de Wilson... offert par vous... Il est déplaisant d'écrire à des amis, et à des gens que j'admire, pour leur demander de se séparer de choses qu'ils aiment. Si vous ne pouvez vous passer de ce tableau, je comprendrai... »

trouver un coupable », elle s'arrange tout de même pour en dénoncer deux ou trois, dont Lorraine Pearce et Franco Scalamandré. Scalamandré, responsable du tissage de plusieurs soieries et draperies utilisées pour la rénovation de la Maison-Blanche, avait accordé une interview à Maxine Cheshire et avait même posé pour des photos destinées à illustrer ses articles.

Adriana Scalamandré Bitter, la fille de Franco Scalamandré, se souvient de cette controverse : « A l'époque, Jackie voulait annoncer elle-même l'achèvement de la restauration, et elle avait prévu une émission à cet effet. Il y eut un malentendu quand les gens du *Washington Post* vinrent à New York et demandèrent une interview, car personne n'avait donné de consigne là-dessus. Et mon père a simplement répondu à quelques questions. Le fait est que nous avions assuré la fabrication des soieries de la Maison-Blanche depuis la présidence d'Herbert Hoover. La plupart de ces tissus sont fabriqués ici même, à New York, ce qui est inattendu, parce que nous sommes les seuls aux Etats-Unis à posséder un métier comme celui-ci. Mon père a importé ce procédé d'Italie.

« Mon père a donc accordé une interview à Maxine Cheshire et lorsque Jackie l'a appris, elle est devenue folle de rage. Elle a exigé que mon père fasse une déclaration publique, pour démentir les informations qu'il avait données à Maxine Cheshire. Et il a répondu : " Je ne peux pas faire ça, Mrs. Kennedy. Je ne peux pas dire que ce sont de fausses informations. Ils ont des photos de moi avec les tissus sur les genoux. De plus, ces détails sont exacts. Je ne peux pas mentir, même dans l'intérêt de la Maison-Blanche. " »

Par lettre et au téléphone, la First Lady déversa à nouveau sa rage auprès de Henry Francis Du Pont, devenu son conseiller pour ce genre d'affaire. Elle se plaignit de ce que Franco Scalamandré avait utilisé la Maison-Blanche dans une série de publicités passées dans la presse, sans lui en avoir demandé l'autorisation. Mais ce qu'elle lui reprochait surtout, c'était d'avoir parlé à Maxine Cheshire, également sans son aval. Il était allé jusqu'à décrire la chambre de Jackie à la Maison-Blanche sans l'avoir jamais vue.

Jackie était décidée à remettre Scalamandré « à sa place », et se jura de ne plus jamais faire appel à lui.

L'attaque contre Lorraine Pearce qui avait déjà été « démissionnée » de son poste de conservateur, fut tout aussi virulente. Elle critiqua violemment l'ancien conservateur de s'être engagée de façon téméraire pour un « lourd programme de conférences » sans l'avoir consultée au préalable, bien que Jackie l'ait autorisée à se joindre au Comité des beaux-arts. « Elle devra choisir entre abandonner son projet de conférences ou quitter le Comité », déclara la First Lady. Jackie pensait que la publicité était la seule motivation de Lorraine, ce qui, à ses yeux, était impardonnable. Ceux qui ne partageaient pas sa hantise de la publicité ne pouvaient pas travailler avec elle.

L'équipe de Jackie était franchement étonnée de cette soif absolue de perfection, du degré auquel elle s'impliquait dans le projet de rénovation. Le moindre abat-jour, le moindre vase, le moindre chenet étaient soumis à son examen. Même les lustres furent transférés de pièce en pièce. Les murs étaient constamment repeints, les meubles et les tableaux redisposés indéfiniment. Elle était furieuse lorsque les membres de ses divers comités ne répondaient pas à ses attentes. Mrs. George Henry Warren, de Newport, fit l'objet de plus d'un mémo agacé à Henry Francis Du Pont : « J'espère que si vous rencontrez un jour Mrs. Warren, vous lui ferez sa fête. Quand je pense qu'elle est là, à Newport, avec tant de maisons remplies de si jolies choses et qu'elle ne nous a même pas offert une petite babiole. » Jackie fut outrée de voir certains antiquaires ou marchands de tapis tenter de faire payer le prix fort : « J'aime tellement ce tapis, écrit-elle à J.B. West, mais nous sommes à court de dollars et J'ENRAGE de voir tous ces gens qui essayent d'escroquer la Maison-Blanche. Dites-lui que s'il nous le donne, il aura droit à un abattement fiscal et à sa photo dans notre guide — sinon, tchao. »

Elle fit preuve de la même force de volonté et du même pouvoir de persuasion lorsqu'elle exhorta Bernard Boutin et l'Administration des Services Généraux à débloquer des fonds supplémentaires pour les projets de Blair House et de Lafayette Square. « Décidément, je n'aime pas du tout les deux bâtiments à l'arrière du Square — les fenêtres sont hideuses », écrivit-elle à Boutin. Boutin accepta de faire modifier les fenêtres, promettant que « tout travail serait exécuté par des équipes travaillant vingt-quatre heures sur vingt-quatre et des effectifs aussi importants que possible ». Jackie répondit avec gratitude, mais en réclamant à nouveau de l'argent.

Ce projet de restauration se révéla pour Jackie un moyen pratique d'éviter les corvées mondaines. Elle méprisait le rôle traditionnel d'une Première Dame et refusait de jouer le jeu. « Pourquoi devrais-je traîner dans les hôpitaux et jouer les dames de charité alors que j'ai tant à faire ici ? » déclara-t-elle à l'un des membres du Comité des Beaux-Arts. Elle échappa à un petit déjeuner de prières des femmes de sénateur, en envoyant Tish Baldridge à sa place, afin de pouvoir assister à l'exposition d'une vente aux enchères de mobilier Early-American chez Parke-Bernet à New York. Elle utilisa le même prétexte pour éviter un déjeuner du Conseil National des Femmes Noires, auquel elle avait été invitée à prendre la parole.

Harris Wolford, conseiller juridique auprès du président Kennedy, rappelle comment Jackie snoba involontairement Martin Luther King, au profit de son projet de rénovation : « C'était une période troublée pour King. Le président m'avait demandé de le faire venir dans ses appartements privés de la Maison-Blanche, afin de discuter avec lui des récents problèmes touchant aux droits civils [des Noirs]. Nous entrâmes dans l'ascenseur, mais au lieu de monter, nous nous retrouvâmes au sous-sol et Jackie Kennedy apparut. Elle était en jeans et son visage était couvert de suie ; ses cheveux étaient tirés en chignon sur le sommet de la tête. Lorsque je fis les présentations, elle déclara, de cette voix particulière qui était la sienne : " Oh, docteur King, vous auriez été très ému, si vous vous étiez trouvé avec moi dans les sous-sols ce matin. J'ai découvert un fauteuil sorti tout droit de l'époque d'Andrew Jackson — un fauteuil magnifique, superbe ! " King répondit : " Ah oui... vraiment ? "

« Lorsque l'ascenseur arriva à destination, Mrs. Kennedy ajouta : " Il faut absolument que je raconte ça à Jack. " Puis, après un silence : " Mais je suppose que vous avez d'autres sujets à aborder ensemble. "

« Après son départ, King maugréa : " Eh bien, eh bien... C'est quand même quelque chose, non ? " »

Jackie se racheta un peu en acceptant la proposition de Blair Clark, qui travaillait pour CBS.

« C'est moi qui ai proposé le premier à John que Jackie fasse une visite commentée de la Maison-Blanche pour la télévision, raconte Clark. Cette conversation a eu lieu en 1962. Nous nous étions déjà entretenus de la manière d'utiliser la télévision pour son image, un sujet avec lequel son père était déjà familiarisé. John était donc alerté sur ce point. Mais il voulait en savoir davantage et c'est pourquoi, en décembre 1960, date à laquelle j'étais vice-président et directeur général de CBS News, je me rendis au Carlyle avec Fred Friendly pour le voir. Fred était rédacteur en chef du journal de CBS. Nous parlâmes tous les trois de ce qui était à l'époque un concept totalement nouveau. Aucun président n'avait réellement utilisé la télévision jusqu'alors. Les précédents avaient eu peur de prendre des risques. Et, dans le passé, ils s'étaient toujours concentrés sur la presse écrite.

« Ce premier contact s'était révélé fort utile pour John. Son intelligence, sa grâce et son charme convenaient parfaitement à la télévision. Je commençai donc à lui parler de cette visite de la Maison-Blanche et il me répondit : " Eh bien, il vous faudra la persuader. " Je rencontrai donc Jackie. Elle se montra un peu réticente au début. Elle ne voulait pas donner l'impression d'être une sorte de décoratrice d'intérieur. Quoi qu'il en soit, nous nous vîmes une première fois, puis une seconde, après laquelle je fis venir Perry Wolff, un pionnier en matière de réalisation de documentaires télévisés, et nous bavardâmes tous les trois ; ensuite je fis venir Charles Collingwood, que je désignai comme correspondant de la chaîne pour cette émission. Charles connaissait un peu les Kennedy, pour avoir été autrefois leur voisin à Georgetown. A un moment, elle suggéra que je commente la visite à sa place. Je lui dis : " Ça n'est pas le rôle des responsables de la télévision. " Je voulais dire que c'était Jackie, l'attraction, pas moi. Elle consentit finalement... Avant d'en finir, je dus convaincre Jackie de persuader JFK de faire une brève apparition à la fin de l'émission, ce qu'il fit. »

« Tenant compte des informations procurées par Pam Turnure et Lorraine Pearce, j'ai rédigé quatre brouillons du script, raconte Perry Wolff, auteur et réalisateur de l'émission. Nous avons tourné en janvier 1962, pendant un ou deux jours, y compris les gros-plans sur les objets décrits par Jackie au cours de la visite. Elle improvisait beaucoup et il y eut un certain nombre d'erreurs concernant les noms, les dates, et ainsi de suite. Je dus retourner à la Maison-Blanche et faire un doublage avec Jackie pour corriger certaines d'entre elles[1]. Elle avait cette curieuse voix et, bien que je sois à moins de deux mètres d'elle, je l'entendais à peine. " Il vous faudra parler plus fort, lui dis-je.

— Je parle fort, répliqua-t-elle.

— Mais je ne vous entends pas.

— Je ne peux pas parler plus fort que ça. " »

« Elle avait hâte d'en finir et d'aller chasser le renard et, pour quelque obscure raison, elle semblait ce jour-là particulièrement en rogne contre Pam Turnure qui se tenait à proximité, observant l'enregistrement de l'émission. Je suis incapable de dire si cela avait un rapport avec la liaison de Pam avec le président, liaison dont le monde entier semblait être au courant.

« Plus tard, cette même année, Doubleday me proposa une jolie somme d'argent pour faire un livre à partir de l'émission. Jackie s'y refusa d'abord, parce qu'elle avait l'intention de faire son propre livre sur le projet de rénovation, avec le journaliste-photographe David Douglas Duncan. Duncan insistait pour que la Maison-Blanche soit fermée pendant deux jours, afin de lui permettre de réaliser sa part du projet. Le président Kennedy décréta : " La dernière fois que nous avons fermé la Maison-Blanche, c'était en 1812, quand les Anglais l'ont incendiée. Nous n'avons pas l'intention de commémorer la chose. " C'est ainsi que j'ai été autorisé à entreprendre cet ouvrage qui, comme l'émission de télévision, fut intitulé *Une visite de la Maison-Blanche avec Mrs. John F. Kennedy.*

« L'émission fut diffusée le jour de la Saint-Valentin, en 1962, devant un public de près de 46 millions de téléspectateurs. Jackie enregistra une introduction en français, ainsi qu'en espagnol et l'émission fut finalement distribuée dans 106 pays. L'événement, considéré comme un gros coup de relations publiques pour Jackie, n'eut qu'un seul détracteur notable, Norman Mailer, dont la critique acerbe parut dans *Esquire :* " La voix était une parodie adoucie de ce genre de voix qu'on entend dans les émissions de nuit à la radio, doucement glissée à votre oreille par des filles qui vendent des matelas moelleux, des dépilatoires ou des crèmes pour éclaircir le teint... Jackie bouge comme un cheval de bois et ressemble à une starlette qui n'apprendra jamais à jouer. " Il conclut en éreintant cette émission " stupide, malvenue, sans intérêt, creuse, ennuyeuse et obséquieuse à l'égard des goûts les plus serviles du mode de vie américain ". »

Commentant ce jugement sur Jackie, Mailer reconnaît que ça « l'avait desservie. Ce n'est pas que je n'admirais pas Jackie. J'avais une haute opinion d'elle au moment où j'ai écrit cet article et j'ai gardé une haute

---

1. Même après un montage rigoureux, un certain nombre d'erreurs subsistèrent apparemment dans la version diffusée. Chris Preuty Rosenfeld, qui fit des recherches sur l'émission pour CBS, écrivit ultérieurement à David Finely (le 15 février 1962) : « Comme je regrette les erreurs qui se sont glissées dans la copie finale... Bien sûr, certaines de ces erreurs étaient dues à l'improvisation de Mrs. Kennedy. Les gens de CBS étaient trop soucieux de ne pas la perturber — et cela lui a rendu un mauvais service. »

opinion d'elle. J'ai seulement eu le sentiment que cette visite de la Maison-Blanche l'avait beaucoup desservie ».

En plus du projet de rénovation de la Maison-Blanche, Jackie s'intéressa à un projet d'agrandissement et de restructuration de la Bibliothèque dans le but de la remplir « d'écrits américains significatifs qui ont influencé la pensée américaine — de livres écrits par les présidents, de grands auteurs, etc. ». Pour aider ce projet, Jackie contacta James T. Babb, qui était conservateur en chef des bibliothèques de l'université de Yale et, dans une série de lettres, lui expliqua ce qu'elle voulait : « Je n'ai JAMAIS pensé, ni ne laisserai penser que ce serait une bibliothèque de référence pour l'équipe de la Maison-Blanche... Elle ne sera jamais assez grande pour ça, et tous les livres seraient marqués d'horribles numéros au dos, et personne ne les rendrait.

« Je veux des livres anciens, à chaque fois que possible dans leur reliure originale. Le seul point sur lequel je ne suis pas d'accord avec vous, c'est que je ne pense pas qu'il soit nécessaire de rechercher la rareté, les premières éditions rares. Elles sont encore plus chères que les meubles, et pour obtenir les meubles que nous voulions ça a été un travail épuisant, et nous sommes encore endettés. Juste ce que devrait être la bibliothèque d'un honnête homme — quelques beaux libres, d'autres pas nécessairement rares... »

Malgré l'implication de Babb, ce projet ne fut jamais achevé. L'autre projet culturel de Jackie, le National Cultural Center de Washington D.C. — qui devait devenir par la suite le John Fitzgerald Kennedy Center for the Performing Arts —, connut un plus grand succès. Ce fut en fait le président Eisenhower (et non Kennedy) qui signa le décret autorisant la création du National Cultural Center. A cause du rôle d'Eisenhower dans ce projet, le président Kennedy proposa à Mrs. Eisenhower le titre de coprésidente de la campagne de collecte de fonds en faveur du Centre, aux côtés de Mrs. Kennedy.

Mamie Eisenhower émit quelques réserves. Elle accepta, à la condition toutefois que « toutes les autres First Ladies fassent partie du comité, à titre de coprésidentes honoraires ». Cependant, si cela n'était pas envisageable, elle était prête à apporter sa participation, sous réserve qu'aucune autre personne de toute autre catégorie ne soit impliquée, à savoir, aucune des sœurs du président Kennedy ou de Mrs. Kennedy, aucune des épouses de membre du Cabinet, etc. Elle insista également pour que le statut de coprésidente honoraire soit totalement égalitaire. Elle « n'accepterait pas de servir en tant que membre honoraire comme subordonnée de Mrs. Kennedy... ». Mrs. Eisenhower prêta finalement son nom à la campagne, mais guère plus. Elle exprima après coup sa conviction qu'il était impossible de travailler avec Mrs. Kennedy autrement que dans une fonction subalterne.

Un autre projet suscita l'intérêt de Jackie durant le mandat Kennedy : la préservation des monuments pharaoniques en Egypte (alors République arabe unie), en particulier d'Abou-Simbel, pendant la construction du barrage d'Assouan. Ce processus, qui impliquait le déplacement des temples antiques dans leur intégralité, coûtait bien plus cher que ce que l'Egypte était prête à payer. Dans l'intérêt de l'art et de l'histoire, Jackie décida de s'en occuper.

Richard Goodwin, qui écrivait les discours de Kennedy, se souvient que Jackie « choisissait soigneusement ses domaines d'intérêt et s'y attachait ensuite réellement. L'un de ses premiers mémos au président concerna le barrage d'Assouan. Elle sauva ces monuments égyptiens de la destruction en obtenant du Congrès les fonds nécessaires et aussi en récoltant des fonds privés. Pour susciter l'intérêt du grand public pour cette entreprise, elle organisa une exposition des trésors de Toutankhamon à la National Gallery, puis inaugura cette exposition en annonçant qu'il fallait 50 millions de dollars pour " préserver notre passé ". Je mettrais ma main à couper qu'elle en a obtenu la plus grande partie ».

En 1975, en témoignage de la gratitude égyptienne, le temple de Dendour fut expédié par bateau à New York, pierre par pierre, et remonté pour être exposé au Metropolitan Museum of Art. D'autres musées, à travers le pays, exposèrent également leurs acquisitions égyptiennes durant cette année de célébration nationale de l'Antiquité du Moyen-Orient. Pour remercier Jackie de sa participation au projet de préservation du barrage d'Assouan, Nasser lui avait offert, en 1961, la statue récemment exhumée d'un noble égyptien de la Ve dynastie, et une paire de vases damasquinés contemporains. Les vases, qui valaient moins de mille dollars pièce, furent enregistrés comme « cadeaux officiels de la Maison-Blanche », alors que la statue, d'une valeur supérieure à 250 000 dollars resta (et est toujours) possession personnelle de Jackie.

21

Les jambes court vêtues repliées sous elle, Jacqueline Kennedy, s'appuya sur un coussin de cuir, dans le compartiment privé de l'avion présidentiel qui reliait Bogota à San Juan. C'était au cours d'une visite officielle, une fois de plus très réussie, à Puerto Rico, au Venezuela et en Colombie. Jackie, selon l'éclaireur de la Maison-Blanche Jerry Bruno, avait souvent soulevé plus d'enthousiasme que le président, durant ce voyage de quatre jours, à la mi-décembre 1961. « C'est incroyable, déclara Bruno. C'est difficile à décrire. Et ce n'était pas seulement parce qu'elle a prononcé plusieurs discours en espagnol. C'était parce qu'elle était la mère de deux enfants très exposés, et parce qu'elle était catholique, élégante et américaine. J'étais là deux semaines avant l'arrivée du groupe présidentiel et la plupart des questions posées par les membres du gouvernement vénézuélien et colombien ou par les représentants de l'Eglise concernaient Jackie plutôt que JFK. Comment serait-elle habillée ? Que ferait-elle pendant que le président assisterait aux réunions ? Comment était-elle en privé ? Elle suscitait un intérêt incroyable. »

A présent, sur le vol du retour, la First Lady avait accepté de commenter sa première année à la Maison-Blanche avec un journaliste de *Newsweek* :

« La manière dont nous passons nos soirées ? Avant de quitter Washington, nous avons dîné seuls et nous avons parlé d'Ed Gullion, notre ambassadeur au Congo, et nous avons convenu que c'était un homme merveilleux... quand je pense qu'il a été mis au placard pendant huit ans... et Jack disait que l'Afrique était le plus grand défi pour un homme brillant, aujourd'hui. Il disait : " C'est là qu'il faut être. "

« Ensuite, nous avons reçu Mr. et Mrs. Franklin D. Roosevelt, Jr., et l'ambassadeur et Mrs. David Ormsby-Gore. Et, une fois de plus, c'était fascinant d'entendre ces trois hommes parler. Les femmes écoutaient, intervenant à l'occasion, ce qui leur donnait un prétexte pour relancer la conversation... Et puis nous avons eu ce dîner officiel à Mount Vernon, en l'honneur de Mohammed Ayub Khan, le président du Pakistan, et nous espérons donner bientôt un dîner pour tous les lauréats du prix Nobel de l'hémisphère occidental...

« Je sais tellement plus de choses aujourd'hui qu'il y a un an, et dans tous les domaines. Pensez à cette époque que nous vivons. Jack et moi, nous sommes jeunes tous les deux, nous sommes en bonne santé, avec deux enfants merveilleux. C'était difficile pour eux au début, surtout les trois premiers mois, pendant lesquels nous les avons à peine vus. Ça a failli me briser le cœur. Et j'ai constaté quel effet désastreux ça a eu sur Caroline. Ce petit visage triste. Et cette obligation de vivre dans un bâtiment administratif. Vous quittez votre bureau pour cinq minutes, et quand vous revenez, vous trouvez à nouveau des dossiers empilés jusqu'au plafond. Et puis Jack n'était pas habitué à vivre et à travailler sous le même toit. Un ami lui a suggéré de faire deux fois le tour de l'allée à pied, chaque matin, comme s'il se rendait à son bureau. »

Pour le lecteur moyen de *Newsweek*, les lamentations de Jackie ressemblaient sûrement à des propos de petite fille gâtée et de méchante humeur. Le « petit visage triste » de Caroline, par exemple, devait être réconforté par la présence d'un important personnel employé par les Kennedy (aux frais de la Maison-Blanche) pour s'occuper des enfants. Ils avaient des animaux en peluche, des poupées, des jouets, des livres et des jeux à ne savoir qu'en faire. Pour aller à l'école, il leur suffisait de prendre l'ascenseur et de monter au dernier étage de la Maison-Blanche où Jackie avait installé un jardin d'enfants et une classe maternelle à leur intention et à celle de deux douzaines de petits camarades privilégiés.

« Je me souviens d'avoir lu que Jackie avait été une mère remarquable, et qu'il avait dû être très difficile pour elle d'élever ses enfants, raconte Esther Van Wagner Tufty. Cela fait partie de cette image fabriquée des Kennedy que toute la famille, depuis le patriarche Joseph Kennedy jusqu'à Jackie Kennedy elle-même, a passé tant de temps et consacré tant d'argent à créer. Les gens me diront que Jackie était snob, égoïste et terriblement gâtée, mais qu'elle a su merveilleusement élever ses enfants. Je ne vois pas en quoi, et je ne pense pas être la seule. Je ne vois pas ce qui la distingue, en tant que mère, de 50 millions d'autres mères américaines, excepté qu'elle avait plus d'argent, plus de personnel et de tendances élitistes qu'aucune d'entre elles.

« Quant à Caroline et à John-John, combien d'enfants ont-ils eu la chance de grandir à la Maison-Blanche, d'aller à l'école en ascenseur, de voir leurs propres poneys galoper sur la pelouse devant leur maison, d'avoir une garde-robe assez fournie pour habiller la moitié des enfants de Harlem, de n'avoir pas à patienter dans la salle d'attente d'un docteur ou d'un dentiste, de ne jamais avoir à prendre l'autobus ou le métro, en sachant qu'ils pouvaient tout avoir, aller n'importe où et faire pratiquement tout ce qu'ils voulaient dans la vie ? Ces enfants-là étaient traités comme des princes. Ils voulaient rencontrer Bozo le Clown, ils rencontraient Bozo. Ils voulaient un petit chien Lassie, ils avaient un petit chien Lassie. Devrais-je me sentir désolée pour eux ? Devrais-je considérer Jackie comme la Mère de l'année, parce qu'elle leur lisait de temps à autre une histoire avant de dormir ou qu'il

271

lui arrivait parfois de rester avec eux pendant que leur nanny leur donnait le bain[1] ?

« Nous étions tous censés plaindre Jackie. Je veux parler de toutes ces corvées auxquelles est soumise une femme de président : être obligée de rencontrer des chefs d'Etat, comme Konrad Adenauer ou Harold Macmillan, Hailé Sélassié ou Golda Meir, Ben Bella ou Jawaharlal Nehru. A ce propos, elle avait la manie de se moquer, de manière outrancière et hilarante, de certains de ces chefs d'Etat qu'elle rencontrait. Elle imitait le fort accent prussien d'Adenauer, le zézaiement du chah d'Iran, le ton affecté de Frederika de Grèce. Elle avait un répertoire d'une bonne cinquantaine de leaders mondiaux. C'était cruel mais amusant, le genre de satire que Noel Coward mettait en scène si brillamment.

« Elle fit un pastiche éblouissant de Soekarno, qui se rendit en visite officielle à Washington au printemps 1961. Le président indonésien ne s'intéressait qu'aux prouesses sexuelles de ses vedettes de cinéma préférées, Marilyn Monroe et Gina Lollobrigida, en particulier. Il exigea que le Département d'Etat lui procure des call-girls, pour lui-même et pour les autres membres de sa suite. Il fit un rentre-dedans terrible à Jackie, lors d'une réception à la Maison-Blanche, la conviant à se rendre en Indonésie — sans son mari. Elle déclina l'offre. Elle savait s'y prendre avec les hommes. Che Guevara déclara un jour qu'elle était la seule Américaine qu'il souhaitait rencontrer — et pas précisément à une table de conférence.

« Je l'ai déjà dit, Jackie avait ses bons et ses mauvais côtés. On a exagéré les uns comme les autres. Comme son mari, elle avait été élevée dans la perspective de son rôle et avait appris à exercer les pouvoirs et les responsabilités qui allaient de pair. Elle se vanta un jour auprès de Nancy Tuckerman : " On m'a dit que j'aurais cent choses à faire, en tant que First Lady, et je n'en ai pas fait une seule. " Elle recevait une foule de conseils des gens de la Maison-Blanche, pour changer d'image. Elle devrait être plus frugale, comme Mrs. Taft, ou plus engagée politiquement, comme Mrs. Roosevelt, ou bien encore oublier la politique et adopter des goûts plus simples, comme Mrs. Truman. Elle devrait renoncer à ses coiffures sophistiquées. Elle ne devrait pas chasser le renard ni s'habiller de manière si coûteuse. Mais Jackie continua à n'en faire qu'à sa tête.

« Et ce n'était pas toujours pour le pire. Lorsqu'elle apprit que les dames des Filles de la Révolution Américaine s'opposaient à ce qu'elle achète des cartes de Noël de l'UNICEF, parce que l'argent était censé revenir à des pays sous contrôle communiste, elle commanda une centaine de boîtes supplémentaires et s'assura que la presse s'en ferait l'écho. Cette

---

1. Malgré toute « l'aide » dont Jackie disposait pour élever ses enfants, il y avait des moments de panique. Lors d'une piscine-party, en juin 1961, une petite fille tomba dans le grand bassin et manqua de se noyer. Pour sauver l'enfant, Mrs. William L. Saltonstall (belle-fille du sénateur du Massachusetts Leverett Saltonstall) dut plonger dans la piscine. De tels incidents firent douter Jackie de la fiabilité des gardes du corps.

année-là, toutes les mères de famille américaines achetèrent des cartes de Noël de l'UNICEF.

« Lorsque Jackie fit campagne avec son mari en Virginie occidentale, en 1960, elle fut choquée par la pauvreté qu'elle constata dans les régions minières. Après les élections, elle décida de faire quelque chose. Elle commença par acheter la verrerie de cristal de la Maison-Blanche à la Morgantown Glassware Guild, une industrie importante de Virginie occidentale. L'année suivante, un industriel bien connu de la verrerie de luxe se proposa d'offrir à la Maison-Blanche un service complet, mais Jackie hésita. Elle voulait continuer à faire ces achats en Virginie occidentale " jusqu'à ce qu'ils ne soient plus pauvres ". A son retour d'un voyage en Inde, en 1962, elle déclara : " La pauvreté en Virginie occidentale m'a frappée davantage que la pauvreté en Inde, peut-être parce que je n'avais simplement pas réalisé qu'elle existait aux Etats-Unis. " Elle affirma qu'elle " casserait tous les verres de la Maison-Blanche et en commanderait de nouveaux chaque semaine, si c'était le seul moyen qu'elle avait de les aider ". »

« Je pense que Jackie avait enfin le sentiment de faire quelque chose d'utile, dit Oleg Cassini. Au début, elle avait été forcée de s'adapter. Et puis elle est allée en Europe, où elle a soulevé un plus grand intérêt que le président. C'est là qu'elle a commencé à prendre plaisir à sa fonction. Avant, elle se considérait seulement comme " l'épouse du président ". Mais c'était quelque chose de nouveau pour elle. Elle lui avait volé la vedette, elle avait occulté le pouvoir de son mari. »

Igor Cassini va même plus loin : « Jackie a toujours adoré le monde du pouvoir et de l'argent. Et, comme on dit, " le pouvoir corrompt ". En un certain sens, il l'a corrompue. Quand elle est devenue First Lady, elle a changé — et pas pour le meilleur. »

Quels qu'en soient les bénéfices, ce goût du pouvoir de Jackie provoqua des dissensions dans la famille. « On ne pouvait que plaindre Lee, déclare Edie Beale. Jouer les seconds violons avec Jackie ne devait pas être facile. A chaque fois que Lee se rendait à la Maison-Blanche ou accompagnait Jackie dans un déplacement, elle devait se rappeler que Jackie était la Reine du Cirque. »

Et s'il arrivait à Lee de l'oublier, Jackie s'arrangeait toujours pour le lui remettre en mémoire. Lorsque la First Lady lut dans un journal que sa sœur était habillée de façon plus élégante qu'elle, elle écrivit à l'une de ses espionnes à Paris : « Ce que j'apprécierais plus que tout, c'est que vous me teniez au courant de vos trouvailles avant Lee. N'y manquez pas, je vous prie. Maintenant qu'elle sait que vous êtes mon " éclaireur ", elle prend de l'avance sur moi. Aussi, cet automne, dites-moi en priorité quels sont les plus jolis modèles. »

Les plus gros problèmes de Jackie venaient de la famille Kennedy, à commencer par Ethel. « Ethel Kennedy a une mentalité de vautour, raconte Truman Capote. C'est l'être humain ayant le plus grand sens de la compétition et le plus férocement jaloux que j'aie jamais rencontré. Jackie donnait une soirée à la Maison-Blanche et une semaine plus tard Ethel se sentait obligée d'organiser une fiesta à Hickory Hill. Ça tournait à l'obsession. Tout ce que Jackie faisait, elle voulait le faire en mieux. Jackie l'appelait " la machine-à-faire-des-bébés : il suffit de la remonter pour qu'elle tombe enceinte ". »

Et puis il y avait les différends constants entre Jackie et Rose Kennedy, une relation qui n'avait jamais été facile, ni pour l'une ni pour l'autre. Bob Davidoff, célèbre photographe de Palm Beach, attribue leurs problèmes au fait que « c'étaient, toutes les deux, de fortes personnalités. Jackie était First Lady, mais Rose était la matrone de la famille. C'est elle qui commandait les troupes. Et, à cet égard, elle était comme toutes les autres belles-mères et passait son temps à dire aux enfants, Jackie comprise, ce qu'ils devaient manger, où ils devaient passer leurs vacances, comment ils devaient s'habiller. Jackie ne tolérait pas les directives de sa propre mère et elle n'était pas près d'accepter les avis de Rose.

« Elles avaient également des divergences d'opinion sur la manière d'élever les enfants. Quand elles ne voulaient pas que les enfants comprennent ce qu'elles disaient, elles parlaient en français. Rose s'inquiétait que Caroline et John, Jr., reçoivent une éducation religieuse adéquate et s'assurait qu'ils connaissaient leurs prières. »

J.B. West remarquait que Rose « venait à la Maison-Blanche plus souvent quand sa belle-fille était absente que lorsqu'elle y était. Elle faisait office d'hôtesse, aux côtés de son fils, pendant les cérémonies officielles qui avaient lieu dans ces périodes-là, et de toute évidence, c'est elle qui faisait la loi quand son fils lui rendait visite ».

La mère du président écrivait fréquemment aux divers membres de l'équipe de la Maison-Blanche, pour critiquer Jackie. Lorsque la First Lady envoya la Air Force One à Palm Beach pour récupérer plusieurs albums de disques qu'elle y avait oubliés, Rose Kennedy écrivit à Ken O'Donnell : « Ce genre d'abus est tout simplement inacceptable. »

A la suite de l'une des visites de John et Jackie à Palm Beach, J.B. West reçut de Rose la lettre suivante :

> Lorsque le président a utilisé la maison de Palm Beach à la fin du printemps dernier, après notre départ, il y avait un tas d'assiettes, de marmites et de casseroles sales qui traînaient dans la cuisine. J'apprécierais que vous demandiez au personnel de tout laisser propre, à l'avenir, car nous avons eu des ennuis avec les rongeurs.
>
> Je compte sur votre doigté pour leur en parler, car je ne voudrais pas qu'ils pensent que c'est notre personnel qui s'est plaint...

Plus contrariantes pour Jackie que les lettres de sa belle-mère étaient les remarques embarrassantes d'Eunice Shriver, qui devinrent plus fréquentes encore après l'attaque de Joe Kennedy. Eunice ne s'entendait pas avec Jackie aussi bien qu'avec Ethel. Un week-end, alors que John et Jackie étaient au Mexique, les Shriver invitèrent la journaliste Ruth Montgomery et son mari pour un brunch dominical sans cérémonie. Eunice et Ruth se doraient au bord de la piscine, lorsque la radio annonça l'accueil chaleureux réservé au président au sud du Rio Grande, et Eunice s'exclama : « N'est-ce pas merveilleux que ce soit mon frère qui attire l'attention cette fois, au lieu de Jackie. Honnêtement, quand je pense qu'elle n'a jamais levé le petit doigt pour aider Jack, politiquement, et qu'elle lui a rafflé la vedette en Europe ! »

L'ambassadeur américain au Honduras, Charles R. Burrows, fut témoin d'une altercation entre Eunice et Jackie qui eut lieu vers la mi-1962, lorsque Mrs. Villeda Morales, l'épouse du président du Honduras, se rendit aux Etats-Unis. « Comme elle n'était pas en visite officielle, Mrs. Kennedy ne souhaita pas la rencontrer, raconte Burrows. Eunice Shriver l'apprit ; navrée que Mrs. Morales n'ait pas pu voir Mrs. Kennedy, elle lui déclara. " Ecoutez, je vais vous faire entrer à la Maison-Blanche — vous savez, par la porte de derrière, comme on dit — et vous rencontrerez Mrs. Kennedy. " Mrs. Morales répliqua : " Je suis femme de président, et je n'entrerai pas par la porte de derrière ", et elle repartit chez elle pas franchement ravie de cet incident. Elle avait le sentiment d'avoir été traitée par-dessus la jambe. »

Eunice Shriver en voulait à Jackie. L'un des premiers groupes des corps des Volontaires pour la Paix — le projet de Sargent Shriver — était parti pour le Honduras. Eunice sentait la nécessité de promouvoir une politique de bon voisinage avec tous les pays d'Amérique latine, et tout particulièrement le Honduras.

La situation s'exacerba lorsque le président colombien arriva à Washington et essuya lui aussi une rebuffade : « C'était une visite officielle et il y eut un dîner... donné par le président. Mais Mrs. Kennedy n'était pas là, elle était indisponible. C'était une période où elle ne faisait pas ce genre de choses. La rumeur disait que Mrs. Kennedy ne se sentait pas bien et que la mère du président assumerait la fonction d'hôtesse, ce qu'elle fit. Mais le jour où ce dîner fut rapporté par la presse, il y avait également un reportage et une photo de Mrs. Kennedy en train de faire du ski nautique avec John Glenn, quelque part dans le Massachusetts ou ailleurs. »

Le seul Kennedy avec qui Jackie entrenait des liens étroits était Joe. Lem Billings se rendit à Palm Beach quelques semaines après l'attaque de Joe, à la fin de 1961. « C'est la journée la plus atroce que j'aie jamais passée. Le vieux ne pouvait pas parler. Il s'exprimait par borborygmes. John et Jackie étaient là, et ils étaient très inquiets. Jackie surtout. Le patriarche avait l'habitude de donner des ordres, d'aboyer après les gens. A présent, il en était réduit à deux mots. Et ces deux mots étaient " Non " et " Merde ". C'étaient les seuls mots qu'il pouvait prononcer. Mais Jackie lui était très dévouée. A chaque fois qu'ils le faisaient venir à la Maison-Blanche, c'était Jackie qui prenait soin de lui, qui lui essuyait la bouche quand il bavait à table. Le reste de la famille semblait dégoûté par sa paralysie, mais Jackie abandonna sa réserve pour le toucher et l'embrasser sur le côté droit, son côté paralysé. »

Dépendant depuis toujours de l'avis politique de son père, le président se tournait à présent vers les autres membres de la famille. Il avait toujours eu confiance en Bob et lui accordait de plus en plus de considération. Eunice devint progressivement un appui important, au détriment de Teddy, bien que JFK consultât plus souvent ce dernier, après son élection en 1962 comme sénateur du Massachusetts. Chose plus surprenante, il se tourna aussi vers Jackie, réclamant ses lumières.

« John se mit à respecter le jugement politique de sa femme, confirme George Smathers. Sa fierté de ce qu'elle avait accompli grandissait au fur et à mesure qu'il avançait dans son mandat. Il l'utilisait comme une sorte d'observateur officieux dans les pays étrangers. Et les gens pensaient qu'elle prenait tout simplement des vacances. Mais elle faisait bien davantage. Elle consacrait du temps aux officiels du gouvernement, leur passant de la pommade. Elle prenait mentalement des notes. Je me suis laissé dire que ses lettres à John pendant ces déplacements étaient pleines d'observations politiques subtiles. Son sens aigu du détail faisait d'elle un excellent médiateur. Ses lettres — rapports serait un meilleur terme — ne cachaient rien qu'il s'agisse d'un compliment ou d'une critique.

« Elle se révéla également un orateur de premier ordre. C'est Jackie qui s'adressa, en espagnol, aux combattants de la baie des Cochons, lorsqu'ils rentrèrent à Miami. Elle avait la capacité de maîtriser les situations difficiles, comme les personnes difficiles. Elle aurait fait un superbe chef du protocole. John l'utilisait souvent comme intermédiaire, comme tampon politique avec des gens comme l'ambassadeur en Inde, Chester Bowles, et Adlai Stevenson, des politiciens qu'il ne portait pas particulièrement dans son cœur. »

Les relations du président Kennedy avec Adlai Stevenson avaient toujours été problématiques. Jusqu'à la crise des missiles cubains, JFK laissa courir le bruit que Stevenson avait recommandé la capitulation devant les Soviets. Ambassadeur auprès des Nations unies, Stevenson s'engagea dans une controverse et contra le président, protestant qu'il n'avait pas été tenu au courant des derniers développements de la situation. Il pensait que la Maison-Blanche ne l'avait pas convenablement soutenu contre les accusations de mollesse à l'égard de Cuba et qu'elle avait fait preuve d'un certain manque de respect en d'autres circonstances. Ce qui explique son indignation lorsque le président envoya Jackie à sa rencontre, à New York.

Stevenson et Jackie partageaient le même intérêt pour la littérature et pour l'art, et ils avaient toujours apprécié leur compagnie mutuelle. Alors que Stevenson s'était souvent senti mal à l'aise avec JFK, il lui semblait beaucoup plus facile de parler à Jackie. Leur rencontre new-yorkaise se passa bien. Jackie envoya après coup à Stevenson une aquarelle qu'elle avait faite, représentant un sphynx à visage de femme ; un visage qui ressemblait fortement au sien. Le petit mot qui l'accompagnait disait : « Un sphynx, c'est un peu ce que j'ai l'impression d'être quand je sors avec vous — tout ça a l'air si sérieux — et c'est vraiment la plus merveilleuse des " couvertures ". »

Cette boutade incita Stevenson à prier Jackie et Lee à déjeuner aux Nations unies. Les deux sœurs acceptèrent et s'amusèrent apparemment beaucoup. La First Lady lui écrivit à nouveau :

« ...Vous nous avez montré, à Lee et à moi, le côté le plus passionnant de la chose — nous avons rêvé d'intrigues dans le salon des Délégués. Lee, cette créature inconstante, était au début en adoration devant l'ambassadeur grec, mais elle est tombée follement amoureuse du Dr [Ralph] Bunche.

« J'ai été si heureuse d'avoir la chance de rencontrer U Thant — et il m'a beaucoup séduite, mais je ne suis pas une femme volage... »

« A la fin de 1961, raconte l'auteur Ralph G. Martin, Jackie n'était plus seulement une jeune femme qui avait épousé un homme célèbre ; elle était devenue une femme célèbre, mariée au président des Etats-Unis. »

Le président continuait à encourager Jackie à s'intéresser au milieu complexe de la diplomatie. Kathy Tollerton, assistante administrative à la Maison-Blanche sous Kennedy, fut témoin du rôle de tampon de Jackie entre son mari et Nehru.

« Au cours de la visite du leader indien aux États-Unis, en novembre 1961, les Kennedy donnèrent un petit dîner officiel à Washington en l'honneur de Nehru et de sa fille, Mme Indira Gandhi. Ils avaient passé le week-end avec les Kennedy à Hammersmith Farm, la résidence des Auchincloss à Newport. Kennedy emmena Nehru faire un tour devant les grandes maisons de marbre des millionnaires de Newport et lui dit, en plaisantant : " Je voulais vous montrer comment vit l'Américain moyen. "

« La blague ne fut pas du meilleur effet. Kennedy avait précédemment fait plusieurs discours louant les mérites de l'Inde, soulignant tout ce que nous devrions faire pour ce pays, et l'importance de l'Inde pour l'Occident. Mais de toute évidence Kennedy et Nehru ne s'entendirent pas du tout. Le lundi matin, les visiteurs atterrirent en hélicoptère sur la pelouse de la Maison-Blanche. Bon nombre d'entre nous s'étaient rassemblés sur la pelouse pour les accueillir.

« Ma première impression fut que JFK avait l'air épuisé. Je ne lui avais jamais vu si mauvaise mine. D'habitude il avait l'air en pleine forme, comme s'il venait de dormir huit heures d'affilée. Mais cette fois-ci, il avait de grands cernes sous les yeux et il semblait terriblement morose. Se tenant par le bras, à dix ou quinze pas derrière lui, avançaient Jackie et Nehru, visiblement lancés dans une conversation très animée. J'avais entendu dire qu'en 1951, à l'occasion d'un voyage en Inde, JFK avait trouvé Nehru suffisant, grossier et ennuyeux, et les choses avaient évidemment empiré depuis. Mais il était tout aussi évident que Jackie et Nehru s'entendaient parfaitement. Jackie se rendit plus tard en Inde sans son mari, ce qui ne surprit aucun de ceux qui assistèrent à la scène ce matin-là. »

Arthur Schlesinger confirme que « Le président Kennedy faisait davantage confiance à sa femme sur le plan politique qu'on ne le pense généralement ». Dès la campagne présidentielle de 1960, Schlesinger reçut (ainsi que John Kenneth Galbraith) l'instruction de communiquer avec JFK par l'intermédiaire de Jackie. Kennedy avait établi cette hiérarchie « parce qu'il ne voulait pas froisser Ted Sorensen et Richard Goodwin, qui écrivaient ses discours et travaillaient sous une intense pression, et qui considéraient avec une grande suspicion les intrus comme Galbraith et moi-même. Nous ne nous connaissions pas alors aussi bien que nous nous connaissons tous à présent...

« Mon sentiment général est que Jackie aimait plutôt le spectacle de la politique, qu'elle était tout à fait désireuse de jouer un rôle politique lorsque cela était nécessaire et qu'elle avait des réactions très avisées sur le plan social. D'ailleurs elle les a toujours. »

Si le refus d'engagement de Jackie a été longtemps considéré comme faisant partie de son charme ; son émergence progressive dans les voyages officiels à l'étranger et en Amérique latine lui donna l'assurance et le statut qui accrurent son rôle politique. Bien que peu de gens fussent au courant de son intérêt naissant pour les affaires du gouvernement — et qu'il s'en trouvât encore moins pour le reconnaître — son influence s'était déjà fait sentir, en 1962, au sein du Département exécutif comme du Département social de la Maison-Blanche.

« Il n'y avait rien de surprenant à cela, affirme Charles Bartlett. Je veux dire qu'il est possible d'aimer un politicien sans aimer la politique, mais il est impossible d'en épouser un sans devenir partie intégrante de sa carrière. Il était certainement impossible d'être dans l'entourage de John Kennedy sans subir un certain effet d'osmose en matière de politique. C'est en gros la seule chose dont il parlait. Jackie savait semble-t-il exactement ce qui se passait et elle sut se montrer efficace dans les missions que lui confiait John. »

Commentant le rôle de Jackie en tant que figure politique, Charlotte Curtis remarque : « A cette époque, personne ne voulait admettre que Jackie exerçait autant de pouvoir autour de la Maison-Blanche. On parvient au pouvoir de plusieurs manières, deux d'entre elles étant l'accès direct et l'influence. Et Jackie bénéficiait indubitablement d'un accès direct. Laissons de côté la question de savoir comment, ou si, elle a utilisé cet accès, et gardons à l'esprit qu'à Washington l'apparence du pouvoir est aussi importante que le pouvoir réel. En fait, l'apparence et la réalité sont souvent indissociables. Le pouvoir échoit à la personne qui semble le posséder déjà. Les divers partenaires de ce jeu du pouvoir y veillent. Ils redoutent, s'il leur arrivait d'offenser ou de décevoir d'une quelconque façon quelqu'un qui semble avoir plus de pouvoir qu'eux, d'être l'objet de représailles ou mis sur une liste noire.

« Bien sûr, la permanence, à Washington, se mesure en unités de quatre ans. Rien n'est donc vraiment permanent. Compte tenu de cela, ces joueurs investissent le partenaire qu'ils redoutent, ou dont ils veulent solliciter le parrainage, d'un pouvoir plus grand que celui qu'il possède peut-être en réalité. C'est ainsi que l'apparence prend à nouveau le pas sur la réalité. Tant que vous n'aurez pas compris ce concept, vous ne comprendrez rien à Washington. Cela explique pourquoi quelqu'un comme Jackie a été amené à jouer un rôle vital en matière politique sans l'afficher ouvertement. »

Sir David Ormsby Gore concède également que Jackie exerça une plus grande influence politique qu'on ne l'admettait jusqu'alors. « La First Lady, souligne-t-il, n'a aucune obligation constitutionnelle ou statutaire, mais elle est presque constamment en représentation et associée aux idéaux éphémères du moment. On attend d'elle qu'elle soit soignée, bien habillée et qu'elle fasse des déclarations de convenance sur des causes sans intérêt. A quelques exceptions mineures près, c'est ce que toutes les First Ladies ont fait avant Jackie. Et Jackie a commencé son mandat de la même manière, mais elle a changé par la suite.

« Elle s'est prise d'un intérêt croissant pour les problèmes qui assaillaient la présidence. Presque chaque jour, elle envoyait chercher à la Bibliothèque du Congrès de nouveaux documents, des livres de référence, des ouvrages historiques, des coupures de journaux, afin de se familiariser avec le contexte des événements politiques et elle formula bientôt des idées et des suggestions qu'elle soumit à son mari. C'était sa manière de l'encourager à partager ses réflexions et ses ennuis avec elle ; et de fait, il avait plus d'ennuis qu'il n'en avait cherché. Jackie discutait de certaines questions avec le président et elle le contrait souvent. Soutenant qu'il s'agissait d'une mesure trop restrictive, elle le convainquit par exemple de renoncer à la loi McCarran sur l'immigration. Et elle le poussa à signer le traité d'interdiction des expériences nucléaires avec la Grande-Bretagne et l'Union soviétique. Quelques membres de son entourage y étaient opposés, parce qu'ils pensaient qu'il lui faudrait faire trop de concessions. Mais c'est Jackie qui l'emporta.

« Parce qu'elle prenait toujours le parti des modérés contre les extrémistes, on l'appelait la " libérale de la Maison-Blanche ". Elle était entièrement pour la normalisation des relations entre les Etats-Unis et l'Union soviétique. En 1963, par exemple, il y avait parmi les conseillers du président une forte opposition au projet de vente de 150 millions de boisseaux de blé aux Soviétiques. Jackie souhaitait que cette vente se fasse. Ayant un sens aigu de l'analyse des comportements, et une sorte d'instinct de limier pour débusquer les plans cachés, elle savait qui elle devait pousser et jusqu'où. La vente eut lieu juste six semaines avant l'assassinat du président.

« Je pense que nous commençons à comprendre que les First Ladies sont celles qui connaissent le mieux les présidents, et que souvent elles les influencent plus qu'on ne le croit. Quand les pressions se resserrent et les critiques s'infiltrent, le président et son épouse ont tendance à se rapprocher. Le mystère, c'est que leurs codes personnels sont pratiquement inconnus d'autrui. Un baiser chaleureux ou un regard glacial d'une First Lady, un froncement de sourcils peuvent affecter l'esprit et l'humeur de son mari, voire secouer toute une nation, par ricochet.

« Aucune First Lady, en particulier Jacqueline Kennedy, ne se vanterait de ces moments où son intervention a changé le cours des événements. Jackie, si elle avait de l'influence, en faisait peu de cas. Je me souviens d'un dîner intime à la Maison-Blanche au cours duquel John se plaignit de la pollution. " Qu'est-ce que je vais bien pouvoir faire ? " s'inquiétait-il. Jackie, qui n'aimait pas parler boutique en société, répliqua : " Pourquoi ne donnes-tu pas simplement l'ordre à la marine de vaporiser nos centres industriels avec du N° 5 de Chanel ? "

« Il y avait une autre raison pour laquelle si peu de gens étaient au courant de l'engagement politique de Jackie (le fait, par exemple, qu'elle suive si souvent les débats du Conseil National de Sécurité). Les Kennedy n'étaient pas le genre de famille à admettre que derrière tout homme fort, il y a une femme encore plus forte. Ils étaient trop machos. Ils voulaient que le public perçoive les hommes de la famille comme des hommes de commandement et les femmes comme de simples supporters. Jackie était tout sauf un simple supporter [1].

« JFK piqua beaucoup d'idées à Jackie, révèle Richard Goodwin. L'une était un voyage en Inde et au Pakistan, avec une escale à Rome pour rendre visite au pape. Elle pensait qu'il voudrait qu'elle l'accompagne, mais son intention à lui c'était de l'y envoyer toute seule. »

Jackie accepta de faire ce voyage à condition de pouvoir emmener Lee. Elle demanda également à son amie Joan Braden, qui l'avait aidée à récolter des fonds pour le National Cultural Center, de l'accompagner.

« Lorsque j'ai accompagné Jackie en Inde, j'étais invitée à titre amical, mais j'ai écrit par la suite un papier pour le *Saturday Evening Post*. Au début, ça devait être un voyage officiel, et puis c'est devenu un voyage semi-officiel, ce qui signifiait que tous les membres de la presse devraient payer leur place. Mais mon mari, Tom, venait juste d'acheter un journal et nous n'avions pas un sou. Alors Jackie m'a chargée de mission. J'ai hérité d'un bon nombre des questions qu'on lui posait, en Inde et au Pakistan, et j'y ai répondu pour elle. En échange, j'ai voyagé gratis. »

Le voyage débuta le 8 mars 1962 ; une centaine de reporters, ainsi qu'une équipe cinéma de trois personnes dépêchée par l'United States Information Agency pour filmer la mission de Jackie, rejoignirent la First Lady à bord de son avion à New York. Après deux jours de réceptions et de thés officiels dans et autour de Rome, Jacqueline se rendit au Vatican pour une audience privée avec le pape Jean XXIII, qu'elle décrivit par la suite comme un homme « simple et naturel ». Ils parlèrent français et elle offrit au pontife un recueil des discours de son mari.

En atterrissant à New Dehli, Jackie confessa à Joan Braden qu'elle était « morte de peur ». C'était une chose que d'être aux côtés de son mari quand ils visitaient des pays étrangers, mais c'en était une autre que de représenter toute seule son pays. Elle parut un peu raide lorsqu'elle serra les mains des officiels venus l'accueillir à l'aéroport ; elle prononça quelques mots de salutation, répondit brièvement à la foule, puis s'éloigna dans une limousine Cadillac avec Nehru, les autres membres de son entourage à sa suite.

Ce soir-là, au dîner, Indira Gandhi enseigna à Jackie le *namasté*, le salut traditionnel indien que l'on fait les mains jointes, paume contre paume,

---

1. Parmi ceux qui font mention du rôle de Jackie en tant que conseillère de JFK, il faut citer Robert S. McNamara et le major général Chester V. Clifton. Le secrétaire de la Défense, McNamara, déclara : « Jackie est l'une des femmes les plus sous-estimées de ce pays. Elle est d'une acuité politique exceptionnelle. Le président l'a consultée sur bon nombre de problèmes. Je ne parle pas de longues discussions dramatiques, mais elle était certainement informée de ce qui se passait et exprimait son point de vue sur presque tout. » Le général Clifton, attaché militaire du président, affirme : « JFK se tournait vers sa femme pour lui demander son avis à chaque fois qu'une crise survenait : le Mur de Berlin, les missiles cubains, la baie des Cochons. Ils en parlaient ensemble. Elle ne s'adressait pas à son équipe, elle s'adressait directement à lui — c'est pourquoi personne n'en savait rien. »

comme pour prier. La première fois que Jackie utilisa le *namasté,* debout à l'arrière d'une voiture découverte à Udaïpur, la foule lui fit une ovation triomphale : « *Jackie Ki Jai ! Ameriki Rani !* » (Vive Jackie ! Reine d'Amérique !)

La presse indienne se réjouit de sa présence, précisant qu'il y avait eu beaucoup plus gens pour venir voir Mrs. Kennedy que pour accueillir la reine Elizabeth.

L'éditorial d'un journal de New Dehli l'appelait « Durga, déesse du Pouvoir ». Prew Bhatia, rédacteur en chef du *Times of India,* écrivit : « Il ne se passa rien d'autre en Inde, tant que Mrs. Kennedy était là. Sa présence a complètement dominé la scène indienne. »

Partout où elle allait, il y avait des cadeaux : un tapis indien de valeur, une miniature peinte, une dague en argent, un rouet traditionnel, un sari tissé d'or ou des pièces de soie et de coton bruts. Elle reçut des parures de cérémonie pour ses enfants, une selle en cuir repoussé à la main, un bébé éléphant et un couple de jeunes tigres (l'éléphant et les tigres aboutirent finalement dans des zoos aux Etats-Unis). Le gouverneur du Rajasthan lui offrit un collier en or émaillé, serti de diamants et de perles. Les présents qu'elle conserva furent pourtant ceux du président pakistanais Mohammed Ayub Khan : un hongre pur-sang bai (« Sardar »), expédié aux Etats-Unis aux frais du gouvernement à bord d'un avion militaire, et un second collier comportant des diamants, des rubis et des émeraudes.

Escortée par l'ambassadeur John Kenneth Galbraith, Jackie s'émerveilla devant le Taj Mahal, descendit le Gange en bateau, traversa les eaux parsemées de fleurs du lac Pichola, se régala de sanglier sauvage (elle avait apporté de Washington sa propre provision d'eau en bouteille), monta un éléphant de 2 m 50 de haut, répondant au doux nom de Bibi et fit une balade à dos de chameau.

Lorsque la presse internationale la critiqua pour avoir porté des vêtements de haute couture dans un pays écrasé par la pauvreté, Jackie donna l'ordre à son attaché de presse de s'abstenir de donner la moindre information supplémentaire sur sa garde-robe. « S'il faut absolument que vous disiez quelque chose, dites-leur que ce sont des vêtements d'occasion et que j'ai tout acheté au Ritz Thrift Shop. »

Newsweek fit remarquer que Jackie rencontrait peut-être trop de princes indiens, et qu'elle visitait trop de palais au lieu d'aller voir « l'Inde profonde ».

Cette critique suscita la colère du président, qui déclara à Ben Bradlee que c'était le gouvernement indien qui avait décidé du programme de Jackie. « Quand les Français vous invitent à Paris, ils ne vous montrent pas les égouts. Ils vous emmènent à Versailles. »

JFK alerta néanmoins Galbraith, lui demandant d'inclure au programme davantage de visites d'hôpitaux et moins d'étapes dans les palais somptueux de l'Inde.

Ces nouvelles directives créèrent toutes sortes de complications. En visite chez le maharadjah et la maharani de Jaïpur, les Américains informèrent leurs hôtes qu'il leur faudrait écourter leur séjour. Et lorsque le maharadjah se proposa d'emmener Jackie faire une visite du palais de Jaïpur, Galbraith déclina son offre.

Dans son autobiographie, *A Princess Remembers*, la maharani de Jaïpur écrit : « Mr. Galbraith semblait penser, un peu absurdement, que nous tentions de tirer un avantage politique quelconque du séjour de Jackie. Mr. Galbraith écrivit même au président Kennedy, lui conseillant de demander à sa femme de ne pas venir à Jaïpur. Le président répondit qu'il n'intervenait jamais dans les projets personnels de sa femme [1]. »

Galbraith se défendit récemment de cette accusation en soulignant qu'« à l'époque, il y avait des frictions considérables entre le gouvernement indien et les vieilles familles princières... Je me sentais l'obligé du gouvernement indien, avec lequel je devais traiter, aussi bien à titre personnel que pour le compte des Etats-Unis. C'est pourquoi j'ai dû conseiller à Mrs. Kennedy de se plier à l'autorité de l'Etat. Mais on trouva finalement un compromis et elle put poursuivre sa visite de Jaïpur ».

La visite eut lieu tard dans la nuit, à une heure où les rues de la ville étaient désertes.

Il y eut un autre échange de lettres entre le président et l'ambassadeur lorsque Jackie insista pour aller voir les bas-reliefs érotiques de la pagode Noire de Konarak, y compris celui qui représentait — selon la description de Galbraith — « une femme accomplie faisant l'amour en même temps avec deux hommes violemment tumescents ».

Galbraith, inquiet qu'un photographe puisse prendre une photo, contacta à nouveau le président. « Quel est le problème ? demanda Kennedy. Vous trouvez qu'elle n'est pas assez grande ? »

Au cours du voyage, il y eut à nouveau des moments de tension entre Jackie et Lee. Curieusement, il semblait parfois que les deux sœurs auraient bien échangé leurs places — Lee aurait apprécié l'attention et les privilèges et Jackie regrettait sa liberté.

Joan Braden note que, tout au long du voyage, « Lee était véhiculée par une voiture en queue d'escorte. Quand elle arrivait à un monument ou sur un site donné, la visite était pratiquement terminée. C'est ce qui se produisit à Fatehpur Sikri, au Pakistan, où nous étions allés voir des jeunes gens plonger à 200 mètres de fond dans un minuscule plan d'eau. Lee arriva après l'exhibition des plongeurs, et Jackie leur demanda de recommencer ».

Le 26 mars, Jackie et sa suite quittèrent le Pakistan et arrivèrent à Londres pour une halte de deux jours. Une invitation à déjeuner à Buckingham Palace l'attendait. En ressortant du palais, elle devança aussitôt toute comparaison embarrassante. « Je trouve que la reine avait une tenue ravissante », déclara-t-elle aux journalistes. Mais, dans la même semaine, elle ajouta à son répertoire l'imitation de la souveraine de Grande-Bretagne, compassée et très digne.

---

1. Gayatri Devi et Santa Rama Rau, *A Princess Remembers*, p. 278.

A son retour, à Washington, la First Lady avait l'air soucieuse. Son humeur ne fut guère améliorée par les critiques ouvertes de son voyage. Walter L. McVey, sénateur républicain du Kansas, rapporta au *New York Times* qu'il n'avait pu obtenir une place sur un avion militaire assurant la liaison entre le Pakistan et la Grèce parce que l'avion avait été réservé pour le nouveau cheval de Jackie. On révéla que le film sponsorisé par la USIA sur le voyage en Inde et au Pakistan de Jackie avait coûté au gouvernement plus de cent mille dollars. Jackie laissa pourtant rarement paraître ses sentiments à propos de ces critiques et des reproches occasionnels de John. Evoquant son voyage, elle déclara simplement : « Ma famille m'a manqué. Si les gens ont été gentils avec moi en Inde et au Pakistan, c'est parce que j'étais la femme du président. »

En réalité, la popularité de Jackie n'avait jamais été aussi haute qu'à ce moment. Elle était plus apte à manipuler l'opinion publique qu'aucun Kennedy, et elle exerça tout autant d'influence. Le 8 mai 1962, elle se rendit à New London, dans le Connecticut, pour baptiser le *Lafayette,* un sous-marin nucléaire de 7 000 tonnes. Endicott « Chubb » Peabody, membre de l'une des familles les plus distinguées du Massachusetts et futur gouverneur de cet Etat, assistait à la cérémonie et il se souvient de la clameur suscitée par la présence de la First Lady.

« Je la connaissais avant qu'elle ne soit Mrs. Kennedy. Pas très bien, mais enfin je la connaissais. Elle était très timide et très jolie. Je n'étais pas assez intime pour la rencontrer dans des circonstances où elle pouvait être détendue et naturelle, juste assez pour échanger avec elle quelques sourires et quelques salutations.

« Je connaissais aussi John. J'avais travaillé pour ses campagnes sénatoriales et aussi pour la campagne présidentielle de 1960. J'étais présent au baptême du *Lafayette* parce que j'étais dans les sous-marins durant la Seconde Guerre mondiale, et aussi parce que j'étais candidat au titre de gouverneur.

« Mais comme je ne l'étais pas encore, je ne pouvais m'approcher de Jackie. Tout le monde voulait évidemment être pris en photo avec elle. Elle était entourée de pontes de la Marine, de politiciens, d'agents du Service Secret, de gens de la presse. J'étais devant une porte, à 200 mètres environ de l'endroit où se tenait la cérémonie. Jackie baptisa le vaisseau et, quelques minutes plus tard, apparut à la porte où je me trouvais face à elle. Je lui saisis la main et une horde de photographes se précipita sur nous. Elle était visiblement surprise de tant d'audace. Mais je continuai à lui serrer la main, tandis que les photographes faisaient leur travail. Ce petit geste, et les gros titres qui s'ensuivirent dans la presse, se révéla très précieux pour ma campagne. »

Noel Coward eut une réaction similaire lorsque Jackie assista à la première de l'une de ses pièces. Elle avait prévu d'arriver incognito au théâtre, et portait une perruque pour passer inaperçue. Mais, comme l'écrit Coward, dans son journal publié sous le titre de *Diaries :* « La mèche a été vendue et le théâtre devint un véritable enfer grouillant de photographes de presse et de journalistes. J'étais très embarrassé... L'affaire fit les gros titres des journaux de Boston et de New York ; en fait, la presse du monde entier était placardée de photos de Mrs. Kennedy et moi, et bien que je n'aie rien à voir avec tout ça, ce fut une merveilleuse publicité pour le spectacle. »

Quelle que soit l'origine du charme magique de Jackie, il fit d'elle, fatalement, une prisonnière à temps complet. Le moindre de ses gestes attirait invariablement l'attention. Henry C. Lindner, ancien professionnel de golf au Newport Country Club, donna des leçons à Jackie et il se souvient des problèmes auxquels elle était confrontée.

« J'ai été présenté à Jackie par Oleg Cassini. Oleg avait pris des leçons avec moi, ainsi que son frère — à Newport et à Palm Beach. Un jour, il m'a annoncé : " J'ai une nouvelle cliente pour vous. " Et quelques heures plus tard, Jackie Kennedy est arrivée au club-house.

« Elle avait déjà pris des leçons à Hyannis Port et n'avait pas un mauvais swing. Son grip n'était pas terrible, mais dès que je le lui ai fait modifier, son jeu s'est amélioré. Je lui ai donné quotidiennement des leçons, pendant un mois, au cours de l'été 1961, et de nouveau l'été suivant. Nous allions au practice le matin, ensuite nous faisions neuf trous ensemble, et je continuai à la corriger sur le parcours.

« Je suppose qu'elle voulait apprendre à mieux jouer au golf parce que son mari aimait ce sport. Je ne suis pas sûr qu'elle aimait ça autant que lui. Elle était inquiète au sujet des photographes. Ils se cachaient dans le rough ou derrière les arbres et ils nous suivaient trou par trou. Jackie envoyait ses gardes du corps après eux. Elle était sur le point de se mettre à l'adresse ou à putter et l'on entendait un petit clic — comme un criquet — émanant des bois. C'est alors que surgissaient deux gardes du corps, qui se lançaient à la poursuite de l'intrus. S'ils le rattrapaient, ils s'emparaient de son appareil et l'écrasaient, ou alors ils exposaient le film.

« Je me souviens d'une autre fois où j'étais en train de marcher sur le parcours de Newport avec Jackie, et deux femmes l'ont repérée. D'habitude, quand les gens la reconnaissaient, ils en restaient babas. Mais ces deux vieilles toupies se sont mises à nous montrer du doigt et à s'approcher de nous. Elles ont rejoint Jackie et l'une d'entre elles lui a dit : " Oh, Jackie, nous vous aimons tellement. S'il vous plaît, faites-nous un sourire. " Jackie les a saluées d'un signe de tête tout en continuant à marcher. Plus tard, je lui ai demandé : " Ce genre de chose doit être passablement agaçant ?

— C'est difficile, me répondit-elle. Ça arrive tous les jours et si l'on ne veut pas être grossier, alors on n'a pas le choix. " »

Les *paparazzi* étaient la grosse préoccupation de Jackie, lorsqu'elle décida, en août 1962, de rejoindre Lee et Stas Radziwill dans la maison qu'ils avaient louée pour les vacances dans le sud de l'Italie, la villa Episcopio, un palais de douze pièces du XIe siècle, à Ravello, surplombant Amalfi et la baie de Salerne. En dehors de Jacqueline, qui vint avec sa fille Caroline, étaient invités Gianni Agnelli et son épouse Mariella (Agnelli avait remis à Jackie des fonds et des équipements pour son projet du barrage d'Assouan), le journaliste Benno Graziani et sa femme Nicole (Benno avait accompagné

Jackie et Lee lors de leur récent voyage en Inde et au Pakistan), et C.L. Sulzberger, du *New York Times*. Faisaient également partie du groupe trois gardes du corps, qui restaient en contact permanent par talkie-walkie, ainsi qu'un « T-man », un agent du « Treasury Service » antidrogue, parlant italien et détaché pour la circonstance. Des cordons d'agents de la sécurité italienne étaient postés tout autour de la maison.

Les foules se pressaient chaque jour au bord des routes. Les *paparazzi* étaient partout. Les consignes de sécurité étaient très compliquées. Pour aller se baigner, Jackie devait monter à bord d'une camionnette et les types de la sécurité communiquaient avec leurs homologues d'en bas pour qu'ils dégagent toute la route jusqu'à Amalfi. La camionnette descendait, puis Jackie embarquait sur un bateau. Les vedettes de la police tenaient tout le monde à l'écart et Jackie était conduite à une plage privée, de l'autre côté de la baie, où les Radziwill avaient loué une autre petite maison.

Un jour, Jackie et les autres rejoignirent Agnelli et un orchestre de cinq joueurs de mandoline à bord de son yacht. Escorté par des vedettes de la police, le yacht fit route vers Paestum. Les autorités locales firent boucler une partie de la plage pour que Jackie et ses compagnons puissent se baigner sans gêne. Lorsque Jackie exprima le désir de visiter le musée de Paestum, les autorités fermèrent le bâtiment à toute personne étrangère au service.

Les *paparazzi* assignés persistèrent et l'on commença bientôt à voir dans la presse mondiale des photos d'une Jackie souriante et d'une Lee bronzée. Le président s'en inquiéta et téléphona, au moins à deux reprises, à sa femme. Lorsqu'on vit à la une des journaux des photos de Jackie se baignant avec Gianni Agnelli, JFK lui envoya un télégramme : « UN PEU PLUS DE CAROLINE ET MOINS D'AGNELLI. »

Jackie prenait un certain plaisir à la jalousie croissante de John. Elle demanda à Agnelli de l'emmener faire de la plongée sous-marine. Elle était fascinée par ce sport bien qu'elle n'ait fait jusqu'alors qu'une seule tentative, après des heures de préparation dans la piscine de Charles Wrightsman. Dans la mer, c'était tout autre chose. A sa grande terreur, elle fut approchée par un requin et deux barracudas. Mais elle suivit les conseils du moniteur et ne bougea pas. Les poissons finirent par s'éloigner.

Le journal tenu par C.L. Sulzberger pendant ces journées servit ultérieurement de base à un livre (*Les derniers des géants*, Albin Michel, 1972). Sulzberger trouvait que Jackie était « une fille étrange, à l'allure étrange aussi, mais tout à fait charmante malgré ses yeux trop écartés. C'est une bonne sportive, elle sait bien nager, faire du ski nautique et danser. Elle a une silhouette déliée. Elle a la curieuse manie de s'arrêter constamment quand elle parle, une sorte de pause plutôt qu'un bégaiement, et parfois on croit qu'elle est en train de dire quelque chose alors qu'il n'en est rien.

« Je n'ai pas eu l'impression qu'elle était particulièrement brillante, malgré sa réputation, ni exceptionnellement cultivée. Elle parle un bon français... et quelques mots d'italien. Une jeune femme assez typique de la bonne société, mais gentille, extrêmement attachée à Caroline et assez naturelle en somme. »

Ce qui frappa cependant Sulzberger, c'était l'intuition politique de Jackie. Elle fit un certain nombre de remarques judicieuses sur le gouvernement de son mari et semblait jouir d'une grande finesse psychologique.

Parmi les propos que relève Sulzberger :

« John Glenn... est l'homme le plus contenu qui soit au monde... Il ferait un très bon ambassadeur à Moscou. »

« Bob Kennedy est immensément ambitieux et il n'aura jamais le sentiment d'avoir réussi dans la vie tant qu'il n'aura pas été élu quelque part, ne serait-ce que comme maire de Hyannis Port. Etre nommé à un poste ne lui suffit pas. »

Oleg Cassini pense que « JFK est, pour ainsi dire, " tombé amoureux " une seconde fois de sa femme quand ils sont entrés à la Maison-Blanche et qu'elle a su faire la preuve de ses dons et de ses capacités. Jackie n'était pas une femme politique, au sens traditionnel du mot. Elle détestait la politique au départ, elle y était hostile. Ce n'était pas son univers. Mais elle a trouvé sa place dans ce monde de la politique. Elle est devenue politique à sa manière. La présidence est une fonction si terrifiante. Le pouvoir du Pouvoir est en lui-même si corrupteur.

« Il y a beaucoup de la petite fille chez Jackie et cela fait indubitablement partie de son charme. Elle a parfois un air égaré. Si on l'observe soigneusement, on constate que les problèmes se lisent immédiatement sur son visage et que, dans ces moments-là, elle a l'air désemparée. A d'autres moments, elle semble tout à fait confiante. C'est une battante. Elle est au mieux de sa forme et elle le sait. Elle est autoritaire, avisée et décidée. La seule difficulté, c'est qu'on ne sait jamais à laquelle des deux Jackie on va avoir affaire. Elle est imprévisible et lunatique. »

Cette vision dualiste de Jackie était partagée par beaucoup de ceux qui la connurent à la Maison-Blanche. August Heckscher, conseiller spécial auprès du président en matière artistique, la considérait comme « un personnage ambivalent... Elle était attachée, avant tout, à la vie privée qu'elle pouvait sauvegarder pour elle-même et pour ses enfants, mais elle pensait qu'elle devenait de plus en plus représentative des intérêts culturels de son pays. Parfois, elle semblait se mettre en retrait, comme si elle ne tenait pas à être trop impliquée dans tout ça. Les gens avaient l'impression que Mrs. Kennedy faisait énormément pour les arts, qu'elle passait tout son temps à les promouvoir. Il suffisait qu'elle fasse une chose, avec un goût superbe, et cela avait un impact considérable. [Mais] nous étions toujours — je dis " nous " dans ce cas, parce que je travaillais en étroite collaboration avec Tish Baldridge — en train d'essayer de convaincre Mrs. Kennedy de faire des choses qu'elle ne voulait pas faire ; de recevoir des gens à la Maison-Blanche ou d'inviter certaines personnes à dîner ; et elle plaidait qu'elle était occupée ou qu'il n'y avait pas de dîner officiel prévu pour le moment, ou n'importe quoi d'autre. Je me souviens d'avoir été déçu, par exemple, lorsque je finis par persuader Mrs. Kennedy d'inviter certains poètes, qui devaient se réunir à Washington pour une session à la Bibliothèque du Congrès, à venir prendre un verre à la Maison-Blanche... Mais elle annula finalement. Je l'ai toujours regretté, parce que cela aurait été une action d'éclat...

« Mrs. Kennedy... disait : " Mr. Heckscher, je ferai tout ce que vous voudrez pour les arts... " Et elle ajoutait, si je me souviens bien : " Mais bien sûr, je ne peux pas rester trop longtemps éloignée de mes enfants, et je ne peux pas être présente à trop d'événements culturels. " Puis, avec un vague sourire, elle concluait : " Après tout, je ne suis *pas* Mrs. Roosevelt. " »

Côté positif, les plus grands atouts de Jackie étaient son intelligence, sa perspicacité et sa position, renforcées par son environnement et ses relations. Elle savait écouter, elle était réceptive et apparemment sensible, bien que sujette aux excès et attachée à un style de vie réservé aux privilégiés et marqué par une attirance pour les biens matériels, tels que les chevaux, les antiquités, les vêtements, les maisons et les meubles. Elle aimait les sorties, les voyages et les gens, mais seulement quand il s'agissait de ceux qu'elles considéraient comme les « meilleurs ». Elle ne tolérait pas les gens de deuxième ordre, comme on peut en juger d'après les listes de ses invités à la Maison-Blanche.

L'argent a toujours été un problème pour Jackie, probablement parce qu'elle n'en a jamais eu à sa disposition autant qu'elle aurait voulu. Pour chaque Noël à la Maison-Blanche, elle faisait envoyer par Tish Baldridge à chacun des membres de son équipe la liste des cadeaux qu'elle voulait recevoir. La lettre que Tish adressa en 1961 à Evelyn Lincoln est assez représentative du lot :

> *Pour le cas où quelqu'un voudrait savoir ce que Mrs. Kennedy veut pour Noël, et si l'on vous demande des idées de cadeaux, elle désire : « Fruit-of-the-Month », pour la maison (Blanche).*
> *Elle veut des livres d'art, et elle veut une petite cafetière en argent avec une poignée en bois — George I — d'une contenance de deux tasses seulement (Tiffany, bien sûr).*

Jackie était capable de la même attitude quand il s'agissait de cadeaux de l'étranger (venant de chefs d'Etat ou de particuliers). Elle donna l'ordre à sa secrétaire de faire parvenir le mémo suivant à Angier Biddle Duke :

> *Les gens qui souhaitent laisser des cadeaux — à savoir des objets fait-main, des portraits et autres souvenirs à l'intention du président et de Mrs. Kennedy ou de leurs enfants, peuvent les déposer à la chancellerie de leur ambassade. Le nom du donateur et son adresse devront être clairement mentionnés, et l'officier de l'ambassade qui reçoit le paquet devra préciser qu'un accusé de réception leur sera envoyé dès que possible par un membre du cabinet du président ou de Mrs. Kennedy...*
> *Ne pas réexpédier tous ces cadeaux à la Maison-Blanche. L'officier d'ambassade responsable devra faire une sélection des objets de très haute qualité artisanale et des pièces qui pourraient avoir leur place un jour dans le musée Kennedy... Les cadeaux qui ne seront pas expédiés*

doivent être conservés pendant six mois (pour le cas où le donateur réclamerait inopinément de l'argent pour son cadeau, auquel cas, l'objet en question devra lui être retourné immédiatement). Au bout de ces six mois, les cadeaux conservés à l'ambassade devront être détruits, en s'assurant que les employés locaux n'en sachent rien. Cela devra être fait avec la plus grande discrétion.

Il ne vint apparemment jamais à l'esprit de personne que cette « camelote » — terme utilisé par Tish Baldridge pour désigner les cadeaux destinés à la destruction — aurait été d'un grand secours pour les orphelinats, les hôpitaux, les centres d'accueil pour les pauvres et autres organismes similaires. On retrouve la même rigidité dans d'autres mémos inspirés par Jackie, comme celui de Tish Baldridge à Angier Biddle Duke exigeant le remboursement par le Département d'Etat des cadeaux offerts par les Kennedy à des dignitaires étrangers :

… Mme Ikeda et le ministre des Affaires étrangères (du Japon) ont tous deux couvert de cadeaux Mrs. Kennedy et sa famille, et cette dernière a offert un miroir à main en vermeil ciselé (d'une valeur de 90 dollars environ) à Mme Ikeda. Les Pakistanais apporteront des cadeaux personnels pour Mrs. Kennedy, et elle devra faire un présent à la fois à la bégum et à la fille du général, qui l'accompagne. Cela devrait se monter à 120 dollars pour les deux.
Nous demandons le remboursement de ces articles par le Département d'Etat, compte tenu du fait qu'il ne s'agit là, en aucun cas, de cadeaux personnels. Ce sont des cadeaux d'obligation faits à des visiteurs officiels…

La secrétaire personnelle de Jackie, Mary Callagher, constata que les problèmes financiers de la First Lady s'étendaient à ses comptes personnels et qu'ils suscitaient l'inquiétude de JFK. Les soucis de Kennedy à propos des dépenses de sa femme atteignirent leur paroxysme après leur entrée à la Maison-Blanche. Durant le deuxième trimestre 1961, par exemple, les dépenses de Jackie en vêtements seulement dépassèrent les 35 000 dollars — et ce montant n'était pas imputé sur ses frais officiels de garde-robe pour la Maison-Blanche, qui étaient assumés par le beau-père de Jackie. Une facture de Givenchy s'élevait à plus de 4 000 dollars. D'autres factures, d'un montant tout aussi embarrassant, venaient de boutiques new-yorkaises huppées, comme Chez Ninon ou Tiger Morse. Cette dernière, comme par hasard, était également une patiente du Dr Max Jacobson.

« Tiger Morse était une femme fantasque et pleine de talent, avec une curieuse sensibilité, raconte Pat Suzuki. Elle avait une boutique dans Madison Avenue. Elle était brillante, drôle, névrotique et avait un sens incroyable des couleurs. Jackie, la dernière des pauvres petites filles riches, la découvrit lorsque mon mari, Mark Shaw, fit un reportage sur Tiger pour *Life*. Mark apporta un jour à la Maison-Blanche quelques vêtements créés par Tiger. Jackie les porta, puis les lui renvoya. Mais elle garda les autres vêtements que Tiger créa pour elle et les porta en privé. »

Porter des vêtements avant de les renvoyer était l'un des traits les plus contestables chez Jackie. Chez Ninon, Bergdorf, tout comme Tiger Morse se plaignirent de cette pratique. Ils n'étaient pas les seuls. Mais malheureusement, cela ne contribuait guère à réduire les factures faramineuses qui arrivaient chaque mois, et Mary Callagher se mit à faire des détours dans les couloirs de la Maison-Blanche pour éviter de croiser le président. Elle ne pouvait supporter cet « air de reproche » sur son visage.

Comme beaucoup de maris, John se plaignait auprès des autres des dépenses de sa femme. Lui et Jackie se disputaient souvent sur les chiffres en présence de Ben et Toni Bradlee. Une ligne, dans les comptes de sa femme, indiquait Grands Magasins... 40 000 dollars, et personne n'avait la moindre explication là-dessus, encore moins Jackie. Elle n'arrivait pas à se souvenir où était passé cet argent. Le président annonça qu'il allait faire venir Carmine Bellino, un expert-comptable et un ami de la famille, qui avait travaillé pour plusieurs sous-commissions du Sénat et décrypté les registres financiers de la Mafia. Robert Kennedy avait fait appel à Bellino pour contrôler les dépenses d'Ethel, bien qu'Ethel ne puisse prétendre entrer en compétition avec Jackie en matière d'extravagances et qu'elle se soit, paraît-il, plainte auprès d'elle : « Tu portes atteinte à la réputation de notre famille avec toutes ces dépenses indécentes. »

Diverses procédures furent mises en place pour juguler les dépenses personnelles de Jackie. Son budget de garde-robe fut réduit de moitié, ainsi que les postes « Nourriture et Alcools » et « Divers » — un grand fourre-tout qui servait en fait à financer tous ses caprices. Jackie surveilla personnellement les dépenses de Nourriture et Alcools, ces derniers en particulier. A son avis, on consommait trop d'alcool, aussi bien dans les cérémonies officielles que dans les réceptions privées. Elle cita en exemple une soirée privée donnée à la Maison-Blanche en novembre 1961 pour Lee Radziwill, et à laquelle elle invita une relation éloignée, Gore Vidal.

Au fur et à mesure que la soirée avançait, Vidal, selon Arthur Schlesinger, « donnait la forte impression d'avoir beaucoup trop bu ». Gore avait apparemment déjà eu un accrochage avec Janet Auchincloss, la mère de Jackie, avant d'en découdre avec Lem Billings, puis avec Bob Kennedy. Bob avait trouvé Gore affalé à côté de Jackie, essayant de se redresser en appuyant un bras sur son épaule. Bob s'était interposé et avait calmement retiré le bras. Vidal s'était alors approché de lui en hurlant : « Ne me refaites jamais une chose pareille. » Bob était sur le point de partir quand Vidal ajouta : « J'ai toujours pensé que vous étiez un sale con prétentieux. » A quoi Bob répliqua : « Allez donc vous faire foutre. » Dernière repartie de Vidal : « Si c'est votre niveau de conversation, la seule chose que je peux vous répondre, c'est : " Va te faire voir ! " A ces mots, Bob tourna le dos et s'en alla.

« Je sais que Lem Billings avait menacé de casser la gueule à Gore, et vice versa, raconte Blair Clark, également présent à ce dîner. J'étais près de la piste de danse lorsque Gore vint à moi et me dit : " Je vais envoyer mon poing dans la gueule de ce salaud. " Je n'ai pas cherché à l'en empêcher en le retenant par le col ni rien d'aussi spectaculaire, mais je me souviens que Billings n'était pas loin. Je lui ai dit : " Gore, pour l'amour de Dieu, ne faites pas ça. C'est ridicule. " Il était complètement saoul, je pense. Certains avaient réalisé ce qui se passait, mais pas tous, loin de là. Ce n'était pas un gros scandale, avec tout le monde autour, prêt à prendre les manteaux. Mon impression est que Gore avait simplement beaucoup trop bu. Et Billings aussi. Comme beaucoup d'entre nous d'ailleurs. L'altercation avec Bob Kennedy avait à mon avis des motifs qui remontaient à plusieurs années et semblait être liée à plusieurs déclarations au vitriol que Gore avait faites au sujet de Bob dans un ou deux des essais qu'il avait publiés. »

Et voici la version de Gore Vidal de cette « fameuse soirée » : « Une vieille querelle avec Bob se ranima brièvement avant le dîner — sans témoin. Je partis à 1 h 30 du matin, avec Arthur Schlesinger, Jr., John Kenneth Galbraith, et George Plimpton. Personne ne nous avait priés de partir. J'ai même été invité à Hyannis Port, un mois plus tard. »

Version Arthur Schlesinger : « Quelqu'un, je ne me souviens plus qui, peut-être Jacqueline Kennedy, m'a demandé si je pouvais le sortir de là. J'ai enrôlé Kenneth Galbraith et George Plimpton. Et nous avons ramené Vidal à son hôtel. »

Version Plimpton : « Arthur Schlesinger, Ken Galbraith et moi l'avons raccompagné. Je résidais chez Averell Harriman. Nous avons ramené Gore au Hay-Adams, je crois. Seul Gore pourrait dire s'il a été cogné ou non. Mais je pense qu'il a connu un certain nombre de mésaventures ce soir-là. Je n'ai pas vu ni entendu la fameuse altercation, mais j'ai suivi la polémique qui eut lieu par la suite entre Vidal et Truman Capote au sujet de la soirée en question. Capote, dans une interview pour un magazine, enjoliva l'histoire, affirmant entre autres que Vidal s'était fait éjecter de la Maison-Blanche, ce qui n'était pas le cas. Jackie, cependant, n'était pas ravie du comportement de Gore et avait résolu de ne plus jamais l'inviter. Ainsi donc, il n'était pas viré, au sens littéral du terme, mais il l'était bien sûr, au sens figuré [1]. »

Jackie s'en voulut d'avoir laissé l'incident dépasser la mesure. Dorénavant, déclara-t-elle plus tard à son personnel, ce serait un verre par personne

---

1. La polémique Vidal-Capote n'éclata qu'en septembre 1975, lorsque *Playgirl* publia cette interview offensante de Capote par le journaliste Richard Zoernick. Par l'entremise du procureur Peter Morrison, Vidal les poursuivit tous les trois (*Playgirl*, Zoernick et Capote) pour diffamation. « Je tiens à vous rappeler que lorsque j'ai poursuivi T. C. en diffamation (écrit Vidal à l'auteur du présent ouvrage) j'ai demandé à la cour un jugement immédiat et je l'ai obtenu. Capote fut reconnu coupable de diffamation. Il alla en appel et, faute d'argent, me demanda si j'accepterais une lettre d'excuse confirmant qu'il avait menti, etc. Je dis oui et il écrivit la lettre. » Celle-ci, datée du 31 octobre 1983, déclare notamment : « Je m'excuse des contrariétés, préjudices, dépenses qu'a pu vous occasionner l'interview parue dans le numéro de septembre 1975 de *Playgirl*. Comme vous le savez, je n'étais pas présent à l'événement à propos duquel j'étais cité. Les propos que je suis censé avoir tenus ne correspondent pas exactement à ce qui s'est passé. »

et par soirée, une restriction destinée à préserver la sobriété autant que les finances. Mais lors des soirées plus intimes à la Maison-Blanche les invités avaient tendance à fureter un peu. Ces restrictions ne furent plus suivies à la lettre. Ils posaient souvent leur verre à moitié consommé pour aller faire un tour et découvraient à leur retour qu'un majordome de la Maison-Blanche avait confisqué les boissons non terminées. Et on leur servait invariablement un autre verre. La solution de la First Lady fut dûment notée par Mary Gallagher :

> Elle [Jacqueline] a donné l'ordre à Anne [Lincoln, la nouvelle intendante] de dire aux majordomes de remplir les verres qui n'avaient pas trop l'air entamés et qui n'avaient pas de traces de rouge à lèvres sur le bord. Jackie a demandé qu'on les repasse une deuxième fois — même s'il y avait des risques d'hépatite.

Mary Gallagher rapporte également une conversation dans laquelle Jackie semble avoir entendu parler de timbres-bonus pour la première fois :

> Oh, Mary, savez-vous ce que je viens d'apprendre de la bouche d'Anne Lincoln ?... Vous savez, tous ces produits alimentaires qu'on achète ici, à la Maison-Blanche ? Eh bien, elle m'a dit qu'avec les timbres que les magasins nous donnaient on pouvait les échanger contre de merveilleux cadeaux !

Quand elle entendit ces deux anecdotes, la journaliste Angele Gringas les attribua au goût du comique de Jackie : « Jackie possède un sens de l'humour swiftien. Elle était trop sophistiquée pour ceux qui l'entouraient. La moitié de ses notes et de ses mémos contenaient des jeux de mots qui passaient au-dessus de la tête de tout le monde. Peut-on imaginer la Maison-Blanche remplissant des verres de cocktail à moitié vidés et les faisant repasser parmi les invités ? »

Les dépenses personnelles de la First Lady durant les deux premières années d'exercice furent nettement moins drôles. Le chiffre, pour 1961, s'élève à 105 446,14 dollars. A la fin de 1962, il était passé à 121 461,61 dollars.

22

Début 1962, le FBI, comme le Service Secret, était au courant de la liaison de John Kennedy avec Marilyn Monroe. Les deux agences savaient également que Marilyn avait fait plusieurs séjours à la clinique psychiatrique Payne Whitney de New York, dans le vain espoir de se désintoxiquer des somnifères et de l'alcool. Mais cela ne l'empêchait pas de continuer à voir le président.

« Elle était folle de John, affirme Peter Lawford. Elle construisait toutes sortes de fantasmes échevelés, avec elle-même dans le rôle principal. Elle se voyait en mère de ses enfants. Elle se voyait en épouse du président. Le fait qu'il soit président lui permettait d'associer à leur relation une foule d'images symboliques. Pour lui, ça n'était qu'une distraction, mais elle en pinçait vraiment pour le mec, pour ce qu'il représentait. Dans son état de dépression et d'intoxication, elle commença à tomber amoureuse de lui — ou à se convaincre qu'elle était amoureuse, ce qui revenait à peu près au même.

« Elle lui téléphonait à la Maison-Blanche, elle lui envoyait des poèmes d'amour qu'elle avait écrits, pour la plupart, au début de sa carrière. Un jour, elle me raconta qu'elle avait téléphoné à Jackie. Malgré tout son romantisme et son masochisme, Marilyn pouvait être une sale petite garce. Tout le monde la décrivait comme une pauvre victime sans défenses, mais ça n'était pas toujours vrai.

« Selon Marilyn, ce coup de fil n'avait pas choqué Jackie. Du moins en apparence. Elle avait accepté de se retirer. Elle divorcerait de Jack et Marilyn pourrait l'épouser, mais il lui faudrait s'installer à la Maison-Blanche. Et si elle n'était pas prête à vivre ouvertement à la Maison-Blanche, il valait mieux qu'elle laisse tout de suite tomber.

« A la vérité, Jackie était folle de rage et avait Dieu sait pourquoi accusé Frank Sinatra. Elle ne pouvait me blâmer aussi aisément, car je faisais partie de la famille, alors elle s'est défoulée sur lui. Elle et Sinatra avaient toujours été en assez bons termes. Il était reçu à la Maison-Blanche, à Hyannis Port, à Palm Beach. Les Kennedy l'avaient invité à bord de leur yacht, le *Honey Fitz*. Mais, pour Jackie, c'en était fini. Sinatra fut désormais indésirable.

« La rupture avec Jackie survint au moment où Sinatra commençait à avoir des problèmes avec Bob Kennedy. Bob qui, à trente-cinq ans, se considérait comme le nouveau Wyatt Earp[1], avait descendu en flammes de nombreux potes de Sinatra. Il avait lancé des enquêtes tous azimuts contre Sam Giancana, John Roselli, Mickey Cohen, Carlos Marcello, Santo Trafficante et, bien sûr, Jim Hoffa. Certains de ces types avaient appelé Sinatra à l'aide, et Sinatra s'était tourné vers Bob. J'étais avec lui. Le ministre de la Justice nous a carrément dit d'aller nous faire foutre et il a conseillé à son frère, le président, de se tenir à l'écart de Sinatra. " Nous sommes en train d'essayer de coincer les patrons du crime organisé de ce pays, et tu fréquentes un type qui est comme cul et chemise avec la plupart d'entre eux ", reprocha-t-il à John.

« John avait prévu de passer quelques jours chez Sinatra, à Palm Springs, entre le 24 et le 26 mars 1962. Jackie serait en voyage en Inde et au Pakistan. C'était pour le président une occasion idéale de se détendre. Sinatra avait fait rajouter plusieurs pièces à sa maison, deux ou trois pavillons pour le Service Secret, un héliport et même un mât pour hisser le drapeau. A la dernière minute, Bob me téléphona et me demanda de prévenir Sinatra que le président ne pouvait accepter son hospitalité. Je lui demandai de reconsidérer la chose en soulignant l'importance de cette visite pour Sinatra. " Les liens de Sinatra avec le crime organisé risquent de mettre le président dans une situation embarrassante ", me répondit Bob.

« J'appelai le président. Il se montra compatissant mais ferme. " Je ne peux pas y aller tant que Bob mène l'opération Giancana. Peut-être pourras-tu me trouver un autre endroit. "

« J'ai donc finalement téléphoné à Sinatra pour lui cracher le morceau. J'ai mis ça sur le compte de la sécurité ; que sa maison serait difficile à surveiller. Sinatra ne fut pas dupe. Il téléphona à Bob Kennedy et le traita de tous les noms. Il lui reprocha son hypocrisie, le fait qu'il ait accepté que la Mafia aide John à se faire élire, mais qu'il refuse qu'elle prenne place avec lui à l'avant de l'autobus.

« Entre-temps, John s'était arrangé pour aller passer le week-end chez Bing Crosby, dans sa maison de Palm Springs. Ce qui mit Sinatra hors de lui. Ce n'était même pas un démocrate. Sinatra mit tout ça injustement sur mon dos. Et ce fut la fin de notre amitié. J'ai appris plus tard qu'il s'était emparé d'un marteau de forgeron et qu'il avait foutu en l'air la piste de béton qu'il avait fait construire pour Kennedy. »

Marilyn passa ce week-end avec le président chez Bing Crosby, puis le revit le 19 mai, deux jours avant son quarante-cinquième anniversaire, lors d'un gala de bienfaisance, en présence de 15 000 démocrates rassemblés au Madison Square Garden, à New York. D'autres célébrités étaient venues payer leur tribut au président, parmi lesquelles Ella Fitzgerald, Peggy Lee, Jimmy Durante et Maria Callas. Mais ce fut Marilyn « en chair et en perles » (pour citer Adlai Stevenson) qui leur vola la vedette avec son interprétation

---

1. Shérif de Tombstone, héros légendaire de l'Ouest américain.

ondulante et gutturale de « Thanks For The Memory » et « The Happy Birthday Song ». Le président s'adressa au public après sa prestation : « Maintenant qu'on a chanté pour moi " Happy Birthday " d'une manière aussi délicieuse et chaleureuse, je peux me retirer de la politique. »

C'est Peter Lawford qui avait organisé la prestation de Marilyn au Madison Square Garden ce soir-là, mais seulement après s'être assuré que Jackie avait d'autres projets. Jouant le rôle de maître de cérémonie, Lawford présenta son attraction vedette comme « *the " late "* Marilyn Monroe[1] ».

« Je faisais allusion à son retard, explique-t-il. Je n'avais bien sûr pas la moindre idée du peu de temps qui lui restait à vivre. Par ailleurs, elle n'était plus tout à fait elle-même. Je me souviens qu'Arthur Schlesinger écrivit que " parler avec Marilyn, c'était comme parler avec quelqu'un en train de se noyer ". »

Plus tard, ce même soir, après une apparition à une réception donnée par Arthur Krim, président de United Artists, Marilyn passa plusieurs heures seule avec John Kennedy dans son duplex au dernier étage du Carlyle. Ce devait être leur dernière rencontre. Prévenu par Robert Kennedy et J. Edgar Hoover que la maison de Peter Lawford à Santa Monica avait été très probablement truffée de micros par la Mafia et qu'au moins une de ses entrevues avec Marilyn avait été enregistrée, il décida de rompre.

« Marilyn comprit que c'était fini, mais elle ne pouvait l'accepter, raconte Lawford. Elle commença à écrire à John des lettres assez pathétiques et elle continua à l'appeler. Elle menaça de tout déballer à la presse. Il envoya finalement Bob Kennedy en Californie pour la calmer.

« Bob connaissait déjà Marilyn. Ils s'étaient rencontrés lors d'un dîner chez moi, où il était venu avec Ethel, et plus brièvement à New York, après son apparition à l'anniversaire de Jack. Il tenta de lui expliquer que le président était un homme très occupé, que la direction d'un pays était une tâche imposante et que, si John était très attaché à elle, il était déjà marié et ne pouvait pas se permettre de s'éclipser en douce pour aller voir un avocat et demander le divorce. Ça n'était probablement pas très facile pour elle, mais il fallait qu'elle accepte cette décision et qu'elle cesse d'appeler le président.

« Elle le prit plutôt mal. Bob compatit. Ils se revirent le lendemain et passèrent l'après-midi à marcher le long de la plage. Ce n'était pas dans les intentions de Bob, mais ce soir-là ils devinrent amants et passèrent la nuit dans notre chambre d'ami.

« Les choses prirent vite de l'ampleur. Marilyn appelait à présent le Département de la Justice au lieu de la Maison-Blanche. Angie Novello, la secrétaire de Bob, avait de longues conversations avec elle lorsqu'il n'était pas là. Et bientôt, Marilyn annonça qu'elle était amoureuse de Bob et qu'il avait promis de l'épouser. C'était comme si elle n'était plus capable de faire la différence entre Bob et John.

---

1. « Late » signifie à la fois « en retard », « ex- » et « feu ». Un jeu de mots à trois tiroirs donc.

« C'est à ce moment-là que la Twentieth-Century Fox la vira de ce film à gros budget en cinémascope qui ne fut jamais achevé : *Somethingh's Got to Give*. Elle était tellement larguée, la plupart du temps, qu'elle n'arrivait même pas à articuler ses répliques. Et elle ne dormait pas la nuit. Elle avait une mine affreuse. Je lui ai dit qu'il fallait qu'elle cesse d'avaler toutes ces merdes et qu'elle se ressaisisse, sinon toute sa carrière était fichue.

« Marilyn était incapable de mettre la pédale douce. Bob se détacha progressivement d'elle, comme John s'en était détaché. Elle grimpa aux rideaux. " Ils traitent tout le monde de la même manière, déclara-t-elle. Ils vous utilisent et après ils vous traitent comme moins que rien. "

« A plusieurs reprises, lorsque Marilyn vint passer la soirée à la maison, elle resta dormir, surtout quand elle avait trop bu. Un jour, je me suis réveillé très tôt et je l'ai trouvée en robe de chambre, perchée sur le balcon, fixant la piscine au-dessous. Je suis sorti et je lui ai demandé : " Ça va ? " Des larmes coulaient sur son visage. Je l'ai fait rentrer et j'ai préparé le petit déjeuner ; Pat et moi nous l'avons consolée pendant des heures. Elle était complètement abattue, elle disait qu'elle se sentait horrible, inutile, tellement usée et humiliée.

« En juillet, Pat et moi nous l'avons emmenée faire la bringue, deux fois de suite, au Cal-Neva Lodge, sur les bords du lac Tahoe. La première fois, nous avions tous beaucoup bu. Marilyn avait également pris des somnifères, mais nous nous en sommes aperçus presque trop tard. Elle tomba si violemment malade qu'il fallut la transporter à Reno et puis à Los Angeles à bord de l'avion privé de Frank Sinatra.

« Notre seconde virée se termina tout aussi abruptement, lorsque Joe di Maggio [1] fit soudain irruption. De toute évidence, quelqu'un lui avait dit que Marilyn avait été kidnappée et qu'elle était retenue au Cal-Neva Lodge contre sa volonté. Il y avait toujours des histoires de filles, de sexe et de drogue autour de l'hôtel. Mais Marilyn n'était certainement pas là contre sa volonté. Di Maggio voulait qu'elle rentre avec lui. Ils se disputèrent. Elle en fut toute retournée et, une fois de plus, repartit précipitamment à bord de l'avion de Sinatra. »

La crise culmina durant le week-end du 3 août 1962, deux jours avant le suicide présumé de Marilyn. Marilyn avait appris que Bob Kennedy et sa famille se trouvaient près de San Francisco. Elle appela Peter Lawford et lui demanda s'il savait à quel numéro elle pouvait le joindre. Il ne le savait pas, mais pensait que Pat était peut-être mieux informée. Pat était dans sa famille à Hyannis Port. Il donna à Marilyn son téléphone là-bas. Marilyn appela Pat qui finit par trouver le numéro d'appel de Bob.

Bob hésita dans un premier temps mais accepta, en fin de compte, de voir Marilyn. Le lendemain, il prit l'avion pour Los Angeles, puis un hélicoptère depuis l'aéroport jusqu'au terrain de la Twentieth-Century Fox où il était attendu par Peter Lawford, qui l'accompagna en voiture jusqu'à la maison de Marilyn, à Brentwood.

---

1. Champion de base-ball, ex-mari de Marilyn.

Ils arrivèrent à 2 heures environ de l'après-midi. En prévision de leur visite, Marilyn avait préparé un buffet mexicain — *guacamole,* champignons farcis, boulettes de viande épicée, qu'elle avait commandés dans un restaurant voisin — et un magnum de champagne. Ses visiteurs s'aperçurent tout de suite qu'elle avait déjà descendu une bonne partie de la bouteille. Lawford se servit un verre et sortit au bord de la piscine pour que Marilyn et Bob puissent parler. Bientôt, il entendit des cris. Bob disait qu'il allait retourner chez Peter. Marilyn affirmait qu'il lui avait promis de passer l'après-midi seul avec elle. Bob répéta qu'il partirait, avec ou sans elle.

« Ils se disputèrent une dizaine de minutes et Marilyn était de plus en plus hystérique, raconte Lawford. Au plus fort de sa colère, elle laissa entendre que, dès le lundi matin, elle convoquerait une conférence de presse et qu'elle révélerait au monde entier comment la traitaient les frères Kennedy. Bob devint livide. En termes sans équivoque, il lui dit qu'il lui faudrait dorénavant laisser John et lui tranquilles — plus d'appels téléphoniques, plus de lettres, plus rien. Qu'ils ne voulaient plus entendre parler d'elle.

« C'est à ce moment que Marilyn perdit tout contrôle, hurlant des obscénités et martelant furieusement Bob de ses poings. Dans sa rage, elle s'empara d'un petit couteau de cuisine et se jeta sur lui. Je les ai rejoints à ce moment et j'ai tenté de saisir le bras de Marilyn. Nous avons finalement réussi à la plaquer et à lui retirer le couteau. Bob pensait que nous devrions appeler son psychiatre de Beverly Hills. Le Dr Ralph Greenson arriva chez Marilyn dans l'heure qui suivit. »

Ce qui se passa ensuite est sujet à conjectures. Des auteurs aussi divers que Norman Mailer, Anthony Summers et Earl Wilson nous ont proposé des versions détaillées, logiques, bien que souvent contradictoires, des événements qui ont conduit au suicide présumé de Marilyn dans la nuit du 4 août. Curieusement, la version qui semble la plus logique de ces événements, *My Secret Life with Marilyn Monroe,* les mémoires de Ted H. Jordan, n'a toujours pas été publiée à ce jour, à l'exception d'un court extrait dans *Penthouse,* en mai 1984.

Jordan, acteur hollywoodien de second plan, autrefois marié à la sculpturale strip-teaseuse Lily St. Cyr, a connu Marilyn en 1942. « Marilyn, prétend-il, avait tendance à l'exagération. Elle avait une imagination très vive et le don de dramatiser le moindre incident. Mais lorsqu'elle me téléphona, à cinq heures du matin environ, au cours de la dernière nuit de son existence, elle n'avait aucune raison de mentir. Elle me parla de sa dispute avec Bob. Elle me raconta que le Dr Greenson, qui était toujours là, lui avait fait une piqûre pour la calmer et que Lawford et Bob étaient déjà partis.

« Marilyn m'a rappelé une seconde fois cette nuit-là. Elle avait l'air à des milliers de kilomètres. Elle me dit que Lawford l'avait appelée vers sept heures et l'avait invitée à un dîner chinois suivi d'un petit poker avec des amis. Bob voulait qu'elle vienne. Mais Marilyn soupçonnait qu'à la fin de la partie de poker, Lawford avait l'intention de faire venir deux filles pour Bob et lui, et qu'ils espéraient qu'elle en serait. " J'en ai marre de ces salades ", ajouta-t-elle. Bob m'a promis de rester ici, et voilà comment ça finit. "

« Elle me dit qu'elle avait pris des somnifères, plus tôt dans la soirée, ce qui, associé à l'alcool et à l'injection de Greenson, l'avait sûrement achevée. Après cette deuxième conversation, elle appela, semble-t-il, Lawford et prononça la fameuse tirade : " Dis adieu à Pat, dis adieu au président, et dis-toi adieu à toi-même parce que tu as été un brave type. " Savait-elle qu'elle était en train de mourir ? Venait-elle juste d'avaler quelques pilules de plus ? Avait-elle l'intention de se tuer ? A-t-elle été tuée par quelqu'un d'autre ? Je crains que nous ne connaissions jamais les réponses à ces questions.

« Je sais une chose. Sentant que quelque chose n'allait pas, j'ai rappelé Marilyn cette nuit-là. C'est Peter Lawford qui m'a répondu. Il ne fait donc aucun doute qu'après sa mort il est revenu chez elle, probablement pour mettre un peu d'ordre et pour s'assurer qu'il n'y avait aucune trace des liens entre Marilyn et le président ou le ministre de la Justice. »

Pendant les quelques jours qui suivirent, alors que le pays était bouleversé par les gros titres annonçant la mort de Marilyn, Robert Kennedy continua à vivre comme si rien ne s'était passé. Le lundi, il prononça une allocution lors d'une réunion de l'American Bar Association à San Francisco, puis se rendit à Seattle avec sa famille, pour assister à la Foire mondiale. Il passa une deuxième semaine avec ses enfants et William O. Douglas, juge de la Cour Suprême, en camping dans le Nord-Ouest.

Interrogé par les journalistes sur la mort de Marilyn, Jacqueline Kennedy se contenta de déclarer : « Elle vivra éternellement. »

Lors d'un match de base-ball de vétérans, au Yankee Stadium, trois ans après la mort de Marilyn, Robert Kennedy fut présenté à Joe di Maggio. Kennedy lui tendit la main mais di Maggio se détourna et s'éloigna sans la serrer.

Plus de vingt-trois ans après sa mort, en octobre 1985, le magazine de télé *20/20,* sur ABC-TV, avait prévu de diffuser une séquence sur les relations entre Robert Kennedy, John Kennedy et Marilyn Monroe. A la dernière minute, Roone Arledge, responsable du journal et des sports sur la chaîne, annula sous prétexte que ce n'était qu'un « ramassis de ragots ». Or Arledge était un vieil ami des Kennedy.

Malcolm Mac Kilduff, porte-parole adjoint du président, affirme que Kennedy considérait tous les gens comme des objets, hommes ou femmes : « Je me souviens, lorsque le Bolchoï s'est produit au Capitol Theater, dans F Street. C'était pendant la crise des missiles cubains, mais Jackie insista pour assister à la première. Le président avait autant envie de voir le ballet du Bolchoï que moi un cirque de puces. A la fin du spectacle, quand ils se rendirent dans les coulisses, il me murmura à l'oreille : " Je ne veux pas être pris en photo avec tous ces pédés de Russes. " »

Le nombre de femmes dans la ligne de mire de Kennedy semblait être en hausse permanente. Parallèlement à « Fiddle » et « Faddle », les deux secrétaires bénévoles de son équipe, il y avait le cas de cette jeune femme qui était tombée amoureuse de Kennedy à l'époque où il était sénateur. Assignée à l'équipe du Conseil National de Sécurité lorsqu'il devint président, elle était toujours à sa disposition. L'attitude désinvolte de Kennedy à l'égard de telles rencontres — autant que son habileté à empêcher des préoccupations extérieures d'empiéter sur ses devoirs officiels — se confirma un après-midi d'été, quand ils furent tous deux interrompus par un coup à la porte de la chambre du président. Kennedy, en colère, l'ouvrit brutalement. Il se trouva face à deux importants conseillers des Affaires étrangères avec une liasse de messages secrets, qui profitèrent amplement du spectacle de la compagne nue de John Kennedy. Sans même se soucier de refermer la porte, ce dernier s'assit, lut les dépêches et prit ses décisions avant d'aller retrouver son amie.

Les dossiers du Service Secret abondent d'enquêtes sur diverses femmes, mannequins et hôtesses pour la plupart. Kennedy s'arrangeait pour les faire venir à la Maison-Blanche. Se pliant aux ordres présidentiels, les gardes du corps faisaient entrer ces rencontres de hasard, mais non sans quelque inquiétude. Encore plus inquiétantes étaient ces femmes qu'on accompagnait dans les appartements présidentiels sur la simple foi d'un coup de téléphone ou d'une introduction écrite de la main d'un ami de confiance ; dans certains cas, il suffisait même de beaucoup moins.

« Il ne vint jamais à l'esprit de John que certaines de ces femmes pouvaient être dangereuses, rapporte Lem Billings. Elles n'étaient jamais fouillées, jamais interrogées en détail. Je me souviens avoir entendu parler d'une jeune fille de dix-huit ans, venue d'Irlande, qui voulait voir le président et insistait pour être conduite directement au bureau Ovale. On s'aperçut qu'elle cachait un couteau de boucher long de 35 cm dans son sac et qu'elle sortait juste d'un hôpital psychiatrique de Dublin. »

La jeune fille fut rapatriée en Irlande. Il y eut également Ellen Rometsch, cette Allemande de l'Est de vingt-sept ans, un mannequin plantureux qui avait monté un service d'hôtesses au Quorum Club, refuge privé sur Capitol Hill, sponsorisé par des groupes de pression, des employés du Congrès et des membres de la Maison-Blanche et du Sénat. Le fondateur et directeur du club était Bobby Baker, ancien assistant sénatorial de Lyndon Johnson, qui faisait du trafic d'influence et échoua par la suite en prison pour fraude fiscale, vol et tentative d'escroquerie à l'encontre du gouvernement.

Baker utilisait Ellen Rometsch et d'autres filles à des fins politiques ou commerciales. Si le nom du président Kennedy n'apparaît pas dans la liste des membres du Quorum Club, des témoins oculaires affirment qu'il bénéficiait à l'occasion des services du club, tout comme Lyndon Johnson.

Le scandale sexuel le plus largement ébruité du début des années soixante fut l'affaire Profumo, dans laquelle le ministre de la Défense britannique fut compromis par Christine Keeler, une call-girl entretenue par Stephan Ward, un ostéopathe londonien. Parmi les autres clients de Christine Keeler, il y avait un espion soviétique. On a soupçonné Profumo d'avoir accidentellement confié des informations militaires à Christine Keeler, qui les aurait à son tour transmises au Soviétique. Profumo démissionna. Et le gouvernement britannique fut à deux doigts d'être renversé.

Ce scandale semblait, a priori, n'avoir aucun lien avec les Etats-Unis. Mais, le 28 juin 1963, alors que Kennedy était en voyage à l'étranger, l'édition américaine du *New York Journal* publia un article qui commençait ainsi : « L'un des plus grands noms de la politique américaine — un homme qui occupe un poste " de tout premier plan " — a été impliqué dans ce scandale de mœurs et de sécurité en Grande-Bretagne. » Robert Kennedy convoqua à Washington les deux journalistes responsables de cette allusion perfide et découvrit que la personne visée était le président. Kennedy s'était apparemment compromis avec deux des call-girls appartenant à l'écurie très choisie de Stephen Ward : Suzy Chang et Maria Novotny.

La première réaction de Robert Kennedy fut de nier ces allégations et de menacer le journal d'un procès s'il citait ou publiait la moindre information supplémentaire sur cette histoire. Manquant de documents à l'appui, le journal choisit de laisser tomber l'affaire. Le FBI lança cependant, avec l'aide de Scotland Yard, une enquête à grande échelle.

Les frasques incessantes de John Kennedy finirent par lui porter préjudice. L'enquête du FBI révéla que Suzy Chang, vingt-huit ans, née en Chine et résidant à Londres, venait souvent aux Etats-Unis pour voir sa mère souffrante. Elégante et exotique, elle avait été vue à plusieurs reprises en compagnie du Dr Stephan Ward. On l'avait également remarquée plusieurs fois au côté du président Kennedy, en particulier à l'occasion d'un dîner au très sélect Club 21 à New York.

L'histoire de Maria Novotny est plus inquiétante. Blonde et pétillante, elle avait débuté, sous le nom de Mariella Capes, comme strip-teaseuse dans des boîtes de nuit anglaises. En 1960, elle avait épousé Horace Dibben, riche antiquaire britannique, propriétaire d'un night-club, qui était son aîné de près de quarante ans. Au bout de six mois, elle quitta Dibben et partit pour New York. Quelques semaines plus tard, elle vivait avec un producteur de télévision, Harry Alan Towers, et dirigeait la branche new-yorkaise d'un réseau international de call-girls.

En 1962, Maria Novotny retourna en Angleterre. Interrogée par Scotland Yard dans le cadre de l'affaire Profumo, elle reconnut avoir rencontré John Kennedy pour la première fois à l'âge de dix-neuf ans, en décembre 1960, lors d'une soirée donnée par le chanteur Vic Damone dans un hôtel de New York. Présentés par Peter Lawford, le président élu et elle s'étaient éclipsés dans l'une des chambres de la suite et avaient couché ensemble. Après l'entrée en fonction de Kennedy, Lawford fit à nouveau appel à elle, demandant qu'elle organise « quelque chose d'un peu plus intéressant pour le président ». La deuxième rencontre eut lieu dans l'appartement que Maria Novotny partageait avec Towers, à Manhattan, dans la 55ᵉ Rue West, et en présence de deux autres prostituées habillées pour la circonstance en doctoresse et en infirmière. Dans le divertissement sexuel qui suivit, Kennedy jouait le rôle du patient.

Ce qui alarmait le plus le FBI au sujet de cet épisode, c'est que Harry Towers se révéla un agent soviétique et qu'il avait été payé pour récolter des informations susceptibles de compromettre des personnalités politiques américaines éminentes, dont Kennedy. Lorsque Maria Novotny retourna en Grande-Bretagne en 1962, Towers quitta précipitamment les Etats-Unis. Il aurait émigré en Tchécoslovaquie[1].

Ces rencontres, dont même Jackie aurait pu témoigner si on l'avait interrogée, n'avaient rien à voir avec l'amour et le mariage. Mais John Kennedy, nous le savons, a entretenu aussi des liaisons plus longues et plus sérieuses. La dernière d'entre elles, avec une amie de Jackie, Mary Pinchot Meyer, dura de janvier 1962 à novembre 1963, date à laquelle il fut assassiné. Descendante d'une grande famille de Pennsylvanie, qui donna au pays le gouverneur Gifford Pinchot (lequel eut deux mandats consécutifs), Mary Meyer était la sœur de Toni Bradlee et la belle-sœur de Ben Bradlee.

« Honnêtement, je n'avais pas la moindre idée des relations entre Mary et John, affirme Toni Bradlee. Et je suis à peu près sûr que Ben n'en savait rien. Ce fut un choc pour nous, bien que ma sœur ait fréquenté John depuis l'époque où il était étudiant à Choate et qu'ils se soient revus plus tard quand elle faisait ses études à Vassar et qu'il était à Harvard. »

En 1945, Mary avait épousé Cord Meyer, Jr., un jeune vétéran de la Seconde Guerre mondiale qui avait perdu un œil à Guam dans le Sud Pacifique, et qui était devenu l'un des principaux responsable de la CIA et le fondateur de la United World Federalist Association. Lorsqu'ils divorcèrent, en 1959, Mary hérita une partie des actions de sa famille dans l'industrie des produits lyophilisés et utilisa cet argent (plusieurs millions de dollars) pour se lancer dans une modeste carrière artistique. Un vieux garage contigu à la maison de son beau-frère lui servait d'atelier.

Mary appartenait à un mouvement alors connu sous le nom de « Washington Color School », et exposait des toiles géométriques brillamment colorées à la Jefferson Place Gallery. « Elle était à la fois bohème et très sophistiquée, dans le genre de Brett Ashley », nous dit James Angleton, ancien directeur de la CIA. « C'était un esprit libre, très en avance sur son époque », confirme sa sœur. James Truitt, l'un des responsables du *Washington Post,* et confident de Mary (C'est Truitt qui révéla l'histoire de la relation amoureuse entre JFK et Mary), raconte que Mary, au cours de vacances en Italie, ayant repéré un noble italien très séduisant sur son yacht, rejoignit le bateau à la nage et retira son bikini dans l'eau avant de monter à bord.

« Ça faisait longtemps que je la connaissais, déclare Blair Clark, mais pas très intimement. Elle était intelligente, charmante et très belle, avec des cheveux blonds et un visage mutin. Mais je ne savais pas qu'elle voyait John. En fait, j'avais entendu une histoire sur son compte qui semblait indiquer tout le contraire. Je crois que ça s'était passé lors d'un dîner chez Arthur Krock, l'éditorialiste du *New York Times.* Après le dîner, tous les hommes

---

1. Le FBI enquêtait encore sur l'implication éventuelle de Kennedy dans l'affaire Profumo au moment de son assassinat. L'affaire aurait bien pu soulever un problème lors des élections de 1964 si Kennedy avait été en mesure de se présenter.

étaient restés à table pour fumer le cigare et boire du cognac. Les femmes étaient passées au salon. Mary avait refusé de se joindre à elles. Elle s'était assise sur les marches de l'escalier et bavardait avec une autre invitée. Elle assura, de manière parfaitement audible pour ces messieurs, que toutes les femmes présentes voulaient coucher avec Kennedy. Elle faisait allusion aux épouses des hommes présents. Elle avait dit ça d'un ton dédaigneux, comme si elle trouvait que ces femmes étaient totalement stupides.

« Je n'étais donc au courant de rien, et je ne pense pas que les Bradlee en savaient davantage. J'étais un vieil ami de Ben Bradlee et de sa première femme, Ster. Un soir, nous avions tous été invités à une soirée à la Maison-Blanche. Mary devait venir, elle aussi, et Ben suggéra que nous y allions tous ensemble et que je serve de cavalier à Mary. C'est ce que je fis. Il n'y avait rien dans l'atmosphère ce soir-là qui puisse indiquer que nous allions à un rendez-vous d'amoureux. C'était l'une de ces soirées dansantes auxquelles étaient conviés plus d'une centaine d'invités, des amis pour la plupart. Une pure mondanité. Cependant, à un certain moment de la danse, John et Mary disparurent. Ils restèrent absents une demi-heure environ. J'avais, sans le savoir, servi d' " alibi " à John. »

Le degré d'intimité entre John Kennedy et Mary Meyer peut se mesurer à divers facteurs, dont un voyage que le président fit en 1963 avec Mary et Toni, à Milford, en Pennsylvanie, pour aller voir leur mère, Ruth Pinchot, conservatrice bon teint, supporter de Barry Goldwater. Un autre signe de leur intimité était le désir de Kennedy de faire des expériences avec la drogue en présence de Mary — pas seulement avec la marijuana, comme on l'a souvent rapporté, mais aussi avec le LSD.

James Angleton se souvient des détails : « Mary tenait un journal dans lequel elle commença à prendre des notes concernant leurs rencontres — ils se virent entre trente et quarante fois au cours de leur liaison — à la Maison-Blanche, à son atelier, chez des amis. L'un des amis de Mary était Timothy Leary, le fameux gourou « psychédélique » des années soixante. Mary raconta apparemment à Leary qu'elle avait monté un complot, avec un certain nombre d'autres femmes de Washington, pour " allumer " les leaders politiques mondiaux avec de l'herbe et de l'acide, afin de les rendre moins militaristes et plus pacifistes. Leary l'aida à obtenir certaines drogues et certaines substances chimiques. Plus tard, elle se débrouilla seule.

« En juillet 1962, lors d'une visite à la Maison-Blanche, Mary emmena Kennedy dans l'une des chambres et sortit une petite boîte qui contenait six joints. Ils en partagèrent un et Kennedy lui annonça en riant qu'il devait y avoir une conférence sur les narcotiques à la Maison-Blanche, une quinzaine de jours plus tard.

« Ils fumèrent encore deux joints et Kennedy rejeta la tête en arrière en fermant les yeux. Il refusa un quatrième joint. " Suppose que les Russes lancent une bombe ", déclara-t-il. Il admit avoir déjà touché à la cocaïne et au haschisch, grâce à Peter Lawford. Mary prétend qu'ils ont fumé de l'herbe à deux reprises et qu'une troisième fois ils ont fait un petit trip à l'acide ensemble, pendant lequel ils ont même fait l'amour. »

Contrecoup macabre et tragique : Mary Meyer fut abattue à l'âge de quarante-trois ans. C'était le 12 octobre 1964, à 12 h 45, près de onze mois après la mort de Kennedy, alors qu'elle se promenait le long du chemin de halage du Chesapeake and Ohio Canal, dans Georgetown, pas loin de son atelier. Un jeune ouvrier noir de vingt-six ans, appréhendé près du lieu du crime, fut jugé pour le meurtre de Mary. Il fut acquitté.

En fouillant dans les affaires de sa sœur, Toni Bradlee trouva son journal, le lut avant de le remettre à James Angleton qui le détruisit dans les bureaux de la CIA à Langley, en Virginie. « A mon sens, il n'y avait aucun intérêt à le garder, déclare Angleton. J'ai agi en tant que citoyen et ami de la défunte. Les Meyer avaient deux fils, et j'ai pensé à eux. Ce n'était en aucun cas pour protéger Kennedy. J'avais peu de sympathie pour le président. Le fiasco de la baie des Cochons, qu'il a essayé de mettre sur le dos de la CIA et qui a entraîné la démission du directeur de l'époque, Allan Dulles, était son propre fait. Je pense que la décision de retirer les forces aériennes de soutien à l'invasion a entaché la carrière de Kennedy et a eu des répercussions sur tout ce qui a suivi. »

23

Début 1963, Jackie Kennedy confia à Lee Radziwill qu'elle attendait un troisième enfant pour le courant de l'année et qu'elle cesserait bientôt toute activité officielle. Elle comptait cependant assister aux dîners protocolaires auxquels elle estimerait sa présence souhaitable. En mars, durant sa visite, Hassan II fut invité à une représentation de la New York City Light Opera Company à laquelle étaient également conviés Samule Barber, Sol Hurok, Myrna Loy, Agnes de Mille et Alan Jay Lerner. Le jeune monarque fut manifestement ravi de cette réception [1].

En avril, date à laquelle elle annonça publiquement sa grossesse, Jackie s'occupa des préparatifs de l'arrivée à Washington de la grande-duchesse de Luxembourg en contactant Basil Rathbone et en lui demandant de venir donner une lecture à la Maison-Blanche d'extraits de Christopher Marlowe, de Ben Jonson, de John Donne, de sonnets de Shakespeare et du discours de la Saint-Crispin d'*Henry V*. Rathbone exprima quelques réserves sur ce choix, soulignant qu'il s'agissait là d'un monologue entièrement consacré à la manière de se débarrasser de la monarchie, peu adéquat pour une grande-duchesse. Jackie écrivit à Rathbone et lui expliqua les raisons de son choix :

> ... *C'est justement un de ses* [JFK] *textes favoris, sans doute à cause des rêves de victoire enfouis dans son âme ; et puis, il le connaît par cœur et je suppose qu'il voulait l'entendre pour les mêmes raisons égoïstes que je vous avais demandé tous ces extraits de Donne et d'autres choses que j'aime. Il connaît bien* Henry V *(et il me fait penser à lui — encore que je ne pense pas qu'il le sache !)...*

Le lendemain, elle lui écrit de nouveau, confirmant sa position :

---

1. Il invita Jackie au Maroc et, plusieurs années après, proposa de lui faire construire un palais mauresque dans le quartier chic de Marrakech. Elle accepta d'abord ce cadeau puis, après réflexion, se ravisa.

... Je voudrais vous dire pourquoi je trouve ce choix si judicieux... De tous les textes qui vous motivent et qui vous donnent envie de fournir un effort supplémentaire — de vous sacrifier, de vous battre ou de mourir — pour une cause, c'est le plus exemplaire. La seule personne devant laquelle je ne vous aurais pas demandé de le dire, c'est Khrouchtchev, car nous n'avons pas les mêmes objectifs... Mais le minuscule Luxembourg... Nous nous battons tous pour les mêmes idéaux aujourd'hui.

Basil Rathbone récita donc le discours de la Saint-Crispin avec, au même programme, un ensemble de musiciens et de chanteurs élisabéthains. Le spectacle et le dîner officiel qui suivit furent mémorables. La grande-duchesse, tout comme Hassan II avant elle, repartit pleine d'éloges pour ses hôtes, en particulier pour Jackie, qu'elle salua devant les journalistes comme « la plus puissante des armes américaines ».

Jackie assista encore à un dîner officiel en juillet, donné en l'honneur du président indien Radhakrishnan, mais elle limitait désormais sa participation et se contentait de gérer la Maison-Blanche en coulisses. Elle communiquait avec son équipe essentiellement par le biais de mémos. Elle donna instruction à Tish Baldrige de diffuser une note demandant aux divers membres de l'équipe de classer ses mémos et de les lui retourner à la fin de l'année, afin qu'ils puissent servir à la constitution d'un dossier sur son rôle à la Maison-Blanche.

Des années plus tard, Jackie déclarera : « Il y avait tant de gens à la Maison-Blanche qui utilisaient des cassettes. Je n'ai jamais tenu de journal. je n'y ai jamais vraiment songé d'ailleurs, mais c'est vraiment dommage. Je pense que je voulais vivre ma vie et non pas la coucher sur papier. Et je suis finalement contente de ne pas l'avoir fait. Mais il y a beaucoup de choses que j'ai dû oublier. »

Eileen Slocum se souvient d'une visite à la Maison-Blanche pendant la grossesse de Jackie, où elle eut la surprise d'être reçue au thé auquel elle avait été invitée par la mère de Jackie. « Jackie était sortie promener les chiens, raconte Mrs. Slocum. J'ai l'impression qu'elle trouvait la vie difficile à la Maison-Blanche et qu'elle adorait sortir. »

Kay Lepercq, personnalité new-yorkaise en vue, assista à un dîner intime, à peu près à la même époque, avec son mari d'alors, Paul Lepercq, au domicile d'Arthur Schlesinger à Washington. Jackie était là, ainsi que Bob Kennedy. « Ni le président ni Ethel Kennedy n'étaient présents. Bob n'arrêtait pas de parler de la façon dont il avait imposé sa loi et tout le reste. Ça n'était pas particulièrement sympathique, d'autant que je soupçonnais que le président Kennedy devait en grande partie son élection à l'intervention de la Mafia.

« Mais le comble, ce fut Jackie. Mon mari, qui était français, se trouvait être de surcroît grand et blond. Jackie l'aborda, battit des cils et de sa petite voix insidieuse s'étonna : " Je ne savais pas que les Français étaient si grands et si blonds. " »

Si Kay Lepercq parut déchanter à propos de Jackie, d'autres se montrèrent encore plus déçus. Frances Parkinson Keyes[1], membre du groupe des femmes sénateurs, apprit avec incrédulité que lady Bird Johnson remplacerait Jackie à la réception de son groupe, en mai 1963, d'autant que Jackie n'était enceinte que de quelques mois. En retournant son invitation, Mrs. Keyes écrivit à lady Bird : « Une réception à la Maison-Blanche en l'absence de l'épouse du président, c'est un peu comme *Hamlet* sans le prince de Danemark, n'est-ce pas ? C'est du moins ce qu'il me semble, et je préfère continuer à penser aux nombreuses fois où, pendant des années, j'ai été heureuse d'assister à ces réceptions. »

Plus virulente encore fut la lettre que Virginia Livingston Hunt, de la haute société de Washington, adressa à la journaliste Betty Beale en réaction à un papier dans lequel cette dernière se plaignait des restrictions soudaines imposées par Mrs. Kennedy au nombre de reporters admis à ces réceptions. « Ne saviez-vous pas que Mrs. Kennedy est la First Lady la plus grossière, la plus maladroite que j'aie connue depuis que je vis ici. Vous n'étiez pas encore née, je suppose... Il se trouve que c'est moi qui l'ai finalement convaincue de se rendre au Junior Village pour Noël, bien que ni Tish ni Pam, que je connais toutes les deux, n'aient pris la peine de m'en informer... N'attendez aucune civilité de la part de Jackie, à moins qu'elle n'y trouve son intérêt. »

Betty Beale avait ses propres griefs contre Jackie : « C'est un verre d'eau froide, disait-elle, distante et foncièrement inamicale. Elle ne supportait pas la moindre critique. C'est moi qui ai raconté qu'elle avait dansé le twist à la Maison-Blanche avec Robert McNamara. A la suite de ça, j'ai été bannie de toutes les cérémonies de la Maison-Blanche. Heureusement, le président a fait pression sur elle et j'ai été réintégrée.

« En 1963, les relations de Jackie avec la presse étaient un désastre. En un sens, je crois que je peux comprendre pourquoi elle ne tenait pas à nous avoir dans les pattes. Elle ne voulait pas qu'on puisse juger son mariage avec le président, qui était visiblement de pure convenance. Ils étaient parfaitement taillés pour leurs rôles, l'un suivant l'autre, et tous les deux avec un fort charisme. Elle était belle. Il était séduisant et sexy. Mais il ne lui donna jamais la priorité. Ses affaires de cœur passaient avant tout. Je veux dire qu'il était égoïste. Il entrait toujours dans une pièce avant Jackie. Cela ne s'était jamais produit depuis l'époque de Woodrow Wilson. Jackie fermait la marche. Joe Kennedy avait élevé une famille de machos.

« En tout cas, il ne se comportait pas avec elle comme quelqu'un de très amoureux. Il semblait peu apprécier sa compagnie. Il n'avait pas la moindre délicatesse à son égard. Et c'était comme ça depuis le début. A la minute même où ils furent fiancés, il partit en croisière avec ses potes ; je n'ai jamais entendu dire qu'un homme amoureux soit capable de faire une chose pareille. J'ai vu Jackie peu de temps après, et elle ne m'a jamais dit un mot là-dessus. »

---

1. Aujourd'hui auteur à succès.

L'attitude de Jackie à l'égard des journalistes avait finit par déteindre sur sa fille. Purette Spiegler n'a pas oublié Caroline entrant un jour dans une pièce et voyant les photographes se précipiter sur elle pour la prendre en photo. Elle leva sa petite main, comme l'aurait fait sa propre mère, et décréta : « Pas de photos, s'il vous plaît. »

Jackie était beaucoup plus violente sur ce point. Barbara Coleman, qui travaillait avec Pierre Salinger, vit plus d'une fois Jackie surgir dans le bureau pour s'en prendre à lui. « Elle était excessive. Elle ne voulait qu'aucune photo ne soit publiée sans son approbation. Au début, elle ne se souciait que des photos des enfants. Mais en 1963, ça concernait toute photo émanant de la Maison-Blanche.

« Pierre se montra, je trouve, d'une gentillesse absolue à l'égard de Jackie. On pourrait même parler de déférence. Il ne disait jamais de mal d'elle devant nous. Il lui répondait qu'il ferait ce qui était en son pouvoir, comprenant que c'était le moins qu'il pouvait faire.

« Ce qui est surprenant, c'est que plus elle protestait plus elle était populaire. L'explosion médiatique se manifesta dans les colonnes des journaux, les couvertures de magazines, les émissions de télévision, les comédies musicales et les pièces de Broadway, les panoplies de poupées Barbie, les albums de disques et des douzaines d'autres supports ou entreprises à caractère commercial. Mon travail au service de presse consistait à répondre aux questions par téléphone, émanant surtout des bureaux de presse et des journalistes étrangers ou nationaux, mais aussi du grand public. Nous étions cinq. C'était un service très actif. Le téléphone sonnait en permanence et 90 % des questions concernaient Jackie. On me demandait au moins dix fois par jour quelle était sa pointure de chaussures.

« Franchement, j'avais du mal à l'imaginer à Washington. Elle me faisait l'impression d'habiter sur une autre planète, d'apprécier la compagnie des gens riches et le genre de choses que ces gens-là aiment faire. Il est possible qu'elle se soit engagée politiquement, dans certaines limites, mais je n'arrive pas à croire qu'elle ait pu se sentir à l'aise dans ce domaine. »

La grossesse de Jackie et ses sentiments mitigés à l'égard de la Maison-Blanche et de la libido hyperactive de son mari lui rendaient les choses plus pénibles que jamais. De plus en plus intolérante quant aux manquements de son entourage, Jackie perdait souvent son contrôle, tapant du pied avec impatience, et sa voix délibérément basse et posée prenait un ton sarcastique.

La First Lady se défoula sur Tish Baldridge, dont l'indépendance et la popularité l'irritaient.

« Tish avait des problèmes avec Jackie, parce qu'elle aussi avait une très forte personnalité, raconte Purette Spiegler. Elles avaient chacune leurs idées sur la manière d'aborder les problèmes. Souvent, elles ne voyaient pas les choses du même œil. Mais c'est Jackie qui était le boss. Pas question de lui dire qui il fallait inviter ou ne pas inviter. Ni à quelle cérémonie elle devait assister. Et à un certain moment, c'est ce que Tish essaya de faire. »

Dans le but de convaincre Jackie de rencontrer les épouses des ambassadeurs aux Nations unies, Tish lui envoya le mémo suivant :

> *Les épouses des ambassadeurs aux Nations unies se sont plaintes de ne vous avoir jamais rencontrée, et cela fait deux ans et demi qu'elles nous font la vie à ce sujet. A chaque fois que vous vous rendez à New York, elles insistent auprès de moi, affirmant que c'est l'occasion pour vous de les recevoir. Comme c'est une question d'honneur dans leur propre pays, nous avons concocté un petit projet qui ne devrait pas vous causer trop d'inconvénients. Le lundi 22 avril, Mrs. [Dean] Rusk recevra toutes ces dames pour un grand déjeuner. Ensuite, on annoncera que vous avez été informée de leur venue, que vous voulez les rencontrer et que vous avez demandé si elles voudraient bien se joindre à vous pour le concert en plein air. Nous les installerons dans un coin spécial et tout ce que vous aurez à faire c'est de leur sourire, sans même leur serrer la main — à moins que vous ne le souhaitiez...*
> *Cela vous convient-il ?*

Jackie répondit par écrit : « Non, il n'est pas question que vous les invitiez à un concert de ploucs. Je les rencontrerai impromptu, soit avant, soit après le concert — ou peut-être le lendemain — (mais que cela reste entre nous pour l'instant, je me déciderai une fois sur place). »

Consciente d'avoir poussé la First Lady dans ses retranchements, Tish adopta à l'avenir un ton plus conciliant dans ses communiqués. Le 1er mai, lorsque Jackie vint assister à un ballet à New York, la note de Tish précisait clairement qu'elle serait assise dans la loge de Rudolph Bing et que Bing avait été informé qu'elle ne pourrait se rendre dans les coulisses après le spectacle : « Peut-être pourra-t-il faire en sorte que Noureïev et Margot Fonteyn viennent vous saluer dans votre loge pendant un entracte ? Si cette idée vous déplaisait, faites-le-moi savoir, je vous prie... Et la presse ne sera pas informée avant votre arrivée, il l'a juré. De même, il n'en a pas soufflé mot à Sol Hurok, qui autrement se ferait une joie de dérouler le tapis rouge jusqu'à la loge, avec tout un déploiement de trompettes et de drapeaux (dont quelques drapeaux russes, pour faire bonne mesure !). »

Mais Jackie avait déjà décidé de remplacer Tish et, à son retour à la Maison-Blanche, elle fit une première halte dans le bureau de Tish.

« Tout le monde à Washington pensa que Tish avait été " virée " par Jackie, bien que les choses se soient passées à l'amiable, apparemment du moins, raconte Betty Beale. Jackie donna même une soirée d'adieu en l'honneur de sa " chère Tish ", avec une fanfare de la Marine qui chanta " Arrivederci Tish " sur une musique et des paroles de Jackie Kennedy. Tish avait un sens aigu des convenances. Si Jackie ne voulait pas faire quelque chose, elle n'acceptait pas que quelqu'un le lui impose ou qu'on critique son refus de le faire. »

La nouvelle secrétaire du protocole de Jackie était Nancy Tuckerman, une vieille amie et une de ses anciennes camarades de chambre, qui avait travaillé comme agent de voyages à New York.

« Nancy Tuckerman était beaucoup plus servile que Tish, ce qui facilita les choses pour Jackie, raconte Purette Spiegler. Je pense que Jackie avait conscience que Tish faisait un travail formidable, mais il y avait entre elles des heurts de caractère. Nancy Tuckerman avait un air timide et réservé, une parfaite lady. »

Jackie se départit de ses habitudes pour mettre « Tucky » à l'aise. Elle organisa pour elle une soirée surprise d'anniversaire au cours de laquelle le personnel de la Maison-Blanche interpréta les rôles clés d'un sketch comique écrit par Jackie et décrivant la vie d'étudiant chez Miss Porter. Nancy Hough, du bureau du Conservateur, se déguisa en Jackie, imitant sa voix à la perfection. La véritable Jackie et Tucky gloussèrent de bon cœur à la succession de gags évocateurs.

Tish Baldridge ne fut pas la seule victime de la famille Kennedy. Igor Cassini en fut également la cible malchanceuse. Il avait commis l'erreur de relater, dans l'une de ses rubriques signées Cholly Knickerbocker, que le président avait assisté à une soirée privée où il avait dansé pendant toute la nuit avec Marina, la fille de Cassini. Cela suscita une certaine tension qui se mua bientôt en hostilité ouverte de la part de Bob Kennedy. N'étant pas du genre à prendre à la légère une offense familiale, le ministre de la Justice lança une enquête sur les relations d'Igor Cassini avec le *generalissimo* Rafael Trujillo et la République dominicaine. Cassini avait apparemment été payé par le dictateur dominicain pour assurer quelques opérations mineures de relations publiques aux Etats-Unis en faveur de son pays, mais il avait omis de déclarer cette source de revenus. Ignorant que Cassini avait été engagé par Trujillo, mais sachant seulement que le journaliste était en bons termes avec le leader latino-américain, le président Kennedy avait envoyé Cassini et un diplomate confirmé, Robert Murphy, en République dominicaine, pour une entrevue privée avec le dictateur. Six mois plus tard, Trujillo était assassiné et il commença à y avoir des fuites sur les compromissions financières de Cassini.

Le tort de Cassini, aux yeux de Bob Kennedy, était de n'avoir pas divulgué ces détails et, par là même, d'avoir « non seulement joué avec son propre avenir, mais avec l'intégrité du gouvernement — l'intégrité du président ».

Un acte d'accusation fut lancé contre Cassini pour « défaut d'enregistrement en tant qu'agent étranger ». Igor résilia son contrat pour la rubrique de Cholly Knickerbocker. Sa femme, Charlene Wrightsman, adressa une lettre exaltée au président pour lui demander d'intervenir : « Je ne saurais vous dire à quel point j'ai été surprise et choquée par l'attitude dure et punitive de Bob. Nous nous sommes toujours considérés comme de bons amis des Kennedy, et Ghighi ne comprend toujours pas pourquoi le fils d'un homme qu'il considérait depuis dix-sept ans comme l'un de ses plus vieux amis... est aujourd'hui déterminé à le ruiner... »

Le président montra la lettre à Jackie, mais ni l'un ni l'autre ne semblèrent prendre Charlene Wrightsman très au sérieux, jusqu'à ce qu'elle se suicide aux barbituriques quelques semaines après l'envoi de cette lettre. Sa mort, déclara Robert Kennedy, faisait de cette histoire une « affaire déplaisante ». Finalement, Igor Cassini plaida *nolo contendre* : ne niant rien mais n'avouant rien ; il fut condamné à 10 000 dollars d'amende assortis d'une peine de six mois avec sursis.

L'indifférence de Jackie aux ennuis de ceux qui lui avaient été proches s'étendit à sa propre famille. Quand Jackie entra à la Maison-Blanche, Edith et Edie Beale étaient déjà tombées en disgrâce. Doris Francisco, une vieille amie des Beale, remarque qu'« à partir de cette époque, ils devinrent le centre de tous les ragots d'East Hampton. Leur maison était infestée par les chats, le toit rongé par les ratons-laveurs, le jardin était à l'abandon et envahi par les broussailles. Ils n'avaient plus de chauffage, plus de gaz, plus d'électricité. Les chats déféquaient dans toutes les pièces de la maison. La tante et la cousine de Jackie Kennedy survivaient en faisant les poubelles et en se nourrissant de boîtes pour animaux.

« Lois Wright, une amie peintre d'Edith, envoya un télégramme à Jackie à la Maison-Blanche, pour la prévenir qu'Edith et Edie avaient des ennuis. Elles n'avaient pas d'argent pour payer leurs factures, et n'avaient pas grand-chose pour manger. Elle craignait pour leur santé et se demandait si Jackie ne pourrait les aider. Mais Jackie répondit, par télégramme, qu'elle n'avait pas dix *cents* à dépenser pour elles. Ce sont pratiquement ses propres termes ».

« Jackie n'eut pas l'humanité ni la noblesse d'aider ma mère à l'époque où nous fûmes dans le besoin, raconte Edie Beale. Elle ne nous aida qu'après son mariage avec Aristote Onassis et ce fut surtout parce que notre histoire faisait la une des journaux et qu'elle était pour elle une source d'embarras. De toute façon, c'est Onassis qui paya. Pendant des années, ma mère a crevé de faim et a vécu sans chauffage ni sanitaires décents. Elle a terriblement souffert de ces privations.

« Et qu'est-ce que John F. Kennedy a fait pour nous ? Il a lancé le FBI à nos trousses. Depuis le début 1962, jusqu'à la fin du gouvernement Kennedy, nous avons été sous surveillance constante — notre maison était bardée de micros, notre courrier était ouvert, notre téléphone sur écoute. Ils nous suivaient, interrogeaient nos voisins sur nous, garaient leur voiture sur notre pelouse. Les Kennedy devaient penser que nous étions des agents communistes ou soviétiques, peut-être même des espions de la planète Mars. »

Le 26 juin 1963, un mois avant la célébration de son quarante-sixième anniversaire par un dîner-croisière sur le Potomac, à bord du yacht présidentiel *Sequoïa*, le président Kennedy se rendit au pied du mur de Berlin et, dans un discours vibrant, exprima son soutien aux efforts pour défendre Berlin-Ouest contre les Soviétiques et réunir les deux Allemagnes.

Il proclama son amitié résolue en lançant à la foule enthousiaste : « *Ich bin ein Berliner* » — ce qu'il voulait dire, c'est : « Je suis un Berlinois. » Son allemand n'était malheureusement pas à la hauteur du français de Jackie. Ce qu'il avait dit signifiait en fait : « Je suis un beignet à la confiture » car « *Berliner* » est le nom d'une pâtisserie locale très populaire. La formule correcte, comme le lui indiqua Max Jacobson à son retour aux Etats-Unis, était : « *Ich bin Berliner.* »

Le président confia plus tard à Barry Goldwater, avec lequel il resta ami en dépit de leurs divergences politiques, que, comme Jackie était restée dans la maison qu'ils avaient louée pour l'été à Squaw Island, à deux kilomètres à peine de la résidence des Kennedy, il avait passé ses soirées en Allemagne à draguer des femmes, en particulier une certaine Ursula, secrétaire de nationalité allemande à l'ambassade des Etats-Unis à Bonn.

Le 26 juin, JFK entreprit un voyage de quatre jours dans son Irlande ancestrale, terminant ce séjour européen par un crochet en Italie où il rencontra le nouveau pape, Paul VI, avec lequel il eut un entretien de plus d'une demi-heure avant d'assister à une réunion au quartier général de l'OTAN à Naples, au cours de laquelle il parla de la nécessité d'une unité du bloc occidental.

Durant ce bref passage en Italie, Kennedy demanda à Dean Rusk d'organiser pour lui, dans quelque endroit agréable, une soirée de détente, du moins est-ce ainsi que Rusk comprit la chose. En tant qu'ancien président de la Fondation Rockefeller, Rusk obtint la mise à disposition de la villa Serbelloni qui surplombe le lac de Côme. Kennedy lui fit clairement comprendre qu'il voulait l'endroit pour lui tout seul — pas d'assistants, pas d'équipe, pas de serviteurs, pas de sécurité. Il y fut transporté par hélicoptère militaire. Lorsque Rusk vint le chercher, le lendemain matin, Kennedy était en pleine forme. Il n'avait jamais passé une nuit aussi merveilleuse, confessa-t-il à Rusk. Pour le secrétaire d'Etat, il était douloureusement évident que le président n'avait pas passé la nuit tout seul.

Le matin du 7 août, Jackie emmena Caroline à Hyannis Port pour sa leçon d'équitation. A son retour, elle fut saisie de violentes douleurs au ventre et au dos. Elle avait prévu d'accoucher au Walter Reed Army Hospital à Washington, mais au lieu de cela elle fut transportée par hélicoptère à l'hôpital militaire voisin de la base aérienne d'Otis, où une aile entière de dix pièces avait été redécorée et spécialement aménagée dans l'éventualité d'une pareille urgence.

Le président, en conférence à la Maison-Blanche, fut informé que sa femme avait été transportée à Otis. Vingt minutes plus tard, accompagné de plusieurs membres du bureau de presse, il était en route pour Cape Cod. Comme aucun des avions présidentiels n'était disponible, il embarqua à bord d'un Jet-Star Lockheed, petit appareil de huit places. C'est la première fois que le chef de l'Exécutif voyageait dans un avion non équipé du matériel sophistiqué de communication auquel il était habitué. Pendant que JFK était en l'air, à Otis, le Dr John Walsh, aidé d'une équipe médicale militaire de dix personnes, pratiquait une césarienne sur Jackie et, cinq semaines avant terme, la délivrait d'un garçon de 1,8 kg. Le bébé était si frêle et si petit que le chapelain de la base le baptisa immédiatement. Le troisième enfant de Jackie fut nommé Patrick Bouvier Kennedy.

Lorsque le président arriva, l'enfant avait déjà été placé en couveuse. Au début de la soirée, on emmena brièvement la couveuse dans la chambre de Jackie. Comme il souffrait de hyalinose, il fut décidé qu'on le transférerait, dès le lendemain matin, dans un hôpital plus moderne et mieux équipé, le Children's Medical Center à Boston. Mais à 5 heures du matin, à l'âge de trois jours, Patrick Bouvier Kennedy mourut.

Le président avait passé la nuit précédente avec Bob à l'hôpital de Boston, et il retourna en avion à Otis pour être auprès de Jackie. Il resta une heure seul avec elle, derrière les portes fermées. Elle lui déclara qu'aussi fort que ce choc ait été pour elle, le seul choc qu'elle ne pourrait supporter serait de le perdre, lui. Ces propos reviendront la hanter après l'assassinat de son mari.

La messe funéraire, conduite par le cardinal Cushing, eut lieu en présence de John Kennedy, de Lee Radziwill et du demi-frère et de la demi-sœur de Jackie, Jamie et Janet Auchincloss. Jackie était trop malade pour y assister. Le président Kennedy plaça une médaille de saint Christophe, à usage de pince à billets — un cadeau de mariage de sa femme —, dans le minuscule cercueil, avant qu'il soit enterré sur la concession de la famille Kennedy — aucun Kennedy n'y avait encore été enterré — au Hollyhood Cemetery, à Brookline, dans le Massachusetts.

John White, qui avait peu vu Jackie au cours de ces dernières années, lui envoya une lettre de condoléances « contenant une citation d'Eschyle sur le chagrin " qui s'instille goutte à goutte dans notre cœur ". Et elle me répondit. Elle avait été touchée. Mais, « à ma grande stupéfaction, je vis la même citation insérée dans l'un des discours de Bob Kennedy, après l'assassinat de son frère. Je suppose que c'est elle qui la lui avait communiquée ».

Le 12 septembre, John et Jackie fêtèrent leur dixième anniversaire de mariage à Hammersmith Farm, à Newport, « le lieu du crime », comme disait Kennedy. Parmi leurs invités, se trouvaient le couple Bradlee et la plus vieille amie de Jackie, Sylvia Blake. Yusha Auchincloss, jouant les maîtres de cérémonie, leva son verre et déclara : « Nous tenons à remercier Jackie pour avoir fait venir le président ici aujourd'hui, et aussi pour l'avoir amené à la Maison-Blanche. »

« Je pense qu'elle a fait beaucoup plus pour sa carrière que personne n'a jamais voulu l'admettre », souligna Yusha.

Sylvia Blake se souvient de ce dîner : « Comme cadeau d'anniversaire, John offrit à Jackie le catalogue de l'antiquaire new-yorkais J.J. Klejman, et lui proposa de choisir ce qu'elle voulait. Il déclina à voix haute la liste des objets et, bien qu'il ne fît pas mention des prix, à chaque fois qu'il tombait sur une pièce chère, il soupirait : " Il faut que je l'incite à choisir autre chose. " C'était très drôle. Elle se décida finalement pour un simple braceletserpent. Son cadeau à elle était une médaille en or de saint Christophe pour remplacer celle qu'il avait déposée dans le cercueil du petit Patrick, ainsi qu'un album relié en cuir rouge et or, contenant des photos des parterres de roses de la Maison-Blanche avant et après. Chaque photographie était accompagnée d'une citation extraite de *Bartlett's Quotations,* que Jackie avait notée à la main. »

Le lendemain, ils allèrent faire du bateau dans Narragansett Bay. Après quoi, le président eut une brève entrevue avec Clairborne Pell, le sénateur du Rhode Island qui s'était occupé de trouver pour les Kennedy une location à Newport pour août et septembre 1964. « Jack n'aimait pas la Virginie en été — trop chaud, raconte Pell. Pendant plusieurs années, il avait envisagé d'acheter la maison de Barclay Douglas, Annadale Farm, qui était pratiquement mitoyenne de Hammersmith Farm, pour en faire sa Maison-Blanche d'été. Elle ressemblait même à la Maison-Blanche, c'est ce qui m'en avait donné l'idée. Mais Barclay Douglas en voulait un prix trop élevé, et il était à présent question de location. John ne voulait pas que Jackie soit mise au courant avant que l'affaire ne fût traitée, parce qu'elle préférait la Virginie. »

Pendant que John discutait avec Pell, Jackie alla rendre visite à Sylvia Blake. « Je fus étonnée de trouver Jackie d'humeur si joviale ce week-end là, relate Sylvia. Mais il était impossible de lire dans ses pensées. Le fait est — et tout le monde le dit — que si elle s'est toujours montrée à l'aise et charmante, elle n'a jamais été très confiante. Jamais, pas même adolescente. Il y a des filles qui passent leur temps à raconter leur vie, mais elle était toujours très secrète. Il était impensable de lui poser des questions personnelles. On n'osait pas s'immiscer au-delà d'un certain point. Elle ne l'aurait pas supporté, et elle ne le supporterait pas davantage aujourd'hui. »

Jackie était d'humeur moins joviale qu'elle ne voulait bien l'admettre, même devant une vieille amie d'enfance. Sa sœur Lee, qui se trouvait alors en Europe, s'en rendait compte à chaque fois qu'elles se parlaient au téléphone. Lee, qui entretenait une amitié amoureuse avec Aristote Onassis, parla à Ari des problèmes de sa sœur. Jackie, lui confia-t-elle, était une personne extrêmement introvertie, qui ne partageait pas ses réflexions avec les autres, mais qui était très vulnérable et souffrait beaucoup, de toute évidence.

Onassis suggéra que Jackie et Lee visitent la Grèce et fassent une croisière dans les îles. Il mettrait son yacht *Christina* et son équipage à leur disposition. Elles pourraient emmener des amis et voyager selon leur bon plaisir. Elles seraient ses invitées, mais il resterait à terre ou carrément hors de vue, comme elles préféreraient. Lee pensa que cette croisière l'aiderait à reprendre goût à la vie après cette expérience traumatisante. Elle téléphona à sa sœur et lui parla de cette proposition, précisant qu'Onassis était d'accord pour rester à terre si besoin était.

Jackie accepta d'emblée l'invitation déclarant que c'était le rêve de sa vie. Elle insista aussi pour qu'Ari les accompagne dans la croisière : « Je ne peux tout de même pas accepter l'hospitalité de cet homme et lui demander de rester à quai. Ce serait trop cruel [1]. »

John et Bob Kennedy se montrèrent nettement moins enthousiastes à cette idée. Ils s'inquiétaient des réactions qu'un tel projet susciterait dans la presse et de ses effets possibles sur l'élection présidentielle de 1964, qui était déjà l'élément primordial des préoccupations de JFK. Aristote Onassis, « le Nabab », n'était pas seulement un étranger mais aussi un play-boy international, la pire des combinaisons aux yeux d'un Américain moyen. De plus, il avait été la cible d'un certain nombre d'enquêtes criminelles du Département de la Justice et impliqué dans plusieurs escarmouches juridiques avec les autorités maritimes américaines. L'affaire qui fit le plus grand bruit fut l'achat par Onassis de quatorze navires appartenant à la Commission maritime, sous la clause expresse qu'ils navigueraient sous pavillon américain. Onassis avait empoché plus de 20 millions de dollars en les transférant à l'étranger. Il fut inculpé et dut verser sept millions de dollars de dédommagement pour éviter des poursuites criminelles.

« Jackie, es-tu bien sûre de savoir ce que tu fais ? demanda le président. Es-tu au courant de la réputation de ce type ? C'est déjà bien assez que ta sœur se compromette avec lui. »

Le président savait que Lee avait l'intention de faire annuler son mariage avec Stas Radziwill pour épouser Aristote Onassis. Le bruit courait qu'Onassis serait rien moins que ravi de devenir le beau-frère du président des Etats-Unis.

Bob Kennedy fit comprendre clairement à Jackie qu'une telle manœuvre de la part de Lee devait absolument attendre jusqu'après la prochaine élection présidentielle.

Le président posa également ses conditions : si Jackie tenait à faire cette croisière, il faudrait que Stas Radziwill soit du voyage, ainsi qu'un autre chaperon — ne serait-ce que pour sauver les apparences. Onassis avait divorcé de sa femme Tina, pour Maria Callas. Il n'était guère convenable que la First Lady et sa sœur mariée soient vues en compagnie intime d'un homme divorcé et réputé amateur de jolies femmes.

Jackie en convint et le président demanda à ses amis, Franklin D. Roosevelt, Jr. et sa femme Suzanne, s'ils voulaient bien lui servir de chaperons.

« Je ne suis pas sûr que " demander " est le terme qui convient, raconte Roosevelt. J'ai fait cette croisière quasi sur ordre du président, qui avait décrété qu'il avait besoin de quelqu'un qui soit un ami et en qui il pouvait avoir toute confiance. Ce fut un moment très agréable, mais je ne tenais pas vraiment à jouer les baby-sitters avec Jackie. A l'époque, j'étais sous-secrétaire d'Etat au Commerce et je ne pensais pas qu'un tel voyage servirait

---

1. Par pure coïncidence, Jackie avait récemment invité Maria Callas, la compagne en titre d'Onassis, à venir donner un récital à la Maison-Blanche, en octobre, en l'honneur de Hailé Sélassié. La Callas avait décliné cette invitation, mais elle avait adressé un télégramme aux Kennedy pour leur exprimer sa compassion au sujet de la mort de leur nouveau-né.

beaucoup mon image politique, en dehors du fait que j'avais bien d'autres choses à faire à ce moment précis.

« Bien qu'ami de longue date et très proche du président comme de Mrs. Kennedy, j'avais le sentiment que ce n'était pas vraiment la place d'un membre du gouvernement, loin de ses fonctions officielles à Washington, quelque part au large... en Méditerranée orientale. Je craignais que cela ne soit considéré comme une croisière de play-boy, même en présence de mon épouse, et je n'avais pas besoin de ce genre de choses.

« Ça n'avait rien à voir avec Jackie, que j'admirais énormément. En fait, je suis partiellement responsable de son mariage avec John. Ils s'étaient déjà rencontrés par l'entremise des Bartlett, mais c'est moi qui ai encouragé John à continuer à la voir. Je me souviens lui avoir dit un jour qu'il y avait une dame à Washington dont je pensais qu'elle avait autant de conversation et de repartie que lui, qu'elle était son égale sur le plan intellectuel, et qu'elle était l'une des plus belles filles d'Amérique. " Qui ça ? me demanda-t-il.

— Son nom est Jacqueline Bouvier, lui avais-je répondu.

— Je la connais, fit-il. Nous nous sommes vus une ou deux fois.

— Eh bien, tu devrais continuer à la voir, lui ai-je conseillé. C'est une fille super ! "

« Je connaissais aussi Onassis. Je l'avais rencontré pour la première fois à Long Island, en mars ou avril 1942. Nous nous étions revus après la guerre, époque à laquelle il avait tenté de faire appel à mes services pour le représenter dans l'un de ses innombrables procès. Je n'avais pas mordu à l'hameçon, mais nous étions restés en bonnes relations, ce qui a sans doute aussi joué un rôle dans le fait que Kennedy veuille que je fasse partie de la croisière.

« Avant de rejoindre Jackie au Pirée, je m'étais d'abord rendu en Egypte pour une entrevue avec Nasser concernant certaines affaires délicates que Kennedy voulait que je discute avec lui. J'ai ensuite rencontré le président de Somalie, pour essayer de comprendre pourquoi il achetait ses armes à l'Union soviétique au lieu de se rapprocher diplomatiquement des Etats-Unis et de les acheter chez nous. Ce n'est qu'après cette deuxième entrevue, le 4 octobre, que nous avons rejoint Onassis à bord de son yacht. »

Le *Christina*, comme Jackie le savait déjà, n'était pas seulement le bateau de croisière le plus luxueux du monde. Avec ses 98 mètres de long, et le nom de la fille d'Ari, c'était en fait la résidence familiale d'un des hommes les plus vivants et les plus actifs que Jackie ait jamais connus.

Pour leur première nuit à bord, Onassis — qui avait également convié sa sœur Artémis — donna un dîner en l'honneur de Jackie, suivi d'un bal sur la piste de danse en mosaïque qui recouvrait la piscine située sur le pont. Le lendemain matin, le *Christina,* décoré de roses rouges et de glaïeuls roses, avec un équipage de soixante personnes (dont un orchestre), une masseuse et deux coiffeuses, leva l'ancre et appareilla en direction d'Istanbul.

« Onassis était merveilleux, raconte Roosevelt, très courtois (sans être cérémonieux), très érudit, très informé des affaires mondiales. Un homme très brillant et des plus séduisants. Il n'avait rien d'un bel homme, mais il était plein de charme et très malin.

314

« Notre première escale se fit à Lesbos, que nous explorâmes pendant qu'Onassis restait discrètement à bord. Il était soucieux de ne causer aucun embarras à ses invités. Il ne cherchait pas particulièrement à faire étalage de sa richesse. Il dépensait son argent comme s'il s'agissait d'une simple question de style. Il régnait un luxe presque tapageur à bord du *Christina* : des tabourets de bar tapissés de scrotums de baleines, une rampe de bar en ivoire de baleine, des cheminées en lapis-lazuli, des robinets de salle de bains en plaqué or. Il y avait un cabinet médical, un salon de beauté, une salle de projection, neuf suites portant chacune le nom d'une île grecque. Jackie occupait Chios, qui avait été assignée avant elle à Winston Churchill et à Greta Garbo.

« Quoi qu'il en soit, notre escale suivante fut la Crète. Jackie me demanda de parler à Onassis et de lui dire qu'il n'avait pas besoin de se cacher, qu'elle serait heureuse qu'il descende à terre avec nous. Il nous accompagna donc et fut apparemment ravi de jouer les guides pour ses invités émerveillés. »

Jackie raconta son séjour dans des lettres de dix pages à son « *dearest, dearest Jack* », terminant l'une d'entre elles par : « J'aurais aimé que tu puisses partager avec moi le calme méditerranéen. » Le président l'appela plusieurs fois, tard dans la nuit, par le téléphone-radio. Onassis continuait à entourer ses invités de luxe et de confort. Deux chefs — un Français et un Grec — préparaient des œufs fourrés au caviar, du foie gras, des langoustes à la vapeur, des crevettes géantes. Ari distrayait la First Lady par un stock inépuisable d'anecdotes et d'histoires sur la vie d'autrefois à Smyrne, la ville où il était né, et sur sa grand-mère Gethsemané, qui lui avait transmis une grande partie de sa sagesse ancestrale. D'une certaine manière, cela rappelait à Jackie sa propre grand-mère Bouvier. Ari parlait de ses luttes de jeunesse, du temps où il travaillait comme standardiste en Argentine, pour vingt-cinq *cents* l'heure, de son mariage avec la fille d'un riche armateur grec et de sa lente ascension jusqu'à son statut actuel. Souvent, Ari et Jackie s'asseyaient ensemble sur le pont arrière, sous un ciel magnifiquement étoilé, longtemps après que les autres étaient allés se coucher. Ils se lièrent d'amitié et partagèrent quelques dîners dans les ports, suivis de soirées de bouzouki. Ils visitèrent Itaque, puis firent escale dans le paradis privé d'Ari, à Skorpios — une île couverte de cyprès et de collines rocailleuses. Et c'est là, alors qu'ils marchaient ensemble au bord de l'eau, que Jackie déclara à son hôte qu'elle aurait aimé que ce séjour idyllique en Grèce ne se termine jamais.

« Onassis était charmant, passionnant et plein d'humour, raconte Suzanne Roosevelt [aujourd'hui Mrs. Suzanne Kloman]. Mais il n'y avait rien entre lui et Jackie. Jackie s'est peut-être montrée un peu coquette avec lui, mais c'était sa manière de se comporter avec les hommes. Elle aimait être entourée d'admirateurs, y compris Franklin D. Roosevelt, Jr. Elle le provoquait tout le temps. Elle était horrible. Elle se montrait si langoureuse qu'il se sentait lui pousser des ailes. Je ne m'en étais pas rendu compte à l'époque, mais c'était tout à fait le style de Jackie. Franklin adorait s'asseoir et parler avec elle. Onassis aussi, je suppose.

« S'il y avait anguille sous roche, c'était plutôt entre Ari et Lee. Maria Callas était absente, pour la première fois depuis quatre ans. La sœur de Jackie était venue avec Stas Radziwill, mais Stas repartit durant le voyage. Ça commençait à ressembler à une croisière de play-boys, et le président Kennedy ne voulait pas de cette image. »

Franklin D. Roosevelt, Jr. confirme ces faits : « Ce n'était un secret pour personne que la sœur de Jackie était une grande amie d'Ari — et je pense que tout le monde savait aussi qu'ils avaient une liaison. Mais pendant cette liaison Jackie n'était là que pour se reposer.

« Jackie et moi, nous plaisantions souvent ensemble. Je la taquinais et elle me taquinait. C'était un échange gai et plein d'humour. Avec le recul, je dois dire que j'ai peut-être raté quelque chose, mais Jackie et moi n'avons jamais eu d'aventure. »

Un photographe en bateau à moteur prit une photo de Jackie prenant un bain de soleil en bikini, sur le pont du *Christina,* et la photo parut en première page dans les journaux du monde entier. Quand il la vit, John Kennedy envoya à sa femme un télégramme de reproche, lui enjoignant de rentrer d'urgence à Washington. Elle n'en eut cure. La presse relata plusieurs des soirées cacophoniques qu'Onassis donna à bord de son yacht, qui duraient souvent jusqu'à l'aube. « Ce genre de comportement est-il convenable pour une femme en deuil ? » se demanda un éditorialiste du *Boston Globe.* Le républicain Oliver Bolton, député de l'Ohio, déclara devant le Congrès que la First Lady faisait preuve « de peu de jugement et d'inconvenance en acceptant l'hospitalité prodigue d'un homme qui avait défrayé l'opinion publique américaine ». Les députés soulevèrent plusieurs questions pertinentes, dont une qui revenait constamment au premier plan : « Pourquoi la First Lady ne voyage-t-elle pas davantage dans son propre pays au lieu d'aller se pavaner dans toute l'Europe ? »

Quand le *Christina* arriva à Istanbul, Jackie visita la ville et reçut en cadeau d'Ari un collier de diamants et de rubis qui valait facilement à l'époque plus de 50 000 dollars. Il offrit à ses autres invitées des babioles de moindre valeur. Lee se plaignit à JFK qu'Onassis « inondât » Jackie de cadeaux. « Je ne peux pas le supporter, écrivit-elle. Il m'a offert trois petits bracelets ridicules que même Caroline n'oserait pas porter à son anniversaire. » Ce geste était en fait un message : Aristote Onassis n'avait pas l'intention d'épouser Lee Radziwill, ni maintenant ni jamais.

Jackie rentra à Washington après une prolongation de plusieurs jours au Maroc, en tant qu'invitée du roi Hassan II. Si elle était le moins du monde contrite au sujet de sa démonstration convaincante d'indépendance, elle n'en montra rien. Elle ne resta que brièvement à la Maison-Blanche, assez longtemps toutefois pour se disputer avec son mari, avant de repartir pour sa nouvelle résidence de week-end à Atoka.

« Jack et Jackie avaient tous les deux un caractère volontaire et indépendant, déclare Janet Auchincloss. Ils se disputaient, comme tous les couples mariés, mais ils finissaient toujours par se réconcilier. »

Leurs amis notèrent que le président semblait plus disposé qu'auparavant à faire des sacrifices pour le bonheur de son épouse. Et réciproquement.

« Nous rejoindras-tu au Texas le moins prochain ? demanda JFK à Jackie.

— Je te suivrai où tu voudras pour ta campagne », promit-elle.

Elle changea plusieurs fois d'avis avant de se décider, mais elle le fit. « Il [JFK] n'avait vraiment aucune envie d'y aller, raconte Lem Billings. Est-ce que [Lyndon] Johnson ne pourrait pas laver son linge sale lui-même ? s'insurgeait-il. Et comment le blâmer ? Je veux dire que pour un président comme Kennedy, il fallait avoir vraiment des couilles pour aller dans une ville aussi folle que Dallas. Peut-être avait-il un pressentiment. Mais finalement, il avait l'air assez remonté. Jackie va leur montrer, à ces pecnots de Texans, ce que c'est que la mode, railla-t-il. Il était tout excité. »

« John insista pour que Jackie l'accompagne au Texas, raconte George Smathers, pour jouer les conciliatrices. Il y avait cette querelle entre le gouverneur John Conally et le sénateur Ralph Yarborough, qui menaçait de provoquer une scission au sein du parti démocrate texan. Jackie était censée passer de la pommade à l'un pendant que JFK parlerait avec l'autre — la vieille routine politique en somme. »

Larry O'Brien, qui était à la tête du Comité national démocrate, se tient pour responsable de ce voyage fatal au Texas. « Malheureusement, j'étais le responsable de ce voyage au Texas. J'y ai beaucoup réfléchi, au cours des années, parce que c'est une chose qui restera profondément ancrée dans ma conscience pour le reste de ma vie. L'homme qui était en fait à l'origine de ce voyage est Albert Thomas, un député ami du Texas, et surtout le responsable du Centre spatial de Houston.

« Il est venu me voir un jour en m'annonçant qu'ils allaient donner là-bas un dîner en son honneur et me laissa entendre que ce serait un grand honneur pour lui s'il acceptait d'y assister. C'est ce qui m'amena à en parler au président et, à cette époque, le sentiment général était que, politiquement du moins, Kennedy n'était pas au mieux de sa popularité au Texas, qu'il pouvait améliorer les choses. Certains petits incidents étaient survenus et ce n'était peut-être pas un mauvais moment pour essayer de faire une percée, et ce dîner pour Al Thomas pouvait en être l'occasion, même s'il n'était pas question d'aller là-bas juste pour un dîner. C'est comme ça que nous avons commencé à envisager un déplacement. Et de Houston, nous nous rendîmes à Fort Worth et à Dallas, et nous devions terminer par Austin. »

L'idée de Dallas surgit au cours d'un dîner intime qui eut lieu à la Maison-Blanche le 23 octobre. Hervé Alphand était là, avec sa femme Nicole, ainsi que Franklin et Suzanne Roosevelt, et la princesse Irène Galitzine, une célèbre styliste italienne et une personnalité du bottin mondain qui se trouvait également à bord du *Christina* lors de la récente croisière de Jackie.

« Nous dînâmes ce soir-là dans la salle à manger privée et parlâmes du futur voyage présidentiel à Dallas, raconte Hervé Alphand. FDR, Jr. rappela qu'Adlai Stevenson s'était fait récemment agresser à Dallas, que la foule en colère lui avait craché dessus et envoyé des œufs pourris à la figure. Stevenson avait déconseillé à Jackie d'y aller et le sénateur William Fulbright et Bob Kennedy étaient du même avis. Malgré ces avertissements, Jackie voulait être aux côtés de son mari — s'il y allait, elle irait avec lui.

« Je lui conseillai de réfléchir à ce voyage, puis changeai de sujet et abordai la visite prévue de Charles de Gaulle aux Etats-Unis dans le courant 1964. La Maison-Blanche serait sûrement sa première étape. Jackie déclara qu'elle aimerait bien qu'il aille également à Hyannis Port, afin de ménager un échange moins formel entre Kennedy et de Gaulle. " J'ai pensé à Palm Beach, fit-elle, mais je déteste cet endroit. "

« Je lui annonçai alors que la France avait fait réaliser plusieurs pièces de joaillerie pour les offrir à Mrs. Kennedy à l'occasion de la naissance de Patrick. Je me demandais si de Gaulle apporterait malgré tout ces cadeaux avec lui. La mention du nom de Patrick secoua Jackie. Elle retint sa respiration et retrouva lentement son calme. Elle était déjà au courant pour ces bijoux et affirma qu'elle serait heureuse de les accepter, mais qu'elle préférait qu'ils lui soient remis par André Malraux.

« Je ne savais pas, bien sûr, que de Gaulle viendrait à Washington plus tôt que prévu, et que c'était la dernière fois que je voyais mon ami, le président John F. Kennedy. »

Le 13 novembre, le Black Watch (le régiment royal des Highlands) donna un spectacle spécial sur la pelouse sud. Cet après-midi-là, les invités de la Maison-Blanche étaient 1 700 enfants, âgés de six à treize ans, à la charge des services sociaux financés par le United Givers Fund dans le district de Washington. Le président, Mrs. Kennedy, Caroline et John regardèrent les manœuvres et les danses des Highlands depuis le balcon de la Maison-Blanche.

La dernière réception officielle donnée par le président Kennedy eut lieu le 20 novembre, veille de son départ funeste pour le Texas. Cette soirée fut la première apparition officielle en public de Mrs. Kennedy depuis la mort de Patrick. Il s'agissait de la réception annuelle offerte en l'honneur des juges suprêmes, de leurs épouses, d'autres notables du corps juridique, de leurs épouses et invités. Comme toujours, les gens étaient curieux de savoir comment serait Mrs. Kennedy, comment elle serait habillée, comment elle aurait organisé les détails de la réception qu'elle supervisait toujours personnellement.

Jessie Stearns, correspondant de la Maison-Blanche, se souvient de l'exultation des journalistes du bureau de presse ce jour-là : « Nous avions été invités à couvrir la cérémonie, à prendre des photos et à rédiger nos impressions pour les communiquer à nos lecteurs. Une telle ouverture de la part de Jackie était tout à fait inhabituelle. Elle avait été tellement désagréable avec nous, depuis le début.

« Je me souviens parfaitement des détails, parce que cette cérémonie eut lieu quelques jours à peine avant l'assassinat. C'était une période où JFK, bien que notoirement " stabilisé " dans sa relation avec Jackie, continuait à papillonner avec d'autres femmes. Il y avait de nombreux indices à l'appui de cette allégation, en particulier des témoignages visuels de source très fiable. Si personne ne relatait ces activités dans la presse, c'est que la vie sexuelle du président était alors considérée comme " strictement confidentielle ".

« Lors de la cérémonie en question, j'étais assis au pied du grand escalier d'où descendit la Garde d'Honneur arborant le drapeau présidentiel et le Stars and Stripes, suivie par le président, la First Lady et leurs invités d'honneur. Ils arrivèrent au son de *Hail to the Chief*, interprété par la fanfare de la Marine.

« Tout d'un coup, il y eut un grand remue-ménage dans l'escalier, tout le monde tirait et poussait. Les gens tendaient le cou pour essayer de voir ce qui se passait. Ils découvrirent la scène quelques instants plus tard. Les cheveux du président Kennedy étaient dressés sur le côté, comme si quelqu'un s'en était saisi et les avait tirés d'un coup sec. Il sembla un moment troublé et agité. Jackie avait l'air furieuse. JFK lissa finalement ses cheveux et se recoiffa de la main. Autant que je me souvienne, on nous fit ensuite rapidement dégager l'escalier. Pour des raisons évidentes, ils ne tenaient pas à être assaillis de questions par les journalistes.

« J'imagine que ce qui s'est passé, c'est que Jackie était rentrée de leur maison de week-end d'Atoka, où elle était allée monter à cheval, et qu'elle avait entendu ou vu quelque chose qui l'avait irritée. Elle était arrivée à 13 h 30 environ, et la réception devait commencer à 18 h 30. Je suppose qu'elle a contenu sa colère pendant ces cinq heures et que lorsqu'il l'a rejointe elle s'est jetée sur lui pour l'injurier ou pis. Et je suis toujours prêt à parier qu'ils ont remis ça dans leurs appartements privés après la réception. »

« Je ne sais pas si les Kennedy se sont disputés la veille de notre départ, déclare Larry O'Brien. Ce n'est pas le genre d'information que le président partageait avec moi. Il est possible qu'ils aient eu une scène de ménage. Une chose est sûre, dans l'hélicoptère qui l'attendait sur la pelouse de la Maison-Blanche, le président interrogea le général McHugh sur les conditions météo au Texas, et lorsque McHugh lui remit son rapport, il s'exclama : " Oh zut, je ne sais pas si Mrs. Kennedy a prévu des vêtements adéquats pour ce type de temps. " Nous avons dû l'attendre plusieurs minutes avant qu'elle n'émerge de la Maison-Blanche pour nous rejoindre à bord de l'hélicoptère. L'attention que JFK témoignait à son épouse indiquait qu'il était très content qu'elle l'accompagne. Et flatté, car il s'agissait essentiellement d'un voyage politique. Une scission du parti démocrate au Texas aurait porté préjudice à l'élection à venir. C'était devenu une opération de replâtrage, et Jackie était un assez bon maçon. Ça augurait aussi du fait qu'elle prévoyait de jouer un plus grand rôle en 1964. »

Godfrey McHugh révèle que ce voyage au Texas « n'était pas tant un appel électoral qu'un appel financier, car le Texas se trouve où se trouve l'argent et, quand il y a des problèmes au sein du parti démocrate texan, on a du mal à obtenir le soutien financier nécessaire pour orchestrer la campagne présidentielle.

« Il s'agissait aussi de faire sentir que le président s'intéressait aux problèmes du Sud-Ouest. Je ne pense pas qu'il était obligé d'y aller en personne. Il avait d'autres problèmes à résoudre comme le Vietnam et le Cambodge. Mais puisqu'il s'était déjà engagé, il pensa sans doute qu'il ferait tout aussi bien d'aller jusqu'au bout. Il avait été question, par exemple, de la nécessité ou non d'utiliser un toit en verre transparent pour le défilé à Dallas. Jackie était pour, parce qu'elle ne tenait pas à ce que ses cheveux s'envolent dans tous les sens. A Washington, on avait envoyé une des secrétaires de la Maison-Blanche faire l'aller et retour de Pennsylvania Avenue en voiture découverte, pendant une demi-heure, pour voir comment sa coiffure tiendrait le coup. Le Service Secret, lui, tenait au toit transparent pour des raisons de sécurité. Mais JFK voulait une voiture décapotable et il voulait aussi que l'itinéraire du cortège soit rendu public. " Si l'on veut que les gens viennent il faut qu'ils sachent où vous trouver... " »

Durant le vol, la nervosité de Jackie fut manifeste. Elle fuma un paquet entier de Salems, en travaillant avec l'interprète du Département d'Etat, Donald F. Barnes, sur une courte allocution qu'elle devait prononcer en espagnol ce soir-là, devant la Ligue des Citoyens Américains d'Amérique latine. Elle commenta avec Pam Turnure l'itinéraire du voyage qui devait entraîner les Kennedy dans la visite des cinq plus grandes villes de l'Etat et se terminer par une étape au ranch de Lyndon B. Johnson, où le vice-président avait prévu un gigantesque barbecue suivi d'une balade à cheval sur le domaine.

A San Antonio, leur première étape du jour, Jackie resta aux côtés de son mari quand il prononça son discours en hommage à l'achèvement d'un nouveau centre de recherches faisant partie du Centre médical aérospatial de la base aérienne militaire de Brooks. Ils s'envolèrent ensuite pour Houston où Jackie fit sa petite prestation et où ils assistèrent au dîner en l'honneur d'Al Thomas, donné au Houston Coliseum. Après quoi, ils repartirent sur Fort Worth et arrivèrent au Texas Hotel vers 1 heure du matin, le vendredi 22 novembre.

Jackie se souviendra plus tard de quelques images décousues de sa dernière nuit avec John, souvenirs qu'elle confiera à William Manchester pour son livre *Mort d'un président,* avant d'insister ultérieurement pour que ses révélations soient complètement supprimées ou au moins sévèrement amendées. Jackie avait déclaré à son mari, par exemple, qu'elle ne supportait pas John Connally. « Cette grande gueule, disait-elle. C'est un de ces hommes — comment dire ? Quand un homme est plutôt beau, ça gâche souvent les choses. Il en devient presque mou. Je ne supporte pas sa bouche tombante et sa façon de parler de lui avec tant de fatuité. » Elle concluait en décrétant qu'elle « haïssait » Connally. Le terme fut édulcoré et remplacé par « n'aimait pas », dans *Mort d'un président.*

Ils occupaient une suite de trois pièces et firent chambre à part cette nuit-là. Le président s'était blessé à l'aine au début du mois et souffrait également ce soir-là de crampes d'estomac dues à son épuisement nerveux, trouble dont il souffrait fréquemment, mais qu'il avait fait en sorte de cacher à l'opinion publique. Jackie et lui s'embrassèrent avant de se coucher, dans une large étreinte. Ils étaient si las tous les deux, dira plus tard Jackie, que c'était comme s'ils se raccrochaient l'un à l'autre.

Larry O'Brien fut le premier à entrer dans la suite présidentielle le lendemain matin. « J'étais contrarié. Les journaux locaux avaient sorti en première page l'histoire de l'accrochage entre Lyndon Johnson et Ralph Yarborough qui l'accusait de soutenir Connally ; il refusait de monter dans la même voiture. Le différend s'était envenimé et il nous fallait à présent nous inquiéter aussi de Johnson.

« Le président devait prononcer un discours au petit déjeuner puis devant un meeting en plein air, avant de reprendre l'avion pour Dallas. Je décidai qu'il fallait que je fasse quelque chose au sujet de l'affaire Yarborough-Johnson-Connally. Ça m'ennuyait parce que nous étions là et que l'attention aurait dû être concentrée sur le président, mais qu'elle était détournée, dans une certaine mesure, par cette affaire. J'annonçai au président que je descendais pour voir si je pouvais coincer Yarborough avant que le cortège ne quitte l'hôtel pour parler un peu avec lui. Je le trouvai devant l'hôtel. Nous étions à dix minutes de l'heure du départ et tous les journalistes étaient là, attendant le signal. Je lui dis : " Écoute, Ralph, cette situation est intenable, toi et Johnson refusant de monter dans la même voiture. Regarde tous ces cars de journalistes. La presse entière a les yeux fixés sur nous. C'est toi qui es le véritable responsable d'une situation qui porte préjudice au président. Je sais que tu as une haute opinion de lui, alors pourquoi agir de la sorte ? " Ralph répondit quelque chose du genre : " Tu viens peut-être de marquer un point. " Et j'ai ajouté : " Tu devrais monter dans la voiture du vice-président et qu'on en finisse avec cette histoire. " Il accepta. " Je comprends ce que tu viens de dire, et je partirai avec Johnson. " Nous étions donc tombés d'accord et une minute ou deux plus tard, lorsque Johnson sortit de l'hôtel, je l'alpaguai et lui annonçai que Yarborough partirait avec lui. Johnson ne fit aucun commentaire. Ils montèrent dans la voiture. Point final.

« Quand nous atterrîmes à l'aéroport de Dallas, je voulus être sûr qu'il en serait de même pour ce cortège-ci et, pendant que John et Jackie affrontaient la foule qui les attendait à la descente d'Air Force One, avant que le cortège ne soit formé, je restai à l'arrière pour m'en assurer. J'avais pris du retard sur le cortège, et je dus sauter dans une voiture où se trouvaient déjà quatre ou cinq députés du Texas. J'eus tout juste le temps de monter avant qu'elle ne démarre pour rejoindre le cortège. »

Le cortège quitta Love Field à 12 h 55. En tête, comme d'habitude, venaient l'escorte des motards de la police, puis la grosse Lincoln noire qui transportait le président et Mrs. Kennedy, ainsi que le gouverneur Connally et son épouse. Sur le siège arrière, entre le président et la First Lady, il y avait un gros bouquet de roses rouges à longue tige qu'elle avait reçu à Love Field, formant un contraste plaisant avec le tailleur de laine rose fraise et la calotte assortie qu'elle avait décidé de porter pour ce défilé à travers Dallas. En recevant le bouquet, Jackie s'aperçut qu'elle avait déjà reçu trois bouquets de roses jaunes du Texas, comme dans la chanson. Les roses rouges lui rappelèrent le *Christina,* et son voyage en Grèce. Pendant plus d'une demi-heure, ils roulèrent, souriant et saluant une foule nombreuse, et chaleureuse. Quand ils atteignirent le centre de Dallas, le cortège prit un virage serré à gauche, à l'angle d'Elm Street et de Houston Street, à l'endroit où la chaussée descend vers un passage souterrain. Il y avait moins de monde à cet endroit, mais les gens étaient tout aussi chaleureux et exubérants. A 13 h 30, leur voiture passa devant le grand bâtiment du Texas School Book Depository. Depuis une fenêtre située au sixième étage de ce bâtiment, un assassin, probablement un détraqué mental, du nom de Lee Harvey Oswald, pointa sa carabine, suivit la voiture présidentielle à travers les lignes croisées de la mire télescopique. Puis les coups retentirent et résonnèrent à travers Dealey Plaza, juste en dessous.

Le nombre de coups, et le nombre d'assassins impliqués dans le complot d'assassinat contre Kennedy, si tant est qu'il y eut complot, restent un mystère vingt-cinq ans après. En l'espace de moins de six secondes, il y eut au moins trois coups de feu de tirés. la première balle toucha le président à la nuque, frôla son poumon droit, traversa la trachée et ressortit par la gorge. Une autre balle, dont on pense qu'elle était la deuxième des trois, blessa gravement le gouverneur George Connally, qui était assis sur un strapontin, juste en face du président. La troisième balle atteignit le président à la base du crâne, défonçant le quart arrière droit de la boîte crânienne, ce qui provoqua un épanchement de sang et de tissu cérébral.

L'entraînement coûteux et difficile qui avait servi à la formation de ce que l'on vantait comme l'un des services de sécurité les plus efficaces du monde — le Service Secret des Etats-Unis — n'avait servi à rien.

Les gardes du corps et l'élite de la police de Dallas se regardaient incrédules, attendant chacun que les autres réagissent. Comme beaucoup, Jackie crut d'abord qu'on avait riposté à plusieurs reprises d'une moto. En y regardant de plus près, elle constata, atterrée, qu'une partie importante du crâne de son mari avait disparu. Le sang s'échappait de la blessure caverneuse. La cervelle du président, grise et collante, semblait se répandre partout.

Jackie hurla : « Mon Dieu, qu'est-ce qu'ils font ? Mon Dieu, ils ont tué Jack, ils ont tué mon mari... Jack, Jack ! »

Expliquant sa réaction, elle déclara devant les enquêteurs de la commission Warren qu'elle avait essayé de « relever ses cheveux. De face, on ne voyait rien. Je suppose qu'on aurait dû. Mais à l'arrière, on voyait, vous savez, quand on essayait de relever ses cheveux et de lui soutenir la tête ».

L'épouse de Connally, Nellie, réagissant avec bon sens, attira son mari blessé sur ses genoux et hors de la ligne de feu, en le protégeant de son propre corps. « Je regardais de ce côté-ci, à gauche, raconta Jackie à la commission Warren, essayant de leur faire comprendre pourquoi elle n'avait pas fait la même chose pour le président. Je pense que si seulement j'avais regardé à droite, j'aurais vu la première balle l'atteindre, alors j'aurais pu le coucher et la deuxième balle ne l'aurait pas touché. »

Le seul problème, en ce qui concerne l'explication de Jackie, c'est l'existence du film de Zapruder[1], qui démontre pleinement qu'un instant à peine après le premier coup Jacqueline avait les yeux tournés vers la droite, précisément sur son mari et que, rivée à son siège, elle continua à fixer ainsi John pendant sept longues secondes, sans se porter à son secours.

Lorsque Jackie se décida à bouger, ce fut dans une direction inattendue. Elle se leva d'un bond, rampa hors de son siège et jusqu'au coffre de la voiture, donnant au passage quelques coups de pied dans ce qui restait de la tête de son mari, et elle commença à se frayer un chemin en direction de l'arrière droit du véhicule. Son objectif : une grosse poignée en caoutchouc, tout en bas du coffre, qui, si elle parvenait à l'atteindre, pourrait lui servir de moyen d'éjection de la voiture, lancée dans une soudaine accélération. Elle avait réagi aux blessures fatales de son mari et aux cris de douleur angoissés du gouverneur Connally : « Mon Dieu, ils vont nous tuer tous ! » Jackie avait paniqué. A l'heure de vérité, ce fut son instinct de conservation qui prit le dessus. Les excuses qu'elle avancera plus tard pour cette tentative de fuite semblent changer avec les saisons. Elle déclara à la commission Warren qu'elle n'avait aucun souvenir d'avoir grimpé sur le coffre de la voiture. Elle raconta à William Manchester qu'elle avait rampé pour essayer de récupérer un bout du crâne de son mari. Le film de Zapruder semble montrer qu'elle se trouvait sur le coffre de la voiture dans l'espoir de trouver de l'aide pour son infortuné compagnon.

Cette aide arriva en la personne de Clint Hill, un agent du Service Secret. Voyant la First Lady ramper dangereusement sur le châssis glissant et en pente, et sur le point de perdre l'équilibre, Hill bondit de la voiture de suite et se retrouva en quelques secondes sur le coffre de la voiture présidentielle, pour repousser Jackie sur le siège arrière tout maculé de sang.

Sa panique momentanée ne fut pas rapportée par les médias. Au dernier moment, comprenant qu'elle ne pourrait atteindre la poignée, elle tendit la main en direction de Clint Hill qui venait à elle. Pour certains spectateurs du film de Zapruder, elle sembla l'attirer à elle pour le mettre en sûreté plutôt que le contraire. Fidèle au code du silence du Service Secret, Hill ne chercha guère à démentir cette version. Et si Jackie n'exagéra pas son propre rôle, elle ne confessa ni ne parla jamais de ce moment d'horreur. Elle s'est contentée de rejeter sur d'autres la responsabilité de son malheur — le chauffeur de la limousine présidentielle pour n'avoir pas déboîté et accéléré plus tôt ; John Connally pour avoir survécu à cette embuscade alors que le président était mort ; Lyndon et lady Bird Johnson pour avoir osé briser son rêve kaléidoscopique...

_____

1. Abraham Zapruder, industriel du prêt-à-porter féminin à Dallas, filma en amateur le cortège au moment précis de l'assassinat et le fixa ainsi sur la pellicule. Il vendit ce film par la suite à *Time-Life* pour 50 000 dollars.

24

Six minutes à peine après les coups de feu, la voiture présidentielle freinait dans une embardée devant l'entrée des urgences du Memorial Hospital de Parkland. Jackie berçait le président dans ses bras et refusa de s'en séparer jusqu'à ce que Clint Hill enveloppe de son veston la blessure béante qu'il avait à la tête. Le siège arrière était tout imprégné de sang, le bouquet de roses écrasé baignant dans une mare figée, liquide, où flottaient des fragments de cervelle.

Les vêtements de Jackie étaient si imprégnés de sang que le premier médecin qu'elle croisa pensa qu'elle avait été blessée en même temps que le président. Lady Bird Johnson, arrivant à Parkland peu de temps après Jackie, la vit debout, toute seule, dans l'étroit couloir qui menait à la salle d'opération où l'on avait emmené John et observa que personne ne lui avait jamais paru plus seul et plus vulnérable qu'elle. Elle serra Jackie dans ses bras et lui demanda si elle avait besoin de vêtements de rechange. Jackie répondit que non. Elle voulait que le monde entier puisse voir ce qu'ils — ces mystérieux « ils » — avaient fait à John. Son tailleur éclaboussé de sang était un symbole de courage — du courage du président — et elle n'avait aucune intention de le retirer.

Dans la limousine, alors que les balles pleuvaient sur eux, Jackie avait tenté de fuir. Mais à présent que son mari était à l'article de la mort, ce qu'elle désirait, plus que tout, c'était rester à ses côtés. Après avoir tenté d'écarter l'infirmière en chef, elle se tourna vers le Dr George Burkley, médecin personnel de JFK dont le premier geste fut de lui proposer un calmant. « Je n'en veux pas, je veux être avec mon mari lorsqu'il mourra », répliqua-t-elle. C'était sa prérogative et, malgré les objections des médecins dans la salle d'opération, le Dr Burkley insista pour qu'on l'autorise à entrer.

La salle était pleine de chirurgiens et d'infirmières qui tentaient l'impossible. Le caractère désespéré de la situation était apparu clairement à Jackie alors qu'ils étaient encore à Dealey Plaza, sur le lieu de l'attentat. Une fois dans la pièce, elle s'agenouilla pour prier, puis se releva lentement. Un médecin texan, de taille imposante, se tenait devant elle. « Mrs. Kennedy, votre mari a été mortellement blessé », lui annonça-t-il. « Je sais », murmura-t-elle. Le Dr Burkley tâta le pouls du président : il s'était arrêté.

C'était fini. Ils recouvrirent son corps d'un drap, mais le drap était trop court et un pied dépassait, plus blanc que le drap lui-même. Jackie le prit entre ses mains et l'embrassa. Puis elle rabaissa le drap. Elle embrassa John sur les lèvres. Ses yeux étaient encore ouverts. Elle les embrassa aussi. Elle lui embrassa les mains et les doigts. Puis elle prit sa main dans la sienne, refusant de la lâcher.

Mac Kilduff, qui faisait office de porte-parole pour ce voyage au Texas, lut un communiqué officiel à 13 h 31, juste après l'administration des derniers sacrements par deux prêtres.

« Je suis allé voir Ken O'Donnell, qui était auprès de Jackie, dans la salle d'opération, parce qu'il était le chef d'état-major, raconte Kilduff. Je lui ai dit que j'allais être obligé de faire un communiqué. Il y avait trop de reporters déjà au courant, parmi lesquels Bob Pierpont et Dan Rather. Ils avaient une idée très précise de ce qui venait d'arriver. Ce n'était plus qu'une question de temps. Ken me répondit : " Ce n'est pas à moi qu'il faut demander ça. C'est au président. "

« Je me suis donc adressé à Johnson. On l'avait conduit à l'écart, dans une autre salle d'opération et il était assis là avec lady Bird et Rufus Youngblood, du Service Secret. Je ne savais pas comment l'appeler. Je ne pouvais pas l'appeler Lyndon. Je l'appelai donc Mr. le Président et lady Bird laissa échapper un petit cri, un son nettement audible en tout cas. " Je dois annoncer la mort du président Kennedy, dis-je.

— Nous ne savons pas à quel type de complot communiste nous avons à faire, déclara-t-il.

« Cela m'a toujours paru étrange qu'il parle de complot " communiste ", parce qu'étant donné le climat politique au Texas, il pouvait tout aussi bien s'agir d'une insurrection de la John Birch Society[1].

« On entendait presque son cerveau fonctionner. " Nous ne savons pas s'ils m'en veulent aussi, parce que je suis le porte-parole, le secrétaire d'Etat. Je crois que je ferais mieux de sortir de là et d'attendre que vous ayez fait votre communiqué. " Je sortis avec lui pour me rendre à la voiture. On le ramena à l'Air Force One. Certains lui reprochèrent d'avoir eu l'inélégance d'utiliser l'Air Force One au lieu de l'Air Force Two, mais c'était une décision du Service Secret, et non de LBJ. »

Un nouveau problème avait surgi. Le Dr Earl Rose, expert médical du comté de Dallas, dont les bureaux étaient situés à Parkland, avait décrété que le corps du président devait rester à Dallas jusqu'à ce qu'on puisse pratiquer une autopsie. Un meurtre venait d'être commis et les lois de l'Etat

---

1. Groupement d'extrême droite, anticommuniste et antiraciste, admettant les Noirs.

imposaient cette procédure. Peu importait que la victime fût le président des États Unis : la loi était la loi.

L'entourage de Kennedy assura Rose qu'une autopsie serait pratiquée dès que le corps du président arriverait à Washington. Mais l'expert, ayant obtenu l'appui d'un magistrat local, soutint que puisque Kennedy avait été assassiné à Dallas, c'était à Dallas que l'autopsie devait avoir lieu.

« Nous le ramenons à Washington », décréta Ken O'Donnell.

Une camionnette vint livrer un cercueil de bronze pour le président décédé. Jackie passa son anneau de mariage ensanglanté au doigt de son mari, juste avant qu'on ne place le corps dans le cercueil et qu'on ne l'emporte, entre deux officiers courroucés du ministère public, jusqu'au fourgon mortuaire blanc qui l'attendait. A son immense soulagement, ils allaient pouvoir rentrer chez eux.

Mais le pourraient-ils vraiment ? Lyndon Johnson semblait avoir d'autres idées en tête. Pendant que le cercueil était chargé à bord de l'Air Force One et placé dans la queue de l'appareil, Johnson avait contacté le juge du District fédéral, Sarah T. Hughes — nommée par Kennedy — et lui avait demandé de venir délivrer le permis d'inhumer. Dès que les membres du clan Kennedy comprirent qu'il faudrait attendre, ils commencèrent à s'opposer à la brigade Johnson.

« Le problème, fit remarquer le général de l'armée de l'Air Godfrey McHugh, c'est que Lyndon Johnson avait pris le commandement de l'avion. Quand nous arrivâmes, Ken O'Donnell, qui était le *start man*, la personne responsable du départ de l'appareil, me demanda d'aller voir le commandant de bord et de lui dire de se tenir prêt à décoller. J'étais l'officier supérieur responsable du vol et donc la personne qui devait logiquement transmettre cet ordre. De plus, je connaissais très bien le commandant de bord. Son nom était James Swindal, et c'est moi qui l'avais choisi pour ce poste. Je me rendis donc dans le cockpit et lui dis : " C'est bon, on y va. Faites-moi décoller ce fichu avion.

— Je dois attendre la confirmation du président, répliqua Swindal.

— Le président, répondis-je, est à l'arrière, dans son cercueil.

— Non, je veux parler de Johnson ", fit Swindal.

« Cette idée s'abattit sur moi brutalement : Lyndon Baines Johnson était le président des États-Unis.

« " Où diable est passé Johnson ? " demandai-je. Swindal haussa les épaules et répondit : " Quelque part à bord, je suppose. " Je fis donc demi-tour et partis à sa recherche. Je regardai partout, mais ne le trouvai pas. Je m'aperçus que tous les rideaux avaient été tirés dans l'avion. Beaucoup de gens pleuraient, y compris un certain agent du Service Secret. Le visage de Pam Turnure était barbouillé de mascara. Evelyn Lincoln sanglotait. D'autres essayaient de ravaler leurs larmes. Ma mission était de trouver Johnson, et je finis par le repérer — dans un placard, devant le cabinet de toilette de la chambre du président. Il était mort de peur, et hurlait : " Ils vont nous tuer tous. " Il avait perdu la tête. Je lui envoyai une gifle, sèchement, et me dirigeai vers le compartiment arrière de l'avion pour rester avec Jackie et le cercueil[1]. »

Le général Chester V. Clifton, le second aide de camp de JFK pour ce voyage, se souvient que dès que Jackie et sa suite arrivèrent à l'avion « la discussion sur l'opportunité ou non de partir devint très tendue. Le groupe Kennedy voulait quitter les lieux aussi vite que possible. Nous avions été prévenus du risque d'emmener la dépouille mortelle du président hors de l'hopital avant qu'une autopsie ait pu être pratiquée. Nous avions donc, en quelque sorte, subtilisé le cercueil, et nous étions partis avec le fourgon mortuaire et quelques autres voitures. Nous ne tenions pas à voir débarquer à l'aéroport l'expert médical avec un ordre du tribunal nous enjoignant de restituer le corps.

« Nous ne savions que penser. Les assassins étaient-ils américains, ou bien étaient-ils à la solde d'une puissance étrangère ? Risquions-nous d'être abattus si nous décollions ? Nous étions dans le noir le plus absolu, à tel point que les troupes américaines stationnées dans le monde entier avaient été mises en état d'alerte.

« Tout le monde était à cran, ce jour-là, y compris Lyndon Johnson. Je n'ai pas été témoin du prétendu incident entre McHugh et Johnson, mais je sais que Johnson a certainement perdu pendant un moment le contrôle de ses pensées et de ses actes, et j'avais de bonnes raisons d'être inquiet.

« Mon sentiment personnel, c'est qu'il aurait mieux valu quitter Dallas le plus vite possible, au lieu d'attendre l'arrivée du juge Hughes. Ken O'Donnell et moi-même, nous sommes allés dans le cockpit après le retour de McHugh, et nous avons eu une conversation avec Swindal. " Ecoutez, Jim, lui ai-je dit, c'est moi qui vous donnerai l'ordre de partir, et je me fiche de ceux qui ne seront pas d'accord. "

— Ça me va, a-t-il répondu. Vous êtes l'officier militaire qui a le plus haut grade dans cet avion. J'exécuterai vos ordres. "

« Il mit en route deux des moteurs de l'appareil mais, une minute plus tard, Mac Kilduff arriva au pas de course. " Le président Johnson demande que vous coupiez les moteurs. " O'Donnell lança un drôle de regard à Kilduff, qui s'y opposa en lui annonçant : " Vous êtes déchargé de votre responsabilité, Ken. Nous avons un nouveau président. Et le nouveau président insiste pour prêter serment avant que nous quittions le sol. " Ken

---

1. En signe de loyauté à LBJ, certains témoignèrent que Godfrey McHugh s'était comporté de manière étrange. Jack Valenti, qui avait rejoint l'équipe de LBJ et qui se trouvait à bord d'Air Force One au cours du vol Dallas-Washington, raconta : « Un homme ultérieurement identifié comme étant le général McHugh ne cessait d'aller et venir de l'arrière à l'avant de l'appareil. J'ai appris plus tard qu'il était détaché de l'armée de l'Air auprès du président. Je dois dire qu'il était dans un état de quasi-hystérie, les cheveux tout ébouriffés. Il allait et venait, les cheveux de travers, et dans un état de confusion totale. »

D'autres cependant, tel Richard N. Goodwin, le rédacteur des discours de LBJ, pense que LBJ s'était comporté en paranoïaque. Selon le livre récent de Goodwin, *Remembering America : A Voice from the Sixties,* Goodwin et Bill Moyers auraient demandé l'avis des psychiatres sur LBJ.

et moi sommes donc partis à la recherche de Johnson. Je pensais que nous aurions pu négocier avec lui, mais Johnson se montra intransigeant.

« Il nous dit qu'il avait parlé avec Bob Kennedy et que Bob lui avait conseillé de prêter serment au Texas. Bob Kennedy a démenti par la suite avoir jamais fait une chose pareille. Quoi qu'il en soit, je suppose que Johnson avait ses raisons. A mon avis, il craignait que quelque chose lui arrive avant que nous ayons atteint Washington et il ne voulait pas laisser le pays dans une situation aussi tragique, sans président. Cela aurait été préjudiciable pendant des années.

« Quand nous eûmes fini de nous quereller sur l'opportunité de décoller ou non, Johnson, presque calmé, commença à téléphoner à Washington, pour mettre sur pied des réunions du Cabinet et donner ses instructions. Mais il y avait eu un moment où il s'était montré assez incohérent quant à ses intentions. »

Cecil Stoughton, le photographe de la Maison-Blanche, a fixé sur la pellicule la cérémonie de la prestation de serment de Johnson. « Le juge, une femme, est arrivé avec une escorte de police et, au moment où elle est entrée dans l'avion, Mac Kilduff me vit et s'écria : " Dieu merci, vous êtes là ! Le président va prêter serment et il va falloir que vous preniez des photos et que vous les distribuiez à la presse. "

« Je ne comprenais pas la nécessité de ce serment, dans la mesure où, lorsqu'un président meurt, le vice-président devient automatiquement chef du pouvoir exécutif. Cela dit, la cérémonie ne dura guère plus de deux minutes, qui semblèrent une éternité. Lorsque nous fûmes prêts à commencer, Ken O'Donnell alla chercher Jackie. Je pense qu'il a dû lui dire qu'elle n'était pas obligée d'y participer, si elle ne le souhaitait pas ; elle lui a répondu qu'elle devait bien ça à son pays. Elle nous rejoignit donc et se plaça à la gauche de Johnson, tandis que lady Bird se tenait à sa droite. Vingt-sept personnes — autant qu'il pouvait en entrer dans la cabine présidentielle recouverte d'une moquette jaune d'or installée dans la section centrale du jet — assistèrent à cette cérémonie solennelle. Jackie avait séché ses larmes, mais elle semblait ailleurs. Elle était encore en état de choc. Sur la plupart des photos on peut voir du sang coagulé sur son tailleur. Il y avait aussi des traces de sang sur la chemise du Dr Burkley.

« J'avais pitié de Jackie. Et je me plaignais moi-même, parce que je savais ce que ce serait de travailler avec Johnson. Comme tous ceux qui étaient présents, en fait. Je me souviens qu'un agent du Service Secret m'a dit un jour — c'était en 1962 — : " Il faut que nous maintenions Kennedy en bonne santé ", ce qui sous-entendait qu'il ne tenait pas à avoir Johnson comme président. Il savait que ce serait épouvantable si jamais il devenait un jour le numéro un. C'est pourtant ce qui est arrivé et ça a été épouvantable.

« Il trouvait toujours que je ne prenais pas assez de photos de lui. Il aurait voulu que je le photographie même quand il allait aux toilettes. Tous les Johnson avaient de grandes bouches et de grandes dents. Quand je pointais ma caméra sur eux, c'était comme si je tirais une ficelle. Leurs bouches se fendaient d'un sourire jusqu'aux oreilles et leurs lèvres s'étiraient jusqu'à occuper toute la surface de l'objectif. C'était automatique. »

Après cette brève cérémonie, Jackie retourna s'asseoir à côté du cercueil de son mari, où elle fut rejointe par Ken O'Donnell, Dave Powers et Larry O'Brien. A deux reprises pendant le vol, Lyndon Johnson envoya Bill Moyers, qui allait être son assistant, à l'arrière de l'appareil, pour demander à O'Donnell et à O'Brien de venir, et les deux fois les lieutenants de JFK refusèrent.

« Nous voulions rester avec Jackie, déclare O'Brien. Nous avions besoin d'elle et elle avait besoin de nous. Ken était très amer à l'égard de Lyndon Johnson. Je n'avais pas l'impression que Jackie en voulait à quelqu'un en particulier, c'était plutôt une amertume générale.

« Dans l'avion, nous eûmes une longue discussion sur les relations entre John et la Mafia irlandaise, sur ce que ces relations signifiaient pour lui, ce qu'elles signifiaient pour elle, et tout ça. John était très proche de la Mafia irlandaise. Ken, Dave et moi n'assistions pas toujours aux soirées — aux événements mondains — de la Maison-Blanche, mais notre relation avec le président fut — pendant longtemps — étroite et solide. Il avait de grandes affinités avec chacun d'entre nous. Il était fier de ses ascendances irlandaises. Nous l'avions accompagné dans son voyage en Irlande. Il était très concerné, affectivement, par ce voyage. Et nous avions une foule de choses en commun, nous nous étions raconté une foule d'histoires et nous venions tous du Massachusetts. Jackie, quand il m'arrivait de bavarder avec elle, plaisantait souvent là-dessus. Mais elle reconnaissait — et nous en parlâmes longuement dans l'avion qui nous ramenait de Dallas — la nature particulière, si l'on peut dire, de la relation entre John et ce qu'on appelle la Mafia irlandaise. Elle savait à quel point nous étions proches de lui et à quel point il était attaché à nous.

« En plein milieu de cette conversation, Ken O'Donnell ouvrit une bouteille de scotch en décrétant. " Je ne sais pas pour vous, les gars, mais moi j'ai besoin d'un bon remontant. " Nous nous sommes joints à lui, y compris Jackie, qui n'avait jamais bu de scotch auparavant. Elle n'aimait pas particulièrement le whisky, mais en la circonstance elle en prit un deuxième verre et je suppose qu'elle finit par trouver ça presque bon.

« Je ne crois pas avoir jamais observé un courage aussi exceptionnel que celui dont elle fit preuve, à l'hôpital de Dallas d'abord, puis dans l'avion qui nous ramenait à Washington et durant les funérailles. Nous avons eu plusieurs conversations durant cette période et dans les mois qui suivirent, et il y avait des moments où elle disait : " Comment tout cela a-t-il pu arriver ? " ou : " La vie n'a plus aucun sens pour moi à présent. " Mais, dans l'ensemble, elle s'en sortit magnifiquement et devint pour nous tous un symbole de rigueur, de force de caractère, à une époque d'appauvrissement spirituel général. »

Comme l'avion approchait de Washington, Godfrey McHugh remarqua que Jackie avait encore des morceaux de matière cervicale du président sur son chapeau et sur son tailleur. « Il n'y avait pas seulement des taches de sang séché, souligne-t-il. Ça, ce n'était pas si terrible. Mais il y avait des fragments gris de cervelle. Je le lui fis remarquer. Elle me donna son chapeau. Je le nettoyai et le lui rendis. Mais elle ne voulut pas me laisser toucher à son tailleur. " Je veux qu'ils voient ce qu'ils ont fait, Je veux qu'ils voient ça. " »

Air Force One atterrit et Bob Kennedy se hissa à bord. Il était dans le même état de choc profond que Jackie. Les gens lui parlaient, mais c'était comme s'il ne les entendait pas. Il était atterré et avançait d'une manière presque mécanique. Il était comme muré en lui-même, mais il dit pourtant à Jackie qu'un suspect avait été appréhendé, un communiste insignifiant, du nom d'Oswald. L'idée qu'un personnage aussi « falot » ait pu assassiner le président Kennedy aggrava la tristesse de Jackie ; l'assassinat en perdait toute signification morale. Aux yeux de Jackie, cela banalisait la mort de son mari. « Si au moins on l'avait tué à cause de sa position sur les droits civiques », déplora-t-elle.

La brèche entre les camps Kennedy et Johnson s'élargit lorsque l'équipe de Kennedy bloqua l'aile de l'avion pour empêcher le nouveau président de débarquer avec le cercueil. Au lieu d'accompagner le corps à l'hôpital naval de Betheseda, pour l'autopsie requise, Johnson se dirigea immédiatement vers la Maison-Blanche, où il rédigea des lettres à l'intention de Caroline et de John, Jr., leur disant à quel point ils pouvaient être fiers de leur père.

En route pour Betheseda, Jackie interrogea Bob sur les affirmations de Johnson selon lesquelles le ministre de la Justice lui aurait conseillé de prêter serment avant de quitter Dallas. Lorsque Bob démentit cette histoire, Jackie déclara : « La dernière chose que Jack m'ait dite au sujet de Johnson, c'est qu'il était incapable de dire la vérité. »

Jackie avait demandé à Ken O'Donnell et à Larry O'Brien de rester avec elle durant l'autopsie et de passer ensuite quelques jours à la Maison-Blanche. Larry O'Brien appela sa femme après leur arrivée pour l'informer qu'il était de retour, mais qu'il ne rentrerait pas à la maison. Il resta avec Jackie pendant les quatre jours que durèrent les préparatifs des funérailles et l'accompagna sur la tombe du président, au cimetière d'Arlington, la veille du Thanksgiving.

Alors qu'elle se trouvait encore à Betheseda, Jackie fut rejointe par le Dr John Walsh, qui lui recommanda de se reposer pendant les une ou deux heures que durerait l'autopsie. Pour l'aider à se détendre, il lui injecta 100 mg de Visatril, ce qui, en temps normal, lui aurait permis de dormir pendant douze heures d'affilée. Mais cela eut l'effet inverse.

Robert McNamara se précipita à Betheseda pour consoler Bob et Jackie et se retrouva en train d'écouter Jackie lui raconter pendant des heures l'assassinat dans ses moindres détails. « Depuis le moment où ils étaient arrivés à Parkland, elle se souvenait de tout, raconte McNamara. Le fait d'en parler et d'en reparler encore fut pour elle une sorte de libération. Sa véritable préoccupation était l'avenir. Elle savait qu'elle ne pourrait rester à la Maison-Blanche, mais elle ne savait où aller. Elle et John avaient vendu leur maison de Georgetown. Elle avait des amis ici et elle aimait cette ville. Elle voulait continuer à faire tout ce qu'elle faisait avec John. »

Comme la nuit tombait, d'autres amis arrivèrent, parmi lesquels les Bradlee et les Bartlett. Janet et Hugh Auchincloss, récemment rentrés d'un voyage au Moyen-Orient, avaient accueilli Jackie à l'aéroport et l'avaient suivie à Betheseda. « Bien sûr, tout ça est terrible, dit Janet, mais pensez que ça aurait été encore bien plus affreux si Jack avait survécu et s'il était resté mutilé à vie. » Jackie pria sa mère et son beau-père de rester à la Maison-Blanche et leur donna la chambre de John pour une nuit.

Janet, dans le souci d'épargner à sa fille toute souffrance inutile, demanda à Maud Shaw, la nurse, d'annoncer à Caroline la mort de son père. Caroline pleura si violemment à cette nouvelle que la nurse craignit qu'elle ne s'étouffe. Le lendemain matin, l'enfant vit un exemplaire du *New York Times* qu'une domestique avait oublié. Elle demanda à sa grand-mère Janet pourquoi le portrait de son père était encadré de noir. John, Jr., trop jeune pour comprendre, ne fut pas informé du drame.

Laissant à Sargent Shriver le soin d'organiser les funérailles, Jackie (qui fut consultée par Shriver sur chaque détail de la cérémonie) avait déjà contacté Angier Biddle Duke, le chef du Protocole, pour lui demander des précisions sur la manière dont s'étaient déroulées, près d'un siècle plus tôt, les funérailles d'Abraham Lincoln. Duke transmit cette requête à Rutherford Rogers, responsable de la bibliothèque du Congrès, qui lui fit parvenir des informations non seulement sur les funérailles du président Lincoln, mais sur celles de George Washington, de Woodrow Wilson, d'Ulysses S. Grant et même d'Edouard VII. Duke fut ainsi en mesure de répondre à la demande de Mrs. Kennedy en moins de vingt-quatre heures.

Une fois l'autopsie terminée (une autopsie qui ne répondit pas, de manière satisfaisante, aux questions soulevées par les futures enquêtes et commissions[1]), le corps de Kennedy fut ramené à la Maison-Blanche et installé sur un catafalque disposé dans le salon Est. Godfrey McHugh, qui avait été nommé responsable de la Garde d'Honneur chargée de veiller le cercueil dans lequel Kennedy devait être placé (et qui n'était pas celui dans lequel il avait été transporté de Dallas à Washington), se souvient de Jackie disant : « Mais nous ne pouvons pas le laisser comme ça, il faut que nous trouvions des fleurs. » On apporta donc des fleurs que McHugh disposa sur l'un des côtés du cercueil.

---

1. L'autopsie de JFK fut, au mieux, une mise en scène, au pire, une farce. Orchestrée par Robert Kennedy et d'autres membres de la famille, elle fut pratiquée en l'absence d'un pathologiste légalement compétent. A la suite de cette autopsie, un certain nombre de fragments du corps disparurent mystérieusement, dont le cerveau de JFK, des prélèvements de peau, de sang ou d'organes. En 1979, le Select Committee on Assassinations (Comité spécial sur les assassinats) décida que, dans l'éventualité où Robert Kennedy serait en possession de ces éléments ou d'autres, « ils devraient être mis à l'avenir à la disposition du public, dans un organisme comme le Smithsonian Institut ». Quel fut exactement le rôle de Jacqueline Kennedy dans la disparition de ces éléments ? c'est une question qui reste ouverte. L'ancien procureur, le général Ramsay Clark, déclara à l'auteur du présent ouvrage : « Après l'assassinat de Kennedy alors que j'étais encore procureur général, je fus contacté par Jackie et prié de soustraire au public toutes les radiographies et documents relatifs à l'autopsie. Elle ne voulait pas que ces informations soient utilisées par la presse — les journaux et la télévision — du vivant de ses enfants. J'ai trouvé que c'était là une requête raisonnable. »

« Elle avait une autre préoccupation, raconte McHugh. Ça l'ennuyait que la Garde d'Honneur, constituée d'un représentant de chacune des branches de l'armée, détourne les yeux du cercueil en se tenant au garde-à-vous. " Mais, Jackie, lui répondis-je, ils regardent toujours ailleurs. Ça a toujours été comme ça. C'est ce qu'on leur demande de faire. C'est le protocole militaire qui veut ça.

— Je m'en fiche, répliqua-t-elle. S'ils gardent le cercueil, alors qu'ils le regardent. Ils ont l'air idiots, à regarder dans le vide. A partir de la prochaine relève, donnez-leur l'ordre de regarder le président. "

« A vrai dire, je ne m'attendais pas à cette remarque. Cela semblait si dérisoire en comparaison de ce monstrueux assassinat. Lorsque la relève arriva, je donnai donc l'ordre à l'officier de marine responsable de demander à ses hommes de regarder le cercueil. " Mais nous n'avons jamais fait ça, monsieur, fit-il.

— Ça m'est égal, ce sont les ordres ", ripostai-je.

« A la relève suivante, la Garde d'Honneur fixa le cercueil. Mais, quand leur tour prit fin, l'officier décréta : " Nous ne pouvons continuer ainsi, monsieur. Certains de mes hommes risquent de s'évanouir.

— Pourquoi s'évanouiraient-ils ?

— Ils ont tendance à s'évanouir quand on leur demande de fixer le même point pendant une heure. S'ils regardent dans l'espace, ils peuvent au moins fixer plusieurs images différentes.

— Soit, répondis-je. Je le regrette infiniment, mais dans ce cas il vous faudra tout simplement réduire leur tour de garde à une demi-heure ou trouver une autre solution pour les empêcher de tomber dans les pommes. Mais ils devront continuer à regarder le cercueil. " »

A 10 heures, le matin du 23, le père John Cavanaugh, un vieil ami des Kennedy, célébra une courte messe pour la famille et les intimes du président assassiné dans le salon Est. Juste avant, il avait eu un entretien privé avec Jackie. Il était venu en avance, expliqua-t-il, pour l'écouter en confession.

« Que suis-je supposée vous confesser, mon père ? fit-elle avec colère. Que j'ai oublié de consulter le calendrier et que j'ai mangé de la viande un certain vendredi, il y a trois mois ? » C'est ainsi que débuta une diatribe de cinq minutes à l'issue de laquelle la veuve exigea du prêtre qu'il lui explique la mort de son mari : « Pourquoi ? Pourquoi ? Comment Dieu a-t-il permis une chose pareille ? »

Ce soir-là, épuisée et complètement droguée (son médecin lui avait fait deux piqûres d'Amytal), Jackie se tourna et se retourna dans son lit, pleurant, se lamentant, appelant son mari par son nom, parlant avec lui, roulant de son matelas sur celui qu'il utilisait quand il dormait auprès d'elle, s'enfonçant dans ses oreillers et sanglotant jusqu'à ce qu'elle sombre dans un sommeil agité. Quelques heures plus tard, elle se réveilla. Incapable de retrouver le sommeil, elle mit la main sur du papier bleu de la Maison-Blanche et entreprit d'écrire à son mari une lettre qui commençait par : « Jack, mon chéri ». Elle lui racontait comment elle avait dormi dans son lit, elle lui parlait de Caroline et de John-John, de Patrick, de leur mariage, de leurs projets et de leurs engagements mutuels. Elle se mit à pleurer et les larmes roulèrent sur ses joues, inondant la feuille de papier et brouillant les mots. Mais elle continua à écrire. Quand elle eut terminé, elle plia la lettre et la glissa dans une enveloppe.

Pendant l'autopsie qui avait eu lieu la veille, le Dr Burkley avait retiré son alliance du doigt de John et la lui avait rendue. Elle avait l'intention de la mettre de côté, avec quelques autres objets que John aimait : quelques souvenirs de marine, un bracelet qu'il lui avait offert, une paire de boutons de manchettes en or qu'elle lui avait donnée. Elle y ajouterait sa lettre et des lettres des enfants. Elle alla les voir dans la salle de jeux le lendemain matin et leur demanda d'écrire à leur père. John-John, encore trop petit pour écrire, fit quelques gribouillis et quelques patés sur une feuille de papier blanc, avec l'aide de sa sœur qui guidait sa main. Quant à Caroline, elle écrivit son message au stylo bille bleu : « Papa chéri, tu vas nous manquer beaucoup à tous. Papa, je t'aime beaucoup. Caroline. »

Elle avait également pensé joindre à ces objets un anneau d'or serti d'émeraudes que lui avait offert John après la mort de Patrick, mais elle décida au dernier moment de ne pas s'en séparer.

Jackie demanda à Bob Kennedy de l'accompagner dans le salon Est. Godfrey McHugh les y attendait et les aida à ouvrir le cercueil. Bob ajouta aux objets que Jackie avait apportés une épingle de cravate à l'emblème du PT-109 [1] et un chapelet en argent ciselé. Les deux hommes la regardèrent disposer ces objets à son idée. Elle contempla le visage de son mari. Elle se mit à lui caresser les cheveux et continua pendant de longues minutes. Comprenant ce qu'elle voulait, McHugh quitta la pièce et revint aussitôt avec une paire de ciseaux. Jackie se pencha et coupa délicatement une mèche des cheveux du président. Bob ferma doucement le couvercle du cercueil. Jackie se détourna et sortit.

Plus tôt dans la matinée, Jackie avait vu le Dr Max Jacobson, qui avait pris l'avion pour assister aux funérailles. Et l'élixir de Jacobson avait finalement eu raison des nerfs de Jackie. Rien, cependant, ne pouvait la préparer aux nouvelles qui l'attendaient. Deux jours après son arrestation, Lee Harvey Oswald, alors qu'il était escorté par deux officiers de police de Dallas, fut abattu à bout portant par un certain Jack Ruby, un personnage aussi « décalé » et bizarre, à sa manière, qu'Oswald lui-même. « Encore une nouvelle atroce », remarqua Jackie en apprenant la chose. Elle ne fut ni impressionnée ni émue par les déclarations de Ruby au FBI, selon lesquelles il avait tué Oswald pour épargner à Mrs. Kennedy la corvée peu enviable d'avoir à retourner à Dallas pour assister au procès. La veille seulement, elle avait écrit à la veuve du patrouilleur J.D. Tippit de Dallas, l'autre victime d'Oswald. A présent, Oswald était mort lui aussi, il avait été tué devant les caméras de la télévision et le meurtre avait été retransmis « en direct » sur toutes les chaînes.

---

1. Le PT-109 est le bateau sur lequel Kennedy a servi pendant la dernière guerre.

Les funérailles du président se déroulèrent également devant les caméras de télévision. Des millions de téléspectateurs purent voir Jackie, un enfant dans chaque main, quitter le portique Nord de la Maison-Blanche et accompagner le cercueil qu'on emmenait à la Rotonde du Capitole, où il devait être exposé en grande pompe. Ils virent Jacqueline et Caroline s'agenouiller devant le cercueil présidentiel drapé dans la bannière étoilée. Alors commencèrent à défiler les premières des 250 000 personnes du cortège funèbre.

Plus tard dans la journée, Lee Radziwill et son mari arrivèrent de Londres pour prendre la relève des Auchincloss. « Lee dormira avec moi dans ma chambre », annonça Jackie, et elle conduisit Stas Radziwill à la chambre de John. Il y avait à la Maison-Blanche un autre invité, dont la présence avait échappé à la presse : c'était Aristote Onassis, qui avait pris l'avion pour Washington depuis Hambourg, où il avait appris la nouvelle. Les deux tantes jumelles de Jackie et leurs maris étaient également présents, mais ne dormirent pas à la Maison-Blanche.

Jackie s'inquiétait de savoir où elle et ses enfants iraient vivre après. Le président Johnson lui avait dit que rien ne pressait, mais elle savait bien qu'elle ne pouvait prolonger indéfiniment son séjour. John Kenneth Galbraith, de retour d'Inde, discuta de la situation avec Mr. et Mrs. Averell Harriman et ils proposèrent leur maison de Georgetown, située au 3038, N Street, une maison en brique, de style colonial, comportant une dizaine de pièces, à trois rues à peine de l'endroit où avaient vécu John et Jackie. Les Harriman allèrent s'installer au Georgetown Inn et offrirent l'hospitalité à Jackie jusqu'à ce qu'elle trouve un nouveau domicile.

Soulagée, Jackie pouvait à présent se concentrer sur la phase finale, essentielle des funérailles. Elle insista pour que la messe ait lieu dans la modeste Cathédrale St. Matthews et approuva l'inhumation de son mari au cimetière militaire d'Arlington. Quand la tombe serait prête, on y amènerait le cercueil de leur petite fille mort-née en 1956 et de Patrick Bouvier Kennedy, décédé depuis quelques mois seulement. Un mémorial adéquat serait commandé à l'architecte John Warnecke.

Surmontant sa douleur, Jackie décida d'imprimer dans la conscience américaine la place de son mari dans l'histoire, de rappeler aux Américains ce qu'on venait de leur ravir. Cet enterrement était un moyen de prouver l'importance de Kennedy en tant que leader politique, ainsi que ses liens nistoriques avec Abraham Lincoln, Andrew Jackson et Franklin Roosevelt. Un cortège de dignitaires internationaux se rendrait à St. Matthews, derrière Jackie et les autres proches de la famille. Le cercueil serait tiré par la même prolonge d'artillerie que celle qui avait transporté le corps de Franklin D. Roosevelt à sa dernière demeure, en 1945. Un cheval non monté (l'ironie du sort voulut qu'il s'appelle « Black Jack ») avec des bottes à l'envers dans les étriers suivrait le cercueil, au rythme des roulements de tambour étouffés. A l'entrée de St. Matthews, Jackie et ses enfants seraient accueillis par le cardinal Cushing. Elle baiserait l'anneau du cardinal avant d'entrer dans la cathédrale. Après l'office, elle émergerait avec ses enfants aux accents de

Hail to the Chief. Et, sur une discrète incitation de Jackie, John-John saluerait le drapeau américain qui voilait le cercueil de son père.

Bien que majestueuse et grandiose, la cérémonie ne manqua pas de moments de simplicité. Avant l'office du matin, Sargent Shriver distribua des faire-part sur lesquels Jackie avait fait inscrire : « Seigneur bien-aimé, prenez soin de votre serviteur John Fitzgerald Kennedy ». Dans d'autres pays, on aurait distribué en souvenir un médaillon ou un autre objet de valeur. « Mais ce n'était qu'un simple morceau de papier et nous en avons remis à toutes les grosses têtes présentes, annonça Shriver aux journalistes. Soudain, je me suis retrouvé face à Charles de Gaulle, et je me souviens très bien de lui quand il a pris la carte. Il l'a regardée, puis il l'a tendue à son aide de camp. La carte était si simple et son geste si royal. »

La messe fut suivie de l'inhumation à Arlington et, après la cérémonie, Jackie eut plusieurs entretiens privés à la Maison-Blanche avec de Gaulle, Hailé Sélassié, Eamon de Valera et le prince Philip qui lui suggéra de saluer les autres dignitaires étrangers en file plutôt que dans la confusion. La queue — deux cent vingt représentants de cent deux nations, dont huit chefs d'Etat et onze chefs de gouvernement — s'étirait depuis le salon Bleu et la salle à manger d'apparat jusqu'au salon Rouge. John Davis, qui était rentré d'Italie en avion pour présenter ses respects à Jackie, trouva sa cousine « en grande forme ». Elle tenait enfin les rênes de la Maison-Blanche. Elle était ravie d'être le centre d'attraction, avec tous ces dignitaires du monde entier venant lui rendre hommage. Ce n'est que plus tard qu'elle comprit véritablement l'horreur de ce qui venait de se passer.

« Ce qui était ahurissant, c'était l'insouciance totale avec laquelle les Kennedy menaient leur vie. La famille prenait de gros risques, ce qui impliquait souvent de grosses pertes. Pour ne citer qu'un seul exemple, les complots pour éliminer Fidel Castro avec l'aide de la pègre étaient tout simplement grotesques. Les Kennedy étaient au courant de deux de ces complots, mais il y en eut huit en tout, dont l'un était programmé pour le jour même où Kennedy fut abattu.

« Kennedy était prêt à coucher avec n'importe qui, quelles que soient les circonstances. Il avait un réel charisme et un énorme potentiel, mais il était jeune et se croyait à l'abri du danger. Son insouciance est l'une des raisons pour lesquelles la famille Kennedy n'a jamais encouragé l'enquête sur son assassinat. Elle ne voulait pas que soient révélées les relations entre la CIA, la Mafia et le président.

« Il semblait évident aux yeux de presque tous, à l'exception des Kennedy, que l'assassinat de JFK n'était pas le fait d'un seul homme. Le ministre de la Justice, Robert Kennedy, était certainement au courant de toutes sortes d'informations qui ont dû soulever des questions dans son esprit. Et pourtant, il parut totalement satisfait des conclusions simplistes du rapport Warren.

« Je me souviens avoir demandé à Janet, la mère de Jackie, pourquoi elle n'avait pas encouragé sa fille à pousser l'enquête. Janet m'a répondu : " Est-ce que cela ferait revenir Jack ? — Non, bien sûr, mais cela permettrait peut-être de mettre les meurtriers sous les verrous ", lui ai-je rétorqué. Janet a haussé les épaules. En 1974, j'ai raconté cette scène à Jackie. Mais elle a très vite changé de sujet. C'est parfaitement caractéristique de la manière dont elle réagissait quand quelque chose lui déplaisait : elle s'en débarrassait en changeant tout simplement de chaîne. Quand nous avons abordé cette question, elle l'avait déjà enterrée. Elle ne voulait pas qu'on lui rappelle cette période. Elle ne s'intéressait guère à la vérité historique et, c'est dans cette mesure, je suppose qu'elle a participé à son camouflage. George de Mohrenschildt, un vieil ami du père de Jackie, était l'un des associés connus de Lee Harvey Oswald. Après l'assassinat de Kennedy, De Mohrenschildt contacta Janet Auchincloss, qu'il connaissait également, et sollicita une entrevue avec Jackie. Jackie refusa. Selon John Davis, de telles pistes auraient mérité d'être explorées.

« A l'époque de sa mort, j'avais moi aussi une image très idéalisée de JFK. A présent, à chaque fois que je revois à la télévision ces vieux films sur Kennedy, je suis pris de nausée. Il est difficile de croire que nous nous sommes laissé prendre à ce simulacre absolu, cet homme à femmes, cet opportuniste, qui semble sortir tout droit d'Euripide. Que nous avons investi tous nos rêves là-dedans. Quel leurre ! Pourquoi Jackie n'a-t-elle pas fait toute la vérité là-dessus ? Nous connaissons tous la réponse. Elle faisait partie de ce leurre. »

Cecil Stoughton, qui prit les photos officielles de Jackie saluant les représentants officiels, se souvient avoir pensé : « Comment peut-elle supporter une telle épreuve ? » Mais ce jour-là, Jackie était sortie du rang, elle s'était surpassée. Elle était restée sereine, embrassant les uns, réconfortant les autres. Au premier secrétaire soviétique, Anastase Mikoyan, elle déclara : « Je vous prie de dire à M. le président [Khrouchtchev] que je sais que mon mari et lui travaillaient ensemble pour un monde pacifique, et maintenant vous devrez tous les deux poursuivre la tâche de mon mari. » Mikoyan écouta la traduction, puis enfouit son visage dans ses mains.

Plus tard, ce même soir, Jackie et d'autres membres de la famille célébrèrent le troisième anniversaire de John-John, par une petite fête dans la salle à manger familiale. Les Bradlee étaient présents et Toni remarqua les yeux rougis de Jackie — rougis par la fatigue autant que par les larmes. Une autre fête d'anniversaire, plus importante, fut donnée quelques jours plus tard pour les deux enfants (Caroline et John-John étaient nés la même semaine, à trois ans d'écart). A minuit, Jackie et Bob allèrent se recueillir sur la tombe du président à Arlington. La flamme bleue éternelle tremblotait dans la nuit froide. Ils prièrent, et Jackie déposa un bouquet de muguet à côté de la plaque tombale.

Le lendemain, le mardi 26 novembre, Jackie écrivit à Lyndon Johnson : « Cher président, merci d'avoir suivi Jack, hier. Vous n'aviez pas à le faire. Je suis persuadée que beaucoup de gens vous ont interdit de prendre un tel risque, mais vous avez tenu à le faire... »

Le 1er décembre, elle reçut une réponse du nouveau président : « Jackie, vous avez été magnifique et vous avez mérité votre place au cœur de l'histoire. J'aurais seulement voulu que les choses soient différentes — j'aurais voulu ne jamais avoir à être là. Mais le Tout-Puissant en a décidé autrement et maintenant, nous avons besoin de votre aide, lady Bird et moi... »

Si Jackie a été formidablement soutenue par l'opinion publique, pour son comportement pendant et après les funérailles, elle fut critiquée dans certains milieux pour avoir outrepassé son rôle. Angier Biddle Duke se souvient l'avoir vue faire « une petite courbette, une révérence, au prince Philip, lorsqu'elle le croisa dans un couloir de la Maison-Blanche. Le prince considéra ce geste comme un signe de courtoisie. Mais lorsque je rappelais à Jackie que les épouses de chefs d'Etat ne font pas la révérence aux autres chefs d'Etat, elle me dit : " Mais je ne suis plus l'épouse d'un chef d'Etat. " C'était dit sur un ton qui ne supportait pas de réplique et cela me mit hors de moi ».

L'auteur John Hersey reçut en 1964 une lettre de Jackie, qu'il trouva alors un peu embarrassante : « En fait, c'était une lettre officielle qui avait été rédigée à l'intention d'un certain nombre de gens. Jackie préparait un ouvrage commémoratif personnel sur les écrits de JFK et voulait obtenir les droits de réimpression pour mon histoire du PT-109. Mais il y avait un post-scriptum de sa main, dans lequel elle disait avoir été profondément émue par mon article, qu'elle lisait et relisait nuit après nuit. C'était bien sûr une exagération grossière. Je pense qu'elle voulait souligner l'importance que ce texte avait pour son projet, mais ses mots ont dépassé sa pensée. C'était une petite note très étrange. »

Charles de Gaulle admirait Jackie (davantage, semble-t-il, qu'il n'avait admiré son mari, qu'il décrivit un jour, de manière définitive, comme un président aux manières de garçon coiffeur — il échappait aux problèmes en les démêlant ») mais il trouva que ces funérailles ressemblaient à une super-production trop bien réglée. A son retour en France, il rédigea des instructions précises concernant ses propres funérailles : il voulait une cérémonie toute simple, un cercueil en bois brut, dans son caveau de famille, en présence uniquement de ses proches et de ses concitoyens. Il demanda qu'aucun chef d'Etat n'accompagne sa dépouille jusqu'au cimetière.

Il y eut enfin les tractations de Jackie avec le journaliste Teddy White. « Une semaine après l'assassinat, je reçus un coup de téléphone de Jackie qui m'invitait à Hyannis Port, où elle s'était rendue pour Thanksgiving, raconte White. Elle savait que j'étais en train d'écrire une récapitulation de l'assassinat pour *Life*, et me demandait si j'accepterais de venir la voir pour parler avec elle.

« Il y avait une véritable tempête, aussi je louai une voiture avec chauffeur pour venir de New York. L'air pâle et fatigué, Jackie me confia qu'elle avait quitté Washington pour échapper aux regards des curieux, ce qui était parfaitement compréhensible dans la mesure où, pendant quatre jours, pour la première fois dans l'histoire, une nation tout entière avait été témoin du chagrin et de la douleur intime de la veuve de son chef abattu.

« Elle me dit qu'elle était également venue à Hyannis Port pour voir

Joseph Kennedy, pour rester seule avec lui et lui raconter les détails de la mort de son fils. Elle n'avait guère prêté attention à Rose Kennedy et Ann Gargan et était entrée dans sa chambre pour tout lui raconter.

« Nous avons parlé elle et moi pendant près de quatre heures. Elle a décrit la mort de Patrick comme annonçant l'assassinat. La mort du bébé avait perturbé les deux parents et je pense que, d'une certaine manière, le président s'est senti beaucoup plus proche d'elle que jamais, à ce moment-là. Il n'y eut pas tellement de moments de ce genre dans leur vie. Le fait qu'ils soient parvenus à une nouvelle intimité, si peu de temps avant la fin, ne faisait qu'accroître la douleur de Jackie.

« De nombreux détails de l'assassinat lui revinrent à l'esprit. Elle se souvint des petits cercles roses à l'intérieur du crâne du président après sa blessure à la tête. " C'était si beau à l'intérieur, me dit-elle. J'ai essayé de lui maintenir la tête, pour éviter que sa cervelle ne se répande davantage, mais je savais qu'il était mort. " A bord d'Air Force One, avant la prestation de serment de Lyndon Johnson, elle avait pris un Kleenex pour essuyer sur son visage les éclaboussures de sang et en retirer les touffes de cheveux collés de son mari. Par la suite, elle le regretta profondément. Dès le début du drame, les gens avaient essayé de la convaincre de se changer, d'effacer toute trace du crime. Elle n'avait pas voulu qu'ils oublient. Sa seule consolation était de savoir qu'il n'avait pas souffert. Il avait cette expression " très nette " sur le visage, après avoir été touché. Il avait tenu à lui dire, à plusieurs occasions, qu'il ne voulait en aucun cas finir comme son père ; qu'il préférait la mort à une infirmité permanente. La première fois qu'il lui avait dit ça, c'était lorsqu'il avait été opéré du dos, au tout début de leur mariage.

« Nous parlâmes un peu du climat politique qui avait conduit à cet assassinat — de l'idée d'un complot ou même d'une implication du gouvernement dans cet événement. Jackie était on ne peut plus indifférente aux nombreuses hypothèses avancées sur l'identité des responsables du meurtre de son mari. Quelle différence cela faisait-il qu'il ait été tué par la CIA, le FBI, la Mafia, ou tout simplement par un misanthrope à moitié fou ? Il n'était plus là et ce qui comptait à ses yeux c'est que cette mort soit replacée dans un certain contexte social.

« " L'histoire n'est écrite que par des hommes amers et vieux, déclara-t-elle. La vie de Jack tient davantage du mythe, de la légende magique, de la saga et de l'histoire que de la théorie ou de la science politique. " C'est là qu'elle me parla de sa théorie de *Camelot,* rêve utopique de la célèbre comédie musicale américaine. Elle croyait, et John Kennedy partageait cette croyance, que l'histoire appartenait aux héros, et que les héros ne devaient pas être oubliés. Elle ne voulait pas que John soit oublié, ni que ses actes soient fixés par la postérité sous une lumière défavorable. Elle voulait qu'on se souvienne de lui comme d'un héros. Elle me confia que souvent, la nuit, il écoutait *Camelot* sur leur phonographe et qu'il s'identifiait personnellement à travers les paroles de l'air final : " Que l'on n'oublie pas qu'il y eut un jour, pendant un bref moment étincelant, un lieu connu sous le nom de Camelot. "

« Elle en parlait avec une telle passion que, sous un certain angle, cela prenait presque un sens. J'avais bien conscience que c'était là une mauvaise interprétation de l'histoire, mais j'étais piégé par l'habileté de Jackie à présenter la tragédie en des termes si humains et si romantiques. Il y avait aussi quelque chose d'extrêmement convaincant en elle. A ce moment précis, elle aurait pu me vendre n'importe quoi, une Cocotte minute ou le pont de Brooklyn.

« Mais, tout ce qu'elle voulait, c'était que je construise l'épilogue de *Life* autour du concept de *Camelot*. Ça ne semblait pas une demande si extravagante. Et je me dis en moi-même : pourquoi pas ? Si c'est tout ce qu'elle veut, donnons-lui satisfaction. C'est ainsi que l'épitaphe de l'administration Kennedy est devenue Camelot — un épisode magique de l'histoire américaine, au cours duquel des hommes galants dansèrent avec des femmes superbes, de grandes actions furent accomplies et la Maison-Blanche devint le centre de l'univers. »

25

Le 26 novembre, le lendemain des funérailles de John Kennedy, Jackie invita Lady Bird Johnson à prendre le thé à la Maison-Blanche. « Cette maison ne doit pas vous faire peur, lui dit-elle. J'y ai passé les années les plus heureuses de mon mariage. Vous y serez heureuse aussi. »

Après quoi, elles déambulèrent de pièce en pièce, Jackie présenta la nouvelle First Lady aux membres du personnel qui lui seraient utiles. Avant le départ de Lady Bird, Jackie lui demanda une faveur : elle ne voulait pas interrompre les cours de Caroline, et elle se demandait si l'école de la Maison-Blanche ne pourrait rester ouverte jusqu'à la fin de l'année, date à laquelle elle devait être transférée à l'ambassade britannique. Lady Bird donna son consentement.

Jackie demanda également diverses faveurs à Lyndon Johnson. Dans un enregistrement déposé à la bibliothèque Lyndon B. Johnson, elle raconte : « Je me souviens lui avoir rendu visite au Bureau Ovale pour lui demander deux choses. La première, c'était de donner au Centre spatial de Floride le nom de cap Kennedy [1]. Maintenant que j'y repense, je trouve que c'était très maladroit. Si j'avais su que le nom de cap Canaveral remontait à l'époque de Christophe Colomb, c'est sans doute la dernière chose que Jack aurait souhaitée.

« Et la deuxième était d'ordre purement pratique. Il s'agissait des projets de rénovation de Washington et de cette commission (que nous avions constituée). Je craignais que ces projets restent en plan, et j'ai demandé au président Johnson s'il aurait la gentillesse de recevoir les gens de la commission pour approuver, en quelque sorte, les travaux qu'ils avaient entrepris. Et c'est l'une des premières choses qu'il a faites. »

Johnson fit davantage encore. Il suggéra que Lady Bird fasse de

---

1. Le 29 novembre 1963, le président Johnson signa le décret 11129 qui modifiait le nom de la base aérienne auxiliaire de cap Canaveral et du Centre de lancement du département national aéronautique et spatial en « John F. Kennedy Space Center ».

l'embellissement de Washington son projet favori et qu'elle établisse, par la même occasion, un « Comité permanent pour la préservation de la Maison-Blanche », dont Jackie serait membre. Jackie fit bien partie du comité, mais elle refusa d'assister aux réunions, déclarant qu'il lui était « trop pénible de retourner dans ce lieu pour envisager une telle perspective ».

Ce projet de rénovation bénéficia finalement du parrainage partiel du National Trust, organisme de collecte de fonds en faveur de la conservation des bâtiments et édifices nationaux. Judy White, une employée du Trust, souligne : « Jackie nous a versé une contribution de 1 000 dollars. C'était il y a des années... mais plus rien depuis, malgré tous ses discours sur l'importance de préserver les lieux historiques. »

Avant de quitter la Maison-Blanche, Jackie adressa à Lady Bird une note manuscrite de onze pages, retraçant tous les aspects de son action dans le cadre du projet de rénovation de la Maison-Blanche, durant les mille jours de son règne, y compris la liste des œuvres d'art qu'elle avait contribué à rassembler.

Liz Carpenter, attachée de presse de Lady Bird, au sujet de ce long mémo déclare : « J'ai eu une curieuse impression quand nous l'avons reçu. J'ai trouvé ça assez sinistre — et plutôt morbide — que Jackie ait pu écrire ça au milieu de la nuit, à la Maison-Blanche, et qu'elle ait accordé tant d'importance à des histoires de meubles, alors qu'elle devait être dans un état de choc et de détresse épouvantables, après la mort de son mari. Mais c'étaient des choses matérielles qui avaient une signification pour elle et elle tenait à ce que Mrs. Johnson soit au courant du contexte. »

Jackie distribua des souvenirs aux amis de John et aux membres de l'équipe de la Maison-Blanche — les épingles de cravate du président à la « Mafia » irlandaise ; ses plaques d'identité de la marine au cardinal Cushing — et fit ses adieux (à J.B. West : « Voulez-vous être mon ami pour toujours ? » à Godfrey McHugh : « Au début, je ne voulais pas entrer ici ; maintenant, on dirait que j'ai du mal à en partir »).

Traditionnellement, les présidents sortants ajoutent un tableau à la collection permanente de la Maison-Blanche. Jackie et les autres membres du clan Kennedy choisirent une toile de Monet, représentant la Seine à Paris, et la firent accrocher dans le Salon Vert. Le 6 décembre, son dernier jour, Jackie écrivit à Nikita Khrouchtchev réitérant plus ou moins les propos qu'elle avait tenus à Mikoyan lors des funérailles de JFK : c'était aux Russes qu'il appartenait à présent de mener à bien la mission de paix qu'ils avaient entreprise avec son mari.

Lorsque Lady Bird arriva à la Maison-Blanche, on lui remit une note succincte de Jackie : « Lady Bird, je vous souhaite la bienvenue dans votre nouvelle maison. N'oubliez pas — vous serez heureuse ici. Affectueusement, Jackie. » L'ancienne First Lady avait laissé une autre carte de visite, une plaque de cuivre au-dessus de la cheminée de la chambre de Lady Bird, sur laquelle étaient gravés ces mots : « DANS CETTE CHAMBRE VECURENT JOHN FITZGERALD KENNEDY ET SON EPOUSE JACKIE — DURANT LES DEUX ANS, DIX

MOIS ET DEUX JOURS DE SON MANDAT DE PRESIDENT DES ETATS-UNIS : 20 JANVIER 1961-22 NOVEMBRE 1963. »

Cette mention n'émut guère Lyndon Johnson, qui souligna que Jackie l'avait fait inscrire sous une plaque similaire attestant qu'Abraham Lincoln avait également dormi dans cette chambre, en certaines occasions.

Le soir de l'installation de Jackie à N Street, deux lanternes anciennes restèrent allumées devant la porte principale et un petit détachement du Service Secret assura la surveillance de la maison. (Jackie et ses enfants se virent accorder la protection du Service Secret pour une période de deux ans, étendue par la suite à quatre ans. En 1968, la protection du Service Secret fut prorogée, pour toutes les veuves de présidents, jusqu'à la mort ou au remariage et, pour les enfants de président, jusqu'à l'âge de seize ans.)

Les voisins et les curieux envahirent la rue, devant la maison des Harriman, pour surveiller la procession des déménageurs qui transportaient les objets et les effets personnels de la famille — une longue malle contenant les fourrures de Jackie, le vélo à deux roues de Caroline, une série de gros cartons marqués « Jouets de John Jr. » et des cages jumelles abritant les perruches des enfants. Ceux qui se trouvaient là purent voir un triste souvenir : un porte-documents vieux de dix ans et plein à craquer portant les initiales « JFK », le cadeau de mariage de Jackie à son mari.

Sur sa requête, deux intendants de la marine furent assignés à Jackie par le président Johnson, pour l'aider dans son déménagement. Lorsque Jackie demanda que les deux intendants soient autorisés à rester avec elle pendant plusieurs mois, le président donna son accord. Anticipant l'éventualité d'une répercussion politique, Tazewell Shepard, l'ancien conseiller naval de JFK, recommanda dans un mémo que Mrs. Kennedy soit assimilée à « une agence gouvernementale ». Johnson rejeta cette suggestion, mais approuva le détachement à long terme d'une vedette de garde-côtes de 6 mètres à l'usage personnel de Jackie.

Conscient qu'il avait politiquement tout intérêt à rester en bons termes avec l'ancienne First Lady, Lyndon Johnson fit tout ce qu'il put pour faciliter la transition. Le 11 décembre 1963, avec son approbation, le Congrès alloua à Mrs. Kennedy des bureaux pour un an (période reconduite ultérieurement) et une équipe de son choix (elle désigna Pam Turnure et Nancy Tuckerman), dont le salaire forfaitaire pour cette période ne devait pas excéder 50 000 dollars, ainsi qu'un défraiement de 15 000 dollars pour les funérailles. De plus, elle fut autorisée à bénéficier de la pension annuelle de 10 000 dollars accordée aux veuves de présidents (à vie ou jusqu'à leur remariage) et d'une dispense de franchise postale (à vie également). Les frais de fonctionnement du bureau de Jackie pour l'année 1964 dépassant de 120 000 dollars l'allocation prévue, le président la renvoya à Bernard Boutin, au GSA. « Curieusement, raconte Boutin, qui l'aida à constituer le dossier, le Congrès réagit très rapidement et vota une rallonge pour couvrir ces frais. Ce fut fait sans délai et sans discussion. Et Jackie reçut la totalité du montant. »

Johnson fit plus encore. Il demanda au Congrès de rebaptiser le Centre culturel national « John F. Kennedy Center for the Performing Arts », et il lui demanda de débloquer un budget de 17 millions et demi de dollars pour aider au financement de ce qui était, à l'origine, une initiative privée. Il versa, en son nom personnel et en celui de Lady Bird, une souscription substantielle à la bibliothèque du Mémorial John F. Kennedy, projet menacé par divers problèmes et contretemps. Il ne fut d'ailleurs achevé qu'en 1979, sous la forme d'un édifice d'inspiration ultra-moderne, conçu par l'architecte I.M. Pei, dans une secteur pittoresque mais désolé de Columbia Point, mitoyen au campus de Boston, dans l'université du Massachusetts.

Si Jackie semblait vouer une certaine admiration à Lady Bird, elle conserva une attitude ambiguë à l'égard du président. Arthur Krock note que « les diverses Mrs. Kennedy n'aimaient pas du tout Johnson et lui reprochaient certaines de ses manies, ses maniaqueries et ses manières personnelles ».

Franklin D. Roosevelt Jr. évoque certaines difficultés entre Jackie et L.B.J. : « Durant les trois ou quatre premiers mois après l'assassinat, certains d'entre nous — dont Charles Bartlett, George McBundy, Averell Harriman et des gens du Département d'Etat proches de John Kennedy — mettaient un point d'honneur à rendre visite à Jackie, le plus souvent en fin d'après-midi, juste pour lui remonter le moral. Il y avait parfois une bonne demi-douzaine de vieux amis. Ce petit groupe prenait soin de Jackie.

« Elle se montrait relativement ouverte avec nous, pas au point de nous confier ses pensées les plus intimes, mais elle nous tenait au courant de la manière dont les choses se passaient au jour le jour. Elle disait subir une certaine pression de la part de Lyndon Johnson qui l'invitait sans cesse à la Maison-Blanche ; mais elle refusait d'y aller. A chaque cérémonie, à chaque dîner officiel, elle recevait une invitation écrite suivie d'un coup de téléphone. Johnson n'acceptait pas sa défaite de bonne grâce. Il voyait en Jackie la récompense suprême, il reconnaissait qu'elle était la femme la plus recherchée du monde et qu'il était vital pour lui d'obtenir son soutien. Il s'y attacha, par toutes les ruses imaginables. A Noël, juste avant le départ de Jackie pour Palm Beach, il lui envoya Luci, sa fille, avec des cadeaux pour les enfants. Lady Bird et lui envoyaient régulièrement des fleurs. Il lui proposa un certain nombre de postes dans son gouvernement — ambassadrice, chef du protocole, directrice de diverses agences gouvernementales opérant dans le domaine artistique...

« Il se trouve que j'étais présent un après-midi où il lui téléphona. Jackie prit la communication dans la pièce d'à côté. Lorsqu'elle revint, elle fulminait. " C'était Lyndon. Il m'a dit : 'Ecoutez, mon chou, Lady Bird et moi nous tenons absolument à vous avoir ici pour le prochain dîner de la Maison-Blanche. John était un grand homme, mais il faut que vous repreniez goût à la vie'. " Elle était furieuse et pas seulement à cause de l'attitude condescendante de Johnson à l'égard de John. " Comment ose-t-il m'appeler mon chou, cette espèce de gros plouc de cow-boy ! Mais pour qui se prend-il ? "

« Lorsque je revis le président, je lui dis qu'il avait heurté la sensibilité de Jackie.

« — Qu'est-ce qui vous fait dire ça ? me demanda-t-il.

« — A vrai dire, monsieur le président, je ne pense pas qu'elle ait beaucoup apprécié que vous l'appeliez mon chou.

« Johnson se redressa et déclara de toute sa hauteur.

« — J'en ai plus qu'assez de ces conneries. Chez moi on appelle les dames " mon chou " et les dames appellent leurs chéris " mon ange ". J'ai fait assez de courbettes devant cette femme. J'ai été jusqu'à faire la roue et même la révérence, et je n'ai jamais eu droit qu'à ses critiques.

« Ils restèrent en contact mais la relation entre Jackie et le président Johnson ne cessa de se détériorer. Il y eut un cocktail en l'honneur de Jackie au F Street Club à Washington. Les amis et les associés de JFK étaient présents. A l'exception d'une surprise-partie que Bob et Ethel avaient organisée pour elle chez les Harriman, c'était la première soirée à laquelle Jackie assistait depuis l'assassinat. Johnson avait promis de venir et il tint sa promesse. Mais je crains que personne ne lui ait même adressé la parole. Il est resté dans son coin, un verre à la main, et personne n'est venu le voir.

« Pour la majorité de ces gens-là, il était toujours le vice-président. Ils lui en voulaient, tout comme Jackie. Elle et Bob furent les pôles d'attraction de la soirée, et Lyndon Johnson fut mis à l'index.

« Je suppose que c'est Bob qui était, à l'origine, responsable des relations tendues entre Jackie et LBJ. La presse s'était largement fait écho de l'animosité qui existait entre Bob et Lyndon. Leur méfiance mutuelle et leur mésentente s'étaient encore aggravées après l'assassinat. Bob avait été aussi cruellement atteint que Jackie par cette tragédie. Il ne dormait plus, ne travaillait plus, ne mangeait plus. Il voyait Jackie chaque matin. Ils se sentaient liés par un même sentiment de perte.

« A la mi-décembre, Jackie me demanda de jeter un œil à la maison qu'elle souhaitait acheter, une maison en brique rouge, de style colonial, 14 pièces sur trois étages, au 3017 N Street, juste en face de la maison des Harriman. Elle était mise en vente à 195 000 dollars. Le seul problème qu'elle avait, était qu'on pouvait aisément voir à travers les fenêtres, ce qui signifiait que les rideaux devraient être fermés en permanence. Jackie était devenue l'attraction touristique numéro un de Washington. La rue était perpétuellement obstruée par les gens qui l'épiaient, elle et ses enfants. Ils faisaient pratiquement la queue, des deux côtés de la rue, aussi loin que portait le regard. Et lorsque Jackie longeait la maison, ils restaient là à la regarder, presque avec déférence. Il fallait que la police locale et les gardes du corps déblaient la voie pour qu'elle puisse avancer. Il y avait toujours des femmes qui brisaient le cordon de sécurité pour essayer d'embrasser les enfants quand ils entraient ou sortaient. Les trottoirs étaient noirs de monde ; les voitures, pare-chocs contre pare-chocs, ralentissaient devant la maison. Les cars de touristes avaient ajouté la maison de Jackie à leur circuit. D'énormes autocars, avec des centaines de touristes agglutinés aux vitres, défilaient dans sa rue. C'était devenu un vrai cauchemar. »

En janvier, Jackie remercia les Américains à la télévision nationale pour le flot de condoléances qu'ils lui avaient adressées. L'enregistrement de la première déclaration publique de l'ancienne First Lady, depuis l'assassinat, eut lieu dans le bureau de Robert F. Kennedy au ministère de la Justice. « Le monde a perdu sa lumière », déclara-t-elle devant les caméras.

Elle rencontra Billy Baldwin pour discuter de la décoration de sa nouvelle maison. Elle avait déjà commencé à remplir les bibliothèques du salon et à accrocher sa magnifique collection de dessins de diverses écoles et périodes.

« J'ai quelques jolies choses à vous montrer », lui annonça-t-elle. Et elle lui présenta, pièce par pièce, des petites sculptures grecques et quelques fragments romains, de véritables trésors, tant par leur rareté que par leur qualité. « C'est le début d'une collection que John avait commencée », précisa-t-elle. Elle disposa les objets tout autour de la pièce, puis ajouta : « C'est si triste de faire ça. C'est comme quand un jeune couple s'installe dans sa première maison. Je ne me suis jamais sentie chez moi à la Maison-Blanche... Elle réprimait ses larmes. Oh, Mr. Baldwin, je crains de vous mettre dans l'embarras. Mais je ne peux pas me contenir plus longtemps. » S'effondrant dans un fauteuil, elle enfouit son visage dans ses mains et se mit à sangloter. Baldwin aurait voulu la réconforter, mais il ne savait trop que dire. Alors il ne dit rien.

Finalement, elle releva la tête et s'essuya les yeux avec un mouchoir.

« Je vous connais à peine, lui dit-elle, mais je sais que vous êtes un homme compatissant. Est-ce que je peux vous confier quelque chose ? Je sais que mon mari m'était dévoué. Je sais qu'il était fier de moi. Il nous a fallu beaucoup de temps pour mener tout ça à bien, mais nous y avons réussi, et nous étions sur le point de profiter pleinement de cette vie, ensemble. Je m'apprêtais à faire campagne à ses côtés. Je sais que j'avais une place très particulière dans sa vie, une place unique... »

Jackie continua à parler longtemps de John Kennedy, de leur vie commune, de celle qu'ils auraient pu mener.

« Comment faire comprendre à quelqu'un ce que c'est que d'avoir vécu à la Maison-Blanche et de se retrouver, brutalement, veuve de président et seule dans une maison ? Il y a une telle fatalité dans cette situation. Et les enfants ? Le monde entier est en adoration à leurs pieds, et moi j'ai peur pour eux. Ils sont tellement exposés. Comment vais-je pouvoir les élever normalement ? Nous n'aurions jamais donné à John le nom de son père, si nous avions pu penser... »

Ils finirent tout de même par discuter de la décoration de la nouvelle maison de Jackie. Elle voulait que les chambres des enfants soient la réplique exacte de celles qu'ils occupaient à la Maison-Blanche, et elle remit à Billy des photos pour le guider dans ce sens. Ils parlèrent également de sa propre chambre, et Billy lui soumit une série de suggestions. Il repartit néanmoins totalement secoué.

D'autres vécurent le même choc. Elle déplorait à présent de plus en plus ouvertement que le « charme particulier » de son mari ait été remplacé par le « débraillé vulgaire » des Johnson. Elle en était venue à considérer Bob Kennedy comme l'héritier présomptif de son mari, à se considérer elle-même comme la douairière, et la garde prétorienne des universitaires d'Harvard et des mafiosi irlandais qui avaient formé l'entourage de John Kennedy, comme une sorte de gouvernement en exil.

Mais elle n'était capable de penser en termes politiques que dans ses meilleurs jours. La plupart du temps, elle était trop hantée par son malheur. « Lorsqu'elle prit vraiment conscience de sa situation, ce fut plus qu'elle ne pouvait en supporter », remarque John Davis. Miche Bouvier lui rendit visite à Washington un mois après les funérailles, et elle la trouva dans un état épouvantable : « Elle n'arrêtait pas de pleurer et elle raconta plus tard à ma mère que sa vie était dominée par la mort de John, et qu'il était présent dans tout ce qu'elle faisait, partout où elle allait. Elle n'arrivait pas à lui échapper. Quand elle se promenait à pied ou en voiture à Washington, il suffisait qu'elle voie une image qui lui faisait penser à son mari pour qu'aussitôt, elle craque.

« Franchement, il était difficile de penser que Jackie puisse un jour " craquer ". Elle semblait si peu émotive, si dépourvue de sentiments ou de sensibilité, qu'on avait du mal à l'imaginer en train de se répandre en larmes. Non pas qu'elle fût une personne gaie. Elle n'avait jamais été de tempérament joyeux. Mais elle n'était pas du genre à s'asseoir et à s'apitoyer sur son sort. Je commençais à penser que j'avais peut-être un peu sous-estimé ma cousine. »

Robert McNamara est l'un de ceux qui virent souvent Jackie durant cette période. « C'était affreusement triste. Elle avait été élevée au rang d'héroïne populaire mythique, et pourtant elle était pratiquement prisonnière dans sa propre maison. Elle ne pouvait plus sortir pour se promener ou aller manger un morceau sans être assaillie par la foule. Je l'ai emmenée déjeuner un jour dans un restaurant de Georgetown. Les gens des tables voisines ne la quittaient pas des yeux. Les garçons et les serveuses non plus. J'espérais que personne ne viendraient lui demander un autographe. »

Par moments, Jackie était inconsolable. Elle restait au lit pendant de longues heures, prenait des sédatifs et des antidépresseurs le jour, des somnifères la nuit. Elle ne supportait la compagnie de personne, mais elle ne supportait pas non plus de rester seule. Elle était obsédée par la pensée d'avoir, en quelque sorte, laissé tomber son mari, obsédée par l'assassinat en lui-même. Elle confia à sa tante Michelle qu'elle avait revécu l'événement un millier de fois, qu'elle l'avait analysé sous tous les angles et dans toutes les perspectives imaginables.

A d'autres moments, Jackie ne pouvait se résoudre à admettre que son mari était mort. Elle parlait de lui au présent et même au futur (« John dit... », « John veut », « John sera... ») comme s'il était juste descendu acheter un journal au coin de la rue.

Se complaisant dans sa détresse, Jackie fustigeait parfois ses collaborateurs, les accusant de ne pas travailler assez, refusant de payer les heures supplémentaires, les renvoyant pour une faute insignifiante avant de les reprendre à son service, pleine de remords. Lorsque Evelyn Lincoln, la secrétaire du président Kennedy, se plaignit du volume de travail, Jackie lui répliqua : « Oh, Mrs. Lincoln, tout ça ne devrait pas vous paraître si dur, vous avez toujours votre mari. Qu'est-ce qui me reste à moi ? Seulement une bibliothèque. » Une autre fois, elle demanda à Mrs. Lincoln pourquoi elle avait besoin de tant d'espace de bureaux dans l'aile administrative. Mrs. Lincoln lui expliqua qu'elle avait besoin de place pour tous les dossiers et les papiers présidentiels. « Mais tout ça m'appartient ! », explosa Jackie.

« Elle n'allait pas bien, confirme Lem Billings. Elle ne pouvait s'empêcher de traiter parfois les vieux amis de John comme elle traitait son personnel, d'accepter des déjeuners auxquels elle ne se rendait pas, d'organiser des réunions auxquelles elle n'assistait pas. Mais au plus profond de son désarroi, elle était malgré tout capable d'attentions. Lorsque Bob Kennedy, en pleine déprime, remit en question sa présence à Washington et la poursuite de sa carrière dans le service public, Jackie lui écrivit une lettre particulièrement sensible dans laquelle elle l'implorait de ne pas renoncer, de ne pas baisser les bras. Elle lui dit qu'elle avait besoin de lui et que les enfants, John Jr. surtout, avaient besoin de lui comme d'un père. Que le pays aussi avait encore besoin de lui. Le temps était venu, écrivait-elle, d'honorer le souvenir de John — et de cesser de porter le deuil. S'ils abandonnaient, ils manqueraient tous les deux à leurs responsabilités. John aurait voulu qu'ils poursuivent tous les deux les objectifs qu'il s'était fixés — elle, à travers les enfants, et Bob à travers ses fonctions. »

Début 1964, Jackie recommença à assister à des dîners intimes, chez des amis comme Franklin D. Roosevelt Jr., Bill Walton, Douglas Dillon et son épouse, Robert McNamara et Michael Forrestal, qui avait été l'un des conseillers de Jackie et était toujours un proche collaborateur d'Averell Harriman. « Quels que soient les hôtes, raconte Roosevelt, la liste des invités était toujours la même. Et à la fin de la soirée, c'est moi qui la raccompagnait chez elle. J'étais plutôt inquiet, car il y avait toujours des étrangers devant sa maison. Ils étaient assis sur les marches et mangeaient des bonbons en jetant les papiers par terre. Les plus audacieux allaient jusqu'à grimper en haut des marches pour jeter un œil par la fenêtre de la salle à manger, et, malgré les rideaux tirés, la nuit, ils pouvaient voir ce qui se passait à l'intérieur. " C'est devenu insupportable, se plaignait Jackie. Ils sont partout, comme des sauterelles. Je ne peux même plus me changer tranquillement, parce qu'ils pourraient me voir par la fenêtre de ma chambre. " »

La presse était tout aussi harassante et il y avait des reporters et des photographes postés devant sa porte, vingt-quatre heures sur vingt-quatre. Ils faisaient crépiter leurs flashes dès que Caroline apparaissait, et celle-ci demandait à sa mère pourquoi « ces imbéciles » la prenaient en photo.

Jacqueline Hirsch, qui enseignait le français à Caroline à l'école de la Maison-Blanche (et qui avait donné des cours particuliers au président Kennedy), évoque l'effet que l'assassinat avait eu sur l'enfant : « Je la voyais tous les lundis à N Street, en tête-à-tête. Pendant une certaine période, ce fut très dur. Elle avait l'air si absente, si pâle, si malheureuse. Quand elle était en voiture et qu'un photographe s'approchait d'elle en l'interpellant : " Hé, Caroline ! ", elle s'accroupissait pour ne pas être vue. " S'il vous plaît, dites-moi si personne ne regarde ", me demandait-elle. Il était clair qu'elle y pensait tout le temps. Mais elle ne s'est jamais plainte, pas une seule fois. »

William Joyce, procureur à Washington, qui devait devenir conseiller extérieur d'Aristote Onassis pour la Compagnie Olympic Airways, et dont la fille fréquentait l'école de la Maison-Blanche avec Caroline, rencontra Jackie au goûter d'anniversaire d'un autre enfant, alors qu'elle « était encore en deuil. Caroline était là. Jackie portait des sandales lavande et une sorte de survêtement. Caroline me faisait pitié. Je n'avais jamais vu d'enfant aussi pâle. Même avant la mort de son père, elle avait déjà cet air égaré. Elle m'avait toujours paru seule, et à présent plus que jamais. Plus tard, lorsque Jackie épousa Aristote Onassis, j'ai eu plus souvent affaire à elle, mais toujours de manière indirecte. »

Vers la fin janvier de cette même année, Jackie rejoignit Lee Radziwill, Marlon Brando et son agent, George Englund, pour un déjeuner au Jockey-Club de Washington qui dura trois heures. « Les deux sœurs tombèrent sous le charme de Brando », raconte Franklin D. Roosevelt Jr. Jackie le trouva extrêmement séduisant. Ils parlèrent d'abord de l'Inde. Jackie raconta à Brando que Nehru lui avait appris à faire la bougie pour méditer.

Dans son désir d' « échapper à tout ça », Jackie passa un week-end à New York en février, au Carlyle Hotel et, pour la première fois depuis l'assassinat, se sentit redevenir « un être humain... J'ai pu me promener dans les rues sans être montrée du doigt ». Elle se disait qu'elle avait peut-être trouvé son port d'attache, ou du moins retrouvé, puisque New York était sa ville d'origine. Elle y revint pour un autre week-end, prolongea son séjour, partagea un petit déjeuner avec Irwin Shaw, un déjeuner avec Truman Capote, un dîner avec Pamela Hayward (Mrs. Leland Hayward était l'ex-Mrs. Randolph Churchill et la future Mrs. Averell Harriman). Son programme s'acheva par une visite à l'ancien président Herbert Hoover en compagnie de Bob Kennedy. Hoover, qui les attendait au Waldorf Towers, était souffrant. D'après l'infirmière qui s'occupait de lui, « Bob menait sa belle-sœur à la baguette. " Jackie assieds-toi là, fais ci, fais ça " ». Malgré la tension que cette attitude suscitait, Jackie se sentait beaucoup plus à l'aise et détendue à New York qu'à Washington, qui lui rappellerait à tout jamais John et les jours sombres qui avaient suivi sa mort.

A Pâques, elle emmena les enfants skier à Stowe, dans le Vermont, où elle retrouva Bob, Ted et leurs familles. Elle laissa Caroline et John Jr. avec leurs petits cousins et s'envola aux Caraïbes pour quelques jours. Bob Kennedy, Lee Radziwill et Chuck Splading faisaient également partie du voyage. Comme Bob sombrait dans la déprime, elle lui donna un exemplaire du roman d'Edith Hamilton *The Greek Way,* qu'il passa le reste des vacances à lire.

De retour à Washington, Jackie alla dîner dans un restaurant français avec les McNamara et les Ormsby-Gore. La présence de David et Sissie Ormsby-Gore (futurs lord et lady Harlech) avait été un grand réconfort pour Jackie, les derniers mois. Mais ils lui annoncèrent leur intention de quitter bientôt Washington pour retourner à Londres. Juste au moment où Hervé et

Nicole Halphand retournaient de leur côté à Paris. L'entourage de Jackie se dispersait lentement, et elle commença à se demander si elle ne ferait pas mieux, elle aussi, de partir pour New York.

Bob Kennedy avait également décidé de tenter sa chance à New York. Richard Goodwin remarque que « le torchon brûlait entre RFK et LBJ. Bob pensait que Johnson avait littéralement forcé la porte du Bureau Ovale après la mort de son frère, sans même respecter un délai décent. Johnson avait voulu prononcer son discours officiel dès le lendemain des funérailles. Et il y avait eu entre eux quelques échanges féroces.

« Plus tard, Bob trouva que Johnson tirait profit de bon nombre d'actions imputables à John, sans toujours lui en reconnaître le mérite. Et il était fou de rage lorsqu'un proche de John manifestait une quelconque allégeance à l'égard de Johnson. Sargent Shriver, Robert McNamara et McGeorge Bundy furent ainsi victimes de ses foudres.

« Je suis resté jusqu'à la fin de 1965, essentiellement pour rédiger ses discours sur les droits civils. Il devenait évident que le schisme entre les deux camps — Johnson contre Kennedy — était insoluble. Bob me demanda si je pensais qu'il y avait une chance que Johnson envisage de le choisir comme candidat à la vice-présidence pour les élections de 1964. C'était avant que Johnson n'annonce son intention d'écarter les membres du cabinet de cette fonction. Je lui répondis : " Si Johnson avait à choisir entre vous et Hô Chi Minh pour mener sa campagne, il choisirait Hô Chi Minh ". »

Joan Braden, une amie de Jackie, fut témoin d'un autre aspect de la déprime permanente de Bob. En 1987, dans un projet d'autobiographie (jamais publiée), elle raconte que Bob lui confia son chagrin au sujet de la mort de son frère.

Elle écrit : « Mon cœur était tiraillé par des émotions contradictoires. Il ne m'avait jamais paru plus vulnérable. Lorsqu'il m'a demandé de monter, je l'ai suivi. Sur le lit, nous nous sommes embrassés. Puis il s'est relevé pour retirer sa cravate. Mais j'étais incapable d'aller plus loin. Ça l'a vexé et il s'est plongé dans un mutisme furieux. J'observais sa silhouette raide, sous les réverbères, tandis qu'il regagnait sa voiture. Pourquoi avais-je refusé ?... Tom (Braden) aurait compris, même si Ethel ne le pouvait pas. »

Le 29 mai 1964, à l'occasion de la commémoration du quarante-septième anniversaire de JFK, Jackie emmena les enfants au cimetière national d'Arlington. Ils déposèrent des fleurs sur la tombe de leur père, assistèrent à une messe commémorative à St. Matthews puis se rendirent à Hyannis Port, d'où elle s'adressa aux téléspectateurs européens et américains dans une émission télévisée retransmise par satellite, profitant de l'occasion pour lancer un message en faveur de la paix mondiale. Après quoi, elle sombra à nouveau dans sa tristesse, consciente qu'elle ne pouvait rester à Washington si elle voulait retrouver toutes ses forces.

Lee Radziwill convint qu'elle ferait mieux de s'installer à New York. Jackie mit donc en vente sa nouvelle maison de N Street et la propriété de Wexford, en Virginie.

Sur les conseils d'André Meyer, un financier d'origine française, directeur de Lazard Frères, elle acheta en copropriété, pour 200 000 dollars, un appartement de quinze pièces (cinq chambres, cinq salles de bains) situé au 1040 Cinquième Avenue, à l'angle de la 85ᵉ Rue, dont quatorze des vingt-trois fenêtres donnaient sur Central Park, le Metropolitan Museum of Art et le réservoir de Central Park. Et on la vit bientôt faire son footing dans le secteur, discrètement suivie à distance par un garde du corps. Les charges de cet appartement s'élevaient à 14 000 dollars l'an, chiffre qui s'est multiplié depuis. Elle déboursa de surcroît la somme approximative de 125 000 dollars pour le faire remeubler et redécorer. Et pour remplacer temporairement Wexford, elle loua une résidence d'été de dix pièces, à Glen Cove, à Long Island, à cinq minutes de la maison qu'occupait Robert Kennedy pendant les vacances d'été.

Le *Washington Post* regretta que Georgetown perde une résidente de longue date : « (Jackie) est arrivée parmi nous un peu comme une fée, extravagante et inattendue. Et avec elle, c'est un peu du cœur de tous ceux qui ont vécu ici, au même moment, qui s'en va aussi. Mais l'annonce de son départ fut assez mal reçue par la plupart des habitants de Washington, qui l'accusèrent de déserter le milieu de John F. Kennedy. C'était une réaction déconcertante car, tout en la revendiquant comme propriété nationale, les gens la critiquaient sévèrement, trouvant généralement que « le deuil seyait mal à Jacqueline Kennedy ».

Ce déménagement présentait pour Jackie plusieurs avantages. Ses amis, les McGeorge Bundy, habitaient à la même adresse, sa sœur juste au bout de la rue, au 969 Cinquième Avenue. Son demi-frère, Yusha Auchincloss, était à quelques blocs à peine, au 1105 Park Avenue. Peter et Pat Lawford étaient tout près également, au 990 Cinquième Avenue, tandis que Stephen et Jean Smith résidaient au 950. Et lorsque Bob Kennedy élut domicile à New York, il emménagea au 40 United Nations Plaza.

Pendant que peintres, maçons et plombiers effectuaient les travaux dans son appartement, Jackie s'installa dans une suite, au dix-huitième étage du Carlyle. Elle passa ses journées à s'occuper de la bibliothèque du Mémorial John F. Kennedy et à rassembler des souvenirs, dont le bureau de JFK et son rocking-chair, qui devaient figurer dans une exposition itinérante à travers le pays. Elle prit l'avion pour Boston, afin d'inspecter un terrain d'un hectare, adjacent à Harvard, qu'on lui proposait comme site d'implantation de la bibliothèque. (Sous la pression des leaders de la communauté, opposés à la construction d'un édifice élevé dans une zone déjà très congestionnée, l'université retira ultérieurement son offre et força le conseil d'administration à faire construire la bibliothèque dans un secteur éloigné de Columbia Point.) Lors de son passage à Boston, elle rencontra Samuel H. Beer, professeur de sciences politiques à Harvard et membre du comité exécutif de la bibliothèque JFK. Il se souvenait d'une entrevue antérieure où il l'avait trouvée « toujours en état de choc, apparemment bourrée de sédatifs et avec une mine presque fantomatique. Mais à présent, elle ressemblait à nouveau à la Mrs. Kennedy d'avant, chaleureuse et charmante ».

Pour rassembler des fonds en faveur de ce projet, elle mit sur pied une vigoureuse campagne téléphonique qui rivalisa d'efficacité avec son projet de rénovation de la Maison-Blanche. Elle obtint une contribution de 100 000 dollars de la part du gouvernement français. Son vieux complice, Gianni Agnelli, débourса également 100 000 dollars et André Meyer lui en remit 250 000. Aristote Onassis aurait sans aucun doute payé lui aussi son écot, mais curieusement Jackie s'abstint de le solliciter.

Elle participa à un déjeuner au siège de la Pan American Union, au cours duquel on annonça que Puerto Rico et le Venezuela contribuaient au financement du projet pour un montant de 100 000 dollars chacun. Elle fut ultérieurement l'invitée d'honneur d'un dîner offert par les Smith et les administrateurs de la bibliothèque, à l'hôtel San Regis de New York. Parmi les 300 invités, se trouvaient le président et Mrs. Lyndon Johnson. Dans sa robe noire sans manches et ses gants blancs qui lui arrivaient jusqu'au coude, Jackie semblait toute triste et abandonnée.

Après le dîner, l'acteur Frederic March donna lecture d'un choix de quelques-uns des poèmes favoris de JFK. Jackie avait ajouté en marge quelques notes manuscrites, justifiant les raisons de ce choix, et ses commentaires furent également livrés à l'assemblée.

A peu près à la même époque, Jackie voyagea beaucoup pour consulter sur ce projet des architectes connus. Philip Johnson, qui remporta finalement la commande, se souvient de sa rencontre avec Jackie dans le jardin des sculptures du musée d'Art Moderne : « Je venais juste d'achever quelques aménagements dans ce jardin, c'est pourquoi je lui avais proposé de m'y rencontrer. Elle ne semblait pas au courant de mon implication dans la création de ce lieu et je m'abstins de lui en parler. En fait, les raisons de notre rencontre n'étaient pas très claires. Elle ne me parla pas directement du projet de bibliothèque JFK, mais plus généralement d'urbanisme et de ce genre de choses.

« Lorsque nous nous sommes vus au MOMA, j'ai eu l'impression qu'elle avait prévu de rencontrer toute une liste d'architectes, mais qu'elle avait déjà fixé son choix sur Pei. Je suppose que quelqu'un lui avait préparé cette liste et qu'elle voulait aller jusqu'au bout de la procédure classique. J'ai cru comprendre qu'il y avait beaucoup de problèmes autour de ce projet : un budget limité, la famille Kennedy et un site toujours indéterminé. Mais le plus gros problème, c'était d'avoir à traiter avec le clan Kennedy. A chaque fois qu'il s'agit de trouver un consensus dans un groupe, on a des ennuis.

« J'ai toujours considéré Jackie comme une sorte de planificatrice à grande échelle. C'est une dilettante, mais dans le meilleur sens du terme : elle s'intéresse à l'art et aux artistes, aux écrivains, aux architectes, etc. Même si je n'ai jamais été très séduit par Kennedy, j'aurais beaucoup aimé construire cette bibliothèque. Je suis plutôt critique à l'égard du projet de Pei, mais je n'en ai jamais vu que des photos. »

Le 19 juin, un petit avion transportant Ted Kennedy et quatre autres passagers jusqu'à Springfield, dans le Massachusetts, à l'occasion d'une convention démocrate, s'écrasa à proximité de Northampton. Bilan : deux morts et six blessés. Ted eut plusieurs vertèbres fêlées et quelques côtes cassées, mais lorsque Jackie arriva à l'hôpital Cooley-Dickinson de Northampton, deux jours plus tard, elle le trouva assis dans son lit, en train de chanter une ballade irlandaise.

Jackie entreprit une croisière de deux semaines dans l'Adriatique, avec Charles et Jayne Wrightsman, au cours de laquelle elle visita la Yougoslavie et passa plusieurs jours en Italie avec les Radziwill, avant de rentrer aux Etats-Unis pour la convention démocrate nationale d'Atlanta. « Il ne reste plus à présent que cinq ou six d'entre nous », déclara Bob Kennedy devant la convention en présentant un film de vingt minutes sur son frère assassiné. Il cita ensuite, sur la suggestion de Jackie, cinq vers extraits de *Roméo et Juliette*. Le film et l'introduction émouvante de Bob donnèrent le ton qui assurerait une réélection démocrate. Mais Lyndon Johnson s'inquiétait de la présence de Jackie à la convention. Seule Jacqueline Kennedy pouvait contrarier les plans qu'il avait soigneusement dressés pour sa propre victoire.

« A l'époque, je travaillais pour Johnson, raconte Jerry Bruno. Marvin Watson était le coordinateur de la convention pour le président. Il en était le responsable. Et Jackie Kennedy était sa préoccupation principale. Il craignait qu'elle ne fasse le coup de force et ne rafle le soutien de la convention en faveur de Bob. A deux ou trois reprises, Watson me demanda de garder un œil sur elle et de l'informer du moindre de ses faits et gestes. " Ne la perds pas de vue un seul instant. " A cette convention de 1964, elle causa plus de souci que quiconque à l'entourage de Johnson. En fait, ils allèrent jusqu'à chambouler le programme à cause d'elle. Ils voulaient absolument éviter sa présence à proximité du siège de la convention avant le scrutin. Averell Harriman fit enrager Johnson en organisant une réception pour permettre à Jackie de rencontrer tous les délégués et leurs représentants. Il y eut une bousculade incroyable. Au point que des portes en verre furent brisées. Les gens se battaient littéralement pour entrer. Et elle resta là, debout, pendant deux ou trois heures, à serrer des mains en souriant. Il faut reconnaître qu'elle incarnait à elle seule toute la convention. »

Une fois la convention terminée, Jackie se consacra à la campagne sénatoriale de Bob. Elle autorisa même Bob à se faire photographier, à plusieurs reprises, avec John Jr., ce qui lui valut de sévères critiques. Elle assista à une soirée bondée de célébrités (parmi lesquelles Leonard Bernstein, Gloria Vanderbilt, Lillian Hellman, Lauren Bacall, John Kenneth Galbraith et Arthur Schlesinger), soirée donnée par le procureur William Vanden Heuvel, dans son appartement du Dakota, un des immeubles les plus chics de New York.

Ayant rempli ses responsabilités familiales, Jackie informa Bob qu'elle n'avait aucune intention de voter. « Je ne voterai pour personne, parce que la seule personne pour laquelle j'aurais voté, c'est lui. »

Jackie soutint également Pierre Salinger qui se présentait pour le siège de sénateur de Californie et fut battu. Son slogan était : « Laissez celui qui fut le porte-parole de deux présidents devenir votre porte-parole. »

De retour au Carlyle, elle téléphona à Billy Baldwin et lui demanda de faire dans son appartement de la Cinquième Avenue ce qu'il n'avait pas terminé dans sa maison de N Street. Afin qu'il puisse aller et venir en toute liberté, elle mit à sa disposition l'un de ses quatre gardes du corps. C'est ainsi que l'on put voir bientôt dans toute la ville le décorateur mince et fluet, flanqué d'un acolyte costaud et massif qui lui portait ses liasses de tissus et d'échantillons.

En septembre, Caroline fut admise en deuxième année au couvent du Sacré-Cœur, école catholique prestigieuse dans East 91st Street, déjà fréquentée par deux de ses cousins Sydney et Victoria Lawford. Et au début de l'automne, l'école St. David accueillit un nouvel élève en classe maternelle, John F. Kennedy Jr. Jackie emmena les enfants à la foire mondiale de New York, au cirque, et faire des promenades en barque dans Central Park. Elle supervisa les leçons d'équitation de son fils. Des mères de famille huppées laissèrent traîner une oreille indiscrète pour saisir ses instructions : « Tiens bien tes talons baissés. » D'un niveau plus avancé, Caroline monta Macaroni lors d'une compétition hippique à West Barnstable, se plaçant sixième parmi douze autres concurrents de son âge. Elle n'avait pas l'allure et l'assurance de sa mère sur un cheval, mais elle se révéla bien meilleure perdante.

Frappé par toute cette ostentation, un signataire bougon du courrier des lecteurs du *Daily News* demanda : « Dans quelle partie d'Harlem Mrs. Kennedy choisirait de vivre pour symboliser les engagements de son mari relatifs aux droits civils ? »

Dorothy Schiff, la propriétaire du *New York Post,* passa deux après-midi au Carlyle avec Jackie ; le premier, début octobre. Elles parlèrent longuement de la campagne de Bob Kennedy pour le siège de New York. « Il gagnera, déclara Jackie. Il faut qu'il gagne. Ou peut-être est-ce seulement parce qu'on le souhaite si fort qu'on en est convaincu. »

Elles parlèrent également des hommes, en général. Jackie trouvait que les hommes de plus de soixante ans étaient souvent plus séduisants que leurs cadets. Le général Maxwell Taylor, par exemple, avait gardé une silhouette merveilleusement svelte, alors que certains des camarades de classe de John s'étaient laissés aller et étaient devenus affreux.

Dorothy Schiff finit par aborder le véritable motif de sa visite : elle voulait que Jackie signe une rubrique dans le *Post.* « Vous pourriez parler des endroits où vous allez et des choses que vous aimez.

— Oh, je ne peux pas, répliqua Jackie. J'ai déjà été sollicitée par plusieurs magazines. Ils veulent tous que j'écrive sur la mode ou la vie mondaine. Mais je m'intéresse en fait aux mêmes choses que celles qui intéressaient John. »

Un mois plus tard, au cours du week-end qui précéda le premier anniversaire de la mort de JFK, Dorothy retourna la voir au Carlyle, pour un déjeuner cette fois. Jackie n'avait pas l'air en forme. Elle avait maigri. Elle avait passé la semaine précédente au soleil, à Palm Beach, et elle avait le teint bronzé mais la peau toute desséchée. Elle avait des cernes blancs sous les yeux. Ses cheveux étaient ternes et sans éclat. Elle avoua qu'elle se sentait perturbée.

« C'était difficile de parler avec elle, note Dorothy Schiff dans son journal. Elle laissait les silences se prolonger. Elle est devenue étrange, différente. Plus rien à voir avec la reine qu'elle était. »

L'anniversaire de la mort de JFK raviva en elle les émotions les plus pénibles. Son désarroi s'exprime dans un passage qu'elle écrivit pour un numéro commémoratif de *Look* : « A présent, je me dis que j'aurais dû savoir dès le début qu'il était un homme magique. Je ne le savais pas, mais j'aurais dû deviner que cela ne pouvait pas durer. J'aurais dû savoir que c'était trop demander que d'espérer vieillir à ses côtés et voir ensemble nos enfants grandir. Et voilà qu'il est devenu une légende, alors qu'il aurait préféré être un homme. »

Orville Freeman, ministre de l'Agriculture sous JFK, se souvient qu'un an après l'assassinat, son épouse, Jane, envoya à Jackie « un petit mot et quelques fleurs, et elle nous rappela pour nous dire que nous étions les seuls à avoir pensé à cette date et à dire ou à faire quelque chose. Elle nous raconta qu'elle était juste allée faire un tour à Central Park, et qu'elle s'était assise sur un banc pour pleurer tout son saoul ».

Rosemary Sorrentino, qui travaillait avec son coiffeur, Kenneth, se souvient de ce premier anniversaire « parce que Jackie était venue se faire coiffer à peu près à cette date. Je ne l'avais pas vue au salon depuis un bon moment, mais je savais ce que cette date représentait pour elle et je n'avais pris aucun autre rendez-vous pour cet après-midi-là. Provi, sa femme de chambre, m'avait parlé de toutes ces nuits que Jackie passait à pleurer dans sa chambre. J'étais donc un peu prévenue.

« Elle est entrée dans mon salon, chez Kenneth, et n'a presque pas desserré les dents. J'ai commencé à la coiffer. Elle avait quelques cheveux blancs et elle m'a dit qu'elle avait essayé de les faire teindre en Italie. Je m'apprêtais à les reteindre mais elle a éclaté en sanglots et, bien sûr, j'ai tenté de la réconforter. Je lui ai dit qu'un jour elle comprendrait que tout ce qui s'était passé avait une justification. Je ne savais pas quoi dire. Je ne voulais pas faire ressurgir le passé. Je voulais la ménager, autant que je le pouvais. Je m'en suis donc tenue à ce thème et me suis répétée avec insistance. Quand elle cessa finalement de pleurer, je lui demandai si elle souhaitait que je continue à la coiffer. Elle me répondit que oui. »

Ce réveil de la souffrance de Jackie se manifestait le plus souvent par la colère. Elle avait toujours été sujette aux débordements d'humeur mais, depuis quelque temps, ses crises étaient de plus en plus fréquentes et de plus en plus violentes. Début 1964, elle avait demandé à William Manchester, grand admirateur du président Kennedy, d'écrire le récit officiel de l'assassinat. En échange de leur collaboration, Manchester accepta le contrôle éditorial de Jacqueline et de Bob sur le manuscrit final et le reversement d'un gros pourcentage de ses royalties à la bibliothèque JFK.

L'un des facteurs déterminants, dans la décision de Jackie de contacter Manchester pour ce projet, était que Jim Bishop préparait lui aussi un ouvrage sur l'assassinat. Bishop avait déjà signé *Un jour dans la vie du président Kennedy,* publié depuis peu par Random House. Et c'était le même éditeur qui avait projeté de publier son livre sur l'assassinat. Furieuse, Jackie écrivit à Bennett Cerf, directeur de Random House, pour s'opposer au projet de Bishop et lui demander de dissuader l'auteur. « Je pense que les gens savent que le livre de Manchester sera une référence historique sur les événements qui se sont déroulés, écrit-elle, et j'ai l'intention de veiller à ce qu'il réponde à leur attente. »

Quelques semaines plus tard, elle téléphona à Cerf pour réaborder le sujet avec lui. Elle traita Bishop de « journaleux, d'auteur de clichés éculés » et lui reprocha, lorsqu'il était venu à la Maison-Blanche pour faire son *Jour dans la vie d'un président,* d'avoir profité de l'invitation de JFK pour « fourrer son nez partout ». Un jour, en rentrant, Jackie avait surpris l'auteur en train de compter ses robes dans son placard personnel. Une autre fois, alors que la gouvernante donnait son bain à la petite Caroline, Jackie trouva Bishop assis dans la salle de bains. Jackie apprit à Cerf que son mari n'avait pas fini de lire les épreuves de l'ouvrage. Il les avait emportées avec lui dans ce voyage fatal au Texas, avec l'intention de les lire là-bas. Elle, en revanche, avait lu le livre et ne l'avait pas aimé. Elle regrettait que Bishop eût jamais eu accès à la Maison-Blanche. Il s'était révélé un « véritable casse-pieds ». Elle le trouvait arrogant et ne l'aimait guère. Et voilà maintenant qu'il projetait d'écrire un livre sur l'assassinat de son mari. « Je vous en prie, dites-moi que vous ne publierez pas ce livre, supplia-t-elle au bord des larmes.

— Je ne peux pas l'empêcher de l'écrire, répliqua Cerf. Nous avons un contrat avec lui. Je peux refuser de le publier, en effet, mais vous savez bien que le jour où je refuserai de le publier, cinquante autres éditeurs sauteront dessus. C'est un best-seller assuré.

— Bennett, je vous demande comme une faveur personnelle de ne pas publier ce livre.

— C'est à Jim Bishop que vous devriez parler. Je suis sûr qu'il vous écoutera. »

Cerf communiqua à Jackie le numéro de téléphone de Bishop en Floride. Bishop ne se montra pas particulièrement compréhensif. Il ne voyait pas pourquoi il ne pourrait y avoir deux livres sur l'assassinat.

« Parce que c'est tout simplement impossible, protesta Jackie.

— Dans ce cas, demandez à l'autre d'arrêter et de se désister. Moi, j'ai l'intention de continuer à écrire mon récit, que ce soit bien clair.

— Personne ne vous adressera plus la parole, personne ne vous interviewera », menaça Jackie en raccrochant.

Le livre de Jim Bishop, *Le jour où Kennedy fut assassiné,* parut en 1968, un an après celui de William Manchester : *La Mort d'un président.* Si le premier s'est moins bien vendu que le second, il a figuré longtemps dans la liste des best-sellers et reçu d'excellentes critiques, au même titre d'ailleurs que l'ouvrage de Manchester. Mais Bishop fut finalement publié par Funk et Wagnalls, et non pas par Random House. Et, bien avant sa parution, Jackie avait tout oublié de ses griefs contre Bishop et détourné sa fureur contre Manchester.

Après une apparition en crêpe noir et hermine blanche, lors du concert de Noël de l'ONU, Jackie rejoignit les Braden et plusieurs membres de la famille Kennedy, avec Caroline et John Jr., pour des vacances de ski à Aspen, dans le Colorado. Un soir, Jackie confia à Joan Braden à quel point John lui manquait. « Il n'y aura jamais d'autre John, déclara-t-elle. Je comprends à présent pourquoi il vivait si intensément et toujours sur la brèche. Et je suis heureuse qu'il ait vécu comme ça. »

Ils avaient emménagé dans leur appartement de la Cinquième Avenue et, au début de 1965, Jackie commença à recevoir. Parmi ses invités : Lyndon Johnson, Hubert Humphrey, Adlai Stevenson, Hailé Sélassié et Hassan II. Randolph Churchill, le fils de Winston Churchill, envoya à John Jr., en cadeau de bienvenue dans sa nouvelle maison, un camion en métal peint contenant la collection complète des œuvres de son père, quarante-neuf volumes en tout, dans une édition spéciale. Ces livres étaient conservés dans la salle à manger. Et au dîner les enfants jouaient à poser des devinettes : « A quel livre de Winston Churchill sommes-nous en train de penser? »

Bunny Mellon offrit à Jackie un lit Louis XV d'une valeur de 17 000 dollars, puis se lamenta lorsque ladite Jackie s'en désintéressa. Lorsque Rudolf Noureïev lui rendit visite, le garde du corps, posté devant la porte de l'appartement, entendit d'étranges bruits provenant de l'intérieur, des bruits de meubles déplacés, de chocs étouffés, des gloussements et des applaudissements : il semble bien que le danseur étoile ait dansé en solo pour Jackie, dans son salon.

Un soir, Jackie accompagna le critique de théâtre Harold Clurman à une représentation de *Tartuffe* au Washington Square Theater, dans Greenwich Village. Norman Podhoretz donna une réception et l'invita à y rencontrer les gens de lettres ; elle accepta à la condition express que Norman Mailer n'y soit pas. « Je n'étais pas invité, raconte Mailer, il ne fut donc pas nécessaire de me décommander. Mais cela n'a pas arrangé mon amitié, déjà chancelante, avec Podhoretz. » Jackie éprouvait encore une certaine rancune à l'égard de Mailer, à cause de la critique virulente qu'il avait faite de sa visite commentée de la Maison-Blanche. Midge Decter, l'épouse de Podhoretz, surnomma un jour Jackie « la plus vieille gamine de seize ans du monde ».

En vison et diamants, Jackie assista à une soirée de gala au Met, avec *La Tosca* au programme. A sa demande, le directeur, Rudolf Bing, l'emmena dans les coulisses après la représentation et la présenta à la cantatrice qui tenait le rôle titre. Maria Callas n'avait pas chanté au Met depuis près de sept ans. « Vous avez été superbe », déclara Jackie. « Vous aussi, vous êtes superbe », répliqua la prima donna. Elles échangèrent un sourire en se serrant la main.

Jackie alla skier à Whiteface Mountain, dans le nord de l'Etat de New York, passa plusieurs jours avec les Radziwill à Acapulco (où elle sombra à nouveau dans la dépression, car l'endroit lui rappelait sa lune de miel avec John), puis rentra à New York pour assister au récital que Maurice Chevalier donnait à Broadway. L'écrivain Philip Roth l'escorta pour plusieurs dîners intimes dans Manhattan. Bill Walton, qui finit par s'installer à Manhattan, l'accompagna dans les musées et les galeries. Charles Addams, le caricaturiste du *New Yorker,* l'emmena au cinéma et dans les meilleurs restaurants new-yorkais.

Kay Lepercq, une amie proche d'Addams, se souvient de conversations qu'elle eut avec lui au sujet de Jackie : « Depuis que Jackie avait flirté avec mon ex-mari, lors de ce fameux dîner à Washington, j'avais conservé une certaine curiosité à son égard. " Comment est-elle ? lui demandai-je. — J'aimerais le savoir ", répliqua-t-il.

« Il admit être si déconcerté par elle qu'il avait envoyé l'une de ses lettres à un graphologue, sans lui révéler que Jackie en était l'auteur. Il avait reçu un rapport extrêmement négatif. C'était, disait-il, l'écriture d'une égocentrique.

« Quand ils sortaient ensemble, elle se plaignait tout le temps d'être constamment dévisagée. Quand ils se trouvaient dans le hall d'un théâtre, tout le monde se bousculait pour pouvoir la regarder de plus près. Elle disait à Charlie que tout ce à quoi elle aspirait c'était une soirée tranquille au cinéma. Je suggérais qu'elle pourrait peut-être lâcher ses cheveux (elle avait l'habitude de les porter en un énorme chignon) et renoncer à porter des lunettes de soleil à l'intérieur. Que c'était peut-être un moyen de ne pas se faire instantanément repérer.

« Par moments, on ne pouvait s'empêcher d'éprouver de la sympathie pour Jackie. Je connaissais une femme qui vivait dans le même immeuble et dont la bonne était amie avec la cuisinière de Jackie. Je suis allée chez elle un jour et j'y ai rencontré la cuisinière. Et elle m'a dit à quel point Jackie pouvait être horrible et méchante. " Qu'en savez-vous ? " lui ai-je demandé. Elle m'a répondu : " Oh, ça se voit par le trou de la serrure, au téléphone et dans les corbeilles à papier. " Je dois en conclure que la moitié de ses employés l'espionnait pour le compte de la presse et que l'autre moitié écrivait des livres sur elle. »

L'héritière du tabac, Doris Duke, à qui Jackie eut l'occasion de rendre visite dans sa propriété de Newport comme dans celle de Somerville, dans le New Jersey, avait établi un code plus strict dans ses rapports avec ses domestiques. Phil Strider, le valet de chambre de Mrs. Duke, surprit ses conseils à Jackie. « Lorsque j'engage quelqu'un, je lui remets un règlement imprimé, dont une copie est affichée en permanence à l'office. La première des règles stipule que l'employé sera congédié s'il critique son emploi ou son employeur, devant qui que ce soit et à quelque moment que ce soit. Il faut être ferme avec eux, sinon ils vous marcheront sur les pieds. »

Flora Withney Miller, l'ancienne présidente du Whitney Museum of Art (aujourd'hui décédée), convint que Jackie n'avait pas, à l'époque, un esprit particulièrement philanthropique : « Elle était membre de notre conseil depuis 1962, mais elle n'avait pas fait grand-chose. Je suppose qu'elle était trop occupée par ses propres projets : la bibliothèque JFK, et les autres. Nous lui avions même accordé un titre : présidente du Comité national du musée, et elle assista en effet à l'inauguration officielle de notre nouveau site dans Madison Avenue. Elle vint avec André Meyer et posa pour les photographes. Mais c'était juste pour la galerie. Je n'ai jamais eu le sentiment qu'elle s'intéressait beaucoup à ce que nous voulions faire. En 1968, nous avons répondu favorablement à sa demande de se retirer du conseil. Et c'était aussi bien. Je reconnais qu'elle avait d'autres soucis et d'autres priorités, mais je n'ai jamais vu en elle autre chose qu'une petite dame adorant faire parler d'elle, élevée à une position impossible, par la simple vertu d'avoir été la veuve du président assassiné. Si elle n'avait pas épousé John Kennedy, elle serait devenue exactement comme sa sœur, une mondaine insignifiante, égoïste, gâtée, sans autres centres d'intérêt que son petit lot de préoccupations personnelles pour la plupart. »

En avril, lorsque les Johnson lui dédièrent East Garden, Jackie envoya sa mère pour la représenter au cours des diverses festivités, ce qui les offensa terriblement. Au lieu de retourner à la Maison-Blanche, elle préféra assister, plus tard dans l'année, à un gala de bienfaisance à 150 dollars par tête en faveur du Boston Symphony Orchestra, ainsi qu'à une autre soirée de bienfaisance à New York, pour la Maison de l'Asie. Elle tenta d'apaiser le président en lui envoyant trois dessins au crayon exécutés par John-John, avec une lettre d'accompagnement : « Vous avez dû abandonner ce stade artistique lorsque Luci a quitté le cours élémentaire. »

« Quoi que fasse Jackie, elle était toujours critiquée, se lamente Franklin D. Roosevelt Jr. Elle se sentait mal à l'aise et paniquée. Elle était en thérapie à New York, mais les problèmes qu'elle avait n'étaient pas de ceux qui disparaissent en un jour. »

« Jackie était lunatique. Par moments, elle semblait refuser tout contact. Liza Minnelli, qui se faisait un jour coiffer chez Kenneth, aperçut Jackie au moment où elle allait partir, s'approcha d'elle et la salua : « Bonjour, Mrs. Kennedy. Je suis Liza Minnelli. Vous vous souvenez de moi ? » Jackie répondit par un sourire glacial et détourna la tête. Ce mépris, bien que peut-être involontaire, était devenu une réaction fréquente de sa part. Ses plus vieux amis redoutaient parfois de l'approcher, de crainte de se voir ignorés ou même accablés de reproches.

L'une des raisons de cette réserve accrue était l'escalade constante de l'attention que lui portaient les médias. Reporters et journalistes étaient partout ; et plus elle se barricadait derrière l'écran de sa vie privée, plus elle jouait de son allure et de son mystère, plus leurs tentatives pour pénétrer dans son intimité se faisaient pressantes et inventives. Elle se réfugiait derrière divers masques, son favori étant une paire de grosses lunettes de soleil ovales et un sourire forcé. Un sourire qui la fit surnommer « La Mona Lisa de Manhattan ».

Selon la plupart des échos qui nous sont parvenus, elle était devenue de plus en plus méfiante et repliée sur elle-même. Elle commençait à penser que ceux-là mêmes qui avaient tué son mari essayaient à présent de commercialiser son image et de la dégrader. Chaque portier, chaque coursier, chaque voisin, chaque serveur, chaque chauffeur de taxi, quiconque s'était occupé d'elle dans un magasin ou lui avait souri dans la rue, était un ennemi potentiel. Elle semblait soupçonner tout le monde. Elle refusait de monter dans un taxi tant que son garde du corps ne l'avait pas inspecté de fond en comble. Ses amis avaient l'instruction de ne pas répondre aux questions des journalistes, sous peine de se voir exclus de son entourage. Pam Turnure et Nancy Tuckerman, qui travaillaient à présent pour elle dans une suite très encombrée de quatre pièces, au 400 Park Avenue, étaient priées de s'abstenir de révéler jusqu'aux titres des livres qu'elles lisaient. Une jeune femme, qui donnait des leçons de piano à Caroline Kennedy et qui en informa un journaliste, fut congédiée. Le conseil de Doris Duke commençait à prendre tout son sens pour Jackie. Lorsqu'une cuisinière (celle qui l'espionnait) divulgua que Jackie était passée de la taille 40, à la taille 36, puis à la taille 38, elle fut elle aussi renvoyée. Une autre cuisinière, Annamarie Huste, fut virée lorsqu'elle annonça son intention de publier un livre de cuisine. Une agence privée de location de limousines, dont Jackie utilisait occasionnellement les services, fut avisée qu'aucun chauffeur ne devait lui être assigné plus de deux fois, de manière qu'aucun d'eux n'ait connaissance de ses destinations les plus fréquentes.

Cette paranoïa évidente ne fut guère apaisée par une série d'incidents macabres impliquant Caroline et John-John. Comme Caroline rentrait un jour à la maison, une femme d'âge moyen l'aborda dans la rue et lui annonça qu'elle avait la preuve que son père était toujours vivant.

La femme se mit alors à agonir d'injures l'enfant terrorisée. Son garde du corps la poussa dans le hall de l'immeuble et la police emmena la femme au Bellevue Hospital où elle fut placée en observation psychiatrique. Cette dernière était apparemment bien connue des services de l'hôpital, où elle avait un lourd dossier faisant état de désordres mentaux.

Jackie dut faire face à une bande de jeunes garçons qui la suivirent, avec John Jr., un après-midi à la sortie de l'école St. David en criant : « Ton père est mort ! Ton père est mort ! ». « Il me serrait la main, comme pour me rassurer », raconta-t-elle à des amis. Le maître de l'enfant l'informa que John Jr. avait la même facilité à se faire des amis qu'à se faire des ennemis, « et que l'autre jour il avait envoyé un coup de poing dans le nez d'un de ses camarades de classe ».

« Jackie ne se laissa pas démonter par l'incident du coup de poing, raconte Peter Lawford. Je crois même qu'elle en était fière. Mais elle était inquiète à l'idée qu'en l'absence d'un père, il risquait de finir un jour garçon coiffeur. »

Le photographe Stanley Tretick offrit à Jackie un album de photos de John Jr. avec le président, photos qu'il avait prises pour *Look*. « Elle n'était pas d'accord (initialement), pour que je fasse ces photos, raconte Tretick. Mais à présent, elle était ravie et elle évoqua avec émotion la manière dont les enfants se précipitaient sur le président quand il descendait d'hélicoptère, la manière dont il les embrassait, et tout ça... Ces souvenirs devaient être douloureux pour elle et c'était comme si elle avait besoin de les remâcher, de temps à autre. C'était une sorte de thérapie, comme si elle se confiait à un psychiatre. »

La princesse Lee Radziwill organisa une soirée, « une petite sauterie pour cent personnes, tout au plus, juste un petit quelque chose pour remonter le moral de Jackie ». La description de Lee nous révèle une liste impressionnante d'invités, en tête de laquelle figurait Jackie, qui arriva en robe de soie blanche signée Saint-Laurent et veste de vison blanc, au bras d'Averell Harriman. Dans l'assistance, se trouvaient Leopold Stokowski, Sam Spiegel, Leonard Bernstein, Sammy Davis Jr., Maurice Chevalier, Arlene Francis, Bunny Mellon, Pierre Salinger, Adlai Stevenson, Franklin D. Roosevelt Jr., Pat Lawford, Stephen Smith et Bob Kennedy. Mike Nichols, qui faisait partie lui aussi des convives, se révéla très vite le principal admirateur de Jackie. Plus jeune qu'elle de plusieurs années, il la poursuivit de ses assiduités et, comme l'un de ses amis le rapporte d'une manière assez laconique, « finit par entretenir avec Jackie un peu plus qu'une simple amitié, mais un peu moins qu'une liaison ».

Cette soirée marqua le début d'une période agitée dans la vie de Jackie. En 1965, elle fut invitée en Grande-Bretagne pour assister à la cérémonie d'inauguration d'un monument à John F. Kennedy, à Rynnymede, site sur lequel le roi Jean avait signé la Magna Carta. Là, le gouvernement britannique avait concédé une parcelle de terrain aux Etats-Unis. Jackie avait fait le voyage dans un avion mis à sa disposition par le président Johnson, en compagnie de Bob et Ted Kennedy, du Secrétaire d'Etat Dean Rusk, de six agents du Service Secret américain plus deux autres appartenant aux services britanniques, de ses enfants et du personnel qui en avait la charge. Durant la cérémonie, la reine Elisabeth vit Jackie verser quelques larmes discrètes en écoutant les orateurs successifs chanter les louanges de son mari. Ecrivant au président Johnson, après la cérémonie, Jackie note : « Ce fut pour moi une journée si émouvante et si pénible... Elle a fait ressurgir en moi tant de pensées douloureuses. »

Au cours de ce même séjour à Londres, Caroline et John Jr. posèrent pour le grand photographe Cecil Beaton. Leur mère trouva que Beaton avait parfaitement capté la sensibilité teintée de tristesse de Caroline et sublimé la ressemblance entre John Jr. et son père au même âge (le jeune garçon, en grandissant, ressemblera de plus en plus à sa mère). Mais, si elle apprécia le travail de l'artiste, Jackie n'aurait guère aimé la description que Beaton fait d'elle dans son *Journal* : « Une véritable caricature d'elle-même, plus grande que nature. Des épaules et des hanches de joueur de base-ball ; de grandes mains et de grands pieds presque masculins ; de magnifiques yeux noirs, très sombres et très réceptifs, avec une expression espiègle, ou triste, parfois exorbités ; une bouche large et généreuse, dont les commissures tombantes semblaient contredire son sourire ; un faciès un peu négroïde, un soupçon de moustache, et des cheveux très noirs. »

En juin, Jackie engagea une nouvelle gouvernante pour les enfants (Maud Shaw avait démissionné durant leur voyage en Angleterre, annonçant qu'elle avait l'intention d'écrire un livre sur son expérience auprès des

Kennedy, ce qui avait beaucoup contrarié Jackie). Puis elle fit un circuit au Canada, se rendit à Boston, assista à la première des *Theater Songs* de Leonard Berstein, et se mit en quête d'une maison dans le New Jersey.

En juillet, elle fêta son trente-sixième anniversaire avec les Kennedy, à Hyannis Port, où elle avait hérité la maison de son mari. Puis elle s'envola pour la Virginie, où elle rendit visite à Bunny Mellon et poursuivit jusqu'à Hammersmith Farm pour aider sa mère à planifier la construction d'un nouveau moulin à vent sur la propriété, l'ancien ayant été totalement détruit par un incendie.

En août, elle alla à Boston assister à la soirée d'anniversaire du cardinal Cushing et retourna à Newport pour une autre réception donnée par le sénateur et Mrs. Claiborne Pell. Vers la fin du mois, Jackie et l'écrivain George Plimpton, qui était devenu l'un des familiers de ses enfants, organisèrent une fête à Hammersmith Farm en l'honneur de Caroline et de ses amies. « Cette fête marquait la fin de l'été pour tous les enfants, et il y avait peut-être 70 gosses présents ce jour-là, raconte Plimpton. C'était une sorte de chasse au trésor. J'avais écrit le journal de bord d'un pirate et Jackie le lut aux enfants, tous rassemblés autour d'elle. Nous avions dispersé un certain nombre d'indices dans la propriété. Certains d'entre nous s'étaient même déguisés en pirates. Je dois dire que tout ça était très élaboré. Nous sommes allés voir les garde-côtes et ils nous ont prêté un long bateau. Dans le bateau, se trouvaient le sénateur Claiborne Pell, Anthony B. Atkers, John Barry Ryan III, un type du nom de 'Bev' Bogert (qui portait un costume d'amiral) et moi-même. Si je me souviens bien, nous étions donc sept dans ce bateau, tous déguisés en pirates et armés jusqu'aux dents. C'est Jackie qui nous avait maquillés. Puis les enfants, après avoir sillonné Hammersmith Farm et rassemblé tous les indices, sont finalement descendus sur la grève, où le trésor était censé être enterré. C'était un coffre plein de fausses perles et autres pierreries, et il y avait un serpent en caoutchouc enroulé sur le couvercle. D'après le journal que j'avais écrit, aussitôt que la première pelle creuserait la terre à proximité du trésor, les pirates étaient censés surgir pour réclamer leur butin. Lorsque les enfants approchèrent du trésor, il y eut des hurlements terribles venant de la mer et ils virent surgir ce long bateau avec tous ces pirates à bord. La moitié des enfants firent immédiatement demi-tour et s'enfuirent en courant, les autres trépignèrent d'enthousiasme. Je me souviens que j'ai sauté du bateau et plongé à cinq mètres de fond dans une eau glacée. En dehors de ce petit contretemps, ce fut une fête très amusante. »

En octobre, Jackie assista à la réception du pape Paul VI aux Nations unies ; elle loua le restaurant Sign of the Dove et l'orchestre du Piro pour une soirée dansante qu'elle donna à partir de minuit, avec William Vanden Heuvel, en l'honneur de John Kenneth Galbraith ; et elle loua à Mr. et Mrs. W. Douglas Barden de Bernardsville une petite ferme située en plein cœur du très sélect Essex Fox Hounds Club Country. Quelques années plus tard, elle acheta au bout de la même route une grange rénovée sur 5 hectares à ses voisins et amis, les Murray McDonnell, un clan d'Irlandais catholiques, aussi important et aussi riche que celui des Kennedy. Jackie mit alors ses chevaux et ses poneys en pension chez les McDonnell.

En novembre, elle se sentit à nouveau très déprimée et se tourna vers Truman Capote. Bennett Cerf, l'éditeur de Capote, raconte cet épisode dans une intervention non publiée qu'il fit à Columbia University :

« Truman Capote arriva à la maison [1]. Il y avait une fille qui l'attendait chez lui, une fille qui avait la clé de son appartement et qui était en haut en train de peindre, attendant son retour. Cette fille, c'était Jacqueline Kennedy. C'était aux environs de l'anniversaire de l'assassinat, deux ans après... Elle était très déprimée. Et vers qui s'était-elle tournée ? Vers son grand ami Truman Capote. Comme le dit Phyllis (la femme de Cerf) : " Elle savait qu'elle pouvait se sentir en sécurité chez lui. " Les gardes du corps étaient restés en bas dans la voiture. Truman ouvrit le réfrigérateur, en sortit deux bouteilles du meilleur champagne qu'il installa dans un seau à glace. A eux deux ils descendirent les deux bouteilles et passèrent pratiquement la nuit à parler. A cinq heures du matin environ, Jackie redescendit dans sa voiture et rentra chez elle avec ses gardes du corps. »

---

1. Capote, voisin de Robert F. Kennedy, habitait place des Nations-Unies.

26

« Après son départ de Washington, nous vîmes très peu Jackie, relate Charles Bartlett. Ma femme et moi l'avons accompagnée dans un voyage au Cambodge, en 1967, mais sinon nous ne la voyions que lorsqu'elle séjournait dans la région de Far Hills-Peapack-Bernardsville (New Jersey), où elle avait sa maison de week-end et où mes beaux-parents avaient la leur. J'avais le sentiment qu'elle voulait couper les ponts avec son passé. »

Toni Bradlee perdit elle aussi progressivement le contact avec Jackie. « Il y avait une sorte d'incohérence dans ce qu'elle semblait attendre d'une meilleure amie. D'ailleurs, je ne pense pas qu'elle ait jamais eu d'ami très proche. Il y a des gens qui ont des amis intimes et d'autres qui n'en ont pas. Certains préfèrent avoir beaucoup de relations plutôt que quelques amis personnels. Il semble que cela soit le cas de Jackie. Je ne pense pas qu'elle ait même jamais réellement éprouvé le besoin d'une véritable amitié. Elle avait des amis mondains, comme Bunny Mellon, Jayne Wrightsman ou Nancy Tuckerman, mais il y a amitié et amitié.

« Mon ex-mari (Ben Brandlee) a écrit un livre intitulé *Conversations avec Kennedy*, qui n'a pas plu à Jackie. Mais, sincèrement, je ne pense pas que cela ait eu un quelconque effet sur notre relation. Je ne comprends pas ce qui s'est passé. Ni l'une ni l'autre n'avons tenté un rapprochement. Nous nous sommes revues occasionnellement, et de manière assez brève. Rien d'hostile, mais c'était douloureux. Je pense que ça réveillait chez Jackie de mauvais souvenirs. »

Certains anciens amis de Jackie se sentirent offensés. Le photographe Richard Avedon fut écarté pour avoir exprimé, semble-t-il, une opinion négative sur les choix politiques de JFK. Charles Addams, le caricaturiste du *New Yorker,* n'en avait pas souvenir, mais il aurait fait un commentaire désobligeant devant un journaliste, et il subit un traitement similaire. Un jour, John B. White, qui n'avait pas vu Jackie depuis un certain temps, se rendit Chez Bill Walton, dans le district de Columbia, et se trouva nez à nez avec elle devant la porte de son ami. « Ça faisait si longtemps, et elle était veuve à présent. Elle vivait à New York. C'était environ trois ans après l'assassinat. Elle avait l'air très gênée de me revoir. Il n'y avait plus rien entre nous. Elle s'était entourée de toute une sphère de nouveaux amis. Elle s'est comportée comme si elle ne tenait pas du tout à me voir réapparaître. Et je n'ai jamais eu de ses nouvelles depuis. »

Jackie avait pénétré dans un nouvel univers, très brillant. Elle s'était détachée du monde politique pour adopter le jet-set international. On la voyait déjeuner avec Vivi Stokes Crespi, au Colony à Manhattan, dans son petit manteau bleu marine signé Balenciaga, qui venait de Chez Ninon, avec un camélia piqué sur une épaule et un sac Chanel en bandoulière sur l'autre (Coco Chanel avait pourtant décrété que Jackie était « la femme la plus mal habillée des cinq continents »). Les clients de La Côte basque levaient les yeux de leur assiette quand elle arrivait pour déjeuner avec Cecil Beaton. Après sa brouille avec Jackie et sa sœur Lee, Truman Capote les épingla toutes les deux dans un chapitre de son roman *Prières exaucées* intitulé « La Côte basque ».

Un soir, elle vint dîner au Russian Tea Room, avec Arthur Schlesinger, puis termina la soirée au Copa. Une autre fois, elle dîna chez Sardi's, avec Mike Nichols, puis se rendit avec lui chez Arthur, la discothèque à la mode de Sybil Burton. Ils y dansèrent en se tenant par la main. On la revit avec Nichols, en compagnie de l'acteur Alan Arkin et de sa femme, chez Nathan's, un marchand de hot-dogs en plein air, à Coney Island, où ils dégustèrent des clams et des frites.

Il y eut d'autres déjeuners ou dîners au Mistral, à La Grenouille, à La Caravelle, chez Orsini (où elle donna un dîner intime en l'honneur de Noureïev), puis, à nouveau, par une froide journée, au Colony avec le baron et la baronne Fabrizio Serena et Allessandro di Montezemolo. Le principal sujet de leur conversation fut les récentes inondations de Florence, qui avaient détruit certaines des œuvres d'art les plus précieuses de la ville. Jackie réagit immédiatement et téléphona à Bob Kennedy et Robert McNamara pour voir si l'on pouvait mobiliser des fonds par le biais des organismes officiels.

Elle fut également nommée présidente honoraire du CRI (Comité pour la sauvegarde de l'art italien), une association qui avait lancé plusieurs appels publics et organisé des collectes de fonds privés. L'historien d'art, Paul Oskar Kristeller, membre du même comité, se souvient d'avoir participé à une réunion à l'Institut des beaux-arts de l'université de New York. « La plupart des membres du comité étaient présents et la réunion était présidée par Mrs. Kennedy. Je pris la parole pour dire que j'espérais qu'une part décente des fonds récoltés serait allouée à la préservation et à la restauration des livres d'art, ainsi que des manuscrits et des documents artistiques.

« Mrs. Kennedy répliqua sur un ton plutôt sarcastique : " Vous aurez du mal à convaincre l'opinion publique et nos donateurs que c'est aussi important que de sauver les œuvres d'art elles-mêmes.

« — Je me fiche de ce que diront les donateurs, il s'agit d'une dépense incontournable ", répondis-je à Mrs. Kennedy.

« Je suis heureux de pouvoir dire que je fus soutenu par les autres historiens présents, qui comprenaient d'autant mieux l'importance des livres et des manuscrits que beaucoup utilisaient ce type de matériel pour leurs propres recherches. J'obtins donc le soutien du comité, contre l'avis de Mrs. Kennedy. C'était une femme charmante, mais elle n'avait pas saisi l'importance de l'enjeu. Elle fut donc désavouée par le vote.

Jackie s'impliqua également dans un comité qui tentait de sauver de la démolition le New York Metropolitan Opera (un édifice âgé de quatre-vingt-trois ans), ce qui lui valut finalement les critiques d'une autorité autrement compétente en la matière, le directeur du Metropolitan Opera House, Rudolf Bing. Celui-ci déclara aux journalistes que Mrs. Kennedy n'allait « que rarement » à l'Opéra, qu'elle n'y connaissait rien, qu'elle ne s'y intéressait pas le moins du monde et n'avait pas la moindre idée de l'état de délabrement de l'édifice. « Je déplore, poursuivit-il, qu'une personne si en vue se permette de parler de choses dont elle est si mal informée. »

Jackie avait retrouvé toute son énergie naturelle, mais elle continuait à voir de temps à autre le Dr. Max Jacobson. « Je l'ai vue au cabinet après l'assassinat, raconte Ken McKnight. Elle tenait le bras à Clint Hill. Je suppose que les événements terribles de ces années-là les avaient beaucoup rapprochés. Il était parfois le seul être humain capable de comprendre ses terreurs et ses angoisses. A mon avis, il avait été aussi choqué qu'elle par l'assassinat. Il a même craqué un jour, au cours de l'émission de télé « 60 minutes ». Il s'est mis à pleurer en répétant sans cesse qu'il aurait préféré être tué à la place de Kennedy, ce qui est un terrible fardeau à porter. »

Ruth Jacobson, la troisième épouse de Max, croisa également Jackie au cabinet. « Le jour où je la vis, raconte Ruth, elle était avec Lee Radziwill. Elles étaient toutes les deux en train de rigoler comme des idiotes. Je ne pourrais pas dire qu'elles étaient ivres, mais elles se comportaient très bizarrement. »

Au milieu de l'année 1966, Jackie écrivit à Lady Bird Johnson, en réponse à une lettre dans laquelle elle lui demandait conseil sur la poursuite des travaux de restauration de la Maison-Blanche. Lady Bird souhaitait, entre autres, acquérir un nouveau service de table en porcelaine. « Juste un mot d'avertissement, écrivit Jackie. Ne vous adressez pas aux fabricants américains. Je leur avais demandé de faire des copies des assiettes de la période Monroe... dès notre arrivée à la Maison-Blanche. Le résultat ressemblait davantage à des assiettes d'hôtel que les services de l'époque Truman ou Eisenhower. Jansen (à Paris) est le seul à pouvoir faire ce travail. Ils ont heureusement un bureau à New York, ce qui évite les problèmes d'achat à l'étranger...

« La seule autre chose qui me préoccupe, c'est d'essayer de conserver aux salles publiques du rez-de-chaussée et du premier étage un style aussi proche que possible du XVIIIe et du XIXe siècle, afin que personne ne les modifie dans l'avenir et qu'elles restent à tout jamais pour les Américains un témoignage des tout premiers jours de leur pays. »

Elle avait encore une autre suggestion à faire. Au sujet d'un donateur qui avait prêté à la Maison-Blanche plusieurs portraits de valeur, elle écrivit :

« Le Comité des beaux-arts devrait le menacer, le persuader, le séduire, le forcer à les laisser définitivement à la Maison-Blanche, voire par testament. »

Elle demanda à David Webb, qu'elle appelait à présent en privé « Cellini », de monter un fragment de corail que JFK avait ramassé sur l'une des îles Salomon durant la Seconde Guerre mondiale, pour en faire un collier. Elle le porta pour la première fois avec une combinaison-pantalon rose vif, un jour qu'elle recevait Diana Vreeland. Elle fut invitée par John et Didi Ryan, des personnalités en vue du Tout-New York, à une partie de cache-tampon, une sorte de chasse à l'œuf de Pâques, où les œufs étaient remplacés par divers objets utilitaires cachés dans un salon. Elle emmena John Jr. chez Serendipity où ils s'empiffrèrent de hamburgers et de *sundaes* crémeux. Dînant au Pavillon, avec les Hervé Alphand, qui étaient de passage, elle passa du français à l'anglais lorsque Bob Kennedy rejoignit le groupe, et on l'entendit s'exclamer : « Oh, Bobby, tu es si... désinvolte ! ». Puis elle déclara à ses compagnons de table que, pour elle, la chose la plus importante chez un homme « c'était qu'il pèse plus lourd qu'elle et qu'il ait de plus grands pieds qu'elle ». Lorsqu'elle fut abordée par un autre dîneur qui voulait un autographe, elle lui répondit avec un sourire et dans un soupir : « Non merci. »

On connaît d'autres anecdotes. Elle émergea un jour du restaurant Lafayette, avec sa sœur Lee, toutes les deux en mini-jupes assorties, 15 centimètres au-dessus du genou. Se trouvant avec elle devant Bergdorf Goodman, Mike Nichols déclara : « Vous emmener quelque part, c'est comme sortir avec un monument national. — Oui, répliqua-t-elle, mais c'est rigolo, vous ne trouvez pas ? » Répondant à Bunny Mellon qui lui demandait si elle avait vu Billy Baldwin récemment, Jackie plaisanta : « Oh, oui. J'ai failli lui marcher dessus dans l'ascenseur, hier. »

Après avoir visité Lasata, l'ancienne propriété de son grand-père à East Hampton, elle raconta à la très riche Fify Fell que c'était à la fois « plus petit et moins luxueux que dans ses souvenirs d'enfance ». Le poète soviétique Yevgueni Evtouchenko quitta son appartement de la Cinquième Avenue ébloui par sa connaissance de la littérature russe. Elle s'asseyait aux côtés de George Plimpton pendant qu'il lisait à Caroline, avant de s'endormir, des extraits de l'*Ile au trésor*. (« J'ai appris qu'il était très difficile de lire du Stevenson à une petite fille, raconte-t-il. J'ai toujours pensé que l'*Ile au trésor* la passionnerait, mais je ne crois pas que nous ayons jamais réussi à lire plus de deux pages avant qu'elle ne s'endorme. »)

Jackie était une habituée du club de gym très sélect et très en vogue de Nicholas Kounovsky, dans la 57e Rue. Ivo Lupis, l'un de ses professeurs, relate : « C'était vraiment l'endroit " in " de l'époque. Seuls les gens qui avaient les moyens pouvaient devenir membres et il n'y avait que peu de clubs de ce genre où les femmes pouvaient aller. La mise en condition physique et le jogging n'étaient pas encore devenus une vraie folie. Pour pouvoir assister aux cours de Kounovsky, il fallait subir un examen préalable. Certains trouvaient cela bidon, mais c'était en fait un moyen d'évaluer les capacités physiques de chaque individu. Et ça contribuait à l'aura élitiste du club. Tout comme la présence de Jackie. »

Jackie avait trouvé son rythme. Elle était à New York du lundi au vendredi, passait les week-ends et les jours fériés dans le New Jersey et ses vacances dans des stations plus ou moins éloignées. Elle aimait particulièrement les week-ends qu'elle passait à faire du cheval à Bernardsville. A cause de sa position très en vue, il y eut au début quelques réticences à son désir d'entrer au Essex Fox Hounds Hunt Club, mais ces réserves tombèrent rapidement lorsque des membres influents, comme C. Douglas Dillon ou Murray McDonnell plaidèrent en sa faveur.

« J'ai aidé Jackie à entrer dans le club et, quand elle s'est installée à Bernardsville, raconte Dillon, je suppose que certains des membres du club craignaient d'être poursuivis par les journalistes. Ces gens-là tiennent à conserver un profil bas. Je leur ai dit que Jackie avait le même souci qu'eux. »

Lewis C. Murdock, banquier à la retraite et grand veneur, fit remarquer que les membres ne voulaient pas de publicité « pour la simple raison que nous étions tout près de New York. Cela aurait incité les gens à venir par curiosité pour la chasse au renard, et nous n'avons pas assez de terrain pour tous ces gens-là. Cela ennuyait aussi les membres du club d'avoir des étrangers fouinant partout. Ça avait soulevé des oppositions. La chasse au renard exige de l'espace et des voisins tolérants, c'est pourquoi nous sommes si sélectifs à propos des participants ».

C'est dans ces abords pittoresques et huppés de Somerset County, avec leur charme de campagne anglaise, que Jackie venait « décrocher ». Elle ouvrit des comptes dans tous les magasins du coin, dont Beval, où elle se fournissait en matériel hippique. Beverly L. Walter, le propriétaire, connaissait Jackie depuis le tout début de sa période Kennedy « lorsqu'elle commença à chasser en Virginie. Maintenant qu'elle avait une maison dans la région, elle était devenue une fidèle cliente ».

Lorsqu'elle ne chassait pas à courre, elle montait souvent dans la propriété d'un voisin à son insu. « Elle errait ou chevauchait à travers bois, généralement sur mes terres, raconte Patricia Shea de Bedminster. Elle amenait son cheval en camionnette, se garait sur la route d'accès et partait se balader dans la pinède. Elle adorait ça. Je n'ai jamais rien dit, mais j'étais tout de même choquée qu'elle n'ait jamais demandé mon autorisation. »

Si elle jouissait à Bernardsville d'une certaine privauté, c'est dans ses nombreux voyages qu'elle trouva la diversité. Elle commença avec les enfants en 1966, par des vacances de ski en compagnie de Bob Kennedy et de sa famille, à Sun Valley, dans l'Idaho puis ils se rendirent sur les pistes alpines de Gstaad en Suisse, où ils étaient les invités de John Kenneth Galbraith, et séjournèrent dans un chalet voisin évacué par les propriétaires pour la circonstance.

Après Gstaad, Jackie se rendit à Rome et, malgré les affirmations de ses amis qui prétendaient qu'elle était venue passer « quelques jours tranquilles », toute l'aristocratie romaine fut en effervescence. Partout où elle allait, la foule en adoration l'acclamait et l'applaudissait. La princesse Irène Galitzine organisa un dîner et créa pour elle une robe noire, mi-longue, qu'elle étrenna lors de son entrevue avec le pape. Elle dîna avec le sculpteur Pericle Fasine chez George's, un élégant restaurant anglais. Elle chassa le renard au côté d'un ancien camarade de classe de son mari, le comte Dino Pecci-Blunt, et fut reçue par le prince Aspreno Colonna, qui donna un dîner de trente couverts, pour des invités triés sur le volet, au Palazzo Colonna, un palais du XVe siècle aux murs couleur d'ocre. Elle rendit également visite à Gianni Agnelli, dans sa villa de Forte Del Marmi, une station balnéaire très sélecte.

Mais à Rome, elle passa la plus grande partie de son temps avec Valentino, dont elle avait découvert les créations vaporeuses à New York, plusieurs années auparavant. Quand elle avait emménagé dans son appartement de la Cinquième Avenue, Valentino était venu la voir avec toute sa collection, une essayeuse, un assistant et un mannequin. Elle avait décidé de l'adopter et, durant les cinq années qui suivirent, il avait créé pour elle un grand nombre de modèles. Comme à l'époque de la Maison-Blanche, elle continuait à faire envoyer les factures à Joe Kennedy.

Pendant les vacances de Pâques, Jackie emmena les enfants à Cordoba, en Argentine, où ils séjournèrent dans le ranch de Miguel A. Carcano, dont les filles étaient des amies des fils de Joe Kennedy. Durant ce séjour, John-John déposa une pierre sur un monument élevé quelques années plus tôt par son père. Jackie fut photographiée par quelques chasseurs d'images professionnels cachés dans les buissons, alors qu'elle était en train de se mettre en maillot de bain sur une plage privée. Les photos, prises de dos, parurent dans le magazine argentin *Gente,* mais les journaux américains refusèrent de les publier. Indifférente à cet incident, Jackie rentra à New York, déposa ses enfants et repartit, deux jours plus tard, pour un voyage en Espagne organisé par le duc et la duchesse d'Albe, avec Angier Biddle Duke, le nouvel ambassadeur des Etats-Unis en Espagne.

Jay Rutherford, l'ancienne assistante de Duke au service du Protocole, sous l'administration Kennedy, et qui était à présent la représentante à Madrid des journaux du groupe Hearst et du Mutual Broadcasting System, prit l'avion pour New York afin d'accompagner Jackie en Espagne : « Le magazine *Constanza* m'avait demandé de faire un papier sur le séjour de Jackie en Espagne. Comme je la connaissais déjà, je m'étais dit que je pourrais traiter le sujet d'un point de vue plus personnel. J'ai passé plusieurs jours avec Nancy Tuckerman à examiner les règles de base. Je devais, me dit-on, obtenir l'autorisation de Jackie avant d'utiliser la moindre citation, ce qui excluait toute possibilité de faire un reportage vivant et intéressant.

« Jackie suscitait toujours un grand intérêt, et il y eut toutes sortes de spéculations dans la presse européenne sur ses relations avec Antonio Guarrigues, l'ambassadeur d'Espagne au Vatican. Guarrigues, soixante-deux ans, veuf avec huit enfants, était un grand ami des Kennedy. Jackie et lui s'étaient vus pour la dernière fois lors de sa visite à Rome, et les journalistes s'étaient aussitôt emparés de l'histoire pour en faire une sorte de conte de fées.

« Elle fut agacée lorsque, à l'atterrissage à Madrid, nous fûmes accueillis par des centaines de reporters, qui l'assaillirent de questions en hurlant tous en même temps. Elle me dit qu'elle avait l'impression de se retrouver à Madison Square Garden. Bien sûr, elle savait comment s'y prendre avec les médias. Elle avait une grande expérience. Nous passâmes la nuit à Madrid et repartîmes, le lendemain, pour Séville. »

Le duc et la duchesse d'Albe accueillirent chaleureusement Jackie à son arrivée à Séville, avec une hospitalité typiquement espagnole, l'installant au Palacio de las Duenas. Mrs. Robin Duke avait fait venir de Madrid, en avion, sa coiffeuse personnelle, et l'avait mise à la disposition de Jackie pour la durée de son séjour. Pendant qu'elle se faisait coiffer, elle feuilleta le dernier numéro de *Women's Wear Daily* dans lequel elle apprit qu'elle était devenue l'une de ces « femmes merveilleuses... franche, naturelle, ouverte, décontractée, détendue, délicieuse, subtile, féminine, jeune, moderne, dévorant la vie à pleines dents, sachant s'amuser ». Sa première grande invitation à Séville fut le bal international de la Croix-Rouge, une soirée de charité à laquelle 2 500 personnes étaient conviées par le duc de Medinacelli. Là, Jackie dut faire face aux 250 photographes venus mitrailler les invités, créant une incroyable bousculade. Elle dut également affronter une princesse Grace de Monaco glaciale, escortée par le prince Rainier, visiblement vexés tous les deux de s'être fait voler la vedette. Lorsque Mrs. Kennedy arriva au bal, la princesse Grace disparut dans le boudoir le plus proche pendant près d'une heure, et le prince Rainier sortit fumer une cigarette.

Au bout de quelques jours, Jackie sembla impatiente de repartir pour Madrid. Non seulement elle s'ennuyait, mais il y avait cette rumeur persistante de liaison avec Guarrigues. La rumeur s'amplifiant, l'ambassadeur convoqua impromptu une conférence de presse, au cours de laquelle il déclara : « Je tiens à ce qu'il soit bien clair et parfaitement compris qu'il n'y a aucun fondement à ces rumeurs de fiançailles. »

Jackie décida alors de rester, et son séjour commença aussitôt à s'animer. Dans les arènes magnifiques de Séville, les trois plus grands toreros d'Espagne, El Cordobès, Paco Camino et El Viti, ignorèrent tous la princesse Grace et offrirent à Jackie leurs monteras et leurs premiers taureaux. En réponse, elle envoya un attaché de l'ambassade US à la base aérienne voisine pour rapporter trois demi-dollars à l'effigie de Kennedy, qu'elle glissa à l'intérieur des monteras avant de les relancer dans l'arène. Elle se détourna lorsque les picadores enfoncèrent leurs lances, mais elle observa chacune des passes avec une fascination évidente, proclamant que ces combats étaient « excitants et superbes ».

Cleveland Amory, parlant au nom de la SPA américaine, avait déjà condamné sa passion pour la chasse au renard. Il étendit ses critiques à son nouvel intérêt pour la corrida : « Dans cette ère de violence que nous traversons, c'est un corrolaire navrant et particulièrement ironique que de constater que Mrs. Kennedy qui, plus qu'aucune autre, a vu de si près les conséquences tragiques du barbarisme de notre époque, trouve aujourd'hui normal de fermer les yeux... ou pire d'encenser l'une des dernières reliques de la barbarie des siècles passés. »

Pour toute réponse, Jackie retourna aux arènes. Elle décida également de participer à la féria à cheval. « Venir à Séville sans monter à cheval, ce serait comme si je n'étais pas venue du tout », décréta-t-elle. Elle endossa donc le traditionnel *traje corio* (spencer rouge bordé de noir, jambières de cuir flottantes, chapeau plat à large bord) et monta un étalon blanc pour défiler nonchalamment dans le *paseo,* jusqu'au champ de foire. La presse critiqua violemment ses excentricités.

« Jackie avait parfaitement conscience que le fait d'endosser ce costume andalou susciterait des critiques, mais elle considérait que c'était là un choix de bon ton, dans la mesure où ce costume lui avait été offert par le duc d'Albe et où elle était son invitée, raconte Jay Rutherford. Elle aurait trouvé grossier de ne pas le porter. Elle voulait jouir pleinement de ses privilèges et ne tenait aucun compte des répercussions possibles sur l'opinion publique.

Le dîner d'adieu donné en son honneur à l'ambassade américaine de Madrid lui fut également très agréable. Elle était placée entre le prince Juan Carlos de Bourbon, alors âgé de vingt-huit ans et simple prétendant au trône, et le ministre espagnol de l'Industrie, Gregorio Lopez Bravo, quarante-deux ans, un homme en pleine ascension politique. « Pas leur charisme, souligne Jay Rutherford, ils lui rappelèrent JFK. »

Début juin, elle emmena les enfants à Hawaii. Ils prirent d'abord l'avion pour San Francisco, où ils furent rejoints par Peter Lawford et ses fils, Christopher, onze ans, et Sydney, neuf ans. Ils étaient accompagnés d'un vieil ami des Lawford, John Spierling, un homme d'affaires célibataire d'Honolulu, fort séduisant. Seules les voitures de Lawford et de Spierling avaient accès à la maison que Jackie avait louée à Kahala pour la somme de 3 000 dollars par mois, au sénateur républicain du Colorado, Peter Dominick. Une maison de style japonais, donnant sur la plage mais très retirée, avec trois chambres à coucher.

Mais on la vit également avec l'architecte John Carl Warnecke, un divorcé qui représentait un beau parti. Warnecke se joignit à plusieurs reprises à Jackie et à ses enfants. Ils passèrent même la nuit sous la tente, durant l'une de leurs excursions. Mais John Jr. tomba à la renverse dans un feu de camp. Il fut heureusement rapidement secouru par John Walsh, chargé de leur protection. Le jeune garçon souffrait de brûlures au second degré sur les bras, les mains et les fesses et il fut transporté d'urgence à l'hôpital le plus proche.

Après plusieurs semaines, Jackie rentra aux Etats-Unis pour fêter son trente-septième anniversaire chez Paul et Bunny Mellon, qui avaient organisé une soirée pour elle dans leur propriété de Virginie. Elle s'envola ensuite pour Hammersmith Farm où elle assista au mariage de sa demi-sœur Janet Jennings Auchincloss avec Lewis Rutherford, un diplômé de Princeton (descendant direct de Peter Stuyvesant), qui avait enseigné à Hong Kong. Dick Banks souligne que la présence de Jackie à ce mariage « en fit un véritable spectacle de cirque et c'est la raison pour laquelle les amis de Janet ne tenaient pas à ce qu'elle soit là. Elle vint malgré tout, entraînant dans son sillage des flopées de touristes et des centaines de photographes de presse. Newport était ce jour-là totalement survoltée. Tout le monde était là pour voir Jackie et John-John qui était le garçon d'honneur de la mariée et qui était habillé comme le Petit Lord Fauntleroy. Janet se sentit tellement éclipsée de son propre mariage qu'elle éclata en sanglots ».

Cet automne-là, Jackie assista à un autre mariage, celui de Pam Turnure avec Robert N. Timmins, un riche magnat canadien de l'aluminium, à l'église St. Ignace de Loyola de New York. Jackie donna une réception dans son appartement en l'honneur du couple. L'année suivante, elle leur rendit visite à Montréal. Et par la suite, elle renouvela ses visites et alla même jusqu'à leur confier ses enfants pour de brefs séjours.

« Je me demande ce qui pouvait bien attirer Jackie chez cette ancienne maîtresse de Kennedy », s'interroge Truman Capote. Elle était insaisissable. Elle avait tendance, au début, à se montrer excessive dans ses amitiés. Ce qui fait qu'elle était rapidement ennuyée ou déçue. Elle avait des coups de cœur, mais ça durait rarement. Les seules amitiés qui durent avec Jackie sont celles où elle peut dicter sa loi. Avec Bunny Mellon, ça a duré parce Jackie la terrifiait. Et si Nancy Tuckerman est toujours là, c'est parce qu'elle est un peu l'homme de paille de Jackie.

« Les autres ne font que passer. Robin Douglas-Home s'est fait larguer parce qu'il avait eu la témérité d'écrire un article sur Jackie. Moi, j'ai été congédié pour deux raisons. D'abord, parce que j'ai raconté au monde entier que je papotais avec elle dans sa chambre pendant qu'elle s'habillait pour le dîner. Ensuite, parce que je suis devenu trop proche de Lee. Non seulement je me suis occupé d'elle quand elle est revenue vivre à New York, mais j'ai partagé ses chagrins en parlant avec elle pendant des heures. Je lui ai offert une rose en porcelaine pour le premier anniversaire de l'assassinat de Kennedy. Je l'ai présentée à tous mes amis. Oliver Smith, ancien co-directeur de l'American Ballet Theater et décorateur de plateau, désirait faire sa connaissance et j'ai organisé un déjeuner chez lui. Ils sont devenus très amis. Il l'accompagnait, çà ou là, l'invitait à des dîners, assistait à ceux qu'elle donnait. Elle allait souvent chez lui pour dessiner. Jamais un mot de remerciement de sa part, ni pour ça ni pour le reste. Elle maltraitait les gens, les balançait comme des vieilles chaussettes. Regardez ce qui est arrivé à ce pauvre William Manchester. »

« Ce pauvre William Manchester » allait en voir de toutes les couleurs avec Bob comme avec Jackie Kennedy. Elle s'était toujours montrée pointilleuse sur les livres consacrés à Kennedy. Lorsque Maud Shaw avait écrit *White House Nanny*, Jackie avait fait appel à Sol M. Linowitz, alors président de Xerox, et menacé l'éditeur de poursuites judiciaires. Lorsque Red Fay avait commis *The Pleasure of His Company*, elle avait insisté pour qu'il y ait un certain nombre de changements et de suppressions. Fay se plia à ses exigences mais, lorsqu'il lui envoya son premier chèque de droits d'auteur, d'un montant de 3 000 dollars, au profit de la bibliothèque JFK, elle le lui retourna. Elle avait été également très contrariée par Arthur

Schlesinger lorsque *A Thousand Days* parut dans *Life* en plusieurs épisodes ; mais lorsque son livre obtint plusieurs prix littéraires, elle se réconcilia avec lui. Il n'en reste pas moins que ni Fay ni Schlesinger n'avaient obtenu son accord préalable, alors que Manchester avait été contacté par Jackie en personne pour écrire son récit. A la lumière de cette précision, ses ultimes objections à la publication de *Mort d'un président* paraissent d'autant plus irrationnelles.

« Quand j'ai entrepris le livre sur l'assassinat, j'étais déjà très engagé dans un projet sur les Krupp, raconte Manchester. J'avais également une chaire à l'université. Jackie m'a appelé pour m'annoncer que Jim Bishop, qu'elle ne pouvait pas souffrir, était sur le point d'écrire un livre sur les événements du 22 novembre. Elle m'a demandé si j'accepterais de signer le récit officiel de l'assassinat. " Comment refuser quelque chose à Jackie Kennedy ? ", ai-je demandé à ma secrétaire. Mais après trois années harassantes de recherches et d'écriture, qui mont forcé à différer tout autre engagement, une fois le manuscrit édité et approuvé, elle a décrété qu'elle ne voulait plus que le livre paraisse, ou du moins voulait-elle qu'il paraisse sous une forme méconnaissable. »

Si l'on en croit l'enregistrement déposé par Jackie à la Lyndon Baines Johnson Memorial Library, elle se sentait enfermée « dans sa coque de souffrance... et il est plutôt difficile de résister, une fois que les vannes sont ouvertes. Il se trouve que je lui ai parlé de choses très personnelles. Et puis, il est reparti, et je pense qu'il a été très perturbé pendant la rédaction du livre. Après coup, je reconnais qu'il y a beaucoup de choses, de choses personnelles en particulier, relatives à mon chagrin et à celui de Caroline, que j'ai voulu faire supprimer. Et je ne sais pas si elles l'ont été ou non, mais en tout cas on a pu les lire partout. Maintenant cela n'a plus tellement d'importance, mais sur le moment j'ai trouvé ça épouvantable.

« Je sais que tout le monde voulait voir paraître les remarques politiques désobligeantes à l'égard du président Johnson. Aujourd'hui, avec le recul — je me dis que ce livre n'aurait jamais dû être fait à cette époque-là. N'oubliez pas que nous étions tous sous le choc. »

Ce que Jackie ne dit pas, c'est qu'à l'époque où elle accorda cette série d'interviews à Manchester, elle buvait beaucoup et de manière continue. C'était pour elle le seul moyen d'affronter ses souvenirs, et c'est sans doute l'explication du ton et de la nature très personnels de certains passages du livre. Les « remarques politiques » auxquelles Jackie fait allusion étaient contenues dans la description délibérément minable que Manchester fit du président Johnson, parti pris éditorial que les conseillers de Robert Kennedy, Ed, sentaient qu'il pouvait se retourner contre Bobby, s'il se présentait finalement à un poste national. Le plus surprenant, c'est que la principale lectrice de Jackie, pendant des mois, fut Pam Turnure. Cette dernière fit plusieurs suggestions écrites en vue d'amendements, mais Manchester réagit en déclarant qu'il ne permettrait pas à une secrétaire de Mrs. Kennedy de lui apprendre comment il devait écrire l'histoire.

La situation s'envenima encore lorsque les droits de première parution furent cédés au magazine *Look,* pour 650 000 dollars, somme destinée non pas à la bibliothèque JFK mais à Manchester. Etant donné ses accords financiers avec les Kennedy, cette somme aurait dû être intégrée dans les bénéfices globaux de l'opération. Lorsque Jackie fut informée de ce projet de publication par épisodes, elle insista sur le fait que, si elle n'avait pas l'intention de retirer le livre de la circulation, il devait paraître chez Harper & Row, sous couverture cartonnée — une décision de Bob Kennedy, — elle s'opposerait, en revanche, à son exploitation par un magazine national, et qu'elle était prête à faire tout ce qui était en son pouvoir pour protéger sa vie privée et celle de ses enfants.

Elle annonça à Manchester qu'elle se battrait jusqu'au bout : « Quiconque sera contre moi dans cette affaire se retrouvera sans un poil sur la tête... à moins que je ne me fasse la malle avec Eddie Fisher ! »

Il y avait deux manières de considérer ce problème, et les deux se défendaient. Le *New York Times* publia un éditorial résumant l'un de ces points de vue : « L'Histoire appartient à tout le monde, pas seulement à ses protagonistes... Après avoir pris la décision initiale (de faire écrire le livre), Mrs. Kennedy ne peut à présent échapper aux conséquences. »

L'autre point de vue fut exprimé par Richard Goodwin, qui vivait dans la ville natale de William Manchester et fut sollicité par les Kennedy pour intervenir dans la controverse en tant que médiateur. « Le conflit avec Manchester était d'ordre juridique. Le cahier des charges, ou le contrat, qui le liait à Bob et à Jackie Kennedy, n'avait rien d'inhabituel. Il devait obtenir leur autorisation pour utiliser certaines citations et pour les publier. Jackie se sentit trahie. Et elle avait raison, à la fois du point de vue juridique et du point de vue éthique. Manchester n'avait purement et simplement pas respecté le contrat [1]. »

Dans cette polémique autour de *Mort d'un président,* Harper & Row était représenté par Cass Field et Ewan W. Thomas, les deux responsables de la publication de *Profiles in Courage* de John Kennedy et de *The Enemy Within* de Robert Kennedy. En raison de leurs liens avec la famille Kennedy, l'éditeur adopta une attitude plus conciliante que le magazine *Look,* représenté par son président du conseil, Mike Cowles, et son rédacteur en chef, William Attwood, qui avait été diplomate sous la présidence de Kennedy, se montra plus ferme et s'attira en conséquence un plus grand courroux.

Lorsque Mike Cowles arriva à Hyannis Port pour régler le différend avec Jackie et préparer le terrain en vue d'une parution par épisodes, il se fit littéralement agresser. « Mrs. Kennedy se montra très excessive », raconte William Attwood dans un compte rendu oral qu'il fit pour Columbia

---

1. La clause clé dans le cahier des charges signé par William Manchester le 28 mars 1964 stipulait : « Le texte final ne sera publié qu'après approbation (par Jacqueline et Robert Kennedy). » Manchester prétendit ultérieurement que Robert Kennedy lui avait envoyé un télégramme approuvant son manuscrit. Robert Kennedy plaida que ce télégramme ne constituait pas une approbation définitive.

University. « Elle traita Mike d'ordure et de salaud... et elle devint complètement hystérique, violente en paroles, au point que Mike rentra un peu ahuri... de constater que la grande dame que nous avions vue aux funérailles, et après, était capable de se montrer aussi vulgaire.

« A ce stade-là... Mrs. Kennedy... était devenue incontrôlable, du moins pour le reste de la famille... Elle était indubitablement une source d'embarras pour Bob Kennedy qui... ne perdait pas de vue son avenir politique, et cette petite bataille sordide autour des mémoires était une chose dans laquelle il ne voulait pas être impliqué... pas davantage qu'il ne tenait à être impliqué dans le débat avec la presse, d'autant qu'en gros... les autres journaux et magazines s'étaient rangés d'instinct de notre côté. »

Si Manchester pense qu'Evan Thomas s'est plié en quatre pour apaiser les Kennedy, Harper & Row défend sa position en affirmant qu'il souhaitait un arrangement pacifique et voulait éviter, dans la mesure du possible, tout litige juridique. « Je pense que ce fut une erreur, de la part de Manchester, de signer avec les Kennedy un contrat qui leur donnait un droit de regard sur le contenu du livre avant édition, déclare Thomas. Mais je trouve aussi que Jackie s'est conduite de manière lamentable. Il semble qu'il y ait eu une grande confusion, car je lui avais envoyé le manuscrit avant impression et j'ai cru comprendre qu'il lui avait plu (ou du moins qu'il plaisait à la famille). Mais, le temps passant, elle est devenue beaucoup moins conciliante. Je n'ai jamais vraiment compris quelles étaient ses objections, car elle ne s'est jamais beaucoup exprimée là-dessus. Je pense qu'il était injuste de différer la publication. Jackie avait lu le manuscrit assez tôt et le problème aurait pu être réglé dès le début. Mais, pour une raison qui m'échappe, elle a adopté par la suite une position franchement hostile. Cela a beaucoup contrarié Manchester, et moi aussi. Le pis, c'est que je n'ai jamais compris quel était le fondement de ses objections. Il semble que ce soit elle qui ait voulu, à l'origine, que ce livre soit fait. Mais qu'une fois confrontée à la réalité, elle ait ensuite changé d'avis. »

Manchester partage l'étonnement de son éditeur face au revirement inattendu de Jackie. A dater du jour où il remit le manuscrit final, il dut apporter une série de corrections et de modifications, pour se plier aux demandes des différents lecteurs de l'ouvrage. « A chaque fois que je faisais une concession, les Kennedy arrivaient avec une nouvelle liste d'exigences, raconte-t-il. Et ça a duré pendant des mois. Finalement, j'ai dit : " basta ", et c'est là que les choses ont tourné au vinaigre. »

Le 28 novembre 1966, alors que Manchester se trouvait à Londres dans l'espoir d'échapper au harcèlement permanent de la presse, Jackie lui écrivit, insistant pour qu'il fasse de nouveaux changements : « Les changements dont je parle... concernent tous des détails de nature personnelle que je me refuse avoir rendus publics. Il y a beaucoup d'autres problèmes, je sais, mais ceux-là sont tous de même nature, et il est indispensable de les supprimer, pour ma tranquillité et pour celle de mes enfants. Je veux croire que vous ne vous y refuserez pas. »

Personne ne sembla épargné par ce fracas. Le 16 décembre de la même année, Jackie reçut un petit mot de la main du président Lyndon Johnson :

Chère Jackie,
Lady Bird et moi avons été navrés de lire dans la presse le récit de vos malheurs avec le livre de Manchester. Certains de ces articles attribuent votre inquiétude aux passages du livre qui seraient critiques ou diffamatoires à notre égard. Si tel est le cas, je tiens à ce que vous sachiez à quel point nous apprécions votre délicatesse et votre sensibilité si caractéristiques, mais nous ne voudrions pas être la source d'un quelconque désagrément, ou d'un quelconque ennui pour vous. On ne s'habitue jamais à la calomnie, certes, mais nous avons appris à vivre avec. Quoi qu'il en soit, votre propre tranquillité est importante à nos yeux et nous n'aimerions pas que vous subissiez la moindre contrariété par notre faute.

Eperonnée, Jackie continua à attaquer Manchester, remettant à la presse une déclaration (rédigée par Ted Sorenson) dans laquelle elle condamnait conjointement l'auteur et son éditeur. Elle se retournait à présent contre Harper & Row, qu'elle accusait d'avoir ignoré « les critères reconnus de propriété et de bonne foi », violé « la diginité et la vie privée des enfants, qu'elle avait eu tant de difficultés à protéger » et publié « un récit prématuré des événements de novembre 1963, à la fois insipide et partiellement déformé ».

Décidée à porter l'affaire devant les tribunaux, elle ordonna à son avocat, Simon H. Rifkind, ancien juge et principal associé du cabinet Paul Weiss Rifkind Wharton & Garrison, d'empêcher par tous les moyens la parution du livre ou de tout extrait et de poursuivre parallèlement toutes les parties impliquées. « Je ne saurai jamais pourquoi elle a participé au projet, lu le manuscrit, l'a apparemment aimé, pour dire ensuite à la presse que j'avais écrit un livre épouvantable et sans intérêt, déplore Manchester. J'ai parlé avec cette femme pendant de nombreuses heures, j'ai partagé certaines de ses pensées les plus intimes, les plus sombres, j'ai écrit le récit officiel de l'assassinat du président Kennedy, mais je ne sais toujours pas qui est réellement Jackie Kennedy Onassis. C'est un mystère que j'emporterai avec moi dans la tombe. »

L'action juridique n'empêcha pas les négociations en coulisses. *Look*, Harper & Row et l'auteur tombèrent finalement tous d'accord sur une deuxième série de coupures. « Et lorsque nous convînmes de ces changements, note William Attwood, nous suggérâmes que nos avocats rencontrent les leurs et la rencontrent, elle... et c'est là que je suis monté dans la pièce (dans les bureaux de *Look*) avec Dick Goodwin et avec elle pour examiner le premier épisode, qui était celui qui avait soulevé le plus d'objections de sa part, celui qui décrivait l'assassinat à proprement parler.

« Je me souviens qu'avant que je monte, Mike Cowles, dont la dernière expérience avec elle avait été si déconcertante, m'a dit : " Quoi que vous fassiez, quoi qu'elle dise, même si elle crie ou si elle vous insulte, gardez votre sang-froid ".

« Je lui ai répondu : " Ne vous en faites pas, Mike. J'ai travaillé pendant quatre ans en Afrique pour le gouvernement, et j'en ai entendu d'autres. Il y a même eu des manifestations devant l'ambassade, et elle ne me fait pas peur. "

« Eh bien, à ma grande surprise, elle se montra très calme, aimable et coopérative, et nous avons examiné ensemble les passages de ce premier épisode, très long, qui ne lui convenaient pas... et aussi ceux qui n'avaient soulevé aucune objection de sa part... C'était intéressant parce qu'elle est restée parfaitement aimable durant toute l'entrevue. Nous avons parlé du bon vieux temps et de nos prédédentes rencontres (à la Maison-Blanche), et elle est repartie avec le sourire. Mais, curieusement, quand elle est arrivée à la porte et qu'elle a vu les journalistes qui l'attendaient, elle s'est arrangée pour éclater en sanglots, et c'est comme ça qu'on a pu lire dans les gros titres des journaux du soir : " Jackie est sortie de l'entrevue en larmes. " C'était devenu un problème de... relations publiques. Et il fallait que nous assumions le rôle des méchants, qui essayaient de mettre la pauvre veuve dans l'embarras. Cela créa un certain malaise, parce qu'il s'agissait d'une mise en scène flagrante. Si elle avait eu des raisons de pleurer, c'était en haut, avec moi, quand nous avions lu le récit des coups de feu, et du sang sur sa jupe, et de la cervelle répandue dans toute la voiture. Mais elle avait lu ce passage avec une parfaite sérénité... et les larmes et l'émotion n'ont surgi que lorsqu'elle s'est retrouvée face aux journalistes. »

Il y eut un étrange épilogue à l'affaire Manchester. Au grand étonnement de ceux qui avaient le sentiment que William Manchester s'était fait piétiner par les Kennedy, l'auteur prit fait et cause pour Bob lorsque celui-ci se présenta à la présidence, en 1968, soutenant qu'il était un candidat « authentiquement humain... l'homme le moins compris de l'arène politique ». Jacqueline Kennedy téléphona à Manchester et lui écrivit par la suite : « Quand j'ai lu, ce printemps, que vous apportiez votre soutien à Robert Kennedy, j'ai d'abord été étonnée, puis très touchée et plus que ça encore... je tiens à ce que vous sachiez que la dernière fois que j'ai vu Bob vivant nous avons parlé de ça. Et il était aussi touché que moi... Vous lui avez donné ce qu'il attendait des autres... l'oubli des fautes du passé... la foi dans le présent... et la générosité de votre grandeur d'âme et de votre sacrifice. »

Kennedy un jour, Kennedy pour toujours. Tout ce que Jackie faisait ou disait en public était évalué par les autres membres de la famille en termes d'avantage ou de désavantage pour l'image politique du clan. L'imbroglio de l'affaire Manchester n'avait pas été porté à son crédit, ni la vie ostensiblement luxueuse qu'elle menait. Elle avait débuté cette nouvelle année par un pèlerinage à Antigua. Bunny Mellon se proposa de lui acheter ou de lui faire construire une maison sur cette petite île idyllique, mais Robert Kennedy la pressa de refuser. Bob se ligua également avec Ted pour la forcer à renoncer à l'allocation qu'elle recevait du gouvernement pour lui permettre de garder son bureau de Park Avenue.

« Jackie avait ses problèmes avec les Kennedy, raconte le journaliste français Paul Mathias. JFK avait laissé derrière lui un patrimoine de 15 millions de dollars, mais la plus grosse partie était bloquée en faveur des enfants. Le testament n'avait pas été retouché depuis 1954 et ne prévoyait aucune provision en faveur de Jackie. Elle avait acheté l'appartement de Cinquième Avenue avec la vente de la maison de Georgetown, et elle avait acquis cette maison avec l'argent légué à ses enfants. Il y avait bien une clause lui assurant un revenu de 150 000 dollars par an. Mais si elle se remariait, cette somme devait être reversée aux enfants. Elle avait récupéré l'argent de la vente de sa maison d'Atoka et elle était propriétaire de celle de Hyannis Port qui, depuis la mort de Kennedy, avait été complétée par une caravane stationnée à l'arrière. Jackie y avait fait installer les gardes du corps, parce qu'elle ne voulait plus les voir traîner partout dans la maison. Elle les trouvait très indiscrets. Elle possédait d'autres biens mineurs. En tant que veuve, elle avait reçu du gouvernement, en même temps que les affaires personnelles de Kennedy, des livres, des meubles et divers objets. En tout, elle disposait pour vivre d'environ 200 000 dollars par an. Et Bob lui versait une rallonge annuelle de 50 000 dollars. Mais cela ne lui permettait pas d'aller très loin. Elle aimait les beaux objets et n'hésitait pas à dépenser 100 000 dollars pour une boîte à priser ou un vase ayant appartenu à la Grande Catherine.

« Les Kennedy se fichaient pas mal des boîtes à priser, des œufs de Fabergé ou des tapis persans. Ils s'intéressaient au pouvoir, à la politique. Ils utilisaient leur argent pour acheter des voix. Avec tout l'argent que Joe Kennedy a dépensé, pour assurer l'élection de JFK, même Andy Warhol aurait pu être élu président. Ils ne laissaient jamais de pourboire. Ils payaient leur personnel au tarif minimum. Après l'attaque de Joe Kennedy, ils commencèrent à faire venir leurs domestiques — jardiniers, cuisiniers, femmes de chambre — du Costa Rica et de la république Dominicaine, parce que c'étaient les seuls qui acceptaient de travailler pour des salaires aussi bas. Ils n'avaient jamais d'argent sur eux mais ouvraient des comptes partout. Quand Ethel Kennedy s'arrêtait à une station-service locale pour faire le plein, le pompiste lui demandait en plaisantant : " Vous avez de l'argent sur vous aujourd'hui, Mrs. Kennedy ? " Ils étaient la risée de tout Hyannis Port. Et Bob était aussi radin que son père. Jackie ne pouvait décemment pas aller le voir pour lui dire : " Ecoute, je suis entrée à La Vieille Russie et j'ai vu une adorable carafe XVIIIe, pour seulement 60 000 dollars. " Il lui aurait ri au nez. Il n'était déjà pas facile de le faire casquer pour les choses indispensables. Jackie avait besoin d'une nouvelle voiture. Pour l'avoir, elle dut pratiquement le corrompre en lui promettant son appui s'il se présentait à l'élection présidentielle.

« Après l'assassinat de JFK, le bruit court que Jackie et Bob avaient une liaison. Jackie s'intéressait aux hommes inaccessibles. Et Bob, même si cela n'avait rien de comparable avec son frère, avait lui aussi son lot d'aventures. Je serais étonné d'apprendre qu'il y ait eu quoi que ce soit de sexuel entre eux. Je n'exclus pas, cependant, la possibilité d'un flirt à une certaine époque. En la circonstance, cela n'aurait rien de si invraisemblable. »

Mary De Grace, qui resta dix-sept ans au service d'Ethel Kennedy à Hyannis Port, était parfaitement au courant des rumeurs concernant Bob et Jackie. « Ça alimentait les bruits de couloir, raconte-t-elle. Il y avait tout le temps des articles dans les journaux sur cette romance supposée entre Jackie et Robert Kennedy. Le personnel de la maison était tout émoustillé par ces rumeurs. Mais c'était plus de l'ordre d'un petit quelque chose dans l'air... Il n'y avait rien de vraiment tangible. Les week-ends, la famille se réunissait chez Bob pour le dîner. Un jour, quand Jackie arriva, Ethel se leva de table et partit dans sa chambre. Il y avait une certaine tension entre les deux femmes. Ça avait sûrement quelque chose à voir avec Bob. Je ne sais pas s'il y avait une véritable relation sexuelle entre eux, mais il y avait quelque chose. Je pense que la situation a atteint son point culminant au cours de l'été 1967, l'année avant la mort de Bob. Ethel se sentait menacée. C'était comme si Jackie et Bob complotaient quelque chose et, s'il ne s'est rien passé, Ethel semblait redouter une telle éventualité.

« On m'a rapporté une histoire plutôt révélatrice à ce sujet. Katherine, une femme de chambre d'un certain âge, était présente un jour que Ted, arrivant à la maison, s'approcha d'Ethel et se pencha pour l'embrasser. Elle le repoussa en lui faisant remarquer : " Nous ne sommes pas Bob et Jackie. " Ethel était visiblement sensible à ce qui se passait ou qui risquait de se passer entre son mari et Jackie si elle perdait le contrôle de la situation. »

Mary De Grace n'avait pas une grande affection pour Ethel : « Je me suis occupée du linge de la famille, de 7 h 30 du matin à 5 heures du soir, cinq jours par semaine, tous les étés, pendant toutes ces années. Ils ont mis quatre ans à s'apercevoir que j'avais un nom. Pendant toute cette période, j'ai perçu des gages minimum et je n'ai reçu qu'un seul cadeau de leur part : un portrait de Robert Kennedy, après sa mort. Comme ils payaient très mal, le personnel s'en allait tout le temps. Une année, nous avons vu défiler treize cuisinières en dix semaines. Plus tard, lorsque les enfants ont grandi, j'ai souvent trouvé du hasch dans la lingerie, dans les poches de pantalons, de ceux du jeune David en particulier, celui qui est mort d'une overdose. Je le balançais et je prévenais Ena. Ena, qui était originaire du Costa Rica, était la gouvernante d'Ethel depuis de nombreuses années et elle l'avait aidé à élever la plupart de ses onze enfants. On ne pouvait rien lui cacher. Mais si je me confiais à elle, je savais qu'elle ne dirait rien à Ethel.

« Il y avait une chose de bien à propos d'Ethel, et c'était pareil pour Jackie : lorsqu'on servait de la viande, le soir, à la table familiale, il y en avait aussi à l'office pour le personnel. Tandis que chez Rose Kennedy, quand elle mangeait du steak, vous aviez droit à un hamburger, et quand elle mangeait un hamburger, vous aviez des saucisses. Et pas question de dessert. Les Kennedy étaient comme ça. Pour eux, le monde était partagé en deux : eux d'un côté, et nous de l'autre.

« Malgré le caractère énergique d'Ethel, sa maison était une véritable porcherie. Ils allaient à la messe tous les jours, mais ils ne ramassaient jamais rien derrière eux. La maison de Jackie semblait beaucoup mieux tenue. Bien sûr, il n'y avait pas autant d'enfants. Je me souviens avoir ouvert la maison de Jackie avant son arrivée, un été. Elle avait un lit à baldaquin. Aucun signe de richesse ostentatoire si ce n'est sa garde-robe : un placard à double porte, bourré de vêtements. Et il devait y avoir au moins une trentaine de paires de chaussures. Elle ne séjournait là qu'un mois par an, et cela pouvait paraître un peu beaucoup.

« Je trouve que Jackie était très agréable. Les autres domestiques ne l'aimaient pas. A chaque fois qu'elle me voyait, elle me demandait en souriant : " Bonjour ! Comment ça va ? ".

« Au bout de dix-sept ans, Ethel et moi avons eu des mots au sujet d'une facture de blanchisserie. Elle trouvait que je faisais laver trop de choses à l'extérieur. Je lavais et repassais les chemises, les serviettes, les sous-vêtements, les taies d'oreillers et même les salopettes. Qui repasse encore les salopettes aujourd'hui, surtout en marquant le pli du pantalon ? La machine à laver tournait depuis le moment où j'arrivais jusqu'après mon départ, lorsqu'une autre employée prenait la relève. Mais nous faisions laver à l'extérieur les grosses pièces, comme les draps, les couvertures, les rideaux. Un jour, Ethel est entrée dans la lingerie et m'a dit : " Vous devez être de mèche avec le type de la blanchisserie. Ma facture s'élève cette année à 700 dollars et c'est vous qui allez la payer ! " Je lui ai répondu qu'elle pouvait toujours tendre une main et cracher dans l'autre pour voir laquelle se remplirait la première. Et j'ai balancé le fer à repasser avant de prendre la porte.

« En 1982, j'ai été reçue par Jackie pour un travail d'employée de maison. C'était un an après mon départ de chez Ethel Kennedy. Je croyais qu'elle allait faire allusion à l'incident. Mais non. En fait, elle ne m'avait même pas reconnue. Elle m'avait croisée et saluée des milliers de fois au cours des vingt dernières années, mais lorsque je suis entrée dans sa maison en tenue de ville, j'étais devenue transparente. Je n'ai pas accepté le poste. »

En mars 1967, Jackie, John Jr. et Caroline prirent l'avion pour Acapulco où ils passèrent plusieurs semaines avec Lee Radziwill et ses enfants, qui fréquentaient alors le lycée Français de Londres. Si Jackie était moins attristée que lors de son précédent séjour à Acapulco, elle restait préoccupée à plus d'un titre. Un jour, un bateau à moteur transportant une demi-douzaine de photographes mexicains fit chavirer son voilier. Les journalistes pullulaient et leur présence était un véritable casse-tête pour la Sécurité. Il y avait aussi une certaine tension entre Jackie et Lee. La cause de leur différend était Truman Capote qui, au cours des derniers mois, était devenu plus proche de Lee que de Jackie. Sentant chez elle une vulnérabilité et une sensibilité qu'il disait ne pouvoir trouver chez Jackie, Truman avait accompagné Lee au Maroc et l'avait semble-t-il encouragée, lors de ce voyage, à se lancer dans une carrière d'actrice.

« Nous étions très proches, raconte Truman. Nous avons même parlé mariage, mais rien à voir avec l'idée qu'on s'en fait dans les chaumières. Je l'appelais ma " Princesse préférée " et elle disait que j'étais son meilleur ami. Je me plaisais à jouer les Dr. Doolittle. Je pensais : " Cette pauvre enfant a vécu toute sa vie dans l'ombre de sa sœur aînée, la regardant grimper un échelon après l'autre. Pourquoi ne pas lui donner un coup de pouce ? "

« Elle me disait que son plus grand regret était de ne pas avoir fait d'études. " Je m'intéresse surtout à l'art, disait-elle, mais à cause de l'éducation que j'ai reçue, je n'ai jamais canalisé mes efforts dans un domaine particulier. " Alors, je l'ai présentée à Milton Goldman, un agent de théâtre qui s'occupait d'acteurs comme Laurence Olivier et John Gielgud, et il lui a proposé un rôle à Chicago. Madame la Reine mère Kennedy (Jackie) n'aima pas ça du tout. Les deux sœurs se jalousaient. Elles poussaient la compétition jusque dans leurs cadeaux. Madame la Reine m'offrit un pot de pharmacien en porcelaine bleue sur lequel figurait le mot OPIUM en grosses lettres noires. Ma Princesse préférée m'envoya un étui à cigarettes Schlumberger, entouré d'un filet d'or, portant en lettres gravé l'inscription : " A mes prières exaucées. Avec amour. »

« Lee se plaignit par la suite, décrétant qu'elle aurait préféré jouer Tchekhov ou figurer aux côtés de Maureen Staplet dans un de ces dîners-spectacles qu'elle donnait à Phoenix. Mais son premier rôle fut celui de Tracy Lord, l'héroïne riche et excentrique de la comédie pétillante de Philip Barry, *The Philadelphia Story,* qui ouvrit la saison d'été 1967, au Ivanhoe Theater de Chicago. Gerald Clarke, le biographe de Capote [1], révèle que Kenneth vint spécialement de New York pour coiffer Lee et George Masters, un maquilleur d'Hollywood, Stas Radziwill et Capote étaient là pour lui tenir la main. Selon Clarke, le seul à faire preuve d'un peu d'humour était Masters, qui s'obstinait à appeler Stas « Princie » et « se plaignait des couleurs des robes de Saint Laurent que portait Lee dans la pièce — rose shocking, violet ou vert chartreuse. L'une d'elles, disait-il, ressemblait à de la pâtée pour chien — même les Supremes n'auraient pas osé arborer pareille tenue ! »

« UN FOUR EN OR MASSIF POUR LEE. » Tel était le titre de l'une des critiques du spectacle. « Pathétique, lamentable et triste, développait une autre. Même Capote fronça le sourcil en voyant sa protégée se compromettre ainsi sur la scène. « Si Lee n'avait pas existé, il aurait fallu l'inventer, décréta-t-il, longtemps après leur ultime brouille. Je n'en croyais pas mes yeux. Je me disais qu'il devait y avoir une erreur quelque part. Qu'elle méritait une autre chance. »

David Susskind, producteur indépendant et animateur d'une émission télévisée (aujourd'hui décédé) se souvenait « avoir croisé Truman dans une soirée à New York et l'avoir entendu faire son numéro à propos de Lee Radziwill. Quelle grande actrice elle serait si seulement on lui donnait le bon rôle ! Il se mit à me harceler, me téléphonant à toute heure, faisant irruption dans mon bureau. Il exhibait partout un press-book de Lee dans le rôle de Tracy Lord. Les critiques étaient épouvantables, mais Truman persistait à affirmer qu'elle avait du talent. De plus, disait-il, regardez toute cette

---

1. Cf. *Capote,* par Gerald Clarke, p. 387-390.

publicité qu'elle a attirée sur la pièce. Nous sommes donc allés voir les gens d'ABC et nous leur avons vendu l'idée d'engager Lee pour l'adaptation que Truman avait faite de la comédie de John Van Drutent *The Voice of the Turtle*. Ils acceptèrent de la payer 50 000 dollars pour jouer le rôle vedette.

« Après quelques semaines de réflexion, j'ai appelé Truman et je lui ai dit : " J'aimerais faire un remake du film tourné par Otto Preminger en 1944, *Laura*. Lee reprendrait le rôle de Gene Tierney et nous demanderions à George Sanders de jouer celui de Clifton Webb. Et c'est toi qui écrirais le script final. " Truman en parla à Lee et elle ne fit aucune objection à ce projet, à condition que le tournage se fasse à Londres, pour ne pas être trop éloignée de chez elle. " Bien, répondis-je, je vais arranger ça. " En plus de George Sanders, nous avons engagé Robert Stack, Arlene Francis et Farley Granger, ainsi que John Rich comme metteur en scène.

« La première répétition eut lieu à Londres à l'automne 1967, et au moment même où notre vedette féminine commença à lire son rôle, il devint évident que j'avais commis une terrible bourde. Pour parler clair, Lee Radziwill ou Bouvier (le nom qu'elle utilisait dans sa vie professionnelle) n'était pas une comédienne. Non seulement elle était incapable de donner correctement la réplique, mais elle ne savait pas bouger. Et aucun metteur en scène n'aurait pu révéler un talent, qu'elle n'avait pas.

« Je téléphonai à Truman à New York et lui expliquai la situation. Il accepta de régler le problème avec Lee et essaya apparemment de la convaincre qu'elle était Laura. Que tout ce qu'elle avait à faire, c'était de faire comme si elle donnait un de ses cocktails. " Soyez charmante, comme vous savez si bien l'être quand vous recevez cinquante invités à dîner ", lui dit-il. Mais ça ne marcha pas. Son jeu devint même encore plus mécanique. Et la chose la plus surprenante est que ça ne la troubla pas le moins du monde. Elle avait beau être très mauvaise, elle était persuadée de bien faire. Notre planning de répétitions avançait. Comme la date du tournage approchait, je commençais à paniquer. J'essayai à nouveau de joindre Truman, mais ce fut pour apprendre qu'il était parti aux Bahamas, sans laisser d'adresse ni de numéro de téléphone.

« Ce qui me rendit vraiment furieux, ce fut le comportement de Lee. Faire l'actrice, c'était bien, mais il ne fallait surtout pas que ça interfère avec sa vie sociale. Elle était tout le temps en retard aux répétitions, à cause des soirées qui se prolongeaient tard chez elle. Les dernières semaines, elle ne connaissait même plus son rôle, elle ne connaissait pas ses répliques, ne savait ni par où entrer ni par où sortir. Un responsable d'ABC, venu assister à deux répétitions, décréta qu'il fallait la virer. Je lui dis que j'étais d'accord.

« Mais comment virer la belle-sœur d'un ancien président des États-Unis et la sœur de l'une des femmes les plus en vue de la planète ? Impossible. Elle devait partir d'elle-même. Je donnai donc à John Rich la consigne de critiquer systématiquement son jeu, de manière qu'elle renonce à poursuivre. Tout judicieux qu'il fût, mon plan fut contrecarré par les autres membres de la distribution, qui refusaient de la voir humilier ainsi, même si son jeu était détestable et inadéquat. Nous décidâmes donc de transformer la dernière semaine de répétition en cours intensif d'art dramatique pour notre star infortunée. « Et nous avons poursuivi ce malheureux projet. Il nous a fallu, dans certains cas, faire plus de trente prises et encore, la seule manière de s'en sortir, c'était de braquer la caméra sur n'importe quoi, sauf sur Lee. La version filmée fut diffusée aux États-Unis en décembre 1970 et en Angleterre en janvier de l'année suivante, suscitant des critiques désastreuses des deux côtés de l'Atlantique. Ce fut la fin de la carrière théâtrale de Lee, et ça a bien failli être aussi la fin de la mienne. »

Pendant que Lee se pavanait sur scène et en compagnie de Truman Capote, Jackie se rendit à Newport News, en Virginie, où sa fille devait baptiser l'*USS John Fitzgerald Kennedy,* un porte-avions de 88 tonnes, qui avait coûté la bagatelle de 200 millions de dollars. C'était une opération médiatique de grande envergure et la marine avait débloqué un budget de 300 000 dollars pour la seule cérémonie inaugurale. « Nos grands pontes n'étaient pas franchement ravis de cette dépense, raconte l'amiral Thomas Moorer, ancien commandant de la 7e Flotte. Mais c'était un grand bateau, qui méritait un grand spectacle. Le président Johnson était venu en avion pour la circonstance. Les dignitaires étaient transférés en hélicoptère depuis l'aéroport. Robert McNamara, qui était arrivé avec Mrs. Kennedy et devait prononcer le discours de dédicace, s'était planté sur la liste pour guider les pilotes d'hélicoptères dans leurs manœuvres d'atterrissage. Nous avions prévu des hommes du contingent pour assurer cette opération, mais ça n'a pas eu l'air de le dissuader.

« Mrs. Kennedy assistait à la scène. " Je sais que ça vous rend nerveux, ce genre de grande cérémonie ", me dit-elle. Je lui répondis que je ne m'énervais jamais mais que le secrétaire de la Défense semblait passablement agité. Dire que ce type a eu tant de responsabilités, y compris celle du Viêt-nam ! »

Le 30 mai 1967, on apprit la nouvelle de la mort de lady Harlech, l'épouse de David Ormsby-Gore, dans un accident d'automobile en Galles du Nord. Jackie et Robert Kennedy s'envolèrent pour l'Angleterre, où ils assistèrent à la messe de funérailles. Deux semaines plus tard, Jackie se retrouva à Londres, avec Caroline et John Jr. cette fois. C'était le point de départ d'un voyage « sentimental » de six semaines en Irlande, qui prévoyait des promenades à cheval, une entrevue avec le président Eamon de Valera, les sweepstakes irlandais et une visite de la maison ancestrale des Kennedy, à Duganstown.

Jackie passa la majeure partie de son temps avec ses voisins de Bernardsville, les Murray McDonnell et leurs huit enfants, à Woodstown House, un manoir de 53 pièces, situé à Waterford. Un jour, alors que Caroline et une demi-douzaine des enfants de la famille étaient en train de plonger dans une mare voisine, une cinquantaine de photographes de presse s'abattirent sur eux. Le garde du corps de Caroline rassembla précipitamment les enfants et les ramena à la propriété. Furieuse de l'incident, Jackie téléphona aussitôt au département des Affaires étrangères irlandais et leur demanda de publier un communiqué précisant qu'elle et ses enfants souhaitaient qu'on leur fiche la paix.

Un autre incident eut lieu deux semaines plus tard environ ; il aurait pu se révéler dangereux et se terminer de façon tragique pour Jackie. Il est décrit dans une lettre datée du 7 août 1967 mais qui n'a été exhumée que récemment, une lettre adressée par Jackie à Thomas T. Hendrick, conseiller spécial auprès du ministre, ministère des Finances, département du Service Secret.

> *Au bout de deux semaines de séjour en Irlande, j'ai commencé à sortir le soir pour aller me baigner. Avec dix enfants dans une maison, on a parfois besoin d'un peu de solitude. Je conduisais moi-même et je ne disais jamais à personne où j'allais.*
>
> *Un jour, Mr. (John) Walsh s'est rendu compte que j'étais sortie et, devinant que je m'étais rendue à la plage, il m'a suivie. Il m'a surveillée ainsi pendant trois jours, mais je n'en ai rien su. L'endroit où je me baignais était dangereux, mais je ne m'en doutais pas car la marée était assez basse, le soir. Le quatrième jour, nous sommes tous allés pique-niquer, à la marée haute. Mr. Walsh était avec les McDonnell et les plus jeunes enfants sur un banc de sable. Je me suis échappée du groupe, discrètement, et j'ai marché sur la plage, pendant huit cents mètres, derrière les dunes, jusqu'au bras de mer que j'avais l'habitude de traverser à la nage.*
>
> *A mi-chemin, j'ai été prise dans un terrible courant. La marée remontait avec une telle force que, si je n'arrivais pas à atteindre la rive opposée, je risquais d'être emportée au fond d'une baie qui s'étendait sur près de 20 km. Je suis une très bonne nageuse, et je peux nager pendant des heures et sur une très longue distance mais je n'avais jamais eu à affronter une telle combinaison du courant et du froid. Et il n'y avait personne en vue pour appeler au secours.*
>
> *J'étais épuisée, j'avais avalé beaucoup d'eau et j'étais en train de m'écarter de l'avancée de terre, lorsque j'ai senti à côté de moi comme un gros marsouin. C'était Mr. Walsh. Il a glissé son épaule sous la mienne et, ensemble, nous avons regagné la rive. Je me suis assise sur le sable et j'ai recraché toute l'eau que j'avais avalée pendant près d'une demi-heure, tandis qu'il est parti emprunter une couverture à un pauvre vagabond pour me réchauffer. Ensuite, nous avons marché pendant près de deux kilomètres, jusqu'à un chemin de terre. Et c'est là que les McDonnell, qui s'étaient aperçus de notre absence, nous ont finalement rejoints, suivis par la voiture des policiers irlandais.*

Jackie recommanda que Waslh reçoive les plus grands honneurs : « Il a sauvé mon fils d'un feu de camp, à Hawaii, l'année dernière. Et cette année, c'est moi qu'il a sauvée... (Il) a devancé le désastre à deux reprises et il a donné ses lettres de noblesse à la tradition du Service Secret. »

En avril 1978, sur la demande expresse de Jackie, Walsh fut nommé à la tête de son escorte personnelle, ce qui lui fit remarquer, dans une autre lettre à Hendrick, que ses gardes du corps étaient tous irlandais à présent, de même qu'une grande partie de son personnel : « Je n'aurais jamais imaginé que je deviendrais un jour la " châtelaine " d'une bande d'Irlandais et d'Irlandaises. Mais ce sont les seuls qui restent. Je suppose que c'est parce que les Kennedy sont Irlandais et que les Irlandais se tiennent tous les coudes. Dans ma maison, ils travaillent tous pour moi depuis mon déménagement à New York, sauf les cuisinières, qui changent sans arrêt. Et la dernière (Annemarie Huste) écrit à présent un livre sur son travail avec moi et avec Billy Rose !

« Cette fidélité est une qualité dont je leur suis particulièrement reconnaissante, car je ne peux pas me permettre de voir le moindre de mes employés écrire un livre. Maud Shaw, la gouvernante anglaise des enfants, en a déjà écrit un ! Mais les Irlandais sont des gens assez loyaux pour ne jamais faire une chose pareille... Et puis ils s'entendent bien entre eux... Je sais que leur défaut c'est d'avoir un trop grand esprit de clan, et d'être bagarreurs — et j'imagine que c'est sans doute pour ça qu'ils insupportent tellement tous ceux qui ne sont pas irlandais. »

« Jackie Kennedy était la grande allumeuse, la tentatrice de son époque », déclare Paul Mathias. « Elle a élevé cet art à la perfection, elle l'a inventé. Elle était Miss Narcissisme en personne, perpétuellement en quête de miroirs, pour traquer la moindre ride ou le premier fil blanc dans ses cheveux. Ce qui l'inquiétait, ça n'était pas tant de vieillir, mais de paraître vieille. Dix-huit mois à peine après l'assassinat de Kennedy, il y avait une bonne vingtaine des hommes les plus brillants et les plus importants de la planète pendus à ses basques, comme des marionnettes. La plupart d'entre eux étaient mariés, très vieux ou très pédés, mais elle les menait par le bout du nez. »

Ces propos excessifs de Mathias recèlent pourtant une part de vérité. Dans les années qui suivirent la mort du président, un certain nombre d'hommes en renom poursuivirent Jackie de leurs assiduités. Même Adlai Stevenson, à sa manière toute personnelle, lui montra bien plus qu'un intérêt passager. En 1964, alors que Jackie vivait encore à Georgetown, il lui écrivit : « Ayez un peu d'indulgence et de bonté pour le vieil homme que je suis, et faites-moi savoir quand vous serez à New York. » Quand elle eut déménagé, il lui écrivit à nouveau : « Bienvenue à New York ! J'espère que vous trouverez ici un peu de paix, moi je n'y ai pas réussi ! Et je ne vous laisserai pas tranquille tant que vous ne m'aurez pas réservé une soirée — en tête-à-tête, en petit comité ou avec tout plein d'autres gens, comme vous voudrez et avec qui vous voudrez. »

Plus il la voyait, plus elle l'attirait. Il commença à l'inviter à voyager avec lui. A Washington : « Cela vous ferait-il plaisir de faire une petite virée à Washington avec moi, ce dimanche ? Nous prendrions un vol spécial dans l'après-midi et rentrerions... dans la soirée. » En Espagne (l'année précédant le voyage de Jackie) : « Voudriez-vous être le joyau suprême d'une féria déjà somptueuse ? Si oui, votre coffre à bijoux est à votre disposition, bien qu'un peu coincé pour le moment par l'Asie du Sud-Est, le Moyen-Orient, l'article 19 et divers autres soucis. »

Jackie maintenait Stevenson à distance par des petites notes suggestives, drôles, ne s'engageant jamais totalement, mais ne le rejetant pas non plus de manière explicite. Elle eut davantage de fil à retordre avec le poète Robert Lowell, avec qui elle avait entamé une amitié distante en 1964, lorsqu'il lui avait envoyé plusieurs exemplaires de ses livres, ainsi qu'un exemplaire de *Vies* de Plutarque, qu'elle donna par la suite à Robert Kennedy. Lowell et Jackie ne s'étaient rencontrés qu'une seule fois à Washington en 1962, lors d'un dîner à la Maison-Blanche en l'honneur d'André Malraux. En 1965 et 1966, ils se revirent sporadiquement, par l'entremise de leur ami commun, Blair Clark. Dans une de ses lettres, Jackie lui déclare qu' « elle est ravie d'avoir un ami de l'autre côté de Central Park », et cette phrase est devenue le titre d'un nouveau poème de Lowell publié dans *Notebook 1967's*. Leur amitié fut consacrée par les ragots, lorsqu'une photographie parut en première page du *Women's Wear Daily* daté du 1er décembre 1965. Ils avaient été photographiés ensemble le soir de la première de *Hogan's Goat*, de William Alfred. Quelques jours plus tard, Lowell annonça à ses amis qu'il avait l'intention de divorcer de son épouse, la critique littéraire Elizabeth Hardwick, pour épouser Jackie Kennedy.

« L'obsession de Lowell dura un temps, raconte Blair Clark. Je pense qu'elle n'avait pas compris qu'elle avait affaire à un maniaco-dépressif sous lithium qui faisait des séjours réguliers à l'hôpital. Quand je me suis rendu compte à quel point il était obsédé, je lui ai dit qu'à mon avis il était entré à nouveau dans une de ses phases maniaques. J'ai dit à Jackie que son obsession pour certaines femmes avait souvent suscité ce type de réactions et qu'elle devait être prudente. J'étais assez proche de lui, et je m'étais trouvé impliqué à chaque crise. J'en reconnaissais les signes. Il était indubitablement très attiré et faisait une véritable fixation. Elle, de son côté, s'intéressait sincèrement à lui, mais uniquement pour bavarder de temps à autre. »

Il est exact que Lowell traversa une crise maniaco-dépressive et qu'il se retrouva, au lendemain de Noël 1965, au McLean Hospital à Boston. Jackie lui écrivit, le remerciant d'un livre qu'il lui avait récemment envoyé sur Alexandre le Grand et lui disant qu'elle avait lu, sur sa suggestion, Juvénal et Caton. Évitant d'aborder de front le sujet de sa maladie, elle se contente de souligner qu'il avait été raisonnable de « s'absenter » pendant les vacances, comme s'il était parti en voyage et non pas dans une clinique psychiatrique.

A sa sortie, il continua à la voir et à la conseiller dans ses lectures. Jackie présenta Cal — c'est ainsi que tout le monde l'appelait — à Bob Kennedy. « Jackie était plus raffinée et plus cultivée que les Kennedy, raconte Blair Clark. Et je pense qu'en mettant Bob en présence d'un type comme Lowell, elle essayait de le cultiver, un peu comme elle avait cultivé John. Peut-être cherchait-elle à le dégrossir un peu avant qu'il ne se présente à la présidence. Lowell et Bob Kennedy eurent plusieurs longs entretiens portant davantage sur la littérature que sur la politique. »

Dans les quelques mois qui suivirent la mort de sa femme, lord Harlech fut souvent cité comme un futur époux possible pour Jackie. Elle l'avait vu en Irlande ; il lui avait rendu visite lors d'un séjour aux Etats-Unis. De son côté, Harlech opposa un démenti formel (« Nous sommes seulement de bons amis ») qui, malheureusement, coïncida avec l'annonce d'un voyage privé de Jackie en Extrême-Orient, voyage prévu en compagnie du même lord Harlech.

Tout laissait donc croire qu'il y avait bien anguille sous roche. La presse présenta leur voyage de 1967 au Cambodge et en Thaïlande comme une sorte de lune de miel anticipée ou du moins comme un prélude à leur mariage. Pour quelle autre raison voyageraient-ils ensemble ? Lorsqu'on fit remarquer que Michael V. Forrestal et Mr. et Mrs. Charles Bartlett les accompagnaient, la presse conclut que Jackie avait décidé d'emmener ses propres témoins et qu'elle avait sans doute l'intention d'épouser lord Harlech au Cambodge.

Peu de journalistes semblaient au courant de la véritable signification de ce voyage. Ce qu'ils prenaient pour une escapade d'amoureux était en fait une mission semi-politique soigneusement orchestrée, discrètement parrainée par le département d'Etat américain et camouflée en initiative privée. Washington avait quelques raisons de croire que Jackie était capable d'enrayer l'anti-américanisme croissant du Cambodge, conséquence de la guerre du Viêt-nam, et qu'elle pourrait peut-être user de son charme avec le prince Sihanouk comme elle l'avait fait avec de Gaulle. Le Cambodge avait rompu ses relations diplomatiques avec les Etats-Unis. C'est Robert McNamara qui avait eu l'idée d'utiliser Jackie, et Averell Harriman avait organisé les détails de son voyage. Avant d'accepter cette mission, Jackie consulta Bob Kennedy, qui convint que « ça valait le coup d'essayer ».

Pour la guider, Jackie décida d'emmener lord Harlech, diplomate britannique compétent et expérimenté. Forrestal était à la fois un ami de confiance et spécialiste des questions politiques en Asie du Sud-Est. Partant de New York, Jackie fit une escale de trois jours à Rome, puis embarqua à bord d'un avion de ligne dont le compartiment de première classe avait été converti en chambre pour permettre à Jackie d'effectuer confortablement un vol de douze heures.

L'accueil de Sihanouk à l'aéroport de Phom Penh fut un premier écueil pour les conseillers de Jackie. Examinant le texte du discours prévu, lord Harlech buta sur un commentaire qui avait toutes les chances d'être interprété comme une offense. Le prince avait l'intention de dire que, si le président Kennedy avait vécu, il n'y aurait pas eu de guerre au Viêt-nam. Dans un discours de bienvenue à l'intention de Mrs. Kennedy, une telle remarque aurait eu le même effet que les déclarations anti-Johnson de William Manchester dans *Mort d'un président*. Lord Harlech conseilla à Jackie de demander au prince Sihanouk de supprimer ce passage. La requête lui fut transmise par radio, depuis l'avion. Le prince donna son consentement. En échange, Jackie accepta d'ajouter une ligne à son allocution d'arrivée affirmant que « le président Kennedy aurait adoré visiter le Cambodge ».

Pour Jackie, le point d'orgue de ce voyage fut la visite des temples d'Angkor Vat, vestige classique de la grandeur du passé de l'Asie. Pendant trois jours, elle parcourut les ruines avec lord Harlech, en prenant une foule de photos et de notes.

Fort diplomatiquement, elle ignora les propos anti-américains de Sihanouk. A Sihanoukville, elle baptisa un boulevard du nom de son mari défunt. Elle déjeuna à la résidence princière et nourrit les éléphants royaux. Un C-45 de l'American Air Force emmena ensuite le groupe — sans lord Harlech, qui rentra en Angleterre — en Thaïlande, un pays plus sympathisant, où ils furent reçus par le roi Bhumibol et la très belle et très élégante reine Sirikit, souvent surnommée la « Jackie de l'Orient ».

A Bangkok, Jackie et ses amis furent installés dans le palais royal, conviés à une réception royale et invités à un gala donné en leur honneur par le ballet royal. Le temple du Bouddha Eméraude resta somptueusement illuminé pendant toute la durée de leur visite. Pour Jackie, la Thaïlande et Angkor étaient la récompense de ce voyage long et fatigant.

Durant cette période, les relations les plus importantes pour Jackie, toutes deux de nature romanesque, furent Roswell Gilpatric (toujours marié) et André Meyer. Sa relation avec Gilpatric était si discrète que même les amis les plus proches de Jackie n'en eurent connaissance que lorsqu'ils partirent ensemble au Mexique, en mars 1968, pour visiter les ruines mayas. Né à New York, en 1906, Gilpatric était titulaire d'un diplôme de droit de l'université de Yale et avait été sous-secrétaire à l'Aviation, puis ministre adjoint de la Défense, sous l'administration Kennedy.

« J'ai connu John Kennedy quand il n'était encore que membre du Congrès, raconte Gilpatric. J'ai rencontré Jackie quand elle est devenue First Lady. J'ai eu également l'occasion de parler avec elle lors de séminaires donnés par Robert Kennedy à Hickory Hill et j'ai eu un certain nombre de face-à-face avec JFK à la Maison-Blanche. Et puis Jackie est descendue me voir chez moi. Nous étions juste amis à cette époque. Notre relation a lentement évolué après l'assassinat.

« Bizarrement, c'est au Yucatán c'est à ce moment-là que j'ai compris que ça n'allait pas aboutir entre nous. Pendant le voyage, Jackie fit allusion à Onassis à plusieurs reprises, et me parla de ses intentions. Je l'ai trouvée très franche. Elle n'était pas encore totalement décidée (à encourager Onassis) mais semblait pencher en faveur de ce choix. »

Angus Ash, qui couvrait alors le voyage au Mexique pour *Women's Wear Daily,* se souvient que « Jackie et Gilpatric se pelotaient beaucoup et se tenaient la main en public. Ça se passait au vu et au su de la presse. Jackie était partout, et tomba même une fois, tout habillée, dans une rivière. John Walsh dut sauter pour la repêcher. Une autre fois, elle grimpa à l'une des pyramides mayas et prit la pose de la reine d'Angleterre le jour de l'ouverture des courses à Ascot.

« Jackie n'avait cure des journalistes mexicains, parce qu'ils écrivaient des articles dithyrambiques sur son compte. Mais elle était furieuse au sujet des articles américains, qu'elle trouvait très indiscrets. Comme j'étais le seul reporter américain sur ce voyage, je portais tout le poids de sa colère. Elle en avait surtout après *Women's Wear Daily*, parce que nous avions rapporté combien d'argent elle avait dépensé pour ses toilettes et révélé en détail ses sorties.

« Gilpatric parlait avec moi et se montrait courtois, mais Jackie s'y refusait et fit tout pour me faire exclure du groupe. De temps à autre, son garde du corps me cherchait noise. Je me souviens d'avoir raconté que John Walsh, qui mesurait environ 1,92 mètre, avait été forcé de monter un petit âne alors que tout le monde était à cheval. Jackie n'avait pas apprécié mes commentaires. Le lendemain, un agent me prit à part et me menaça de finir dans une prison mexicaine si je ne surveillais pas mes propos. Un autre jour, alors que nous étions en train d'embarquer dans l'avion réservé à la presse, Jackie fit annoncer par l'un de ses écuyers que seuls les photographes — pas les reporters — seraient admis à bord. Heureusement, j'avais plusieurs amis parmi les photographes mexicains et deux d'entre eux prirent des notes détaillées à mon intention. Mais au moment où je venais de terminer mon article le téléphone tomba mystérieusement en panne. Et il fallut quarante-huit heures pour rétablir la liaison.

« Mais l'histoire ne s'arrête pas là. Rose Kennedy s'arrangea pour mettre la main sur le texte final de l'un de mes articles, avant publication. C'était celui qui racontait avec force détails le flirt entre Jackie et Gilpatric. Rose téléphona à John Fairchild, le rédacteur en chef de *WWD,* et le somma de supprimer ce papier qui pourrait avoir, disait-elle, un effet néfaste sur les enfants. Ce qui est une curieuse excuse, car les enfants de Jackie étaient encore beaucoup trop jeunes pour le lire. Au crédit de Fairchild, il faut dire qu'il fit publier l'article dans son intégralité. »

Bien que sur le point de se séparer, Roswell Gilpatric était toujours marié quand il accompagna Jackie au Mexique. Sa femme, Madelin, était au courant de l'affaire. « Je ne me suis pas sentie concernée, déclare-t-elle, car notre mariage était pratiquement terminé. »

Si la relation de Jackie avec Roswell Gilpatric était clairement définie, son amitié avec André Meyer était plus complexe, en raison de différents facteurs, dont le fait qu'il était devenu son conseiller financier n'était pas le moindre. « Jackie voulait que quelqu'un d'extérieur à la famille gère son argent, raconte Truman Capote. Elle avait confiance en Meyer. Elle le consultait à tout bout de champ. Il était son confident, son analyste, son conseiller en investissements. Non seulement, il faisait fructifier son argent, mais il la conseillait sur l'éducation des enfants, sur ses voyages, sur ses choix immobiliers. En retour, Meyer avait quelqu'un qui, à défaut d'être amoureuse de lui, était du moins prête à tout pour lui faire plaisir, pour le rendre heureux. »

Gilpatric affirme qu'il vit fréquemment André chez Jackie : « A l'évidence, il la conseillait sur toutes sortes de questions. Je le connaissais par ailleurs. Elle appréciait ses recommandations — dans ses affaires comme dans sa vie personnelle. Elle lui rendait aussi fréquemment visite. Il vivait au Carlyle avec sa femme, Bella. »

L'un des éléments qui contribuait à la complexité de leur relation était l'affection profonde d'André pour Jackie. S'il n'était pas prêt à divorcer il ne pensait qu'à Jackie. Selon Cary Reich, le biographe d'André Meyer [1], beaucoup des amis et des relations du financier avaient le sentiment qu'il était devenu le jouet de Jackie. Ce qui rendait fous ses proches, écrit Reich, c'était « les manières de Jackie, en particulier ce ton haletant de petite fille perdue sur lequel elle implorait Meyer : " André, que dois-je faire ? Je ne sais pas quoi faire ". Marianna Gerschel, la petite-fille de Meyer, aurait, dit-on, déclaré un jour : " Cette voix de petite fille qui résonnait à travers la pièce suffisait à vous rendre complètement fou. Je devais avoir quatorze ans à l'époque et je me souviens que je me disais : " Mon Dieu, il ne va quand même pas se faire avoir comme ça ! ". Mais mon grand-père était incapable de s'en rendre compte. »

Madeleine Malraux, l'ex-femme d'André Malraux, qui faisait partie de ce que Reich appelle la « suite du Carlyle », un groupe d'amies et de maîtresses occassionnelles du financier, fut également témoin de leur relation. Jackie, selon les termes que Reich prête à Madeleine Malraux dans sa biographie, « est une femme très intelligente, mais aussi très superficielle ». Et Madeleine était persuadée que Meyer en avait conscience. Mais, dit-elle, « il ne voulait pas qu'on lui mette le doigt dessus ». Cherchant un mot pour définir Jackie, Madeleine Malraux la définit comme une *allumeuse*. « Jacqueline Kennedy... est une coquette ».

Le tempérament aguicheur de Jackie, qui se manifestait souvent en présence de l'épouse et de la famille d'André, ne pouvait que susciter une certaine animosité à son égard. Hélène Gaillet, photographe, qui fut pendant de nombreuses années la compagne de Felix Rohatyn, l'associé de Meyer chez Lazard, donne ses impressions sur l'amitié de Jackie avec André.

« Je faisais partie des amis new-yorkais de Jackie, à cette époque. Je fréquentais Felix Rohatyn. Felix était un peu comme le fils adoptif d'André — ils étaient très proches comme amis et comme associés. Jackie était avec André. Felix et moi nous déjeunions ou dînions avec eux au Carlyle presque tous les dimanches. Les repas étaient toujours servis dans l'appartement d'André, et j'ai pu me faire une idée très nette des mécanismes de leur relation. Je peux affirmer sans hésitation que les petits-enfants d'André n'aimaient guère Jackie. Le seul qui l'aimait, c'était son fils Philippe, celui qui vivait en France. Les autres ne l'appréciaient pas du tout.

« Pour ce qui est des propos tenus par des femmes comme Madeleine Malraux, il faut les replacer dans le contexte. La plupart des femmes qui fréquentaient cet appartement cherchaient à accaparer l'attention d'André Meyer. Il était célèbre et puissant, et c'était l'une des raisons de leur présence. Ces femmes étaient en compétition permanente. Quand Jackie était là, il est évident qu'elles éprouvaient une certaine jalousie à son égard. Et la raison en était manifeste : Jackie captait toute l'attention d'André. Elle devait ce privilège à son statut. Les autres, y compris Madeleine Malraux, se

---

1. Cf. Cary Reich : *André Meyer, un financier de génie*, Belfond, 1986.

sentaient un peu inférieures. J'ai été témoin de ce genre de choses non seulement en la circonstance, mais des milliers d'autres fois. J'ai évolué pendant dix ans dans les sphères du pouvoir et j'ai pu en faire très souvent le constat en ce qui concerne Jackie.

« Redevenue une femme libre et sans attaches, elle représentait une terrible menace aussi pour toutes les femmes mariées de son milieu. Avec sa personnalité, sa célébrité et sa beauté, il lui suffisait d'entrer dans une pièce peuplée de couples mariés pour que la conversation s'arrête net. Elle avait cette aura électrisante qui suspendait le temps, et il y avait aussitôt trois ou quatre hommes qui se précipitaient. Quand ils n'en faisaient rien, c'était parce qu'ils étaient fascinés. Ou intimidés. Il fallait avoir une certaine trempe pour tomber amoureux d'une femme aussi célèbre que Jackie. Elle intimidait les hommes et éveillait la jalousie des femmes. La seule qui n'ait pas été jalouse, c'était la femme d'André. Bella était vraiment fabuleuse d'être capable de supporter une telle situation. Elle a été d'une élégance incroyable. Elle ne s'est jamais plainte, jamais.

« J'ai toujours estimé Jackie. Elle me paraissait très sensée, même pour les détails les plus anodins. Elle avait toujours réponse à tout. Elle m'a appris quelque chose de formidable : ne jamais reprendre d'un plat. C'est un très bon conseil. Sur le plan diététique d'abord, mais aussi parce que si l'on se ressert d'un plat alors que la moitié des autres gens ne le font pas, on prend du retard sur eux pendant toute la suite du repas. C'était pour moi un concept totalement nouveau, je veux parler de cet aspect social des choses, c'était évident, mais je n'y avais jamais pensé avant de l'entendre de la bouche de Jackie : ne jamais se servir deux fois d'un même plat.

« Je pense que Jackie a peur des femmes. Elle a peur de se faire exploiter. C'est d'ailleurs ce qui s'est passé entre nous. Elle n'a jamais voulu devenir trop intime avec une autre femme. Elle refuse toute familiarité. Mais c'est sans doute plus vrai dans son cas avec les femmes qu'avec les hommes. Elle et André étaient très proches. »

27

En 1962, alors qu'elle était encore First Lady, Jackie s'était rendue à New York pour consulter un nouveau médecin : Henry Lax, un généraliste réputé, d'origine hongroise, qui comptait déjà parmi ses patients et amis Doris Duke, le duc de Windsor, Adlai Stevenson, Merle Oberon, Igor Stravinski, Zsa-Zsa Gabor et Greta Garbo. Attaché au Lenox Hill Hospital, Henry Lax dégageait cette confiance et cette aimable compassion qui suscitaient chez Jackie de l'admiration pour un homme. Après son déménagement à New York, elle se mit à le consulter régulièrement, adoptant son attitude de petite fille perdue et sollicitant ses conseils personnels autant que médicaux. Ce n'est que lorsqu'elle devint une de ses patientes attitrées qu'elle apprit que Meyer le voyait en fait quotidiennement. A 11 heures du matin, chaque jour, le Dr Lax se présentait à l'appartement de Meyer au Carlyle, pour ausculter la poitrine du financier et prendre sa tension : André souffrait d'une maladie cardiaque chronique.

A son grand étonnement, Jackie apprit qu'Aristote Onassis faisait également partie des patients de Lax. « Le Grec », comme l'avait surnommé Bob Kennedy, consultait le Dr Lax à chaque fois qu'il venait à New York. Et c'est Lax qui avait présenté Ari à André. Onassis avait toujours voulu rencontrer Meyer. Quand il sut qu'ils avaient le même médecin, il demanda à celui-ci d'organiser une entrevue.

Au cours des derniers mois, les liens de Jackie avec Aristote Onassis s'étaient renforcés. Elle lui avait rendu visite non seulement sur son île de Skorpios, mais aussi avenue Foch. A New York, on les avait vus ensemble au El Morocco et au Club « 21 », avec Rudolf Noureïev et Margot Fonteyn, ainsi qu'au Dionysos et au Mykonos, deux restaurants grecs, simples mais authentiques, avec Christina Onassis. A plusieurs reprises, ils avaient été filés par un photographe américain, Ron Galella, dont les clichés sans fard de Jackie — dans les restaurants, les boîtes de nuit, marchant dans les rues — connurent un vif succès sur le marché. Mais ces photos de Jackie en compagnie d'Onassis ne suffirent pas à exciter la curiosité du public. La perspective d'une union entre eux semblait trop lointaine pour être prise réellement au sérieux.

En mars 1968, quelques jours après l'annonce de la candidature de Robert Kennedy à la présidence, Onassis fut interviewé lors d'un cocktail donné à l'hôtel George-V à Paris. Interrogé sur ce qu'il pensait de Jackie Kennedy, il répondit : « C'est une femme totalement incomprise. Peut-être aussi d'elle-même. Elle est présentée comme un modèle de bienséance, de constance, de toutes ces vertus féminines américaines, si ennuyeuses. Elle est aujourd'hui totalement dépourvue de mystère. Il faudrait un petit scandale pour la ranimer. Une peccadille, une indiscrétion. Il faudrait qu'il lui arrive quelque chose pour qu'elle nous inspire à nouveau une certaine compassion. Les gens aiment s'apitoyer sur la grandeur déchue. »

Bob Kennedy trouva cette déclaration déconcertante. Il sonda sa belle-sœur et apprit qu'elle et Onassis avaient parlé mariage mais qu'ils n'avaient encore pris aucune décision. « Je crois qu'il a un faible pour la famille, ironisa Bob. D'abord ta sœur, et maintenant toi. » Quelques jours plus tard, Jackie reçut chez elle la visite d'Ethel et de Joan Kennedy. Elles se plantèrent sur le vaste tapis oriental, dans le superbe salon de Jackie, et la supplièrent de ne pas épouser Onassis. Une telle déclaration, avec toutes les réactions négatives qu'elle susciterait, entacherait irrémédiablement le nom de la famille et ruinerait les chances de Bob d'accéder à la présidence.

Cette visite fut suivie de celle de Bob. Il implora Jackie d'attendre, au moins jusqu'à la fin de l'élection présidentielle. Il voulait éviter toute atteinte à son image. « Je n'ai rien à reprocher à Onassis, déclara-t-il. Je suis sûr que c'est le type le plus charmant de la terre. Mais ce mariage pourrait être mal interprété. Et je n'aurais pas de seconde chance. »

Jackie accepta un compromis : soutenir les Kennedy d'abord et avant tout. Après l'élection, elle prendrait sa décision. Bob lui dit qu'il espérait qu'elle renoncerait à ce mariage.

C'est également Bob qui la convainquit d'assister aux funérailles de Martin Luther King à Atlanta, en avril 1968. Jackie aurait préféré rendre visite à la famille après l'enterrement mais, une fois de plus, elle accéda à la requête de son beau-frère. Bernard Fensterwald Jr., l'avocat de James Earl Ray, l'homme reconnu coupable de l'assassinat de King, observa ultérieurement que Jackie Kennedy et Coretta King « étaient dans la même galère. Coretta en voulait à son mari pour ses aventures féminines, mais elle calqua aussitôt son attitude sur celle de Jackie. Son comportement aux funérailles fut parfaitement dans le ton. Les deux femmes jouaient leur rôle de martyre à la perfection. Et dans les deux cas leur jeu servait une cause nationale. A mon humble avis, ni l'une ni l'autre n'était aussi désemparée qu'elle en avait l'air. La seule différence, c'est que Mrs. King n'a pas changé de cap ni épousé Aristote Onassis ».

Plusieurs semaines après les funérailles de Martin Luther King, Jackie assista à New York à un dîner où elle rencontra Arthur Schlesinger. Le prenant à part, elle lui dit : « Savez-vous ce qui va arriver à Bob Kennedy ? La même chose qu'à John. Il y a trop de haine dans ce pays, et Bob a encore plus d'ennemis que n'en avait John. »

A Pâques, cette année-là, Jackie et ses enfants se rendirent à Palm Beach avec Onassis, à bord d'un jet d'Olympic Airways, propriété de la famille Onassis. Prévenu de leur arrivée, le photographe Bob Davidoff fonça à l'aéroport de Palm Beach pour les cueillir à la descente de l'avion. « Je suis entré en voiture sur la piste et je les ai attendus. Quand l'avion a atterri, Jackie est sortie avec les enfants. Elle m'a autorisé à prendre quelques photos avant de partir dans la limousine qui les attendait. Mais pas la moindre trace d'Onassis. Je savais qu'il était à bord de l'avion et qu'il attendait que je m'en aille pour débarquer et rejoindre Jackie. J'étais venu avec mon fils, Ken, et nous étions prêts à attendre toute la nuit, s'il le fallait. Finalement, une hôtesse émergea de l'avion et s'approcha de moi. " J'espère que vous avez pu prendre de bonnes photos de Mrs. Kennedy. Nous allons faire le ménage là-haut, maintenant. "

« Je lui ai fait un grand sourire et lui ai dit que j'aurais bien voulu faire une photo de Mr. Onassis. " Il n'est pas dans l'avion, affirma-t-elle. Il n'est pas là. "

« — Soit. Je vais quand même attendre.

« Elle me répéta qu'Onassis n'était pas à bord. J'ai haussé les épaules. " Ne vous inquiétez pas, j'ai tout mon temps. " Elle me dit alors d'attendre une minute. Elle retourna à l'appareil et en ressortit presque aussitôt pour venir me dire qu'il y avait à bord un très bon ami de Mr. Onassis, mais que ça n'était pas lui.

« Quelques minutes, et finalement Aristote Onassis apparut. Je suis allé à sa rencontre et, pendant que nous parlions, mon fils a pris quelques photos. " Il y a beaucoup de gens qui me prennent pour Ari, vous savez. Nous sommes très bons amis, affirma-t-il. Il est même possible que nous soyons cousins, qui sait ?

« — C'est curieux, ai-je répliqué, parce que je l'ai photographié un jour avec Maria Callas, et vraiment vous êtes son parfait sosie.

« — Oui, je sais, beaucoup de gens me l'ont dit.

« Il finit par se lasser du jeu et s'en alla. Lui et Jackie passèrent leurs vacances ensemble, chez les Wrightsman, mais ils ne firent aucune apparition en public. Nos photos sont les seules preuves de sa présence à Palm Beach avec Jackie. »

En mai, après qu'Onassis eut apporté une contribution substantielle au financement de la campagne de Robert Kennedy, Jackie rejoignit le *Christina* dans les îles Vierges, pour une croisière clandestine de quatre jours. Elle rentra ensuite à New York où on la vit beaucoup en compagnie de l'acteur Kenvin McCarthy et, toute seule, à une réception dans Park Avenue donnée par Arlene Francis et son mari, Martin Gabel. Elle passa une soirée au Colony avec Roswell Gilpatric. C'est le même Gilpatric qui, une semaine plus tard, l'accompagnit à Kennedy Airport et l'installa à bord d'un jet privé affrété par le président d'IBM, Thomas Watson, pour se rendre à Los Angeles, au chevet de Bob Kennedy, qui avait été mortellement blessé, quelques minutes à peine après sa victoire dans les primaires démocrates en Californie. Gilpatric resta à New York, mais Jackie et Watson furent rapidement rejoints par Stas Radziwill, qui avait volé toute la nuit, depuis Londres.

Ils furent accueillis à l'aéroport international de Los Angeles par Chuck Spalding. Jackie lui demanda : « Chuck, que se passe-t-il ? Je veux la vérité.

— Jackie, il est en train de mourir. »

C'était une chose qu'elle en était presque venue à attendre, cette atroce réplique du sort tragique de son mari, mais cela n'atténua pas pour autant le choc. Au Good Samaritan Hospital, Jackie prit un sédatif. Elle écouta ensuite Ethel lui raconter la succession d'événements qui avaient conduit Bob et son entourage jusqu'aux portes battantes de l'office de l'hôtel Ambassador, pour tomber dans les mains d'un jeune Palestinien, Sirhan Sirhan, qui ne pensait qu'à venger la défaite arabe dans la récente guerre des Six Jours[1].

A l'hôpital, Jackie confia à Frank Mankiewicz : « L'Eglise... n'est au sommet de sa gloire qu'au moment de la mort. Le reste du temps, ce ne sont que des petits hommes stupides, courant dans tous les sens, dans leur costume noir. Mais l'Eglise catholique comprend la mort. Et je vais vous dire qui d'autre la comprend, ce sont les Eglises noires. Je me souviens, à l'enterrement de Martin Luther King, je regardais tous ces visages, et j'ai vu qu'ils savaient ce qu'était la mort. Ils la voient tout le temps et ils sont prêts à l'affronter... comme tout bon catholique devrait l'être. Nous connaissons la mort... En fait, si ce n'était à cause de nos enfants, nous l'accueillerions avec soulagement. »

Robert F. Kennedy décéda le 6 juin 1968, à 1 h 44 du matin. Son corps fut ramené à New York à bord d'Air Force One. Jackie prit contact par téléphone avec Leonard Bernstein, depuis Los Angeles d'abord, puis en vol, pour sélectionner avec lui une musique adéquate pour les funérailles.

Après la messe, qui eut lieu le 8 juin, à la cathédrale St. Patrick, elle s'arrangea pour snober Lady Bird Johnson. Dans son *White House Diary*, celle-ci rappelle la rencontre : « Je me suis trouvée alors face à Mrs. Jacqueline Kennedy. Je l'ai appelée et lui ai tendu la main. Elle m'a regardée comme si elle était à des kilomètres, comme si j'étais une apparition. J'ai murmuré quelques mots de condoléances et je me suis éloignée... »

Le chroniqueur Pete Hamill se trouvait à bord du convoi funéraire de 21 wagons qui transporta le cercueil de New York à Washington D.C., où il fut transféré au cimetière national d'Arlington, pour y être enterré près de

---

1. Comme pour l'assassinat de JFK, une foule d'hypothèses ont été émises autour de la mort de son frère cadet. La plus convaincante est sans doute celle qui a été récemment développée par Robert Morrow, un ancien homme de main de la CIA, dans *The Senator must die : the murder of Robert F. Kennedy*. Selon sa thèse, RFK a été assassiné par deux membres de la SAVAK, la police secrète iranienne (entraînée par la CIA), pour empêcher son accession à la présidence et couper toute aide au shah d'Iran (qui soutenait secrètement la candidature de Nixon). Selon Morrow, l'intervention de Sirhan Sirhan était surtout une diversion et ses coups de feu ne furent pas fatals. Le véritable assassin, debout derrière Kennedy, aurait tiré à bout portant, avec une arme spécialement équipée, puis se serait enfui avec la fameuse « fille en robe à pois ».

John Kennedy. Il se souvient d'avoir vu Jackie au moment où elle traversait les wagons « arborant un air glacial ». La compagne d'Hamill, l'actrice Shirley MacLaine, raconte : « Les deux femmes, Mrs. Ethel Kennedy et Mrs. Jackie Kennedy, passèrent devant nous. Jackie en tête, très hautaine, comme seule elle sait l'être, avec son merveilleux sens de dignité anticipée. Elle s'arrangeait toujours, d'une manière ou d'une autre, pour prévoir le moindre soubresaut ou la moindre secousse du train et, telle une reine, contrôler la situation, afin de n'être pas dérangée ni délogée... »

Malgré sa froideur royale, Jackie était transie par la peur et des émotions identiques à celles qui l'avaient poussée à essayer de s'enfuir du siège arrière maculé de sang d'une limousine, à Dallas, au Texas. Sa panique vira rapidement à la colère, à l'amertume. Si l'Amérique avait un quelconque grief contre Jackie après la mort de JFK, il était à présent sans objet. Si elle avait éprouvé le moindre doute ou la moindre obligation quant à l'impact de ses actes sur les perspectives politiques des membres restants du clan Kennedy, ils étaient aujourd'hui résolus par les coups de feu qui venaient de mettre un terme à la vie de Bob. Etait-il vraiment important de savoir qui avait appuyé sur la détente, ou pour quelle raison perverse ?

« Je hais ce pays, marmonna-t-elle amèrement le lendemain des funérailles de Bob. Je déteste l'Amérique et je ne veux pas que mes enfants continuent à y vivre. S'ils ont décidé d'exterminer les Kennedy, mes enfants sont les premiers sur la liste... Je veux quitter ce pays. »

Ses intentions n'auraient pas été exprimées de manière plus claire si elle avait fait paraître une annonce de mariage en première page du *New York Times*. En un sens, sa décision d'épouser Onassis fut prise, très probablement, sur la tombe de Robert F. Kennedy.

Pendant tout l'été, Jackie fit la navette entre Newport et Hyannis Port, où elle fut bientôt rejointe par Onassis. Elle voulait que ses enfants le connaissent mieux et, par la même occasion, espérait le présenter aux Auchincloss et aux Kennedy. Il eut un début prometteur avec Caroline et John Jr. en arrivant à la résidence les bras chargés de cadeaux.

Larry Newman [1], le voisin de Jackie à Cape Cod, les aperçut « remontant la rue, main dans la main, esquissant quelques pas de danse, jouant comme des gamins. Je les voyais déjeuner — poisson grillé et champagne — et ils avaient l'air très heureux ensemble. Je me disais : " N'est-ce pas formidable qu'elle ait enfin trouvé quelqu'un avec qui partager sa vie ? " Nous avons tous entendu tellement de choses à propos de l'argent qu'elle a touché par son mariage avec Onassis, mais j'ai toujours pensé qu'ils étaient très amoureux. Il avait l'air d'un type séduisant, d'un type qui savait s'y prendre avec les femmes ».

Rose Kennedy joua un rôle capital, si ce n'est volontaire, dans la

---

1. Il y a plusieurs années, Newman, John Kennedy et l'éditeur américain de ce livre, Lyle Stuart, étaient tous reporters pour l'International News Service, une agence du groupe Hearst.

décision de Jackie de se remarier. Elle rabâchait sans cesse qu'il lui faudrait réduire sérieusement ses dépenses, y compris celles relatives à son personnel domestique. « Cela ne peut pas continuer ainsi, disait-elle à Janet Auchincloss. Maintenant que John n'est plus là pour subvenir à ses besoins, il va falloir que Jackie apprenne à vivre sur un autre pied. Mon mari ne peut pas continuer à financer ses moindres caprices. »

Onassis représentait pour Jackie une échappatoire, autant que l'indépendance financière à laquelle elle aspirait depuis si longtemps. Elle avait besoin de sécurité, et elle adorait le luxe. Et Onassis lui offrait les deux. Elle voulait une présence masculine forte dans la vie de son jeune fils, et elle voulait échapper à ce qu'elle appelait « l'obsession oppressante » de l'Amérique pour elle et pour ses enfants.

« Je ne me vois pas très bien épouser un dentiste du New Jersey », confia-t-elle un jour à Truman Capote avec qui elle dînait chez Elaine's. A plus d'un titre, Onassis lui faisait penser à Joe Kennedy : tous deux étaient des *self-made men* accomplis, des hommes décidés, qui croyaient en euxmêmes et qui vivaient pleinement leur vie.

Rose Kennedy émit quelques réserves sur le problème religieux (Onassis était à la fois divorcé et membre de l'Eglise orthodoxe grecque), mais elle trouva leur invité charmant et distrayant. Il avait soixante-deux ans [1], elle en avait trente-neuf. Mais, compte tenu de son attirance pour les hommes d'un certain âge, c'était plutôt un atout.

Le sentiment de Rose n'était pas partagé par la mère de Jackie. Jonathan Tapper, majordome de Janet Auchincloss, relate que Janet « n'aimait pas beaucoup Aristote Onassis. Elle le trouvait vulgaire, à la fois par son allure et par ses manières. Elle tenait des propos assez négatifs à son sujet. Il n'avait pas, disait-elle, l'élégance que méritait Jackie ».

Janet avait ses raisons d'en vouloir à Onassis. Ne serait-ce que parce qu'elle savait qu'avant Jackie il avait eu une liaison avec Lee. Mais aussi parce qu'elle avait lu divers échos relatant ses aventures avec des femmes comme Veronica Lake, Evita Perón, Gloria Swanson et Maria Callas ; son « amitié » avec Greta Garbo et Elizabeth Taylor ; son agression de la riche et sophistiquée Ingebord Dedichen, ainsi que la dissolution de son mariage avec Athina Livanos, dite « Tina », la plus jeune des filles de l'armateur grec Stavros Livanos. Quand ils s'étaient mariés, en 1946, Ari avait quarante ans et Tina dix-sept : il y avait entre eux la même différence d'âge qu'entre Ari et Jackie. Giovanni Meneghini, le mari de Marias Callas et l'homme qui fut à l'origine de sa carrière exceptionnelle, traitait Onassis de « lépreux moral ». Janet Auchincloss, en parfaite arriviste, aurait préféré pour sa fille quelqu'un de la stature de lord Harlech, plutôt que ce petit grec qu'elle s'était mis en tête d'épouser.

---

1. Les biographes d'Aristote Onassis semblent divisés sur la date exacte de sa naissance : 1900 ou 1906 ? L'auteur du présent ouvrage opte pour 1906, en s'appuyant sur les confirmations de Costa Gratsos, un des proches associés d'Onassis.

André Meyer avait des réserves similaires. « André aurait pu conseiller à Jackie de ne pas épouser Ari, mais pas à cause de son attachement affectif pour elle, rapporte Hélène Gaillet. Je pense qu'il était opposé à ce mariage parce que Ari, bien qu'il ne fût en rien vulgaire, était malgré tout d'un rang social inférieur. J'ai été son amie et j'ai toujours trouvé qu'il était très terre-à-terre. Il n'avait pas le savoir-faire ni le raffinement des Meyer. Et je crois qu'André pensait qu'Ari n'était pas le gentleman qui permettrait à Jackie de devenir la femme du monde nº 1. Encore que je ne sois pas si sûre que c'était vraiment ce qu'elle désirait. »

En août, Jackie et Teddy Kennedy se rendirent à Skorpios, à l'invitation d'Ari. Jackie avait déjà rencontré la jeune Christina, qui avait dix-huit ans, mais pas encore Alexandre, vingt ans. Tous deux avaient la malchance de ressembler à leur père, plutôt qu'à Tina, leur mère, si fine et si distinguée. Et depuis la séparation de leurs parents, en 1959, ils s'étaient toujours montrés d'une hostilité intraitable envers les femmes qui avaient partagé la vie d'Aristote Onassis, en particulier envers Maria Callas qu'ils accusaient d'avoir brisé le mariage de leurs parents. Ils étaient tout aussi hostiles envers les hommes qui partageaient la vie de leur mère, à laquelle ils étaient très attachés. Un an à peine après son divorce avec Ari, Tina était déjà remariée avec le marquis de Blandford, dont elle se sépara assez vite. Sa sœur Eugénie mourut peu de temps après ce deuxième divorce et Tina épousa alors son beau-frère, l'armateur Stavros Niarchos, l'ennemi juré d'Ari. A Athènes, la rumeur disait qu'Onassis voulait épouser Jackie uniquement pour impressionner Niarchos qui, quelques années plus tôt, avait été brièvement marié avec Charlotte Ford, la fille d'Henry Ford II.

Alexandre et Christina n'acceptèrent pas davantage Jacqueline Kennedy qu'ils n'avaient accepté Maria Callas. Seule une réconciliation entre leur père et leur mère aurait pu les satisfaire. Ils observèrent à son égard une distance polie, mais ne manifestèrent ni ne laissèrent espérer aucun signe de sympathie ou d'affection.

Tandis que Jackie se rendit à Athènes pour deux jours de shopping, Ted Kennedy resta à Skorpios pour discuter du mariage imminent. « Je n'espérais pas de dot, et je n'en ai pas eu », déclara Onassis en riant à ses amis.

Ted était venu en Grèce pour discuter des termes d'un contrat prénuptial avec l'homme qui était sans doute le négociateur le plus dur de la planète. Il était aussi mal à l'aise qu'Onassis était détendu et commença par mentionner son frère décédé, puis déclara : « Nous aimons beaucoup Jackie et nous tenons à lui assurer un avenir heureux et stable.

— Moi aussi, répliqua Onassis.

— Si elle se remarie, elle devra renoncer à ses revenus sur l'héritage Kennedy, précisa le sénateur.

— Combien ?

— Environ 150 000 dollars par an. »

Onassis, qui avait déjà exploré la question avec Jackie, était au courant de la situation et trouvait curieux que l'une des familles les plus riches d'Amérique lui alloue un budget si limité. Ses ressources globales, provenant à la fois de l'héritage et de fonds subsidiaires, étaient dérisoires pour une personne de son rang. S'il n'émit pas la moindre remarque à Ted à ce sujet, il fit remarquer à Jackie que les Kennedy la retenaient en fait comme prisonnière politique. Il assura à Ted qu'il compenserait tous les revenus dont elle serait privée par leur mariage. Il promit également de lui verser une allocation mensuelle substantielle, sans en préciser toutefois le montant exact. Le sénateur n'insista pas mais souligna que, par son remariage, Jackie perdait sa pension de veuve, soit 10 000 dollars par an, et la protection qui lui avait été accordée par le Service Secret.

Onassis ne se laissa dérouter ni par l'une ni par l'autre de ces considérations. Il accepta d'assumer l'entière responsabilité pour la pension perdue et déclara son intention d'étendre ses dispositions personnelles de sécurité à Jackie. Il était justement en train de faire construire un chenil sur Skorpios pour héberger toute une troupe de bergers allemands policiers parfaitement entraînés.

« Elle aura tout ce qu'elle voudra ou dont elle aura besoin, déclara-t-il. Mes avocats prépareront le contrat et vous l'adresseront afin que nous puissions le commenter point par point. »

La future épouse rentra à Skorpios avec une douzaine de paires de chaussures neuves et des sacs assortis. (Elle avait appris que Maria Callas avait ce même goût fétichiste pour les chaussures.) Le lendemain de son retour, Onassis donna une réception en l'honneur de ses invités à bord du *Christina,* illuminé de tous ses feux. Informé du faible de Ted pour le vin et les femmes, le nabab en avait prévu à profusion. Nicos Mastorakis, un journaliste grec, arriva à bord déguisé en guitariste pour donner une sérénade en compagnie d'un orchestre athénien. Personne ne réagit vraiment lorsqu'il brandit une caméra pour prendre des photos de Jackie, en longue jupe paysanne et blouse de soie écarlate, ou d'Ari dansant le sirtaki, mais il pointa ensuite l'objectif dans la direction de Ted. Excité par l'ouzo et tenant une jeune blonde dans ses bras, il exigea que Mastorakis lui remette le rouleau de pellicule. « Si jamais vous racontez quoi que ce soit, en changeant la moindre virgule, si vous publiez une seule photo, j'aurai votre peau », menaça-t-il. Onassis les sépara. La soirée se poursuivit comme si rien ne s'était passé, bien que l'attitude de Ted Kennedy ne l'ait pas rendu particulièrement sympathique aux yeux de son hôte.

Le contrat de mariage parvint à Ted Kennedy, qui en adressa copie à André Meyer, le conseiller financier de Jackie. Meyer, trouvant certaines clauses inadéquates, téléphona à Onassis et ils convinrent d'un rendez-vous pour le 25 septembre, au Carlyle.

Malgré leur amitié, André et Ari se disputèrent sur les termes du contrat. Quand Onassis retourna à ses bureaux au 647 Cinquième Avenue, il était visiblement contrarié. Constantine (Costa) Gratsos, responsable des affaires d'Ari à New York, était rentré chez lui pour la soirée. Sa secrétaire, Lynn Alpha Smith, était encore là. Lynn servait de secrétaire à Ari lorsque celui-ci était de passage à New York.

« Quand il était aux Etats-Unis, Onassis utilisait le bureau de Gratsos, raconte-t-elle. Il ne restait jamais longtemps à New York, parce qu'il voulait éviter d'y payer des impôts. C'est pour cette raison qu'il n'a jamais résidé aux Etats-Unis, préférant louer une suite à l'hôtel Pierre. Il lui arrivait souvent de travailler la nuit. C'était un véritable bourreau de travail, et comme la plupart de ces gens-là il était insomniaque, et ne dormait que quatre ou cinq heures par nuit.

« Il était sujet à de brusques changements d'humeur. Il s'emportait souvent dans les réunions, quand les choses ne se passaient pas comme il voulait. Je me souviens qu'un jour il était en train de crier, de hurler et de lancer des jurons à la cantonade, et, tout d'un coup, en plein milieu de tout ça, il s'est tourné vers moi et, de sa voix la plus suave, il m'a demandé : " Est-ce que vous voulez bien m'apporter un verre d'eau, Miss Alpha. J'ai la gorge un peu sèche ". Je lui ai apporté son verre d'eau, il l'a bu, il m'a remercié, puis il s'est replongé dans la discussion en cours et s'est remis à hurler.

« Quand il est arrivé, le soir en question, il avait le visage déformé par la colère. Il m'a demandé : " Où est donc passée cette bouteille que vous planquez ici ? " Je suis allée dans le bureau d'à côté et j'ai ramené une bouteille de Johny Walker étiquette noire. Sachant qu'il buvait rarement de l'alcool pur, je lui en ai servi un peu dans un verre. Il m'a demandé de doubler la dose.

« Tout en sirotant son whisky, il m'a dicté une note pour André Meyer, qui résumait leur réunion. Je l'ai tapée et il l'a relue en y apportant un certain nombre de modifications manuscrites. J'ai dû la retaper et il m'a demandé de prendre un taxi pour la déposer au Carlyle. »

Cette note, qui ne mentionne jamais Jackie par son nom mais fait référence à « la personne en question », nous éclaire sur la différence entre la somme qu'André Meyer voulait obtenir d'Onassis (20 millions de dollars) et celle qu'il versa finalement (3 millions de dollars) pour avoir le privilège d'épouser l'ancienne First Lady. La somme que Meyer réussit à extorquer à Onassis est néanmoins pratiquement le double de celle que Ted Kennedy avait négociée à Skorpios. Plus qu'un contrat de mariage, cette note se lit comme un acte de vente, comme si, en déboursant la somme convenue, Onassis se portait acquéreur d'une propriété commerciale :

« En référence à la réunion qui s'est tenue hier soir, le 25 septembre 1968, entre Mr. A.M. et A.O. au Carlyle Hotel

« Mr. A.O. émet les suggestions suivantes :

« 1. De remplacer à leur valeur actuelle, par un montant équivalent en liquide, tout bien ou toute propriété à laquelle la personne en question devra renoncer au profit des enfants, compte tenu des dispositions existantes, conséquemment à un mariage.

« Ou bien de mettre à la disposition de la personne en question le capital nécessaire pour produire les revenus dont elle jouit actuellement et auxquels elle devra renoncer au profit des enfants, en cas de mariage.

« 2. Ce capital, qui lui sera versé immédiatement et en liquide, ne sera soumis à aucune restriction ni à aucune condition d'une quelconque nature, la personne en question en ayant ainsi l'entière et unique disposition. Nous espérons que vous conviendrez que de telles dispositions constituent une amélioration et un avantage réel pour la personne en question. Entre autres clauses, contrairement aux dispositions existantes, la personne en question sera libre de se remarier, non seulement en cas de décès de son époux, mais également dans l'éventualité d'un divorce. D'autre part, les enfants pourront, aussitôt après le désistement en leur faveur de la personne en question, disposer des bénéfices de ce désistement.

« Compte tenu du fait que le montant actuel des revenus de la personne en question, selon les informations qui m'ont été fournies lors de notre entrevue (par Mr. A.M.), sont de l'ordre de 250 à 300 000 dollars net, après impôts, cette somme pourrait être amplement couverte par l'achat de titres non imposables.

« Il est évident que Mr. A.M. et Mr. A.O. pourront, sans aucun problème, mettre au point des arrangements raisonnables afin de préserver la personne en question de risques éventuels d'inflation.

« Cette suggestion, faite en toute justice, a pour objectif non seulement d'assurer l'avenir de la personne en question mais d'améliorer, de manière très substantielle, et sans délai, la situation des enfants.

« Toute somme supérieure ou additionnelle à ces provisions doit rester à la discrétion et au privilège du conjoint de la personne en question, et il serait injustifié de priver le conjoint des aspirations légitimes qu'il pourrait avoir...

« La somme de 20 millions de dollars, dont il a été question, comme capital, lors de la réunion, se révélerait en dernière analyse excessive. Compte tenu des frais et taxes qu'elle entraînerait inévitablement, mis à part le fait qu'elle porterait préjudice aux sentiments des deux parties, elle pourrait facilement être interprétée comme l'objet d'une transaction plutôt que d'un mariage [1]. »

Le lendemain, 26 septembre, Onassis et Meyer apportèrent d'ultimes modifications aux termes de cette note curieusement rédigée. Onassis

---

1. Malgré les affirmations contraires, il n'y eut aucun autre contrat. Christian Cafarkis, ancien stewart à bord du *Christina*, signa un livre intitulé *The Fabulous Onassis* (1972), dans lequel il affirme l'existence d'un contrat comprenant 170 clauses distinctes, dont des clauses relatives aux conditions de vie commune, aux droits de visites conjugales, etc. Ce livre fut en fait écrit par un nègre, Jack Hervey, qui confessa à l'auteur du présent ouvrage : « L'histoire du contrat de mariage est complètement bidon. Mon éditeur m'a cassé les pieds parce qu'il n'y avait pas assez de détails à sensation dans le contrat. Comme je connaissais Onassis, je lui ai téléphoné et je lui ai demandé s'il était d'accord pour que je parle d'un contrat de mariage. Il m'a dit : " OK, c'est bon. " Il a même participé au canular en appelant Roy Cohn, son avocat à New York, et en lui demandant de jouer le jeu si les journalistes l'interrogeaient. Il adorait la publicité. C'est sur la publicité qu'il a construit sa fortune. Il a même dit un jour : " Plus les journaux parlent de moi et plus mes banquiers me font confiance. ". »

accepta de verser à Jackie 3 millions de dollars qui pourraient être soit déposés sur son compte en banque, soit utilisés pour acquérir des titres non imposables, plus 1 million de dollars pour chacun des enfants. En cas de divorce ou de décès (celui d'Onassis), Jackie recevrait à vie une somme supplémentaire de 250 000 dollars par an. En échange de quoi elle renonçait à ses droits sur l'héritage qui, sous la législation grecque, représentait au maximum un quart des biens du conjoint. Deux des nombreux avocats de Jackie, Eliot Bailan et Ben O'Sullivan, furent chargés de la finalisation du contrat.

« Onassis pensait qu'il avait conclu un marché plutôt honnête pour Jackie, raconte Lynn Alpha Smith. " Vous trouvez que 3 millions de dollars c'est trop ? me demanda-t-il. — Avec cet argent, vous pourriez acheter un pétrolier géant, lui répondis-je. Mais il vous faudrait en plus payer le fuel, l'entretien, l'assurance et toute une foule de frais annexes. "

« Au bureau, nous avions surnommé Jackie " le pétrolier géant ". Onassis s'en fichait. Ça le faisait rire. Quand elle l'appelait, je lui annonçais : " Vous avez le pétrolier géant en ligne ".

« A mes yeux, comme aux yeux de beaucoup de gens, Jackie était ni plus ni moins, une acquisition. Le système de la dot était pratique courante en Grèce, sauf que dans ce cas c'était Onassis qui avait dû la payer. »

Doris Lilly, une amie proche d'Onassis, pense qu'il a épousé Jackie parce qu'« il voulait montrer au monde entier, et surtout à Stavros Niarchos, qu'il pouvait acheter n'importe quoi ou n'importe qui. Jackie et Ari n'étaient pas très bien assortis. Mais ça n'avait rien à voir avec le vieux syndrome de " La Belle et la Bête ", comme la plupart des gens ont décidé de le croire. Pour le monde extérieur, Jackie était une jeune femme exquise et Onassis un homme plutôt laid. Il avait l'air d'un crapaud. Mais l'image que les gens ont de la beauté n'est pas toujours juste. John Kennedy était un bel homme, cela ne fait aucun doute. Mais Onassis était bien plus séduisant et bien plus beau quand on le connaissait. C'est curieux, mais l'apparence physique n'a finalement pas une grande importance dans tout ça. Onassis était un homme magnétique, qui avait le pouvoir et une manière personnelle de s'exprimer. Carlo Ponti appartient au même type d'homme. Sophia Loren avait le choix entre Cary Grant et Carlo Ponti. Et elle a épousé Ponti. Il y a beaucoup d'hommes qui épousent de très belles femmes, et les gens se demandent comment. Ces hommes sont souvent magnétiques et puissants. Je trouvais Onassis très attirant. Rien à voir avec le charme d'une star de cinéma ou d'un séducteur de salon. C'était un charisme particulier que possèdent certains hommes, et Onassis avait ce charisme ».

Jackie et Ari se virent peu cet automne-là. Onassis retourna à Athènes pour d'interminables négociations économiques avec le chef de la junte militaire grecque, Georges Papadopoulos. Jackie resta à New York pour aider son fils à s'adapter à sa nouvelle école. Le proviseur de St. David avait recommandé que John-John redouble sa onzième classe, décrétant qu'il lui manquait la maturité et les connaissances nécessaires pour progresser à la même vitesse que ses camarades. Jackie l'inscrivit en dixième année à la

Collegiate School, une école d'élites. Elle engagea également une nouvelle gouvernante pour les enfants, qui allait devenir l'un des membres permanents de son personnel et qui lui servirait plus tard de majordome.

Onassis avait déjà entamé le lent processus de sa séparation avec Maria Callas, sans jamais trouver le courage de lui avouer l'entière vérité. Au cours des années, il avait fait d'elle une femme riche, la comblant de bijoux, de fourrures et de dons en liquide. Elle avait même une participation dans un pétrolier. Il lui annonça qu'elle était citée dans son testament (après sa mort, elle toucha 10 millions de francs) et, en gage d'estime, il lui signa immédiatement un chèque de 50 000 dollars. Pourtant, malgré toute sa générosité, il ne pouvait se résoudre à lui parler de ses projets de mariage.

Pendant ce temps, Jackie déjeuna au « 21 » avec Edward Benett Williams, un avocat de Washington, dans le but probable de discuter avec lui de certaines ramifications juridiques de son mariage (Williams avait représenté l'un de ses clients dans un procès en diffamation contre Onassis, et il n'avait pas été particulièrement tendre avec Ari). Elle rencontra également le cardinal de Boston, le cardinal Cushing, afin d'obtenir son soutien dans ce projet, dont elle avait conscience qu'il risquait de ne pas être très populaire. Au cours de leur entretien de deux heures, Cushing admit que certains membres du clan Kennedy avaient tenté de le convaincre de la dissuader de poursuivre ce projet. Il y avait réfléchi et avait décidé que Jackie avait raison de se remarier, même si le Vatican refusait de reconnaître ce remariage. Elle était seule, veuve avec deux enfants, et elle avait droit à la liberté et au bonheur, au même titre que tout un chacun. A la suite de cette prise de position, il fut accusé d'avoir accepté de la part d'Onassis une énorme donation en faveur de l'Eglise catholique, mais cela n'a jamais été prouvé.

Le 15 octobre 1968, le *Herald Traveler* de Boston publia un article en première page confirmant que Jacqueline Kennedy allait bientôt épouser l'armateur grec milliardaire Aristote Socrate Onassis. Aussitôt que Jackie lut cet article, elle téléphona à Onassis, qui se trouvait dans sa villa des environs d'Athènes, à Glyfada, pour lui dire que leur secret avait été ébruité et qu'elle pensait qu'ils devraient se marier rapidement.

Onassis fut quelque peu décontenancé par cette hâte soudaine. Lilly Lawrence, la fille du Dr Reza Fallah, responsable des pétroles iraniens, elle-même très proche d'Onassis, fut le témoin de certaines négociations qui précédèrent le mariage : « Ari me confia qu'il avait commencé à s'interroger. Il voulait reconsidérer la chose. Il voulait plus de temps. Jackie ne pouvait se permettre de le laisser décrocher. Un renversement de sa part aurait définitivement ruiné sa réputation. Maintenant qu'elle avait parlé au cardinal Cushing, maintenant que la nouvelle avait paru dans la presse, elle insistait pour qu'il aille jusqu'au bout. »

Lynn Alpha Smith se souvint qu'Onassis téléphona à Gratsos de bonne heure, le 17 octobre, et lui confirma leur projet. « Nous nous sommes immédiatement occupés de fréter un avion pour que Jackie et ses invités puissent se rendre en Grèce, puis être transférés à Skorpios, où le mariage devait avoir lieu. Il fallait que l'avion soit nettoyé. Les passagers qui voyageaient en classe touriste sur les vols Olympic étaient différents de la plupart des passagers sur les autres lignes. La moitié d'entre eux, au moins, étaient des paysans grecs qui rendaient visite à leur famille en Amérique. Ils montaient à bord avec leurs poulets grillés et leur feta, et les avions empestaient pendant des jours et des jours. Et les installations sanitaires laissaient à désirer. Jackie refusait de voyager sur Olympic. Nous fîmes donc nettoyer l'avion et, après son mariage avec Onassis, nous fîmes nettoyer la flotte entière, afin que Jackie puisse voyager sur les vols de la compagnie. »

Dans la soirée du 17, quatre-vingt-dix passagers d'un vol régulier d'Olympic Airways durent céder leur place à Onassis et à sa suite (qui incluait Caroline, John Jr., Pat Lawford, Jean Smith et Hugh Auchincloss). Stas et Lee Radziwill rejoignirent Athènes depuis Paris, avec leurs deux enfants.

Plus tôt dans la journée, Onassis était passé chez Zolotas, son joaillier favori d'Athènes, où il avait la semaine précédente choisi un rubis taillé en forme de cœur, d'une valeur de 1,250 million de dollars, et une alliance en diamants pour Jackie. Il y acheta un clip en diamant pour Janet Auchincloss ainsi qu'un assortiment de breloques, destinées à leurs invités. Il acheta également pour Jackie un bracelet en or, incrusté de rubis, d'une valeur de 25 000 dollars, un petit avant-goût des 5 millions de dollars de bijoux qu'il lui offrirait durant leur mariage.

Le lendemain matin, Ari se rendit à l'aéroport d'Andravida, à près de 300 kilomètres à l'ouest d'Athènes, pour y attendre l'avion de Jackie. Il n'était pas tout seul; 300 reporters s'étaient rassemblés sur la piste. Ils lui demandèrent quand le grand événement devait avoir lieu. « Dans les trois jours qui viennent », répondit-il. Où? « A Skorpios. » Où passeraient-ils leur lune de miel? « Nous resterons à Skorpios, ou bien nous partirons faire une croisière en Méditerranée. » Il interrompit abruptement cette batterie de questions-réponses improvisées. « J'ai toute une foule de problèmes familiaux à régler avant le mariage. Laissez-moi tranquille, je vous prie, et donnez-moi votre bénédiction. »

Quand il parlait de « problèmes familiaux », Onassis faisait allusion à ses enfants, Alexandre et Christina, qui étaient atterrés par les projets de mariage de leur père. Ils considéraient Jackie comme une intruse, une aventurière, dont l'intérêt pour leur père était essentiellement motivé par l'argent. Alexandre, dont l'influence sur sa jeune sœur, très impressionnable, semblait profonde, était particulièrement opposé à l'idée de ce remariage. Il avait lu, dans la presse internationale, des commentaires sur l'événement annoncé et il en était très affligé. Truman Capote avait traité Jacqueline de « geisha américaine ». Une étiquette qu'Alexandre allait bientôt adopter, l'appelant également « la veuve ». Gore Vidal s'était montré tout aussi clair. Lorsqu'on lui avait demandé ce qu'il pensait de cette association, il avait déclaré : « Je la qualifierai en deux mots : parfaitement adéquate. »

Le jour où Onassis leur annonça son intention d'épouser Jackie, Christina piqua une crise de rage ; Alexandre quitta la maison et passa l'après-midi à rouler, sans but, et à toute vitesse, autour d'Athènes, dans son Alfa Romeo, ce qui lui valut deux avertissements pour conduite dangereuse. Les deux enfants refusèrent d'abord d'assister au mariage et il fallut toute la délicatesse de la famille proche d'Ari pour les faire changer d'avis.

Rien, pas même ses enfants, ne pouvait détourner Onassis de ce qu'il avait fini par considérer comme son destin. « Il aurait dû épouser Maria Callas, affirme le photographe mondain Jérôme Zerbe. Il a avoué à ses amis que sa plus grande folie fut ce projet imbécile d'épouser Jackie Kennedy. C'est l'erreur la plus coûteuse et la plus ridicule qu'il ait jamais faite. Elle révèle un défaut encore plus grave de sa part. Il croyait que l'argent était plus puissant que la morale. Il ne pouvait épouser la personne qu'il aurait voulu épouser. Nous savons tous de qui il s'agit — la reine Elisabeth. Elle aurait été une consécration. Mais il ne pouvait l'avoir. Alors, il a reporté son choix sur Jackie. »

Récupérant sa fiancée à 3 millions de dollars à Andravida, Onassis l'installa à bord de son DC-8 et la véhicula, avec ses enfants, jusqu'à la base aérienne d'Aktion, dans le nord, puis jusqu'à Skorpios, en hélicoptère.

Ils étaient suivis par toute une armée de journalistes, dont beaucoup échouèrent dans le minuscule village de pêcheurs de Nidri, sur l'île de Leucade, à moins de 2 milles de Skorpios. Ils louèrent une véritable flottille de caïques pour venir cerner les 2 hectares de l'île d'Onassis. Le 19 octobre, la veille du mariage, Jackie lança un appel personnel à la presse : « Nous souhaitons que notre mariage se déroule dans l'intimité, dans cette petite chapelle, au milieu des cyprès de Skorpios, en présence seulement de quelques membres de la famille et de leurs enfants. Vous devez comprendre que, même quand les gens sont très connus, ils ressentent au fond de leur cœur l'émotion des gens les plus simples face aux événements les plus importants qu'il nous est donné de vivre sur cette terre : la naissance, le mariage et la mort. »

Malheureusement, ces journalistes n'étaient pas payés pour ignorer ce que beaucoup considéraient comme l'événement le plus significatif des dix dernières années. Quand il fut évident que la presse n'était pas prête à se retirer, le gouvernement grec envoya la marine, avec instruction de « tirer sur tout vaisseau » (du porte-avions jusqu'au simple bateau à rames) qui s'approcherait à moins de 1 000 mètres des côtes de Skorpios. Il fut également convenu que quatre reporters seraient autorisés à assister à la cérémonie pour constituer une sorte de « pool d'informations » qui seraient ensuite distribuées à tous leurs confrères.

Le mariage eut lieu à 17 h 15, le 20 octobre 1968, dans la minuscule chapelle blanchie à la chaux de Panaytsa (chapelle de la Sainte-Vierge), qui se détachait parmi les bougainvillées et les jasmins. Selon l'un des reporters, Jackie « avait l'air tendue et soucieuse », dans son deux-pièces à manches longues dessiné par Valentino. Ses cheveux étaient retenus par un ruban ivoire. Le marié portait un costume croisé bleu nuit et, malgré ses chaussures noires surélevées, n'arrivait qu'à la hauteur du nez de Jackie. Caroline semblait à la fois triste et éblouie ; John Jr. garda la tête baissée durant toute la cérémonie. Jackie ne cessa de regarder nerveusement dans leur direction. Les enfants d'Ari avaient l'air inquiet et la mine renfrognée. Le temps, lui-même, n'était guère de la partie : une pluie froide et battante balayait Skorpios et la mer alentour.

L'air humide était parfumé d'encens et le couple se présenta, main dans la main, devant le prêtre en robe, à la barbe épaisse. Ils tenaient tous les deux un cierge de cérémonie à la flamme vacillante. On chanta des hymnes et des prières, en grec d'abord, puis en anglais. Le prêtre prononça lentement la formule qui les consacrait mari et femme. Ils échangèrent leurs alliances, sous deux couronnes de cuir, tressées de branchages et de fleurs. Ils burent chacun trois gorgées de vin rouge dans un calice d'argent et firent trois fois le tour de l'autel. Quand ils émergèrent de la minuscule chapelle, sans avoir échangé un seul baiser, ils reçurent une volée de riz et de dragées — le sucre pour le bonheur et le riz pour la fertilité. La réception de mariage eut lieu à bord du *Christina,* où ils passèrent également leur nuit de noces.

L'événement provoqua un tollé général. Le lendemain de leur mariage, un quotidien britannique titrait : « Jackie épouse un chèque en blanc. » « Ici, c'est la colère, le choc et la consternation », pouvait-on livre dans le *New York Times.* « L'Amérique a perdu une sainte », déplorait le journal ouest-allemand *Bild-Zeitung.* « John Kennedy est mort aujourd'hui pour la deuxième fois », observait *Il Messagero,* à Rome. *Le Monde* écrivait : « La seconde Mme Onassis fera tomber dans l'oubli la radieuse Blanche-Neige qui contribua tant à la popularité de son premier mari. » « Cette femme vit à présent dans un état de dégradation spirituelle, c'est une pécheresse publique », vociférait *L'Observatore della Domenica.*

Ce mariage fut critiqué par tous et de toutes parts :

Monsignore Fausto Vellaine (chef du service de presse du Vatican) : « Il est clair que lorsqu'une catholique épouse un homme divorcé, elle viole sciemment la loi de l'Eglise. »

Alexandre Onassis : « Mon père a peut-être besoin d'une femme, mais moi je n'ai pas besoin d'une belle-mère. »

Maria Callas : « Jackie a fini par trouver un grand-père à ses enfants. »

Lady Bird Johnson : « Je me sens curieusement libérée. Aucune ombre ne marche plus à mes côtés dans le hall de la Maison-Blanche... Je me demande comment cela ce serait passé si nous étions entrés ici (à la Maison-Blanche) sans cette ombre à nos côtés. »

Coco Chanel : « Tout le monde savait que la dignité n'était pas son fort. On ne peut pas demander à une femme un peu vulgaire de passer le reste de sa vie à pleurer un mort. »

Joan Rivers : « Allons, franchement. Coucheriez-vous avec Onassis ? Et croyez-vous qu'elle couche avec lui ? Il a pourtant bien fallu qu'elle fasse quelque chose... On ne peut pas passer toutes ses journées à faire du shopping chez Bergdorf's. »

Jackie était prévenue. Une de ses relations avait anticipé cette réaction publique en lui disant : « Mais Jackie, vous allez tomber de votre piédestal si vous l'épousez. » Jackie avait répliqué : « Ça vaut mieux que de me fixer en statue. »

Son amie avait raison. Chaque jour, les gardes du corps des enfants passaient au crible les lettres d'insultes qui arrivaient par liasses à son appartement de la Cinquième Avenue. Les commentateurs de la télé condamnaient sa cupidité. Et certains éditoriaux dénonçaient l'ex-First Lady comme un traître à sa patrie.

Mais certains silences la contrariaient davantage encore. Ses amis entre eux étaient, pour la plupart, aussi perplexes au sujet de ce mariage que le premier quidam venu.

« Ce qui était déroutant, souligne Charlotte Curtis, c'est que ce mariage, qui avait l'air si précipité, ne l'était pas du tout. Il avait été soigneusement préparé et orchestré, mais il fut présenté comme si, dans un moment de faiblesse succédant à la mort de Bob Kennedy, Jackie avait perdu la tête et avait commis cet acte bizarre et inexplicable. Chacune des deux parties possédait visiblement quelque chose que l'autre désirait. Onassis voulait une consécration sociale et Jackie voulait la sécurité financière.

« Je ne dis pas que la mort de Bob n'a pas été un choc. Je suis sûre que Jackie a été très touchée de voir sa souffrance, sa misère et ses tourments après la mort de John, de le voir ensuite s'en sortir et devenir l'homme qu'il était quand il est mort à son tour. Cet élan d'idéalisme, le sentiment qu'ils allaient avoir une seconde chance, tous ces espoirs se sont évanouis avec l'assassinat de Bob. Je suis persuadée que tout ça a joué un certain rôle dans la décision de Jackie. Mais épouser Onassis était une autre paire de manches. Surtout après John Kennedy.

« Bien sûr, il est facile d'idéaliser et de mettre sur un piédestal JFK, et sa femme, leurs années à la Maison-Blanche et tout ça. Je veux dire que son gouvernement n'a pas accompli grand-chose de remarquable. Et nous savons tous que le président était un chaud lapin. Pourtant, c'était me semble-t-il à des années-lumière d'Aristote Onassis et de son cirque flottant. Tous ces blasés du jet-set et ces industriels cyniques. Le principal intérêt d'Onassis dans la vie était de faire de l'argent et, pendant un certain temps du moins, il semble que Jackie ait partagé son enthousiasme. »

« Lucky » Roosevelt était convaincue que Jackie avait épousé Onassis dans un moment de faiblesse : « Cela lui ressemblait si peu, c'était totalement déconcertant. Je ne comprendrai jamais. C'était une créature exquise. Avec une certaine dureté intérieure, peut-être. Regardez par exemple la manière dont elle s'est comportée à la mort de John. Mais après la mort de Bob, elle s'est littéralement désintégrée. Et si l'on apprend un jour la vérité, je suis sûre qu'elle a dû, comme nous le disions à l'époque, " faire une dépression ", une dépression nerveuse. Il a dû se passer quelque chose, après la mort de Bob, quelque chose qui a entraîné ce mariage.

« Je trouvais ça vraiment épouvantable. De plus, je pensais que c'était un comportement qui ne lui ressemblait pas du tout. C'est une femme d'une grande dignité. Jeune fille, déjà, elle avait cette même dignité. Et il y avait pour moi quelque chose de si indigne dans ce mariage avec Onassis. C'était une telle aberration. Je travaillais à l'époque pour le *Washington Post*. Aussi longtemps que je vivrai, je n'oublierai jamais ce moment précis. Je m'étais rendue au journal pour une raison ou pour une autre.

« Philip Geyelin a traversé la salle de rédaction en hurlant, et nous a balancé l'incroyable nouvelle. Je n'étais pas au courant des rumeurs. Tous les autres avaient entendu parler du projet. Mais pas moi. Je me suis rassise. J'ai dit à Philip : " Ne sois pas ridicule. C'est un bobard. — Attends, me répondit-il. Tu liras la nouvelle dans le journal. " »

« C'était si incongru. Cela n'avait aucun sens. »

Cela n'avait aucun sens non plus pour Sylvia Blake. « Je n'ai pas la moindre idée de la raison pour laquelle elle l'a épousé, déclare-t-elle. Je ne vois vraiment pas. C'est curieux, non ? C'est un mystère, parce qu'elle n'en a jamais parlé. Je les ai rencontrés ensemble une seule fois, quand elle est venue dîner avec lui chez les Shriver, à Paris. Mon mari était chargé des Affaires étrangères à notre ambassade de Paris, à l'époque où Shriver était ambassadeur. Et je dois dire que je suis restée sans voix. Comme tout le monde, j'imagine. Je veux dire qu'à mes yeux il n'était pas très séduisant — il devait mesurer 1,20 mètre — et je ne le trouvais pas très agréable. Il ne semblait pas avoir beaucoup de charme. Elle me présenta à lui. C'était le genre d'homme qui regardait le vide au-dessus de votre tête, comme s'il s'ennuyait à périr. »

Tous les commentaires n'étaient pas négatifs. Jackie avait ses défenseurs. Lee Radziwill, qui était peut-être jalouse en son for intérieur, déclara pourtant aux journalistes : « Si le nouvel époux de Jackie avait été blond, riche, jeune et anglo-saxon, la plupart des Américains auraient été bien plus contents. »

Elizabeth Taylor : « Je trouve Ari charmant, gentil et attentionné. Je pense que Jackie a fait un excellent choix. »

Roswell Gilpatric : « Elle m'a dit un jour qu'elle avait l'impression de pouvoir compter sur Onassis. C'était là un critère qu'elle recherchait chez tous ses amis. L'une des choses auxquelles elle aspire... c'est à une vie privée — elle ne veut plus vivre tout le temps sous le regard de la foule — et il peut lui apporter cette intimité et cette protection. »

« Lorsqu'elle annonça son mariage, raconte Pierre Salinger, je lui écrivis une longue lettre. Je lui dis qu'elle ne faisait de tort à personne ; qu'elle pouvait agir comme bon lui semblait. »

Mais les paroles de soutien qui durent avoir la plus grande signification pour Jackie lui parvinrent sous la forme d'une lettre de douze pages, signée Edie Beale. « Je lui ai dit qu'elle avait eu raison. Je l'ai invitée à Grey Gardens avec son nouveau mari. Nous étions tous très curieux de faire sa connaissance. »

28

La sonnerie des cloches s'était à peine éteinte qu'Aristote Onassis repartait vers ses affaires, laissant Jackie et ses enfants à Skorpios. L'après-midi du 24 octobre, Ari et le Premier ministre Papadopoulos traversaient Athènes dans la limousine du dictateur, escortée par la police. Les deux hommes discutaient du projet Omega, investissement sur dix ans de 400 millions de dollars, comportant la construction d'une raffinerie de pétrole, d'une usine d'aluminium, de chantiers navals et d'aéroports. Stavros Niarchos reprendrait plus tard ce projet, mais pour l'instant Onassis en constituait la clé de voûte financière. Cette alliance entre Onassis et le gouvernement militaire grec devait alimenter aux Etats-Unis la controverse soulevée par le mariage de Jackie.

Ari une fois parti, Jackie dit tristement adieu à ses enfants, qui repartaient pour les Etats-Unis avec sa mère et son beau-père.

Jackie et Ari se retrouvèrent enfin seuls. Pendant trois semaines, ils se baignèrent, prirent des bains de soleil, firent de longues promenades et allèrent à la pêche. Ils étaient à Skorpios, devait dire Onassis à Gratsos, « comme Adam et Eve au paradis terrestre ». Ils firent deux brefs déplacements à Athènes (l'un pour affaires, l'autre pour le plaisir) et cinglèrent jusqu'à Rhodes à bord du *Christina*.

De temps en temps, Onassis se vantait auprès de ses associés et des amis de sa femme de son activité sexuelle avec Jackie. Il raconta au téléphone, un matin, à Gratsos qu'il avait fait l'amour cinq fois dans la nuit, et deux fois encore le matin.

D'après Lynn Alpha Smith, « Onassis pouvait se montrer salace. Une femme qu'il fréquentait — avant Jackie — me téléphona un jour me dire qu'elle ne pourrait pas venir dîner ce soir-là, en raison d'un mal de gorge. Elle me demanda d'en prévenir Onassis. Ce que je fis. Il rit. " Ce n'est pas du tout là qu'elle a mal ! " dit-il ».

L'après-midi, pendant qu'Ari s'occupait de ses affaires, Jackie lisait ou faisait son courrier. Le secret avait été si bien gardé que beaucoup de ses amis apprirent par les journaux la nouvelle de son remariage. Aussi lui fallait-il maintenant s'expliquer. Roswell Gilpatric fut de ceux qui reçurent une lettre de Skorpios. « J'aurais voulu te prévenir avant de partir, écrivait-elle, mais tout s'est passé si vite. J'ai lu quelque part ta réaction, cela m'a beaucoup touchée, cher Ross. J'espère que tu sais tout ce que tu as été, tout ce que tu es et seras toujours. Affectueusement. J. »

Cette lettre et quatre billets antérieurs, adressés à Gilpatric, furent dérobés dans un dossier par un employé de la société de Gilpatric (l'employé prétendit les avoir trouvés dans une corbeille à papier), et se retrouvèrent entre les mains de Charles Hamilton, marchand d'autographes new-yorkais. Gilpatric réussit à les récupérer, mais ils n'en furent pas moins reproduits dans la presse.

« Jackie s'est montrée compréhensive, remarqua Gilpatric. Mais il n'en a pas été de même d'Onassis. L'affaire l'aurait beaucoup agacé, du fait qu'une de ces lettres avait été écrite pendant leur lune de miel à un homme avec lequel elle avait eu une liaison qui s'était terminée peu de temps avant leur mariage. Je ne pense pas qu'il s'en soit beaucoup formalisé, mais la publicité qui a été donnée à cette affaire l'a certainement gêné. Il se montrait néanmoins très courtois lorsque nous nous rencontrions au restaurant ou dans des soirées. »

Ari connaissait lui aussi des difficultés avec ses anciennes amours. La baronne Marie-Hélène de Rothschild, dont la mère, Maggie Van Zuylen, était une grande amie de Maria Callas, révèle dans quelle détresse tomba la cantatrice lorsqu'elle perdit Onassis : « Maria était follement amoureuse d'Ari. C'était une vraie passion. Ils étaient ensemble comme deux bêtes sauvages. Ils s'entendaient bien, mais en fin de compte elle n'était pas assez flatteuse pour lui. Jackie Kennedy, c'était autre chose. Comme tout le monde, Maria apprit le mariage par la presse. Ce fut pour elle un effondrement. C'était épouvantable. Elle était complètement brisée, déçue, blessée.

« Tout le monde se plaisait à prétendre qu'Ari et Maria étaient trop semblables. Tous les biographes l'ont dit. Rien n'est plus faux. Maria n'était pas du tout dans la vie le personnage flamboyant, débordant de passion, qu'elle était sur scène. C'était une grande actrice, une merveilleuse cantatrice, mais dans la vie courante elle était timide, terne et sérieuse. Je dirais qu'elle était " lourde ". Ari en était l'antithèse. C'était une espèce de pirate grec, débordant d'intelligence et d'humour méditerranéen. Physiquement affreux, il rattrapait cela par sa vibrante énergie et la force de sa volonté. Il lui fallait pour être heureux au moins vingt personnes autour de lui, alors que Maria ne songeait qu'à être seule avec lui. Ari était coureur, ce que n'était pas Maria. Il refusait de faire de longues croisières en mer seul avec elle. Il emmenait toujours ma mère avec eux. Ari disait qu'il lui faudrait épouser les deux, Maria et ma mère, car ma mère était très gaie et spirituelle, et Maria trop sérieuse. Elle l'aimait trop et se montrait incapable de se détendre devant lui. Elle était maladroite et se débrouillait toujours pour faire tomber quelque chose ou pour dire ce qu'il ne fallait pas dire.

« Lorsqu'elle eut divorcé de Meneghini pour Ari, ce dernier commença à perdre tout intérêt pour elle. Son désenchantement s'accentua lorsqu'elle quitta temporairement la scène. Ma mère et moi ne cessions de lui donner des conseils pour le reconquérir. Peu de temps après son mariage avec Jackie, il se mit à la revoir. Ma mère faisait l'intermédiaire. Nous avons expliqué à Maria qu'elle devait se montrer plus distante. Elle était toujours là pour lui, toujours à sa disposition. Un jour, je l'ai cachée chez moi à la campagne pour qu'il ne puisse pas la trouver. Cela le désorienta, il s'inquiéta, mais l'effet fut promptement dissipé, car au bout d'une semaine elle rampait de nouveau à ses pieds. »

Pendant leur lune de miel, Jackie invita Billy Baldwin à Athènes. Elle lui réserva une place dans l'avion d'Olympic Airways et envoya une voiture le chercher à l'aéroport. Une fois arrivé à leur résidence de Glyfada, il fut confronté à son premier repas grec. « Si vous faites semblant d'aimer, je vous étrangle », l'avertit Jackie. Puis elle lui fit visiter la maison qu'elle voulait refaire, parce que c'était Maria Callas qui en avait conçu la décoration.

Le lendemain, Jackie emmena Baldwin à Skorpios. Le décorateur trouva le *Christina* hideux avec ses salles de bains de marbre rose, ses salons surchargés, sa salle à manger aux peintures murales qui représentaient des petites filles nues figurant les quatre saisons (que Jackie s'empressa de supprimer). Seul faisait exception le bureau d'Ari, aux murs entièrement recouverts de livres, « une des plus belles pièces que j'aie jamais vues », disait Baldwin — avec son Greco et son inestimable bouddha de jade. Il fut également enthousiasmé par l'île et par la villa qu'on y construisait pour Jackie et Ari. Les enfants de Jackie devant y venir pour Noël, elle voulait que Baldwin termine les travaux avant de s'attaquer à Glyfada.

Après trois jours en Grèce, Baldwin présenta au bureau d'Onassis à New York une note de 25 000 dollars « pour services rendus ». Bien que scandalisé par l'énormité de la somme, Onassis paya. Mais ce n'était que le début. Un soir qu'il était à Paris, Ari reçu un coup de téléphone de sa sœur, Mme Artémis Garoufalidis, de Glyfada. Des affréteurs devaient livrer des tables, des chaises et des canapés, provenant de chez David Barrett et Thomas d'Angelis, décorateurs de New York. Il y en avait pour des dizaines de milliers de dollars. Que devait-elle faire ? « Signe, lui dit Ari. C'est Jackie qui les a commandés. » La seule facture qu'Onassis refusa de payer concernait deux postes de télévision que Baldwin avait commandés pour la maison de Skorpios, qui ne recevait pas d'émissions.

Jacques Harvey, artiste et écrivain d'origine française, qui avait rencontré Onassis chez Maxim's, fut invité à un cocktail dans la demeure parisienne du magnat grec, avenue Foch. « C'était peut-être neuf mois après son mariage avec Jackie. Je connaissais déjà l'appartement, un des plus luxueux de Paris, avec une magnifique réception, décorée de tapis persan et de meubles anciens. Rien de rare, mais c'était un intérieur très agréable. Je me souvenais aussi d'un grand portrait de Tina, la première femme d'Ari. Je m'aperçus tout de suite des changements. Jackie avait pris un décorateur — je ne sais pas lequel — et avait tout chamboulé. Elle avait enlevé les tapis et le portrait, et remplacé la plus grande partie des meubles et des tissus. Avec ses fanfreluches et ses tentures disgracieuses, ce décor aurait parfaitement convenu à un salon de beauté de Palm Springs " pastel californien ", c'est ainsi qu'on pourrait décrire l'ensemble avec ses roses, ses lavandes et ses verts pâles. C'était affreux. Onassis était de cet avis. " Cette femme n'a pas de goût ", disait-il. Ses trois sœurs, Mérope, Calirrhoé et Artémis, étaient elles aussi scandalisées.

« Je pense que Jackie et Onassis se sont mariés par intérêt. En Ari, elle avait trouvé un bienfaiteur ; quant à lui, il avait besoin de quelqu'un qui redressât son image déclinante. Depuis la Seconde Guerre mondiale, il était sur la liste noire aux Etats-Unis. Il était l'objet de multiples enquêtes internationales de la part de la CIA, du KGB, d'Interpol, de Scotland Yard, des services secrets français et anglais. Les banques américaines rechignaient à le soutenir. Il avait épousé Jackie en partie pour rétablir sa situation aux Etats-Unis, et elle y a dans une certaine mesure contribué.

« Je ne vois pas ce qu'elle avait d'autre à offrir. J'ai dîné deux fois avec Jackie, une fois à Rome, chez Alfredo, une autre fois à Paris, chez Maxim's, avec Christina et quelques autres personnes. Jackie était terriblement ennuyeuse. Lorsqu'elle était à la Maison-Blanche, et que personne ne la connaissait, sinon de loin, elle faisait une forte impression en Europe, et surtout en France, à cause de son héritage français. Mais une fois mariée à Onassis, elle passait plus de temps à Paris, et personne ne comprenait ce qu'elle avait de si particulier. Les Européens, souvent beaucoup plus élégants et raffinés que les Américains, se moquaient d'elle. Elle n'était rien qu'une Américaine ordinaire avec des goûts ordinaires et de l'argent. C'était une création de l'imagination américaine, de la publicité, de *Women's Wear Daily* et de *Vogue*. Elle était suffisamment fine pour se rendre compte que plus elle se montrerait, moins elle ferait impression. Elle n'avait rien à dire, et se taisait donc.

« En Europe, aujourd'hui, on la prend pour ce qu'elle est, rien. Mais en Amérique, dès qu'on parle de Jackie, tout le monde devient sentimental. Elle s'est entourée d'un mur protecteur. Les gens redoutent d'être rayés des listes mondaines, s'ils disent quoi que ce soit de désobligeant sur son compte.

« C'est une manœuvrière, qui ne reculerait devant rien pour arriver à ses fins. Le clan Kennedy a imposé une kyrielle de mensonges, qui commencent à apparaître. La plupart de ces inventions ont servi à orner l'image de JFK, et Jackie en a elle-même fabriqué beaucoup. »

Maïa Calligas, passionnée de mer et de bateau, était beaucoup plus proche d'Onassis que Jacques Harvey ; elle habite aujourd'hui Athènes et raconte : « Ari et moi nous sommes connus par André Embiricos. Dans les années cinquante, Embiricos et Onassis ancraient leurs yachts côte à côte à Monte-Carlo. Tous les matins, Onassis apparaissait sur le bateau d'André, à l'heure où celui-ci, qui était un vieil homme comparé à Ari, prenait son petit déjeuner. Ils parlaient Dow Jones, IBM, General Motors, etc. Onassis respectait les avis du vieil homme.

« Deux choses s'imposaient chez Onassis. D'abord, c'était un génie

411

financier. S'il tenait les livres réglementaires dans le cadre de ses affaires, en fait, il avait tout dans la tête. Il savait toujours où se trouvait chacun de ses bateaux. Il ne jouait jamais, pas même en affaires. Il m'a dit une fois, au casino de Monte-Carlo, que j'étais bien bête de jouer. " A gagner on perd quand même, car la marge du casino est énorme. Ne jouez jamais, à quoi que ce soit ou sur quoi que ce soit, sans être sûre. "

La seconde chose qui frappait en lui, c'était sa solitude. Onassis était l'homme le plus seul du monde. Non qu'il n'avait pas d'amis, de relations ni de famille. Il avait tout cela, ce qui ne l'empêchait pas de se renfermer le plus souvent sur lui-même. Je me rappelle l'avoir vu à Monte-Carlo, assis près des bateaux, les yeux fixés sur la mer, triste et seul. Pour moi, c'est l'argent qui l'a isolé. Tous les magnats que j'ai rencontrés, et surtout les self-made men, étaient comme ça. Ils sont seuls parce que l'argent élève autour d'eux des murailles.

« Il aurait pu être moins seul s'il avait épousé Maria Callas au lieu de Jackie. Pour moi et ses autres amis, sa vraie femme était Maria Callas. Callas et Onassis formaient un couple. Ils s'aimaient pour de bon. Il n'y a jamais eu d'amour entre Jackie et lui, leur mariage n'était qu'un marché. »

En dépit de toutes leurs différences, la première année de leur mariage fut assez satisfaisante. Onassis recommença à voir Maria Callas, mais de loin en loin et en amie. Il voulait réussir cette nouvelle union. A la fin de leur lune de miel, il accompagna Jackie à Londres, pour voir Lee, puis de là aux Etats-Unis, où il s'installa chez sa femme au 1040, Cinquième Avenue. Ils assistèrent ensemble à plusieurs dîners, dont l'un chez Henry Ford II, où se trouvait aussi David Rockefeller, qu'Onassis désirait connaître depuis longtemps. A son tour, Ari présenta John Paul Getty à Jackie.

Pendant ce séjour à New York, elle se fit teindre et défriser les cheveux par Rosemary Sorrentino. « Le mariage avait fait tant de bruit que Nancy Tuckerman me demanda de venir la coiffer chez elle. Elles m'envoyèrent une limousine et j'entrai dans l'immeuble par la porte de derrière, sur Madison Avenue. J'étais déguisée en femme de chambre. Ron Galella, ce photographe teigneux, était garé devant chez elle. Jackie me parut heureuse, bien loin de l'impression qu'elle m'avait faite lorsqu'elle s'était effondrée dans ma chambre chez Kenneth, en 1964. »

Jackie et Ari retournèrent en Grèce après Noël. Lorsque les enfants eurent regagné New York et qu'Ari fut parti pour Rome en voyage d'affaires, Jackie se mit en quête d'antiquités grecques en compagnie d'Alexis Miotis, directeur du Théâtre national grec. « Je connaissais Onassis depuis 1922, et Jackie et moi nous étions rencontrés en 1952 ou 1953 à New York, alors qu'elle était photographe pour le *Washington Times Herald*, raconte Miotis. J'étais à bord du *Christina*, en 1963, lorsque Jackie, alors First Lady, et Lee faisaient une croisière avec Onassis. J'ai également joué un rôle important dans le rapprochement d'Ari et de Maria Callas. J'ai monté deux des opéras de Maria — *Norma* et *Médée* — à la Scala et à Covent Garden. Je les ai mis en scène. J'étais à Covent Garden en 1958, lorsque

Onassis, arrivant à Londres, m'a appelé. Je lui ai répondu que j'étais trop occupé avec La Callas pour le voir. " Oh, je la connais, me dit-il. J'ai fait sa connaissance au Lido, grâce à Elsa Maxwell. " Après l'opéra, j'ai donné une réception de quatre cents personnes au Dorchester, où Onassis et Maria se sont revus. C'est ainsi qu'a commencé leur liaison.

« Après le mariage d'Ari et de Jackie, je les retrouvais souvent sur le *Christina*. Jackie est venue à deux reprises me voir à Epidaure, le théâtre antique du IVe siècle av. J.-C., qui se trouve à trois heures d'Athènes. Au début, Jackie et Ari paraissaient bien s'entendre. Jackie est une personne charmante qui a de la noblesse. C'est un modèle pour beaucoup. D'évidence nombreux furent ceux qui jugèrent honteux le mariage avec Ari, mais je n'y voyais rien de répréhensible. Ari avait un grand sens du prestige. Il suivait de très près les faits et gestes des célébrités. Il admirait Jackie non pas seulement parce qu'elle était la femme du président des Etats-Unis, mais aussi parce qu'à ses yeux elle était une sorte de reine. Ari se voulait empereur des Mers et souhaitait à ses côtés la présence d'une Cléopâtre. Jackie, quant à elle, était séduite par son charme et par son argent. Il avait une personnalité dominatrice. Il était le seul homme qui en l'épousant ne deviendrait pas " Mme Jackie Kennedy ". »

William Joyce, conseiller juridique d'Olympic Airways, trouva beaucoup moins noble l'attitude de Jackie. Pour les vacances de Pâques 1969, elle emmena ses enfants en Grèce, à bord d'un avion de la compagnie. Le lapin de John Jr. faisait partie du voyage. « Malgré les règlements aériens, elle refusa de déposer l'animal dans la soute à bagages avec les autres animaux. " Cette compagnie appartient à mon mari ", ne cessait-elle de répéter. Elle voulait que le lapin reste en première classe. En fin de compte, il a fait le voyage à l'avant de l'appareil avec l'équipage.

« Elle prit aussi l'habitude de se présenter aux guichets de la compagnie dix minutes avant un vol et sans réservation, exigeant une place en première classe. Non pas une place, mais quatre, car elle ne tolérait personne à côté d'elle. Si d'aventure tout était réservé, elle demandait qu'on annule autant de billets que de places dont elle souhaitait disposer. Et elle ne payait jamais. " Mettez ça au compte de mon mari. " Personne ne lui a jamais expliqué qu'il n'était pas propriétaire en titre de la compagnie, que c'était ses sœurs qui l'étaient. C'étaient donc elles qui recevaient les factures. »

Responsable d'une agence de voyage dans l'île d'Ithaque à 9 milles de Skorpios, Angelo Katapodis se souvient de l'arrivée, ce printemps-là, d'Ari et de Jackie : « Il y avait M. et Mme Onassis, Christina, Caroline, John Jr. et Martin Luther King III, alors âgé de dix ans, qui était invité par Jackie et son fils.

« Onassis aimait beaucoup Ithaque. Plusieurs directeurs de ses affaires, dont Costa Gratsos, en étaient originaires. Mon père y possédait un magasin de nouveautés et avait vendu du tissu à Onassis pour ses diverses maisons. Ce jour-là ils achetèrent un coton imprimé, dont Jackie voulait faire des rideaux pour la villa de Skorpios.

« Jackie ne me fit pas très bonne impression. Elle arborait en permanence un rictus stupide et n'était pas très gentille avec son mari, qui portait un pantalon blanc et des chaussures de bateau blanches. Il était torse nu et elle passait son temps à lui dire de remettre sa chemise. A un certain moment, comme les choses n'allaient pas assez vite, elle posa les mains sur les hanches et commença de taper du pied. »

Il était visible qu'elle ne s'entendait pas avec Christina. Christina et son frère Alexandre avaient déjà de mauvaises relations avec leur père qui les traitait en quantités négligeables. Ils avaient peur de lui. Il n'aurait sans doute pas été très difficile à Jackie de les réconcilier, surtout Christina, qui s'épanouissait à la moindre marque d'affection. Mais Jackie commit la même grossière erreur que Maria Callas et l'une comme l'autre furent rejetées. En fin de compte l'hostilité des enfants contribua bien davantage à détruire le mariage que les prodigalités apparentes de Jackie.

Après une série d'escales à Nice, Monte-Carlo, Villefranche, San Remo et Capri, Ari célébra le quarantième anniversaire de sa femme par une soirée à tout casser qui se prolongea jusqu'à l'aube au Neraïda Club sur le golfe de Séronis, à 16 kilomètres d'Athènes. A son arrivée, Jackie fit sensation : elle arborait une nouvelle parure, cadeau d'anniversaire d'Ari, dont le clou était un diamant de 40 carats monté en bague (1 carat pour chaque année de Jackie), estimé 1 million de dollars. Elle avait aussi reçu une ceinture en or ornée d'une tête de lion (son signe astrologique) et des boucles d'oreilles baptisées « Apollo II », en émeraude, saphir, diamant et rubis, pour rappeler le débarquement de l'homme sur la lune.

L'actrice grecque Katina Paxinou, qui était placée à côté de Mme Onassis, lui fit compliment de ses nouvelles boucles d'oreilles, qui se balançaient contre son cou comme des lustres (deux sphères représentant la terre et la lune, réunies par un vaisseau spatial miniature). « C'est une bagatelle, gloussa Jackie. Ari s'en est excusé, mais si je suis sage, il me donnera la lune l'année prochaine. »

« Ce fut à Noël 1968 que Jackie offrit à Ari son premier cadeau, raconte Costa Gratsos. C'était un ex-libris pour sa collection de livres, avec le nom d'Ari surmonté d'un dessin à la plume du *Christina*. Il lui donnait le *Christina*, elle lui donnait l'ex-libris. »

D'après Yvette Bertin, employée des Olympic Airways à Paris, « Maria Callas accompagnait souvent M. Onassis au bureau, alors que Jackie ne le faisait jamais. Elle l'attendait parfois dans la voiture devant le bureau. Elle avait des yeux bizarres, tout ronds. On aurait dit qu'elle était droguée, ou choquée. Elle avait quelque chose d'assez effrayant. »

Mme J. Boyer, directrice des relations publiques pour Maxim's, raconte que « même après son mariage avec Jackie, Onassis venait généralement seul ou parfois avec Maria Callas, lorsque sa femme était aux Etats-Unis. Jackie venait aussi chez Maxim's avec Mme Nicole Alphand ou avec sa sœur Lee. Mais je me rappelle l'avoir vue plusieurs fois avec son mari. Comparée à la Callas, elle ne faisait pas le poids. Jackie était très fière de son sang français, elle disait à tout le monde que son nom était Bouvier. Mais elle était typiquement américaine. On m'avait vanté son élégance, mais j'ai rarement vu quelqu'un qui ait aussi mauvais goût. J'en étais suffoquée. Au sens où l'entendent les Français, elle n'avait rien d'élégant.

« Jackie avait déçu les Français, qui trouvaient qu'elle n'aurait jamais dû se remarier après la mort de Kennedy. Elle était la veuve d'un héros américain. On aurait accepté qu'elle ait des amants, mais quant à se remarier, surtout avec un homme aussi controversé qu'Onassis... C'était évidemment pour l'argent. Les Français, qui adorent les histoires d'amour, se sont dit : " Cette femme a un coffre-fort à la place de cœur [1]. " »

Au cours d'un séjour à Paris, à l'automne 1969, Jackie rendit visite à la comtesse Guyot de Renty, qui l'avait logée pendant son année de Sorbonne. « Nous ne nous étions pas perdues de vue, dit Mme de Renty. Mais c'était la première fois que je la revoyais depuis son mariage avec Onassis. Elle était très simplement vêtue. Je lui ai même dit : " Jackie, je crois que votre chandail est à l'envers.

« — Oui, m'a-t-elle répondu. Je ne me suis pas changée. "

« Mais je m'étonnais. Je trouvais très bizarre son mariage avec Onassis. Je ne m'y serais pas du tout attendue. D'un autre côté, tant de choses s'étaient passées : l'assassinat de son mari, puis celui de son beau-frère. Que de chocs pour elle ! Elle voulait changer de vie, pour essayer d'oublier ».

Onassis allait chaque année en Suisse pour affaires ; il descendait à l'hôtel des Bergues à Genève. Il y emmena un jour Jackie, bien qu'elle préférât en général rester à Athènes ou Paris, pour dépenser les 30 000 dollars par mois que son mari lui allouait. John Rigas, correspondant à Athènes pour UPI (United Press International), rapporte que « Jackie se faisait conduire en ville en hélicoptère de Skorpios, surtout lorsque son mari était en voyage d'affaires. Elle se déplaçait avec son garde du corps, George Sinos, et une amie d'Onassis, qui était là pour lui servir de guide et d'interprète. On disait qu'elle était surtout chargée d'espionner Jackie pour le compte d'Onassis, de lui rapporter, par exemple, ce qu'elle avait dépensé. Connaissant Onassis, c'était tout à fait possible.

« A Athènes, tout le monde reconnaissait Jackie. Les gens s'arrêtaient et la regardaient comme une bête curieuse ou lui adressaient la parole. Elle souriait sans s'arrêter. Elle n'était ni très belle ni très intéressante, mais elle avait quelque chose. Si Onassis et Jackie n'étaient pas très amoureux, ils paraissaient se plaire ensemble. Le bruit courait qu'il allait divorcer de Jackie pour se remarier avec sa première femme ou pour épouser Maria Callas. C'était invraisemblable. S'il avait voulu épouser la Callas, il l'aurait fait depuis longtemps. Il avait sans doute expliqué à Maria Callas que son mariage avec Jackie était une affaire de convenance, destinée à redresser son image personnelle ».

---

1. Roger Viard, ancien maître d'hôtel chez Maxim's, est à peu près du même avis : « Maria Callas était une personnalité élégante et théâtrale. Avec Onassis elle formait un couple. Jackie était très américaine. Elle n'avait pas la même élégance. Elle était ordinaire. Si elle ne s'était pas appelée Kennedy, personne ne l'aurait même remarquée. En tout cas, pour ce qui est de Maxim's, on peut dire que Jackie est passée sans pratiquement laisser de trace. »

Si marché il y eut, Onassis se montra très fair-play. « Il était très généreux avec les enfants de Jackie, atteste Costa Gratsos. Il acheta un voilier à Caroline ; un hors-bord, un juke-box et une mini-jeep à John-John. Il leur offrit des poneys shetland. Mais, au-delà des cadeaux, il essayait de donner de sa personne. Il assistait aux représentations scolaires à New York, et allait les regarder monter à cheval dans le New Jersey, à la place de Jackie. Et ce n'était pas une partie de plaisir pour lui. Il n'aimait pas les chevaux, mais lorsqu'il était à New York il y allait quand même. Il se plaignait toujours de ce que la boue et le crottin de cheval abîmaient ses chaussures et son pantalon.

« Un jour qu'il se plaignait, Jackie le rembarra en lui disant : " Qu'est-ce que ça peut faire ? Tu es tellement mal ficelé ! " Elle avait raison. Il se fichait des vêtements. Il se faisait faire ses habits par un vieux tailleur grec. Ils étaient démodés. Avec ses costumes il était superstitieux. S'il avait conclu une bonne affaire avec un certain costume, une certaine cravate et une certaine paire de chaussures, il tenait à porter le même ensemble la fois suivante. Il ne se souciait pas de porter plusieurs jours de suite la même tenue. Je lui disais : " Pour qui te prends-tu ? Pour Howard Hughes ? " Jackie essaya de le décider à s'offrir une nouvelle garde-robe. Un jour à Palm Beach, elle entra dans un magasin de vêtements masculins et en ressortit avec trois cent soixante-cinq cravates en soie pour Ari, à 30 dollars la cravate. Lorsqu'il apprit qu'elle avait fait mettre la facture sur son compte, il devint furieux. Il ne se privait pas non plus pour la critiquer, car elle était tout le temps en pantalons et t-shirts. " Que fait-elle donc de tous les vêtements qu'elle achète ? " demandait-il.

« Ils étaient très différents. Ari avait de l'argent et n'ignorait pas le luxe, mais c'était un homme aux goûts simples. Son plat favori était le bœuf braisé. Il préférait un petit bistrot à un grand restaurant. Même quand il allait au " 21 ", il commandait une saucisse et une bouteille de bière. Avec Jackie, il allait plutôt dans des endroits comme le Coq Hardi, à Bougival, mais même là il se faisait toujours servir le même menu : un martini avec des olives et des oignons blancs, une salade de bœuf et une grillade. Ils prenaient aussi du bordeaux. Seule folie, une bouteille de champagne à la place de dessert.

« Il allait souvent dans une taverne de Lefkas, appelée Nick le Grec, où il aimait manger, boire, chanter et danser. Il adorait aussi aller faire la bringue à la Neraïda, où il avait donné une fête pour les quarante ans de Jackie. Elle détestait ce genre de débordement, qu'elle jugeait vulgaire, aussi y allait-il sans elle. Il y emmena un jour un groupe d'amis, au nombre desquels se trouvaient Odile Rodin et Elsa Martinelli, et ils faillirent être arrêtés pour outrage à la pudeur et tapage nocturne.

« Ari aimait la vie nocturne, les boîtes de nuit comme El Morocco, le Privé, Régine, Raffles. Jackie les tolérait. Pour elle, faire la bringue consistait à aller déjeuner le samedi avec Ari chez P.J. Ckarke's. Jackie ne supportait pas les horaires de son mari, son noctambulisme et ses levers matinaux. Ses coups de téléphone d'affaires à 3 heures du matin. Il ne partageait pas davantage l'enthousiasme de sa femme pour le ballet, le

416

théâtre (à moins qu'il soit grec), l'opéra, les musées et les galeries de tableaux. Ils commencèrent par des lits jumeaux dans la même chambre pour finir séparés par un continent.

« Jackie aimait surtout dépenser et recevoir des cadeaux d'Ari. A la vue des factures qui arrivaient sur mon bureau, je sursautais. Jackie était une rapide. Il lui suffisait de dix minutes dans un magasin pour dépenser 100 000 dollars. Elle ne se souciait pas des prix, elle se contentait d'indiquer ce qu'elle voulait. Elle achetait tout et n'importe quoi : des boîtes à musique, des pendules anciennes, des manteaux de fourrure, des meubles, des chaussures. Elle aimait assister aux présentations des grands couturiers — Valentino, Molyneux, Lanvin — dont elle achetait des collections entières. Au début, Ari l'y encourageait. Outre le jeu de cartes de crédit qu'il lui avait donné, il aimait déposer des cadeaux sur le plateau d'argent de son petit déjeuner : un bracelet, un rang de perles de culture, un mouchoir de dentelle ancienne. Parfois un poème ou une lettre. Il lui écrivait, car elle s'était plainte de ce que John Kennedy ne lui avait écrit que de très rares lettres durant leur mariage. »

« Ce fut la dernière année de mon amitié avec Jackie, rapporte Truman Capote. Je l'ai assez accompagnée faire des courses. Elle entrait dans un magasin, commandait deux douzaines de chemisiers de soie de différentes couleurs, laissait son adresse et sortait. Elle agissait comme dans un rêve, on l'aurait dite hypnotisée. Un jour que je donnais une réception, mon chien mangea le manteau de zibeline de Lee Radziwill. Radziwill était furieux, Jackie s'amusait bien. " T'en fais pas, dit-elle à Stas, on en achètera un autre demain, aux frais d'Ari. Qu'est-ce que ça peut lui faire ? " »

Robert David Lyon Gardiner, salonard new-yorkais, dînait avec Jackie chez lady Jean Campbell, dans la Cinquième Avenue. « Jackie était venue sans Onassis, se rappelle-t-il. Le yacht était amarré dans le port de la 79e Rue. On la plaça à côté de moi. Mais Jackie garda les yeux dans le vague pendant toute la soirée. Je ne sais pas pourquoi, mais elle était dans les nuages avec un sourire flottant. Elle était superbe avec ses pommettes saillantes et ses cheveux noirs qu'elle tenait de son père. Mais elle n'ouvrit pas la bouche. »

Ce ne fut pourtant pas une période si rose pour M. et Mme Onassis. A la fin de 1968, un Boeing 707 d'Olympic Airways qui reliait New York à Athènes fut détourné sur Paris par deux hommes se réclamant d'une organisation gauchiste. Il y eut en même temps une alerte à la bombe au départ d'Athènes dans un avion que devait prendre Alexandre Onassis. En avril 1969, le FBI découvrit qu'un groupe extrémiste avait prévu de plastiquer la First National City Bank de la 91e Rue, au moment où Jackie s'y trouverait. En juillet, la police grecque découvrit qu'une organisation subversive projetait d'enlever Jackie. Le même mois, un avion à bord duquel elle avait pris place pour se rendre à New York dut être fouillé à Londres, à la suite d'une alerte à l'explosif. Au mois d'août, les bureaux d'Olympic Airways à Athènes furent plastiqués. La police en accusa des éléments hostiles à la junte militaire, car un pamphlet désignait Onassis comme « le principal banquier de la junte ». En octobre, Jackie aurait maîtrisé d'une prise de judo le photographe du *New York Daily News,* Marvin Finkelstein, alors qu'il prétendait la photographier à la sortie d'un film érotique, *Je suis curieuse.* D'après les témoins de l'incident, Finkelstein aurait en fait simplement glissé.

Il y eut d'autres affaires désagréables. Le 18 juillet 1969, six femmes, ayant participé l'année précédente à la campagne présidentielle de Robert Kennedy, et cinq amis du sénateur Ted Kennedy se retrouvèrent dans une petite maison de Chappaquiddick, minuscule îlot tout proche de Martha's Vineyard. Il s'agissait de célébrer les quarante-sixièmes régates du Yacht-Club d'Edgardtown, auxquelles Ted avait participé sans succès. Parmi les six femmes se trouvait la blonde Mary Jo Kopechne, vingt-huit ans, boute-en-train, qui avait été secrétaire de Robert Kennedy. Les femmes avaient retenu des chambres dans un motel, situé à plusieurs kilomètres de l'auberge des hommes.

Mary Jo et Ted partirent ensemble vers 23 h 15, afin d'attraper le dernier ferry pour Vineyard. Au lieu de prendre la route qui menait à l'embarcadère, Ted emprunta une route menant à un étroit pont de bois sans parapets. Manquant le pont, il précipita son Oldsmobile dans l'eau, où elle se retourna dans le flot obscur. Kennedy réussit à s'en sortir ; Mary Jo y resta.

Le sénateur du Massachusetts laissa passer neuf heures avant de signaler l'accident. Les tentatives d'étouffement auxquelles ce drame donna lieu prouvent assez aujourd'hui que Ted Kennedy ne fut pas un témoin innocent. Leo Damore, auteur de *Senatorial Privilege : The Chappaquiddick Cover-Up* (1988), étude approfondie de l'affaire, établit : 1) que Kennedy quitta la soirée avec Mary Jo dans une intention bien précise ; 2) qu'il avait bu ; 3) qu'il aborda le pont beaucoup trop vite ; et 4) que son permis de conduire n'était pas en règle. Il ne fait pas de doute non plus qu'avant de prévenir la police Kennedy laissa passer des heures, pendant lesquelles il s'efforça sans doute de convaincre tel ou tel de ses compagnons d'endosser à sa place la responsabilité de l'accident.

Jacqueline Onassis fut une des premières personnes qu'il essaya de joindre. Incapable de la toucher, il se tourna vers Helgar Wagner, blonde Autrichienne de Palm Beach, qui lui était toute dévouée. Mais ce fut en fin de compte auprès de Jackie qu'il trouva consolation. Peu de temps après le drame, Teddy reçut une lettre de Jackie, dans laquelle elle disait que, depuis la mort de son oncle Bob, Caroline n'avait plus de parrain et qu'elle souhaiterait que son oncle Ted le remplaçât.

Cette nouvelle tragédie était plus que n'en pouvait supporter Joseph P. Kennedy. L'ambassadeur s'éteignit cette même année. Un lien de plus unissant Jackie au clan Kennedy se trouvait rompu.

« Quand le ménage Onassis marchait, il marchait très bien, déclare John Karavlas, capitaine en second du *Christina.* Je me rappelle un certain voyage à Corfou. La fille d'Ari en était. Mais pas Alexandre — une fois Jackie dans le circuit, il ne se montrait plus guère. Nous avions passé l'après-midi à

Corfou, et le soir l'équipage se retrouva pour dîner dans une taverne. Jackie et Ari auraient dû y être, mais ils n'arrivaient pas. Au milieu du dîner, le capitaine me demanda d'aller voir sur le *Christina* : peut-être s'étaient-ils endormis. J'allai jusqu'au quai et montai à bord. Je cherchai partout : pas de Jackie, pas de Ari. Je m'apprêtais à partir, lorsque j'entendis des bruits provenant d'un petit bateau de pêche qu'Ari tenait attaché au *Christina*. Je m'approchai dans l'obscurité pour voir de quoi il retournait. Je discernai le postérieur dénudé d'un homme, qui se soulevait et s'abaissait, se soulevait et s'abaissait. L'homme m'entendit et regarda par-dessus son épaule. C'était Onassis. Jackie était sous lui. Ils faisaient l'amour. " Que voulez-vous ? me demanda Onassis.

« — Je vous cherchais, monsieur, répondis-je.

« — Eh bien, vous m'avez trouvé ", dit-il sans s'interrompre. »

Onassis aimait faire l'amour dans des lieux inhabituels, et souvent semi-publics. Il était beaucoup plus âgé que sa femme, mais n'en avait pas moins une intense activité sexuelle. Ils se disputaient souvent, mais faisaient aussi l'amour.

La sexualité de Jackie s'est probablement épanouie durant son deuxième mariage ; une conversation avec son médecin, le Dr Henry Lax, y fut sans doute pour quelque chose. Renée Luttgen, compagne et assistance du médecin, fut témoin des relations que Jackie entretenait avec Lax. « Jackie débarquait dans son bureau comme sur une scène. Tout, le sourire, les gestes, les paroles, paraissait fabriqué. Elle n'avait rien de naturel. Elle portait des lunettes de soleil sur le sommet de son crâne et prenait un air affecté dès que j'ouvrais la porte, au cas où quelque autre patient apercevrait l'ancienne occupante de la Maison-Blanche. Jackie et Henry étaient proches, mais elle l'appelait toujours " docteur Lax ". Elle était très correcte. Elle le consultait pour tout ; relations familiales, voyages, alimentation, sexe. Elle minaudait de son insupportable voix de petite fille. Elle avait l'exaspérante habitude de parler d'elle-même à la troisième personne. Tout ça, pour moi, c'était du chiqué, mais le docteur la tenait en haute estime et la jugeait très brillante.

« Il lui donnait des conseils. Il lui a appris à entretenir sa forme ; lui enseignant, par exemple, qu'il valait mieux marcher vite que de courir autour du réservoir de Central Park. Lorsque Onassis mourut, il lui conseilla de trouver un travail pour s'occuper. Il voyait aussi d'autres membres de la famille, dont Rose Kennedy, Lee Radziwill et Ethel Kennedy. Après l'assassinat de Bob Kennedy, Ethel lui demanda un produit qui l'empêcherait de pleurer. " Et pourquoi ne pleureriez-vous pas ? demanda Henry. C'est la chose la plus naturelle du monde, compte tenu des circonstances. " Et tant pis pour la stupide devise familiale : les Kennedy ne pleurent jamais.

« Un jour, Jackie lui dit qu'ayant été élevée dans la religion catholique on ne lui avait jamais appris comment atteindre le plaisir sexuel. Henry dessina l'anatomie féminine sur une feuille de papier et la retraça du bout du doigt dans la paume de la main de Jackie, en lui expliquant comment tout cela marchait. La leçon fut sans doute utile, car elle n'évoqua plus jamais le sujet.

« Jackie était une espèce de maniaque de la santé. Il fallait qu'elle subisse tous les examens à la mode : la tolérance au sucre, le test d'effort et tout le reste. Je peux témoigner qu'elle était en excellente santé.

« Elle se faisait beaucoup de souci pour Caroline, adolescente rebelle qui, se bourrant de chocolats, devenait énorme et s'abîmait la peau. Un jour, je l'ai entendue engueuler Caroline par téléphone du bureau de Henry. Par deux fois, Henry céda aux pressions de Jackie et prescrivit à Caroline des pilules coupe-faim.

« Bien que Henry soignât aussi Onassis, je ne crois pas qu'il ait jamais abordé le sujet de sa santé avec Jackie. Il estimait, je le sais, qu'Onassis aurait dû se faire opérer des reins depuis longtemps, mais celui-ci ne suivit pas son conseil. Je ne sais pas ce que Henry pensait de leur union. Il respectait Onassis et le trouvait drôle. Je me rappelle avoir vu Onassis dans un restaurant, sans le reconnaître. Ses manières — sa façon de faire du bruit en mangeant, de rompre son pain — étaient celles d'un roi ou d'un paysan. Et dans un certain sens, Onassis était l'un et l'autre. »

Fanny Warburg, lointaine parente des richissimes Warburg, travailla pendant plus de trente-cinq ans pour le Dr Lax. « J'ai souvent parlé avec Jackie, dit-elle. Je lui ai fait des prises de sang, des électrocardiogrammes, des radios. Je l'ai vue pendant des années et je n'ai rien reçu d'elle, pas le moindre pourboire, le moindre parfum ni le moindre cadeau de Noël. Elle arrivait toujours les mains vides. Comme d'ailleurs tous les Kennedy qui se faisaient soigner chez nous. J'ai reçu, en revanche, de ravissants cadeaux de beaucoup d'autres patients.

« Je voyais de temps en temps Caroline et John, pour une grippe, un rhume, rien de sérieux. Jackie venait aussi bien demander des conseils que se faire soigner. Elle était le plus souvent maussade et prétentieuse. Je ne l'ai jamais trouvée si intelligente que ça. A mon avis, Lee est beaucoup plus intelligente et beaucoup moins snob. En fait, Lee n'est pas snob du tout. Jackie est également très naïve. Un jour, j'ai passé une heure à lui expliquer son taux de cholestérol. Après quoi elle m'a demandé : " Oh, est-ce que les hommes ont aussi du cholestérol ? " »

Carol Rosenwald, écrivain et restauratrice, rencontra un jour Jackie à l'école de leurs fils : « Nos fils étaient ensemble à Collegiate. Jackie était venue voir John. Elle était négligée ; elle avait les cheveux sales. Son chandail était troué. On aurait dit qu'elle sortait de son lit. Je n'en suis pas revenue. »

Ce jour-là, Jackie ne devait pas être en forme, car d'autres mères se montrèrent moins sévères. Sally Bitterman, dont le fils, Brooks, était camarade de classe et ami de John, eut l'occasion de l'observer lors de nombreuses réunions de parents : « Elle était très discrète et ne jouait jamais de sa notoriété en faveur de son fils. Un jour que Brooks était allé jouer chez les Kennedy, Jackie appela pour s'assurer qu'il était bien rentré. Peu de mères en font autant. »

Marjorie Housepian Dobkin, doyenne de Barnard, qui avait trois fils à

Collegiate et faisait partie avec Jackie du comité éducatif de l'école, rapporte : « Le comité avait pour rôle de décider de l'expansion de l'école et de la construction d'un nouveau bâtiment. On me demanda sans doute d'en faire partie en raison de mon métier, alors que Jackie fut pressentie parce qu'ils avaient besoin de fonds. Nous nous sommes réunis peut-être quatre fois. Je ne sais pas si elle a donné de l'argent, mais j'en doute. Lors d'une réunion, elle a demandé s'il y avait un inconvénient à ce que son fils fasse ses devoirs en écoutant de la musique. La question était tout à fait déplacée, mais il y fut cependant répondu. Et les avis furent partagés.

« Lorsque John Jr. était à Collegiate, des gardes du corps se relayaient dans le vestibule de l'école. Le plus souvent, ils s'endormaient. Ils se réveillaient pour s'apercevoir que les élèves étaient partis. " Où est John ? demandaient-ils.

« — Au musée ", répondait-on.

« Ils se précipitaient alors jusqu'au musée.

« Il y avait toujours trois ou quatre bonnes femmes qui traînaient autour de l'école, de vieilles mémées inoffensives en pantalons et bigoudis, qui ne cessaient de demander : " Où est John-John ? " Un jour, elles tombèrent sur lui. " Connais-tu John ? »

« — Oui, répondit-il.

« — Comment est-il ?

« — C'est un type formidable. " »

L'un des gardes du corps des enfants Kennedy s'appelait James Kalafatis. D'origine grecque, il se révéla des plus précieux après le mariage de Jackie avec Onassis. Non seulement il parlait le grec et servait d'interprète, mais il familiarisa aussi Jackie et les enfants avec la culture et les mœurs de la Grèce. Il leur expliquait le sens de telle ou telle coutume, lui enseignait la cuisine grecque et la familiarisait avec l'Eglise orthodoxe.

Un jour de l'automne 1969, Jackie et son fils faisaient de la bicyclette à Central Park lorsque Ron Galella bondit d'un bosquet, appareil en main ; John Jr. fit un écart et faillit tomber. C'était le second incident en une semaine que provoquait Galella. Le premier avait eu lieu à Brearley School, où Caroline, sortant du couvent du Sacré-Cœur, avait été inscrite. Galella l'avait suivie à la fête de Brearley, ce qui embarrassa l'enfant. Jackie décida qu'il fallait faire quelque chose. Elle demanda aux gardes du corps d'arrêter le photographe et de le conduire au poste de police le plus proche. Avançant que le harcèlement permanent de Galella provoquait chez elle et ses enfants de « graves angoisses », elle réclama au tribunal l'interdiction à celui-ci de s'approcher à moins de 200 mètres de son appartement de la Cinquième Avenue, et à moins de 100 mètres, où que ce soit, d'elle-même et de ses enfants. Au nom de son client, l'avocat de Galella réclama 1 300 000 dollars de dommages et intérêts pour « arrestation illégale, persécution aggravée, et obstruction dans l'exercice de son métier de photographe ». L'affaire donna lieu à deux jugements qui eurent un grand retentissement, le premier en 1972, le second en 1982.

Lorsque Jackie et Ari retournèrent à Skorpios, après une croisière au

Mexique en février 1970, ce n'était plus l'harmonie. Cet été-là, ils reçurent notamment Rose Kennedy et les Radziwill. Rose ne s'aperçut de rien, mais Stas Radziwill devait dire plus tard à Max Jacobson qu'il y avait de l'eau dans le gaz entre Ari et Jackie. Son propre ménage, ajouta-t-il, ne marchait pas fort : sa femme et lui étaient à la veille d'une séparation qui devait aboutir à un divorce.

Un autre visiteur, inattendu celui-là, aborda à Skorpios : Ron Galella. Le photographe avait loué les services d'un pêcheur qui le débarqua clandestinement. Il prit des photos de l'île et suivit ensuite ses occupants jusqu'à Capri, pistant Jackie, Lee et leurs enfants dans les étroites rues bondées de l'île, en les mitraillant sans cesse.

Outre ses démêlés avec Jackie, Aristote Onassis avait d'autres soucis familiaux. Christina passait son temps entre Londres (où habitait sa mère), Lausanne (où habitait sa grand-mère maternelle), Paris, Monte-Carlo, Athènes, Skorpios et New York. Cela ne gênait guère Ari ; par contre, il se préoccupait beaucoup de marier sa fille, et, en bon Grec, il était décidé à choisir pour elle le mari qui lui conviendrait. Son choix s'était arrêté sur Peter Goulandris, héritier de vingt-trois ans d'une famille d'armateurs, qui contrôlait quatre compagnies de navigation, regroupant plus de cent trente navires, dont l'ensemble était estimé à 2 milliards de dollars. Ils possédaient des yachts, des îles, des chevaux de courses et patronnaient des équipes de football. Christina connaissait Peter depuis toujours. Sa mère, Maria Goulandris, était née Lemos, la plus riche des dynasties d'armateurs grecs. Un mariage entre Christina et Peter unirait donc les trois familles les plus puissantes du pays en un triumvirat qui dominerait les mers [1].

Les projets de son père ne séduisaient guère Christina. Onassis se tourna vers sa sœur, Artémis, puis vers Jackie, leur demandant de l'aider à convaincre Christina d'accepter ce parti. L'intervention de Jackie fut très mal reçue par Christina, déjà exaspérée par l'insistance de sa belle-mère à lui faire modifier son physique.

« Jackie était très critique à ce sujet, raconte Costa Gratsos. Elle la trouvait trop grosse, hirsute, inélégante. Elle la poussa à suivre un traitement par électrolyse, l'emmena choisir des vêtements, l'envoya chez un diététicien, l'incita à faire du sport, l'accompagna dans un institut de beauté. Mais, au bout de quelques semaines, Christina se rebella et, furieuse, dit à Jackie qu'elle ne voulait pas ressembler à un " insipide " mannequin américain. »

Les fiançailles avec Goulandris n'eurent pas lieu, et de surcroît les relations entre Onassis et Alexandre étaient plus tendues que jamais. L'hostilité d'Alexandre au remariage de son père obsédait ce dernier. Pour couronner le tout, Alexandre avait lui aussi des problèmes de cœur. Il était

---

1. Jackie, de son côté, était liée avec certains membres de la famille Goulandris, dont Niki Goulandris, vice-président du musée d'histoire naturelle Goulandris, à Kifissia, en Grèce. « On a dit n'importe quoi sur Jackie, affirme Niki Goulandris. Par exemple qu'elle passait son temps pieds nus. Et en même temps, la presse écrit qu'elle s'achète des centaines de paires de chaussures. »

tombé amoureux de Fiona Campbell Thyssen, mannequin écossais, ex-femme de l'un des industriels les plus talentueux d'Europe, qui avait seize ans de plus que lui et était mère de deux adolescents, différence d'âge rédhibitoire aux yeux d'Onassis, qui s'opposa tout net au projet de son fils d'épouser Fiona. Jackie, en la circonstance, donna raison à son mari. Alexandre se soumit avec amertume, mais l'affaire n'avait pas contribué à le rapprocher de sa belle-mère et à modifier son jugement sur cet « absurde mariage ».

Leurs enfants respectifs n'étaient pas seuls à leur causer du souci. La dévotion de Jackie à la légende de son premier mari ne simplifiait pas les choses. Onassis ne se plaignait pas d'être sans cesse confronté au souvenir du défunt président — le passé de Jackie n'était-il pas une des raisons pour lesquelles il l'avait épousée ? —, mais il n'était pas facile à un fier mari grec de vivre dans l'ombre d'un autre. De là un antagonisme intime qu'il n'avait pas prévu et qui se ravivait à chacun des nombreux anniversaires que Jackie se plaisait à célébrer : celui de la naissance de John, celui de leur mariage, celui de l'anniversaire de sa mort, et tous ceux des grandes étapes d'une carrière que Jackie ne cessait de rappeler à ses enfants.

Entre autres célébrations, devait avoir lieu la présentation à la Maison-Blanche des portraits officiels de John et de Jacqueline Kennedy. Plusieurs portraitistes avaient été mis en concurrence, et le choix de Jackie s'était arrêté sur Aaron Shikler, peintre de New York. Shikler avait réussi à saisir ce qu'il appelait « la beauté irréelle de Jackie. » Le président était représenté dans un moment de découragement, la tête baissée et les bras croisés.

Jackie accepta les deux portraits, mais elle n'avait pas du tout envie de retourner à la Maison-Blanche. En réponse à l'invitation de Pat Nixon, elle écrivit :

> *Comme vous le savez, l'idée de retourner à la Maison-Blanche m'est pénible. Je n'ai vraiment pas le courage d'affronter une cérémonie officielle, ni que les enfants retrouvent, dans des conditions aussi traumatisantes, la seule maison qu'ils aient tous les deux connue avec leur père. Tout le cérémonial et la publicité que j'essaye d'épargner à leurs jeunes vies leur rendraient l'expérience pénible et abîmeraient le souvenir que j'aimerais qu'ils gardent de la Maison-Blanche.*

Jackie y retourna — pour la première et la dernière fois — le 3 février 1971. Elle arriva de l'aéroport de la Guardia à bord d'Air Force One avec ses enfants. Après avoir regardé les portraits, Jackie, John et Caroline dînèrent avec le président et Mrs. Nixon, et leurs deux filles, Tricia et Julie.

Ils évoquèrent les changements depuis le départ de Jackie. Les Nixon étaient décidés à éviter les sujets qui puissent attrister leurs invités. Au cours de la soirée, Jackie dit au président Nixon : « Je vis dans un monde de rêve. »

Les portraits des Kennedy furent officiellement dévoilés en mars 1971. Shikler avait accepté d'écrire un article sur son travail dans le numéro de mars de *McCall's* et d'y adjoindre des études pour le portrait de Jackie. « Mais il advint, raconte Shikler, qu'une des esquisses tomba entre les mains de Maxine Cheshire, avant qu'elle ne paraisse dans le magazine ; elle fut publiée dans le *Washington Post*. Jackie, très contrariée, m'appela pour me demander ce qu'il fallait faire. Ce n'était pas le portrait de la Maison-Blanche, mais juste une des études, aussi n'étais-je pas très troublé, mais Jackie était furieuse. " Rien n'a changé dans cette ville... rien ", vociférait-elle. »

Après avoir rempli son devoir vis-à-vis de la famille Kennedy, Jackie rejoignit Ari à la Martinique, où ils visitèrent les Mellon, avant de regagner Skorpios, via les Canaries. A bord du *Christina* se trouvait également Johnny Meyer, rabatteur pour Onassis, après l'avoir été, des années auparavant, pour Howard Hughes. Onassis, ayant voulu acheter à Hughes la TWA, avait payé Meyer pour hâter les négociations. Le marché ne fut jamais conclu, mais Ari continua d'utiliser les services de Meyer.

Meyer raconte que c'est au cours de cette croisière que Jackie lui demanda s'il croyait qu'Ari la laisserait combiner certains repas. Après tout, ne l'avait-elle pas fait à la Maison-Blanche ? Meyer en toucha un mot à son employeur. « Elle n'a qu'à bien se tenir et ne rien faire, lança Onassis.

« — Je crois qu'elle s'ennuie, plaida Meyer.

« — Eh bien, qu'elle décore les menus », répondit Ari avec un haussement d'épaules.

Jacques Harvey prétend qu'Onassis humiliait parfois sa femme. « Je l'ai entendu l'insulter. Il a demandé devant Jackie à son chauffeur de la conduire chez Maxim's, parce qu'il voulait aller voir une jeune femme particulièrement séduisante, qui lui avait fait plusieurs avances. »

Roger F. Bentley, administrateur des pétroles canadiens, qui se trouvait également à bord du *Christina,* lors de cette même croisière entre la Martinique et Skorpios, raconte que « Jackie et Ari s'adressaient à peine la parole. Au cours d'un dîner ils se disputèrent. Jackie corrigea une erreur d'Ari — il s'agissait de la capitale d'un pays africain. " Ne me contredis pas devant des tiers ", fulmina Ari. Elle sortit de table, et on ne la revit pas de la soirée.

« Onassis avait lui aussi ses problèmes. Son ex-belle-sœur, Eugénie Livanos Niarchos, avait été retrouvée morte à Spetsopoula, île grecque appartenant à Stavros Niarchos. Les circonstances de sa mort étaient tout à fait mystérieuses. Le corps portait des blessures soi-disant provoquées par les tentatives de Niarchos pour ranimer sa femme. L'autopsie indiquait qu'elle était morte d'une intoxication aux barbituriques. Niarchos fut mis hors de cause. Mais Onassis fut très affecté d'apprendre que son ex-femme, Tina, la sœur cadette d'Eugénie, allait prochainement épouser Niarchos ».

Cet été-là, Onassis devait être plus éprouvé encore. Très déprimée par la mort de sa tante, Christina annonçait son intention d'épouser un Américain qu'elle avait rencontré autour d'une piscine de Monte-Carlo. Petit et maigre, Joseph R. Bolker était, à quarante-huit ans, deux fois divorcé et père de quatre enfants ; agent immobilier à Los Angeles, ses moyens étaient très relatifs, mais il fut probablement le premier homme à s'intéresser à Christina en tant que femme.

Ari alerta son réseau international de conseillers. « C'est moi qu'il a appelé le premier, dit Costa Gratsos. Il hurlait au bout du fil. Je croyais qu'il avait raté une grosse affaire. " Qui est Joe Bolker ? ne cessait-il de répéter.

« — Qui ? demandai-je.

« — Bolker... Bolker... B-O-L-K-E-R... Bolker.

« — Jamais entendu parler. "

« Il mit vingt minutes à se calmer. Il dit qu'il faisait mettre un micro dans l'appartement londonien de Christina. Puis il raccrocha et appela son beau-frère Nikos Konialidis, directeur général d'Olympic Airways. Ils parlèrent pendant au moins quatre heures, Skorpios-New York : Nikos avait un voyant rouge à l'extérieur de son bureau avec une inscription : QUAND LE VOYANT EST ALLUMÉ N'ENTREZ SOUS AUCUN PRÉTEXTE. Le voyant resta allumé toute la matinée. Je reçus ensuite plusieurs coups de téléphone, du " professeur " Ionnidès Georgakis (président d'Olympic Airways) à Athènes, de Thomas Lincoln (avocat de la compagnie maritime d'Ari, Victory Carriers), de Nigel Neilson (chef des relations publiques d'Onassis à Londres), et beaucoup d'autres. Tous posaient la même question : " Qui est Joe Bolker ? " »

La dernière personne qu'il appela, ce fut Christina. Il la supplia de renoncer à son projet ; elle refusa. Il lui envoya Alexandre, mais son intervention ne fut pas plus heureuse. Jackie échoua aussi. La mère de Christina n'avait rien à dire, car elle était elle-même sur le point d'épouser Niarchos. Il ne restait qu'une chose à faire ; s'il ne parvenait pas à dissuader sa fille, il pouvait au moins faire en sorte que Bolker ne touche pas à la fortune Onassis.

Ari menaça de déshériter sa fille, mais ne réussit qu'à l'ancrer dans sa décision. Christina et Joe se marièrent à Las Vegas, le 29 juillet 1971. Onassis apprit la nouvelle à Skorpios, où il fêtait les quarante-deux ans de sa femme. Durant leur bref mariage, le couple, qui résidait à Los Angeles, fut l'objet d'extraordinaires pressions.

Les pressions exercées par Onassis étaient toujours d'ordre juridique. Mais au bout de six mois il ordonna à Johnny Meyer de la ramener, « au besoin en la kidnappant ».

« J'ai fini par avoir raison de Christina, écrit Meyer. J'ai eu de la chance, elle voulait rentrer, mais elle ne savait pas quoi faire de la femme de chambre qu'elle avait emmenée avec elle à Los Angeles, de sa Mercedes ni des 10 000 dollars qu'elle avait emportés dans sa fuite.

« Je lui dis de s'habiller comme pour aller faire des courses, de mettre son passeport et tout ce dont elle aurait besoin dans un sac à provisions, d'aller à la cabine téléphonique la plus proche de son appartement, à Century Towers, et de m'appeler. Lorsqu'elle me téléphona, je lui recommandai d'attendre là.

« Tout était arrangé avec la Pan American. Christina et moi devions passer d'abord par le détecteur de métal de l'aéroport, et nos deux gardes du corps devaient le contourner. Mais Georges Tzaforos, l'un des deux gardes, m'emboîta le pas, et l'autre le suivit. Ils avaient chacun une paire de 45. En passant devant le détecteur de métal, les sonneries se déclenchèrent... C'était plutôt embarrassant. »

Christina accepta de divorcer de Joe Bolker ; ce fut le premier d'une succession de mariages ratés. Mais Onassis n'en avait pas tout à fait fini avec Bolker. Il demanda à Meyer de récupérer la Mercedes et les 10 000 dollars de Christina et de faire revenir la femme de chambre en Grèce aux frais de Bolker. Meyer fit remarquer à Onassis qu'elle pouvait rentrer avec Olympic, ce qui résoudrait le problème. « Non, fit Ari. Qu'il paye. »

29

Jusqu'au dernier moment, Aristote Onassis essaya de décourager sa femme de se lancer dans une vendetta juridique contre Ron Galella. « La publicité, c'est comme la pluie, lui dit-il. Quand on est trempé jusqu'aux os, quelques gouttes de plus ou de moins, qu'est-ce que ça peut faire ? » Il l'avertit que si elle s'obstinait les gens la jugeraient vindicative et mesquine. Jackie n'avait pas l'intention de reculer.

Le juge Irving Ben Cooper débouta Galella et condamna le photographe indiscret à l'interdiction permanente de s'approcher à moins de 50 mètres de Jackie, de 75 mètres de ses enfants et de 100 mètres du 1040 Cinquième Avenue. Galella fit appel. Un jugement définitif fut rendu, au terme duquel il avait le droit de s'approcher jusqu'à 10 mètres de Jackie et 8 de ses enfants.

A sa grande fureur, Onassis reçut des avocats de Jackie — le cabinet Paul Weiss Rifkind Wharton & Garrison — une facture de plus de 500 000 dollars. Onassis refusa de payer. Ayant déjà versé une provision de 50 000 dollars, il enjoignit à Jackie de payer le solde sur son budget. Poursuivi par le cabinet, Onassis prit un avocat, Roy M. Cohn, qui négocia un compromis. Les honoraires furent réduits à 235 000 dollars, pour solde de tout compte. Onassis donna à sa femme un chèque de ce montant à déposer à son compte, et dans l'heure qui suivit elle envoya elle-même un chèque à Rifkind.

A peine l'affaire Galella apaisée, un photographe grec, du nom de Nikos Koulouris, fut condamné par le tribunal de Lefkas à six mois de prison pour avoir tenté de violer l'intimité de Skorpios. « Et ça ne m'a pas coûté un sou », se vanta Ari.

D'après James Kalafatis, « les paparazzi européens étaient beaucoup plus coriaces que leurs homologues américains. Galella, en comparaison, c'était de la petite bière. Les Européens manœuvraient à vingt ou trente à la fois. Ils pratiquaient le harcèlement continu. Nous ne pouvions pas faire grand-chose en pays étranger. Impossible d'arrêter ces types et de les coffrer. Tout ce que je pouvais faire, c'était demander aux autorités locales d'agir, mais même ça n'était pas facile. En Grèce, à l'époque, les Américains n'étaient pas en odeur de sainteté ».

L'événement photographique suivant fut la publication des photos, aussitôt fameuses, de Jackie et d'Ari nus, prenant un bain de soleil à Skorpios ; elles avaient été prises par une équipe de dix photographes pourvus d'équipements de plongée et de caméras sous-marines. Un cahier de dix-neuf pages consacré à Jackie dans le plus simple appareil et intitulé « La touffe d'un milliard de dollars » parut d'abord dans *Playmen* (publication italienne). Puis il franchit l'Atlantique, où il sortit dans *Screw,* puis dans le magazine *Hustler,* qui venait d'être lancé. Les ventes de ces deux numéros battirent tous les records. Puis les photographies apparurent dans des dizaines de journaux du monde entier.

Jackie affecta l'indifférence, expliquant à un reporter américain : « Cela ne me touche pas. Ma vraie vie est ailleurs, avec mes enfants et avec mon mari. » Mais, d'après Costa Gratsos, elle demanda à Ari de poursuivre en justice les photographes et les journaux qui avaient publié leurs photos.

« Il y en a trop, répondit Onassis.

— Poursuis-les tous », répliqua Jackie.

Un journaliste ayant demandé à Onassis si Jackie et lui-même étaient nudistes, il répondit : « Il m'arrive d'enlever mon pantalon pour mettre mon caleçon de bain... »

Tout autre fut la réaction de la mère de Jackie, Janet Auchincloss : « Aller sous l'eau pour épier les gens ! L'humanité est tombée bien bas ! Je préfère ne pas y penser. »

Sitôt avertie, Rose Kennedy appela Jackie. Comment pouvait-elle tolérer une chose pareille ? Sinon pour elle-même, au moins pour ses enfants. Et où étaient donc les gardes du corps qu'Onassis avait promis ?

Un an avant sa mort, Onassis révéla à Roy Cohn qu'il avait lui-même organisé toute l'opération avec l'un des photographes italiens du groupe. « Jackie ne cessait de se plaindre de Ron Galella et de tous les journalistes qui lui rendaient la vie impossible, raconte Cohn. Aussi imagina-t-il qu'une fois photographiée nue Jackie ne redouterait plus rien. Elle lui réclama de l'argent pour poursuivre les photographes, mais il refusa et elle se répandit auprès de ses amis en le traitant de fesse-mathieu.

« J'aimais beaucoup Onassis, poursuit Cohn. Il avait une curieuse sensibilité. On m'a raconté sur lui une histoire amusante. Il y avait à Paris un reporter-photographe qui travaillait pour un hebdomadaire et qui harcelait Onassis pour en obtenir une interview. Onassis n'abordait jamais le sujet de ses affaires avec la presse. Il aurait facilement donné les noms de toutes les femmes avec qui il avait couché, mais restait muet comme une tombe sur le reste, et c'était bien entendu là-dessus que ce type voulait écrire. Il suivit un soir Onassis au Crazy Horse Saloon, lui réclamant une fois de plus une interview. Onassis alla aux toilettes et ce type le suivit. Onassis fit ce qu'il avait à faire, ressortit, tomba sur le type qui l'attendait. " Ecoutez, dit-il, si je vous donne une exclusivité, est-ce que vous me foutrez la paix ?

« — Quel genre d'exclusivité ? fit l'autre incrédule.

« — Je vais vous donner le secret de mon succès — social, financier et autre. Je n'ai encore jamais fait ça pour personne. Mais je vais le faire pour vous, ne serait-ce que pour avoir la paix.

« — Banco ! »

« Là-dessus, Ari baissa son pantalon, puis son caleçon, présenta d'une main les bijoux de famille et dit :

« — Mon secret, c'est que j'ai des couilles. »

Son mariage, en tout cas, qu'il l'admît ou non, n'était pas un succès. Il avait abandonné tout espoir de jamais s'installer dans l'appartement de Jackie. « Jackie trouvait toujours de bonnes excuses pour l'en empêcher, raconte Costa Gratsos. " Les décorateurs sont là ", disait-elle par exemple. Je n'ai jamais vu d'appartement aussi souvent décoré. C'était la version dorée de la manie du plumeau qu'on trouve chez les femmes du peuple et que les psychiatres imputent à un sentiment refoulé de culpabilité. Mais Ari n'était pas psychiatre. " Elle aime refaire son appartement ", disait-il lorsqu'on lui demandait pourquoi il descendait au Pierre.

« Lorsqu'il dormait chez Jackie, c'était dans une chambre d'amis, décorée de papier à fleurs et meublée de rotin blanc. Cette chambre convenait mieux à une petite fille qu'à un puissant armateur, mais elle refusait d'y rien toucher. De même n'envisageait-elle pas de vider la salle de bains, qui lui servait de débarras.

« Elle trouvait d'autres excuses. " Caroline a des amies ce week-end ", ce qui était vraisemblable, car elle était alors pensionnaire à Concord Academy dans le Massachusetts et pouvait parfaitement inviter des amies à passer quelques jours à New York. Il y avait toujours une bonne raison. Ari y allait parfois dîner, mais uniquement lorsque Jackie recevait ; il n'était d'ailleurs pas toujours invité, et prenait souvent ses repas seul au restaurant.

« Le soir, Ari allait seul au " 21 " ou à El Morocco, car Jackie préférait rester à la maison pour lire ou dessiner. Il prétendait ne pas s'entendre avec les amis new-yorkais de sa femme et se plaignait de ce qu'elle se fiche de ses relations d'affaires. " La moitié de ses amis hommes sont des folles ", disait-il. Ces personnages cosmopolites, soi-disant cultivés, affectaient de regarder de haut ce petit homme, à qui de perpétuelles lunettes noires donnaient l'air d'un gangster. Il les portait pour des raisons médicales. Il souffrait d'une dégénérescence pigmentaire qui menaçait la rétine et rendait ces lunettes nécessaires. Il voyait mieux la nuit que le jour, aussi travaillait-il plus volontiers la nuit. Mais les amis de Jackie trouvaient qu'avec ces verres il ressemblait à Al Capone. »

Lynn Alpha Smith se rappelle l'effervescence au bureau d'Ari à New York, « dès que le patron et sa femme étaient en ville. Arrivant un lundi matin au bureau, Gratsos me dit d'appeler Onassis au Pierre, et me prévint qu'il était de très mauvaise humeur, car il avait passé le week-end avec Jackie et sa mère à Hammersmith Farm. Il se rendait compte qu'il avait épousé une vraie prima donna, et c'était le genre de femmes qu'il détestait le plus au monde. Maria Callas en était peut-être une, mais en présence d'Ari elle oubliait de l'être. En fait, à chaque fois que j'ai eu affaire à elle, elle s'est montrée très gentille.

« Jackie téléphonait rarement au bureau. Nancy Tuckerman appelait pour elle. Payée par Olympic Airways, Tuckerman faisait auprès de Jackie office de secrétaire. Elle apportait à la fin de chaque mois au bureau les factures de Jackie, épicerie incluse. Il lui arrivait de se présenter moins de quinze jours après le versement d'une mensualité pour demander une rallonge à Créon Broun, qui s'occupait des finances d'Onassis. Créon devenait fou. Jackie recevait 30 000 dollars par mois, et essayait d'en obtenir plus en présentant des factures qu'elle était censée payer sur son budget.

« Il y avait aussi tous les suppléments. Jackie voulait un dessin de John Sargent, qu'elle avait vu dans une galerie. Nancy Tuckerman téléphona pour savoir si Onassis était d'accord pour l'acheter. Je lui dis que je transmettrais la demande au patron qui se trouvait alors à Londres. Créon Broun posa la question à Onassis, qui rappela le lendemain de Londres : " Dites-lui qu'elle n'a qu'à payer avec ce qu'elle a. " Il n'avait pas l'air content. Créon Broun ne cessait de rouspéter contre les dépenses de Jackie. Il parcourait les bureaux en brandissant les factures. " Imaginez-vous que cette femme a dépensé 5 000 dollars uniquement en pantalons ", rageait-il. On aurait dit que c'était son argent. Je crois qu'il avait peur de perdre son boulot.

« J'habitais au 220, 73e Rue Est. Nancy Tuckerman habitait à côté, et nous nous voyions de temps à autre. Un jour, elle m'invita à prendre le thé et commença à me cuisiner à propos d'une maison à Gracie Square que Jackie souhaitait se faire acheter par Onassis. Elle voulait savoir s'il avait déjà versé de l'argent, et ce qu'il en pensait. Elle était manifestement envoyée par Jackie. Je répondis que je n'étais au courant de rien, mais je me dis en moi-même : qu'est-ce que c'est que ce mariage ? Si pour une affaire comme celle-là Jackie n'est pas capable d'aller trouver son mari, ça va mal.

« Gratsos me dit un jour que le degré d'affection que Jackie éprouvait pour Onassis était directement proportionnel aux sommes qu'elle en recevait ».

« L'incroyable, dit Costa Gratsos, c'est que son allocation mensuelle ne lui suffisait pas. Elle commença par recevoir 30 000 dollars net du bureau de New York. Puis Ari se fâcha de ses folles dépenses et transféra le compte de sa femme à son bureau de Monte-Carlo, sans doute pour le suivre de plus près. Il la réduisit ensuite à 20 000 dollars par mois.

« Mais il était au moins en partie responsable de cette prodigalité. Au début, il l'avait encouragée dans sa frénésie de dépenses. Lorsqu'on lui en parlait, il répondait en rappelant tout ce que Jackie avait enduré et sa quasi-excommunication par l'Eglise catholique quand elle l'avait épousé. Pour moi, il ne faisait là que répéter ce qu'elle lui disait. Il était convaincu de sa classe. Il me dit un jour que Maria Callas avait plus de points communs avec lui que Jackie ; elle était volcanique, terre à terre et un peu vulgaire, alors que Jackie était calme et renfermée.

« Au début, il l'admirait certainement. Il me raconta que, un jour qu'ils étaient assis à la terrasse d'un café parisien, un groupe de touristes américains descendirent d'un car. Une femme entre deux âges, sous chapeau de paille fleuri, reconnut Jackie, s'approcha et, sans un mot, lui cracha à la figure. Ari bondit et voulut trouver un agent de police pour arrêter la femme, mais Jackie l'arrêta de ces mots : " Elle n'en vaut pas la peine. " Ari admirait son comportement en de telles circonstances.

« Jackie alla trop loin, même pour Ari. Avec la désarmante coquetterie qui l'a rendue célèbre, elle se plaignait souvent de ses ennuis financiers. Sur les conseils d'André Meyer, mais contre l'avis d'Ari, elle plaça de l'argent en bourse et perdit 300 000 dollars. Cette somme provenait des 3 millions qu'il lui avait donnés avant leur mariage. Elle le supplia de remplacer ce qu'elle avait perdu. Il refusa. Ne lui avait-il pas dit de placer cet argent en titres exonérés d'impôts ? Mais il finit par céder. Un matin, il fourra nerveusement dans une mallette en cuir 1 million de dollars en grosses coupures et les porta chez Meyer au Carlyle. Meyer eut un choc. " Ari, lui dit-il, vous auriez dû faire un chèque. " Mais tout le sel de l'affaire était de voir la tête que ferait André Meyer en ouvrant la mallette. " Rien que de voir l'expression de cette vieille fouine valait le voyage ", commenta Onassis.

« C'était écœurant. Non seulement Jackie recevait les intérêts d'un capital reconstitué et 30 000 dollars par mois, mais s'ajoutaient à cela des comptes dans de nombreux magasins de luxe de par le monde. En fait de dépenses extravagantes, Ari me montra une note de 5 000 dollars d'une entreprise de coursiers, une autre de 6 000 dollars pour l'entretien de ses chiens, une autre de 7 000 dollars de la pharmacie du coin. Elle aurait fait sauter n'importe quelle banque.

« Elle avait établi une règle charmante : Ari devait lui rapporter un cadeau de tous les pays où il allait. Un jour, il ne lui rapporta qu'un simple tablier d'Afrique du Sud. Elle était blême. Sans doute s'attendait-elle à un carton à chaussures rempli de diamants bruts.

« Quand Ari eut réduit son budget, elle fut prise de panique. Elle appelait de plus en plus souvent, ses demandes se faisaient de plus en plus suppliantes. »

Jackie avait pour trouver de l'argent un moyen très simple, qu'elle pratiquait déjà à la Maison-Blanche. Après avoir porté ses vêtements une ou deux fois, ou pas du tout, elle les revendait et mettait l'argent de côté. Son revendeur favori était le magasin Encore sur Madison Avenue à New York. Jackie alimentait un vrai commerce. D'après Carol Selig, propriétaire d'Encore, Jackie « déposait toute sorte de vêtements : manteaux, tailleurs, robes, sacs, chemisiers et pantalons, griffés des plus grands noms, Yves Saint Laurent, Valentino, Halston, Christian Dior ».

Dans ses Mémoires, publiés en 1969, *My Life With Jacqueline Kennedy*, Mary Gallagher, son ancienne secrétaire, raconte que ses vêtements étaient revendus sous son nom. Mary recevait les chèques d'Encore qu'elle déposait à son compte, et rédigeait dans le même mouvement des chèques de même montant au nom de Jackie.

Un jour Mary Gallagher eut envie d'un manteau bleu, dont Jackie espérait tirer 65 dollars. Jackie lui donna le manteau, et Mary lui donna l'argent. En de rares occasions, Jackie était « en passe de générosité » et elle offrait de vieux vêtements, comme par exemple une robe de grossesse, dont la secrétaire n'avait pas l'utilité, et dont le magasin n'avait pas voulu.

D'après Jacques Harvey, Jackie aimait beaucoup George et Ellen Ciros, le ménage chargé de l'entretien de l'appartement d'Onassis à Paris. « Au début de son mariage avec Onassis, c'est Ellen qui accompagnait Jackie dans ses voyages, lui servant d'interprète et de compagne. Christina l'aimait aussi beaucoup. Ellen devait être la servante la mieux habillée du monde, car Jackie et Christina lui donnaient des tas de robes. »

Si Christina Onassis n'avait pas la folie des vêtements, elle avait ses lubies. « Elle faisait une fixation sur le Coca-Cola, raconta Costa Gratsos. Elle en consommait jusqu'à trente bouteilles par jour. Elle pouvait dire, à la moindre différence de goût, de quelle usine venait la bouteille. Surtout en Europe, où le goût et le degré de sucre variaient d'un pays à l'autre. Cette habitude n'était pas faite pour résoudre son problème de poids. »

Plus coûteuse était sa passion des bijoux. Selon Beny Aristea, propriétaire de Nidre Gold, bijouterie de l'île voisine de Skorpios, « Christina achetait les plus beaux articles en or du magasin : bagues, colliers, bracelets et crucifix. Elle aimait aussi les pierres, mais préférait l'or. Elle achetait pour elle-même et pour ses amies. Elle venait tous les quinze jours et choisissait plusieurs articles. Toujours accompagnée d'un garde du corps, elle prenait ses bijoux et partait. Nous lui envoyions la facture, et, dans les jours qui suivaient, un homme venait régler. Il est difficile de dire combien elle dépensait. Probablement plus de 1 million de dollars par an, et cela pendant dix ans. Et nous n'étions qu'un magasin parmi tous ceux qu'elle fréquentait ».

D'après Costa Gratsos, « Christina était l'antithèse de Jackie. Elle était certes gâtée et naïve, mais aussi d'une extrême générosité. Elle distribuait des objets inestimables, et pas uniquement à des amis ou des relations, mais aussi à des étrangers. Je me rappelle une soirée, où une invitée admira le collier de perles noires qu'elle portait. " Vous le voulez ? demanda Christina.

« — Vous plaisantez, fit l'étrangère.

« — Pas du tout, répondit Christina. En plus, je n'aime pas ce collier. Si vous le voulez, il est à vous. "

« Ce disant, elle le défit et le passa au cou de la femme. Ce n'est pas là un cas isolé. Lorsqu'elle entrait dans un magasin de prêt-à-porter et achetait plusieurs robes, elle en achetait souvent une pour la vendeuse. Peut-être se sentait-elle coupable d'avoir tant, alors que d'autres avaient si peu. Elle se faisait facilement avoir.

« Ari avait la même générosité naturelle. Non seulement il entretenait une famille de soixante membres, mais il traitait ses employés et ses domestiques comme s'ils en faisaient partie. Il exigeait beaucoup d'eux, mais les récompensait par des cadeaux et beaucoup de gentillesse. Si la femme d'un jardinier de Skorpios avait besoin de soins médicaux, il s'assurait qu'elle les recevait. Si ce même employé avait un fils brillant, il payait ses études. C'est pourquoi ses employés étaient si fidèles et restaient souvent des années à son service.

« Il donnait toujours d'énormes pourboires. Pour une addition de 50 dollars dans un restaurant, il en laissait 50 de pourboire. S'il prenait un taxi, il donnait au chauffeur le double du prix affiché au compteur. Si à Paris ou à New York il tombait sur un serveur ou un garçon grec, il lui glissait un billet de 100 dollars ».

Ce fut Onassis, et pas Jackie, qui aida Edith et Edie Beale. La première fois qu'il eut affaire aux Beale, ce fut lorsqu'il reçut d'Edie une longue lettre de félicitations après son mariage avec Jackie. En arrivant à New York, après son voyage de noces, il leur téléphona à Grey Gardens. « Je sais, lui dit Edith, que vous avez un faible pour les chanteuses, surtout les sopranos. » Elle se mit à chanter et il lui répondit en poussant sa chansonnette. Puis il envoya à la mère et à la fille toute une garde-robe de vêtements de cuir, et une couverture bleu marine avec une ancre blanche provenant du *Christina*. Elles l'appelèrent la « couverture Onassis ».

En 1971, des voisins furieux se plaignirent auprès des services de santé du comté de Nassau que Grey Gardens représentait un danger publique et demandèrent que ses habitants (les Beale) en soient expulsés et que la grande maison infestée de chats soit rasée. Lorsque la presse apprit l'incident et se rappela que Big Edie était la sœur de Black Jack Bouvier, père de Jackie Onassis, l'affaire prit des proportions nationales. « Le monde allait vraiment de travers, déclarait Little Edie Beale. D'un côté, vous aviez une veuve de président, mariée à l'un des hommes les plus riches du monde ; de l'autre, sa tante et sa cousine, sans un sou et menacées d'expulsion. Jackie comprit enfin quel mauvais rôle la presse risquait de lui donner. Mais, au lieu d'y aller de sa poche, elle fit intervenir Onassis. »

Bouvier Beale, le fils avocat d'Edith Beale, protesta contre l'intervention de Jackie :

« Je voulais qu'Edith et Edie quittent Grey Gardens pour un cadre plus normal. Je leur avais dit que je voulais leur trouver un logement sur la côte ouest de la Floride. Je me rendais bien compte qu'il aurait été difficile de les arracher à cet endroit, qu'il aurait pour ainsi dire fallu entraîner ma mère enchaînée devant les caméras de la télévision. Elle avait beaucoup de personnalité et savait s'y prendre avec les médias. Elle se présentait en inoffensive libérale, persécutée pour ses opinions par les bonzes républicains d'East Hampton. C'est ainsi qu'elle joua sa partie dans la presse. Je savais donc que je n'aurais pas la tâche facile. Mais l'intrusion dans l'affaire des services de santé m'apparut comme une bénédiction, un moyen idéal de les faire sortir de là et de rendre à leur existence un tour un peu plus sain.

« Jackie réussit à retaper la maison, malgré moi. Je me suis bagarré avec elle. Elle soutenait qu'Edith et Edie ne partiraient jamais, et elle ne tenait pas à apparaître publiquement comme la femme de l'un des hommes les plus riches du monde à côté de ces deux parentes pauvres. Elle prit donc les choses en main. La puanteur était insoutenable. Il y avait partout des excréments de chats et de ratons laveurs. L'endroit avait été condamné. Ma mère s'était engueulée avec les services sanitaires, qui avaient interrompu le ramassage des ordures. Il y avait six mois qu'ils n'étaient pas venus. »

Dans ses démêlés avec les services de santé du comté de Suffolk, Jackie

sollicita notamment le concours de l'avocat William J. Vanden Heuvel.
« Quand j'entrai pour la première fois dans la maison, je n'en crus pas mes yeux. Ce n'était qu'ordure, vermine, chats et ratons laveurs. J'ai participé au nettoyage. Nous avons retiré de Grey Gardens plus de mille grands sacs poubelles d'immondices. On ne pouvait plus attendre. Si je me suis trouvé là, c'est que j'étais le seul intermédiaire en qui Mrs. Beale avait confiance.

« Aristote Onassis régla les frais de réparation de la maison. C'est à lui que j'envoyais les factures. Je le tenais au courant. Cette affaire l'intéressait beaucoup. Il bavardait souvent au téléphone avec Mrs. Beale qu'il trouvait charmante.

« Il fallait refaire la toiture, évacuer les chats malades. Il y avait un chat crevé dans la chambre de Mrs. Beale. C'était une personne extraordinaire, une femme superbe avec de grands yeux bleus et une masse de cheveux blancs. Il y avait chez elle un fantastique portrait qui la représentait en débutante.

« Elle aimait toujours chanter. Lorsque le plus gros du nettoyage a été terminé, je suis retourné chez elle, et, pour la première fois depuis onze ans, elle a accepté de sortir de sa maison. Elle se déplaçait avec beaucoup de difficulté, mais elle a quand même réussi à sortir, et nous avons pique-niqué devant la maison dans l'herbe, plus haute que moi, qui mesure 1,85 mètre. Nous étions là assis au soleil dans l'herbe, et elle s'est mise à chanter. Ce fut inoubliable. »

Une amie d'Edith Beale, Doris Francisco, raconte la visite à Grey Gardens des enfants de Jackie. « John Jr. voulut aller dans le grenier pour fouiller dans tous ces tas de vieilleries. Son garde du corps insista pour l'accompagner. Lorsqu'ils redescendirent, John déclara que ça ressemblait à un décor de théâtre. Il avait trouvé une planche et un vieux patin à roulettes rouillé, qu'Edith lui laissa emporter. Sans doute voulait-il se fabriquer une planche à roulettes. »

Jackie alla elle aussi voir les Beale. Accompagnée de Miche Bouvier, qui était rentré de France pour vivre à Long Island, Jacqueline passa plusieurs heures à Grey Gardens, à évoquer le passé.

Fin mai 1972, Lilly Lawrence et son mari Bunty Lawrence organisèrent un voyage de neuf jours à Téhéran pour Jackie, Ari et plusieurs amis. Le plaisir, davantage que les affaires, avait motivé l'expédition, qui était financée par le père de Lilly, le Dr. Reza Fallah, directeur du Syndicat des pétroles iraniens.

« Ari m'informa que nous voyagerions sur Olympic Airways, raconte Lilly. Nancy Tuckerman s'occuperait de tout, aussi lui fis-je envoyer un tapis persan pour la remercier de tout le mal qu'elle s'était donné.

« Tuckerman me téléphona un jour ou deux avant notre départ, me demandant d'envoyer un chèque de 3 000 dollars.

« — Pourquoi ? demandai-je.

« — Pour votre billet et celui de Mr. Lawrence. Si vous n'envoyez pas l'argent, je ne peux pas envoyer les billets.

« J'étais estomaquée. Nous allions recevoir en Perse Jackie et ses amis pendant neuf jours, en les logeant dans les meilleures suites du Hilton de Téhéran, ouvrant en outre à Jackie toute facilité au compte de mon père pour ses achats de vêtements, de bijoux et de cadeaux, et elle n'avait même pas la correction de nous offrir notre voyage à bord d'un avion de la compagnie de son mari.

« Jamais je n'oublierai la façon dont elle essaya de nous extorquer, à cette occasion, 3 000 dollars. Bunty me conseilla de faire le chèque à l'ordre d'Olympic Airways et non pas au sien.

« A Téhéran, elle nous laissa pour elle et ses amis une gigantesque note d'hôtel, comprenant des appels téléphoniques à l'étranger, des extra en chambres vingt-quatre heures sur vingt-quatre, et une avalanche d'achats aux frais de mon père. Elle avait acheté des tapis, des vestes de cuir pour elle et pour ses enfants, des bottes en agneau, des colliers, des boucles d'oreilles et des bracelets en or, des tapisseries, des cravates de soie, des objets d'art, des lampes, un coffre en cuivre. Elle avait acheté tant de bijoux que l'un des bijoutiers lui en offrit un aux frais de la maison. Le soir, le groupe fréquentait les meilleurs restaurants et boîtes de nuit, toujours aux frais de mon père. Jackie fit comprendre qu'elle aimerait rapporter un peu de caviar en souvenir du voyage ; nous lui en fîmes donc envoyer une énorme quantité à son hôtel. La facture totale de son séjour de neuf jours dépassa 650 000 dollars.

« Elle annonça avant son départ qu'elle laisserait un chèque de 700 dollars à l'intention du personnel. Nul n'en vit la trace. De retour à New York, elle ne m'envoya même pas un bouquet de fleurs.

« Qu'on ne me parle plus de ce voyage, ni de cette femme, mais ce que je retiens, c'est qu'elle m'a eue de 3 000 dollars.

« Jackie est une sacrée comédienne ; elle doit cela à la politique. En fait, elle a toujours méprisé John F. Kennedy ; derrière son dos elle en disait souvent des choses affreuses. Elle savait qu'il la trompait et ne le lui pardonna jamais. Tout ce battage que l'on a fait à propos de sa réconciliation avec les Kennedy, c'est pour la galerie. Elle les a toujours détestés et a mis au point avec cette famille des relations de pure convenance, pour avoir la paix. Les hommes politiques ne l'ont jamais intéressée, en revanche elle est suspendue aux faits et gestes de mondains en vue comme Jayne Wrightsman et Bunny Mellon.

« Jackie déploya ses dons d'actrice à l'enterrement de JFK. En fait, c'est Robert qui s'était occupé de tout ; elle s'était contentée de jouer le rôle de la femme entourée de ses enfants, le chœur étant représenté par tous les dignitaires venus de l'étranger.

« Jackie ne traita pas mieux Ari. Il était un père pour moi. Je le connaissais mieux que Christina elle-même. Il venait chez moi et pleurait comme un enfant des avanies de Jackie. Elle lui fit des coups incroyables. Lorsqu'elle l'épousa, elle abandonna sa pension de veuve de 10 000 dollars, puis alla le trouver et lui dit : " Comme je suis mariée à l'un des hommes les plus riches du monde, je ne pense pas que je puisse continuer à toucher une pension de veuve de président. Je n'ai pas un sou et, maintenant, je suis entre tes mains. " »

Dès qu'il s'agissait d'épargner quatre sous, l'imagination de Jackie n'avait pas de limite. Cindy Adams rapporte que, ayant commandé une bibliothèque à un menuisier de sa connaissance, elle lui demanda, le travail terminé, s'il ne préférerait pas en paiement sa photo signée. « Je préfère un chèque signé », répondit-il.

Si Jackie dilapidait allègrement l'argent de son mari, elle était toujours avare du sien. Devant, par exemple, repeindre sur son budget l'appartement de la Cinquième Avenue, elle demanda un devis à une entreprise de peinture. Lorsqu'elle apprit que ça lui coûterait 5 000 dollars, elle abandonna le projet. Quelque temps plus tard, elle s'adressa à une autre entreprise, lui offrant en échange de son travail de recommander ses services à tous ses amis. Là aussi, l'entreprise préféra être payée.

Elle utilisait la même technique dans les magasins. « Elle achetait des vêtements chez Bonwit Teller et demandait des réductions, raconte Cindy Adams, sous prétexte qu'elle leur faisait de la publicité en portant leurs articles. »

Il lui arrivait aussi de renvoyer tout bonnement certains articles, achetés sur un coup de tête. Elle utilisait cette tactique chez les plus prestigieux fournisseurs de New York : Hermès, Gucci, Saks, Bloomingdale (pour les articles de ménage), Alexander (pour les disques), Serendipity (pour les nouveautés), FAO Schwarz et Art Bag Creations (pour les sacs). « Elle se surpassait au rayon chaussures de Bergdorf Goodman, raconte un ancien vendeur de Bergdorf. Elle achetait parfois trente paires de chaussures d'un coup et renvoyait tout le lendemain. Sa sœur Lee faisait le même numéro. Je leur ai dit qu'elles allaient me faire virer. »

Depuis la Maison-Blanche, elle est passée maître dans l'art de commander un article, de le porter, puis de le rendre comme « importable ».

Une des principales préoccupations de Jackie est de faire des courses sans bourse délier. « Elle a l'œil pour repérer l'objet le plus précieux et le plus cher », disait Onassis, et dans sa bouche ce n'était pas un compliment. L'argent était, semble-t-il, son talon d'Achille. Dans le feu de l'action, Jackie paraissait ne pas très bien savoir ce qu'elle dépensait ; elle se demandait ensuite où était passé tout cet argent.

Au grand déplaisir d'Onassis, Jackie assista à une autre manifestation Kennedy, la *Messe* de Leonard Bernstein au John F. Kennedy Center for the Performing Arts. C'était sa première apparition au centre, pour lequel elle s'était tellement battue. Ari ne fut pas davantage enchanté de la voir s'envoler avec Frank Sinatra pour Providence, à Rhode Island, où ce dernier devait donner un concert ; c'était la première fois qu'ils se revoyaient depuis leur brouille à la Maison-Blanche [1].

---

1. En 1974, Sinatra revit Jackie ; il l'emmena au Uris Theatre de New York, où il devait se produire avec Ella Fitzgerald et Count Basie. Plus tard, dans les coulisses, Jackie, les yeux embués, se lamenta auprès du chef d'orchestre Peter Duchin : « J'aimerais que tout recommence. »

Si Ari n'aimait pas voir Sinatra auprès de sa femme, Jackie n'aimait pas non plus le voir auprès d'Elizabeth Taylor. Plusieurs amis de Jackie furent témoins d'une querelle qui les opposa à ce sujet. Onassis déjeunait à Rome avec Elizabeth Taylor et plusieurs amis lorsqu'un importun entreprit d'accoster la star. Galamment, Onassis jeta un verre de champagne à la figure de l'indiscret.

« J'ai honte de toi, lui dit Jackie informée de cet incident, d'autant plus que les enfants l'ont vu dans la presse. »

En revanche, le rapprochement d'Onassis et de Maria Callas la laissa froide. La jalousie qu'elle avait jadis éprouvée avait depuis longtemps fait place à l'indifférence. Ari et la Callas ayant été photographiés ensemble chez Maxim's, Jackie vit les clichés et se borna à demander la même soirée pour elle. Ari l'emmena donc dîner chez Maxim's à la même table, commanda le même menu, puis ils finirent la soirée chez Régine.

Un accès de jalousie saisit néanmoins Jackie après qu'un photographe eut surpris Ari embrassant la Callas sous un parasol, dans une île grecque dont l'un de ses amis, André Embarkos, était propriétaire. Tel le chien de Pavlov vers sa gamelle, Jackie s'envola aussitôt pour la Grèce, vers Onassis et le yacht *Christina* pour étouffer la rumeur dans l'œuf.

En privé, Maria Callas n'appelait jamais autrement Jackie que « l'autre femme », mais en public elle sacrifiait à la bienséance. « S'il y a scandale, c'est qu'Ari ne nous a jamais présentées, dit-elle à un journaliste. Je ne vois vraiment pas pourquoi nous ne nous rencontrerions jamais. »

Ce n'étaient là que des mots, car Maria était très montée contre sa rivale, à tel point qu'elle tenta de se suicider. Jackie, quant à elle, ne manifestait que dédain envers la Callas. Si elle la craignait, c'était pour la plus triviale des raisons. Quand elle apprit qu'Ari avait donné à Maria des boucles d'oreilles en or anciennes et beaucoup d'argent, elle explosa. Chez les amis d'Ari prévalait le sentiment que seuls l'argent et la réputation importaient pour elle et qu'elle se moquait bien que son mari ait ou non une liaison avec la Callas.

Pour Hélène Rochas, « Maria et Ari étaient un vrai couple, alors qu'avec Jackie c'était différent. A mon avis, Jackie n'aimait pas suffisamment Ari pour se soucier de qui il voyait, tant que ce n'était pas gênant pour elle ».

Jackie se plaignait de plus en plus d'Ari à ses amis. « C'est un solitaire », disait-elle. Elle se plaignait aussi de la vulgarité de ses goûts, et de devoir rester confinée indéfiniment à Skorpios, « sans rien à faire ni personne à voir ».

Leurs antagonismes s'exprimaient de mille manières. A la fin de 1972, lorsque le *Christina* arriva en Floride, Jackie et Ari se parlaient à peine. Jackie avait emmené les enfants pour qu'ils fassent leur visite semestrielle à Rose Kennedy à Palm Beach. Mais les relations entre Jackie et Rose étaient tendues, si bien qu'elle passait la nuit à bord du *Christina*, ancré devant le lac Worth.

Un après-midi, Jackie demanda au garde du corps de Rose de la déposer au Sailfish Pub, pour y prendre la vedette, qui faisait la navette entre la rive et le *Christina*.

« Je suis désolé, Mrs. Onassis, dit le garde, mais Mrs. Kennedy m'a demandé de rester dans les parages et de l'emmener un peu plus tard à Worth Avenue.

— Mais ça ne prendra que quelques minutes. Vous serez revenu à temps, lui déclara Jackie.

— Elle m'a bien dit de ne pas bouger.

— Je m'en fiche, je suis pressée et je veux partir tout de suite.

— Je ne peux pas faire ça, Mrs. Onassis. Voulez-vous que je vous appelle un taxi ?

— Appelez-en plutôt un pour vous. Vous êtes viré. »

Rose Kennedy, qui avait tout entendu intervint :

« Vous ne pouvez pas faire ça. Il est à *mon* service. Ou bien vous appelez un taxi, ou bien vous y allez à pied. »

Jackie appela un taxi.

A bord du *Christina,* l'atmosphère était explosive. Dans ses Mémoires inédits, Johnny Meyer raconte qu'un jour « sir John Louden et sa femme furent invités à déjeuner à bord avec une douzaine d'autres personnes. Louden est le patron de British Petroleum, mais c'est quelqu'un de très simple. Tous les ans, il vient à Palm Beach pour se changer les idées et déteste qu'on fasse des chichis avec lui. Quoi qu'il en soit, il a l'air d'avoir quarante ans et sa femme quatre-vingts. Il y avait deux tables rondes dressées sur le pont pour le déjeuner. Jackie présidait l'une et Ari l'autre. Lady Louden, qui était à celle d'Ari, se plaignit d'avoir froid et demanda si on ne pourrait pas rentrer la table à l'intérieur. Ari refusa, mais envoya un serveur lui chercher une couverture qu'il tendit à sir John : " Tenez, voici une couverture pour votre mère. "

« Jackie me dit plus tard : " J'aurais voulu disparaître dans la piscine. " »

Jackie était tellement choquée par la grossièreté de son mari qu'elle quitta le *Christina* le soir même avec ses enfants et alla s'installer chez Jayne Wrightsman. Mais pour peu de temps. Elle accompagna Ari à Lyford Cay, où ils furent reçus par le président de CBS, William S. Paley, puis en Sardaigne, le camp de vacances pour milliardaires et altesses royales construit par l'Aga Khan. Le bruit courait que Jackie était sur le point de plaquer Onassis pour lui. « Que vont-ils inventer ensuite ? » fit Jackie avec mépris.

Mark Shaw, photographe de *Life,* ami de Jackie Onassis et du Dr Max Jacobson, mourut mystérieusement dans son appartement de New York, le 26 janvier 1969, à l'âge de quarante-sept ans. Bien que la famille ait prétendu qu'il était mort d'une attaque, l'autopsie révéla que Shaw était bourré d'amphétamines. Les veines de son bras présentaient des marques et la décoloration caractéristiques de quelqu'un qui se pique souvent.

Bien que la femme de Shaw, Pat Suzuki, ait affirmé que le Dr Jacobson n'était pour rien dans la mort de son mari, le Bureau fédéral des narcotiques et des substances dangereuses ordonna la saisie de tous les produits en la possession du Dr Jacobson, puis ouvrit une enquête sur ses pratiques médicales. Trois ans plus tard, Boyce Renseberger, du *New York Times,* publia un long papier sur Jacobson et l'usage qu'il faisait des « amphétamines... pour remonter certains de ses patients célèbres ».

Jacobson avait beaucoup d'ennemis aux plus hauts échelons de la profession médicale et on l'attaqua bientôt sur tous les fronts. Il s'agissait de lui interdire l'exercice de la médecine et Jacobson retint les services du cabinet Louis Nizer à New York.

La famille Kennedy commença aussi à s'inquiéter. « Plusieurs jours après la parution de l'article du *Times,* les Kennedy prirent contact avec Max et lui donnèrent rendez-vous à la Fondation Joseph-Kennedy à New York, raconte Ruth Jacobson. Ils craignaient un scandale et voulaient s'assurer que Max ne trahirait pas le code de l'éthique médicale et ne citerait le nom d'aucun patient, mort ou vivant. Ils avaient peur que Max ne parle de l'ancien président et de sa femme.

« Max leur rappela qu'après l'assassinat de JFK presque tous ceux qui avaient fréquenté la Maison-Blanche avaient écrit un livre. Max ne l'avait pas fait, car ses rapports avec les Kennedy étaient purement officieux. Et il avait pourtant reçu des offres extrêmement intéressantes, en particulier de la part d'éditeurs anglais. Mais il n'avait jamais accepté un cent, et il promit à la Fondation Kennedy que jamais il ne trahirait les relations privilégiées qu'il avait entretenues avec le défunt président. »

Dans son autobiographie inédite, le Dr Jacobson retrace les événements qui devaient aboutir à la révocation de ses droits et raconte les interventions de la Fondation Kennedy. La moindre révélation des injections à base d'amphétamines que Max Jacobson administrait souvent au président et à Mrs. Kennedy serait, estimait-on, hautement préjudiciable à l'image de la famille.

« Le 28 mai 1973, écrit Jacobson, je reçus un coup de téléphone de l'ami de Jackie, Chuck Spalding, demandant à me voir. Ma femme (Ruth), qui prit la communication, lui répondit que la première audience du jury médical était prévue pour le 30, et qu'elle préférerait que je me repose ; aussi souhaitait-elle, à moins que ce soit tout à fait urgent, repousser sa visite à la semaine suivante. Spalding insista pour passer le lendemain en début d'après-midi.

« Le lendemain, vers midi, il m'appela pour s'excuser de ne pas pouvoir passer chez moi et me demander de venir chez lui. J'y arrivai à 3 heures de l'après-midi ; Chuck m'accueillit à la porte en me disant : " Il y a quelqu'un qui veut vous voir. " Et je me retrouvai dans les bras de ce " quelqu'un ", qui n'était autre que Jackie. Chuck nous poussa dans une pièce et s'excusa [1].

---

1. Pour mémoire, il est intéressant de noter que, interrogé par l'auteur de ce livre, Chuck Spalding a nié avoir eu connaissance de ce rendez-vous. « Je n'ai pas l'intention de vous mentir. Il n'y a pas trace de vérité dans tout ça. Je n'ai jamais parlé à Mrs. Jacobson. Faites-en ce que

« Elle se dit consternée par les injustes propos de la presse. " Vous devriez savoir mieux que quiconque ce que j'ai fait pour John ", lui dis-je. Je lui rappelai l'incident du Demerol : un garde du corps avait donné au président une ampoule de ce médicament, que je l'avais empêché de prendre. Elle semblait avoir tout oublié. Je lui rappelai notre voyage ensemble, à Paris, Vienne et Londres, où JFK était si en forme durant les rencontres extrêmement difficiles auxquelles il avait participé ; je lui rappelai les nombreuses autres occasions où j'étais là — et pour pas un sou.

« Je ne tardai pas à apprendre pour qui ce rendez-vous était si important. Jackie me demanda ce que j'avais l'intention de dire si la Maison-Blanche venait sur le tapis au cours des audiences. Elle n'avait pas à s'inquiéter, lui répondis-je. Je pratiquais la discrétion depuis cinquante ans et n'avais pas l'intention de changer. J'avais la conscience tranquille et rien à cacher.

« J'étais très préoccupé, ajoutai-je, par l'issue de ces audiences ; j'avais payé à ce jour 35 000 dollars d'honoraires d'avocat et la Constructive Research Foundation (pour la recherche sur la sclérose en plaques) me devait 12 000 dollars. L'argent ne m'avait jamais intéressé, et je n'avais pas mis un sou de côté. Mais, maintenant que j'étais dans le besoin, je ne pouvais compter sur rien ni personne. Et sûrement pas sur John Kennedy ! " Ne vous inquiétez pas, répondit-elle, on s'occupera de tout. "

« Après deux heures de discussions, je rentrai chez moi, soulagé et ravi. Mais l'aide promise n'arriva jamais. »

Le 25 avril 1975, après plus de deux ans d'audiences et cinq mille pages de témoignages, le New York State Board of Regents radiait Max Jacobson de l'ordre des Médecins. On avait retenu contre lui quarante-huit chefs d'accusation pour conduite contraire au code professionnel et un chef d'accusation pour fraude. Il était entre autres accusé et reconnu coupable d'avoir administré des amphétamines sans raison médicale valable, de ne pas avoir tenu le relevé exact des substances réglementées qu'il utilisait, de ne pas être en mesure de rendre compte des irrégularités relevées dans l'administration de sa fondation pour la recherche. Selon le rapport de quarante-deux pages sur l'affaire Jacobson, les normes de stérilisation n'étaient pas respectées dans le cabinet et le laboratoire de Max. « Le 26 octobre 1970, du placenta daté d'août 1970 a été trouvé dans le

---

vous voudrez, mais c'est comme ça. C'est un mensonge. Il n'y a jamais eu de rendez-vous. »

Pour répondre au démenti de Spalding, Mrs. Ruth Jacobson a fourni à l'auteur les carnets, les agendas, les livres de rendez-vous et l'autobiographie de Max Jacobson, montrant le rôle qu'avait joué Spalding dans la rencontre entre Max et Jackie. « On peut toujours mentir, si personne ne vous contredit, dit Mrs. Jacobson. Lorsque Chuck a téléphoné au bureau, c'est moi qui ai répondu et qui ai tout noté dans le carnet de rendez-vous, dans l'agenda et partout. Max est mort, mais je suis toujours là pour témoigner de la vérité. »

réfrigérateur du prévenu, à côté de pain, de sandwiches et autres ingrédients. » Mais il faut aussi mentionner les témoignages de plus de trois cents patients de toutes origines et milieux sociaux en faveur du Dr Jacobson et de ses méthodes peu orthodoxes. « C'est aux patients d'un médecin, et non à l'American Medical Association ou au State Board of Regents, de juger de sa compétence, déclarait un patient. Je suis artiste professionnel et souffre depuis vingt ans de sclérose en plaques. Sans les traitements du Dr Max Jacobson, non seulement je serais dans l'incapacité de travailler, mais je serais probablement mort depuis longtemps. »

« Si sa révocation a été une désillusion, dit Ruth Jacobson, Jackie Onassis en a été une autre. Les promesses sont restées vaines. Je trouve étrange qu'elle ait sollicité l'aide de Max, qu'elle l'ait reçue, qu'elle ait promis de l'aider à payer ses frais d'avocat (qui s'élevaient à plus de 100 000 dollars) et qu'on n'ait plus jamais entendu parler d'elle. J'attends toujours l'aide promise. Et Max aussi. Cette affaire l'a tué ; il est mort cinq ans après. »

Athènes, le 22 janvier 1973 : le fracas de la vaisselle brisée contre la cheminée de briques d'une taverne, lors du vingt-quatrième anniversaire d'Alexandre Onassis, s'était à peine évanoui que son père, alors à New York, apprenait qu'il avait été grièvement blessé dans un accident d'avion. Alexandre avait pris place dans le Piaggio de son père (un avion amphibie) avec le nouveau pilote personnel de celui-ci, l'Américain Donald McCusker, et un copilote chevronné de nationalité canadienne.

D'après les témoins, à l'aéroport d'Athènes, l'accident s'est produit quelques secondes après le décollage. L'avion a effectué un brusque virage sur l'aile droite, heurtant le sol du flotteur droit. Il a ensuite basculé sur l'extrémité de l'aile et poursuivi sa trajectoire encore 150 mètres hors de la piste. Quand il s'immobilisa, le nez, la queue et l'aile droite étaient en miettes..

Les premiers sauveteurs à parvenir sur le lieu de l'accident ne purent identifier Alexandre que par les initiales d'un mouchoir ensanglanté trouvé dans sa poche. Inconscient et souffrant de graves blessures à la tête, il fut transporté à l'hôpital de la Croix-Rouge à Athènes. Quoique blessés, les deux autres occupants de l'avion devaient se rétablir.

Ceux qui virent Aristote Onassis le lendemain à Kennedy Airport furent frappés par son aspect. En une nuit, il était devenu vieux ; il avait le teint blême, les cheveux blancs, les yeux rouges et le regard vitreux. Jackie avait demandé à un éminent neurochirurgien de Boston de les accompagner. Un cardiologue de Dallas était également en route pour Athènes, et un Trident avait été affrété à Londres pour en ramener un spécialiste du cerveau.

Lorsque Ari, Jackie et le neurochirurgien de Boston arrivèrent à Athènes, l'état d'Alexandre s'était encore détérioré. A l'hôpital, on informa Onassis que son fils était cliniquement mort, son cerveau ayant cessé de fonctionner, bien que son cœur continuât à battre.

Les membres de la famille proche emplirent les couloirs de l'hôpital.

Tina, la mère d'Alexandre, arriva de Suisse avec Stavros Niarchos. Christina Onassis revenait du Brésil, où elle avait été voir une amie. Fiona Thyssen arrivait de Londres. Les trois sœurs Onassis complétaient le chœur des pleureuses. Seule Jackie était comme impavide devant le malheur du jeune homme qui l'avait considérée comme son ennemie.

D'après Costa Gratsos, « Alexandre méprisait Jackie. Un soir, chez Maxim's, Ari, Alexandre et Jackie parlaient d'une danseuse de cabaret, qui profitait largement de la fortune d'un homme plus âgé. Se tournant vers sa belle-mère, Alexandre dit : " Jackie, ça ne vous choque sûrement pas, n'est-ce pas, qu'une fille se marie pour de l'argent ? " »

« Deux mois avant l'accident, Ari avait promis à Alexandre d'étudier la possibilité d'un divorce. Quels qu'en soient le prix ou les conséquences, il était prêt à rompre ce mariage. Puis survint la tragédie. La mort d'Alexandre fut fatale à Ari et lui ôta le goût de vivre. Il ramena à Skorpios les restes de son fils et le fit enterrer à côté de la petite chapelle. Pendant l'enterrement, il fut comme en état d'hypnose. Ari se sentait en quelque sorte responsable de l'accident. Il était persuadé que l'avion avait été saboté, et il offrit 1 million de dollars à celui qui réussirait à prouver qu'Alexandre avait été assassiné. Impossible de le détourner de cette idée. Jackie s'y essaya, mais ne réussit qu'à l'exaspérer ; plus ses sœurs et Christina se faisaient l'écho de ses vagues soupçons, plus il en voulait à sa femme de refuser de participer à sa campagne.

« Je me rangeai du côté de Jackie, et le dis tout net à Ari.

« — Elle a refusé, me répondit-il, d'accepter l'idée que John Kennedy ait pu être victime d'un complot, et pourtant je suis sûr que c'est le cas.

« — Non, Ari, dis-je. Elle n'en a jamais nié l'éventualité. Elle a seulement dit que la connaissance d'un tel complot n'apporterait pas grand-chose et ne ramènerait pas Kennedy à la vie. Cette femme a peut-être des torts, mais vous ne pouvez pas lui reprocher de refuser de se complaire dans l'hypothétique.

« Jackie a les pieds sur terre. Pour elle, la vérité, c'est ce qu'elle peut voir, toucher, entendre ».

Onassis engagea le journaliste français Jacques Harvey, pour qu'il enquête sur l'accident de son fils. « Il m'a donné beaucoup d'argent. J'ai retourné l'affaire dans tous les sens, interviewé un millier d'individus plus ou moins détraqués, pleins d'histoires tordues, pour conclure à l'accident. Je l'ai dit à Onassis.

« La mort d'Alexandre lui fit prendre en grippe Olympic Airways et l'aviation en général ; il entreprit des négociations avec le gouvernement grec pour vendre la compagnie. Le gouvernement en profita. Le Tarzan du conseil d'administration était devenu doux comme un agneau. Agissant pour le compte de sa famille, il vendit la compagnie pour une fraction de sa valeur. Outre son drame personnel, il avait à faire face à de nombreux ennuis d'affaires — augmentation du prix du pétrole, sous-utilisation des pétroliers, augmentation des taux d'intérêt. Lorsque son projet de construction d'une flotte de pétroliers géants et d'une raffinerie de pétrole dans le New Hampshire tomba à l'eau, il perdit aussi beaucoup d'argent.

« De plus, il croyait que sa femme en voulait à son argent. Il sentait qu'elle ne partageait pas sa peine, son désespoir. Vrais ou faux, ces sentiments provoquaient friction et tristesse. Il était très amer. Il ne se sentait pas bien, paraissait très fatigué, et son ménage s'en ressentait. »

Hélène Gaillet, qui avait dîné avec Onassis à New York une semaine avant la mort d'Alexandre, fut témoin de sa douleur. « Je vivais encore avec Felix Rohatyn, mais Ari et moi étions proches. Pendant le dîner, il m'invita à Skorpios. Je me trouvais à Paris une semaine après l'accident et j'étais sur le point de m'envoler pour Kinshasa afin d'y photographier le combat de boxe Mohammed Ali-George Foreman. Ce dernier ayant été blessé au cours de l'entraînement, le combat dut être ajourné. Félix étant en voyage d'affaires, je n'avais aucune raison de retourner immédiatement à New York. Je téléphonai donc à Ari, qui était à Skorpios, pour lui demander s'il voulait toujours de moi. " Absolument, dit-il. Quand voulez-vous venir ?

« — Demain, c'est possible ? " demandai-je.

« Tout fut organisé, et le lendemain je prenais l'avion pour Glyfada, où je passai la nuit avec Christina et une des sœurs d'Ari, avant de rejoindre Skorpios par hélicoptère. La piste d'atterrissage est au sommet de la montagne. Ari vint me chercher en jeep et me fit faire le tour de l'île — lentement car il voyait mal. Au cours de la semaine qui suivit, Ari me parla beaucoup de son fils et m'emmena à la petite chapelle où il était enterré. Il semblait désespéré de ne plus rien pouvoir faire pour lui. Il ne s'intéressait plus à rien. Il commença à démissionner.

« Ari avait toujours été formidable, brillant, réaliste. Pendant mon séjour, il ne s'occupa pas du tout d'affaires. Nous nous promenions sur la plage, nous nous baignions. Il faisait du jardinage. Ses employés, ceux qui travaillaient pour lui à Skorpios, semblaient avoir beaucoup d'affection pour lui.

« Au bout de quelques jours, Jackie arriva. Parmi les invités se trouvaient sir John Russel, ambassadeur de Grande-Bretagne à Madrid, sa femme et deux enfants. Je dois dire qu'Ari ne paraissait pas mécontent de voir Jackie. Si tension il y avait — et il y en avait peut-être —, je ne l'ai pas vu. Mais il faut dire aussi que ça n'était pas mon problème. »

Hélène Gaillet regagna New York et Jackie s'adressa à Pierre Salinger pour remonter le moral d'Ari. Salinger venait d'entrer à *L'Express,* à Paris, lorsqu'il reçut un coup de téléphone de Jackie : « Pierre, j'arrive à Paris. Soyez gentil de venir me chercher à l'aéroport. Ari ne se remet pas de la mort de son fils. Je crois qu'une croisière lui ferait du bien, et je voudrais que vous veniez avec nous. »

« Nous rejoignîmes Dakar à bord d'un avion d'Olympic Airways et, après dix jours de traversée, nous arrivâmes à Trinidad, raconte Salinger. Ari se levait vers midi, il nageait dans la piscine, prenait son déjeuner, puis nous passions l'après-midi et la soirée ensemble. Ari dormait mal. Il travaillait jusque tard dans la nuit, donnant des dizaines de coups de téléphone dans le monde entier. Franchement, je me plaisais avec lui. C'était un merveilleux conteur. Il détestait les hommes politiques, surtout Franklin Delano Roosevelt. Après le dîner, il buvait de l'ouzo et chantait les chansons grecques pleines de nostalgie qu'il aimait tant. Il n'était certes pas très gai, mais il essayait de ne pas le montrer et gardait pour lui ses pensées les plus sombres. »

« Jusqu'à la mort de son fils, Ari était tout à fait exceptionnel, remarque Peter Beard. Il déployait une énergie fantastique et se passionnait pour ce qu'il faisait, puis il lui arrivait de vous regarder droit dans les yeux et de vous parler vraiment. Ce qu'il disait était stupéfiant — il avait l'étoffe d'un génie. »

Le photographe américain Peter Beard, qui fit de nombreux séjours à Skorpios, joua auprès des enfants de Jackie le rôle de super-baby-sitter. « Nous avions aussi des relations communes. Je connaissais Truman Capote et j'avais été marié à Mimi Cushing. Les Cushing et les Auchincloss étaient voisins à Newport. J'ai connu sa mère avant de connaître Jackie. Janet Auchincloss est une des femmes les plus ennuyeuses qui soient. Mais Jackie est très dynamique et courageuse ; elle n'a pas peur de prendre des risques. Je faisais un livre sur l'écrivain Isak Dinesen, *Longing for Darkness,* et Jackie accepta d'en rédiger la préface. Cela parut tellement l'intéresser que je la persuadai de faire son livre, *One Special Summer,* à partir de l'album que les deux sœurs avaient rapporté de leur voyage en Europe. »

Beard devint aussi l'amant de Lee Radziwill. Lorsque Lee et Stas Radziwill divorcèrent en 1974, on cita Peter comme responsable. « De telles simplifications sont toujours ridicules, déclara-t-il. Ils étaient mariés depuis déjà longtemps et ne s'entendaient plus. »

C'est Beard qui apprit à Caroline Kennedy à se servir d'un appareil de photo. « Si montrer à quelqu'un comment tenir une boîte et appuyer de l'index sur un bouton, c'est apprendre la photo, je suppose que je la lui ai apprise. Ce qui est sûr, c'est que j'ai fait de nombreux séjours avec Jackie et Lee et leurs enfants à Skorpios, à Long Island et au Kenya, où je possède une plantation. En 1984, John Jr. et moi avons escaladé le mont Kenya, pendant que Caroline restait avec le garde-chasse, qui est un très grand ami à moi. »

Un jour à Skorpios, Beard paria avec Onassis qu'il pouvait rester pendant plus de quatre minutes sous l'eau sans respirer. Beard réussit et gagna 10 000 dollars.

L'argent est allé dans un projet de film qui a abouti par la suite au documentaire, *Grey Gardens,* sur la vie d'Edith et d'Edie Beale. « En fait, j'ai mis 20 000 dollars, dit Beard. L'idée initiale était assez différente de ce que c'est devenu. Je voulais montrer la détérioration de la vie à Long Island. Long Island aurait représenté une communauté qui voit sa qualité de vie se dégrader à mesure qu'elle se rapproche du centre urbain. Les Beale ne devaient jouer qu'un rôle mineur. Le film devait montrer les beaux jours de Long Island, celui des Bouvier, de Jackie et de Lee enfants. »

Beard demanda au cinéaste Jonas Mekas de faire les premières prises de vues. Mekas se rappelle sa première rencontre avec Jackie et Lee, qui avaient établi une liste de gens à interviewer et d'endroits à visiter pour le film. « Les deux sœurs étaient très différentes, dit-il. Jackie était directe, alors que Lee était intrigante. Elle n'avait pas le savoir-faire ni le talent de Jackie, mais elle essayait toujours de donner le change. Elle n'arrivait pas à trouver sa voie. Jackie avait davantage qu'elle le sens de l'humour.

« Nous avons fait plusieurs séquences sur Long Island : Jackie et Caroline faisant du ski nautique ; Jackie et Lee nageant ; John Kennedy Jr. et Tony Radziwill sur le toit d'un break ; les deux garçons jouant au Frisbee sur la plage. Il y avait une extraordinaire séquence, où l'on voyait John Jr. imiter Mick Jagger ; il se tortillait dans le salon en remuant les lèvres avec un disque de Jagger en play-back. Nous avons utilisé des photos provenant des albums de l'enfance de Jackie, et beaucoup de musique de fond. Il y avait, par exemple, une photo de Black Jack Bouvier, accompagnée d'un enregistrement de *My Heart Belongs to Daddy*.

« J'ai ensuite fait à Lee une projection condensée des premières prises de vues. Jackie a vu cette version et l'a approuvée. Puis l'argent a commencé à manquer. Des producteurs de télévision entendirent parler de notre film et harcelèrent Jackie pour qu'elle le donne à une des grandes chaînes. C'est alors que je me suis retiré. »

Peter Beard amena les Maysles Brothers, connus pour *Gimme Shelter,* film sur la tournée américaine des Rolling Stones en 1969. « David et Albert ont eu le mérite de persévérer et de terminer *Grey Gardens* en deux ans, mais c'est moi qui les ai mis sur la bonne voie, dit Beard. Ce qui les intéressait, c'était Jackie Onassis et ses albums, et je ne cessais de leur répéter : " Ne comprenez-vous pas que c'est à Grey Gardens et aux Beale qu'il faut s'intéresser ; c'est sur eux qu'il faut faire le film. " Plus je voyais les Beale, plus j'en étais convaincu. Ils étaient merveilleusement cinglés. »

Selon David Maysles, « ce documentaire ne pouvait en aucun cas constituer un succès commercial. Il y a eu d'interminables bagarres pendant le tournage du film. Ainsi, à l'époque, Lee Radziwill louait une maison à Montauk et roulait en limousine, et j'avais l'impression très nette que les Beale, qui avaient à peine de quoi vivre, ne l'aimaient pas beaucoup. Par la suite, nous avons décidé de faire davantage sur les Beale et moins sur les Bouvier, ce qui indigna Lee. C'est alors que Peter et elle abandonnèrent le projet, nous laissant nous débrouiller tout seuls.

« D'un seul coup, les Beale devinrent célèbres. Edie Beale fut engagée dans une boîte de nuit de Manhattan, Reno Sweeney, où elle dansait, chantait, signant des autographes et devenant complètement dingue. D'après Edie, son numéro, qui dura huit jours, fut un grand succès. Hélas, Jackie y mit un terme. Elle y parvint sans doute en chargeant l'un de ses avocats de prendre contact avec la boîte et de leur faire peur. Jackie ne voulait pas de publicité. A l'entracte, Edie répondait aux questions que lui posait l'assistance et qui concernaient en général Jackie, ou les Kennedy. Et son irrépressible franchise ne lui faisait rien déguiser. Aussi la presse se bousculait-elle au Reno Sweeney, et Jackie ne voulait pas de ça. En tout cas, c'est ce que prétendait Edie. »

« Edie Beale était épatante, dit Andy Warhol, qui ne manqua pas de ses numéros. Toute cette famille Kennedy-Onassis-Bouvier-Beale-Radziwill-Auchincloss n'arrêtait pas de faire parler d'elle. Avec eux il se passait toujours quelque chose. Jackie s'inscrivait à la Municipal Arts Society et prenait la tête du combat pour s'opposer à la démolition de Grand Central Station. Lee Radziwill écrivait pour *Ladies' Home Journal* des fragments autobiographiques, tirés du documentaire qu'elle essayait de réaliser avec Peter Beard, avant l'intervention des Maysles Brothers. A la consternation de ses gardes du corps, JFK Jr. était attaqué dans Central Park et on lui volait sa bicyclette et sa raquette de tennis. Caroline prit des leçons de pilotage à Hanscomb Airfield, non loin de Concord Academy, jusqu'à ce que Jackie y mette le holà après la mort d'Alexandre Onassis.

« Un jour, Lee Radziwill m'a appelé pour me demander de l'emmener avec Jackie au Brooklyn Museum à une exposition d'art égyptien. Jackie venait de rentrer d'Egypte. Nous avons été à Brooklyn dans mon vieux break. Je venais d'apparaître dans un film dont Elizabeth Taylor était la vedette, intitulé *The Driver's Seat*. " Comment est-elle, Elizabeth Taylor ? " ne cessait de demander Jackie dans la voiture.

« Nous sommes enfin arrivés au musée. Dans les salles, tout le monde reconnaissait Jackie. Les gens chuchotaient. Et son nom se détachait de ces murmures : " Jackie... Jackie... Jackie. " C'était étrange. Ce qui m'a le plus étonné, c'est qu'elle réussissait à se concentrer sur l'exposition. Elle en commentait presque toutes les pièces avec leur histoire, leur usage, le nom du pharaon correspondant. Elle parvenait parfaitement à ignorer ce public gênant.

« En entrant dans son appartement, j'ai compris que c'était en fait une sentimentale. Je me rappelle sa bibliothèque avec son canapé confortable, ses fauteuils profonds, ses meubles XVIIIᵉ, ses boiseries, ses bibliothèques remplies d'albums de photos de famille, de livres d'art et d'histoire, de bibelots, dont un chapelet grec de verre bleu, une bague cambodgienne, une cruche mexicaine en terre cuite, une breloque chinoise en jade. Il y avait des paniers de fruits et de fleurs, le parfum capiteux de bougies de Rigaud, des tableaux de chevaux et de nombreuses œuvres des enfants ; il y avait aussi des photos de Skorpios, prises, je crois, par Caroline, dont une représentant la tombe d'Alexandre Onassis, surmontée de son buste. »

30

Jackie passa une partie de l'été 1973 à Skorpios avec Ari. Selon Costa Gratsos, elle ne fit que se plaindre : elle s'ennuyait, détestait la nourriture, n'appréciait pas la société. Elle laissait tomber les invités de son mari (dont le président de Mobil Oil) et se distrayait en passant des films dans la « salle de télévision », ainsi baptisée à cause des télévisions qu'avait commandées Billy Baldwin, alors que Skorpios ne recevait pas la télé. Lorsqu'elle n'obtenait pas ce qu'elle voulait, Jackie se mettait dans des colères noires. Elle critiquait son mari devant les enfants, les éloignant ainsi encore davantage de lui. Mais la plupart du temps, elle observait un silence renfrogné, agressif ; elle ne prêtait pratiquement aucune attention à son mari et faisait tout pour l'éviter.

En fait, Jackie était par nature étrangère aux sombres passions qui animaient cette famille grecque. Elle était davantage Kennedy qu'Onassis, et davantage Bouvier que Kennedy. Elle cachait d'instinct sa douleur, alors qu'Ari la vivait. Jackie ne comprenait pas, par exemple, que son mari ait invité son ex-femme Tina et son mari à Skorpios pour partager sa douleur. Elle était incapable de comprendre les relations symboliques qu'entretenaient entre elles les riches familles grecques. Et elle ne voulait pas le comprendre.

En novembre 1973, Jackie était trop occupée par le dixième anniversaire de l'assassinat de John F. Kennedy pour discerner les signes pourtant manifestes d'une maladie qui allait emporter Ari. Amaigri, apathique, la paupière gauche tombante, il alla à New York voir un spécialiste qui le mit en observation à l'hôpital Lenox Hill, où il fut inscrit sous le nom de « Philipps ». Il en sortit au bout d'une semaine, sans révéler à personne qu'on avait diagnostiqué une myasthénie, maladie mal connue qui affecte les muscles. Il plaisantait de son mal. Ne pouvant plus ouvrir son œil, il en maintenait la paupière ouverte avec un sparadrap. La légende qui accompagnait sa photo dans le *New York Post* indiquait : « Onassis a eu une attaque », ce qui était faux, bien que les symptômes soient similaires. « Les médecins, dit-il à Gratsos, insistent pour que je me fasse opérer, mais ne garantissent pas le résultat. Alors où est l'intérêt ? »

Jackie ne semblait guère se soucier de l'état de son mari. En quittant Skorpios, cet automne-là, elle s'arrêta à Paris et fit des achats extravagants. Une fois à New York, elle investit Bloomingdale et dépensa des milliers de dollars pour sa maison du New Jersey.

Susan Panopoulos, qui avait remplacé Lynn Alpha Smith auprès de Costa Gratsos, raconte : « Je n'étais qu'une employée très proche de Gratsos — et je le suis encore de sa famille — mais je voyais ce qui se passait. C'était le même cirque qu'avant mon arrivée : factures, cris, bavardages dans le bureau... »

Sous prétexte que le soleil et le climat doux amélioreraient la santé déclinante de son mari, Jackie réussit à se faire emmener à Acapulco pour le nouvel an. Ils s'y rendirent dans le jet privé d'Onassis. Une fois là-bas, ils se disputèrent. Jackie voulait une maison à Acapulco. Ari n'en voulait pas et sa demande le choquait — compte tenu de la récente attitude de sa femme, il s'était montré, estimait-il, suffisamment généreux. Ils n'arrêtaient pas de se chamailler. Le 3 janvier 1974, le jour de leur départ pour New York, Jackie perdit son sang-froid, elle traita Ari d'ingrat et lui dit qu'elle ne voulait pas de son « fric ». « Dans ce cas, lui répliqua-t-il, tu ne seras pas déçue. »

C'est dans cette disposition d'esprit qu'en volant vers Manhattan Onassis décida de refaire son testament.

Il s'installa à l'arrière de l'appareil et se mit à rédiger à la main (conformément à la loi grecque) ses dernières volontés. Christina en serait la principale bénéficiaire, mais le document commençait par mentionner la fondation culturelle qui devait porter le nom d'Alexandre, hommage à son fils disparu. Il y avait quelque chose d'ironique à songer que le jeune Onassis avait été incapable d'aucune étude supérieure et que personne ne s'intéressait moins que lui à l'art et aux lettres. Son père, néanmoins, écrivait :

> *Si ma mort survient avant que j'aie pu installer à Vaduz au Liechtenstein, ou ailleurs, sous le nom de Fondation Alexandre-Onassis, un établissement notamment destiné à servir des buts éducatifs, litté- raires, religieux, scientifiques, journalistiques et artistiques, à organiser des concours nationaux et internationaux, à remettre des prix en argent — institution assez semblable à l'Institut Nobel de Suède —, je charge les exécuteurs soussignés de mon testament et leur ordonne de procéder à l'établissement d'une telle fondation culturelle.*

Le cas de Jackie se trouva vite résolu : « Ayant déjà pris soin de ma femme Jacqueline Bouvier et ayant conclu devant notaire avec elle un accord aux termes duquel elle renonce à tout droit sur mon héritage, je limite sa part et celles de ses deux enfants, John et Caroline. » Jackie recevrait donc une pension annuelle de 200 000 dollars et chacun des enfants 25 000 dollars par an jusqu'à l'âge de vingt et un ans. Onassis prenait en outre des précautions contre toute contestation éventuelle de sa femme. Au cas où elle s'élèverait contre ces volontés, écrivait-il, « j'ordonne aux exécuteurs de mon testament et à mes autres héritiers de s'opposer par tous les moyens légaux à ses éventuelles prétentions, les frais de cette opposition devant être imputés à ma succession ».

Le testament confirmait les conditions financières du contrat de mariage. C'était le minimum de ce qu'il pouvait faire, car ce contrat était inattaquable. La plus grande partie de sa fortune allait à Christina (par un échafaudage compliqué de fondations interdépendantes), mais Onassis laissait en outre 60 000 dollars par an, jusqu'à la fin de ses jours, à son cousin et homme de confiance Costa Konialidis ; 30 000 dollars à Costa Gratsos, à son avocat Stelios Papadimitriou et à Nicolas Cokkinis, directeur depuis longtemps à son service ; 20 000 dollars par an à Costa Vlassapoulos, son directeur à Monte-Carlo ; les chauffeurs, les cuisiniers, les femmes de chambre et les maîtres d'hôtel devaient recevoir aussi de confortables sommes.

Onassis écrivait toujours lorsque son avion atterrit à West Palm Beach pour refaire le plein de kérosène. Quelques minutes plus tard, Jackie et Ari déjeunaient ensemble au bar de l'aéroport, de bacon, de salade et de sandwiches à la tomate. Il ne s'agissait là que d'une comédie à l'intention du public. A peine remonté dans l'avion, Onassis reprenait sa rédaction. « Quant à mon yacht, le *Christina,* si ma fille et ma femme le jugent bon, elles peuvent le conserver pour leur usage personnel. » Si l'armement du navire se révélait prohibitif, elles devaient en faire don au Trésor grec — ce qu'elles firent par la suite. Une clause particulière réglait dans les mêmes termes le sort de Skorpios, réservant 10 hectares intouchables autour de la tombe d'Alexandre. Dans les deux cas, celui du yacht et celui de l'île, il attribuait à Jackie un quart des droits de propriété, le reste à sa fille. Insulte finale vis-à-vis de Jackie, il désignait pour principale exécutrice testamentaire : « Athéna, née Livanos-Onassis-Blandford-Niarchos, mère de mon fils Alexandre ».

Lorsqu'ils le revirent à New York, les adjoints d'Ari furent atterrés. D'après Costa Gratsos, « il était devenu gris et il bredouillait à tel point qu'on pouvait à peine le comprendre. Il me parla de sa dernière altercation avec Jackie. " J'en ai marre d'elle ", m'informa-t-il ». Il avait chargé Johnny Meyer d'engager un détective privé pour suivre Jackie. Meyer se procura aussi le matériel nécessaire pour mettre son téléphone sur écoute. Ari se disait que, s'il arrivait à la surprendre avec un autre homme, il serait en position de force pour intenter une action en divorce. Son banquier, George Moore, et deux ou trois juristes lui avaient dit que sans une telle preuve un divorce serait beaucoup trop coûteux. Jackie essayerait de rompre le contrat de mariage, et aurait toutes les chances d'y parvenir.

En avril, Maria Callas, alors en tournée d'opéra aux Etats-Unis, accepta de se laisser interviewer par Barbara Walters pour le *Today Show.* Décrivant Onassis comme « le grand amour de ma vie », elle ajoutait que « l'amour, c'est beaucoup mieux quand on n'est pas mariés ». Lorsqu'on lui demanda si elle entretenait à l'égard de Mme Onassis des sentiments hostiles, la Callas répondit : « Et pourquoi en aurais-je ? Mais si elle traite mal M. Onassis, il se peut que je me fâche. »

Pendant ce temps, Onassis s'était embarqué pour ce qui devait être sa dernière croisière : Monte-Carlo, la Méditerranée orientale et le Moyen-Orient. Christina, qui avait commencé à se familiariser avec les affaires de famille en travaillant pour son père à New York, était du voyage. Ari essayait de donner à sa fille un but dans la vie, et souhaitait aussi que, remplaçant son frère, elle devînt l'associé de son père avant de lui succéder.

A Monte-Carlo, Ari invita à dîner à bord le prince Rainier et la princesse Grace. Après le dîner, tandis que Christina et Grace bavardaient, Ari se laissa entraîner dans une querelle malheureuse avec son ancien ami. Fatigué, mais toujours combatif, Onassis revenait à l'époque où, dans les années cinquante, le prince l'avait obligé à vendre ses parts de la Société des Bains de Mer, qui contrôlait la banque de Monte-Carlo. Rainier déclara par la suite à la presse : « C'était très triste. Etre allé si loin pour finir malade et le cœur brisé à bord de ce vaste yacht semblait presque injuste. »

Jackie retrouva Ari à Madrid. Paul Mathias, qui s'y trouvait en même temps, rencontra le couple dans une boîte de nuit de la capitale. « Avec une apparente insouciance, Jackie s'essaya aux castagnettes et entraîna son malheureux époux sur la piste, où il dansa à contrecœur comme un animal blessé. Elle était le maître ; il était l'esclave. »

Jackie et Christina étaient en plus mauvais termes que jamais. L'ancienne résidente de la Maison-Blanche ne perdait pas une occasion de critiquer la manière dont sa belle-fille se tenait à table. Selon Costa Gratsos, « ce qui dérangeait le plus Christina, c'est que Jackie critiquait Ari pour les mêmes raisons. D'après Jackie, il faisait du bruit en mangeant son potage, ne levait pas son coude de la table pour porter les aliments à sa bouche, ingurgitait trop vite. Elle en vint à ne plus vouloir prendre ses repas avec lui ».

Jackie se montrait aussi terriblement critique envers les amours de Christina, que l'on voyait passer de play-boy en play-boy, étrangère, semblait-il, à tout véritable attachement. Elle s'intéressait alors à Mick Flick, jeune héritier de la firme Daimler-Benz, play-boy lui aussi, déjà nanti d'une grande fortune. Grand, populaire auprès des femmes du beau monde international, Flick aimait bien Christina, mais il n'était pas question pour lui de l'épouser. Dans un moment d'honnêteté (cruelle) il lui avoua préférer les blondes à longues jambes. Aussitôt Christina se teignit en blond, mais que pouvait-elle faire de ses lourdes jambes aux chevilles épaisses ? Un beau jour de cet été-là, on la trouva inconsciente dans son appartement de Londres et on l'expédia dare-dare au Middlesex Hospital sous le nom de miss A. Danoi. Ce n'était pas la première fois qu'elle prenait trop de somnifères.

Ari refusa de demander de l'aide à Jackie. Il convoqua sa première femme, qui était il est vrai la mère de sa fille. Tina accourut de Paris à Londres. Christina se remit rapidement. Elle revit Peter Goulandris, à la grande joie d'Ari, et annonça quelques mois plus tard son intention de l'épouser. Le mariage n'eut jamais lieu.

Si Christina passait par des hauts et des bas, sa mère connaissait des problèmes plus graves. Droguée de médicaments, elle absorbait d'énormes doses de barbituriques et de tranquillisants pour combattre l'insomnie dont elle souffrait depuis la mort de son fils. Le 10 septembre 1974 au matin, Tina était trouvée morte dans l'hôtel de Chanaleilles, résidence parisienne de Niarchos. Un médecin attribua la mort à un œdème du poumon. Bien que cette mort subite parût aussi mystérieuse et inattendue que celle de sa sœur, une autopsie confirma le diagnostic initial.

Dans sa biographie de Jackie Onassis, Stephen Birmingham[1] juge assez lucidement la réaction de Christina à ce nouveau drame : « Quelques superstitions venues de ses origines paysannes de Smyrne ont mis dans la tête de Christina qu'une force maléfique provoquait toutes ces morts — sa tante d'abord, ensuite son frère, maintenant sa mère. C'était Jackie qui portait malheur à la famille, " qui minait tout ", comme l'avait prédit son frère. Christina avait le sentiment que Jackie tuait tout ce qu'elle touchait. C'était l'Ange de la Mort. Cette conviction terrible avait d'autant plus de force qu'elle voyait son père mourir. »

« Christina était terriblement angoissée, confirme Costa Gratsos, Jackie était pour elle " la Veuve Noire ", toujours suivie de la mort. Elle attirait le drame comme le paratonnerre la foudre. Témoin John et Robert Kennedy. Elle avait peur de Jackie. Elle lui attribuait des pouvoirs magiques. Autour d'elle tout le monde mourait. »

Onassis retourna à l'hôpital Lenox Hill de New York pour une nouvelle série d'examens, pendant que Jackie se lançait dans une frénésie d'achats. Elle finit par aller voir son mari à l'hôpital et lui trouva le visage bouffi, en raison d'un traitement à la cortisone. Au cours d'une de ses visites, Onassis se mit en fureur contre sa femme. D'après son docteur, c'était une crise due à la cortisone. Jackie se le tint pour dit et ne revint pas.

Helen Vlachos, éditrice grecque, qui s'était liée à Onassis, à l'époque de sa liaison avec Maria Callas, peut témoigner de l'éloignement de Jackie et d'Ari. « Après l'arrivée de Jackie, je le voyais moins. Et jamais je ne les ai vus ensemble. Un jour elle est venue chez nous à Mykonos avec sa sœur Lee. Nous étions très peu nombreux, parce que Jackie refusait de voir beaucoup de monde. Une autre fois, je suis allée dîner dans son appartement de New York, mais Ari n'était pas là et son nom n'a pas été prononcé. Jackie était une très belle femme, et elle a toujours été gentille avec moi, mais je la trouvais affectée ; elle n'avait rien de naturel — avec sa toute petite voix bien polie. Son mariage avec Ari était facile à expliquer. Elle l'avait épousé pour son argent. Sinon pourquoi ? C'était un charmeur, mais ce n'était pas suffisant. »

Une fois sorti de Lenox Hill, Onassis décida d'en finir. Il ne voulait plus entendre parler des Kennedy ni de ce mariage. Le règne de Jackie touchait à sa fin. Le détective privé et les écoutes téléphoniques n'avaient rien donné, les escapades extraconjugales de Jackie se réduisaient à quelques déjeuners et dîners avec des amis, ou à d'inoffensives soirées en ville. Ari comprit qu'il lui fallait adopter une autre tactique.

---

1. Stephen Birmingham, *Jacqueline Bouvier Kennedy Onassis*.

Il rencontra à plusieurs reprises l'avocat Roy Cohn, d'abord au « 21 », puis à El Morocco. « L'habitude qu'avait Jackie d'envoyer à la fin de chaque mois au bureau d'Ari sa femme de chambre et Nancy Tuckerman avec une série de factures — correspondant, par exemple pour l'une d'elles, à l'achat de deux cents paires de chaussures en une seule fois — mettait Ari en fureur. Il jeta la note en question sur la table et porta sa main à sa gorge. " J'en ai jusque-là d'elle. Je ne la comprends pas. Tout ce qu'elle fait, c'est dépenser, dépenser, dépenser. Et elle n'est jamais à l'endroit où je me trouve. Si je suis à Paris, elle est à New York. Si je vais à Skorpios, elle va à Londres. "

« Ari soutenait que les voyages de Jackie et la distance qu'elle mettait entre eux étaient le moindre de ses griefs, ce qu'il n'arrivait pas à digérer, c'était ses dépenses. " Je suis peut-être colossalement riche, mais je n'arrive pas à comprendre pourquoi je devrais payer ces deux cents paires de chaussures. On ne peut pourtant pas dire que je la laisse dans la misère... Et les chaussures ne sont qu'un exemple. Elle commande des sacs, des robes, des tailleurs et des manteaux par douzaines, plus qu'il n'en faudrait pour approvisionner un magasin de la Cinquième Avenue. Cette femme ne sait pas s'arrêter. J'en ai marre. Je veux divorcer. "

« Il s'arrêta, puis évoqua ce que je considère comme la vraie raison de cette volonté de divorcer — non pas ses dépenses auxquelles il pouvait faire face, mais sa dureté de cœur. " Elle n'est jamais avec moi, dit-il tristement. Nous sortons dans des milieux différents. Si elle va chez Elaine, au Cirque, au Plaza's Persian Room, au Lincoln Center ou au Metropolitan Museum of Art, je me retrouve seul à Paris chez Maxim's ou chez Régine, ou à Londres, au Savoy, au Dorchester ou au Ritz. Elle veut mon argent, mais pas moi. "

« Pour éviter que Jackie ne contre-attaque et n'obtienne plus que ce que lui laisserait une procédure de divorce, il comptait sur l'effet de surprise. Il avoua que l'année précédente, alors qu'ils voguaient au large d'Haïti, il avait essayé de lui faire signer un divorce à l'amiable, lui assurant qu'ils se remarieraient secrètement vingt-quatre heures plus tard. Un divorce sans pension alimentaire montrerait à l'opinion publique que l'argent de son mari ne l'intéressait pas. Il n'avait évidemment pas l'intention de la réépouser. Mais Jackie ne marcha pas ; elle était trop maligne pour se laisser piéger.

« " Cette fois, le cœur de l'action va se situer en Grèce, où je peux me débrouiller tout seul, dit Ari. Mais j'ai peur de ce qu'elle peut me faire à Paris, Londres et New York, où j'ai de vastes biens. C'est pourquoi j'ai besoin de vous. J'ai engagé des avocats à Paris et Londres, mais j'ai besoin de vous ici. " »

Jack Anderson, éditorialiste à Washington, raconte avoir reçu un coup de téléphone d'Onassis, l'invitant à New York. « En fait, il me demanda quand je comptais venir ; je lui dis que je serais à New York dans une dizaine de jours, et lui fixai un jour et une heure. Il m'invita à déjeuner et j'acceptai. Je ne l'avais rencontré qu'une seule fois auparavant, lors d'une manifestation publique.

« Mon associé, Les Whitten, et moi avons pris l'avion pour New York.

Une voiture avec chauffeur nous attendait à l'aéroport, ce qui n'était pas prévu. Larry O'Brien, alors commissaire de l'Association nationale de basket-ball, se trouvait dans le même avion et nous l'avons déposé en ville.

« On nous a conduits à la Caravelle. Onassis attendait dans le restaurant avec ses lunettes noires. Pendant le déjeuner, il s'est plaint des folles dépenses de sa femme, c'est alors que j'ai compris pourquoi il voulait me voir. Après le déjeuner, il nous a emmenés à ses bureaux de l'Olympic Tower, récemment achevée, et nous a confiés à deux de ses associés, qui nous ont sorti un tas de factures provenant de Jackie. Ils nous ont aussi montré une copie du contrat de mariage de Jackie et d'Onassis, et nous ont présentés à plusieurs personnes en mesure de confirmer les dépenses de Jackie, comme par exemple Lilly Lawrence. Les Whitten et moi avons passé trois jours à interroger des gens et compulser des documents.

« Le résultat était effarant. Outre une énorme mensualité, Jackie allait en ville avec les cartes de crédit de son mari, ou même sans — se servant seulement du nom de celui-ci —, et achetait des vêtements. Mais ce n'était qu'une partie de l'opération. Après avoir acheté les vêtements, elle allait les vendre chez Encore ou dans d'autres magasins et mettait l'argent de côté.

« Onassis voulait que je découvre ce que sa femme faisait de tout cet argent.

« Une fois l'enquête terminée, mais avant de passer à la rédaction, nous avons appelé Jackie pour lui demander si elle avait des commentaires à faire. C'est Nancy Tuckerman qui a pris la communication, disant que " Mme Onassis n'avait pas l'intention de répondre à ces basses accusations ". L'article est donc paru. Je n'ai jamais revu Onassis. Il est mort quelques mois après notre rencontre. »

Peu de temps après avoir engagé la procédure de divorce, Onassis retourna à Athènes pour la cession d'Olympic Airways au gouvernement grec. Au début de février 1975, Jackie reçut un coup de téléphone d'Athènes lui apprenant qu'Ari s'était effondré avec d'atroces douleurs au ventre. La maladie avait commencé d'atteindre le cœur, les poumons et le foie. Jackie se mit en rapport avec un cardiologue américain, le Dr Isidor Rosenfeld, et partit avec lui pour Athènes, où Ari était entouré de ses sœurs. Christina arriva de Gstaad, où elle faisait du ski avec Peter Goulandris. Personne dans la famille ne voulait reconnaître la gravité de son état. On ne commença à s'alarmer que lorsque le Dr Rosenfeld insista pour envoyer Onassis à l'hôpital américain de Neuilly, où il recevrait les meilleurs soins possibles.

Persuadé qu'il n'en ressortirait jamais vivant, Onassis commença par refuser. Le Dr Jean Caroli, le médecin d'Ari à Paris, se rendit à Athènes pour le convaincre de suivre le conseil de Rosenfeld. Christina, Jackie, Artémis et le Dr Caroli partirent avec lui pour Paris.

Caroli s'assit dans l'avion à côté d'Onassis et tenta de le distraire, mais Onassis était extrêmement sombre. Selon Jacques Harvey, il se tourna vers Caroli et lui dit qu'il se sentait proche de son fils, Alexandre. « Au moment d'atterrir, raconte encore Harvey, Ari demanda au médecin : " Professeur, connaissez-vous le sens du mot grec *thanatos* — la mort ? Vous savez que je ne sortirai jamais vivant de cet hôpital. Je veux que vous pratiquiez *thanatos* sur moi. Je ne veux pas souffrir. Je préfère mourir. " »

Contre l'avis du médecin, Onassis passa la nuit dans son appartement de l'avenue Foch, et n'entra que le lendemain matin à l'hôpital. Gris, hagard, amaigri de 20 kilos, il refusa une civière et pénétra dans l'hôpital sur ses jambes. Le dimanche 16 août, on lui enleva la vésicule biliaire. Bien qu'un porte-parole de la famille ait annoncé qu'il se « rétablissait bien », il passa les cinq semaines suivantes dans une semi-conscience, maintenu en vie grâce à un respirateur, un rein artificiel et des doses massives d'antibiotiques.

A l'hôpital, Christina et Artémis prirent tout en main, ne laissant pas son mot à dire à Jackie. Bien qu'elle allât tous les jours voir son mari, elle ne voulait rien abandonner de sa vie sociale, et dînait pratiquement tous les soirs avec des amis. Son attitude ne contribua pas à la faire aimer de la famille d'Ari, plongée dans la douleur. Christina refusa d'habiter avenue Foch avec sa belle-mère et s'installa au Plaza-Athénée. A l'hôpital elles s'ignoraient, et Christina mettait un point d'honneur à quitter la chambre dès que Jackie arrivait.

Le lendemain de l'ablation de la vésicule, Jackie téléphona au Dr Henry Lax à New York, pour lui demander de venir à Paris. Il lui répondit avoir parlé aux médecins d'Ari à l'hôpital américain, et ne pas pouvoir faire plus pour lui que ce qui était déjà fait.

« Dites à Ari de ne pas laisser couler le navire », lui recommanda le Dr Lax.

Au cours de la première semaine de mars, elle retéléphona au Dr Lax pour lui dire que l'état de son mari s'était un peu amélioré et lui demander si, à son avis, elle pouvait quitter quelques jours son chevet pour retourner à New York.

« Jackie, lui répondit le médecin, le monde entier a les yeux fixés sur vous. Restez où vous êtes. »

Elle décida cependant d'aller passer quelques jours chez elle. Onassis ne tenta même pas de l'en dissuader. Pas plus que Christina, qui pensait la revoir après le week-end.

Johnny Meyer, qui ne se fait pourtant pas faute de critiquer Jackie, défend ici sa décision. « Jackie et moi, écrit-il dans ses Mémoires inédits, avions l'un et l'autre parlé au médecin. Il nous avait dit que l'état d'Ari allait s'améliorer. Comme on ne voulait pas me laisser entrer dans la chambre d'Ari, j'avais soudoyé une infirmière, qui m'avait fait entrer à l'heure où toutes les surveillantes déjeunaient. Onassis avait des tuyaux dans les bras, dans le nez, on aurait dit qu'il en avait aussi dans la tête. Il m'a fait un petit signe de la main, c'est tout. Mais le médecin trouvait qu'il allait mieux, aussi Jackie et moi sommes-nous partis pour les Etats-Unis. »

Ils quittèrent Paris vendredi. Lundi, Jackie appela la sœur d'Ari qui lui dit que son état était stationnaire. Dans la semaine, elle alla faire du ski dans le New Hampshire. Ari déclinait rapidement, mais on n'arrivait pas à joindre Jackie, et, lorsqu'on put enfin le faire, elle ne parut pas se rendre compte de la gravité de son état. Maria Callas fut autorisée à voir une dernière fois Ari, mais il la reconnut à peine. Le samedi 15 mars — le jour où Onassis mourut, sa fille à ses côtés — Jackie était toujours à New York.

Johnny Meyer fut chargé d'apprendre à Jackie la mort de son mari. Jackie et ses enfants, sa mère et Ted Kennedy arrivèrent à Paris le lendemain de la mort d'Ari. La mort fut attribuée à une pneumonie. Jackie se rendit dans la petite chapelle de l'hôpital pour voir le corps qui reposait dans un cercueil ouvert ; une icône grecque orthodoxe était posée sur la poitrine du défunt. Lorsqu'elle quitta l'hôpital, elle accorda un large sourire aux photographes.

Le journaliste James Brady se trouvait par hasard à Paris le jour de la mort d'Onassis. « Un jour ou deux après la mort d'Ari, j'aperçus le couturier Valentino dans le hall de l'hôtel Saint-Régis. " Que faites-vous à Paris ? lui demandai-je.

« — Jackie Onassis m'a téléphoné en Italie et m'a demandé de venir la retrouver ici. Elle a besoin d'une robe noire pour l'enterrement, aussi ai-je apporté quelque chose qu'on lui a retouché. "

« Je dois dire que je trouvai difficile à croire que Jackie n'ait pas disposé dans sa garde-robe de robes noires appropriées. Comment pouvait-elle se dire, en survolant l'océan pour aller voir le corps de son mari mort : " Oui, je vais faire venir le couturier, parce qu'il faut que je sois bien " ? En général, quand on vient d'apprendre que son mari est mort, on ne pense pas à soi, on ne se demande pas si on a quelque chose à se mettre. »

Le 18 mars, par un après-midi pluvieux, Jackie, robe de Valentino et manteau de cuir noir, descendit la première du 727 d'Olympic Airways, après son atterrissage sur le terrain militaire d'Aktion. Le cercueil se trouvait dans la soute de l'appareil. Derrière Jackie venaient Ted Kennedy, puis Christina Onassis, qui n'avait pas cessé de pleurer depuis l'instant où l'avion avait décollé de l'aéroport d'Orly. A la vue de la foule des photographes qui se tenaient là, Christina demanda dans un gémissement : « Qui sont tous ces gens ? » En guidant sa belle-fille vers la limousine qui attendait, Jackie lui dit : « Tiens bon. Calme-toi. Ce sera bientôt fini. »

Ted Kennedy, Jackie et Christina s'étaient installés sur la banquette arrière de la voiture de tête. Au moment où le convoi funèbre s'ébranlait, Ted se tourna vers Christina et dit : « Je crois qu'il est temps de s'occuper de Jackie. »

Se penchant en avant, Christina ordonna au chauffeur d'arrêter la voiture. De nouveau en larmes, elle ouvrit la portière, sauta de la limousine et monta avec ses tantes dans la voiture suivante. Lors de la brève interview qu'elle m'a accordée, elle déclara : « Il était inconcevable que Ted Kennedy choisisse ce moment pour parler d'argent. Mais c'est le sourire d'hyène de Jackie qui m'a chassée de la voiture. Elle était comme un vautour affamé attendant de se repaître de la chair de mon père. A cet instant, je n'avais qu'une idée, me trouver le plus loin possible d'elle. »

Le cortège gagna Skorpios ; le cercueil d'Ari fut hissé par un sentier sinueux jusqu'à la petite chapelle où Jackie et lui s'étaient mariés six ans et demi auparavant. Six porteurs et le prêtre portant une croix menaient la procession ; il y avait une demi-douzaine de grandes couronnes de fleurs rouges, blanches et roses, dont l'une portait l'inscription suivante : « Pour Ari, Jackie. »

Selon les vœux d'Ari, le service, qui dura une demi-heure, fut simple et ne comporta pas d'éloge funèbre. Pendant la cérémonie, Jackie s'agenouilla pour baiser le cercueil, mais ne manifesta aucune émotion. Tout autre fut la réaction de Christina, qui sanglota violemment lorsque son père fut decendu en terre, à quelques mètres seulement de la tombe d'Alexandre.

Après les funérailles, Jackie fit à la presse une déclaration brève et soigneusement formulée : « Aristote Onassis m'a secourue à un moment où ma vie était plongée dans l'ombre. Il m'a conduite dans un monde d'amour et de bonheur. Nous avons vécu ensemble des moments merveilleux, que je n'oublierai pas et pour lesquels je lui serai éternellement reconnaissante... Rien n'a changé dans mes relations avec les sœurs et la fille d'Aristote. L'affection qui nous liait de son vivant est intacte. » Lorsqu'on lui demanda si elle s'attendait à des bagarres juridiques avec Christina autour de l'empire Onassis, elle répliqua : « Je répondrai par ce que me disait souvent mon mari : " Dans le monde, les gens aiment les contes de fées et surtout ceux qui touchent la vie des riches. Il faut le comprendre et l'accepter. " »

Avec sa flotte de pétroliers, la fortune d'Onassis était évaluée à 1 milliard de dollars. La plus grosse part allait à sa fille, qui avait déjà hérité quelque 270 millions de dollars de sa mère, ce qui en faisait une des femmes les plus riches du monde. Pour protéger son héritage des impôts, Christina Onassis se rendit à l'ambassade des Etats-Unis à Paris et renonça à la citoyenneté américaine qu'elle tenait de son bref mariage avec un Américain.

Lorsque le *New York Times* publia un article confirmant qu'Ari avait eu avant sa mort l'intention de divorcer, Jackie fut extrêmement contrariée et demanda à Christina de démentir sous peine de représailles. Christina publia donc une déclaration qui, pour être complètement fausse, n'en apaisa pas moins Jackie :

« Mlle Christina Onassis est consternée par les échos publiés par la presse internationale au sujet de son père et de Mme Jacqueline Onassis. Ces bruits sont totalement faux et elle les dément formellement. Le mariage de M. Onassis avec Mme Jacqueline Onassis a été un mariage heureux, et toutes les rumeurs de divorce sont fausses. Les relations de Mlle Christina Onassis avec Mme Onassis ont toujours été fondées sur une amitié et un respect mutuels, et aucun différend, financier ou autre, ne les sépare. »

Trois jours après, Christina et Jackie gagnaient séparément Skorpios pour assister au service orthodoxe du quarantième jour après la mort d'Ari. Christina avait déjà veillé à ce que les effets personnels de Jackie qui se trouvaient dans l'île et à bord du *Christina* soient expédiés à Paris dans l'appartement d'Ari. Ce fut la dernière fois que Jackie mit le pied à Skorpios et à bord du yacht. Sur le *Christina,* elle s'appropria un objet qui ne lui était pas destiné, l'inestimable bouddha de jade d'Ari. Christina l'autorisa à l'emporter.

Pour donner l'impression que la famille était unie, Jackie revint en

Grèce trois mois plus tard pour assister à Glyfada au mariage de Christina et de sa dernière passion, Alexandre Andréadis, héritier d'une fortune bancaire et industrielle. « J'aime beaucoup cette enfant, déclarait Jackie, et je vois enfin commencer pour elle des jours de bonheur. »

Jackie et la belle-fille qu'elle prétendait tant aimer se livrèrent une féroce bataille juridique de dix-huit mois pour la fortune d'Onassis. Toute l'affaire dépendait de l'interprétation du testament, rédigé par Onassis dans un moment de colère, à bord de l'avion qui le ramenait avec Jackie d'Acapulco à New York. L'avocat de Jackie, Simon Rifkind, espérait obtenir l'annulation de ce document pour vice de forme, car la loi grecque stipulait qu'un dernier testament devait être rédigé « d'un trait et dans un même lieu ». Onassis n'avait respecté ni l'une ni l'autre de ces règles. Il avait interrompu la rédaction de son testament pour déjeuner au bar de l'aéroport de Floride, où son avion avait fait le plein, et, techniquement, un avion en vol ne pouvait être considéré comme « un même lieu ». Si Rifkind arrivait à faire invalider le document, le mari de sa cliente serait mort *intestat*, et, d'après la loi grecque, reviendrait dès lors à Jackie 12,5 pour 100 d'une fortune estimée à 1 milliard de dollars.

Pour éviter un procès interminable, les conseillers de Christina offrirent à Jackie une somme forfaitaire de 20 millions de dollars, contre l'abandon de toute prétention sur le reste de l'héritage, y compris les 25 pour 100 qu'Onassis lui avait laissés de Skorpios et du *Christina*. Rifkind demanda et obtint, étant donné l'importance des impôts américains sur la succession, un supplément de 6 millions de dollars ; Jackie devait donc recevoir 20 millions de dollars, le reste devant couvrir les taxes. Compte tenu du contrat de mariage, de son allocation mensuelle, des bijoux et autres cadeaux, des vêtements et des voyages, Jackie retirait de son mariage avec Onassis plus de 42 millions de dollars, soit 7 millions de dollars par an [1].

Cet accord assurait à Jackie la sécurité financière et libérait Christina du spectre de sa belle-mère. Christina se trouvait à la tête d'une fortune colossale, mais elle n'était pas heureuse. Alors qu'elle était encore mariée à Alexandre Andréadis, elle rencontra Sergei Kauzov, directeur à Paris d'une compagnie de navigation et, selon les rapports concordants, agent du KGB, avec lequel elle eut une liaison et qu'elle épousa par la suite. (« Qui est Dostoïevski ? » demanda Christina à des amis après un séjour à Moscou dans la famille de son mari.) Kauzov ne tarda cependant pas à suivre le chemin de ses prédécesseurs, Bolker et Andréadis, et reçut, en manière de pension alimentaire, un pétrolier de 78 000 tonnes avec les fonds nécessaires pour le maintenir à flot.

Malgré, ou peut-être à cause de son énorme fortune, Christina devint une espèce d'écervelée internationale, qui dansait au Studio 54 à Manhattan,

---

1. Le règlement de la succession comportait deux clauses supplémentaires : 1) toutes les lettres personnelles que Jackie avait écrites à Ari devaient lui être rendues ; 2) l'accord étant irrévocable, ni Christina ni Jackie ne pourraient le remettre en cause.

dînait à la Tour d'argent, portait des cuirs de Gucci et des robes de Pucci, se faisait rectifier le nez, teindre les cheveux et se bourrait de toutes sortes de drogues et de médicaments, surtout des amphétamines, qu'elle prenait régulièrement pour combattre l'obésité.

« Christina a fait de nombreux séjours dans des cliniques d'amaigrissement en Suisse et en Espagne, et suivi des tas de traitements contre l'obésité qui l'oblige à augmenter sans cesse la taille de ses somptueuses robes d'Yves Saint Laurent, dont certaines coûtaient des fortunes, dit Truman Capote. Je la voyais dans toutes les boîtes de nuit, toujours avec une bouteille de Coca-Cola à la main. Par la suite elle s'est mise à l'eau minérale. Elle avait un grand rire retentissant et adorait recevoir, mais c'était une dépressive. Elle avait un puissant appétit sexuel et payait des hommes pour coucher avec elle. Elle détestait Jackie, et avait du mal à supporter sa présence. Elle m'a raconté qu'elle avait vidé la maison de Skorpios, où Jackie avait vécu avec son père, et l'avait donnée à son personnel. Après la mort de son père, elle a essayé de prendre les affaires en main, mais consacrait trop de temps à suivre des régimes, se marier et divorcer. Jamais elle n'a répondu aux espoirs que son père avait mis en elle à la fin de sa vie. »

En 1980, alors qu'elle était à New York, Christina fit une nouvelle tentative de suicide, avalant un demi-flacon de barbituriques. Elle fut transportée à l'hôpital Lenox Hill. Le lendemain, Jackie, qui en avait été informée, téléphona au Dr Henry Lax pour lui demander de parler à Christina. Lax alla la voir à Lenox Hill et essaya de lui faire comprendre qu'il se souciait de son bonheur. Renée Luttgen était présente, quelques semaines plus tard, lorsque le Dr Lax dit au téléphone à Christina : « Maintenant que vous êtes sortie de l'hôpital, vous êtes de nouveau livrée à vous-même et à votre monde agité ; vous vous mettez trop facilement en colère. Vous criez tout le temps après les gens. Vous devriez vous dominer. »

Elle se maria pour la quatrième et dernière fois avec un beau Français, Thierry Roussel, héritier d'un important laboratoire pharmaceutique et père de son enfant.

« Little Tina », ainsi cette petite fille fut-elle surnommée, fut, dès sa naissance, l'obsession de sa mère. A l'âge de six mois, on lui donna une ménagerie complète. Un peloton de neuf gardes du corps fut engagé pour veiller sur elle. Elle n'était jamais seule. Des systèmes d'alarme perfectionnés furent installés dans chacune des pièces de chacune des maisons par où elle passait pour prévenir tout enlèvement. Christina avait enfin trouvé sa raison d'être.

« Je n'aime pas parler de Jackie Kennedy, déclara-t-elle peu avant la fin de sa triste vie. C'est la personne la plus vénale que je connaisse. Elle ne parle, ne pense et ne rêve que d'argent. Mais elle ne sait pas que je lui aurais donné cinquante fois plus que ce qu'elle a tiré de moi pour ne plus la voir. J'aurais payé n'importe quoi. Ce qui me sidère, c'est de la voir survivre à tant de morts autour d'elle. C'est une femme dangereuse, une femme redoutable. Elle a décimé deux familles — les Kennedy et la mienne. Je ne la verrai plus jamais de ma vie. »

Le 19 novembre 1988, en séjour chez ses amis Alberto et Marina Dodero en Argentine, non loin de Buenos Aires, Christina mourut d'un œdème pulmonaire dans l'hélicoptère qui la transportait à l'hôpital. Son corps fut ramené à Skorpios et enterré dans le cimetière familial auprès de son père et de son frère.

Seule héritière de sa fortune, sa fille Athéna se trouva soudain le plus riche bébé du monde. Jackie Onassis n'assista pas aux funérailles.

31

« Les gens oublient par quelles épreuves Jackie est passée, déclare Franklin Roosevelt Jr., John Kennedy et Aristote Onassis avaient tous deux des tempéraments exceptionnels et n'étaient pas hommes à prendre toujours des gants avec les femmes. Elle s'est maintes fois sentie diminuée, dominée, obligée de se soumettre à leurs volontés. Elle a réussi néanmoins à préserver une certaine indépendance. Mais il lui a toujours fallu se définir par rapport à un homme : elle a d'abord été la fille de Black Jack Bouvier, puis la femme de John Kennedy, puis la veuve de John Kennedy, ensuite la femme d'Onassis, enfin sa veuve désavouée.

« Après la mort d'Onassis, Jackie a eu pour priorité de se forger une nouvelle identité. Elle ne voulait plus être la femme d'un ancien président des Etats-Unis, ou la femme d'un des hommes les plus riches du monde. Elle voulait être reconnue pour ses mérites ; elle voulait réussir par ses propres moyens. »

Cette quête a débuté lors d'un déjeuner avec Dorothy Schiff, qu'elle n'avait pas vue depuis des années. La directrice du *New York Post*, militante du parti démocrate, souhaitait qu'elle se présente à New York contre le sénateur James Buckley aux élections sénatoriales. Jackie a refusé, mais après le déjeuner, en visitant la salle de rédaction et les bureaux du journal, elle s'est rappelé sa carrière avortée de reporter-photographe.

La vie qu'elle menait lui pesait, disait-elle à ses amis. De nouveau seule à New York, elle sortait moins, préférant rester chez elle pour aider son fils à faire ses devoirs, lire ou regarder la télévision en mangeant du yogourt. Elle n'allait pratiquement jamais dans des cocktails et évitait presque tous les galas de charité, même ceux qu'elle avait contribué à organiser. Elle faisait parfois des biscuits et des gâteaux au chocolat pour des amis. Elle ne donnait jamais de grands dîners, préférant les dîners à huit, mais il lui arrivait exceptionnellement de recevoir vingt-quatre personnes qu'elle répartissait autour de quatre tables rondes. Dans son appartement de New York elle avait une gouvernante, une femme de chambre, un maître d'hôtel et une cuisinière (Marta, la gouvernante, faisait parfois office de cuisinière) ; et dans sa propriété du New Jersey, elle avait un couple de gardiens.

Jackie vivait comme la plupart des femmes fortunées de Manhattan. Elle se fournissait aux meilleures adresses, commandait son épicerie (généralement par téléphone) au Gristede's de la 85ᵉ Rue Est et donnait des pourboires quand cela lui chantait ; selon un livreur, un jour elle donnait un dollar, et le lendemain rien du tout. Elle achetait ses gâteaux au fromage chez Miss Grimble, ses gâteaux au chocolat chez William Greenberg et ses truffes au chocolat à quinze dollars la livre chez Kron's. Elle acheta un jour une livre d'asperges à l'Empire Fruit Market, où elle se fournissait habituellement en fruits et légumes. Ayant ensuite repéré un meilleur prix dans un magasin du voisinage, elle alla rendre son premier achat, réalisant ainsi une économie d'un quart de dollar. Ses fleurs venaient de « Flowers by Philip » Madison Avenue. Elle prenait ses médicaments à la pharmacie Larimore, proche de chez elle.

Le matin, elle enfilait souvent ses baskets bleu et blanc, son survêtement, une paire de gants de coton blanc, et allait faire le tour du réservoir de Central Park. En outre elle faisait du vélo dans Central Park et suivait un cours d'aérobic au Vertical Club de la 61ᵉ Rue Est. Le reste du temps, elle s'occupait à changer la disposition de son appartement, permutant meubles, tableaux, tapis, photos et objets d'art. Elle allait chez son dentiste, son gynécologue, son allergologue et son psychanaliste — qu'elle voyait quatre fois par semaine. Elle allait se faire coiffer et teindre les cheveux chez Kenneth (il ne venait chez elle que pour les grandes occasions). Elle recevait également les soins d'un acupuncteur du nom de Lillian Biko.

« En général, je traitais Jackie dans son appartement, dit Biko, Malaisienne qui avait étudié l'acupuncture aux Etats-Unis. La fréquence des séances dépend de la façon dont réagit le patient. En général, je vois les gens par intermittence, lorsqu'ils se sentent particulièrement tendus ou qu'ils ont mal quelque part. Je voyais Jackie régulièrement. Elle était sans doute ma meilleure patiente. Elle avait un seuil de tolérance à la douleur élevé, et en fait la douleur lui faisait du bien, car elle contribuait à la libérer de sa tension. Elle était très tendue, parce qu'elle était très secrète. Mais elle faisait de son mieux pour se détendre. Elle courait, faisait du ski nautique, montait à cheval et faisait du yoga. »

D'après sa tante, Michelle Putnam, Jackie, malgré son activité débordante, paraissait amorphe. « Je le lui en fis la remarque. Elle avait sa petite vie à New York et, le week-end, elle franchissait le pont George Washington au volant de sa BMW verte pour se rendre dans sa maison de campagne du New Jersey. Lorsque par hasard elle restait en ville, elle passait généralement son temps à peindre et dessiner. Elle avait installé un chevalet devant une des fenêtres donnant sur la Cinquième Avenue. A côté du chevalet, se trouvait un télescope qui lui permettait d'observer les gens dans le parc ; la femme la plus regardée du monde était au fond une voyeuse.

« Mais rien de tout cela n'était bien stimulant. La première fois que je lui suggérai qu'elle trouverait peut-être des satisfactions dans un emploi à temps partiel, elle parut surprise : " Moi ? travailler ! " Mais plus on évoquait la question plus elle y pensait et plus elle s'habituait à cette idée. Enfin, Tish Baldridge, qui avait été sa secrétaire à la Maison-Blanche, lui parla d'édition et lui organisa plusieurs déjeuners avec des gens qu'elle connaissait dans cette profession, dont Thomas H. Guinzburg, patron de Viking Press et ami des Bouvier. »

« Nous avons déjeuné au Périgord, à Manhattan, raconte Guinzburg. J'ai d'abord connu sa sœur au moment de son mariage avec Michael Canfield, le fils de Cass, et c'est par Lee que j'ai rencontré Jackie. Ce devait être en 1956. Nous avions de nombreuses relations communes.

« Il m'est tout de suite apparu qu'elle pourrait jouer un rôle important chez un éditeur. Elle connaissait un grand nombre de personnages intéressants et influents. En fait elle connaissait tout le monde et, dans l'édition, les relations sont bien plus importantes que le savoir pur. J'ai compris que tant qu'ils seraient jeunes, ses enfants passeraient toujours en premier. A l'époque, ils étaient adolescents, aussi me reviendrait-il de proposer à Jackie des horaires très souples. »

Ce premier déjeuner avec Guinzburg fut suivi de plusieurs rencontres et d'une conférence de presse au cours de laquelle il fut annoncé que Mme Jacqueline Onassis entrerait chez Viking Press au début du mois de septembre 1975, au salaire de 10 000 dollars par an pour quatre jours de présence par semaine, au poste de conseillère éditoriale. Une fois de plus, Jackie avait surpris son monde ; elle avait décidé de se lancer dans une carrière.

« Le personnel de la maison s'est soudain présenté au travail en colliers de perles et créations de Gucci, remarque Guinzburg. Et d'innombrables rumeurs se sont répandues, dont la plus insistante était que nous étions au bord de la faillite et que nous avions engagé Jackie à des fins publicitaires pour ranimer la société. Quand elle a commencé son travail, les médias ont pris position dans l'entrée. Pour parvenir à l'ascenseur, il fallait enjamber des balkars, des câbles de télévision, des projecteurs et des techniciens de toutes catégories. Les trois grandes chaînes de télévision étaient là vingt-quatre heures sur vingt-quatre. Le standard s'est trouvé bloqué par ses fans. »

Les journalistes s'étonnèrent d'apprendre que, bien qu'on lui eût fourni une assistante, une fille de vingt-six ans fraîche émoulue de l'université, nommée Becky Singleton, son bureau était spartiate et ne contenait qu'une table, une chaise et un téléphone.

Jackie manquant d'expérience, Guinzburg demanda à Barbara Burn, éditeur confirmé, de travailler avec elle en tandem. « Jackie ne savait pas bien ce qu'on attendait d'elle, dit Burn. Aussi avons-nous discuté des divers projets qu'elle pourrait lancer et de son rôle d'éditeur. Or il s'est vite trouvé qu'elle aimait travailler sur les manuscrits et les mettre au point. Elle avait l'œil pour ça et travaillait dur.

« Avant son arrivée, le scepticisme dominait chez Viking. Mais au bout de quelques jours, nous avons été plaisamment surpris de devoir reconnaître en elle autre chose qu'une empaillée avec une drôle de voix. Elle n'avait rien d'une Marie-Antoinette-à-la-ferme et prenait très au sérieux son nouveau métier. Lorsque chacun l'eut compris, elle s'est un peu détendue. Au début, elle ne connaissait rien du métier, mais elle ne demandait qu'à s'y mettre. Il était cependant difficile de s'habituer à croiser une couverture de magazine aussi souvent dans les couloirs. »

Les louanges de Barbara Burn à part, Jackie rencontra certaines difficultés chez Viking. L'un des premiers livres qu'elle publia *Remember the Ladies : women of America 1758-1815,* qui célébrait les Américaines du xviiie siècle, provoqua un mini-scandale. Destiné à soutenir une exposition consacrée au bicentenaire qui devait être présentée dans une demi-douzaine de villes sous les auspices de la Pilgrim Society et de la Plymouth Historical Society, ce livre avait été proposé à Jackie par Muffie Brandon, dont le mari, Henry Brandon, était correspondant à Washington du *Sunday Times* de Londres. Muffie Brandon, qui se battait pour la restauration et la préservation des bâtiments historiques de Plymouth, avait rencontré son auteur, l'historienne et professeur d'université Linda Grant De Pauw et lui avait offert de l'aider à se faire éditer.

Trois ans après la sortie du livre, parut un article de Gloria Steinem attribuant à Jackie un rôle mensonger dans la réalisation du projet. D'après Steinem, non seulement Jackie aurait acheté l'ouvrage, mais elle aurait aussi participé à sa composition et à sa maquette. Steinem laissait entendre que c'était Jackie qui avait eu l'idée d'y faire figurer des femmes noires et indiennes. L'article décrivait aussi Jackie — l'information aurait été fournie par Muffie Brandon — « à quatre pattes sur le plancher disposant des photographies pour la mise en pages » de l'ouvrage qui contenait quelque deux cents illustrations.

Cet article rendit Linda De Pauw folle de rage. « J'ai écrit une " lettre à l'éditeur " insistant sur le fait que c'était moi qui avais écrit le texte de l'ouvrage, tandis que Conover, responsable de l'exposition, en rédigeait les légendes. Le thème, la composition et les panneaux explicatifs de l'exposition comme le thème et la composition du livre sont de moi. L'intégration à l'ouvrage de femmes noires et indiennes, c'est encore moi qui en ai eu l'idée et non pas Mme Onassis, comme le laisse entendre Steinem. La description de Mme Onassis à quatre pattes sur le plancher est pure fantaisie. Je n'ai en fait jamais eu le moindre contact, oral ou écrit, direct ou indirect, avec Jacqueline Onassis avant d'écrire ce livre, pendant que je l'écrivais, ni depuis. Je ne sais pas quel est son rôle auprès des autres auteurs, envers moi il a été inexistant. »

Bryan Holme, directeur chez Viking Press du département « Beaux Livres », ces grands albums abondamment illustrés et vendus fort cher, dont la mode se répandit vers 1960 sous le nom de « *coffee table books* », confirme quant à lui l'intérêt de Jackie pour l'édition : « Elle arrivait chez nous et suivait de près la composition des livres. Elle s'intéressait vivement aux rapports entre les illustrations et le texte. Elle ne cessait de poser des questions. Je lui répondais et elle m'écoutait avec beaucoup d'attention. " Je ne savais pas ça. C'est passionnant ", disait-elle. Voilà comment elle a appris le métier. Et peu à peu, elle prenait de l'assurance, rédigeait une introduction, imaginait des légendes, préparait le texte pour l'édition.

« C'est pour le livre *In the Russian Style* qu'elle s'est le plus impliquée. C'était un élégant album consacré aux splendeurs de la Russie impériale aux XVIIIe et XIXe siècles. Jackie en a choisi les illustrations et en a écrit le texte. L'ouvrage a été publié conjointement avec une exposition organisée par Diana Vreeland à l'Institut du costume du Metropolitan Museum of Art. Pour enrichir l'illustration du livre, Jackie s'est rendue en Union soviétique avec Thomas Hoving, directeur du Metropolitan, elle a visité quelques-unes des principales collections russes et rapporté d'admirables illustrations. »

Candace Fischer, de l'Institut du costume, participa à l'élaboration de l'ouvrage : « L'idée initiale de *In the Russian Style* revient à Diana Vreeland, mais dès que Jackie en fut chargée, elle prit l'affaire complètement en main. Elle y manifesta le même élan, le même enthousiasme, j'imagine, qu'elle avait appliqué à la restauration de la Maison-Blanche. Une ardeur presque juvénile. Elle se levait à six heures du matin et se mettait au travail. Une heure après, elle m'appelait pour me dire : " Vous rappelez-vous cette photo que nous avons vue hier ? Faut-il la retenir ? " Ce n'était pas une seule photo que nous avions vue la veille, mais bien des centaines. Une fois réglée la question des photos, elle me transmit page après page des notes manuscrites inspirées par *Guerre et Paix* de Tolstoï. Elle en avait recopié des passages relatifs au costume et au style de vie de l'époque. " Il faut que vous lisiez ça ", m'écrivait-elle. »

En dépit de tous les efforts de Jackie, *In the Russian Style* ne reçut pas le meilleur accueil. Nicolas Nabokov le définit dans la *New York Review of Books* du 3 mars 1977 comme « un ouvrage d'aspect superbe », mais creux, voire trompeur. « Sa présentation flamboyante, l'apparent sérieux de son propos et une malheureuse prétention à l'exhaustivité peuvent séduire, et même retenir, le lecteur naïf. » La critique de Nabakov rappelait celles que Jackie avait dû endurer après sa visite télévisée de la Maison-Blanche pendant l'opération Camelot. On y retrouvait un reproche décidément récurrent : chez Jackie tout est pour la montre, mais il n'y a rien dessous.

En mars 1976, les Thomas Guinzburg passèrent quinze jours de vacances avec Jackie à Montego Bay dans l'île de la Jamaïque. John Kennedy Jr., Tim Shriver, Peter et Cheray Duchin faisaient aussi partie de la bande. La mère de Cheray, Audrey Zauderer (aujourd'hui Audrey Del Rosario), avait une propriété sur Round Hill, la partie la plus chic de Montego Bay. Round Hill était aussi le nom du luxueux centre balnéaire voisin où Jackie et son groupe étaient en séjour. Rod Gibson, reporter au *National Enquirer*, chargé d'un article sur Jackie s'y trouvait également.

« Il nous fallut surtout faire la planque, car de rendez-vous, nous n'en avions pas, déclare Gibson. J'étais allé là-bas avec Vince Eckersley, photographe à l'*Enquirer*. En arrivant, nous avions envoyé des orchidées à Jackie. Elle ne nous répondit pas, mais tout se passa comme si elle avait pris bonne note de notre présence ; elle se montrait sur la plage deux fois plus souvent qu'auparavant, sans jamais nous adresser pour autant la parole et feignait même un grand embarras dès qu'Eckersley actionnait son appareil. Nous jouions, aurait-on dit, au chat et à la souris.

« Je connaissais un autre reporter à qui l'*Enquirer* avait demandé de faire quelque chose sur Jackie. Il s'appelait Gerry Hunt et, d'après lui, Jackie était totalement imprévisible. Une vraie schizophrène. Tel jour, elle lui enjoignait en hurlant de la laisser tranquille " avec ma famille ". Et le lendemain elle allait se promener avec lui dans les bois et se confiait à lui.

« Un matin à Round Hill, j'emmenai John Jr. et Tim Shriver en plongée, dans le but de me rapprocher de Jackie et d'en obtenir une interview. Mon camarade prêta aux deux garçons une caméra sous-marine. Le lendemain, le gérant de Round Hill nous appela dans son bureau. Il rendit sa caméra à Eckersley et nous dit : " Vous êtes des hôtes formidables. Mais Jackie aussi est un hôte formidable, et elle est venue ici pour être tranquille. Alors, s'il vous plaît, laissez-la tranquille. Elle m'a demandé de vous rendre la caméra et regrette de devoir décliner votre proposition d'interview.

« " C'était notre dernière chance ", dis-je à Eckersley. J'avais abandonné l'idée de l'interview, mais j'espérais approcher suffisamment pour qu'il fasse quelques photos.

« Plusieurs jours après, nous étions sur la plage et je dis à Eckersley : " Dieu merci, ces vacances se terminent. J'en ai marre de suivre cette femme. " C'est alors que Jackie apparut. Elle était seule. C'était le crépuscule, le soleil était sur le point de se coucher et il n'y avait pas âme qui vive dans les parages. Eckersley la voit et dit : " Nom de Dieu, la voilà. " C'était rêvé pour une photo. Il prend son appareil ; je ne crois même pas que Jackie l'ait vu tout d'abord, mais il se dégageait d'elle quelque chose de tellement majestueux et l'instant était si merveilleux, qu'Eckersley n'arrivait pas à se résoudre à prendre la photo. Elle s'avance vers les flots, enlève sa veste de plage et entre dans l'eau. Elle glissait dans l'eau comme un oiseau exotique. Elle affectait de ne pas nous voir, mais elle s'était certainement aperçue de notre présence, car elle ne revint pas chercher sa veste. Elle partit à la nage, ressortit plus loin de l'eau, et envoya quelqu'un de l'hôtel prendre sa veste. »

Les avis sont partagés sur la Jackie de cette époque. Le producteur de cinéma Lester Persky alla un soir dans un restaurant de Manhattan avec Jackie et Tennessee Williams. « Jackie et Tennessee s'intimidaient mutuellement, raconte Persky. Jackie ne parlait que ménage, comment embellir sa maison, où acheter ceci ou cela, et ainsi de suite. Elle faisait l'effet d'une super ménagère, ce qui n'était évidemment pas le cas. »

Rosey Grier, l'ancien footballeur des New York Giants, qui s'était lié avec Jackie après l'assassinat de Robert Kennedy, évoque un souvenir assez déplaisant : « Je l'accompagnai un jour manger un cornet de glace près de chez elle. Dans le magasin, une femme s'approcha d'elle et l'interpella : " Nous avons, vous et moi, quelque chose en commun.

« — Et quoi donc ? demanda Jackie.

« — Ma fille est morte le jour de l'assassinat de votre mari ", répondit-elle d'une voix morne.

« En 1976, je lançai " Giant Step ", programme destiné à amener au sport les jeunes des quartiers déshérités. Jackie accepta d'entrer dans le conseil d'administration, et, en 1977, elle se rendit à Los Angeles pour visiter les déshérités des faubourgs de Watts et assister à un gala, organisé en leur faveur, dont elle fut la vedette incontestée.

« Je me liai aussi avec John Jr. et l'accompagnai un jour au carnaval de Collegiate School. Nous y gagnâmes ensemble un dollar d'argent, que je lui confiai à condition qu'il ne le dépense qu'avec ma permission. »

Aileen Mehle, journaliste plus connue sous son pseudonyme de « Suzy », assista en 1977 à la première du film, *The Turning Point* avec Jackie et Bunny Mellon. « Avec tout le battage qu'on avait fait autour de la sortie de ce film, je me rappelle très bien. Farrah Fawcett était là. Elle était alors la vedette de *Drôles de dames* à la télévision. A notre arrivée, tous les photographes entouraient Farrah. Il y avait foule. C'était une de ces grandes manifestations new-yorkaises avec des dizaines de grands noms. Soudain, quelqu'un cria : " Hé ! Voilà Jackie ! " Et ç'en était fait de Farrah. Les photographes la laissèrent tomber, tels des rats désertant un navire. Ils s'agglutinèrent autour de Jackie et commencèrent à la mitrailler. »

Anthony Quinn était brouillé avec Jackie pour avoir interprété Aristote Onassis dans un film de troisième catégorie, *L'Empire du Grec,* pour lequel il aurait touché un million de dollars. L'acteur et sa femme, Yolanda, étaient assis dans un restaurant de Cannes, lorsque Jackie entra avec un ami. Quinn lui fit un signe de la main, mais Jackie fit comme si elle ne le voyait pas [1].

Irving Mansfield, dont la défunte femme, Jacqueline Susann, a écrit une histoire à peine déguisée de la vie de Jacqueline Onassis, *Dolores,* se trouvait dans une librairie Doubleday de la Cinquième Avenue à Manhattan, lorsque Jackie entra. « Je faisais une tournée promotionnelle à l'occasion de la réédition de plusieurs des livres de ma femme. Jackie Onassis s'approche du présentoir, et voyant de quoi il s'agissait, fait un geste outragé, comme pour se tenir le nez. C'était grossier et affreux. »

Egalement grossière fut l'attitude qu'elle adopta, à Londres, en se trouvant nez à nez avec Gore Vidal dans un ascenseur. Ils ne s'étaient pas revus depuis les démêlées de Vidal avec Robert Kennedy à la Maison-Blanche. Plus de douze ans s'étaient écoulés, mais Jackie n'avait pas oublié. Tournant le dos à Vidal, elle regarda dans le vide. Vidal en fit autant.

Mais Jackie pouvait se montrer tout autre. Richie Berlin, fille de Richard Berlin, ancien président de Hearst Publications, avait une jambe cassée et un plâtre qui lui montait jusqu'à la hanche ; elle essayait par une pluie battante de héler un taxi dans une rue de New York. « Arrive un taxi. J'avais des béquilles et ne savais comment me dépêtrer pour m'installer sur le siège arrière. Le taxi s'arrête et Jackie Onassis en sort. Elle comprend immédiatement mon embarras. Elle m'aide à monter dans la voiture en me

---

1. Jacqueline Bisset, qui jouait dans ce même film le rôle de Jackie Onassis, remarqua : « Jackie a un visage impénétrable. Jamais elle ne dit rien qui soit digne d'intérêt. Elle est très difficile à cerner. »

tenant mes béquilles, qu'elle dispose ensuite de façon qu'elles soient à ma main lorsque je sortirai. J'ai tout de suite vu qu'elle avait l'habitude, car elle avait dû faire ça des milliers de fois pour JFK. Par ce simple geste, elle avait montré de la gentillesse, de l'élégance et même un certain sens de l'humour. Vous vous rendez compte, être mise dans un taxi par Jackie Onassis ! Ça m'a vraiment fait quelque chose. »

Rosamond Bernier, épouse de John Russell, critique artistique au *New York Times,* et elle-même conférencière au Metropolitan Museum of Art, était « frappée par la politesse exquise, presque royale, de Jackie. Vous faites quelque chose pour elle — rien du tout — et vous recevez une lettre de remerciements de sa main, extrêmement bien tournée. Après avoir assisté à un dîner que nous donnions chez nous pour la princesse Margaret, elle nous a envoyé la lettre la plus attentionnée et la plus délicate qui soit.

« J'invitai un soir à dîner Jackie avec Stephen Spender, le poète anglais. Caroline Kennedy était de la partie, ainsi que mon mari. Stephen demanda à Jackie ce dont elle était le plus fière dans sa vie. Elle réfléchit un moment, puis dit, tout doucement : " J'ai eu des heures extrêmement difficiles, et je ne suis pas devenue folle. " Je trouvai cela très touchant. Et quel succès ! Etre passé par ce par quoi elle est passée et avoir réussi à conserver son équilibre mérite des félicitations.

« Je ne dis pas qu'elle soit parfaite. Comme tout un chacun elle a ses défauts. Elle a du mal à s'ouvrir aux autres, peut-être en partie à cause de ce qu'elle a vécu. Il faut dire aussi qu'elle est foncièrement secrète. Elle n'apprécie pas les familiarités. Je crois que c'est une solitaire, une timide. Ce n'est pas le genre de femme à devenir très intime avec une amie. Je ne présumerai pas de notre amitié. »

Gloria Steinem convient que Jackie pouvait se montrer « par trop discrète et délicate ». Elle l'appela dans l'espoir de la convaincre de soutenir activement l'Equal Rights Amendment en prêtant sa voix au mouvement féministe. « Elle approuvait le mouvement et le soutenait, mais refusait d'engager sa personne. Elle donna beaucoup d'argent à la *Ms. Foundation,* devenant de ce fait abonnée à vie du magazine. Au fond, aucune des femmes Kennedy ne voulait s'engager pour la libération des femmes. Elles étaient déjà suffisamment sous les projecteurs et n'avaient pas envie de s'exposer plus que nécessaire. Mais je crois qu'idéologiquement Jackie approuvait le mouvement. »

Jackie assista à plusieurs sessions de la convention nationale démocrate à New York, en partie pour manifester son soutien à Sargent Shriver, qui ne réussit pourtant pas à obtenir, cette année-là, l'investiture de son parti. Après la convention, Harris Wofford rencontra Jackie chez les Shriver et lui parla longuement, ce qu'il n'avait jamais pu faire à la Maison-Blanche. « A mon étonnement, elle me parut beaucoup plus intellectuelle et mieux informée que je ne le croyais. Elle était audacieuse et prête à aborder toutes sortes de sujets, y compris le lesbianisme. Je la trouvai étonnamment réfléchie, intelligente, intéressante et séduisante. »

L'écrivain David Halberstam aperçut Jackie à une réception, le soir où

Jimmy Carter remportait la présidence. « Nous nous connaissions peu, mais remarquant que personne ne lui parlait beaucoup, par timidité sans doute, je me suis approché et ai échangé avec elle quelques propos légers ; je lui ai entre autres demandé ce qu'elle faisait, lors de la même soirée, seize ans auparavant, en 1960. Elle s'est montrée charmante et ravie d'en parler. »

D'après Gloria Emerson, qui était à la même soirée, « la plupart des gens semblaient avoir peur de parler à Jackie. Ceux qui lui adressaient la parole le faisaient avec la révérence que l'on réserve généralement à la reine d'Angleterre. David Halberstam brisa la glace en posant une question du genre : " Alors, Jackie, quel effet cela faisait-il d'être mariée à Onassis ? " »

Hugh Auchincloss mourut en novembre 1976. Jackie alla à l'enterrement de son beau-père à Newport. En remboursant les dettes contractées par son affaire de courtage à la suite de mauvais placements immobiliers, Auchincloss avait réussi à dissiper ce qui restait de la fortune de famille. Merrywood avait été vendu ; Hammersmith Farm avait également été vendu, à l'exception de l'ancienne maison du personnel, que Janet Auchincloss continuait d'occuper. Jackie plaça secrètement un million de dollars pour sa mère en fonds de placement, dont les revenus lui permirent de vivre confortablement.

Au début de février 1977, Edith Beale, alors âgée de quatre-vingt-un ans, tomba malade et dut être transportée à l'hôpital Southampton, où elle fut mise dans une petite pièce aveugle. Doris Francisco téléphona à Jackie pour la prévenir. « Demandez pour tante Edith la meilleure chambre de l'hôpital et envoyez la facture à Nancy Tuckerman », ordonna Jackie. Edith mourut trois jours après.

La présence de Jackie à l'enterrement attira la presse. Le service eut lieu à l'église de la Très-Sainte-Trinité à East Hampton. Little Edie avait emprunté pour l'occasion le manteau de vison de Doris Francisco. A la fin de la cérémonie, on passa un disque d'Edith chantant *Together Again*.

« Jackie voulait emprunter le disque pour en faire une copie, mais je n'ai pas voulu le lui prêter, raconte fièrement Little Edie. Pendant les six dernières années de sa vie, ma mère a vécu dans la misère. Onassis a retapé Grey Gardens, mais Jackie n'a rien fait pour nous. Elle a laissé ma mère mourir de froid et de faim. »

Après une brève cérémonie autour de la tombe, famille et amis se retrouvèrent pour déjeuner dans le restaurant John Duc à Southampton. « En arrivant, Little Edie et moi sommes allées aux toilettes, pour trouver Jackie en contemplation devant un miroir, raconte Doris Francisco. Elle est bien restée là cinq minutes à se regarder. »

Après la mort de sa mère, Edie Beale mit Grey Gardens en vente. « Jackie m'appela pour me supplier de revenir sur ma décision, dit Edie. Elle était très contrariée que je veuille me débarrasser de cette maison. Lorsque je lui expliquai que j'avais besoin d'un climat plus chaud, elle me proposa de m'envoyer à Key West, pourvu que je ne vende pas Grey Gardens. C'était ça ou un appartement à New York.

« Lorsque Jackie apprit que Ben Bradlee et Sally Quinn étaient prêts à payer 225 000 dollars pour Grey Gardens, elle devint folle. Elle en voulait à Bradlee à cause de son livre sur John Kennedy[1]. Cette fois, ce fut Nancy Tuckerman qui téléphona pour dire que Jackie était *très* contrariée. A l'époque, Jackie m'envoyait 600 dollars par mois pour vivre. Mais j'aimais bien Ben Bradlee, et, de toute façon, c'était mon frère, Bouvier Beale, qui s'occupait de l'aspect juridique de la vente. Après mon départ pour Miami, Jackie ne m'a plus envoyé que 300 dollars par mois. Mais l'argent de la vente de la maison a été placé à la banque, et je vis des intérêts. »

L'année de la mort d'Edith Beale, la vie professionnelle de Jackie prit un tour nouveau. Elle donna sa démission, cet automne-là, lorsque Viking publia *Shall We Tell The President?* de Jeffrey Archer, roman faisant du « président » Edward Kennedy l'objet d'une tentative d'assassinat. Dans une critique cinglante du *New York Times,* John Leonard terminait ainsi : « Il n'y a qu'un mot pour ce genre de littérature. Du bidon. Toute personne qui aurait de quelque façon contribué à cette publication devrait avoir honte. » C'était évidemment un trait empoisonné dirigé contre Jackie. En fait elle n'avait rien à voir avec ce livre ; elle ne l'avait pas lu, et Thomas Guinzburg lui avait même recommandé de n'en rien faire. Mais lorsque ce dernier laissa entendre dans une déclaration publique que, si Jackie s'y était opposée, jamais le livre n'aurait été publié, elle démissionna.

Mais Jackie avait attrapé le virus de l'édition. Aussi, lorsque John Sargent, le robuste et barbu président de Doubleday qu'elle connaissait depuis longtemps, lui offrit d'y entrer au poste d'éditeur associé, toucha-t-il une corde sensible.

Sargent s'en alla voir Sandy Richardson, l'éditeur principal, et l'informa qu'il se pourrait bien que Jackie accepte d'entrer dans la maison. Ni Richardson ni aucun des directeurs auxquels il apprit la chose n'avaient leur mot à dire. Comme Guinzburg avant lui, Sargent comprit tout de suite quel apport inappréciable représenterait pour Doubleday la collaboration de l'ancienne hôtesse de la Maison-Blanche.

« J'ai bien eu l'impression que l'affaire Jeffrey Archer n'a pas été la seule cause de son départ de chez Viking, déclarait Sandy Richardson. L'édition des mémoires de lord Snowdon avait donné lieu à des histoires pas très nettes, de même que plusieurs autres livres du même genre auxquels Jackie s'était intéressée. Il semble que la personnalité de lord Snowdon, l'ex-mari de la princesse Margaret, leur avait paru un peu pâle. Jackie l'avait invité à déjeuner, mais ils s'étaient montrés plutôt grossiers avec lui. Doubleday a été plus généreux pour les livres dont Jackie aimait s'occuper. Elle a toujours réussi à y faire plus ou moins ce qu'elle a voulu.

« Jackie a trouvé un autre avantage à travailler chez Doubleday : Nancy

---

1. En 1976, un an après la publication de *Conversations avec Kennedy* (Fayard, 1976) de Bradlee, Sally Quinn et lui virent Jackie marchant dans Madison Avenue avec Peter et Cheray Duchin. Ouvrant les bras pour embrasser Jackie, Bradlee rencontra un regard de glace et se vit repousser sur le côté, tandis que Jackie allait son chemin. Elle était apparemment mécontente du ton personnel du livre. Jamais elle ne lui pardonna.

Tuckerman y travaillait déjà, au service publicité. Elle n'a été pour rien dans l'entrée de Jackie, mais sa présence n'a rien gâté. Jackie est entrée en fonctions au printemps de 1978, provoquant une grande émotion et beaucoup de bavardage chez les employés. A son entrée dans la cantine de l'entreprise le silence se faisait aussitôt. Il a bien fallu huit ou neuf mois avant qu'on cesse de la regarder comme une bête curieuse dans l'ascenseur, et qu'elle puisse circuler comme tout le monde. Je ne sais si ça a été l'habitude ou la bonne éducation, mais le fait est là.

« Son rôle était d'attirer les célébrités. Elle s'occupait en outre de livres d'art et d'albums de photos, comme elle l'avait fait chez Viking. Ses relations étaient censées lui permettre d'amener des auteurs nouveaux. Elle travaillait trois jours par semaine — du mardi au vendredi —, mais restait en contact téléphonique les deux autres jours. J'étais son interlocuteur lors de nos conférences hebdomadaires et lorsqu'elle avait à résoudre quelque problème. Elle n'était guère éditeur, au sens plein du terme. Elle lisait des manuscrits pour d'autres et apportait des manuscrits que d'autres lisaient. J'ai longtemps eu le sentiment qu'elle n'était pas très utile, mais son rendement s'est beaucoup amélioré par la suite. Lorsque j'ai quitté Doubleday, elle y était depuis deux ans. »

Jackie avait des partisans chez Doubleday, mais la majorité de ses collègues jugeait son travail tantôt risible, tantôt consternant. Il se répandit bientôt une chronique de ses gaffes. Un éditeur assis à côté d'elle lors de sa première conférence éditoriale, un mercredi matin, la jugea ressembler « davantage à un poulet effrayé qu'à la veuve d'un président des Etats-Unis ». Le principal objet de ces conférences du mercredi était la présentation par chacun des éditeurs de la maison des projets qui leur tenaient à cœur. Pendant cette même première séance, Jackie se tourna vers le voisin dont il vient d'être question et lui dit : « Que faut-il que je dise ? Comment dois-je le dire ? Je suis tellement nerveuse... »

« La maison Doubleday était divisée en deux secteurs principaux, raconte le même informateur, les romans où travaillait Jackie, et les essais — livres de cuisine, guides, ouvrages médicaux, etc. Les deux divisions tenaient leurs réunions en même temps. Un beau jour, Jackie se trompa et entra dans la salle où avait lieu la conférence des essais, sans s'apercevoir de sa méprise. Il fallut que quelqu'un finisse par le lui dire.

« La majorité des éditeurs chez Doubleday lui en voulait. Nous devions tous nous occuper d'une quinzaine de livres en même temps — et c'était trop de travail pour ce qu'on nous payait. Jackie travaillait à sa guise et n'en faisait que le minimum. Elle touchait un salaire entier pour un travail à mi-temps. Elle avait en outre des assistants, des secrétaires, des standardistes qui travaillaient pour elle. On lui avait donné un assistant nommé Ray Roberts qui est devenu son factotum. Il ne veut pas l'admettre, mais il faisait tout à sa place. Les autres corvées, c'était sa secrétaire, Kathy Bayer, qui s'en chargeait. Tout cela coûtait une fortune à Doubleday, mais la présence de Jackie valait à la boîte un flot constant de publicité gratuite. Lorsque le nom de Jackie apparaissait dans la presse, Doubleday en profitait. Nous pensions presque tous qu'ils ne l'avaient engagée que dans l'espoir d'obtenir ses Mémoires, qu'elle n'écrira probablement jamais. Mais elle les laisse espérer, en fait miroiter l'idée et cela suffit pour qu'ils la gardent. »

Un autre éditeur de chez Doubleday raconte : « Lorsqu'elle est entrée dans la maison, il y a eu pendant un an de véritables rassemblements de ses fanatiques dans l'entrée des bureaux ; ils s'agglutinaient là pour la voir passer. Ils venaient tous les jours, même quand elle n'était pas de service. On pouvait leur dire ce qu'on voulait, ils n'en croyaient pas un mot et s'incrustaient là.

« Jackie était censée détester la publicité et souhaitait ne pas être importunée par le public. Au moins c'est ce qui se disait. Mais un jour qu'elle prenait l'ascenseur, elle s'y trouva en même temps que Sophia Loren, qui préparait alors pour Doubleday un livre de cuisine. Dès que les autres eurent reconnu Loren, ils ignorèrent Jackie, qui évacua l'ascenseur comme une furie une fois arrivée à son étage.

« Elle ne se montrait jamais particulièrement chaleureuse envers ses collègues éditeurs. Eux-mêmes ne la considéraient pas comme un « membre du club ». Je la trouvais, pour ma part, plutôt froide et distante. Un jour, elle vous adressait un large sourire et le lendemain faisait semblant de ne pas vous connaître. J'avais une amie dans son département qui me dit un soir à dîner qu'elle pensait avoir établi avec elle d'étroites relations de travail. " Une fois que tu la connais, me dit-elle, Jackie peut être charmante. " Mais un soir que je sortais avec une autre collègue, nous sommes allés au théâtre après dîner et là, qui voyons-nous, dans la rangée juste derrière nous ? Jackie et un ami. Nous lui avons souri et dit : " Salut ! ". Elle nous a dévisagés comme si elle ne nous avait jamais vus. »

Les auteurs non plus ne sont pas très favorables à Jackie. « Elle ne m'a demandé aucun changement », raconte Don Cook, auteur de *Ten Men and History*, portraits de Charles de Gaulle, Willy Brandt et autres hommes d'Etats. « Elle m'a au contraire fait beaucoup de compliments, m'envoyant des mots pour me dire combien elle aimait le livre. Et j'ai déjeuné deux fois avec elle, une fois au " 21 ", l'autre chez elle. »

« Dans le métier, un tas de gens ricanent. On la trouve ridicule », remarque Sarah Lazin, ancienne directrice de Rolling Stone Press, qui a travaillé avec Jackie pour *La Ballade de John et Yoko*, recueil d'interviews de ce couple fameux. « Les éditeurs que je connais dans d'autres maisons me demandaient : " Au fait, comment va ton livre avec Jackie ? " exactement comme s'il n'existait pas... »

Mimi Kazon, ancienne éditorialiste politique à l'hebdomadaire aujourd'hui disparu *East Side Express*, rencontra Jackie dans un cocktail littéraire et entama la conversation avec elle (« à son entrée dans la pièce il y eut comme un choc ») pour accepter en fin de compte de lui envoyer chez Doubleday une sélection de ses meilleurs articles pour publication éventuelle. « J'ai toujours été une fan de Jackie, reconnaît Kazon. Je me repaissais de toutes les histoires colportées sur son compte, ses passages chez Ungaro à l'heure du déjeuner pour y dépenser 10 000 dollars, puis à la pharmacie du coin pour acheter un paquet de Dentyne. J'ai donc été fascinée quand elle m'a demandé de lui envoyer quelques-uns de mes papiers. Je les ai postés et, quelques mois plus tard, j'ai reçu un coup de téléphone et entendu une petite voix : " Ici Jackie Onassis, de Doubleday. J'ai bien reçu vos éditoriaux et je les ai trouvés vifs et brillants, mais ils traitent tous du pouvoir, et franchement, le pouvoir, ce n'est pas mon truc ! »

32

« Il est à l'honneur de Jackie Onassis d'avoir fait de Caroline et de John Jr. des enfants sérieux, équilibrés, éloignés de toute publicité, estime Betty McMahon, dont les enfants jouaient parfois avec ceux de Jackie à Palm Beach. Elle y est parvenue seule, alors que tout s'y opposait. Ce n'était pas évident ; il n'est que de considérer la plupart des autres Kennedy de cette génération. »

Peter Lawford était de plus en plus drogué et alcoolique, et son mariage avec Pat Kennedy Lawford se détériorait de jour en jour ; chez les enfants de Bob Kennedy, ce n'était qu'une suite de catastrophes (accidents de voiture, échecs scolaires et renvois, drogue, suspensions de permis de conduire) ; Kara, la fille de Ted, fumait du haschisch et de la marijuana, et avait fait une fugue ; Joan Kennedy était alcoolique ; Teddy Jr. avait dû être amputé d'une jambe à la suite d'un cancer de la moelle osseuse.

Bien contre son gré, Jackie se trouvait mêlée à nombre de ces pénibles situations. Lorsque Joan apprit que son mari la trompait (avec Amanda Burden, de la bonne société de New York, la skieuse Susy Chaffee et Margaret, ex-femme du Premier ministre canadien, Trudeau), elle demanda conseil à Jackie. Si quelqu'un était au courant de l'infidélité des Kennedy, c'était bien Jackie Kennedy Onassis. « Les hommes Kennedy sont comme ça, lui déclara tranquillement Jackie. Dès qu'ils voient une jupe, il faut qu'ils courent après. Ça ne signifie rien. » Joan y attachait apparemment plus d'importance que Jackie, car, après l'échec de Ted Kennedy à la candidature démocrate en 1980 (pour laquelle Joan fit campagne avec son mari), elle demanda le divorce.

Joan Kennedy était manifestement perdue. Elle n'était pas de taille. Elle aurait voulu s'adapter, mais ne pouvait pas ; Jackie « l'originale » avait assez de présence d'esprit pour combattre les forces destructrices de la famille Kennedy, mais savait aussi profiter de ce qui pouvait lui être utile.

D'après Harrison Rainie, correspondant du *New York Daily News* à Washington, et biographe des Kennedy, « Jackie se méfiait particulièrement de la famille de Robert Kennedy, qui comptait davantage que tous les autres pour la jeune génération. Elle trouvait Ethel irresponsable et inattentive aux besoins de ses enfants. Elle ne voulait pas que Caroline et John jouent les seconds rôles, non plus que les voir exposés à la contamination d'un milieu anarchique. »

En grandissant, Caroline Kennedy s'était mise à ressembler de plus en plus à son père. Malgré les événements tragiques au milieu desquels elle avait toujours été plongée, elle avait fait preuve de beaucoup d'indépendance. Cette indépendance et son dégoût de tout formalisme l'avaient amenée à renoncer au rituel de l'entrée dans le monde. En dépit des objections de sa mère, Caroline refusa d'apparaître en « débutante ». Elle manifesta la même inflexibilité à quitter l'université pour passer un an à Londres, où elle suivit des cours sous la direction de Sotheby, le célèbre négociant d'art. Caroline habitait chez un ami de sa famille, sir Hugh Fraser, député conservateur à la Chambre des communes. Le 24 octobre 1975, celui-ci s'apprêtait à la conduire à son cours, lorsqu'une bombe explosa sous sa Jaguar rouge. Un voisin qui promenait son chien fut tué par l'explosion.

En dépit des souhaits de sa mère, Caroline insista pour rester à Londres, mais accepta d'aller à Radcliffe à la rentrée de septembre. Elle tint sa promesse et arriva à l'université au volant de sa voiture, la même BMW que celle de sa mère. Comme Jackie, elle fit de bonnes études. Elle portait les chandails et les jupes informes qui étaient alors à la mode sur les campus, sortait de temps à autre avec des garçons, mais préférait se limiter à la fréquentation d'un cercle étroit d'amis. Durant l'été qui suivit sa seconde année, elle fit un stage au *Daily News* de New York. Le journal l'autorisa à accompagner à Memphis les reporters envoyés couvrir la mort d'Elvis Presley, mais refusa de publier l'article qu'elle avait rédigé. Réécrit, il fut publié dans *Rolling Stone*.

Diplômée de Radcliffe en 1980, Caroline regagna New York, où elle s'installa avec deux amies dans un appartement du West Side[1]. Elle trouva du travail dans la section audiovisuelle du Metropolitan Museum of Art. Profitant de sa présence, la presse de New York poursuivit Caroline de ses assiduités, sans indulgence particulière. Entre autres incidents déplaisants, la presse se fit l'écho de l'anecdote suivante : Un après-midi, Caroline entra chez un glacier de Madison Avenue et demanda à être servie tout de suite.

— Prenez un numéro, comme tout le monde, lui répondit le préposé.

— Mais je ne suis pas tout le monde, répliqua-t-elle, furieuse. Je suis Caroline Kennedy.

— Vous pourriez bien être la duchesse de Windsor, il vous faudrait quand même prendre un numéro.

---

1. Jackie estimait que l'Upper West Side de Manhattan était dangereux pour une jeune femme seule. Ses craintes se trouvèrent justifiées, car, en 1981, un déséquilibré de trente-cinq ans, juriste originaire de Californie, fit intrusion dans son appartement et entreprit de la harceler. Il s'appelait Kevin King et passa en justice pour effraction et voie de fait. Il assura lui-même sa défense devant le tribunal, qui le déclara instable et l'envoya en observation dans une institution psychiatrique de Californie.

Caroline sortit, furieuse.

Les journaux rapportèrent un incident similaire, qui se déroula quelques semaines plus tard dans une agence de la First National City Bank, où elle essaya de court-circuiter, un vendredi matin, une longue file d'attente.

D'autres histoires échappèrent à la presse.

Tracey Dewart était serveuse à mi-temps chez Ruppert, restaurant dans le vent de l'Upper East Side, lorsqu'un beau jour de l'été 1979, elle eut à servir Caroline Kennedy : « Elle était avec un type et ne cessait de piocher des morceaux de fromage dans sa salade. Ses jambes étaient allongées sur une chaise. Elle était parfaitement odieuse. Je lui demandai si elle voulait aussi une salade. Elle répondit par l'affirmative. Elle se montra exigeante et impérieuse, me demandant ceci, puis cela — une autre fourchette, un verre d'eau supplémentaire et je ne sais quoi encore. J'étais très étonnée. »

Mimi Kazon essaya à plusieurs reprises d'interviewer Caroline pour sa rubrique. « Ce n'était pas tant qu'elle disait non, se rappelle Kazon, que sa façon de le dire, en faisant tout un cinéma. Son frère était beaucoup plus aimable. Il comprenait que je ne faisais que mon travail et s'efforçait de me le faciliter. »

Jackie eut plus de mal à élever John Jr. que sa fille. « J'ai bien peur qu'il ne devienne pédéraste », se lamenta-t-elle un jour devant une employée de la famille. Orphelin de père et d'un naturel indolent, sa mère lui fit subir un régime d'endurcissement. Peu après l'assassinat, et avant qu'ils ne quittent la Maison-Blanche, elle obligea son jeune fils à passer une nuit dans le lit de son père. Cinq ans plus tard, elle lui fit donner des leçons de boxe par un garde du corps, pour « l'endurcir ». A Collegiate, il fit saigner du nez un de ses camarades qui s'obstinait à l'appeler John-John.

Un jour, à la sortie de l'école, il bombarda de boules de neige des photographes de presse et lança sur la tête des passants des bouteilles de Pepsi vides. A la fin d'un goûter d'anniversaire, donné pour lui par sa mère au Club, il intervint dans un pugilat qui opposait ses cousins Kennedy et un journaliste local. Sa mère le trouvait indiscipliné. A l'âge de onze ans, il fut envoyé avec son cousin Tony Radziwill au « centre d'aventures » de Drake Island, à Plymouth en Angleterre, pour « une semaine de voile, de canotage, d'escalade et de formation du caractère ». A treize ans, il suivit un stage de survie de vingt-six jours, dont l'apothéose se situait dans l'île de Hurricane, rocher isolé au large du Maine, où on le déposa sans autre équipement qu'un bidon d'eau de 4 litres, deux allumettes et un manuel de survie.

Tout cela n'était que prélude à un autre « rite de passage », un stage de survie de soixante-dix jours, organisé par la National Outdoor Leadership School, qui le conduisit de nouveau au Kenya, où il fut lâché dans la brousse. Son groupe, composé de trois filles et de trois garçons, disparut pendant deux jours, si bien qu'il fallut envoyer à leur recherche un guerrier Masaïs.

Beaucoup plus à son goût fut son séjour d'un mois au camp de tennis et de golf de Chase, à Bethlehem, dans le New Hampshire. Il avait alors quinze ans et connut là son premier amour avec Christina Goodman ; elle était élève de Spence School à New York, et ils continuèrent à se voir pendant près d'un an.

« C'était un gentil garçon, dit-elle. Mais les choses n'étaient pas faciles pour lui, car il était sans cesse observé, et sans doute le sera-t-il toujours. Et quoi qu'il fasse dans la vie, il ne sera jamais à la hauteur de son père. Il faut qu'il s'y habitue. »

Déçue de son travail, Jackie l'inscrivit à l'université Phillips à Andover, dans le Massachusetts. Elle le confia aussi au psychiatre new-yorkais, Ted Becker. Elle se faisait à son sujet de multiples soucis. Ses mauvais résultats scolaires la contrariaient ; elle s'opposait à son désir de devenir acteur (il monta pour la première fois sur scène à Andover, et continua à l'université Brown) ; la mollesse qu'elle croyait avoir détectée en lui la tourmentait ; elle redoutait la désastreuse influence que pourraient avoir sur lui ses contemporains du clan Kennedy : David Kennedy et Robert F. Kennedy Jr., par exemple, drogués impénitents, en dépit de nombreuses cures de désintoxication. L'ultime solution que trouva Jackie aux « problèmes » de son fils — et il se peut bien que ce soit Becker qui lui en ait donné l'idée — fut de l'envoyer au Guatemala en 1976, participer à un programme de reconstruction, patronné par le Peace Corps, à la suite d'un tremblement de terre.

« L'ennui avec John, disait David Kennedy [1], le fils de Robert, c'était son immaturité. Je pense aussi que la mort d'Onassis l'a davantage frappé que ce qu'on imagine. Il avait à peine connu son père et ne se le rappelait qu'à travers les souvenirs que sa sœur et lui recueillaient. Onassis et John étaient assez proches. Ils allaient ensemble assister à des matchs de base-ball ou de football. Onassis l'a emmené un jour à la pêche, et lui a donné deux billets de 100 dollars pour acheter des vers. Il y avait entre eux une certaine complicité qui a été rompue au plus mauvais moment.

« Et puis sa mère exagérait ; elle lui faisait du chantage sentimental. S'il se conduisait bien et faisait ce qu'elle voulait, elle lui tendait la carotte. Mais elle était aussi prompte à lui battre froid. S'il la décevait, elle brandissait le bâton. En fait elle agissait de même avec tout le monde.

« Ainsi, lorsque Jackie a appris que John avait envie de devenir comédien, elle a sauté au plafond. Elle lui a déclaré tout net qu'il n'en était pas question. Le producteur Robert Stigwood, celui de *Saturday Night Fever* et de *Grease,* a téléphoné à John pour lui proposer d'interpréter le rôle de son père dans un film, qui retracerait la jeunesse de John F. Kennedy. John s'est montré enthousiaste, mais Jackie a refusé d'en entendre parler. Elle voulait qu'il continue ses études, qu'il en termine avec l'université ; ensuite il ferait ce qu'il voudrait de sa vie, pourvu qu'il ne soit pas acteur. »

A sa sortie de Brown, en 1983, JFK Jr. partit pour un voyage d'étude en Inde. De retour à New York, il entra comme sous-directeur dans la Société d'Exploitation de la 42e Rue, organisation cofondée par sa mère (avec l'ancien directeur de publicité Fred Papert) et qui, pendant des années, avait

---

1. David avait lui aussi des problèmes. Il mourut en 1984 d'une surdose de cocaïne et de Demerol.

poussé à la construction d'un théâtre national à Times Square. Il loua un appartement dans la 86ᵉ Rue Ouest; il allait à vélo à son travail, payait 6 000 dollars de cotisation par an pour être membre du Plus One Fitness Club de Soho, fréquentait des boîtes disco, assistait de temps à autre à des réceptions de bienfaisance et changeait de petites amies : Christina Haag, une actrice en herbe, remplaça Sally Munro; elles étaient toutes les deux diplômées de Brown.

Pour satisfaire sa passion du théâtre, il joua le rôle principal dans *Winners,* drame de Brian Friel, où il est question d'un jeune homme catholique irlandais et de sa fiancée enceinte, qui finissent tous deux noyés.

« Jackie n'a pas assisté à la représentation, mais d'autres membres de la famille y ont assisté », raconte Nye Heron, directeur du Irish Arts Center, où a été montée la pièce. « Il n'y a eu que six représentations, et, à la demande de sa mère, aucun journaliste n'a été admis. John est un des meilleurs acteurs que j'aie connus. Il aurait pu faire une grande carrière, mais il n'en est évidemment pas question. »

Dès que Jackie était vue en public avec un homme connu, les rumeurs allaient bon train. Dans les mois qui suivirent la mort d'Ari, on lui prêta des liaisons avec Adnan Khashoggi, Warren Beatty et le Dr Christian Barnard, alors qu'elle les avait à peine rencontrés une ou deux fois à déjeuner ou à dîner. Consciente de la curiosité que son nom et sa présence suscitaient toujours, elle s'efforça de sortir avec des hommes moins en vue. En 1976, en vacances à la Jamaïque avec les Guinzburg et les Duchin, elle retrouva Carl Killingsworth Jr., honorable et sympathique directeur de la NBC, dont elle avait fait la connaissance en Grèce.

« Je l'ai rencontrée peu après la mort d'Onassis, raconte Killingsworth. J'étais en séjour chez Sarah Churchill, qui possédait une maison en Grèce, où j'allais tous les ans. Nous avons passé une journée sur le *Christina,* où la question était de savoir si on allait déjeuner sur le yacht ou sur la plage.

« Je l'ai revue à une soirée chez Audrey Zauderer, la mère de Cheray Duchin. J'ai été immédiatement frappé par son esprit. Elle avait énormément d'humour.

« Je l'ai ensuite revue à New York. Elle était plus réservée que timide. Ce n'était pas une extravertie. En d'autres termes, elle ne parlait pas beaucoup d'elle-même. C'est sans doute pourquoi je me souviens avec tant de précisions des quelques remarques qu'elle a faites sur son compte. Elle m'a raconté qu'Onassis restait parfois toute la nuit à El Morocco et qu'il voulait qu'elle reste avec lui. " Il pouvait faire la fête jusqu'à l'aube, mais j'en étais incapable ", disait-elle.

« Ce qui était insupportable, quand on était avec elle, c'était cette horde de photographes. Je suis moi-même très discret, et je n'y étais pas habitué. " Détendez-vous et faites comme s'ils n'étaient pas là ", me disait-elle.

« Un jour, nous sommes allés voir une projection de *All the President's Men,* puis chez P.J. Clarke et Jimmy Weston, où nous sommes tombés sur Frank Sinatra. Il est resté deux ou trois heures avec nous, et j'ai eu le sentiment que Jackie appréciait sa présence.

« Elle n'était pas gâtée. Je l'ai souvent emmenée dans de petits restaurants, et elle ne s'en est jamais plainte. Elle semblait aussi contente dans des bistrots modestes et peu connus que dans des établissements luxueux.

« C'est une des deux choses qui m'ont surpris chez elle ; la première étant qu'elle avait sur son piano une photo de Robert Kennedy. C'était la seule photo de famille que je me souviens d'avoir vue dans son appartement. Cette photo est probablement à l'origine des rumeurs qui ont couru sur elle et Bob. Les gens qui entraient chez elle voyaient la photo et jasaient. »

Après Carl Killingsworth, elle eut une brève aventure avec Pete Hamill, alors éditorialiste au *Daily News* de New York. C'est lui qui trouva un stage dans ce journal pour Caroline Kennedy. Divorcé et père de deux enfants, Hamill avait quarante-deux ans lorsqu'il commença à fréquenter Jackie Onassis, qui en avait alors quarante-huit. Il vivait depuis 1970 avec l'actrice Shirley MacLaine, liaison qui prit fin lorsque celle-ci refusa de l'épouser.

Hamill s'aperçut alors de ce que beaucoup d'autres savaient déjà : toute intimité était impossible en compagnie de l'ex-First Lady. Les photographes pourchassaient le couple en tous lieux. Le 17 novembre 1977, Jackie se rendit à la réception donnée pour la sortie du dernier roman de Hamill, *Fric pourri*, au restaurant O'Neal's Balloon, près de Lincoln Center. Joy Gross, riche propriétaire de bars à eau et écrivain, dont la fille avait épousé Brian Hamill, frère de Pete, se trouvait là. « C'était navrant, dit-elle. Toute une salle de New-Yorkais soi-disant raffinés, dont plusieurs journalistes, se griffaient, se donnaient des coups de pied et jouaient des coudes pour s'approcher de Jackie. Il lui était impossible de se détendre un instant en raison de cette presse insensée. Les photographes grimpaient sur les chaises ou sur les épaules les uns des autres pour dégager leur champ de vision. Au bout d'un moment, elle s'est levée pour partir. Denis Hamill, autre frère de Pete, l'a accompagnée dehors. Il pleuvait. Il l'a mise dans un taxi. En revenant il a fait cette remarque : " Sortir avec Jackie, c'est comme se trimbaler dans une maison avec une voiture de pompiers. "

« Après la mêlée chez O'Neal's Pete, plusieurs membres de sa famille et des amis sont allés chez P.J. Clarke, où Jackie nous a rejoints. Elle s'est assise à côté de moi, et j'ai remarqué dans sa voix un changement qui m'a frappée. Lorsqu'elle s'exprimait en public ou à la télévision, comme chez O'Neal, elle avait une toute petite voix, mais lorsque je l'ai entendue chez Clarke, elle parlait d'un ton assuré et sonore. Elle discutait littérature avec beaucoup d'autorité. Finie la voix de petite fille. J'en étais stupéfaite.

« Je ne sais pas ce que Jackie trouvait à Pete. Je sais qu'il avait été la voir à Hyannis Port. Il y avait amené une de ses filles ; Caroline s'y trouvait aussi. Jackie devait être impressionnée par ses dons littéraires. C'est un bon professionnel. Il lui a fait connaître beaucoup d'écrivains, ce qui a été très utile à sa carrière d'éditeur. Il était aussi très attentif à ses enfants. Il s'intéressait à Jackie, parce qu'il était attiré par les célébrités, et qu'elle était brillante et séduisante. »

Pete Hamill resta toujours discret dans ses relations avec Jackie. Il est possible qu'un article écrit pour son précédent employeur, le *New York Post,* ait joué un rôle dans leur rupture. Il y attaquait Jackie pour son mariage avec Onassis. Le *Post* n'avait pas publié l'article, mais lorsque l'on commença à jaser sur Jackie et Hamill, ce dernier étant passé au *Daily News,* Rupert Murdoch, propriétaire du *Post,* décida de publier le papier à la rubrique mondaine de la page six. L'article commençait ainsi :

« Beaucoup de mariages se négocient comme celui de Jackie avec Ari, quoique l'essence foncièrement commerciale du contrat en soit souvent masquée sous de romantiques notions d'amour et d'éternité. Certaines femmes se laissent acheter simplement pour le vivre et le couvert, d'autres pour un manteau de vison...

« Il est scandaleux qu'on puisse dépenser 120 000 dollars par an en vêtements, lorsque tant de gens ne possèdent que ce qu'ils ont sur eux. Il y a quelque chose d'obscène dans le fait qu'une femme dispose en un seul mois de plus d'argent pour se maquiller et se laquer les cheveux que le citoyen moyen d'Amérique latine n'en pourrait gagner en un siècle... »

Hamill répondit dans sa rubrique du *Daily News* en attaquant Murdoch et en s'efforçant d'expliquer les circonstances dans lesquelles l'article du *Post* avait été écrit. Bien que Jackie se fût rangée de son côté, elle n'en pensait certainement pas moins. En quelques mois, ses relations avec Hamill se refroidirent, elle se laissa courtiser par Peter Davis, écrivain et auteur de films documentaires, qui avait huit ans de moins qu'elle.

Richard Meryman, ancien correspondant de *Life* et vieil ami de Davis, n'apprit cette liaison que lors d'un dîner donné par les Meryman dans leur maison de Greenwich. « Je téléphonai à Peter pour l'inviter ; il me demanda s'il pouvait amener une amie. Avec joie, répondis-je. Et je le vis débarquer avec Jackie Onassis.

« C'était une soirée très brillante. Il y avait là un scénariste du nom de Frank Pierson, qui avait remporté un prix, l'écrivain Calvin Trillin, leurs épouses, moi — journaliste familier des grands de ce monde — et beaucoup d'autres. Tous ces gens étaient habitués à fréquenter des célébrités, mais lorsque entra Jackie Onassis, ils restèrent tous la bouche ouverte. Alice Trillin perdit tout contrôle d'elle-même. Elle se lança dans un bavardage irrépressible, interminable. Elle parla toute la soirée à qui voulait l'écouter d'un livre qu'elle venait de lire — *le* livre qu'il fallait lire —, jacassant sans trêve sur ce livre que personne n'avait lu en dehors d'elle.

« Calvin Trillin était aussi abasourdi que sa femme. Je ne crois pas qu'il ait regardé Jackie un seul instant de toute la soirée. Il lui était impossible de lever les yeux sur elle. Ce fut une soirée tout à fait irréelle. Personne ne lui adressait vraiment la parole. Je pensais en moi-même : elle produit sans doute toujours cet effet-là, elle doit y être habituée. En sa présence, les gens les plus sensés et diserts étaient comme tourneboulés. Il lui suffit d'entrer dans une pièce, l'aura que lui ont value tous les événements historiques auxquels elle a été mêlée fait le reste.

« En tant que maître de maison, il me parut convenable de lui faire la conversation. Je m'aperçus, et cela me frappa, que c'était le tête-à-tête qui lui convenait le mieux. Je m'étais attendu à ce que son passage à la Maison-Blanche l'ait rodée aux conversations générales. Ce n'était pas le cas. En revanche, en tête-à-tête, elle s'animait. Jusqu'à se montrer très potinière. Nous avions plusieurs relations communes et elle se montra intarissable sur certaines d'entre elles. Mais elle était tout de même beaucoup plus timide que je ne l'aurais cru. D'après Peter, elle était un peu désorientée de se trouver, à ce qu'elle croyait, au milieu de vieux amis, ce qui n'était pas le cas. Les Pierson n'avaient jamais vu les Trillin. Mais c'était une assemblée de beaux parleurs. Nous étions tous plus ou moins écrivains, ce qui pouvait donner l'impression que nous nous connaissions tous.

« L'idylle entre Jackie et Peter ne fut pas une simple amourette. Non qu'il fût un instant question de mariage. Pour moi, dès le début, Peter regarda la réalité en face. C'était pour lui une étonnante bonne fortune, de ces choses qui n'arrivent qu'une fois dans la vie. Mais il ne se faisait pas d'illusions. Il prenait les choses comme elles venaient, et lorsque leur liaison prit fin, il lui en demeura reconnaissant. »

Jackie eut aussi des amitiés platoniques. Brendan Gill qui écrivait dans le *New Yorker* l'accompagna à plusieurs soirées. Elle voyait de temps en temps son vieil ami, John Marquand Jr. « On venait constamment me trouver, raconte-t-il, pour me dire : " Oh John, tu connais Jackie Onassis. Aurais-tu la gentillesse de lui demander 100 000 dollars pour telle ou telle bonne œuvre ? " Je les décourageais toujours. Et ne mentionnais même jamais leurs demandes à Jackie. » Karl Katz, aujourd'hui directeur au Metropolitan Museum of Art, l'accompagna en mai 1978 en Israël, pour voir le mémorial John Kennedy qui venait d'être terminé à la périphérie de Jérusalem. Avec Bill Walton, elle allait dans les galeries de tableaux et chez les antiquaires de Madison Avenue. Elle se rendait au ballet avec Oliver Smith.

En avril 1979, Lee Radziwill informa Jackie de son intention d'épouser Newton Cope, le propriétaire milliardaire du luxueux hôtel Huntington de San Francisco, dont elle avait fait la connaissance deux ans plus tôt dans un dîner donné par le collectionneur Whitney Warren. Son aventure avec Peter Beard avait pris fin, tout comme la suivante avec l'opulent juriste Peter Tufo. Entre-temps, Stas Radziwill était mort d'une crise cardiaque et Lee s'était lancée dans une nouvelle carrière, de décoratrice, sans beaucoup de succès. Newton Cope et la Californie lui offraient l'occasion de changer de vie.

Le mariage était prévu pour le 3 mai ; il y aurait une cérémonie civile et une réception chez Whitney Warren à Telegraph Hill. Les invitations étaient lancées, les fleurs commandées, le champagne était au frais, le caviar et le saumon fumé étaient prêts. Mais cinq minutes avant l'heure fixée, et le lendemain de l'annonce dans le magazine *People* que la cérémonie avait eu lieu, Lee Radziwill annula tout, à la grande fureur de Whitney Warren. « La princesse est d'une grossièreté ! s'exclama-t-il. Elle ne s'est même pas donné la peine de me téléphoner pour s'excuser. »

« Ce n'était pas la faute de Lee, prétend Newton Cope. Nous étions à New York la semaine précédant la cérémonie. Nous dînions un soir chez

480

Jackie et parlions avec elle de nos projets. Elle se montra très chaleureuse. Elle ne viendrait pas en Californie pour le mariage, mais elle nous souhaitait tout le bonheur possible. A peine étais-je revenu à San Francisco, que l'avocat de Jackie — le dernier d'une longue série — commença de me bombarder de coups de téléphone et de me mettre des bâtons dans les roues.

« Nous avions passé un accord Lee et moi, dont cet avocat prétendait changer les termes. Il rappela pour me demander : " Alors, que comptez-vous faire ?

« — C'est mon affaire, lui répondis-je.

« — Je ne suis pas l'avocat de Lee. Je ne cherche qu'à rendre service.

« — Ce n'est pas le cas.

« Les termes de l'accord que nous avions passé Lee et moi étaient parfaitement clairs, mais il en voulait davantage pour elle. Il ne cessait de dégoiser : " Je ne veux pas me mêler de votre mariage ni de votre vie personnelle. Je ne suis pas l'avocat de Lee, mais sa sœur m'a demandé de m'en occuper.

« — C'est chose faite, lui dis-je, vous avez fait ce qu'on vous demandait.

« Mais il ne voulait pas en démordre.

« — Nous voudrions quelque chose d'un peu plus solide, expliqua-t-il.

« Alors j'explosai :

« — Je ne suis pas Onassis, je n'achète pas une célébrité. J'épouse la femme que j'aime ! »

« Finalement, ça n'a pas collé. Et non pas du seul fait de cet avocat. Il y avait entre nous un problème de logistique : Lee habitait sur la côte Est et moi, sur la côte Ouest. Nous avons si bien hésité que la chose ne s'est jamais faite. Je dis à Lee : " Pourquoi n'attendrions-nous pas jusqu'à l'automne ?

« — Penses-tu qu'on puisse tout décommander ? N'est-il pas trop tard ? demande-t-elle.

« — Non, je n'ai qu'à téléphoner au juge et lui dire qu'on laisse tomber.

« Nous avons donc décidé d'attendre jusqu'à l'automne. Mais nous sommes tout de même partis en voyage de noces. Pourquoi ne profiterions-nous pas des deux ou trois semaines que nous avions prévues ? Nous sommes allés à La Samanna, dans l'île Saint-Martin aux Caraïbes, puis nous sommes retournés à New York, d'où j'ai regagné San Francisco. »

Alors que tout le monde se demandait si Lee et Jacqueline se remarieraient jamais, leur mère, Janet Auchincloss, annonça son intention de convoler pour la troisième fois. A l'intention de la presse, la famille définit le prétendant comme un « très grand ami d'enfance ». Bingham Morris, banquier en retraite de Southampton, Long Island, avait épousé Mary Rawlins, qui avait été demoiselle d'honneur au mariage de Janet et de Black Jack Bouvier. Lorsque Mary mourut, Bingham Morris téléphona à Janet. Ils se virent plusieurs fois à New York, et se marièrent peu après à Newport. D'un commun accord, le mari de Janet garda sa maison de Southampton, et le couple décida de ne passer que six mois par an ensemble.

Aussi incroyable que cela pût paraître, Jackie avait cinquante ans. Sa silhouette mince et athlétique, ses cheveux brillants et son visage photogénique lui donnaient l'air beaucoup plus jeune, malgré quelques rides autour des yeux. Dix ans plus tôt, elle avait déjà songé à se faire faire un lifting. Le Dr Lax lui avait alors assuré que, dans son cas, une telle opération ne servirait à rien. Mais comme elle revenait sur la question, le Dr Lax lui conseilla de se contenter « tout au plus d'une petite chirurgie esthétique dans la région des yeux, car (à votre âge) un lifting est trop radical et trop visible. »

Lax l'envoya consulter John Conley, éminent plasticien, qui lui expliqua le principe de l'opération. On pratique une incision dans le pli de la paupière supérieure et sous les cils de la paupière inférieure ; on enlève l'excès de peau, de tissu et de graisse, puis on suture. L'opération prend environ une heure et demie et la cicatrisation, six semaines, pendant lesquelles la région de l'œil est rouge, et souvent noir et bleu. La tumescence et l'ecchymose dépendent du patient. Il est recommandé, après l'opération, de réduire ses activités physiques et de ne pas s'exposer au soleil. En général les résultats durent dix à quinze ans.

Jackie décida de se faire opérer à l'hôpital Saint Vincent, à Greenwich Village, où elle entra de bon matin, avec un foulard de soie sur la tête, des lunettes de soleil et aucun maquillage. Elle se fit inscrire sous un nom d'emprunt et resta plusieurs jours à l'hôpital après l'opération, puis rentra chez elle. Le Dr Conley, qui aimait écrire des vers, composa pour elle un poème qu'il lui envoya. Deux mois après l'opération, elle paraissait trente-cinq ans. En outre, elle se félicitait de ce qu'aucun journaliste, photographe ou chroniqueur mondain n'aient découvert son petit secret. Le 16 août 1979, le Dr Conley envoya un mot au Dr Lax pour lui dire que Jackie était magnifique et qu'elle semblait heureuse, « ce qui ne peut manquer de nous faire plaisir à tous les deux » !

La première cérémonie à laquelle elle assista après sa métamorphose fut l'inauguration, le 20 octobre 1979, de la bibliothèque présidentielle John F. Kennedy à Boston. Sam Donaldson, correspondant du Congrès, qui couvrait l'événement pour ABC, se rappelle la présence de Ted Kennedy, des sœurs de Ted et de leurs époux, des enfants de Jackie, de Lady Bird Johnson et d'innombrables dignitaires de Camelot. « Jackie était resplendissante. Jimmy Carter, qui était toujours président, prononça le discours d'inaugura-tion. Dès qu'il eut terminé, il se dirigea vers Jackie et l'embrassa. Je crois qu'ils ne s'étaient encore jamais rencontrés. Je n'oublierai jamais l'expres-sion qu'elle eut alors. J'ai vraiment cru qu'elle allait le foudroyer. Elle était furieuse. »

Peu de temps après, Jackie assista au récital de la poétesse Sylvia Fine Kaye, épouse du comédien Danny Kaye, au YMHA (Young Men's Hebrew Association) de Manhattan. Arthur Kirson, enseignant qui avait participé à la campagne de Robert Kennedy, se trouvait également là. « J'avais toujours voulu rencontrer Jackie, mais l'occasion ne s'était jamais présentée », dit-il. « A cette occasion, et sans qu'aucun de nous ne l'ait cherché, nous nous sommes trouvés propulsés l'un à côté de l'autre. Le récital a été suivi d'une réception. Comme j'étais à côté d'elle, nous avons un peu bavardé. J'étais stupéfait de son air de jeunesse. C'est alors qu'une petite femme insignifiante passe à côté de nous ; ayant reconnu Jackie, elle s'arrête et lui dit : " Pourquoi ne partagez-vous pas votre fortune avec nous tous ? " Jackie en a eu le souffle coupé. Elle est restée sans voix. Ne sachant que dire, je la regarde et lui demande : " Puis-je aller vous chercher un verre ?

« — Volontiers ", répond-elle.

« La femme dévisage quelques instants Jackie d'un air mauvais, puis s'en va, la laissant profondément gênée. »

Sa gêne ne l'empêcha pas de décider de se faire construire une demeure de dix-neuf pièces (une maison principale de treize pièces et une maison d'invités attenante de six pièces) au milieu d'un domaine de 180 hectares en bordure de l'océan, à Martha's Vineyard. (Elle ne tarderait pas à augmenter sa propriété de 25 hectares, devenant ainsi une des plus grosses propriétaires de l'île.) Pour dessiner sa forteresse, elle n'hésita pas à s'adresser à I.M. Pei, pour s'entendre répondre qu'il ne s'occupait jamais de propriétés privées. Elle arrêta finalement son choix sur Hugh Jacobson, de Washington, qui soumit les plans de la maison à la direction de l'urbanisme.

Après six mois de discussions avec un entrepreneur, Jackie et son avocat, Alexander Forger, au nom duquel étaient enregistrés les actes de propriété, confièrent à Harry Garvey et Frank Wangler la réalisation des plans de Jacobson. Selon Wangler, « Jackie venait en général le week-end sur le chantier, souvent avec Bunny Mellon, pour s'assurer de l'avancement des travaux et aménager le parc. Il lui arrivait d'emmener Caroline et John. Je m'asseyais et taillais une bavette avec John. Avec sa sœur, c'était impossible. Elle n'était pas sociable, et j'avais le sentiment qu'elle nous considérait comme des domestiques.

« La construction n'allait pas toute seule. Pour ne citer que quelques exemples, il y avait sous les bardeaux un toit en acier inoxydable, que personne n'avait songé à mettre à la masse, de sorte que la maison qui était éloignée de toute construction se trouvait exposée à la foudre. En outre, le système des moustiquaires ne fonctionnait pas. Au lieu d'être fixées, elles tombaient sur l'appui, dès qu'on fermait la fenêtre, et remontaient quand on l'ouvrait. Je reçois un jour un coup de téléphone de Jackie à 7 heures du matin. Elle s'excuse d'appeler à cette heure indue, mais explique qu'il est arrivé une catastrophe. Je saute dans ma voiture et me rends sur les lieux. Les murs étaient couverts de punaises. On aurait dit que le plafond avait été aspergé de peinture verte. J'ai dû me munir d'un aspirateur pour les aspirer. Il nous a fallu installer des moustiquaires classiques dans toute la maison.

« Nous avons construit une grange et un silo attenants à 60 mètres environ de la maison, où s'est installé JFK Jr. La chambre du second étage contenait un grand lit en forme de cœur. Malheureusement le silo dépassait la hauteur réglementaire, si bien qu'il a fallu le diminuer de 1 mètre et abaisser l'ensemble avec une grue.

« Les plans de la maison ont en outre été communiqués à la presse. L'avocat de Jackie était aux abois. Nous suspections l'un des ouvriers du chantier, mais l'homme jurait n'y être pour rien. Il prétendait même avoir été contacté par le *National Enquirer,* qui lui aurait proposé 10 000 dollars pour une photo de Jackie au seuil de sa maison, ce qu'il aurait refusé.

« Jackie ne se préoccupait guère de sa sécurité. Elle avait un gardien, Albert Fisher, et un homme à tout faire de nationalité grecque, Vassili Terrionios, qui avait été au service d'Aristote Onassis, puis de sa fille Christina. Mais Jackie tenait à ce que la grille reste ouverte. Un jour, des curieux ont emprunté l'allée de 600 mètres menant à la maison. Elle s'est approchée de leur voiture, leur a dit bonjour et a bavardé avec eux une dizaine de minutes.

« Lorsque la maison a été presque finie, au cours de l'été 1981, Jackie a voulu quelques modifications, les unes mineures, les autres plus importantes. L'une des premières a consisté à retirer la plupart des miroirs de sa salle de bains. Elle m'y a emmené et a déclaré : " Frank, je sais bien que beaucoup de gens s'imaginent que je suis bizarre, cinglée ou carrément folle, que je me prends pour une star et que je passe mon temps à me regarder dans la glace, mais ce n'est pas le cas. Enlevez-les ! "

« Tout autre chose a été son désir d'abaisser tous les plafonds de 3 mètres à 2,70 mètres. Et comme elle avait réservé un appartement à Bunny Mellon, celui-ci a réclamé aussi des changements. Bunny possédait un DC-10, luxueusement aménagé, qu'il a mis à la disposition de Jackie pour transporter son nouveau mobilier à Vineyard.

« Jackie a un bateau, un Seacraft de 9 mètres de long, qu'elle gare à Menemsha Pond, et qui lui sert surtout à faire du ski nautique. Elle s'est achetée un 4 × 4 Laredo, le même que le mien et une Chevrolet Blazer bleu-gris. La maison est équipée d'un système vidéo ; elle possède tout un assortiment de cassettes étiquetées " Hyannis ", " Jack ", " Rose ", etc., qu'elle range sur une étagère dans sa chambre. Elle m'a dit un jour : " J'ai connu le pire, et le meilleur. Mais une famille ne se remplace pas. "

« Après s'être fait effacer ses rides, elle a invité à dîner sept ou huit de ceux qui avaient participé à la construction de sa maison à la Charlotte Inn d'Edgartown. Le repas n'était pas un festin : viandes froides, fromages, fruits à gogo, plusieurs sortes de bières et de vins ; mais l'atmosphère était très agréable. Jackie paraissait enchantée de sa nouvelle demeure. " Ma petite maison, l'appelait-elle, ma merveilleuse petite maison. " Terrain compris l'ensemble avait dû lui coûter 3 millions et demi de dollars. »

Maurice Tempelsman était un habitué de Martha's Vineyard. Plutôt insaisissable, mais personnage politique important, Tempelsman connaissait Jackie depuis des années — ami d'abord, puis conseiller financier, enfin amant et compagnon. Avec lui, elle semblait avoir enfin trouvé l'équilibre et la sérénité auxquels elle avait longtemps aspiré et que ses deux mariages ne lui avaient pas apportés. « J'admire Maurice, sa force et ses succès », disait-elle à des amis. « Et j'espère de tout mon cœur que ma notoriété ne l'éloignera pas de moi. »

A première vue, Tempelsman ne paraissait pas du tout fait pour Jackie. Issu d'une famille juive orthodoxe d'Anvers, en Belgique, il est né en 1929, la même année que Jackie. En 1940, il quitte l'Europe avec ses parents et sa sœur pour échapper aux nazis. La famille passe d'abord deux ans à la Jamaïque, dans les Caraïbes, puis arrive à New York. A quinze ans, il suit des cours du soir de gestion à l'université de New York et travaille le jour pour son père, négociant en diamant. A vingt et un ans, il propulse la firme familiale, Léon Tempelsman & Son, sur le marché mondial en persuadant l'administration américaine d'acheter des diamants industriels de mauvaise qualité pour renforcer ses stocks stratégiques. Il achète les diamants à des fournisseurs africains et gagne des millions en tant qu'intermédiaire. Il sert aussi d'intermédiaire dans une transaction d'uranium contre des surplus agricoles américains.

Par ses affaires, Tempelsman a fréquenté l'élite de Washington. Adlai Stevenson a été son avocat. (Actuellement c'est Ted Sorensen.) D'après le ministère de la Justice, il est devenu un des principaux représentants et associés de Harry Oppenheimer, propriétaire et patron de l'Anglo-American et de la De Beers, les deux plus grosses sociétés d'extraction d'or et de diamant du monde. Il a profité de l'opération pour se lier d'amitié avec quelques potentats africains, et surtout le président du Zaïre, Mobutu Sese Seko, et pour développer ses affaires au Zaïre, dans la Sierra Leone et au Gabon. L'empire de Tempelsman se compose d'intérêts miniers, de sociétés de vente et de distribution de diamant et de minerai; il est actionnaire de la seconde société mondiale de fabrication d'outils de forage et d'un impressionnant réseau d'affaires similaires.

L'amitié de Maurice et de Jackie remonte à la fin des années cinquante. D'après les dossiers du ministère de la Justice, « C'est Tempelsman qui a organisé la rencontre entre Harry Oppenheimer et John Kennedy, alors que Kennedy était président élu. La rencontre eut lieu à l'hôtel Carlyle. » Oppenheimer et Tempelsman avaient tous deux donné beaucoup d'argent pour la campagne de Kennedy. Lorsqu'il avait besoin d'un conseil ou d'une information concernant des dirigeants africains, Kennedy (comme d'autres chefs d'Etats) s'adressait à Tempelsman. Ce dernier était souvent invité à la Maison-Blanche avec sa femme Lily, qu'il avait épousée en 1949, du temps de Kennedy et par la suite. Ils étaient notamment du dîner de gala que les Kennedy avaient donné à Mount Vernon en 1961, en l'honneur du président du Pakistan, Mohammed Ayyub khan.

Malgré sa réussite et sa fortune, Maurice Tempelsman n'était pour beaucoup que « l'Aristote Onassis du pauvre ». Comme Onassis, Tempelsman était petit, corpulent et paraissait plus vieux que son âge; tous deux fumaient des cigares Dunhill, collectionnaient des œuvres d'art et étaient des financiers de génie. Ils partageaient le même amour de la mer et possédaient tous deux des bateaux, bien que le *Relemar* [1], le schooner de Maurice, ne

---

1. Le *Relemar* correspond aux premières syllabes des noms des trois enfants de Maurice : Rena, Leon et Marcee. Ils sont aujourd'hui tous les trois mariés et ont eux-mêmes des enfants. Diplômé de Harvard Business School, Leon travaille avec son père.

puisse, avec ses 10 mètres, se comparer au *Christina*. Cependant, en 1980, lorsque leurs relations devinrent sérieuses, Maurice et Jackie remontèrent la côte Est, de Savannah, en Géorgie, à Beaufort, en Caroline du Sud, avec le *Relemar*. Ce fut la première de nombreuses croisières semblables. Ils étaient inséparables ; on les vit bientôt dans les plus grands restaurants, à Broadway, à Central Park. Ils furent photographiés visitant bras dessus bras dessous une galerie de tableaux de Nantucket. Maurice accompagna même Jackie dans sa tournée de soutien à Ted Kennedy pendant la campagne de 1980.

« Soyez sûr que Maurice Tempelsman couvre Jackie de cadeaux, disait Truman Capote. J'ajouterai que Jackie, et même Lee, ont gagné de l'argent, grâce aux conseils de Tempelsman : quand acheter ou vendre sur les capricieux marchés de l'or et de l'argent. Les filles comme Jackie ne changent pas. »

Pourtant certains la trouvaient changée et Maurice, selon eux, en était responsable.

L'artiste Nancy Bastien, qui passe une partie de l'année à Martha's Vineyard, considérait Jackie comme une « Cendrillon de luxe », impression qui lui venait de la lecture des journaux. « J'ai donc été très surprise de voir cette femme vêtue avec simplicité aller et venir dans l'île : à Aquinnah, grand snack-bar proche de chez elle, pour y manger des hamburgers et des cornets de glace ; ou bien, lors de la foire agricole de Martha's Vineyard à West Tisbury, passer comme tout le monde de stand en stand.

« Il lui arrive aussi, surtout quand Tempelsman est dans les parages, de préférer la solitude. Un jour, mon ami et moi sommes tombés sur Jackie et Tempelsman en train d'observer des oiseaux dans une crique. C'est une réserve d'oiseaux très isolée. Ils regardaient un magnifique héron bleu avec des jumelles qu'ils se passaient. A notre arrivée, Jackie a abaissé ses lunettes de soleil, elle a montré le héron du doigt et a dit : " Il s'en va. " Et sur ce, ils se sont éloignés. » Pour Rose Schreiber, cousine de Maurice Tempelsman, si Jackie a épousé son premier mari pour le prestige et le second pour l'argent, son dernier attachement est fondé sur la camaraderie et le respect mutuel. Association réfléchie, rassurante, profonde, dans laquelle chaque parti trouve manifestement son compte, et qui est certainement beaucoup plus saine et satisfaisante que toutes les liaisons que Jackie a pu avoir jusque-là.

Aux dires de sa cousine, « Maurice, bien que d'apparence humble et modeste, est un homme tout à fait charmant. Il s'habille bien, aime la lecture, l'opéra et adore voyager. Il ne manque pas de savoir-faire. Il apprécie aussi les plaisirs simples, ce qui doit être également le cas de Jackie. Il peut être très animé. Les femmes ont toujours été attirées par lui. Dans les soirées, elles lui courent littéralement après, de sorte qu'il est pratiquement obligé de les repousser.

« Le malheur, c'est son mariage. Sa femme Lily est également originaire de Belgique, bien que Maurice l'ait rencontrée aux Etats-Unis, à l'âge de dix-sept ans. Il n'avait que vingt ans, lorsqu'ils se sont mariés. Ses parents voulaient qu'il épouse la fille de l'associé de son père, mais Maurice a refusé. Il était très proche de Lily et discutait de tout avec elle, même d'affaires.

« Mais il y avait le problème religieux. Lily est une juive extrêmement pratiquante. Elle n'aimait pas accompagner Maurice à la Maison-Blanche, parce que celui-ci refusait de demander un repas kascher. Les parents de Maurice mangeaient strictement kascher ; il en était de même chez Lily. Leurs enfants ont tous les trois fréquenté l'école juive de Ramaz. Puis Maurice a cessé d'aller à la synagogue. Pendant que Lily y allait, il faisait du bateau. Cette désaffection progressive a beaucoup contrarié Lily.

« Peut-être a-t-elle choisi ce prétexte pour tirer les conséquences de l'affaire Jackie. Lily est conseillère matrimoniale au Jewish Board of Guardians. Les enfants une fois grands, elle a repris ses études, pour obtenir un diplôme lui permettant d'exercer. Il y a une certaine ironie à ce qu'elle soit devenue conseillère matrimoniale au moment même où son ménage commençait à flancher.

« C'est Lily qui, en novembre 1982, a pris l'initiative de la rupture. Lui serait volontiers resté. Mais les choses en étaient arrivées au point qu'elle ne pouvait plus ouvrir un journal sans tomber sur une photo de Maurice et de Jackie. La séparation s'est faite à l'amiable ; et ils sont toujours mariés. »

Maurice a quitté leur appartement du Normandy, à l'angle de la 86e Rue et de Riverside Drive, pour une confortable suite dans un hôtel de l'East Side, passant plusieurs nuits par semaine chez Jackie, et de plus en plus avec le temps. John Kennedy Jr. a travaillé un été pour lui au Zaïre, et ses enfants font des séjours chez Jackie à Martha's Vineyard. Jacqueline, tout l'indique, a très vite compris que ses chances de régulariser ses relations avec Maurice étaient minces. « Jamais sa femme ne lui accordera le divorce », dit-elle au Dr Lax.

— Vous n'êtes pas obligés de vous marier pour vivre ensemble, répondit-il.

Elle préfère certainement cette solution, appréciant depuis longtemps les bienfaits de l'indépendance.

33

Jacqueline Kennedy s'est bien organisée. Les New-Yorkais la rencontrent partout. A l'exemple d'Earl Blackwell, qui gagne sa vie en suivant à la piste les gens riches et célèbres. Dans le dernier paru de ses *Celebrity Register* (1986), il cite un observateur anonyme : « J'avais été au Metropolitan, un mardi après-midi. J'avais quitté mon travail de bonne heure pour voir l'exposition des chefs-d'œuvre du Vatican. Je me suis arrêté dans un café de Madison Avenue. Un simple café, un débit graillonneux de hamburgers, lorsqu'elle est entrée. Pour manger ! Au comptoir ! Avec un exemplaire du magazine *New York*. Toute vie a semblé cesser, les saucisses elles-mêmes ont cessé de grésiller. En imperméable mastic et pantalon noir, elle mangeait un sandwich ; elle portait, je crois, en bandoulière un sac de Gucci et une montre Tank de Cartier... »

Oui, Jackie a bien organisé sa vie. Un jour, elle mange un hamburger, sans doute arrosé de ketchup, un autre jour, elle manifeste pour la sauvegarde de tel bâtiment menacé[1]. On la retrouve aussi parmi les Literary Lions dans une vente au bénéfice de la bibliothèque publique de New York. Elle est photograhiée partout, dans des cocktails littéraires, des cérémonies publiques, devant des restaurants, dans des musées. Elle abandonne Valentino pour le style plus sage de Caroline Herrera. Si, après la perte de prestige que lui a value son mariage avec Aristote Onassis, les années soixante-dix ont été une période de réappropriation de soi et de reconquête de son image, les années quatre-vingt seront pour elle une période de progrès. En dépit de sa renommée et de sa fortune, il devient clair que Jackie, la cinquantaine passée, aura réussi à se débarrasser, dans une certaine mesure au moins, de sa réputation de mondaine internationale et

---

1. Pour l'architecte Philip Johnson, Jackie a sauvé presque à elle seule les Villard House, entre le 451 et le 457 Madison Avenue, ainsi que Lever House, à l'angle de la 53ᵉ Rue et de Park Avenue. « J'aurais aimé faire des études d'architecture, a-t-elle un jour déclaré, non pas pour être architecte, mais pour savoir comment se construisent les maisons. Comme Thomas Jefferson. »

de riche oisive pour apparaître en efficace défenseur des bonnes causes.

Elle est généralement plus exubérante et paraît plus heureuse qu'elle ne l'a jamais été. Rosey Grier se rappelle la jubilation enfantine avec laquelle elle l'a vue vider de la fenêtre de son salon de la Cinquième Avenue une tasse de café tiède sur la tête des passants.

Un soir, au Metropolitan Opera, le cardiologue new-yorkais Sanford Friedman se trouva assis juste derrière Jackie qui se comporta davantage comme une enfant agitée que comme une adulte. « Maurice Tempelsman était assis à côté d'elle, raconte le médecin. Elle ne tenait pas en place, passait son temps à remuer la tête, la posant sur l'épaule de son voisin, lui chuchotant à l'oreille, riant, parlant tout haut, gigotant sur son siège. C'était gênant, mais comment demander à Jacqueline Onassis de se tenir tranquille ? »

Et qu'en disait Norman Mailer ? « Elle n'est pas seulement une célébrité, mais une légende ; pas une légende, mais un mythe ; non, pas seulement un mythe, mais plutôt un archétype historique, un démiurge. Je ne sais pas si on adresse la parole à un démiurge ? »

Vincent Roppatte, ancien directeur du salon de beauté Enrico Caruso, s'est trouvé confronté à une Jacqueline beaucoup moins mythique. « Je coiffais Lee Radziwill, mais je connaissais aussi Jackie, parce qu'elle venait chez Caruso pour les soins de visage Cyclax — c'est un produit anglais utilisé par la reine et la reine mère. Jackie l'aimait beaucoup. On peut toujours le trouver à Londres, mais aux Etats-Unis c'est difficile.

« Elle arrive un jour pour un soin, et au moment de partir elle s'arrête pour bavarder avec moi. Nous étions la veille à la même soirée. J'y étais avec Liza Minnelli, que je coiffe pour des magazines. Jackie me dit : " Je vous ai vu hier soir avec Liza Minnelli.

« — Ah oui ?

« — Oui. "

« Remarquant que je portais une chemise en soie noire, un modèle italien, décolleté devant, elle fait remarquer :

" Mon Dieu, elle est drôlement décolletée votre chemise. "

« Elle marque un temps d'arrêt, puis ajoute :

" Mais, évidemment, vous pouvez vous le permettre. " »

En 1981, lorsque Nancy Reagan, la nouvelle First Lady, se trouva malmenée par la presse, Jackie proposa de lui donner quelques conseils sur la façon de s'y prendre avec les journalistes. Nancy, qui s'inspirait pourtant depuis longtemps de la manière de s'habiller de Jackie, ne la rencontra qu'en 1985, lorsque l'éditrice Katherine Graham les invita toutes les deux à dîner dans sa propriété de Martha's Vineyard, voisine de celle de Jackie. Parmi les invités se trouvaient le rédacteur en chef de *Newsweek,* Meg Greenfield, et Michael K. Deaver, conseiller à la Maison-Blanche. Comme Vincent Roppatte, Deaver ne tarda pas à découvrir la face coquette de Jackie. Comme ils puisaient tous deux dans une énorme boîte de chocolats que Deaver avait offerte à Kay Graham, Jackie lui dit : « Comment pouvez-vous manger autant de chocolats et rester si mince. On dirait Fred Astaire jeune. »

Quelques semaines après, Ronald et Nancy Reagan assistaient à une soirée de bienfaisance pour le financement de la Bibliothèque John F. Kennedy, donnée chez Ted à McLean, en Virginie. Jackie qui était présente échangea avec Nancy des remarques sur leurs séjours respectifs à la Maison-Blanche. Les deux femmes déplorèrent les multiples atteintes à la vie privée que devait souffrir la famille du président, et tombèrent d'accord sur la nécessité de définir une limite stricte que la presse ne devait pas dépasser.

La nouvelle sérénité de Jackie ne l'a pas changée au point de lui faire oublier ses capacités de fureur et son côté vindicatif. Le 21 juin 1981, sortant du cinéma Hollywood Twin, sur la Huitième Avenue, non loin de la 46e Rue, où elle était allée voir une reprise de *Mort à Venise*, elle tombe sur son vieil ennemi Ron Galella, qui lui barrait le chemin, caméra au poing.

« Il était à peu près à 30 centimètres de moi, déclarerait-elle devant la Cour en décembre 1981. J'ai essayé d'arrêter un taxi. En pleine Huitième Avenue, avec tout le trafic... Il sautait autour de moi, devant et derrière, à me toucher parfois, si bien qu'aucun taxi ne pouvait me voir. Chaque fois que je levais le bras, il s'interposait devant moi.

« Je ne savais plus que faire et j'avais peur. J'avais peur pour deux raisons : une voiture aurait pu me heurter ; des gens bizarres sortaient des maisons de l'avenue et me montraient du doigt en criant : " Regardez, c'est Jackie ! Ho ! Hé, Jackie ! " Et certains s'appprochaient de moi.

« J'ai alors éprouvé une grande frayeur et un sentiment de vrai désespoir. »

La rencontre suivante entre Jackie et le photographe eut lieu, selon son témoignage devant le tribunal, à Martha's Vineyard, le week-end du 1er mai. Elle était sortie en mer avec Maurice Tempelsman, lorsqu'il lui fallut bien admettre que Galella ne s'était pas contenté de la suivre jusque dans l'île, mais qu'il les suivait en bateau.

« De la rive de Menemsha Pond nous avons pris un dinghy pour gagner mon bateau qui est une espèce de barque de pêche équipée d'un moteur hors bord à l'arrière, déclara-t-elle. Nous étions occupés à l'aborder, lorsque nous avons vu cette petite vedette à cabine avec des gens dedans. Ils s'approchaient. Au moment où nous essayions de monter du dinghy dans le grand bateau, ils passèrent en trombe, soulevant des vagues, et nous faisant peur. Le moteur de notre bateau cala. Impossible de le remettre en route. L'un des types de la vedette était Galella, je l'ai reconnu. »

Quelques semaines après, le 23 septembre au soir, Harry Garvey (l'entrepreneur qui avait construit la maison de Jackie à Martha's Vineyard), sa femme, Twanette, Jackie et Maurice Tempelsman assistaient à une représentation de la Twyla Tharp Dance Company au théâtre du Winter Garden à Manhattan. Twanette et Twyla sont sœurs et les Garvey disposaient de quatre billets gratuits. Ron Galella et deux autres photographes attendaient le quatuor et, quand la limousine de Tempelsman arriva devant le théâtre, ils se précipitèrent dans l'entrée, bousculant tout le monde pour se poster devant Jackie. Lorsqu'elle quitta les lieux après la représentation,

Galella sauta dans une voiture pour suivre la limousine. La poursuite ne prit fin qu'avec l'arrêt de Tempelsman devant le commissariat de la 60ᵉ Rue où il porta plainte, après avoir déposé les Garvey chez eux.

Lors du second procès, devant le même Irving B. Cooper qui avait présidé au premier jugement, Galella reconnut avoir violé l'interdiction qui lui avait été faite en 1972 de s'approcher de Jackie, car elle lui avait paru empiéter sur les droits que lui garantissait le premier amendement.

« Les attendus tout entiers du jugement étaient violation de mes droits, devait-il dire plus tard. Le système de défense que j'ai adopté alors n'était pas adéquat, au moins devant ce tribunal-là. Je l'ai très vite ressenti et le ressens toujours.

« Jackie est à la fois manœuvrière et hypocrite. La publicité que je lui ai value lui a plu, je le sais. Bien qu'elle ait prétendu le contraire. Une femme de chambre avec qui je suis sorti un jour pour m'informer sur Jackie m'a dit qu'elle avait trois albums de photos et de coupures de presse, un pour elle, deux pour ses enfants ; et qu'elle restait des heures assise sur son lit à feuilleter des magazines européens, y découpant des photos d'elle.

« Pour moi, c'est Maurice Tempelsman qui l'a poussée à intenter contre moi un second procès. Pour une raison très claire : il était marié et vivait encore à l'époque avec sa femme. Aussi n'aimait-il pas me voir tourner autour de lui avec mon appareil de photo. Ma femme Betty et moi étions postés un matin devant l'immeuble de Jackie et qui voyons-nous apparaître ? Maurice Tempelsman. Il sortait de l'immeuble vêtu d'une espèce de pantalon de pyjama sous son costume. Il nous a vus et a filé aussitôt comme un rat.

« Mon avocat, Marvin Mitchelson, m'a épargné sept ans de prison. J'ai en revanche été condamné à 10 000 dollars de dommages et intérêts envers Jackie, et l'on m'a interdit toute photo d'elle à l'avenir. Voilà la justice : j'ai dû, moi, donner de l'argent à Jackie Onassis. C'est Betty qui a fait le chèque. " Elle va devoir l'endosser ; au moins nous aurons un autographe ", m'a dit Betty. Mais elle ne nous a même pas donné cette satisfaction — Nancy Tuckerman a signé pour elle. »

A peine avait-elle eu raison de Ron Galella que Jackie repartait en guerre. Elle traîna cette fois en justice Christian Dior Inc., Landsdowne Advertising Inc., le photographe Richard Avedon, le mannequin Barbara Reynolds et l'agence de sosies de Ron Smith, Celebrity Look-Alikes, au motif que sa sosie Barbara Reynolds avait posé pour Christian Dior, ce qui suggérait que Mme Onassis en personne ne dédaignait pas de faire de la publicité pour cette maison. Jackie réclamait l'interdiction de cette publicité — qui avait déjà paru dans le *Harper's Bazaar*, *Women's Wear Daily*, *The New York Times Magazine* et *The New Yorker* — et l'interdiction permanente de toute autre composition du même genre, sous prétexte que ce type de publicité nuisait à sa réputation. « Je n'ai jamais autorisé l'usage de mon nom à des fins publicitaires, non plus que de photos de moi à des fins commerciales », pouvait-on lire dans sa plainte.

L'avocat de Celebrity Look-Alikes, Richard A. Kurnit, Barbara Reynolds et Ron Smith prit connaissance des arguments de Jackie directement auprès d'elle. « Les juristes en général sont plus déférents envers Jackie qu'envers d'autres citoyens, remarqua-t-il. De même les juges. D'évidence, elle impressionne. Elle n'a pas témoigné dans l'affaire Look-Alikes, mais elle s'est installée dans le tribunal sous le nez du juge et sa présence a sûrement pesé sur la décision de celui-ci, au moins l'a-t-il semblé.

« Nous avons perdu en première instance et en appel, et je n'ai toujours pas compris pourquoi. Si une publicité est trompeuse, si elle est mensongère, je ne saurais m'élever contre le jugement qui la condamnerait. Mais, dans cette affaire-là, le mannequin photographié n'était pas le moins du monde présenté comme personnifiant Jackie ; en outre on le voyait à côté de De Gaulle, qui est mort et dont le rôle était joué par un acteur. Jackie a soutenu que ses amies avaient cru que c'était elle. Mais Barbara Reynolds, le mannequin en question, était habillé pour représenter une Jackie de vingt-cinq ans plus jeune, la Jackie Kennedy de la Maison-Blanche. »

Richard de Combray, écrivain américain, très bel homme, qui se partage entre ses résidences de Paris et de New York, a eu avec Jackie une expérience qui illustre à merveille le fonctionnement de son système d'autoprotection. « Ce qui est arrivé est très simple, explique Combray. Jacqueline Onassis était mon directeur littéraire chez Doubleday, et, comme il arrive très souvent entre directeurs littéraires et auteurs, nous nous sommes liés ; non pas d'amitié, mais nous avions ensemble des relations agréables. Nous avions été présentés par Mike Nichols, directeur de la maison, et avions projeté de faire un livre sur Colette, le célèbre écrivain français. La première fois que nous avons déjeuné ensemble, c'était en présence de son assistant. Le livre sur Colette ne s'est pas fait, mais nous l'avons remplacé par un roman, *Goodbye Europe,* qui a été publié en 1983. Nous avons donc commencé à travailler ensemble là-dessus.

« J'ai invité un soir à dîner Jackie et Maurice Tempelsman à New York. Mon appartement donne sur un jardin et j'ai pensé que nous pourrions dîner dehors, à la fraîche. Jackie a refusé de peur qu'on ne la repère de l'un des immeubles environnants, aussi avons-nous dîné à l'intérieur.

« Je découvris bientôt le secret de son charme : il est de faire sentir à ses interlocuteurs qu'ils sont les personnes les plus séduisantes du monde. Sa séduction n'est donc pas du tout celle d'une actrice, c'est un charme contagieux, qui se communique si bien à ceux avec qui elle se trouve qu'ils se sentent eux-mêmes devenir charmants. C'est un don très précieux et très rare. Je ne l'avais jusque-là connu que chez Noel Coward.

« Nous avons ensuite déjeuné ensemble, seuls cette fois. Comme nous sortions du restaurant, un photographe s'est approché et a commencé à opérer. Pour la première fois de ma vie j'ai perçu à quel point la présence d'un photographe peut être embarrassante. " Allez-vous-en, lui dis-je, arrêtez ces photos ! " Nous nous sommes réfugiés dans une papeterie et l'homme est parti. Mais notre photo a paru en première page du *New York Post.*

« Peu après, je quitte New York pour aller voir en Californie Lillian Hellman. Une journaliste qui m'a suivi à la trace m'interviewe par téléphone.

D'après ce qu'elle me dit, j'en conclus qu'il s'agit de *Goodbye Europe*, qui venait de sortir en librairie. Mais mon livre n'était qu'un prétexte à me faire parler de Jacqueline Onassis — mes sentiments pour elle, ce qu'il y a entre nous ? Il est impossible d'avoir la moindre relation avec Jacqueline Onassis qui ne soit l'objet d'investigation intempestive. C'est extrêmement pénible pour tout le monde. Qu'un reporter ou un photographe repère deux personnes ensemble, Jackie étant l'une d'elles, on peut être sûr qu'il en conclura qu'il y a entre eux davantage qu'une simple relation d'éditeur à auteur.

« Dans le cours de cette interview téléphonique, je déclare donc que je trouve Jackie merveilleuse — ce que je pense. " Alors, c'est juste une idylle ou un mariage ? demande le reporter.

« — Nous n'y pensons pas, dis-je en manière de plaisanterie. "

« Mais une fois imprimé, cela donnait : " Nous n'y pensons pas pour le moment. " C'est alors que les ennuis commencent. Les journaux se mettent en branle. Ils appellent des amis à moi. Je comprends ce que c'est que de se voir prêter une liaison avec Jacqueline Onassis : on est harcelé sans cesse ; littéralement passé aux rayons X. J'ai trouvé l'expérience extrêmement désagréable. Il était pénible de décrocher le téléphone pour découvrir un journaliste ou un ami appelant pour poser des questions. Je suis devenu totalement paranoïaque, j'allais même jusqu'à imaginer que j'étais sur écoute. Pourquoi la presse me tracassait-elle ? Ça devenait très vilain. Jackie, qui vit dans la crainte de ce genre de chose, devait également être très ennuyée. Cela a gâché notre amitié de travail. Nous n'osions plus déjeuner ensemble. Jackie fait tout pour éviter la publicité. Elle ne veut rien avoir à faire avec la presse. Elle est devenue *trop* connue. J'étais si naïf. Je n'avais pas compris combien la presse est meurtrière. Les journalistes feraient n'importe quoi pour rapporter une nouvelle sensationnelle. Et, s'il le faut, ils font des citations inexactes. »

Etant donné sa notoriété, Jackie trouva certainement assez piquant le petit incident qui eut lieu en 1984, lors d'une manifestation de bienfaisance. S'approchant du célèbre écrivain Isaac Bashevis Singer, elle lui dit : « Moi aussi j'écris. » Elle n'avait pas jugé utile de se présenter et le vénérable vieillard ne la reconnut pas tout de suite. La scrutant à travers ses épaisses lunettes, il dit : « C'est très bien, ma petite. Continuez, et je suis sûr que vous arriverez à quelque chose. »

Jackie arriva effectivement à quelque chose, non pas en tant qu'écrivain, mais en tant qu'éditeur. Elle continuait de publier d'énormes « *coffee-table books* », qui n'étaient pas d'un grand rapport, mais s'attachait aussi à acquérir des titres plus rentables. Tout en préparant un superbe livre de photos sur Versailles, avec la photographe de mode anglaise Deborah Turbeville, et des ouvrages ésotériques sur l'histoire de France avec son cousin par alliance, Louis Auchincloss, elle essayait de lancer une série d'ouvrages autobiographiques de célébrités comme Gelsey Kirkland et Michael Jackson.

Mais c'est avec la fiction qu'elle a remporté son plus grand succès.

L'affaire a commencé à la fin de 1978, lors d'un déjeuner avec l'agent littéraire Roselyn Targ.

« Pendant le repas, je lançai des idées de livres, dit Targ. J'ai proposé une biographie de Léonard de Vinci, qui ne disait pas grand-chose à Jackie. Je me suis alors rappelé *Call the Darkness Light,* de Nancy Zaroulis ; c'était un roman sur les ouvrières des filatures du Massachusetts dans les années 1840. Ce livre devait plaire à Jackie ; elle avait traversé toute sorte de tragédies et en était sortie victorieuse. C'était une rescapée. Comme les personnages de ce roman, elle était sortie grandie des épreuves. C'est le premier roman qu'elle ait acheté pour Doubleday, et ça a été un best-seller. »

Jackie acheta le roman pour Doubleday, mais n'y travailla guère ; elle en confia la responsabilité à un autre directeur littéraire. Mais le rôle de Jackie dans ce projet facilita le lancement du livre. L'éditeur donna un cocktail pour l'auteur dans un salon situé au-dessus de la librairie Doubleday, au coin de la 53ᵉ Rue et de la Cinquième Avenue ; le cocktail fut suivi d'un dîner de quatorze couverts dans une salle à manger privée de l'hôtel Saint Regis. Soixante-quinze photographes pénétrèrent de force dans la pièce et n'acceptèrent de quitter les lieux qu'après avoir obtenu de faire pendant cinq minutes des photos de Jackie. « Et Nancy Zaroulis, l'auteur du livre ? » lança un des directeurs de Doubleday. La presse voulut bien photographier Nancy, mais seulement si Jackie posait avec elle. Ainsi fut fait, et le livre était lancé.

Bien que la plupart des employés de Doubleday continuassent de voir en Jackie « une collaboratrice à temps partiel », la société la nomma en 1982 directeur littéraire en titre, au rang le plus élevé de son département, nomination assortie d'une augmentation de salaire et d'un bureau plus vaste. Elle répondit à la confiance ainsi manifestée en obtenant de Gelsey Kirkland et de son mari, Greg Lawrence, la rédaction de *Dancing on My Grave,* où la ballerine relate ses aventures sexuelles et ses expériences de droguée.

Le plus grand succès commercial de Jackie à ce jour sont les Mémoires de Michael Jackson. A l'automne 1983, elle se rendit à Los Angeles avec son assistante, Shaye Areheart, pour tenter de convaincre l'enfant prodige de les rédiger. Leur première rencontre, qui devait se tenir dans un luxueux café-restaurant d'Hollywood, n'eut pas lieu. Célèbre pour sa timidité comme pour son unique gant blanc, Jackson lui posa un lapin. Ce contretemps fournit à Jackie l'occasion de prouver son zèle. Un autre rendez-vous fut fixé, chez Jackie cette fois, dans son manoir d'Encino. « On se serait cru dans " Tea for Two ", assure un témoin de cette rencontre historique, ils roucoulaient tous les deux comme des tourterelles, de leurs petites voix fragiles. » Le contrat qui s'ensuivit comportait une avance de 400 000 dollars ; ce fut le plus gros coup de la saison. Les collègues de Jackie lui envoyèrent un gros bouquet de fleurs, en guise de félicitations. Michael Jackson scella son contrat en emmenant Jackie visiter Disneyland.

Moonwalk, écrit pour Jackson par le critique musical du *Los Angeles Times,* Robert Hilburn, a paru en 1988 et s'est aussitôt installé en tête des ventes. Dans une brève introduction, Jackie Onassis pose la question capitale : « Que peut-on dire de Michael Jackson ? » Pas grand-chose, apparemment. En dépit de son prodigieux succès financier, le contenu de l'ouvrage est d'une rare pauvreté.

Bertelsmann A.G., le plus grand éditeur allemand, qui a racheté Doubleday en 1986, a jugé bon de récompenser Jackie par une nouvelle augmentation de salaire ; elle touchait alors 45 000 dollars par an et s'était acquis la réputation de la démarcheuse la plus décidée de la maison. Elle a notamment fait des propositions d'autobiographies à Elizabeth Taylor, Brigitte Bardot, Greta Garbo, Ted Turner, Prince, Barbara Walters et Rudolf Noureïev. Carly Simon, voisine de Martha's Vineyard, a accepté d'écrire pour Jackie l'histoire de sa vie. Et, à la fin de 1988, elle a négocié pour Doubleday l'exclusivité en Amérique des romans de l'écrivain égyptien Naguib Nahfouz, qui venait de recevoir le prix Nobel de littérature.

Le jeune scénariste Tom Carney rompit avec la fille de Mme Onassis, car il avait horreur de la publicité et ne voulait pas être surnommé « Mr. Caroline Kennedy »[1]. Ce sobriquet serait par la suite décerné à un autre soupirant, Edwin Arthur Schlossberg, écrivain et artiste, qui, tout comme Maurice Tempelsman, était non seulement juif, mais d'une famille juive orthodoxe. Son père, fondateur d'Alfred Schlossberg Inc., société de textile, installée à Manhattan, était président de la congrégation Rodeph Sholom et finançait généreusement les causes juive et sioniste.

Comme beaucoup d'autres juifs nouveaux riches, les Alfred Schlossberg avaient acheté à Palm Beach une maison de vacances et fréquentaient surtout des parvenus ; ils envoyèrent leur fils Edwin à Birch Wathen School, à New York, puis à l'université de Columbia, où il obtint en 1971 un doctorat de science et de littérature. Si on louait son intelligence et son habileté, il avait aussi ses détracteurs. Maurice Tempelsman était peut-être un ministre sans portefeuille, mais on aurait pu dire d'Ed Schlossberg : « Il est arrivé mais dans quel état ! » Sa dissertation de doctorat de philosophie consiste en un dialogue imaginaire entre Albert Einstein et Samuel Beckett, et n'est qu'un magma pédantesque, polémique et prétentieux qui n'éclaire rien. Ayant obtenu son diplôme, il enseigna pendant un semestre à la Southern Illinois University, puis se mit à écrire des manuels d'instruction sur des techniques nouvelles : *The Kid's Pocket Calculator Game Book* et *The Home Computer Handbook*. Il écrivit aussi des poèmes avant-gardistes, dessina des tee-shirts « high-tech », se lança dans des expériences de peinture sur aluminium et plexiglass. Les milieux artistiques n'en furent pas outre mesure impressionnés. Non plus d'ailleurs que les milieux de l'architecture lorsqu'il se consacra lui-même designer spécialisé dans les expositions culturelles et

---

1. Carney a épousé en 1980 une jeune photographe, Maureen Lambray. « Je n'ai jamais revu Caroline », dit-il. Les amis de Caroline prétendent que cette rupture a été très douloureuse pour elle.

éducatives. Son principal projet — le Children's Museum de Brooklyn — fut en définitive repris en main par un autre designer, Brent Saville, qui décrit Schlossberg comme un individu pompeux et narcissique qui donne le change à coups de bluff et de chance. D'autres personnes le qualifient d'opportuniste superficiel et hypocrite.

Quels que soient ses défauts, Schlossberg plaisait à Caroline. Elle fit sa connaissance à la fin de 1981 dans un dîner, et l'invita chez sa mère le soir de Noël. Grand, costaud, les cheveux prématurément gris, Schlossberg fit bonne impression à Jacqueline ; elle le prit par la main et le présenta à ses invités comme « le nouvel ami de ma fille, Ed Schlossberg ». Ed avait treize ans de plus que Caroline. A la fin de la soirée, Jackie demanda à sa fille si elle ne le trouvait pas un peu trop vieux ; Caroline a alors rappelé à sa mère que ses deux maris étaient nettement plus âgés qu'elle.

Caroline disposait d'un petit appartement dans la 78e Rue Est, néanmoins elle passait le plus clair de son temps chez Ed, qui était luxueusement installé à Soho dans un loft de Wooster Street. Ils passaient souvent les weekends à Chester dans le Massachusetts, où les parents Schlossberg avaient aménagé une grange d'où l'on avait une vue splendide sur les Berkshires. D'après un ami de Caroline, « bien que réservé, Ed a un grand sens de l'humour. Caroline et lui ne se disputent jamais. Là-dessus ils se conduisent comme Jackie et Maurice Tempelsman. Je me rappelle une soirée où, tandis que Tempelsman dissertait de l'art égyptien antique, Ed Schlossberg faisait à quelqu'un d'autre un exposé sur l'art conceptuel. La juxtaposition était amusante ».

Ed Schlossberg a apporté un grand changement dans la vie de Caroline. Elle le trouvait loyal, spirituel, intelligent, chaleureux et sûr. Lorsqu'en avril 1984 David Kennedy a été trouvé mort d'une overdose dans sa chambre de l'hôtel Brazilian Court à Palm Beach, Schlossberg a beaucoup aidé Caroline. Son âge et son expérience n'ont certainement pas été pour rien dans son aptitude à réconforter quelqu'un qui était dans la peine.

Le journaliste Harrison Rainie remarque, pour sa part, « que le fait de vivre avec un homme presque mûr a amené Caroline à s'éloigner de beaucoup d'amis de son âge et de son milieu. Ce choix a été, de sa part, une rébellion de plus, une manière d'échapper à la pression familiale. Artiste, intellectuel et peu sportif, Schlossberg était aux antipodes de ses cousins Kennedy. C'est probablement aussi pourquoi il a plu à Jackie ».

Sous l'influence de Schlossberg, Caroline a changé de style. Elle a adopté l'élégance vestimentaire de sa mère, et s'est mise à acheter des bijoux de prix, dont une montre de 6 000 dollars. Elle a suivi un régime strict et s'est fait coiffer par de grands coiffeurs. Pour l'anniversaire de ses vingt-sept ans, elle portait un vaporeux pyjama de soie noir et jaune, choisi par Ed, et révélait à ceux qui admiraient sa tenue qu'il choisissait la plupart de ses habits. Elle avait de nouvelles responsabilités : on l'avait nommée au conseil d'administration de la Bibliothèque John F. Kennedy et directrice au département audiovisuel du Metropolitan Museum. Puis, en 1985, elle surprit tout le monde en donnant sa démission pour s'inscrire à l'école de droit de l'université de Columbia. Un an plus tard, son frère faisait de même, mais à l'université de New York. D'ordinaire imperturbable, leur mère fut sidérée de voir ses deux enfants se lancer dans la carrière juridique.

Dès janvier 1984, il y avait eu des bruits de mariage entre Caroline et Ed, mais aussi des oppositions familiales à ce projet. Les Schlossberg auraient refusé de signer l'accord prénuptial, établi par les avocats de la famille Kennedy, afin de protéger l'héritage de Caroline; la question religieuse posait également des problèmes. Les Kennedy étaient considérés comme l'un des clans catholiques les plus en vue d'Amérique, et le fait que les Schlossberg soient juifs ne pouvait pas manquer de gêner certains membres de la famille.

La longue liaison de Maria Shriver avec le culturiste acteur Arnold Schwarzenegger avait soulevé des problèmes analogues. Pour n'être pas juif, Schwarzenegger n'en était pas moins un républicain fanatique et un étranger au fort accent allemand, lequel était en fait moins en cause que ce qu'il disait, car, dans la vie, Arnold n'était pas très éloigné des baroudeurs sans âme qu'il incarnait si souvent à l'écran.

Les obstacles à ces deux unions furent peu à peu surmontés. Le mariage de Maria Shriver avec un acteur souleva beaucoup moins d'objections lorsqu'elle-même fut devenue présentatrice de télévision, et par là personnage public. Si les Kennedy étaient prêts à accueillir un Arnold Schwarzenegger, pouvaient-ils longtemps faire attendre un Ed Schlossberg?

En mars 1986, Jacqueline Onassis annonçait dans le *New York Times* les fiançailles de sa fille avec Ed Schlossberg, le mariage devant avoir lieu à Hyannis Port, le 19 juillet suivant, éclipsant ainsi les noces Shriver-Schwarzenegger, prévues pour le mois d'avril. La date aurait pu être mieux choisie, car le 19 juillet serait le dix-septième anniversaire du drame de Chappaquiddick.

Le mariage d'une Caroline de vingt-huit ans avec un Ed Schlossberg de quarante et un ans se fit sous le signe de la plus pure extravagance Kennedy : pique-niques de fruits de mer, régates, touch football. Les cartons d'invitation (que Jackie détestait), où figurait une aquarelle représentant le domaine Kennedy, indiquaient que la cérémonie aurait lieu à 3 heures de l'après-midi à l'église Notre-Dame-de-la-Victoire, à Centerville, dans le Massachusetts. Des limousines Cadillac blanc et or déposèrent les héros de la fête devant cette église de campagne fraîchement repeinte et pleine de fleurs. Le couturier Willi Smith avait habillé les garçons d'honneur de vestes de lin violet et de pantalons blancs; les demoiselles d'honneur, de deux-pièces à fleurs lavande et blanc tombant à la cheville; le marié d'un ample costume bleu et d'une cravate argent. Caroline Herrera avait créé pour Caroline une robe d'organza de soie avec une traîne de 8 mètres de long; le corsage et les manches étaient incrustés de trèfles. Il y avait quatre cent vingt-cinq invités (vingt et un pour Ed, les autres pour les Kennedy), deux mille cinq cents spectateurs, des centaines de photographes de presse et un service de sécurité de plus de cent personnes.

Mary Tierney, qui couvrait la cérémonie pour le *Chicago Tribune*, rapporte « qu'Ed avait l'air tout drôle dans son costume trop large, qui lui donnait l'aspect d'un sac. Caroline avait l'air gauche en sortant de l'église. Sa traîne était trop longue. Les robes des demoiselles d'honneur étaient affreuses. Jackie était superbe, mais, comme quelqu'un me le faisait remarquer, " toi aussi tu serais superbe si une masseuse te triturait plusieurs heures par jour ". Elle est sortie de l'église au bras de Ted Kennedy. Elle avait les larmes aux yeux, des larmes de bonheur. Elle est plus séduisante que sa fille, mais son fils est un Adonis. Il était premier garçon d'honneur, et Maria Shriver première demoiselle d'honneur. Mae Schlossberg, la mère d'Ed, a trébuché en sortant de l'église, s'est foulé la cheville et a dû quitter la réception de bonne heure.

« Mais il manquait quelque chose d'essentiel à ce mariage. Il n'y avait pas de rabbin. Pourquoi n'y en aurait-il pas eu ? La religion du marié aurait dû être représenté par un de ses ministres. Il n'y a pas eu de messe de mariage, mais c'est la seule concession des Kennedy. Rien n'indiquait qu'il ne s'agissait pas d'un mariage entre catholiques.

« Sans doute avait-on voulu donner satisfaction à Rose Kennedy, qui n'assistait d'ailleurs pas à la cérémonie. A quatre-vingt-seize ans, elle n'avait plus sa tête. Elle était persuadée que Jack et Bob Kennedy étaient toujours vivants. Elle était gâteuse depuis des années ».

Eugene Girden, juriste, ami des parents Schlossberg, le confirme : « L'ordonnance de la cérémonie les a bouleversés. Le père d'Ed, poursuit-il, dit beaucoup de bien de Jackie. Il a de l'affection pour elle. Mais le mariage avec Caroline a été une déception pour lui au début, à cause de la question religieuse, et surtout de la cérémonie catholique. »

Deux énormes tentes avaient été dressées sur les pelouses du domaine Kennedy. Une longue tente blanche était réservée au défilé de félicitations qui suivit la cérémonie ; l'autre, ronde, devait abriter le dîner au champagne. Entre les tables, sous de grands parasols blancs, étaient disposées des tables et des chaises en rotin, où les invités pouvaient s'asseoir et bavarder à leur aise.

La tente du dîner était éclairée par des lanternes japonaises, suspendues à de longues perches de bambou. L'ensemble était décoré de paniers odoriférants et de superbes bouquets. Ted Kennedy porta les toasts : le premier à Rose Kennedy (qui entrevit une partie de la réception du perron de sa maison dans une chaise roulante) ; le deuxième au père du marié ; le troisième aux nouveaux époux, et le quatrième à Jackie : « Cette dame d'un courage si extraordinaire, qui fut le seul amour de Jack. Ah ! comme il serait fier de toi ! »

Après avoir dîné, dansé, écouté chanter Carly Simon, versé des larmes et porté des toasts, les invités gagnèrent la pelouse pour assister au feu d'artifice, chef-d'œuvre de George Plimpton.

« La première partie de mon spectacle, précise Plimpton, était consti-tuée d'une série d'hommages à certains membres de la famille et à certains invités ; il y en avait une quinzaine : une rose de Chine pour Rose Kennedy, un voilier pour Ted Kennedy, une longue colonne pour John Kenneth

Galbraith l'efflanqué, un nœud papillon pour l'élégant Arthur Schlesinger. Je voulais que les motifs du feu d'artifice figurent l'essence de chacun. Et puis il y avait le clou du spectacle, que j'avais intitulé : " Ce que fait Ed Schlossberg ". A ce moment, un imprévu a surgi sous la forme d'une nappe de brume montant de la mer. Ayant vu venir le danger, j'ai tenté d'avancer le spectacle, mais l'impresario de Carly Simon n'a pas voulu la faire chanter plus tôt que prévu. Elle a donc chanté et le brouillard, ennemi mortel des feux d'artifice, nous a submergés. Lorsqu'une fusée entre dans un nuage, elle se met à pétiller. C'est comme un éclair de chaleur. On n'en voit que la couleur estompée par la vapeur. J'étais très contrarié, mais tout le monde était enchanté, car cette obscurité correspondait parfaitement au sujet. Elle rendait fidèlement compte de " ce que fait Ed Schlossberg ". Ce qu'il fait dans la vie constitue pour tout le monde un insondable mystère. Il se présente comme une espèce de théoricien universel. L'effacement de mes fusées ne pouvait mieux tomber. »

Comme grésillait dans le ciel bouché la dernière fusée, les jeunes mariés démarraient dans leur limousine blanc et or vers l'hôtel Ritz-Carlton à Boston, avant de gagner Hawaï et le Japon, pour une lune de miel d'un mois. De retour à New York, ils s'installèrent dans un immeuble en copropriété non loin de chez Jackie, puis, Caroline s'étant trouvée enceinte, ils déménagèrent pour la 78e Rue, dans un appartement de douze pièces, au onzième étage, qui leur coûta 2 650 000 dollars. Schlossberg s'improvisa décorateur, tandis que Caroline se consacrait à l'achèvement de ses études de droit. Elle y parvint, obtenant son diplôme en juin 1988. L'événement est passé à la postérité sous la forme d'une photo qui la représente en toge et bonnet carré, aux côtés de son mari rayonnant, de sa mère très fière, de son superbe frère et d'un oncle pensif, le sénateur Edward M. Kennedy. Nancy Tuckerman et Martha, la gardienne, assistaient aussi à la cérémonie de remise des diplômes qui eut lieu sous une tente montée à Ancell Plaza, sur le campus de l'université de Columbia. Le plus discret des invités était Maurice Tempelsman, qui demeura assis à plusieurs rangs derrière les autres et ne les rejoignit qu'après la dernière photo et le départ du dernier photographe.

Selon Bouvier Beale, cousin de Jackie : « Si Jackie n'avait pas épousé l'Irlandais, nous aurions doucement sombré dans une dèche de bon ton. Dans la situation très moyenne qui est la nôtre, nous ne sommes pas encore remis de nous trouver placés sous les projecteurs de la publicité du fait d'un seul mariage. »

Jackie n'est certainement pas loin de partager cet avis. A son immense déplaisir, son existence ne cesse de constituer pour la presse un objet de fascination. Bien que Maurice Tempelsman partage sa vie, les journalistes s'obstinent à lui inventer de nouveaux chevaliers servants. Un simple déjeuner au Cirque, avec le veuf William Paley, président de la CBS, alimente les rumeurs pendant plusieurs semaines.

Lorsqu'en 1982 elle se rendit en Chine, à l'invitation de I.M. Pei, pour assister à l'inauguration d'un hôtel qu'il venait de construire à une quarantaine de kilomètres de Pékin, on en conclut tout naturellement qu'elle épouserait bientôt l'architecte. Après la mort de la princesse Grace, un hebdomadaire populaire français, *Ici Paris,* émettait cette prédiction : « Le prince Rainier épousera probablement Jackie Onassis... » Le prince et Jackie avaient été vus ensemble à Paris, mais le journal ne mentionnait pas qu'ils s'étaient rencontrés pour discuter d'un projet d'autobiographie de Rainier pour Doubleday.

La plus absurde des aventures qu'on lui prêta fut avec Ted Kennedy, qu'elle avait retrouvé à Londres en janvier 1985 pour se rendre à l'enterrement au pays de Galles de lord Harlech, ci-devant David Ormsby Gore. Cette rumeur affecta d'autant plus Jackie qu'elle s'était liée d'une amitié étroite avec Joan Kennedy. Quand celle-ci avait pris conscience de la gravité de son alcoolisme, c'était vers Jackie qu'elle s'était tournée. Ce fut vers elle encore qu'elle se tourna après la mort soudaine du banquier John J. McNamara, qu'elle songeait très sérieusement à épouser après son divorce d'avec Ted.

Après l'enterrement de McNamara, elle appela Jackie et lui ouvrit son cœur. Jackie l'invita à New York et Joan s'y rendit une semaine plus tard. Devant Jackie, Joan s'effondra : « Quand tout cela finira-t-il ? J'avais enfin rencontré quelqu'un de bien et voilà qu'il m'est enlevé. Ce n'est pas juste. »

« — Penses-tu donc qu'il y ait la moindre justice dans la vie, après tout ce par quoi nous sommes passées ? lui répondit Jackie. C'est à toi de saisir tout le bonheur qui peut t'advenir. En dehors de ça, que tu le veuilles ou non, il faut tenir le coup.

« — Tu es la seule de toute cette famille à me comprendre. »

Jackie ne devait jamais montrer tant de compassion qu'en mars 1985, au moment de la mort de sa demi-sœur, Janet Auchincloss Rutherford, à l'âge de trente-neuf ans.

« Jackie était très proche de Janet Jr., raconte Yusha Auchincloss. Elles partageaient le même intérêt pour l'art et la littérature. A chacun de ses retours de Hong Kong, Janet habitait chez Jackie. Caroline était marraine de l'un de ses enfants. De passage à New York, en septembre 1984, Janet s'est plainte d'une douleur dans le dos. L'affaire paraissait bénigne. Je lui ai conseillé un chiropracteur, croyant qu'elle s'était froissé quelque chose en jouant avec ses enfants. C'était un cancer. On lui a fait des greffes de moelle osseuse à l'hôpital Peter Bent Brigham de Boston, où je la conduisais pour ses traitements. Jackie lui consacrait beaucoup de son temps. Janet paraissait se rétablir. J'ai cru qu'il s'agissait d'une rémission, mais une pneumonie aiguë s'est bientôt déclarée. Jackie était à son chevet lors de sa mort, qui a eu lieu à l'hôpital Beth Israel à Boston. »

« Lorsque Janet Jr. est entrée à l'hôpital, raconte Eileen Slocum, Jackie est arrivée. Elle ne l'a pas laissée seule un instant dans les derniers jours. Sa conduite a été vraiment magnifique. D'après moi, elle n'a jamais été plus grande. »

Sylvia Blake, amie de Jackie, est de cet avis. « Le dévouement qu'elle a montré envers Janet Rutherford mourant d'un cancer a vraiment été admirable. Elle est restée nuit et jour auprès de Janet. Jackie possède au plus haut point la qualité de tenir bon dans les épreuves. On n'entend pas parler d'elle pendant longtemps, mais s'il arrive quelque chose elle est là. Lorsque ma mère est morte en 1986, j'ai beaucoup vu Jackie. On n'aurait pas pu être plus gentille, plus attentionnée, affectueuse et exquise qu'elle l'a été. »

Janet Jr. a été incinérée et ses cendres répandues à New York, Newport et Hong Kong. Un service à sa mémoire a été célébré dans l'intimité à Hammersmith Farm. Dick Banks, portraitiste à Newport, s'est plaint de ce que les amis de Janet Jr. en avaient été exclus : « C'est Jackie qui en avait décidé ainsi, sous prétexte d'éviter que la cérémonie ne dégénère en " carnaval ".

« Après la mort de Janet, sa mère a manifesté les premiers symptômes de la maladie d'Alzheimer. Je dois reconnaître qu'à partir de ce moment Jackie a commencé à s'en occuper, lui rendant souvent visite et sortant avec elle aussi souvent que possible. Il n'y avait plus entre elles trace d'animosité. »

Janet avait des hauts et des bas. « Les symptômes de la maladie sont variés, rapporte Dorothy Desjardins, porte-parole des nouveaux propriétaires de Hammersmith Farm. Les actuels propriétaires l'ont autorisée à utiliser la maison principale pour le service à la mémoire de Janet Jr... Par la suite, Janet s'en venait parfois traîner jusqu'à la maison et y remettait de l'ordre. Si les livres n'étaient pas bien alignés sur leurs étagères, ils lui semblaient " méchants " et elle les remettait en place. Un jour qu'elle allait bien, je l'ai vue monter à cheval. Mais dans les mauvais jours, c'était vraiment affreux. »

Les souvenirs les plus lointains remontaient parfois à la mémoire de la mère de Jackie, tel celui d'un chien qu'elle avait eu dans son enfance, ou la date de son divorce avec Black Jack Bouvier ; mais les événements et les noms récents lui échappaient complètement. Interrogée sur John F. Kennedy, elle regardait son interlocuteur et demandait : « Qui est John F. Kennedy ? »

Alan Pryce-Jones estimait que Jackie aurait pu faire plus pour sa mère : « Il lui aurait suffi de mettre 1 million de dollars au nom de Janet, mais elle n'a pas fait grand-chose pour sauver Hammersmith Farm. Ce n'était pourtant pas faute de lui avoir dit : " Pour 800 000 dollars, vous aurez une propriété qui en vaudra six ou sept fois plus. " Mais elle repoussait la suggestion d'un haussement d'épaules. Le destin de Hammersmith Farm ne l'intéressait pas. Aussi la propriété a-t-elle été vendue très au-dessous de sa valeur. Et aujourd'hui on la montre aux touristes comme " la maison où Jackie O. a passé sa jeunesse. "

« J'ai toujours pensé que l'arrivée de Jackie à la Maison-Blanche avait laissé Janet tout à fait froide, cela lui apparaissait plutôt comme une atteinte à sa vie privée. Elle était assez dure avec Jackie et Lee, se montrant nettement plus tendre avec les enfants de son second mariage. Quand on lui demandait des nouvelles de Jackie ou de Lee, elle se contentait d'agiter la main en disant : " Oh, Jackie. Elle va très bien. " Elle s'étendait beaucoup plus sur les faits et gestes de ses autres enfants. Elle donnait l'impression d'avoir été blessée par ses filles aînées et de ne leur avoir jamais pardonné la façon dont elles l'avaient traitée. Lorsqu'on demandait à Jackie pourquoi elle ne sauverait pas Hammersmith Farm, elle répondait : " Je ne veux pas en parler. " Cela n'était pas fait non plus pour apaiser Janet. Hammersmith Farm semblait pourtant représenter un investissement intéressant pour quelqu'un qui aimait l'argent autant que Jackie en donnait l'impression.

« Une fois Janet malade et son agressivité disparue, Jackie s'est rapprochée d'elle. J'inclinerais à croire que la mort si précoce de Janet Jr. avait anéanti sa mère et adouci Jackie. Il ne s'agit là que d'une supposition, car aucune des deux n'en a jamais rien dit. »

Si Jacqueline semblait avoir acquis sérénité, confiance en soi et douceur, elle n'en persistait pas moins à s'élever âprement contre tous ceux qu'elle jugeait l'avoir trahie, y compris les membres de sa propre famille. Elle n'a jamais pardonné à son demi-frère, Jamie Auchincloss, d'avoir confié des informations sur son compte à Kitty Kelley, lorsque celle-ci écrivait sa vie. « Il est intenable, dit Jamie pour sa défense, d'être apparenté à quelqu'un d'aussi célèbre que Jacqueline Onassis. Ce qui l'avait le plus contrariée, c'est la révélation que sa robe de mariée avait été rangée dans un carton sur lequel était inscrite la date du mariage, et dans un autre le tailleur rose qu'elle portait le jour de l'assassinat de son mari, et que les deux cartons avaient été empilés dans le grenier de ma mère à Georgetown.

« A la suite de cela, nous ne nous sommes pratiquement plus parlé. Nous n'avions pas beaucoup de raisons de nous parler ni de nous voir, aussi personne ne s'en est formalisé. Mais je me serais pourtant bien passé de ce refroidissement, d'autant que j'ai beaucoup d'affection pour elle. J'ai fini par lui écrire une lettre d'excuses, qui était certainement des plus stupides, car je ne savais pas quoi lui dire.

« C'est étrange à dire, mais je crois mieux connaître Caroline et John Jr. et avoir mieux connu John Kennedy que je ne connais Jackie. Elle est certainement capable d'amitié, mais, sauf exception, tout le monde la juge réservée. »

John Davis, le cousin de Jackie, dont les portraits de famille des Bouvier et des Kennedy contrarient encore Jackie, a reçu un traitement analogue. « Cela ne m'a fait ni chaud ni froid, dit Davis. La seule chose qui m'a ennuyé, c'est qu'elle s'en est prise aussi à ma mère. »

Envers Maude Davis et Michelle Putnam, les sœurs jumelles de son père, Jackie s'est montrée féroce. Par hostilité à John, elle a refusé de se rendre à la fête donnée pour le quatre-vingtième anniversaire de ses tantes dans le Connecticut. Elle a aggravé l'insulte en omettant de les inviter au mariage de Caroline. Lorsque Michelle Putnam mourut en 1987, Jackie assista au service funèbre qui eut lieu à Saint Vincent Ferrier, à New York, mais ce fut à peine si elle adressa la parole à Maude Davis ; quant à John, elle ne lui dit pas un mot.

« Elle a même refusé de lui serrer la main, dit Marianne Strong, qui assistait aussi à la cérémonie. Je n'ai jamais rien vu de pareil. Son regard a traversé John, c'était comme s'il n'existait pas. »

Les mouvements d'humeur de Jackie ne sont pas rares. Elle a accepté de donner de l'argent à la chaîne de télévision Channel 13, mais a refusé d'en donner à l'opéra de Tel-Aviv, lorsque Rose Scheiber, cousine de Maurice Templesman, lui en fit la demande. Elle s'est rendue à Albany pour protester contre un décret qui restreignait les droits des communautés religieuses en matière immobilière. Il s'agissait en l'occurrence de défendre les droits de la paroisse St. Bartholomew de Manhattan contre la construction d'un gratte-ciel. Elle n'a pas voulu participer à un symposium sur les femmes et la Constitution, déjà patronné par quatre épouses d'anciens présidents, au centre présidentiel Jimmy Carter à Atlanta, en Géorgie. Elle a fait campagne avec virulence contre Mort Zuckerman qui voulait construire à Columbus Circle deux gratte-ciel de soixante-huit et cinquante-huit étages, sous prétexte qu'ils « projetteraient des ombres interminables sur Central Park », mais elle n'a pas dit un mot lorsque la famille Kennedy a annoncé son intention de construire à Times Square un centre commercial vertical, qui éliminerait des dizaines de petits commerçants. Si elle a assisté au dîner donné par Marietta Tree pour le marchand de tableaux Harriet Crawley et au gala d'ouverture de la soixante et unième saison des ballets de Martha Graham, elle a refusé des milliers d'autres dîners ou galas. Elle s'est rendue à Cambridge, dans le Massachusetts, pour l'inauguration d'un parc John F. Kennedy, à l'occasion du soixante-dixième anniversaire de sa naissance, mais n'a pas autorisé le Centre artistique John F. Kennedy à présenter, avec la chaîne de télévision ABC, une rétrospective filmée pour le vingt-cinquième anniversaire de son assassinat et le vingtième anniversaire de celui de son frère Robert. La famille Kennedy est plus ouverte à ce genre de manifestation, mais l'opinion de Jackie l'emporte. Lorsque Norman Mailer lui a demandé de patronner la conférence internationale du PEN Club en 1986 à New York, elle a accepté, mais, selon Jane Yeoman, coordinatrice de cette manifestation, son engagement a eu moins d'impact qu'espéré. « Jackie a autorisé le comité à utiliser son nom et lui a fait don de 1 000 dollars, mais elle n'a pas paru aux réunions et nous n'avons plus entendu parler d'elle. »

Jackie a-t-elle vraiment changé ? En 1986, elle réduisait sa présence chez Doubleday à trois demi-journées par semaine, passant presque autant de temps à l'institut de beauté qu'au bureau. Elle poursuit sa psychanalyse, au rythme d'une séance par semaine à 150 dollars, avec un nouvel analyste installé Park Avenue. Elle continue à monter à cheval et à chasser au Essex Hunt Club du New Jersey. (En 1985, elle remportait pour la seconde fois le trophée du Lady Ardmore Challenge, ayant sauté près de 1 mètre de plus que ses rivales.) Plusieurs fois par an, elle participe avec Charles S. White-house, frère de Sylvia Blake, au rallye équestre de Piedmont Hunt, à Meddleburg, descendant à l'auberge du Red Fox seule ou avec Bunny Mellon.

Bien qu'excédée par la presse, elle n'en assista pas moins, en novembre

1985, au gala annuel du comité pour la campagne sénatoriale, organisé cette année-là par Louette Samuels au Metropolitan Club, posant de bonne grâce avec tous les hommes d'affaires ayant donné 1 000 dollars pour être là. Couvrant l'événement pour son journal, Mimi Kazon décrivait Jackie en ces termes : « C'était une créature de rêve dans une robe montante à manches longues de lainage rouge, qui lui descendait aux genoux. Des bas noirs, des escarpins vernis de même couleur et une petite aumônière noire fixée à la taille. D'énormes diamants sertis de noir en guise de boucles d'oreilles. Pas d'autre bijou qu'une simple alliance d'or.

« Rien n'était plus amusant que le spectacle de ces petits hommes en noir, verre à la main, qui faisaient la queue pour poser à côté d'elle, le sommet de leurs tonsures lui arrivant à l'épaule. Les plus audacieux risquaient des gestes, comme de lui prendre le bras ou de lui enlacer la taille. On se serait cru dans une foire de village, où les séducteurs locaux doivent verser 1 dollar pour embrasser la reine de beauté locale. Jackie s'est montrée étonnamment aimable. Tout au long de cette épreuve, elle n'a cessé de sourire. Tous ces hommes d'affaires ont certainement épinglé leur photo grandeur nature en compagnie de Jackie au mur de leur bureau. »

Pour Charlotte Curtis, Jackie « dans ses apparitions publiques se montre toujours un peu trop solennelle. Je me rappelle l'avoir entendue déplorer au beau milieu d'un cocktail l'oisiveté de la plupart de ceux qui se trouvaient là. De la part d'une personne dont l'activité chez Doubleday n'a rien d'un travail d'esclave, la réflexion est pour le moins étrange. Lorsque quelqu'un a fait remarquer que la plupart des gens présents avaient un travail salarié, Jackie a déclaré : " Peut-être, mais ils sont tellement ennuyeux. " »

« Elle a accepté la coprésidence d'un dîner organisé par la Municipal Arts Society en l'honneur du célèbre sculpteur nippo-américain, Isamu Noguchi. La réception avait lieu sous une tente montée sur un parking en face du musée-jardin Isamu Noguchi à Long Island City, dans le Queens. Jackie avait à sa table Philip Johnson, Elizabeth de Cuevas, William Walton, Martha Graham et Isamu Noguchi. Jackie parlait si bas que personne ne pouvait comprendre un mot ce qu'elle disait et mangeait si peu que personne n'osait se resservir. Elle ne cessait de mettre et d'enlever ses lunettes. Une de ses boucles d'oreilles est tombée et une douzaine d'hommes se sont jetés à quatre pattes pour la ramasser. Noguchi lui a fait faire le tour de son jardin. Elle l'a suivi en murmurant des " Comme c'est joli " et " Comme c'est beau ". J'ai rarement vu un tel manque d'inspiration. »

Les innombrables échos que lui consacrent la presse rapportent qu'elle se serait mise dans une colère folle contre une femme de chambre qui aurait inclus une robe toute neuve de Christian Lacroix à 10 000 dollars dans un lot destiné à un fripier de Manhattan. Lorsque l'erreur a été découverte, Nancy Tuckerman s'est ruée sur le téléphone pour essayer de rattraper les choses. Mais il était trop tard. La robe avait été enlevée pour 100 dollars par une cliente avisée. Jackie a eu davantage de chance lorsqu'une douzaine de ses miniatures indiennes, provisoirement détachées de leurs cadres, ont été jetées par inadvertance à la poubelle. Un astucieux employé de la voirie ayant repéré et mis de côté ces œuvres de prix, Nancy Tuckerman eut plus de succès.

Chaque année, de 1982 à 1985, Jackie a fait un voyage en Inde. En 1985, elle y est allée avec S. Cary Welsh, conservateur des collections islamiques et indiennes au Fogg Museum, de l'université Harvard. « Ce voyage était lié au festival indien, organisé dans tous les Etats-Unis », explique Welsh. « Le Metropolitan Museum avait prévu une exposition, ainsi que le Costume Institute. Doubleday, en association avec le musée, publiait un livre, *A Second Paradise : Indian Courtly Life 1590-1947*, écrit par Naveen Paitnaik et édité par Jacqueline Onassis. J'en ai rédigé l'introduction. C'est pourquoi ma femme et moi qui étions de vieux copains de Jackie, l'avons accompagnée en Inde. Nous sommes allés à Delhi, Baroda, Jaïpour, Jodhpur, Hyderabad et plusieurs autres endroits. Nous nous déplacions surtout en avion et en voiture, et descendions dans les palaces.

« Jackie est très populaire en Inde. Elle a réussi à obtenir des familles princières indiennes le prêt de leurs costumes pour l'exposition du Costume Institute. On la reconnaît dans la rue, mais la presse la laisse tranquille. Nous pouvions nous promener en parfaits quidams, ce qui lui est rarement possible aux Etats-Unis. C'est peut-être une des raisons pour lesquelles elle aime tant l'Inde. Personne ne l'importune. »

Jackie assista à plusieurs des manifestations qui marquèrent le festival indien, et donna elle-même une réception. Parmi les invités se trouvaient Cary Welsh, le poète Mark Strand, le prince Michel et la princesse Marina de Grèce, Jayne Wrightsman et la maharani de Jaïpour. Selon Welsh, la chère était exquise et les conversations brillantes. « A la grande excitation des filles, rapporte *Vanity Fair*, John Kennedy Jr. est apparu pour déposer son sac à dos. A leur grande déception, il est parti dix minutes plus tard. »

L'année suivante, Jackie donna une fête à Martha's Vineyard pour ses deux douzaines de neveux Kennedy et autant de leurs amis. Jackie y a beaucoup gagné en popularité dans la jeune génération, sans que l'opinion des aînés en soit modifiée.

Richard Zoerink, relation de Pat Kennedy Lawford, raconte : « On m'avait prévenu de ne jamais parler devant Pat des assassinats de ses frères et de Jacqueline Kennedy Onassis, deux sujets tabous. Il m'est arrivé de jouer avec elle au remue-méninges, et elle n'arrêtait pas de tomber sur le jaune, ce qui correspond à une question d'histoire. Et presque toutes ces questions tournent autour des Kennedy. Lorsqu'il était question de Jacqueline Onassis ou des assassinats, on ne posait pas la question. J'avais pour consigne de dire : " Oh, les cartes sont mélangées ! " Et je tirai une autre carte.

« Un jour que nous jouions, elle est tombée sur le jaune ; la question concernait le nom de jeune fille de Jackie Onassis. Je m'exclamai : " Oh, les cartes sont mélangées !

« — Ça ne fait rien, dites quand même.

« — D'accord ", fis-je en riant.

« Et elle a répondu à la question.

« Cela ne signifiait pas que Pat soit systématiquement critique envers

Jackie, au moins en public. Elle aime trop les enfants de sa belle-sœur. La famille compte beaucoup pour elle. Les Kennedy se tiennent les coudes. Elle sait que tout ce qu'elle pourrait dire de blessant envers Jackie blesserait aussi son neveu et sa nièce. »

Après le mariage de Caroline, on s'est beaucoup demandé quelle grand-mère ferait Jackie. La réponse n'allait pas tarder. Au printemps 1988, Caroline commandait la layette de son bébé chez Cerutti dans Madison Avenue, par qui elle-même avait été habillée à sa naissance. Au contraire de sa mère, elle a eu une grossesse heureuse.

Dès le début du mois de juin, Jackie ne cessait de dire à ses amis : « Je vais bientôt être grand-mère. Vous vous rendez compte. »

Le vendredi 24 juin, lorsque Caroline éprouva les premières douleurs, elle appela son médecin le Dr Frederick W. Martens Jr., qui lui demanda de chronométrer ses contractions. Lorsque les contractions ne furent plus espacées que de trois minutes, la limousine de Maurice Tempelsman déposa solennellement Caroline et son mari à l'hôpital Cornell. Pour protéger son anonymat, Caroline y fut inscrite sous le nom de « Mrs. Sylva »; elle occupait au sixième étage une chambre à 720 dollars par jour, devant la porte de laquelle deux gardes du corps furent postés. On l'installa pour accoucher dans une salle de travail.

L'accouchement dura moins de vingt-quatre heures. Le samedi 25 juin, à 3 h 30 du matin, Caroline donnait naissance à une fille de 3 kilos et demi, qui fut prénommée Rose, en l'honneur de son arrière-grand-mère, qui était à un mois de son quatre-vingt-dix-huitième anniversaire.

Selon les informations dont nous disposons, Jackie qui attendait la naissance avec John fut d'une nervosité extrême pendant les dernières heures de l'accouchement de sa fille. Elle marchait de long en large dans les couloirs de l'hôpital et se rongeait les ongles, insensible aux objurgations de son fils qui la conjurait de se calmer.

La naissance de sa nièce, qu'il avait attendue armé de bons cigares, coïncida pour John avec le début d'une période heureuse. Il travaillait pour la durée de l'été dans le cabinet juridique Manatt, Phelps, Rothenberg & Phillips à Los Angeles. Sa sœur avait fait de même à New York, l'été précédent, chez Paul Weiss Rifkind Wharton & Garrison.

John s'est frotté à la politique en présentant le sénateur Ted Kennedy à la convention démocrate de 1988, et, si son discours n'est pas resté dans les annales, son apparition a été remarquée, si bien que le magazine *People* lui a décerné le titre de « l'homme le plus séduisant du monde ». Sur le point de terminer ses études de droit, il a annoncé son intention d'entrer chez Robert Morgenthau, avocat à Manhattan.

Ayant engagé une nurse à plein temps, Caroline Kennedy a décidé de partager son temps entre ses études de droit et la préparation d'un livre de droit pour William Morrow. Cédant aux pressions familiales, elle a fait baptiser Rose Kennedy Schlossberg à l'église Saint Thomas More à Manhattan. Maude Davis, seule survivante de la génération de Black Jack Bouvier, n'a pas été invitée.

Et Lee Radziwill? Pour elle aussi, l'année 1988 a été brillante. Après avoir mis fin à sa liaison avec l'architecte Richard Meier et inauguré une nouvelle carrière — directrice de la promotion pour le couturier Giorgio Armani-Lee — elle annonçait son intention d'épouser le metteur en scène Herbert Ross, lui aussi d'origine juive. Célébré dans l'intimité, le mariage eut lieu dans l'appartement de Lee à Manhattan et fut suivi d'une réception chez Jackie. On remarquait parmi les invités Rudolf Noureïev, Bernadette Peters, Steve Martin, Daryl Hannah et le décorateur Mark Hampton.

Quant à « Granny O », le nouveau surnom de Jackie dans la presse, elle commémora le vingt-cinquième anniversaire de l'assassinat de JFK en assistant avec ses enfants à une messe à Saint Thomas More à 8 h 30 du matin. A cette occasion, Jackie ne participa à aucune cérémonie publique et ne fit aucune déclaration.

A l'approche de son soixantième anniversaire — le 28 juillet 1989 — Jacqueline Bouvier Kennedy Onassis reste pour nous un éternel mystère. « C'est seule que je suis le plus heureuse », déclara-t-elle un jour. A sa façon bien à elle, Jackie est toujours aussi élégante et majestueuse. Elle déteste toujours autant la publicité — du moins le prétend-elle. Dans le hit-parade des célébrités, elles est la reine en titre, bien que sa cote de popularité ait connu des hauts et des bas, selon l'humeur du temps. Elle reste la cible de plus de ragots et d'insinuations que toutes les stars d'Hollywood réunies, mais elle a progressivement appris à vivre avec et à en faire fi. Une question demeure cependant : « Qui est la véritable Jackie ? » Nous ne le saurons sans doute jamais.

Dépôt légal : juin 1989.
Nº d'édition : 31786. Nº d'impression : 7763-580.

Achevé   Imprimerie
d'imprimer Gagné Ltée
au Canada Louiseville